"十三五"国家重点出版物出版规划项目

◉ 王利明 著

民法总则研究

（第三版）

中国当代法学家文库
王利明法学研究系列

Contemporary Chinese Jurists' Library

中国人民大学出版社
· 北京 ·

序　言

民法总则是适用于民商法各个部分的基本规则，它是采取"提取公因式"（Ausklammerung）的方式将民法中共同适用的规则确立下来，形成了一个统辖各个民事立法的规则体系。民法总则统领整个民商立法，并为民法各个部分共同适用的基本规则，也是民法中最抽象的部分。总则编是法学长期发展的产物，它始于 18 世纪普通法（gemeines Recht）对 6 世纪查士丁尼大帝所编纂的《学说汇纂》所做的体系整理；首见于海瑟 1807 年出版的《普通法体系概论》（Grundriss eines Systems des gemeinen Zivilrechts zum Beruf von Pandekten），而为德国民法所采用，充分展现德意志民族抽象、概念、体系的思考方法。[①] 因此，"总则编的设置，是潘德克顿法学的产物"[②]，也是《德国民法典》的一大特色。民法典作为高度体系化的成文立法，其体系性因总则的设立而进一步增强。

从《大清民律草案》开始，我国就采取设立民法总则的模式。而在 1930 年，国民政府也颁行了民法典总则编。我国 1986 年《民法通则》基本上是关于民法总则性规范的条款（第五章"民事权利"和第六章"民事责任"除外）。2017 年

[①] 参见王泽鉴：《民法总则》，20 页，北京，北京大学出版社，2009。

[②] 谢怀栻：《大陆法国家民法典研究》，载《私法》，第 1 辑第 1 卷，北京，北京大学出版社，2001。

3月15日，第十二届全国人民代表大会第五次会议审议通过了《民法总则》，这在中国民事立法史上具有里程碑式的意义。《民法总则》作为私法的基本法，它的颁行进一步提升了我国民事立法的科学化和系统化，完善了市场经济和社会生活的法律规范，为全面依法治国奠定了坚实的制度基础。《民法总则》的颁行也有力地推动了我国民法学理论的发展，我国民法总则研究也应当由立法论转向解释论。笔者认为，研究民法总则的意义主要体现在：

第一，有助于深切体认民法的基本理念、价值、原则。总则的设立对弘扬民法的基本精神和理念具有重要作用，总则就是要借助抽象的原则来宣示民法的基本理念，如总则关于民法各项基本原则的规定、主体制度中关于主体人格平等的规定、法律行为制度中关于意思自治的规定等，本身就是对民法的平等、自由等精神的弘扬。尤其应当看到，总则本身就可以借助抽象的一般原则而为民事主体提供广泛的私法自治的空间。因为民法总则编的核心在于民事权利与法律行为，而在这两个核心概念中需要贯彻权利观念与私法自治的理念。只有通过对民法总则的研究，才能对民法各编中具体制度的设计及其运用有更深切的掌握和领会，才不至于停留在表面，或者错误地理解甚至运用这些制度。

第二，有助于整体把握民法的体系框架。与分则相比，总则编的设置体现了一种对逻辑体系的追求，它主要表现的是一种像达维德所说的"系统化精神与抽象的倾向"①。总则的设置使民法典的体系性更强。民法总则是对民法各项制度和规范的高度抽象与概括，是历经无数民法学者分析研究后"提取公因式"（Von die Klammer zu ziehen）的产物，而民法的其他各编则是总则中民事法律关系的具体展开。因此，通过研究总则能够有效地掌握民法的体系，从宏观上把握民法的全貌。

第三，有助于认知民法中最基本的范畴，如人、物、请求权以及法律行为。在成文法的法律传统中，需要借助有限的法律条文，来调整无限丰富的社会生活，这就需要借助高度抽象的民法概念来完成法律条文的设计。这样就在成文法

---

① ［法］勒内·达维德：《当代主要法律体系》，漆竹生译，84 页，上海，上海译文出版社，1984。

的民法传统中，依据民法概念抽象程度的不同，出现了概念之间的分层，如民事行为可进一步分为单方民事行为、双方民事行为和共同民事行为，这种概念的科层性是民法体系得以形成的基础和前提。研究民法总则有利于准确把握民法中抽象的范畴。

第四，有助于弥补法律漏洞，促进民法的发展。由于立法者认识的局限性或者社会经济发展等原因，法律漏洞的存在是不可避免的，在存在法律漏洞的情形下，法官可以运用法律解释、类推适用等法律技术来适用法律或发展法律。但在不存在总则的情况下，通过上述法律技术发展法律常常会出现解释明显超出一般语义的情况，这就使法官对法律的发展虽然具有正当性，但欠缺合法性。从这一意义上说，民法总则是民法规范的生长之源，即在民法典其他各编对某个具体问题没有规定时，可以通过民法总则中的基本原则、制度加以弥补，从而产生出填补法律漏洞与法律空白的新制度。

第五，有助于培养和训练良好的法律思维方法。在大陆法系，法律思维的基本方法是演绎法，即通过三段论的逻辑过程将抽象的法律规范运用到作为小前提的法律事实中，从而得出法律结论。民法总则的规定不仅是一般的抽象的法律规范，更是对其他民事法律制度的抽象，总则的设立使民法典形成了一个从一般到具体的层层递进的逻辑体系。因此，总则的体系构成本身有助于培养法律人归纳演绎、抽象思考方法的能力。[①] 同时它也便于运用演绎式教学方法，从一般到具体，循序渐进地去传授民法知识。近代德国民法学的体系化传统，正是在继受罗马法的过程中，由法学教授们通过传授罗马法知识的方法形成的。[②]

应当看到，由于总则的规定大多比较原则和抽象，缺乏具体的实用性和可操作性。尤其是抽象化的规定如果脱离了实际的社会生活，可能会成为游离于社会生活的"空中楼阁"，非具有高度的智识与法律素养不能理解。[③] 诚如德国学者梅迪库斯所言，无论先一般后特殊的规范原则多么简单明了，民法典对该原则的

[①] 参见王泽鉴：《民法总则》，21页，北京，北京大学出版社，2009。
[②] 参见张俊浩主编：《民法学原理》，35页，北京，中国政法大学出版社，1991。
[③] 参见王泽鉴：《民法总则》，27页，北京，北京大学出版社，2009。

复杂贯彻增加了其在适用上的困难。这样一部在结构安排上颇具匠心的法典，难以适用于非专业人士阅读理解。^① 所以，学习总则，必须要结合民法的各项具体制度，认真研习，才能准确地把握民法的真谛。

民法总则是民法学体系皇冠上的明珠，本书的研究只不过是笔者对民法总则研究的点滴体会。"嘤其鸣矣，求其友声"，书中缺点错误在所难免，还望学界同仁不吝指正。

王利明

2017 年 10 月

---

① 参见［德］迪特尔·梅迪库斯：《德国民法总论》，邵建东译，35 页，北京，法律出版社，2000。

术语表

主要法律缩略语

1.《继承法》:《中华人民共和国继承法》,1985 年 4 月 10 日;

2.《民法通则》:《中华人民共和国民法通则》,1986 年 4 月 12 日;

3.《担保法》:《中华人民共和国担保法》,1995 年 6 月 30 日;

4.《合同法》:《中华人民共和国合同法》,1999 年 3 月 15 日;

5.《婚姻法》:《中华人民共和国婚姻法》,2001 年 4 月 28 日;

6.《合伙企业法》:《中华人民共和国合伙企业法》,2006 年 8 月 27 日;

7.《物权法》:《中华人民共和国物权法》,2007 年 3 月 16 日;

8.《侵权责任法》:《中华人民共和国侵权责任法》,2009 年 12 月 26 日;

9.《公司法》:《中华人民共和国公司法》,2013 年 12 月 28 日;

10.《民法总则》:《中华人民共和国民法总则》,2017 年 3 月 15 日。

司法解释缩略语

1.《民法通则意见》:最高人民法院《关于贯彻执行〈中华人民共和国民法通则〉若干问题的意见(试行)》,1988 年 4 月 2 日;

2.《合同法司法解释一》:《最高人民法院关于适用〈中华人民共和国合同法〉若干问题的解释(一)》,1999 年 12 月 19 日;

3.《合同法司法解释二》：《最高人民法院关于适用〈中华人民共和国合同法〉若干问题的解释（二）》，2009 年 4 月 24 日；

4.《诉讼时效司法解释》：《最高人民法院关于审理民事案件适用诉讼时效制度若干问题的规定》，2008 年 8 月 21 日；

5.《民事诉讼法司法解释》：《最高人民法院关于适用〈中华人民共和国民事诉讼法〉的解释》，2015 年 1 月 30 日；

6.《担保法司法解释》：《最高人民法院关于适用〈中华人民共和国担保法〉若干问题的解释》，2000 年 12 月 8 日；

7.《精神损害赔偿司法解释》：《最高人民法院关于确定民事侵权精神损害赔偿责任若干问题的解释》，2001 年 3 月 8 日；

8.《人身损害赔偿司法解释》：《最高人民法院关于审理人身损害赔偿案件适用法律若干问题的解释》，2003 年 12 月 26 日；

9.《继承法司法解释》：《最高人民法院关于贯彻执行〈中华人民共和国继承法〉若干问题的意见》，1985 年 9 月 11 日。

目　录

第一编　民法概述

第二编　民事主体

第三编　民事法律关系的内容

第四编　民事法律行为和代理制度

第五编 民事责任

第六编 时效和期间

细　目

第一编　民法概述

第二编　民事主体

第三编　民事法律关系的内容

第四编　民事法律行为和代理制度

第五编　民事责任

第六编　时效和期间

第一编

民法概述

第一章

民法的概念和调整对象

第一节　民法的概念

一、民法的语源

民法作为调整平等主体之间的财产关系与人身关系的法律，在各国法律体系中都占据着重要地位，但"民法"一词并非我国固有的概念。关于民法的语源，据考证，最早见于《尚书·孔氏传》。[①] 在《尚书·汤诰》篇中有"咎单作明居"一语，"孔氏传"对该句所作的注释是："咎单，臣名，主土地之官，作《明居民法》一篇，亡。"在清末立法时，民政部奏文中称："民法之称，见于尚书孔传。"这足以说明《尚书·孔氏传》中所提及的"民法"一词应为我国民法的辞源。不过，此处所指的"民法"一词，并非近代意义上的民法。至于古代法律典籍中出

---

① 参见龙卫球：《民法总论》，2版，13页，北京，中国法制出版社，2002。所谓《尚书·孔氏传》，经明清学者考证，系魏晋人伪托西汉经学家孔安国对《尚书》经文的注释。

现的"民事"一词也与现代民法中的民事一词具有极大的差异。

据许多学者考证，近代意义上的"民法"一词出现于明治时代的日本，中文"民法"一词是由日文转译而来，而日文中"民法"一词究竟是译自法语还是荷兰语，目前学界对此仍有争议。① 20 世纪初叶，上海南洋公学译书馆将《日本法规大全》（日本明治三十四年即 1901 年第三版）译成中文，其第三类法规为"民法"。光绪三十二年（1907 年）修订法律馆参照南洋公学译本翻译完成《新日本法规大全》，对系统化的私法法典也采用"民法"的称谓。② 清末变法时，修律大臣沈家本聘请日本学者松冈义正等人起草《大清民律草案》，借鉴"民法"一词，结合"唐律""明律""清律"的传统称呼，自创"民律"一词。③ 不过在此之前，沈家本、伍廷芳在向皇帝的奏折中就已经使用了"民法"一词。1926 年北洋政府曾起草一部民法草案，1929 年南京国民政府颁布了《中华民国民法总则编》，至此中国近代立法在法律上正式使用了"民法"的称谓。

应当承认，近代一些大陆法系的国家所使用的"民法"一词（在法文为 droit civil，英文中为 civil law，德文中为 bürgerliches Recht，在荷兰文中则为 Burgerlyk regt）皆由罗马法中的市民法（ius civile）转译而来。但格劳秀斯编著国际法时，以万民法称之。西方学者大都认为，罗马法的万民法为国际法的语源，而市民法则为民法的语源。从词源上，"民法"都源于拉丁文的"市民法"（ius civile）。④ 在罗马法中，"市民法"是罗马市民适用的法律总称，它是与"万

---

① 穗积陈重指出："'民法'一语，自箕作麟祥博士以其翻译法语'droit civil'以来，开始被普遍使用，所以我们原以为这是箕作博士始创的译语。但是当就此问题请教箕作博士时，博士解释说，这是采用了津田先生《泰西国法论》说载录之单词，不是自己的发明。于是又去请教津田先生，先生回答说，这个单词是他作为荷兰语'Burgerlyk Regt'的译语而新创的。"［日］穗积陈重：《法窗夜话》，107～108 页，东京，河山书房。转引自叶孝信主编：《中国民法史》，2 页，上海，上海人民出版社，1993。

② 参见张生：《民国初期民法的近代化》，4 页，北京，中国政法大学出版社，2002。

③ 也有人认为，19 世纪七八十年代，同文馆化学教习法国人毕利干（Anatole Adrien Billequin）翻译的《法国律例》之中，将《法国民法典》译为《法国民律》，开始使用民律一词指称近代私法法典；此后清末、民初民法典草案皆称"民律"草案。

④ ［德］迪特尔·梅迪库斯：《德国民法总论》，邵建东译，15 页，北京，法律出版社，2000。

民法"(ius gentium)相对应的概念。市民法适用于罗马公民之间的关系，万民法主要适用于罗马公民与外国人之间的关系。但是，在查士丁尼制定《国法大全》时，罗马帝国对其境内的所有居民皆赋予市民权，导致市民法与万民法的融合。自中世纪以来，"市民法"(ius civile)一词成为罗马法的总称，西方学者称之为私法。中世纪的时候，市民法又与教会法相对应。法国大革命之后，市民被理解为公民，因而民法被认为是适用于全体人民的法律。

二、民法的两种含义

从西方国家的情况来看，很少在法律中对民法的概念作出界定，通常都是由学者在学术著作中作出界定。目前仅有 1811 年《奥地利民法典》和 1917 年《巴西民法典》从民法为私法的角度给民法下了定义。[①] 而 1964 年《苏俄民法典》第 1 条也从调整对象角度规定了民法的概念。西方学者也大多从私法的角度给民法下定义。如日本学者认为，民法为"规律一般私人间关系之私法规范"[②]。笔者认为，对于民法的概念应分别从形式意义与实质意义两个方面加以理解。

(一)形式意义上的民法

形式意义上的民法就是指民法典。[③] 首先，法典是按照一定体系将各项法律制度系统编纂在一起的法律规范的总和，或者说是"就某一现行部门法进行编纂而制定的比较系统的立法文件。现行法律系统化的表现形式之一"[④]。而民法典就是指按照一定的体系结构将各项基本的民事法律制度进行系统编纂从而形成的规范性文件。它是体系化、系统化的产物，满足了形式理性的要求。正是由于体系上的完整性，所以民法典属于民事法律中最高形式的成文法；其次，民法典规定了基本的民事法律制度，所以民法典中大量存在的是普遍适用的基本民事法律

---

① 《奥地利民法典》第 1 条规定："民法为规定人民私的权利义务之法典"；《巴西民法典》第 1 条规定："本法典为规定私的权利义务，即人，物及其关系之法典"。
② ［日］甲斐道太郎、石田久喜夫：《民法教室》（一），4 页，东京，法律文化社，1981。
③ 参见［日］山本敬三：《民法讲义》（I），解亘译，8 页，北京，北京大学出版社，2004。
④ 《中国大百科全书·法学卷》，90 页，北京，中国大百科全书出版社，1984。

规范。因此一些学者认为，"不管在哪里，民法典都往往被当做整个法律制度的核心"①，"在19世纪，民法典在法国一直被视为核心，法律的真正心脏"②。大陆法系国家，自19世纪法典化运动以来，大都制定了民法典，它也是大陆法系国家法律体系的主要标志。在我国，由于尚未制定民法典，因而并不存在形式意义上的民法。

自中华人民共和国成立以来，立法机关曾于1954年、1962年、1979年和1998年四次启动民法典的起草工作，但受当时的历史条件所限，民法典的制定始终未能完成。党的十八届四中全会决定提出"编纂民法典"，为我国民法典的制定提供了新的历史契机。由于民法典内容浩繁、体系庞大，涵盖社会生活的方方面面，因而，制定民法典需要先制定一部能够统领各个民商事法律的总则。从我国民事立法的发展来看，虽然我国已经颁布了250部法律，其中半数以上都是民商事法律，但始终缺乏一部统辖各个民商事法律的总则。正是在这样的背景下，《民法总则》的制定不仅实质性地开启了民法典的制定步伐，并成为民法典的核心组成部分，而且有力地助推了法律体系的完善。《民法总则》颁行后，未来民法典各分编的编纂都要与《民法总则》进行协调，并以《民法总则》所确立的立法目的、原则、理念为基本的指导，从而形成一部价值融贯、规则统一、体系完备的民法典。在它正式通过以后，我国就将存在形式意义上的民法，即民法典。

（二）实质意义上的民法

实质意义上的民法是指所有调整民事关系的法律规范的总称，它包括民法典和其他民事法律法规。在我国，虽无民法典，但有一部作为民事基本法的《民法总则》，以及大量单行的民事法律和法规，因此，我国虽不存在形式意义上的民法，但实质上的民法是存在的。

从实质意义上的民法的角度来看，凡是调整平等主体之间的财产关系和人身关系的法律规范均属于实质意义上的民法，不论其存在的形式是民事普通法还是

---

①② ［美］艾伦·沃森：《民法法系的演变及形成》，李静冰译，191页，北京，中国政法大学出版社，1992。

民事特别法。基于此，实质意义上的民法也被称为广义的民法。[①] 在我国，它涵盖所有调整平等主体之间的财产关系、人身关系和婚姻家庭关系的法律法规，包括民法总则、物权法、债和合同法、侵权责任法、知识产权法、婚姻法、继承法以及公司法、证券法、保险法、海商法、票据法、破产法等，甚至包括行政法规中的民法性规范。

需要指出，实质意义上的民法与形式意义上的民法并不是对立的，而是相辅相成的，民法典制定以后，在民法典统率下，整个实质意义上的民法将构成一个体系完整的整体。即使将来制定了民法典，也无法排斥实质意义上的民法。实质意义上的民法不仅存在于单行民法、司法解释等规范性法律文件中，而且可以某一条或某几条的形式存在于在整体上属于公法，如行政法规的法律文件当中。当前，《民法总则》的颁布，使各种调整横向财产关系的单行民事法律法规，如专利法、商标法、著作权法、合同法、继承法、公司法、海商法等得以在《民法总则》的统辖下组成一个较为完备的体系，共同作用于社会主义市场经济关系。当然，仅仅有一部《民法总则》是不够的，从建立和完善社会主义法律体系的需要出发，我们应当尽快制定和颁布民法典。

三、我国民法的概念

如前所述，从大陆法系各国的民法典来看，大都没有在立法上给民法下定义，我国《民法总则》第 2 条从民法的调整对象和任务的角度，给民法下了一个定义，即民法是调整平等主体的自然人、法人和非法人组织之间的人身关系和财产关系的法律规范的总和。这一定义科学地揭示了我国民法所调整社会关系的范围和任务，从而明确地划定了民法与其他法律部门的界限，解决了长期以来学理上对民法定义的争论。除此以外，《民法总则》第 2 条的规定还具有如下几方面的意义：

[①] 参见施启扬：《民法总则》，1 页，北京，中国法制出版社，2010；郑玉波：《民法总则》，14 页，北京，中国政法大学出版社，2003。

第一，确立了我国民法统一调整社会主义市场交易关系的基本法地位。根据《民法总则》第 2 条，我国民法统一调整平等主体之间的财产关系，而平等主体之间的财产关系实质上就是指商品关系或交易关系，因此，无论是何类民事主体从事交易，不管它们在所有制性质、经济实力、企业规模等方面存在何种差异，也不管它们是自然人、法人、非法人组织，还是国家，只要它们以平等的民事主体的身份从事交易就应当遵循民法的规范，并受民法的调整。

第二，我国民法明确将人身关系作为其调整对象，突出了对人的尊重，体现了以人为本的理念。关于民法的调整对象，1986 年的《民法通则》第 2 条规定："中华人民共和国民法调整平等主体的公民之间、法人之间、公民和法人之间的财产关系和人身关系。"从该条规定来看，其将人身关系置于财产关系之后，但《民法总则》第 2 条规定："民法调整平等主体的自然人、法人和非法人组织之间的人身关系和财产关系。"从该条规定来看，其将人身关系调整至财产关系之前，这也宣示了民法对公民人身权利的保护，强调人身自由和人格尊严不受侵害，并以此作为民事立法的基础。

第三，界定了民法典的体系。民法典分则是由调整人身关系和调整财产关系的具体法律构建起来的，所以，《民法总则》关于调整对象的规定也确定了民法典的分则体系。具体而言，一是人身关系。人身关系主要分为两大类，即人格关系和身份关系，身份关系将表现为婚姻、继承编，而人格关系则应当表现为人格权编；二是财产关系。财产关系将在分则中分别独立成编，表现为物权编、合同债权编。可见，《民法总则》关于民法调整对象的规定实际上也奠定了我国民法典分则编纂体例的基础。从民法典体系发展来看，传统大陆法系国家民法虽然以保障人身权和财产权为己任，却仅在分则中规定了财产权（物权、债权）和身份权（有关亲属、继承的规定），但对人身权中最重要的权利即人格权，却没有在分则中作出规定，这本身表明，传统民法存在"重物轻人"的体系缺陷。①《民法总则》第 2 条在确定民法的调整对象时，将民法的调整对象确定为人身关系和

---

① 参见孙鹏：《民法法典化探究》，载《现代法学》，2001（2）。

财产关系，表明我国民法典分则应当重视对人身关系的调整，这也有助于克服传统大陆法系民法典"重物轻人"的体系缺陷，构建科学、合理的民法典体系。

第四，《民法总则》第2条的规定也确立了民商合一体制。我国《民法总则》统一调整平等主体之间的人身关系和财产关系，并未根据主体或行为的性质区分普通民事主体和商事主体，并在此基础上规定不同的行为规则，即我国民法不区分民事与商事关系。这不仅符合现代民事立法的趋向，而且消除了民商分立所产生的法律冲突的弊端。在《民法总则》确定的体制下，商法是作为民法的特别法而存在的，并未与民法相分立而独立存在。

四、民法的任务

民法在大陆法系的法律体系中具有举足轻重的地位。在大陆法系国家的法律体系中，民法作为规范市民社会的基本法，地位仅次于宪法，它确立了各类主体的基本行为规则，确定了市场经济运行的基本条件，所以也有"小宪法"之称。许多国家的法律汇编都将民法置于宪法之后。也正是因为民法在大陆法系国家的法律体系中居于如此重要的地位，大陆法系也被称为民法法系。我国《民法总则》第1条规定："为了保护民事主体的合法权益，调整民事关系，维护社会和经济秩序，适应中国特色社会主义发展要求，弘扬社会主义核心价值观，根据宪法，制定本法。"依据该条规定，我国民法的任务主要包括如下几点：

(一) 保障民事权益

制定民法典的首要目的是要保护民事主体的合法权益。民法典常常被称为"私权保护法""民事权利的宣言书"。它以确认、保障民事权益为基本宗旨。从民法典的内容和体系来看，保障民事权利是民法典体系结构安排中的红线和中心轴。民法总则就是按照"提取公因式"的方法，将民事权利保护的共性规则确立下来。有关自然人、法人和非法人组织的规定，就构成了民事权利的主体；有关民事权利的规定，就构成了民事权利的具体内容、体系以及民事权利的行使方式；有关民事法律行为和代理的规定，就确认了民事权利行使所形成的法律关

系；有关民事责任的规定，就是因侵害民事权利所应承担的民法上的后果；有关诉讼时效和期限的规定，就是民事权利行使的时间限制。《民法总则》通过构建完整的民事权利体系，强化了私权保障，也为法治建设奠定了重要的基石。法治的基本价值是"规范公权，保障私权"。法律的主要功能在于确认权利、分配权利、保障权利、救济权利，其价值在于保障私权、限制公权。《民法总则》构建了民事权利体系，弘扬了私权神圣和私法自治，强化了对人格尊严价值的保障，这些都为我国的法治建设提供了坚实基础与有力保障。《民法总则》全面保障私权，体现了当代中国的时代特征，回应了这个时代的现实需求。例如，该法首次在法律上正式确认隐私权，有利于日益被人们重视的隐私权保护。又如，针对互联网和大数据等技术发展带来的侵害个人信息现象，规定了个人信息的保护。将个人信息明确为新的民事权益，是重视人格尊严的体现，也是尊重基本人权的体现。

（二）调整民事关系

每一个法律部门都有其特定的调整对象与适用范围，正是因为调整对象的不同才形成了特定的法域，并在此基础上构建了整个法律体系。尽管各国的法律体系各具特点，但基本上都以调整对象或调整方法为标准划分各个法律部门，我国法律体系的构建也不例外。民法之所以能够成为我国最重要的法律部门之一，首先是因为它具有特定的调整对象，其主要包括两种：一是平等主体之间的人身关系，如因生命权、健康权、名誉权等的享有和行使而形成的关系就属于人身关系中的人格关系。二是平等主体之间的财产关系，如基于物权、债权而形成的关系。正是由于民法调整对象是平等主体之间的关系，决定了其主要通过任意法规范赋予当事人以私法自治的权利（主要是通过法律行为），并以此种方式调整平等主体之间的社会关系。还要看到，特定的调整对象决定了特定的调整方法，民法调整对象的特殊性决定了它要采用平等、有偿、自愿等调整方法，并以私法自治作为其基本的价值理念。

（三）维护社会和经济秩序

民法典被称为市民社会的百科全书和市场经济的基本法。民法调整的人身关系和财产关系涉及社会生活的方方面面，直接关系到人民群众的切身利益和社会

的生产生活秩序，同每个民事主体都密切相关。民法通过规定完善的民商事法律制度的基本规则，引领经济社会发展，更好地平衡社会利益、调节社会关系、规范社会行为、维护社会经济秩序。① 例如，民法所确认的财产权制度，就是维护社会和经济秩序的基本制度。中国古代就有"一兔走，百人追之；积兔于市，过而不顾，非不欲兔，分定不可争也"的说法。产权的目的就是明确财富的归属，明晰权利的主体，进而可以达到定分止争的效果。财富归属上的安定性是人类社会生活的前提，是人类的基本安全，也是保证人格发展的必要前提。保护产权，形成恒产恒心是推动经济持续健康发展的保障。再如，民法的人身权制度就是要保障人们基本的人身安全，保障人格尊严。在当今人民群众的生活水平得到极大提高的情况下，我们应当将人格尊严的保障提高到重要的地位，如此，才能维护正常的社会秩序。

民法总则通过一系列制度和规则的完善，有力地维护了市场经济的法律环境和法治秩序。民法总则确定了绿色原则，顺应了保护资源、维护环境的现实需要；该法在法律上明确宣告"民事主体的财产权受法律平等保护"，将有力地促进社会财富的创造；该法明确了法人的分类标准，丰富了法人的类型，确认了非法人组织的民事主体地位以及责任，将有力地激发市场主体的活力，促进社会经济的发展；该法完善了民事法律行为、代理和时效的相关规则，也将极大地促进市场法治环境的健全。

（四）适应中国特色社会主义发展要求

民法作为上层建筑，是服务于经济基础的。中国特色社会主义是在中国共产党领导下，立足基本国情，以经济建设为中心，坚持四项基本原则，坚持改革开放，解放和发展社会生产力。我国《宪法》确认了以公有制为主体、多种所有制经济共同发展的基本经济制度，同时规定国家实行社会主义市场经济。民法典被称为市场经济的基本法，其必然要维护我国基本经济制度，适应中国特色社会主义发展要求，促进社会经济的健康、有序发展。一方面，《民法总则》通过确认

---

① 参见李建国：关于《中华人民共和国民法总则（草案）》的说明。

对财产权的平等保护，这体现了对多种所有制的财产权利进行平等保护的理念，有利于我国基本经济制度的完善。另一方面，《民法总则》立足于我国国情，从中国实际出发，解决中国的实际问题。《民法总则》是对我国民事立法、司法经验总结、提炼的结果，展现了1749年以来，尤其是改革开放以来我国的法治建设经验。《民法总则》确立了市场经济的基本法律制度，完善市场主体法律制度、市场交易法律制度等，有力地促进了中国特色社会主义市场经济法律制度的完善。

（五）弘扬社会主义核心价值观

社会主义核心价值观是社会主义核心价值体系的内核。社会主义核心价值观是中华民族赖以维系的精神纽带和思想道德基础，是每一个中国人的精神给养，也是我们的宝贵精神财富和强大精神力量。具体来说，富强、民主、文明、和谐是国家层面的价值目标，自由、平等、公正、法治是社会层面的价值取向，爱国、敬业、诚信、友善是公民个人层面的价值准则。它们共同构成了我国社会主义核心价值观的基本内容。《民法总则》第1条开宗明义地指明，我国民法典的立法目的之一，是要弘扬社会主义核心价值观。将社会主义核心价值观融入全过程，弘扬中华民族传统美德，强化规则意识，增强道德约束，倡导契约精神，弘扬公序良俗。①

民法典对于社会主义核心价值观的弘扬，主要表现在如下几个方面：一是《民法总则》确认平等原则，强化了财产权的平等保护。这些都是法律面前人人平等原则的具体化，也是反对特权、反对歧视等社会现实的要求。二是《民法总则》确认自愿原则，贯彻私法自治理念，贯彻了"法无禁止皆自由"的精神，这实际上进一步弘扬了自由的理念。三是《民法总则》确认了诚实信用原则，要求从事民事活动，遵循诚信原则，秉持诚实、恪守承诺，大力提倡契约精神。这有利于强化人们诚实守信、崇法尚德，为维护社会正常的生活和交易秩序，推进法治建设，奠定良好的社会基础。四是《民法总则》确认了公序良俗原则，禁止滥

---

① 参见李建国：关于《中华人民共和国民法总则（草案）》的说明。

用私权，要求人们在行使民事权利的同时，也要履行民事义务，鼓励见义勇为和救助行为，致力于构建和睦的人际关系。这也有助于社会道德风尚的弘扬和传统美德的培育。五是《民法总则》确认了公平原则，要求民事主体合理确定其权利义务，避免当事人之间的权利义务失衡，这实际上是公正价值的重要体现。总之，民法通过其基本原则、具体制度和规则的构建，为弘扬社会主义核心价值观发挥了重要作用。

第二节　民法的性质和特征

一、民法是私法

大陆法系国家和地区，许多学者在从学理上界定民法的定义时，大都是从公法与私法分离与对立的角度来展开，如拉伦茨在《德国民法通论》中开宗明义地指出，"民法是私法的一部分""私法是整个法律制度中的一个组成部分"①。我国台湾地区学者也大都持有相同的看法。② 公法和私法的区分最初由罗马法学家乌尔比安提出，并为《学说汇纂》所采纳。但长期以来，关于公法和私法的分类标准极不统一。主要形成了三种不同的观点：

一是利益说，即根据法律保护的利益涉及的是公共利益还是私人利益区分公法和私法。此种标准为乌尔比安首倡。乌尔比安指出，公法是关于罗马国家的法律，私法是关于个人利益的法律。③ 这种学说曾经是公私法划分的重要标准，但自 20 世纪以来，随着国家干预经济的发展和福利国家概念的流行，公共利益与私人利益往往很难区分，此种分类已经走向衰落。例如基础设施建设、政府采购

---

① ［德］卡尔·拉伦茨：《德国民法通论》上册，王晓晔等译，3 页，北京，法律出版社，2003。

② 参见陈铁雄：《民法总则新论》，9 页，台北，1984。"民法系私法之一部分，乃规律私人间一般社会生活关系之根本法""民法系人类社会生活之规范，约束人类私人间之关系"。

③ 参见［意］彼德罗·彭梵得：《罗马法教科书》，黄风译，9 页，北京，中国政法大学出版社，1992。

等不仅涉及公共利益，而且涉及私人利益。就民法的功能而言，其不仅保护个人利益，而且往往同时也保护公共利益。例如，私法保护交易安全的利益，保护社会秩序和市场经济的利益。反过来说，虽然公法通常涉及公共利益，但也并不是仅仅关系到公共利益，它同样也适当地照顾个人利益①，例如行政管理也涉及对相对人利益的保护。

二是隶属说，也称为"意思说"。此种观点为德国学者拉邦德倡导，他认为应根据调整对象是隶属关系还是平等关系来区分公私法，公法的根本特征在于调整隶属关系，私法的根本特征在于调整平等关系。② 此说长期为学界通说，也为我国《民法通则》第 2 条所借鉴。但完全以隶属关系还是平等关系来区分公法和私法也有一定缺陷。在民法调整的身份法领域，也存在一定的隶属关系，例如，父母在其行使监护权尤其是教育权的范围内，也可以要求未成年子女承担义务。③ 此外在公法领域中，也出现了越来越多的平等关系，如政府采购契约、行政契约等。所以，近来也有德国学者认为，私法是调整社会中单个平等成员间关系的法，而公法则一般是调整上下关系的成员之间关系的法。当然这一标准也并非绝对，私法也可能调整上下关系，公法也可能调整平等关系。即使法律调整的关系包括公权力主体，也不意味着此法律一定是公法，仅在该法律调整对象恰好是公权力主体履行其职能时，才属于公法，反之则可能属于私法。当然，某一生活事实可能同时受到公法和私法的调整，例如，私法中法律行为的效力（有效者无效）可能会取决于公法上的行为，或者导致公法上的结果。④

三是主体说。该说为德国学者耶律内克所倡导，并得到日本学者美浓部达吉的赞同。此种观点认为，应当以参与法律关系的各个主体为标准来区分公法和私法，如果这些主体中有一个是公权主体，即法律关系中有一方是国家或国家授予

---

① 参见 ［德］卡尔·拉伦茨：《德国民法通论》上册，王晓晔等译，4～5 页，北京，法律出版社，2003。

②③ 参见 ［德］迪特尔·梅迪库斯：《德国民法总论》，邵建东译，11 页，北京，法律出版社，2000。

④ Brox/Walker, Allgemeiner Teil des BGB, 32. Aufl., Carl Heymanns Verlag, 2008, Rn. 10, S. 8.

公权的组织，则构成公法关系。正如拉伦茨指出的："私法是整个法律制度中的一个组成部分，它以个人与个人之间的平等和自决（私法自治）为基础，规定个人与个人之间的关系。与私法相对，公法是法律制度中的另外一个部分，它规定国家同其他被赋予公权的团体相互之间、它们同它们的成员之间的关系以及这些团体的组织结构。"① 该学说为现代公法和私法区分的通说。② 但这种分类也有一定缺陷。例如在现代社会，国家参与民事活动，该种行为的性质应如何界定？虽然其是以民事主体的身份参与民事活动的，但仍然行使一定的公权力。再如，我国国家土地管理机构出让土地使用权，其既作为民事主体，也履行一定监管职能，因此，完全根据主体说区分公法和私法也会遇到一些困难。

公法私法的分类标准直到现代仍然是一个争论的话题，英国学者哈勒曾于1904 年举出 17 种标准，瑞士学者荷林嘉也于 1904 年举出 17 种，法国学者华尔兹于 1928 年举出 12 种。可以说，迄今为止，公法和私法的划分标准仍然是一个值得研究的课题。特别是 20 世纪以来，由于国家干预经济的加强，传统的私法中渗进了公法的因素，出现了私法公法化的现象，公法中的义务介入私法领域中去，对民事权利构成了一定的限制，据此，许多学者认为，公法和私法发生了部分的融合，不应当再区分所谓的公法和私法，民法即私法的观点已难成立。③

笔者认为，各种分类标准都是相对合理的，不可能存在一种绝对的划分标准，但仍然应当将社会关系的性质和主体的性质结合起来，作为区分公法和私法的标准。从原则上说，凡是平等主体之间的财产关系和人身关系都属于私法关系，而具有等级和隶属性质的关系属于公法关系；私法关系的参与主体都是平等主体，国家介入也是作为特殊的民事主体来参与的，而公法关系中必然有一方是公权主体，其参与社会关系也仍然要行使公权力。采取这样一种分类可以大致明确地区分开私法与公法的关系。民法作为私法的组成部分，主要调整私法关系。

在区分公法和私法的同时，也涉及立法上如何处理公法和私法的相互关系问

---

① ［德］卡尔·拉伦茨：《德国民法通论》上册，王晓晔等译，3 页，北京，法律出版社，2003。

② 参见［德］迪特尔·梅迪库斯：《德国民法总论》，邵建东译，12 页，北京，法律出版社，2000。

③ 参见陈卫佐：《德国民法总论》，12 页，北京，法律出版社，2007。

题，由此产生了三种不同的观点。一是私法优位主义。此种观点认为，从保护私权、维护私法自治出发，私法应当具有比公法优越的地位，人民的私权非有重大的正当事由不受限制或剥夺。在此基础上形成法治国家。二是公法优位主义。此种观点认为，公法较之于私法应当具有优越地位，这也就是国家中心主义的法律观。^① 此种模式在实践中即表现为警察国家制度。三是私法公法化。此种观点认为，私法虽然是社会生活的基本法律，但国家从维护社会实质正义需要出发，要对私法关系进行干预，从而在此基础上建立现代的法律秩序。^②

在我国区分公法和私法的意义是重大的。在计划经济时代，我国一直否认公私法的划分，认为在社会主义公有制下，国家广泛参与社会生活，经济关系和人身关系都有国家干预的色彩，所以社会主义国家的法律都具有公法性质，而不存在私法。由于否认了公私法的分类，在实践中过分强调国家利益和国家干预，漠视私人利益和私人自主调整。此种否认公私分类的观点显然不符合我国社会主义市场经济的实践，也不利于社会主义民主政治的完善。笔者认为，区分公私法的意义主要体现在以下几个方面：

第一，私法领域中奉行的基本原理是私法自治，民事主体有权在法定的范围内根据自己的意志从事民事活动，通过法律行为构建其法律关系。法律行为是实现私法自治的工具，它建立了一种在法律范围内由当事人自主调整其法律关系的模式。在市场经济条件下"尽可能地赋予当事人行为自由是市场经济和意思自治的共同要求"^③。民事关系特别是合同关系越发达、越普遍，则意味着交易越活跃、市场经济越具有活力，社会财富才能在不断增加的交易中得到增长。对于私人之间的关系，只要不涉及国家利益、社会公共利益，国家原则上不进行干预。只有在当事人出现纠纷之后，国家才以裁判者的身份行使国家权力，解决纠纷。所以，私法不仅给每个人提供了必要的发展其人格的可能性，而且由私法赋予的

---

① 参见梁慧星：《民法总论》，4 版，35 页，北京，法律出版社，2011。
② 参见郑玉波：《民法总则》，8 页，台北，三民书局，1979。
③ 江平：《市场经济和意思自治》，载《中国法学》，1993（6）。

决策自由往往对主体而言更为有利。① 区分公法和私法，有助于在私法领域提倡当事人意思自治，尽可能地减少国家的干预。

第二，在公法领域中，公共权力必须法定，"法无授权不可为（All is prohibited unless permissible)"，没有国家法律的明确授权，公权力机关就不得任意从事行为。而在私法领域，奉行私法自治的理念，法无禁止即可为（All is permissible unless prohibited)，其赋予了当事人广泛的自由。这两项原则也符合"规范公权、保障私权"的法治理念。当然，在主体制度方面和侵权责任法领域极少采用"法不明文禁止则为允许"的规则，这一规则主要适用于债法领域。

第三，区分公私法有助于正确认定法律责任的性质。出现社会纠纷以后，如果涉及私法关系，所产生的就是私法上的后果；如果涉及公法关系，则产生公法上的效果。② 私法规范的是民事法律关系，而公法主要规范行政法律关系。私法强调对自然人、法人的合法民事权利的保护，充分尊重民事主体在法定的范围内所享有的行为自由，尊重民事主体依法对自己的民事权利和利益所作出的处分。③ 而公法则更注重对民事关系的干预和对社会经济生活的管理。

第四，保障公民权利不受侵犯。区分公法和私法，不仅为市场经济提供了必不可少的意思自治原则，而且为社会主义市场经济奠定了充分尊重主体的自由和权利的新的法治原则。④ 区分公私法就是要确立私权神圣不可侵犯、国家应当充分地尊重和保障公民权利不可侵害的观念。公民私权不受侵犯，不仅包括在私法领域不受作为私法主体的第三人的侵犯，而且更为重要的是，也包括不受国家权力本身的不正当侵犯，这正是现代法治的重心之所在。将民法归入私法的范畴，强调对公民权利的充分保护，对于培育和发展公民的权利意识和平等观念是十分必要的。由于民法主要是私法，民法要以确认和保护公民的财产权和人身权为重要职能，如果每个公民真正理解和遵循民法，也就意味着每个公民懂得自己享有

---

① 参见［德］迪特尔·梅迪库斯：《德国民法总论》，邵建东译，14 页，北京，法律出版社，2000。
② 参见谢怀栻：《外国民商法精要》，51～52 页，北京，法律出版社，2002。
③ 参见梁慧星：《民法总论》，29 页，北京，法律出版社，1996。
④ 参见刘海年等编：《依法治国，建设社会主义法治国家》，25 页，北京，中国法制出版社，1996。

何种民事权利，懂得捍卫自己和尊重他人的财产权益、人身自由和人格尊严；也就意味着每个公民都会平等地对待他人，并要求他人平等地对待自己。这些无疑是社会主义法治所需要的人与人之间的正确关系。

第五，从民法的角度来看，区分公法和私法也有助于明确民法规范的基本属性。明确民法为私法，就是要根据社会经济生活的需要来妥当设置法律规范。民法规范尤其是合同法规范中，主要是任意性规范，强行性规范主要发挥着划定民事主体意思活动界限的功能，原则上不对民事活动进行积极干预，但是在涉及财产制度的物权法和伦理性浓厚的亲属法中，强行性规范扮演着重要角色。在民法中，原则上当事人有约定时依约定，无约定时则依法律规定，当事人的约定要优先于法律的任意性规定而适用。我国民事立法中要尽量减少对民事活动的不合理的限制，国家应当尊重公民在私人生活领域中的意思自由。

最后需要指出的是，民法只是私法最主要的部分，它不完全等同于私法，或者说，民法是私法的核心部分。[①] 除民法之外，国际私法等也应当属于私法的组成部分。[②]

二、民法是市场经济的基本法

民法是市场经济的基本法。从民法的历史沿革上看，民法始终是与商品经济或市场经济的发展紧密联系在一起的。在古罗马时期，正是由于出现了较为发达的简单商品经济，罗马法才得以孕育、产生和完善。欧洲中世纪后期，资本主义商品生产和交换在封建的自然经济的空隙中产生和发展，导致了罗马法的复兴。1804 年《法国民法典》以罗马法为蓝本，巧妙地运用法律形式把刚刚形成的资本主义社会的经济规则直接翻译成法的语言，从而"成为世界各地编纂法典时当作基础来使用的法典"。19 世纪末期，市场经济的发展，产生了资本主义成熟时

---

① 参见［德］卡尔·拉伦茨：《德国民法通论》上册，王晓晔等译，10 页，北京，法律出版社，2003。

② 关于民事诉讼法、国际私法在性质上是否属于私法，在理论上尚有不同的见解。

期的法典代表——《德国民法典》。

从民法的内容来看，民法调整的财产关系实际上主要就是财产归属关系和财产流通关系。在市场经济条件下，财产归属关系是财产交易的前提，而交易最终向财产的归属转换。马克思在描述商品交换过程时指出："商品不能自己到市场去，不能自己去交换。因此，我们必须找寻它的监护人，商品所有者。""为了使这些物作为商品彼此发生关系……每一方只有通过双方共同一致的意志行为，才能让渡自己的商品，占有别人的商品。可见，他们必须彼此承认对方是私有者。"[①] 这就表明，商品关系的形成必须具备三个条件：一是必须要有独立的商品"监护人"（所有者）；二是必须要商品交换者对商品享有所有权；三是必须要商品交换者意思表示一致。这就是在交换过程中形成的商品关系的内在要求，与此相适应，形成了以调整财产所有和财产交换为目的，由民事主体、物权、债和合同等制度组成的具有内在联系的民法体系。

1. 主体制度。作为民法主体的当事人，大多是财产和其他权益的享有者、在动态中的交换者。这类主体的特征就在于他们的独立性，即意志独立、财产独立、责任自负。马克思在提及商品关系时所强调的"独立资格""独立的商品所有者"等即指这一类主体。我国民事主体制度就是这些独立的主体（自然人或法人）所必备的权利能力和行为能力等方面的规定，是商品关系的当事人在法律上的反映。民事主体制度包括自然人、法人、非法人组织制度，这些制度的适用范围是十分广泛的，任何组织和个人，无论其在行政法律关系、劳动法律关系中的身份如何，也无论其所有制形式和经济实力如何，他们从事市场经济活动的主体资格皆由民法主体制度所确认，其合法权益受民法保护。

2. 物权制度。所有权和其他物权制度是规范财产（动产和不动产）的所有和使用关系的基本制度。《民法总则》和《物权法》所规定的所有权制度是直接反映所有制关系的，但也和交易关系有内在的联系。产权的初始界定是交易的前提，也是降低交易费用的重要条件。交易就其本质而言主要是所有权的让渡。所

---

① 《马克思恩格斯全集》，第23卷，102页，北京，人民出版社，1972。

有权是商品生产和交换的前提，也是商品的生产和交换的结果。所有权在生产领域中的使用消费就是商品生产，在流通领域中的运动就是商品交换，商品生产者从事生产和交换的前提条件，就是要确认其对劳动工具和劳动对象的占有、使用、收益和处分的权利，保障他们在交换中的财产所有权的正常转移。民法的其他物权如建设用地使用权、抵押权等既是市场经济赖以形成的重要基础和前提条件，也是市场经济的产物。

3. 债和合同制度。债和合同是财产交易在法律上的体现，是商品流通领域中最一般的、普遍的法律规范。《民法总则》所规定的民事法律行为制度、债权制度大多是规范交易行为的，债的一般规则是规范交易过程、维护交易秩序的基本规则，而各类合同制度也是保护正常交换的具体规则。典型的买卖活动是反映商品到货币、货币到商品的转化的法律形式，不过，财产交换过程并不止纯粹的买卖，还包括劳务的交换（诸如加工、承揽、劳动服务）、信贷、租赁、技术转让等合同形式以及票据的流转、财产的抵押、资金的偿付等债的形式。它们都是单个的交换，都要求表现为债的单元，并受到民法债权制度的确认和保护。由于债权制度的设立，给商品交换带来了巨大的方便，因而它超出了地域的、时间的和个人的限制，有力地推动了财产的流转。

4. 客体制度。民法所确认的权利客体，也是适应交易的需要而产生和发展的。日本著名民法学家我妻荣认为，所有权制度变化的一个重要特点表现在物权关系和客体的结合。如不动产与附随不动产的权利成为一体，集合物作为单一的物权客体；构成一个企业的许多物的权利关系和事实关系结合而成为企业的财产，并能够作为一个物权的客体来看待。[①] 权利和物结合共同构成法律上的集合物并成为所有权的客体和某项交易的对象，表明交易的对象日益丰富以及对物的利用效率也不断提高。所有权客体的变化还表现在有价证券的产生与发展方面。在农业社会中，土地和其他不动产在经济生活中居于最重要的地位，随着商品经济的发展，动产逐渐显得重要。如果说在1804年的《法国民法典》中，财产的

---

① 参见［日］我妻荣：《物权法》，2页，东京，岩波书店，1995。

客体主要是土地、房屋等，那么在 1900 年的《德国民法典》中，有价证券已经成了财产的重要的客体，有价证券被视为新的动产。[①] 有价证券形式上是债权，实质上是所有权。特别是对无记名证券来说，谁依法占有无记名证券，谁就成为该证券所记载的财产的权利人。有价证券的出现，改变了近代以来西方社会财产的概念，它使财产易于保管、隐藏、使用和转让，极大地促进了市场经济的发展。

　　民法是市场经济的基本法，这就意味着市场经济的建立和完善，离不开民法的支持；同时，民法制度也应当按照市场经济的内在要求来构建，并符合市场经济的运行规律。如果我们要确认我国的经济是以平等、等价和自由竞争、由市场引导生产要素自由流转和组合的市场经济，那么就应当充分贯彻意思自治、诚实信用、鼓励交易、公平正义等价值理念，尽量减少国家对经济生活的干预，加强对民事主体权利的保障。所以，市场经济的成熟很大程度上是以民商事规则的成熟为标志的。

三、民法是市民社会的基本法

　　市民社会（Civil Society）原指伴随着西方现代化的社会变迁而出现的、与国家相分离的社会自治组织状态。[②] 在该意义上首先使用市民社会一词的是黑格尔，他在《法哲学原理》一书中，对国家与市民社会作出了明确划分，并提出了政治国家和市民社会的分离和对立。黑格尔认为，社会生活领域中的个人都在市场法则之下追逐一己之私利，在这种由市民构成的社会中，由于各人利益上的差异性与彼此之间的互补性，从而形成了相互依存的关系。此种关系具有不受国家支配和控制的社会自主性。正是社会生活领域中的这一特征，使市民社会构成一

---

　　① 参见〔苏〕弗莱西茨：《为垄断资本主义服务的资产阶级民法》，10 页，郭寿康译，北京，中国人民大学出版社，1956。

　　② 汉语世界使用的"市民社会"一词，大体是由英文 civil society 一词转译而来。该词的最早含义可上溯至亚里士多德，他认为 civil society 一词，系指一种"城邦"（Polis）。邓正来：《国家与社会》，25 页，成都，四川人民出版社，1997。

种与国家相分离和相对应的独立自主领域。而基于市场关系的契约性人际关系以及在此基础上形成的社会自组织性，属于市民社会概念的最核心内容。① 在欧洲，市民社会是在中世纪后期的城市自治的基础上发展起来的。它是在新兴的资产阶级反对封建等级特权，维护其自身的市民权利不受封建领主权力侵害的过程中而产生的。从欧洲早期市民社会发展的历史来看，市民社会是市场经济对社会结构的改造的历史产物，市场经济的发展，导致人际关系从身份到契约的转化，必然促使社会领域从政治国家中分离出来。社会领域中的契约关系是民事或生活中的基本交往关系，是结合市民社会内部个人、社团彼此关系的基本纽带。② 市民社会是对私人活动领域的抽象；政治国家是对公共活动领域的抽象。个人也因此而具有双重身份：市民与公民。作为市民，个人在市民社会中按私人利益行事，并在平等的交往中形成一些共同的规则，这种平等者之间的关系，发展成为私法关系；作为公民，个人通过一定的民主形式参与国家的管理，享有公民权，并在公共利益领域服从行政权力的介入、管理，这是公法关系。③ 市民社会中的社会成员的基本权利获得法律的保护和支持，具体来说包括人身自由、私有财产不可侵犯以及保护这种自由和权利的法律制度。

由于市民社会从政治国家中分离，民法作为市民社会的基本法也相应地产生、发展。现代社会中的每个社会成员，既是市民社会的成员，也是国家的公民。其以市民社会成员的身份与他人达成各种民事关系以实现自己的权利必然要求获得民法上的保护。正是从这个意义上说，民法是市民社会的权利典章，是市民社会中民事权利的保护神。④ 而市民社会的关系都要求通过民法的调整以实现市民社会的正常秩序。

民法作为市民社会的基本法，其所调整的人身关系和财产关系涉及社会生活的方方面面，直接关系到人民群众的切身利益和社会的生产生活秩序。我国《民

---

① 参见萧功秦：《市民社会与中国现代化的三重障碍》，载《中国社会科学季刊》（香港），1993 (10)。

② 参见石元康：《市民社会与重本抑末》，载《二十一世纪》，1991 (6)。

③ 参见董保华等：《社会法原论》，18 页，北京，中国政法大学出版社，2001。

④ 参见胡宝海：《民法上的人》，3 页，北京，中国社会科学出版社，1999。

法总则》从维护广大人民群众根本利益出发，完善了社会生活的基本规则：一方面，《民法总则》开宗明义地宣告，要以弘扬社会主义核心价值观为立法目的，倡导自由、平等、公正、法治等价值理念，并确认了诚实信用原则、公序良俗原则等基本原则，要求从事民事活动，秉持诚实、恪守承诺，这有利于强化人们诚实守信、崇法尚德，推进诚信社会建设。《民法总则》规定了民事权利行使和保护的规则，规定"民事主体行使权利时，应当履行法律规定的和当事人约定的义务"（第131条），禁止滥用权利（第132条），民事法律行为和代理制度为人们的交往活动提供了基本的准则。另一方面，《民法总则》广泛确认了民事主体所享有的各项权益，规定了胎儿利益保护规则、民事行为能力制度、老年监护制度、英烈人格利益保护等，实现对人"从摇篮到坟墓"各个阶段的保护，每个人都将在民法慈母般爱抚的眼光下走完自己的人生旅程。该法还规定了民事责任制度，切实保障了义务的履行，并使民事主体在其私权受到侵害的情况下能够得到充分的救济。

四、民法是权利法

作为市场经济发展的产物，现代法治的观念是与权利联系在一起的。法治是人类文明的成果和千百年来社会政治组织经验的体现，具有其特定的内涵，这就是公民在法律面前一律平等，公民的权利得到充分的保护，法律成为社会全体成员一切行为的规范和标准。现代法治的精神是"规范公权、保障私权"，其重心在于对私权的全面确认和充分保障，而确认与保护权利必须依赖于民法功能的充分发挥。"法律即为客观的权利，权利即为主观的法律"[1]，民法最基本的职能在于对民事权利的确认和保护，"民法是作为权利的体系而被构建的"[2]，这就使民法具有权利法的特点。

第一，从历史上看，民法就是要保障私权，从而可以发挥对抗公权力干预的

---

[1]　李模：《民法总则之理论与实用》，23页，台北，三民书局，1992。

[2]　[日]大村敦志：《民法总论》，江溯、张立艳译，34页，北京，北京大学出版社，2004。

作用。在民法的发展历史上，无论是在所谓的义务本位时期还是所谓权利本位、社会本位时期，民法都强调对私权的充分保护。无论古罗马法、19世纪的法国民法如何主张个人本位，而现代民法又如何倡导团体本位；也无论在不同历史时期，不同所有制的社会的民法所保障的权利在性质上存在何种区别，各个社会的民法都坚持了一个最基本的共性：民法以权利为核心，换言之，民法就是一部权利法。在社会经济生活中，重视民法则权利观念勃兴，贬低民法则权利观念淡薄。几千年来法律的发达史已充分证明了这一点。

第二，民法体系的构建以权利为基本的逻辑起点。《民法总则》继续采纳《民法通则》的经验，专设"民事权利"一章，集中地确认和宣示自然人、法人所享有的各项民事权利，充分地彰显民法对私权保障的功能。民事权利是民法体系的核心，民事法律体系中的许多规范都是为了民事权利的确认、运行、保护而逻辑地延伸出来的（如人格权、物权、债权、继承权等）。在民法总则中，主体制度实际上确认了权利的归属者，所以民事主体又称为权利主体；法律行为与代理制度实际上是规范主体设定和处分权利的行为；诉讼时效制度实际上是权利行使的期限；而民法分则完全是以权利为内容展开的，并分别形成了物权、债权、人身权等权利体系。正是在这个意义上，我们往往将民法称为权利法。《民法总则》确认的自然人所享有的人身权、物权、债权、知识产权等，都是自然人的基本权利，它们共同构成了民法的完整体系。还要注意的是，私法自治要求以民事权利为中心，按照市场经济的基本规律，通过主体的自治来有效地分配社会资源，这也必然要求建立以民事权利为中心的民法体系。

第三，民法通过保障权利从而确认当事人的行为规则。权利表现为行为的自由，权利人行使权利是其依法享有的自由，但自由止于他人的权利，行使权利不得妨害他人的权利，所以我国民法确认了诚实信用、权利不得滥用等法律原则，对权利进行必要的限制，从而平衡权利的冲突和正确地解决人际纠纷。

第四，从权利救济的角度来看，无救济则无权利，通过民法的方法提供司法救济，是确认权利的重要手段。《民法总则》不仅对各项民事主体的各项权利实行平等的保护，而且通过民事责任制度维护个人的人格尊严、价值以及生活的安

定；当自然人、法人所享有的各项民事权利受到侵害时，受害人均可借助侵权责任法获得救济。正如彼得·斯坦所指出的："权利的存在和得到保护的程度，只有诉诸民法和刑法的一般规则才能得到保障。"[①] 可见，民法保护民事主体各项权利的功能，集中体现了法律的基本价值。民法将侵害各种权利的责任形态集中加以规定，受害人一旦遭受侵害，可以明确其在法律上享有的各种补救手段，甚至可以在各种救济手段之间进行理性的选择。民法规定的权利体系不是静态的、固定的，而是与社会发展过程同步的，它通过提供救济的方法对新型的利益进行确认，从而衍生、发展出新的权利。从这个角度而言，民法还具有权利生成的功能，例如，一般人格权、隐私权等新型权利的出现就体现了民法这方面的功能。

明确民法是权利法，不仅有助于明确民法的性质和功能，而且要求在当前的民事立法中，贯彻以民事权利为中心构建私法体系的思想，从而真正使我国民法典成为一部现代的权利宣言和权利宪章，从而为我国社会主义市民社会的发育和市场经济的完善提供制度支撑。同时，通过权利法的构建，有助于民法的独立发展和自我实现，鼓励公民为权利而斗争，从而有效地制约公共权力的滥用，促成市民社会和政治国家的良性互动。通过对各种权利的确认，形成新型的人际关系和社会秩序。

《民法总则》继续采纳《民法通则》的经验，专设"民事权利"一章，广泛确认自然人享有的各项人格权、物权、债权、知识产权、亲属权、继承权等权利，使其真正成为"民事权利的宣言书"。《民法总则》系统、全面地规定了民事主体所享有的各项人身、财产权益，尤其体现了当代中国的时代特征，回应了当今社会的现实需求。例如，该法首次正式确认隐私权，有利于强化对隐私的保护。还应当看到，民法不仅保护权利，还保护法益。尽管民法保护的重心是权利，但也不限于此，合法利益也在民法的保护范围之内，例如，《民法总则》第126条规定："民事主体享有法律规定的其他民事权利和利益。"依据该条规定，不论是权利还是利益，都受到法律保护。这不仅与保护民事权益的基本原则相对

---

① ［英］彼得·斯坦、约翰·香德：《西方社会的法律价值》，王献平译，41 页，北京，中国人民公安大学出版社，1990。

应，而且为将来新型民事权益的保护预留了空间，保持了私权保护的开放性。保障私权就是为了更好地保障最广大群众的根本利益，保护人民群众对美好生活的向往。

五、民法主要是实体法

按照法律规定的内容不同，法律可分为实体法与程序法。实体法一般是指规定主要权利和义务（或职权和职责）的法律；程序法一般是指保证权利和义务得以实施的程序的法律。① 一般认为，民法是实体法，民事诉讼法是程序法。当然，民法也并非都是实体法规范，其中也常常包含着程序性规范。例如，民法中关于登记程序、专利和商标权取得程序等的规定，在性质上就属于程序性规范。

民法作为实体法，它既是行为规范又是裁判规范。所谓行为规范，是指调整对象指向受规范之人的行为，要求受规范之人根据这些规范所规定的内容而行为。所谓裁判规范，是指调整对象指向法律上裁判纠纷之人或者裁判机关，要求他们依这些规范所规定内容为标准进行裁判。民法主要是行为规范，但也不限于行为规范。例如，民法关于权利能力的规定等就不是行为规范。民法作为行为规范主要具有两个方面的功能，一是确立交易规则，二是确立生活规则。一方面，作为交易规则为交易当事人从事各种交易行为提供明确的行为规则，使其明确自由行为的范围，逾越法定范围的后果和责任，从而对其行为后果产生合理预期，这就能从制度上保障市场经济的良性运转，从而有利于市场经济秩序的建立。另一方面，作为社会生活的规则，它是人们长期以来生活习惯的总结，确立了人与人交往正常关系的规范，是社会公共道德和善良风俗的反映。按照民法的规则行为，有助于建立人与人正常和睦的生活关系，维护社会生活的和谐与稳定。

民法的规则也是司法机关正确处理民事纠纷所要依循的基本准则。"民法属于行为规范，对于此种规定如不遵守，而个人相互之间惹起纷争时，就得向法院

---

① 参见沈宗灵主编：《法理学》，332 页，北京，高等教育出版社，1994。

诉请裁判，此时法院应以民法为其裁判之准绳。"① 民法为司法裁判提供了一套基本的体系、框架、规范和术语，力求通过法律的制定使整个司法过程都处于法律的严格控制之下。此外，民法规则也对法官行使的自由裁量权作出了必要的限制。在民法中，裁判规范也可以分为两类：一类是具体的裁判规则，如《继承法》第 25 条规定："继承开始后，继承人放弃继承的，应当在遗产处理前，作出放弃继承的表示。没有表示的，视为接受继承。"另一类就是授予法官自由裁量权的基本规则和一般条款。在现代社会，法官不得以法无明文规定而拒绝接受对民事案件的裁判，也不得以法律规定不明确而拒绝援引法律条文。就民事案件的裁判而言，法官所应依据的基本规则就是民法典，我国《民法总则》的颁布，实质性地推进了我国民法典编纂进行，将有力推进我国民事立法的体系化，《民法总则》的颁布也为法官依法裁判民商事纠纷提供了基本的裁判依据。

第三节　民法的调整对象

一、民法调整平等主体之间的人身和财产关系

任何一部法律都不可能调整全部的社会关系，而只能截取其中的部分进行调整。根据我国《民法总则》第 2 条的规定，我国民法调整平等主体之间的人身关系和财产关系。可见，民法调整的社会关系的本质特点在于其平等性，这是民法区别于其他法律部门的根本特点。所谓平等主体，是指主体以平等的身份介入具体的社会关系，而不是在一般意义上判断主体间的平等性。例如，国家和公民虽然在一般意义上不是平等关系，但只要在其相互间发生的具体法律关系中，各个主体都是以平等的身份出现的，即可判断其具有平等性。平等是指在财产关系和人身关系中当事人的地位平等，并不涉及在政治关系中当事人的地位平等问题。

---

① 郑玉波：《民法总则》，15 页，北京，中国政法大学出版社，2003。

平等性主要表现在：第一，当事人参与法律关系时，其地位是平等的，任何一方都不具有凌驾或优越于另一方的法律地位。正是因为法律地位的平等，决定了当事人必须平等协商，不得对另一方发出强制性的命令或指示。第二，适用规则的平等。任何民事主体参与民事活动都要平等受到民事法律的拘束，不享有法外的特权，不能凌驾于法律之上，即"法律面前人人平等"。第三，权利保护的平等。在任何一方的权利受到侵害之后，他们都应当平等地受到民法的保护和救济。

民法主要调整平等主体间的关系，但这种关系也存在例外。一方面，在身份法领域，当事人之间的关系可能不是平等的，如父母子女之间的亲权关系、监护人与被监护人之间的监护关系等就不完全是平等的。另一方面，随着现代民法对实质正义的强化，在形式的平等之外，民法已开始强调对消费者、劳动者等弱势群体的保护，以实现形式平等与实质平等、机会平等与结果平等之间的平衡。还应当看到，尽管在征收关系中，国家行使征收权本身不是平等主体之间的关系，但基于征收所产生的补偿关系可以理解为平等主体之间的关系，因此，我国《物权法》第42条也规定了征收制度。

民法的调整对象就是民法规范所调整的各种社会关系。研究民法调整对象的意义主要表现在如下两个方面：一方面，有助于正确地划分法律部门，区分民法与其他部门法，并在此基础上构建合理的民事法律体系。因为每一个法律部门都有其特定的调整对象与适用范围，正是因为调整对象的不同才形成了特定的法域，并在此基础上构建了整个法律体系。尽管各国的法律体系各具特点，但整体上大都以调整对象或调整方法为标准划分各个法律部门，我国法律体系的构建也不例外。民法之所以能够成为我国最重要的法律部门之一，首先是因为它具有特定的调整对象。另一方面，特定的调整对象决定了特定的调整方法。正是由于民法调整对象是平等主体之间的关系，因而决定了其主要通过任意法规范赋予当事人以私法自治的权利（主要是通过法律行为），并以此种方式调整平等主体之间的社会关系。此外，明确民法的调整对象还有助于使法院明确民事案件的管辖权限，有利于针对不同的调整对象适用不同的程序，以及在司法系统内部进行科学

的分工。例如，平等主体之间的纠纷属于民事纠纷，而非平等主体之间的纠纷则属于其他性质的案件，不同的案件应由法院内部不同的法庭来审理。

二、民法调整平等主体之间的人身关系

（一）民法调整的人身关系的内容

各国民法都以人身关系作为其调整的重要内容，我国民法也不例外。所谓人身关系，是指没有直接的财产内容但有人身属性的社会关系。有人认为，"per-soenliche Eigenschaft"可以简译为"人身"，而我国民法理论所言之"人身关系"，原本仅指"身份关系"，后来被理解为包含所谓"人格关系"①。笔者认为，我国民法中的身份关系具有特定的含义，它不包括人格关系。民法调整平等主体之间的人身关系，此处所谓的平等指的是法律地位的平等，而不是指具体的生活事实中的平等。例如，父母与未成年子女之间的关系在生活上是管教与被管教的关系，但在民法中两者的法律地位是平等的。

人身关系是基于一定的人格和身份产生的，因此人身关系包括两类：

1. 基于自然人、法人和非法人组织的人格产生的人身关系。这些关系在民法上表现为自然人和法人的人格权，包括自然人的生命权、身体权、健康权、姓名权、肖像权、名誉权、隐私权、婚姻自主权等权利，以及法人、非法人组织的名称权、名誉权等权利，此外，凡是属于《民法总则》第 109 条所规定的自然人的人身自由、人格尊严范畴的人格权益，都属于因人格而产生的人身关系。

2. 基于自然人和法人的一定的身份产生的人身关系。对于什么是"身份"，学理上有不同的看法。有人认为，"身份是自然人在团体或者社会体系所形成的稳定关系中所处的地位"②。也有学者认为，身份仅指亲属法中的身份利益。还有一些学者根本否认现代民法中存在身份关系。笔者认为，可以将身份界定为民

---

① 徐国栋：《"人身关系"流变考（上）》，载《法学》，2002（6）。
② 张俊浩主编：《民法学原理》，5 页，北京，中国政法大学出版社，1997。

事主体在特定的社会关系中所具有的地位，具体包括：一是在亲属关系中的地位，这类关系在民法上表现为自然人的身份权，包括夫妻之间，父母子女之间，有扶养关系的祖父母与孙子女或外祖父母与外孙子女之间依法相互享有的身份权，因监护关系产生的监护权等。二是基于知识产权获得的地位，如自然人或法人通过智力创作活动取得著作权、专利权、商标权而享有的人身权，以及自然人享有的在发现权和发明权中的人身权。三是在其他社会关系中产生的身份权，如荣誉权等。身份关系是人们基于彼此间的身份而形成的相互关系。以上两类关系在法律上分别表现为人格权和身份权。人身关系并不是人与人之间的等价交换关系，也不是人们为了追求一定的经济利益和物质需要而形成的社会关系。当然，人身关系也可能体现出一定的利益并和财产关系发生一定的联系。

民法调整的人身关系的范围是十分宽泛的。长期以来，由于受苏联民法理论的影响，我国民法理论一直认为民法调整的人身关系与财产关系具有十分密切的联系，认为民法调整的人身关系就是"与财产关系相关的人身关系"①。应当承认，从总体上看，人身关系与财产关系有着紧密的联系，但是，这并不是说民法调整的每一种人身关系都要与财产关系发生联系，人身关系本身是复杂的、形式多样的。

民法对人身关系的保护，并不限于与财产关系有关的人身关系。凡是根据立法需要，不管是否与财产关系发生联系，人身关系都可以由民法作出规定，而没有必要把人身关系限定在"与财产关系有关"的范围内。从我国民法调整的范围来看，许多人身关系与财产关系联系密切，但也有许多人身关系与财产关系之间没有密切联系。即使承认人身关系与财产关系有密切联系，但人身关系本身并不具有财产性，不能以有无财产性来决定其是否属于民法的调整范围。

（二）民法调整的人身关系的特点

第一，主要具有非财产性。按照传统观点，人身关系主要体现为主体的精神利益和道德上的利益，并不具有财产利益的属性，这也是其与财产权利的重要区

---

① 寇志新：《民法总论》，32 页，北京，中国政法大学出版社，2000。

别。人身关系本身不以财产为客体，也不以财产为内容，人身关系本质上不能用金钱加以度量、评价，此种人身关系受到侵害时也无法采取等价补偿的方式，而主要采用的是一种精神上的抚慰和对加害人的惩戒，以及对加害行为的排除等方式。[①] 但随着经济社会的发展，许多人格权益也包含了经济价值，例如，个人可以通过许可他人利用其姓名权、肖像权等权利而获得经济利益。人格权在近几十年来出现了"商品化"的趋势，加拿大、美国以及其他一些英美法系国家，将一些人格权称为"公开权"（publicity rights），此种权利常常被假定为具有财产权性质的权利。[②] 这一变化也对侵害人身权益的民事责任产生了一定的影响，即行为人在侵害他人人身权益时，受害人既有权请求其承担精神损害赔偿责任，也有权请求行为人承担财产损害赔偿责任。因此，民法所调整的人身关系主要具有非财产性，但在一些情形下，此种人身关系也具有一定的财产属性。

第二，专属性。人身关系中所体现的利益与人身是很难分离的，尽管有一些人身权的内容可以由权利主体转让，但与财产权相比较，其专属性更为突出。从总体上说，人身权作为一个整体性的权利是不能转让的，"人格权是权利人对其本身主体性要素及其整体性结构的专属性支配权，而身份权则是基于身份而产生的伦理性并且与财产有关的权利"[③]。因此，人格权也不能抛弃或由他人继承，在民法上其具有一定程度的专属性。应当承认，人格权的专属性并非意味着其与主体资格是合而为一的。尽管绝大多数人格权是与人身不可分离的权利，但强调人格权的专属性，即强调人格权不得转让、抛弃、继承，并不意味着人格权本身与权利能力是完全不可分割的。权利的专属性与主体资格是两个不同的问题。近几十年来，人格权得到了广泛的发展，许多新的人格权不再像生命、健康、自由等权利那样具有强烈的专属性和固有性，而可以与主体发生适当的分离。

第三，人格关系的固有性。人格关系中的利益大多是民事主体必备的利益，

---

① 参见杨立新：《人身权法论》，63 页，北京，人民法院出版社，2002。

② See Michael Henry ed. , *International Privacy*, *Publicity and Personality Laws*, Reed Elsevier (UK)，2001，p. 88.

③ 张俊浩主编：《民法学原理》，138 页，北京，中国政法大学出版社，1997。

例如，生命健康等利益是民事主体必备的利益，是民事主体与生俱来、终身享有的。否则，民事主体就很难享有人格独立与自由，甚至难以作为主体而存在。当然，身份关系不一定具有固有性。

民法对人身关系的调整，在价值上具有优先性，贯彻的是人本主义，其基本理念就是关爱人、尊重人，维护个人的人身自由和人格尊严。因此，我国《民法总则》第2条在规定民法的调整对象时，将人身关系置于财产关系之前，这也体现了对人身关系的重视。与古代、中世纪法律注重人身支配关系不同，现代民法更加注重对个人人身利益特别是人格利益的保护。例如，我国《民法通则》以专节的形式对公民所享有的各项人身权益作出了规定，《民法总则》也在此基础上，广泛确认了自然人、法人和非法人组织所享有的各项人身权益。当然，不能把某些调整交易关系的民法原则适用于人身关系，也不能把一些有关市场经济活动的法律规范适用于人身关系领域。

（三）民法调整人身关系的必要性

依据《民法总则》第2条的规定，人身关系是民法的重要调整对象，与《民法通则》第2条的规定相比较，《民法总则》第2条在表述民法的调整对象时，将人身关系置于财产关系之前，这就进一步凸显了人身关系的重要性，其意义表现在：

第一，彰显了民法的本质特征。民法本质上是人法，民法的终极价值是对人的关爱，最高目标是服务于人格的尊严和人的发展。孟德斯鸠曾经有一句名言，"在民法慈母般的眼里，每一个个人就是整个国家"[1]。日本学者田中耕太郎博士指出："私法的基本概念是人（Person）。"[2] 在人民群众的温饱问题解决，实现基本小康之后，对于人的尊严保护就应当被提到一个更高的位置。我国民法典应当充分体现对人的关爱，把对人的尊严、自由的保障提到更高的位置。法律关系本质上不过是人与人之间的关系，人是法律关系的主体，脱离了人，财产关系就失去了基本的承载。所以，民法调整人身关系，彰显了民法的本质特征。

---

① ［法］孟德斯鸠：《论法的精神》下册，张雁深译，190页，北京，商务印书馆，1997。
② 转引自［日］星野英一：《私法中的人》，王闯译，20页，北京，中国法制出版社，2004。

第二，体现了 21 世纪的时代精神。21 世纪是互联网、高科技时代，是信息社会，更是一个走向权利的世纪，所以 21 世纪的时代精神应该是强化对人的尊严和自由的保护。民法以人身关系为重要的调整对象，我国《民法总则》通过全面确认个人所享有的各项人身权益，并设置相应的保护规则，有利于强化对个人人身权益的保护，这也体现了 21 世纪的时代精神。

第三，反映了现代法治的基本要求。保障私权是现代法治的核心内容，市民社会中基本的社会关系包括财产关系和人身关系。财产关系因民法的调整而表现为各类财产权，而人身关系作为与人身相联系并以人身为内容的关系主要包括人格关系和身份关系，在民法上应当表现为人格权和身份权。现代化的核心应当是以人为本，人格尊严、人身价值和人格完整应该置于比财产权更重要的位置，它们是最高的法益。[①] 将调整人身关系作为民法的重要内容，也是现代法治的基本要求。

第四，有利于实现对人的全面保护。民法不仅要保护财产权，而且要保护个人的人身权，这样才能形成对人的全面保护。对个人而言，人身关系尤其是人格关系具有更为基础性的意义。人格权较之于财产权，更有助于实现人格价值，《民法总则》通过全面确认个人所享有的各项人身权益，并设置相应的保护规则，有利于强化对个人人身权益的保护。还应当看到，民法对人格利益的保护是其他法律手段无法替代的。例如，在侵害人格权的情况下，民法主要采用损害赔偿的方法，对受害人提供救济，这是其他法律责任形式所不具备的。身份关系主要是亲属关系，而亲属关系从根本上讲是私人间的私生活关系，由以私法自治为其主要调整方法的民法来调整身份关系是非常合适的。[②]

三、民法调整平等主体之间的财产关系

（一）平等主体之间财产关系的概念和内容

根据《民法总则》第 2 条的规定，我国民法调整平等主体之间的财产关系。

---

① 参见张文显：《法治与国家治理现代化》，载《中国法学》，2014（4）。
② 参见宋豫主编：《国家干预与家庭自治：现代家庭立法发展方向研究》，11 页，郑州，河南人民出版社，2011。

所谓财产关系，是指人们在产品的生产、分配、交换和消费过程中形成的具有经济内容的关系。财产关系是以社会生产关系为基础的，涉及生产和再生产的各个环节，包括各类性质不同的关系。根据我国《民法总则》第 2 条的规定，民法所调整的财产关系只是发生在平等的民事主体之间的财产关系，其特点主要在于主体平等。财产关系的平等性包括两个方面：一方面，是指民事主体在从事各种交易行为以及行使财产权利、取得和利用财产等方面彼此之间在法律地位上是平等的。既然地位平等，当事人的意思表示就应当是自由的。不论双方的经济实力差别如何悬殊，也不论一方在经济上处于何种困难境地，都不允许他方将自己的意志强加于人。另一方面，民事主体在从事各种交易活动时，都应当遵循公平、等价等原则，任何主体进入市场从事交易活动，彼此间的关系都应当是平等的、互利的，当其财产利益受到损害时，应当得到同等价值的补偿，这是由民事主体地位平等的特点决定的。民法调整的财产关系，大部分都应贯彻等价有偿的原则，不过，当事人依法形成赠与、借用、无偿保管、无偿代理等民事关系，也是法律所允许的。当然，形成此类关系也必须坚持市场经济所要求和决定的平等、自愿原则。

平等主体间的财产关系，包括财产归属关系和财产流转关系。郑玉波先生曾将法的安全分为静的安全（Securit Statique）与动的安全（Securit Dynamique）。前者着眼于利益的享有，所以也称为"享有的安全"或"所有的安全"，此种安全主要是由物权法等来保障的；后者主要着眼于利益的取得，所以也称为"交易的安全"，几乎所有的民法都调整财产流转秩序，其最为重要者为债和合同法等。① 民法调整财产的归属关系的目的在于维护财产的归属秩序，以保护财产"静的安全"；而调整财产的流转关系的目的在于维护财产交易的安全和秩序，以保护财产"动的安全"。

1. 财产归属关系

财产归属关系是指财产所有人和其他权利人因占有、使用、收益、处分财产而

---

① 参见郑玉波：《民商法问题研究（一）》，415 页，台北，三民书局，1991。

发生的社会关系。财产的归属关系与交易有密切联系，商鞅在《商君书》中说："一兔走，百人逐之，非以兔为可分以为百，由名之未定也。夫卖兔者满市，而盗不敢取，由名分已定也。故名分未定，尧、舜、禹、汤且皆如鹜焉而逐之；名分已定，贪盗不取。"由此说明了财产归属是财产秩序甚至是整个社会生活秩序的前提和基础。所谓"定分止争"，其本意是指，只有确定财产归属才能防止纠纷的发生，维护财产秩序的安定。另外，财产归属关系既是交易的前提，也是交易的结果。因为在初始产权界定之后，当事人就能够对之加以利用，获得增值，就新增的部分，仍然要发生权利归属的问题，所以归属关系也和流转关系有密切联系。民法对财产归属秩序的调整主要体现在三个方面：第一，确认权利主体就特定的财产享有支配权，并能对该财产进行占有、使用、收益和处分，从而产生了排他的效力和优先的效力。第二，赋予权利人对财产享有利用的权利，现代社会财产关系正从抽象的支配向具体的利用转化，现代财产法的重心在于保护财产的利用和收益关系。第三，赋予权利人排除侵害的权利，在权利人财产遭受侵害以后，法律提供各种方式的救济使财产关系恢复圆满支配的状态，或者对受害人遭受的损害提供充分的补救。①

2. 财产流转关系

所谓财产流转关系，是指因财产在民事主体之间的移转、交换所形成的社会关系。民法对财产流转关系的调整主要体现在三个方面：第一，确认交易主体的意思自治和合同自由，赋予主体自主、自愿调整其法律关系的广泛自由。第二，规范典型的交易关系形式，即各种合同关系。民法不仅要确立合同的一般规则，而且要规定各种具体的有名合同类型。第三，调整交易关系的特殊形式和变态形式，如不当得利返还、侵权损害赔偿等。民法调整财产的损害赔偿关系，从某种意义上讲，是一种特殊的交易，一方造成另一方财产损害，以同等的金钱赔偿其给他人造成的损害，实际上是以该笔钱款购买了其给受害人造成的损害。当然，损害赔偿不能完全等同于交易，因为其并非基于自愿完成的，其适用的规则也并不同于一般的交易规则，即合同法规则。此外，民法还调整一些非交易性的财产

---

① 参见谢在全：《民法物权论》上册，3页，台北，三民书局，1989。

关系。例如，赠与关系、遗赠关系、继承关系等，这些关系本质上虽然并不是一种等价交换的产物，但它们仍然以一定的经济利益为内容，也要适用民法的平等、公平、诚信等基本原则，所以也属于民法的调整范围。

财产流转关系实质上就是社会生活中的交易关系。所谓交易，是指独立的、平等的市场主体就其所有的财产或利益进行的交换。交易包括了商品的转手、财物的互易、利益的交换等各种方式。而各种纷繁复杂的交易总和就构成市场。在民法上，交易的表现形式多种多样，其正常的形式是合同，其特殊形式是侵权损害赔偿和不当得利返还等。适应交易关系调整的需要，产生了产权的确认和保护的必要，所以民法中的财产法重点在于调整交易关系。从民法调整的关系的性质来看，所谓平等主体之间的财产关系主要指交易关系。正如马克思所指出的"这种通过交换和在交换中才产生的实际关系，后来获得了契约这样的法的形式"[①]。如前所述，只有商品交换关系是在平等的商品交换者之间进行的。马克思指出，商品是"天生的平等派"[②]，"我在分析商品流通时就指出，还在不发达的物物交换情况下，参加交换的个人就已经默认彼此是平等的个人，是他们用来交换的财物的所有者"[③]。在商品交换中，"互相对立的仅仅是权利平等的商品所有者，占有别人商品的手段只能是让渡自己的商品"[④]。可见，交换关系是典型的平等主体之间的财产关系。所以民法调整财产流转关系不仅是市场经济的本质需要，也同时奠定了市场的必要秩序。

财产归属关系往往是发生财产流转关系的前提条件，通常只有财产所有人才能对财产实施法律上的处分，与对方发生债的关系。财产流转关系通常又是实现财产所有关系的方法，即财产所有人通过债的关系取得或行使财产的所有权。这两种财产关系，又称为横向财产关系，都应该由我国民法调整。这是由我国社会主义市场的统一性以及民法对市场经济关系进行统一调整所决定的。

---

① 《马克思恩格斯全集》，第 19 卷，423 页，北京，人民出版社，1963。
② 《资本论》，第 1 卷，103 页，北京，人民出版社，1975。
③ 《马克思恩格斯全集》，第 19 卷，423 页，北京，人民出版社，1963。
④ 《资本论》，第 1 卷，640 页，北京，人民出版社，1975。

（二）平等主体之间的财产关系的特征

民法调整的财产关系的首要特点，在于它是一种平等主体之间的财产关系，民法所调整的财产关系除了具有平等性之外，与身份关系相比较，还具有如下几个特点：

第一，财产关系是一种以经济利益的计算为核心的关系。在市民社会中，民事主体作为合理的人，能够从自身利益出发设定、变更或终止财产关系，最终实现其个人利益的最大化。而身份关系不同，尽管有些身份关系与财产关系有密切的联系，但从整体来看，它并不主要是一种经济上的利害关系。[①]

第二，充分体现了主体的自由意志。主体享有对其财产的处分权，并有权依据其意志移转财产所有权的权能。财产关系的产生、变更和消灭体现了法律给予主体充分的自由空间，国家尽量不予干预。而且，在市场经济条件下，国家也不宜对财产关系加以过多干预。但是，在身份关系中，对当事人的意思自由是有严格限制的。例如，法律对结婚、离婚、收养都进行了比较严格的限制，权利也不能随意处分，亲属法上许多权利如监护权、亲权等都具有专属性，不得随意抛弃和转让。因为亲属法所维护的血缘、伦理、道德等观念，往往涉及社会公共利益，法律对之必须要通过强行法加以必要的干预。正如德国法学家拉伦茨所言，"亲属法和继承法中的规定大部分是强制性规范，这一部分是因为，在这里社会秩序方面的因素更为重要，一部分也是因为关系到第三人的利益"[②]。

第三，具有一定的变动性。在市场经济社会，财产往往只有通过流转才能实现资源的合理配置，充分实现其价值，因此，财产关系总是处于一种变化之中。而身份关系则具有极大的稳定性，通常不易发生变动[③]，也不宜发生变动。因为家庭是社会的细胞，家庭稳定是社会稳定的基础，所以，法律对家庭的稳定给予了充分的重视。

第四，救济方式具有特殊性。就救济方式而言，财产关系遭受侵害是用损害赔偿等财产性的救济方法来解决的，而在亲属、婚姻等身份关系中，其救济方式较多

---

① 参见谢怀栻：《外国民商法精要》，3 版，138～139 页，北京，法律出版社，2014。
② ［德］卡尔·拉伦茨：《德国民法通论》上册，王晓晔等译，43 页，北京，法律出版社，2003。
③ 参见谢怀栻：《外国民商法精要》，138～139 页，北京，法律出版社，2002。

使用了非财产救济手段。当然，依据《侵权责任法》第 20 条的规定，在某些人身权益遭受侵害而造成财产损失的情形下，受害人也有权主张财产损害赔偿责任。

第四节 民法的历史发展

一、民法起源于罗马法

罗马法，顾名思义，就是指在罗马奴隶制国家施行的法律。它通常是指自罗马起源起至查士丁尼止的罗马法律。[1] 由于古罗马时期，在自然经济的土壤上，简单商品经济得到了充分发展，从而产生了古罗马调整私人财产关系的发达的私法。在罗马的法典编纂方面，最有成效、影响最深远的是东罗马帝国皇帝查士丁尼的《国法大全》，即《查士丁尼法典》《学说汇纂》《法学阶梯》和《新律》。罗马法以高度抽象的方法表现了商品经济社会的一般形态或纯粹形态，反映了社会商品经济的正常要求，其内容主要包括：关于自然人和法人等权利主体的法律、物权法、债权法、婚姻家庭法、继承法等，已经涵盖了现代民法的主要内容。罗马法中的诸多制度，如人格制度、住所制度、时效制度、无因管理制度、不当得利制度、遗嘱继承制度、特留份制度等，仍是各国民法典中的基本民事制度[2]，所以，民法学者至今仍"言必称罗马"[3]。

二、从近代民法到现代民法

（一）近代民法及其特点

近代民法，是指经过 17、18 世纪的发展，于 19 世纪经欧洲各国编纂民法典

---

① 参见［意］朱塞佩·格罗索：《罗马法史》，黄风译，4 页，北京，中国政法大学出版社，1994。
② 参见吴汉东：《罗马法的传播与法律科学的繁荣》，载《法商研究》，1994（6）。
③ 郭明瑞、房绍坤、唐广良：《民商法原理（一）》，31 页，北京，中国人民大学出版社，1999。

而获得定型化的一整套民法概念、原则、制度、理论和思想的体系，在范围上包括德、法、瑞、奥、日本及 1949 年以前的民法等大陆法系民法，也包括英美法系民法。① 近代民法的主要特点表现在：

1. 抽象的人格平等。近代民法承认人格的平等，这是一种形式上的平等。近代的社会变革，使法律从身份的法、等级的法发展到平等的法、财产的法。独立的自由的个人只服从于国家，而不再依附于各种领主或封臣。梅因指出，"我们可以说，直到现在，进步的、社会的发展过程就是由身份到契约的过程"。法国《人权宣言》第 1 条就指出，人人生而平等。法国大革命后废除了封建社会的身份束缚，使个人获得了身份的自由。人们之间的关系完全按照契约设定，其他生产资料之上所形成的人身依附关系、基于土地的人身依附关系、领主与隶农之间的隶属关系、主人与奴仆之间的身份关系、师傅与徒弟之间基于手工业者的关系都被解除，取而代之的是各种契约关系。② 近代民法所调整、保护、关切的对象是抽象的人，它对于民事主体仅作抽象的规定，而不作年龄、性别、职业等区分。在近代民法典中，人作为抽象掉了种种能力的个人，并且是以平等的自由意思行动的主体被对待，由此导致人与人之间实际上的不平等，尤其是贫富差距中产生的诸问题被舍弃掉，导致民法仅注重形式的平等，而未注重实质的正义。③

2. 无限制私有权原则。从 17 世纪以来，私有权的自由和"契约自由"一直被哲学家和法学家认为是个人自由的重要内容。按照 18 世纪流行的自然法学说，人生来便具有不可改变的、不可让渡和不可分割的权利，这些权利就是自由和财产的安全，而"财产自由"和"契约自由"则是个人自由的必然结果。绝对私有权原则，又称为无限制私有权原则，它是指私人对其财产享有绝对的、排他的、自由处分的权利。1804 年的《法国民法典》第 544 条规定，"所有权是对于物有

---

① 参见梁慧星：《从近代民法到现代民法》，载梁慧星主编：《民商法论丛》，第 7 卷，北京，法律出版社，1997。

② 参见［日］我妻荣：《债权在近代法中的优越地位》，王书江等译，9 页，北京，中国大百科全书出版社，1999。

③ 参见［日］星野英一：《私法中的人》，王闯译，载梁慧星主编：《民商法论丛》，第 8 卷，156 页，北京，法律出版社，1997。

绝对无限制地使用，收益及处分的权利"，就是对这一原则的准确表述。所有权不仅可以上及天空、下及地心，而且法律不能对所有权的内容进行实质性的限制，从而形成了一种绝对私有权的观念。

3. 契约自由。契约自由原则，是近代民法的一条基本原则。它主要包括：第一，契约必须由当事人自由意志彼此一致才能生效，契约可以优先于任意法规定而适用；第二，契约的内容由当事人自由决定；第三，契约的方式以及相对人的选择等由当事人决定，任何人无权干涉。《法国民法典》第 1134 条规定："依法成立的契约，在缔结契约的当事人间有相当于法律的效力。"法典虽然规定了契约违反公共秩序和善良风俗无效，但是公共秩序和善良风俗的条款只是在例外的情况下才适用。《德国民法典》在法律行为、债和契约中都充分贯彻了"私法自治"和"契约自由"原则。"私法自治"是法律行为的原则，而"契约自由"是私法自治原则的体现。契约自由不过是意思自治原则的具体体现。

4. 过失责任原则，也称为自己责任原则。1804 年的《法国民法典》第 1382 条规定："任何行为使他人受损害时，因自己的过失而致行为发生之人，对该他人负赔偿的责任。"这一简短的条文是对罗马法债法中的过失原则的重大发展，由此确立了过失责任原则，该原则先后为大陆法系各国的民法典所沿袭。它不仅具有道德的价值，而且具有教育、惩戒和预防损害发生的功能。这一规定便形成了侵权损害赔偿的一般原则。正如民法典起草人塔里伯在解释民法时所指出的："这一条款广泛包括了所有类型的损害，并要求对损害作出赔偿。"[1] "损害如果产生要求赔偿的权利，那么此种损害定是过错和不谨慎的结果。"[2] 但是，单一的过错责任不能涵盖各种类型的侵权损害，所以，《法国民法典》的起草者不得不在规定过错责任的同时，也规定了过错推定。

---

① 　Jean Limpeus, *International Encyclopedia of Comparative Law*, Vol. 4, Torts, Chapter 2, Liability for Ones Own Act, JCBMohr (Paul Siebeck, Tübingen), 1975.

② 　Denis Tallon, *International Encyclopedia of Comparative Law*, Vol. Ⅺ, Torts, Introduction, J. C. B. Mohr (Paul Siebeck, Tübingen), pp. 71 - 72, 1974.

5. 近代民法注重维护形式正义。社会正义可以分为形式正义和实质正义。所谓形式正义就是注重抽象的法律地位的平等、自由，而不考虑当事人的地位、差异而造成的实质上的不平等。18 世纪至 19 世纪的理性哲学认为，自由意志可以自然导向正义和公正，按照这一观点，当事人如果在协商中不能获得自己所认为是平衡的条件，就可以不再协商，而另外去寻找订约伙伴。① 因而合同自由与合同正义是不矛盾的。所以，18 世纪至 19 世纪的近代民法在合同法中十分强调形式的正义而非实质的正义。形式的正义要求当事人必须依法订约，并严格遵守合同，从而实现契约的形式正义。至于订约当事人实际上是否存在着等，一方是否利用了自己的优势或者对方的急需等与对方订约，或者履行合同时是否因一定的情势变化而使合同的履行显失公平等，均不予考虑。拉德布鲁赫有一句名言："民法典并不考虑农民、手工业者、制造业者、企业家、劳动者等之间的区别。私法中的人就是作为被抽象了的各种人力、财力等的抽象的个人而存在的。"② 这就概括了近代民法的重要特点。

（二）现代民法及其特点

现代民法的演进发生于 19 世纪末期、20 世纪初期。北川善太郎教授认为，现代民法，是近代民法在 20 世纪的发展与修正，与近代民法并无本质上的差别，是在近代民法的法律结构基础之上，对近代民法的原理、原则进行修正、发展的结果。③ 现代民法主要具有以下特征：

1. 对所有权的限制。在自由资本主义时期，以绝对的、不受限制的私有权为原则，其虽然对自由资本主义经济的发展起过推动作用，但是它过分强调个人利益而忽视了社会整体利益，加剧了个人利益与社会利益之间的冲突，阻碍了生产的社会化和大规模的经济建设，甚至导致了个人随意滥用其所有权而损害他人利益和社会利益的现象。因此，19 世纪末期以来，社会的所有权观念日益发达，

---

① 参见尹田：《法国现代合同法》，24 页，北京，法律出版社，1995。
② ［德］拉德布鲁赫：《法学导论》，米健译，66 页，北京，中国大百科全书出版社，1997。
③ 参见［日］北川善太郎：《关于最近之未来的法律模型》，载梁慧星主编：《民商法论丛》，第 6 卷，286～287 页，北京，法律出版社，1997。

这种观念认为，法律保障所有权旨在发挥物的效用，使物达到充分利用并增进社会的公共福利，所有权的行使应当顾及社会公共利益，不允许个人滥用权利，损害他人利益和公共利益。同时，从维护社会公共利益出发，应对所有权作适当的限制。[①] 例如，1919 年德国《魏玛宪法》第 153 条第 4 项规定："所有权负有义务，于其行使应同时有益于社会公益。"

2. 对契约自由的限制。自 20 世纪以来，资本主义自由竞争不断走向垄断。第二次世界大战以后，一些主要资本主义国家在其经济政策中相继采纳了凯恩斯主义，从而扩大政府职能，加强对经济的全面干预。在法律领域，合同自由原则因国家干预经济的加强而受到越来越多的限制，因此，对合同自由的限制成为 20 世纪以来合同法发展的一个重要趋向。为了限制垄断，平抑物价，维护竞争秩序，西方国家制定了许多反垄断和维护自由竞争的法律，这些法律本身就是对合同自由的限制。在合同法中对契约自由的限制，主要表现在强制缔约制度的产生、对格式条款和免责条款的限制、对某些特殊合同的形式作特殊要求，以及通过诚信原则等对合同关系进行干预等。[②]

3. 从单一的过错责任向归责原则多元化转化。随着 20 世纪以来社会生活的变化，危险事故频繁发生，受害人的权益经常容易受到侵害。这种变化不仅使过错归责理论的内容发生变异，使客观过错理论逐渐取代了主观过错理论，而且更突出地表现在归责原则的多元、分化方面，即归责原则理论本身呈现出从单一过错归责理论向多元归责理论演化的过程。[③] 许多大陆法系国家都在特别法中采取严格责任，以保护受害人的利益，尤其是在交通事故、医疗事故以及航空器、核能的采用所引起的损害领域，逐渐扩大了严格责任的适用范围。归责原则的多元化对于向受害人提供充分的补救、缓和西方社会的矛盾、维护社会秩序起到了重要作用。

4. 更注重对实质正义的维护。现代民法更强调维护实质正义。自 20 世纪以

---

① 参见施启扬：《民法总则》，修订 8 版，19 页，北京，中国法制出版社，2010。
② 参见施启扬：《民法总则》，修订 8 版，20 页，北京，中国法制出版社，2010。
③ 参见邱聪智：《庞德民事归责理论之评介》，载《台大法学论丛》，第 11 卷第 2 期。

来，社会经济结构发生巨变，社会组织空前复杂、庞大，贫富差别日益突出，社会生产和消费大规模化，公用事业飞速发展，消费者、劳动者等弱势群体保护的问题凸显出来。市场经济的高度发展使民事主体之间在交易过程中的实质平等成为一个严重的问题。因此，强化对消费者的保护，维护实质正义成为民法的重要发展趋势。[①] 随着现代社会的发展，民法中更应当关注实质正义的实现和具体权利能力的建构。[②] 此外，随着民法人文关怀理念的发展，侵权法的许多规则也越来越彰显对人的关怀与保护，如在保护范围方面，侵权法从传统上主要保护物权向保护人格权、知识产权等绝对权的扩张，在损害的分担方面，责任的社会化分担也是侵权损害承担的重要趋势。合同法也越来越多地彰显民法的人文关怀理念。例如，消费者合同概念的出现，就是为了实现对消费者的特别保护。

5. 人格权的勃兴。两次人类社会的世界大战，尤其是第二次世界大战，对世界各国人民造成了极大的伤害，战争带来的生灵涂炭使战后世界各国人民权利意识与法治观念觉醒，人们愈来愈强调对作为社会个体的公民之间的平等、人格尊严不受侵犯以及人身自由的保护。这就极大促进了 20 世纪中叶的世界各国人权运动的巨大发展。面对轰轰烈烈的人权运动，世界各国民商法都作出了回应，一般人格权观念在某些国家得到了立法与司法的承认与保护，一些新型的人格利益被上升为人格权并受到法律严格的保护。同时，隐私权也逐渐受到法律认可，而且其内涵在不断扩张，不仅包括个人的秘密不受非法披露，也包括个人的生活安宁、内心的宁静不受他人的非法干扰。[③] 此外，精神损害制度也日益完善，在 19 世纪还被严格限制适用的精神损害赔偿责任，在 20 世纪得到了急剧发展，不仅使人格权获得了极大的充实，而且为受害人精神的痛苦提供了充分的抚慰。

6. 侵权法适用范围的扩张。在传统的债法模式中，侵权法与合同法等法律

---

① 参见［德］迪特尔·梅迪库斯：《德国民法总论》，邵建东译，362～363 页，北京，法律出版社，2000。

② 参见［日］星野英一：《私法中的人》，王闯译，载梁慧星主编：《民商法论丛》，第 8 卷，185～186 页，北京，法律出版社，1997。

③ See Basil S. Marksinis, *Protecting Privacy*, Oxford University Press, 1999. pp. 36－37.

共同构成债法的基本支撑。在债法这个体系中，由于侵权法本身类型化特征不够突出，条款非常简略，因而债法主要是以合同法为中心构建起来的，侵权法在整个民法体系中的地位并不突出。19世纪关于侵权责任的规定都非常简约。例如，1804年《法国民法典》当初仅仅规定了5个侵权责任条文。自20世纪以来，随着人权保护的加强、工业社会的发展、风险社会的来临，侵权法在分配风险、救济受害人方面发挥着日益重要的作用，侵权法的适用范围也在逐渐扩张。例如，《荷兰民法典》第6.3节（第162条以下）专门规定了侵权责任，包括过错责任、危险责任、严格责任以及公平责任。我国也颁布了独立的《侵权责任法》，其适用范围包括各类绝对权及其利益的保护。

7. 民法的商法化趋势。民法的商法化现象，不仅是指民法和商法正趋于统一，形成民商合一的趋势，更重要的表现是商法的一些原则和精神被民法采用。一是商法的效率原则在民法中得到充分体现。二是对权利外观的保护，传统民法主要探求当事人真实意思，而商法注重权利外观的保护。但现代民法通过公信原则、善意取得、表见代理等制度也形成了对权利外观的保护。① 三是传统民法注重意思主义，并不强调形式，而商法注重形式要件。但现代民法在某些合同领域，如房地产买卖合同也注重形式要件。有些学者将此种现象称为"形式主义的复兴（renaissance de formalisme）"②。

8. 交易规则的一体化趋势。近几十年来，对民法影响最为深远的因素乃是经济的全球化。20世纪以来，特别是"冷战"结束之后，世界市场的格局逐步形成，经济趋同化快速发展，作为交易的共同规则的合同法以及有关保险、票据等方面的规则日益国际化，两大法系的相应规则正逐渐融合。例如，1980年的《联合国国际货物销售合同公约》的制定，熔两大法系的合同法规则于一炉，初步实现了合同法具体规则的统一。1994年，国际统一私法协会组织制定了《国际商事合同通则》，其尽可能地兼容了不同文化背景和不同法系的一些通用的法

---

① 参见刘保玉、郭栋：《权利外观保护理论及其在我国民法典中的设计》，载《法律科学》，2012（5）。

② ［德］海因·克茨：《欧洲合同法》上卷，周忠海等译，114页，北京，法律出版社，2001。

律原则，同时还总结和吸收了国际商事活动中广为适用的惯例和规则，其适用范围比前述公约更为广泛，交易规则一体化的趋势日益明显。

三、我国民法的发展及未来

中国古代实行"诸法合一、民刑不分"，并没有形成近代意义上的民法。清末变法时，清政府于 1911 年制定了第一次民律草案。辛亥革命以后，国民政府的修订法律馆在北京开始了民律草案的起草工作。1925 年，草案完成，史称第二次民律草案。以后，南京国民政府于 1929 年 5 月 30 日颁布民法典总则；1929 年 11 月 22 日颁布民法债编；1929 年 11 月 30 日颁布物权编；1930 年 12 月 26 日颁布亲属编和继承编。

中华人民共和国建立以后，曾几次制定民法典。1986 年 4 月 12 日，第六届全国人民代表大会第四次会议正式通过了《民法通则》，这是我国第一部调整民事关系的基本法律，也是我国民事立法发展史上的一个新的里程碑。随着改革开放的深化和市场经济的发展，我国陆续制定了一系列规范市场活动的民事基本法。例如，1999 年的《合同法》统一了我国的合同法律制度，建立和完善了市场交易的基本规则和原则；2007 年颁行了《物权法》，对所有权、用益物权、担保物权等物权制度作出了全面规定；2009 年颁行了《侵权责任法》，对民事权利进行了更加周密的保护；我国立法机关还先后制定了《公司法》《合伙企业法》《个人独资企业法》等法律，完善了市场主体法律制度；颁布了《婚姻法》《收养法》《继承法》等法律，建立和完善了婚姻家庭制度；为保护知识产权，先后颁布实施了《专利法》《商标法》和《著作权法》，这些法律都是我国民法的重要组成部分，其颁行是完善我国民事立法体系的重要步骤。

2014 年党的十八届四中全会通过的《中共中央关于全面推进依法治国若干重大问题的决定》明确提出，要"加强重点领域立法"，特别是"加强市场法律制度建设，编纂民法典"。2017 年 3 月 15 日，第十二届全国人民代表大会第五次会议审议通过了《民法总则》，实质性地推进了我国民法典的编纂进程。《民法总

则》的颁行正式开启了民法典编纂的进程。民法总则是民法典的总纲，纲举目张，整个民商事立法都应当在民法总则的统辖下具体展开。《民法总则》颁行后，民法典各分编的编纂都要协调好与《民法总则》的关系，并以其所确立的立法目的、原则、理念为基本的指导，从而形成一部价值融贯、规则统一、体系完备的民法典。《民法总则》不仅奠定了民法典分则制度设计的基本格局，而且为整个民事立法的发展确定了制度基础。《民法总则》从中国实际出发，借鉴两大法系的先进经验，充分反映了我国改革开放和市场经济发展的现实需求，立足于中国国情并解决现实问题，体现了鲜明的时代性，充分彰显了时代精神和时代特征。《民法总则》构建了完整的民事权利体系，强化了私权保障，使其真正成为"民事权利的宣言书"。《民法总则》完善了市场经济的法律规则，有力地助推法治社会建设，其颁行具有重要的历史意义。

当然，《民法总则》《民法通则》《合同法》《物权法》《侵权责任法》等重要法律的颁行还都只是在制定我国民法典的道路上迈出的重要步子，我国毕竟还没有制定出一部民法典。目前，在《民法总则》制定之后，立法机关正在加紧民法典分则制定，力争在 2020 年颁行一部符合中国国情、面向 21 世纪的民法典。

第五节　民法与商法

一、商法的概念及历史发展

商法，又称商事法，可分为形式意义上的商法和实质意义上的商法。形式意义上的商法，专指在民法典之外的商法典以及公司、保险、破产、票据、海商、证券、信托等单行法；实质意义上的商法，指一切有关商事的法则。从各国的商事法的规定来看，商事法所称的"商"，绝不限于经济学上所理解的以营利为目的的各种商品交换行为，它除了包括直接媒介商品交换的"固有商"以外，还包

括辅助商品交换的行为（如运输、保管、居间、行纪等，称为"辅助商"）。① 此外，一些特殊的商品交换行为以及与商品交换行为有关的活动（如信托、信贷、承揽、加工、出版等），甚至一些非单纯以营利为目的的活动（如广告宣传、影院的经营等）都可以称为"商"。总之，法律上的"商"或商事法规范的范围是十分广泛的。

近代的商法是在 11 世纪前后，随着欧洲商业的兴起而发展起来的。在这个时期，欧洲一些商业发达的城市都云集着一批专司买卖的商人，他们组成了商人基尔特（merchant guild）的团体，独立地订立自治规约和处理商人的纠纷，在此基础上逐渐形成了商人习惯法。11 世纪至 14 世纪，商人习惯法和一些商事法庭的判例已由商人编集成书。13 世纪出现的一个著名的商事法典，即却奥内隆法典，主要收集商人团体处理商事纠纷的判例。1673 年，法国国王路易十四以国王的名义颁布了第一个商事法，即《陆上商事条例》，共计 112 条，其中包括公司、票据、破产等内容。1881 年法国又公布了《海事条例》，类似于现在的海商法。

从 19 世纪开始，商法开始在大多数大陆法系国家作为一个独立的法律部门出现，并已开始法典化。在这以前，1734 年的瑞士法典和 1794 年的波兰基本法虽然包括了商法的内容，但并不是商法典。1804 年拿破仑制定了《法国民法典》，并于 1807 年制定了《法国商法典》，这两个法典的制定标志着民商分立体系的形成。随后，1829 年的《西班牙商法典》、1833 年的《葡萄牙商法典》、1838 年的《荷兰商法典》、1850 年的《比利时商法典》、1865 年和 1883 年意大利的两个商法典和 1900 年的《德国商法典》相继问世。目前，有四十多个国家有自己独立的商法典。

然而，随着市场经济的发展，商业职能与生产职能逐步密切结合，导致商人企业化，生产者亦成为商人，商人的特殊利益逐步消失，这一变化大大动摇了民商分立的经济基础；同时，因为民商分立始终缺乏科学的、容易操作的标准，导致法官适用法律遇到障碍。为了提高立法的科学性，便于司法适用，近代和当代

---

① 参见张国健：《商事法论》，10 页，台北，三民书局，1980。

许多国家和地区开始推行民商法的统一。在 19 世纪，德国学者哥德施密特（Goldschmidt）注意到了"民法的商法化"现象，认为民法与商法的分界线是不断变化的。1894 年，德国学者里赛尔（Jakob Riesser）便在其所著的《德国民法草案关于商法的理论及其影响》一书中，正式提出了"民法的商法化"的观点，并受到日本许多学者的附和。同时，在民商分立的国家，掀起了一股民商合一的热潮，也称为要求"私法统一化"的运动。学者中比较有代表性的是意大利学者维域蒂、德国学者典尔伯、法国学者塔赖、荷兰学者莫伦格拉夫、巴西学者泰克西雷尔·弗雷塔等。大多数学者普遍认为，民商合一是进步的趋势，特别是对于避免民事法院和商事法院在司法管辖上的争议，是十分必要的。国民政府在制定民法典时也曾提出《民商划一提案审查报告》，把民商合一的理论根据概括为八条，颇有说服力。[①] 同时还应指出，随着目前经济全球化的发展，许多国家为消除外贸障碍，使商品和货币交易更简便易行，也都要求法律集约化，使民法和商法统一起来。可见，民商合一正是适应经济发展需要而形成的世界潮流。民商合一适应了社会经济发展的需要，反映了社会化大生产的要求，因而具有一定的进步意义。所以，近代和当代许多国家与地区开始推行民商法的统一。

中华人民共和国建立以来，我国法律体系中不存在商法部门。改革开放以来，随着我国市场经济的发展，立法机关制定了《公司法》《保险法》《企业破产法》《证券法》《海商法》等一系列重要的属于传统商法范畴的法律。按照民商合一体制，这些法律属于商事特别法，但仍然是我国民事法律体系的重要组成部分。民法和这些商事法规之间是普通法与特别法的关系，因为有民法的指导，商事法规才有所依归。确切地说，所谓商事法规也是民事法规，只有坚持民商合一，才能使我国民事立法体系系统化，保证我国法律体系的和谐统一。

---

① 这八条理由是：（1）因历史关系，认为应订民商统一法典也。（2）因社会之进步，认为因订民商统一法典也。（3）因世界交通，认为应统一法典也。（4）因各国立法趋势，认为应订民商统一法典也。（5）因人民平等，认为应订民商统一法典也。（6）因编订标准，认为应订民商统一法典也。（7）因编订体例，认为应订目的统一法典也。（8）因商法与民法之关系，认为应订民商统一法典也。张国健：《商事法论》，512～514 页，台北，三民书局，1980。

二、民商合一与民商分立

所谓民商合一，是指不区分民法和商法，而将民事法律规范统一适用于各种民商事关系。在形式上，民商合一通常是指不制定独立的商法典，而将民事规范广泛适用于调整所有平等主体之间的法律关系；而民商分立则意味着严格区分民法与商法，在民法典之外还要制定一部单独的商法典。民商分立的体制最早起源于法国，法国于1804年制定了民法典，在1807年又颁布了商法典，从而开创了民商分立的先河。在19世纪末期和20世纪初，也有相当多的大陆法系国家在立法时，采纳了民商分立的立法体例，例如，德国于1897年分别制定了民法典和商法典。然而，到了20世纪初，瑞士制定了民法典，于1912年施行，其民法典中包括了公司法、商业登记法等商法的内容，从而实现了民商合一的立法体例。① 需要指出的是，民商分立和民商合一这两种体例各有优劣，但从各国近几十年来所颁行的立法来看，大多采纳民商合一的立法体例。②

我国《民法总则》实际上是采纳了民商合一的立法体制，具体体现如下：一是《民法总则》确认了基本原则可以普遍适用于民商事活动。我国《民法总则》确认的基本原则，可以适用于商事交易关系。总则中规定的意思自治，可以把商法、商事特别法所应体现的基本原则都囊括其中。民法总则是对民法典各组成部分包括商法规范的高度抽象，诸如平等原则、自愿原则、诚实信用原则、公平原则和等价有偿原则等，均应无一例外地适用于商事活动。二是《民法总则》没有区分商人和非商人，而是规定了统一的民事主体制度，《民法总则》中规定的自

---

① 参见谢怀栻：《外国民商法精要》，57～58页，北京，法律出版社，2002。

② 例如，从1865年起，加拿大的魁北克省在其民法典中对某些商事内容作了规定，放弃了在民法典之外再制定商法典。1881年，瑞士制定出一部债法典，这部法典既有民事的又有商事的规范。荷兰从1934年起实现了民法与商法实质上的统一，规定商法典的条款适用于所有的人，并适用于一切行为。1942年，意大利在一部民法典内对民法与商法的内容都作了规定。巴西已开始按照瑞士的模式改革私法体系，促进民商合一。最近十几年来各国所颁布的民法典基本采用的也是民商合一的体制，如《俄罗斯联邦民法典》等。可以说，民商合一的立法体例是现代市场经济条件下民商事立法的一个总的发展趋势。

然人、法人、非法人组织实际上既包括民事主体，又包括商事主体。例如自然人中就包括了商自然人，法人中就包括了营利法人，非法人组织包括个人独资企业、合伙企业。三是《民法总则》没有采用商行为的概念，而采用了统一的民事法律行为的概念与制度，民事法律行为包含共同行为、决议行为、双方法律行为、单方法律行为，从而可以涵盖各类商行为（如公司决议行为、制定章程的行为等）。至于商主体从事的商事活动，也完全可以依据民事法律行为的一般规则认定其成立和效力。四是《民法总则》没有区分商事代理和民事代理。民商分立的主要特征就是区分了民事代理和商事代理。我国《民法总则》规定了统一的代理制度，相应的代理规范可以适用于各种法律关系之中。五是《民法总则》构建了统一的诉讼时效制度。我国民法总则中的诉讼时效制度适用于所有民商事领域，未区分民法中的时效与商法中的时效，因此，其属于统一的时效制度。总之，民法总则采纳民商合一体制，由民法统一调整平等主体之间的人身关系和财产关系，商事法律在性质上属于民事特别法，在商事法律没有就相关问题作出特别规定时，相关的纠纷仍应适用《民法总则》的一般规则。

我国《民法总则》之所以采纳民商合一的立法体例，主要是基于如下原因：

第一，符合我国的法制传统和习惯。自清末变法以来，我国实际上采纳的就是民商合一的立法体制。中华人民共和国建立以来，特别是改革开放以后，我国先后制定了一系列商事特别法，但1986年颁行的《民法通则》第2条明确规定："中华人民共和国民法调整平等主体的公民之间、法人之间、公民和法人之间的财产关系和人身关系。"依据该条规定，我国民法统一调整平等主体之间的财产关系，其采纳的就是民商合一体例。以后颁布的《合同法》《物权法》《侵权责任法》等，都采纳了民商合一的立法体制。①《民法总则》正是在总结上述历史经验的基础上，选择了民商合一的立法体制。②

---

① 例如，《合同法》总则可以普遍适用于各种民事和商事合同，《合同法》分则也统一调整各类合同关系，规定了借款合同、建筑工程合同、融资租赁合同、仓储合同、运输合同、行纪合同等商事合同，而没有作出民事合同和商事合同的区分。《物权法》也根据民商合一体制确立了具有商事性质的担保制度如商事留置权、应收账款质押等。

② 参见李建国：关于《中华人民共和国民法总则（草案）》的说明。

第二，有利于提高民事立法的科学性。自商法产生之初，民法与商法的范围就没有严格的区分标准，商事特别法缺乏独特的原则、价值、方法和规则体系，很难真正实现与民法的分立。民商分立的立法体例强调形成民法和商法两套不同的法律规则和制度，但如何区分商人和非商人、商事行为和民事行为、商事代理和民事代理、商法上的时效与民法上的时效等，成为一个难题。民商分立的立法模式将调整平等主体关系的法律规则人为地区分为两套规则，这就难免导致民法与商法内容的矛盾和重叠，无疑会增加法律适用上的困难。同样的一种交易行为，因交易当事人的身份和交易的动机不同而适用不同的法律规则，显然是不妥当的。

第三，适应了市场经济发展的需要，反映了社会化大生产的要求。民商分立主要解决的是商人与非商人的区分问题，而在现代市场经济社会，主要的问题不在于解决商人与非商人的对立问题，而在于解决生产者与消费者的对立、劳资双方的对立等。所以，民商分立的意义正在减弱。相反，一些特殊的法律如保护消费者的法律、对劳动者提供保护的社会法的重要性日益凸显，这是现代法律发展的一个重要趋势。

第四，有利于私法规则的准确适用。民商分立将人为造成基本民事制度的分裂，给法律适用带来困难。民商分立体例将私法区分为民法与商法，可能带来法律适用上的困难，不论是法官，还是当事人，都可能面临选择适用民法规则还是商法规则的困难。因此，如果在民法总则之外制定独立的商法总则，可能会影响法官准确适用法律，徒增司法成本。尤其是在民法典之外制定单独的商事通则，再单独规定法律行为、代理等制度，就会形成两套制度，这也会给法官适用法律带来不必要的麻烦。[①]

采纳民商合一的体制意味着无须在民法典之外单独制定一部商法典。当然，我们也应当看到，随着商事交易的发展，在有些商事领域确实存在特殊性，例如，证券交易合同的订立和履行就需要践行特定的、复杂的程序，满足特别的要

---

① 参见王玫黎：《通则上的民商合一与各商事单行法独立并行》，载《政治与法律》，2006（3）。

件。再如，银行作为贷款人的借款合同与自然人之间的民间借贷合同在合同的订立、内容等方面仍存在一定的区别。在商事合同中，交易的一方或者双方是专门从事商事经营活动的主体，法律往往会对这些主体作出特别的资质规定，这和一般民事主体具有较大的差别。因为这些原因，在未来的民法典中也可以考虑为某些特定的合同设置特定的规则，或者对一些商事合同的发展留下一定的空间。民法总则是私法的基本法，应当普遍适用于所有平等主体之间的关系[①]，商事活动的特殊性不能否定民法总则对商事特别法的指导意义。如果仅有商事特别法，而缺乏民法总则的指导，各商事立法就会显得杂乱无章、有目无纲，而且无论每部商事特别法的规定如何详尽，也仍不免挂一漏万，在法律调整上留下许多空白，各商事特别法在价值上和具体规则上也可能存在一定的冲突，这就需要通过民法总则统一调整各种民商事关系。例如，民法的主体制度是对商品经济活动的主体资格的一般规定，公司不过是民法中典型的法人形式，对公司法律地位的确认、公司的权利能力和行为能力、公司的财产责任以及公司的监管等，都不过是法人制度的具体化。[②]

第六节 民法和其他法律部门的区别

一、民法和宪法

宪法是国家根本大法，是社会主义法律体系的基础，宪法与民法虽然是两个不同的法律部门，但两者之间也存在密切的联系。一方面，作为国家根本法的宪法，是民法的制定依据，尤其是宪法关于公民基本权利的规定是民事权利的上位

---

① 参见［葡］马沙度：《法律及正当论题导论》，66～67页，黄清薇等译，澳门，澳门大学法学院，2007。

② 参见王保树：《商事法的理念与理念上的商事法》，载王保树主编：《商事法论集》，8页，北京，法律出版社，1997。

法依据。我国《民法总则》在第 1 条开宗明义地规定"根据宪法，制定本法"，其包含如下含义：一方面，表明宪法具有最高的法律效力，民法典的规范不得与宪法的规定相抵触。在我国，宪法是国家的根本大法，是治国安邦的总章程，是保障国家统一、民族团结、经济发展、社会进步和长治久安的法律基础。要维护法制的统一，必须保障宪法的实施，维护宪法的权威。① 另一方面，表明民法典规范的价值和效力来源于宪法规定。② 这就是宪法学者所说的"法源法定"。梁启超曾言，宪法"为国家一切法度之根源"③。我国《宪法》第 5 条规定："一切法律、行政法规和地方性法规都不得同宪法相抵触。"这也表明，民法典的制定必须符合宪法的原则和精神。此外，宪法对于民法的解释、适用也具有重要的指导意义。在一些国家，法官可以直接援引宪法的精神解释民法规则，借助于"基本权利的直接第三人效力""基本权利对民法的辐射作用"等原理，直接在民事关系中以宪法规范来保护基本权利。例如，以合同限制另一方的健康权、言论自由、人格尊严、婚姻自由等，都可能发生基本权利规范的适用，有可能导致合同无效。这种解释，不仅是对民法规范的解释，也涉及对宪法基本权利规范的解释。④ 在另外一些国家，虽然不承认宪法的直接第三人效力，但法官可以借助一般条款和基本原则，将宪法的规范适用于具体的法律关系之中，这就是基本权利的间接第三人效力。⑤ 在我国，虽然宪法尚不具有可司法性，法官也不能直接援引宪法裁判民事案件，但在司法实践中，法官仍然可以以宪法规范作为价值指导，选择适用民法裁判规则，并对民法规范进行合宪性解释，也可以援引宪法作为论证依据。民法作为重要的法律部门，具有贯彻宪法规则与原则的作用，例如，民法通过保护个人的各项人格权益，有利于落实宪法关于人格尊严保护的规定。

---

① 参见胡康生：《学习宪法　忠于宪法　维护宪法权威》，载《中国人大》，2009（5）。
② 参见韩大元：《由〈物权法（草案）〉的争论想到的若干宪法问题》，载《法学》，2006（3）。
③ 梁启超：《政论选》，26 页，北京，新华出版社，1994。
④ See Olha Chenrednychenko, *Fundamental Rights*, *Contract Law and the Protection of the Weaker Party*, Utrecht University Institute for Legal Studies, 2007, p. 23.
⑤ 参见苏永钦：《合宪性控制的理论与实际》，80 页，台北，月旦出版公司，1994。

但作为两个不同的法律部门，民法和宪法也存在较大的区别：

第一，性质不同。宪法本质上是公法，民法属于私法。宪法主要规制国家机关的行为，而民法主要规范私主体的行为。[①] 宪法所建立的法秩序不同于民法。宪法规范国家机构的设置，国家机关的权力和义务，其中虽然会涉及个人的权利和利益，但并不直接。而民法所建构的法秩序则主要包含平等私主体之间的关系，与个人的权利和利益直接相关。

第二，调整对象和调整方法不同。宪法主要调整国家和公民之间的关系，而民法则是调整平等主体之间财产关系和人身关系的法律。因为这一原因，所以并非所有宪法上的权利都可以转化为民事权利，也并非所有的民法问题都涉及宪法，因为宪法基本权利大多是公法上的权利。而民法典所保护的权利仅限于私权，而不包括所有的公法上的权利。[②]

第三，义务的性质不同。宪法义务虽然对公民也有约束力，但宪法所设定的许多义务主要是针对国家的，并不能直接规制公民的行为，而是要求国家机关制定相关的法律法规，为公民的行为规范提供法律依据。基于宪法的保护义务，相应的国家机关有义务依据宪法所规定的基本权利制定具体的法律法规，在部门法的层面对基本权利提供充分保护。而民法所设定的义务主要针对民事主体，每个民事主体都负有遵守的义务。基于这一原因，民事主体违反民法义务时并不一定导致其违反宪法义务。

第四，涉及的范围不同。宪法的调整范围涉及多个法律部门，并不仅仅局限于民法。一方面，宪法所确定的权利并不仅仅涉及民事领域，一些权利也无法都转化为民事权利，一般而言，只有那些体现了特定主体的私益、具有私法上可救济性的权利，才有必要具体化为民事权利。例如，《宪法》所确认的公民所享有的宗教信仰自由就应当通过行政法予以保障，无法转化为民事权利。再如，《宪

[①] 参见赵万一：《从民法与宪法关系的视角谈我国民法典制订的基本理念和制度架构》，载《中国法学》，2006 (1)。

[②] 参见王泽鉴：《民法学说与判例研究》(2)，218 页以下，台北，自版，1996；孙森焱：《民法债编总论》(上)，210 页，台北，自版，1979。

法》所确认的公民所享有的劳动的权利，就主要应当通过社会法予以保障。另一方面，宪法所确认的权利需要多个部门法共同予以保障，而不能仅靠民法。例如，在国家公权力机关违法行使权力侵害公民依据宪法上享有的财产权和人身权时，则必须通过行政诉讼法和国家赔偿法的规定给予保护。再如，如何防止个人数据信息被泄露，保护公民的通信秘密，还需要国家通过制定个人信息保护法等规定加以贯彻落实。

二、民法和行政法

行政法就是国家通过各级行政机关管理国家政治、文化、教育、劳动人事、卫生等事务的法律规范的总和，是国家发挥其组织、指挥、监督和管理职能的法律形式。行政法是我国法律体系中的一个重要部门。行政法上的"行政"指的是国家的行政。但何为国家的行政，却是众说不一，目前有国家意志执行说、排除说、国家目的实现说、司法对立概念说、机关形态说以及政府事务组织管理说等诸种学说。[①] 我国学者一般认为，行政是指国家行政机关等行政主体依法对国家公共事务的决策、组织、管理和调控，实际上采取了前述的"政府事务组织管理说"，这也与马克思关于"行政"的论述一致。马克思指出："行政是国家的组织活动。"[②] 这就正确地揭示了行政活动的性质，说明它最直接地体现着国家职能的行使。

行政法是调整行政关系，规范和控制行政权的法律规范的总称。[③] 近代意义上的行政法是工业革命时期西方国家强化其政府职能的产物，也是规范公权、保障依法行政的必然结果。在采公私法划分的国家中，行政法属于典型的公法，与作为私法的民法在理论上是完全不同的。但一方面，自20世纪后半期以来，为了解决市场失灵等问题，行政法越来越介入民事关系中，对财产、合同等进行必

---

① 参见胡锦光等：《行政法专题研究》，2～4页，北京，中国人民大学出版社，1998。
② 《马克思恩格斯全集》，第1卷，479页，北京，人民出版社，1956。
③ 参见姜明安：《行政法》，29页，北京，北京大学出版社，2017。

要的干预。例如，通过反垄断、反不正当竞争等方式，对合同的订立进行干预。政府为了行使行政权的方便，也常常通过订立行政契约的方式来行使行政权，从而有必要适用民法的相关规范。另一方面，民法也大量借助行政法的规范，来解释合同、规范财产权的行使等，从而规范民事活动。例如，行政法上的规定可能成为侵权法上作为义务的产生原因或注意义务的认定标准，也可能成为合同义务的来源。还要看到，行政法与私法的结合，导致了一些特殊法律部门的产生，如劳动法、消费者法、医疗法等。尤其是现代社会因对某一领域进行综合法律调整的需要，产生了体育法、艺术法、航空法、药品法、食品卫生法、网络法等领域法（field of law）。这些法律也称为行业法，其内容主要是民法和行政法规范的结合。

尽管民法与行政法之间存在一定的交叉和融合，但两者之间存在明显的区别。从本质上说，行政法属于公法的范畴，民法属于私法的范畴。两者存在如下几个方面的区别：

第一，调整对象的不同。行政法所调整的行政关系与民法所调整的一定范围的财产关系和人身关系是不同的，行政关系主要是根据国家意志产生的，国家对各个领域的组织、指挥、监督和管理都体现了国家权力的运用，而民事关系主要是基于民事主体的自主自愿而产生的。行政关系往往具有隶属性，体现的是命令与服从的关系；而民事关系则是平等主体间的关系，遵循平等、自愿、等价有偿的原则。在行政关系中，必有一方是国家行政管理机关。任何行政关系都是在国家行政管理活动中产生的，有时行政关系的双方都是国家行政机关，有时是以国家行政机关为一方，以其他国家机关、企事业单位和社会团体，以及公民为另一方。而民事关系的主体主要是自然人和法人，国家只是在例外的情况下（如发行国库券，发行国债等）才成为民事主体。

第二，行政法是控制和规范行政权的法。它是控制公权力行使的法，其产生是为了保障依法行政。行政权是组织社会生活、维护社会秩序、保障人民财产和人身安全的权力，但一旦被滥用就可能侵害人民的权利，危害社会秩序。因此，必须通过行政法对其进行控制。而民法是保障私权的法。它通过确认保障自然

人、法人等的财产权和人身权，来维护自然人、法人的合法权益，鼓励人们从事广泛的民事行为，促进社会经济的发展。如果说法治的核心是规范公权和保障私权的话，这两项职能是分别由公法如行政法和民法来实现的。

行政权力和民事权利的性质不一样。表现为：一方面，在行政关系中，行政机关所享有的行政权是由国家授予的，直接体现着国家的意志和利益，行政权往往与行政机关的职责密切联系，并且与特定的主体不可分离。它既不能任意抛弃，也不能随便转让，更不能作为权益继承。而民事权利一般是与权利人本身的意志和利益相联系的，大多数民事权利可以依法由权利人抛弃、转让和继承。另一方面，从行政权行使的目的上看，其通常服务于公共利益的实现，而民事权利主要体现的是民事主体的私人利益。行政权必须依法行使，因为行政机关只有依法行使行政权，才能履行其职责。行政权的行使必须要符合法律、法规的授权和法定的程序，行政机关不行使其权力，将构成不作为，应依法承担责任。但民事权利的行使主要体现的是权利人个人的意志，权利人依法可以行使也可以不行使权利，其不行使权利一般不应承担任何责任。还要看到，行政权本身具有国家强制性。当主体另一方不履行法定义务，妨碍国家行政机关行使行政权时，行政机关可依据其权力，强制义务人履行义务。而在民事关系中，当义务人不履行义务时，权利人一般只能通过民事诉讼的程序请求司法机关处理和解决纠纷，促使义务人履行义务。

第三，规范的性质不同。行政法大多是一些程序性的规定，因为对于行政机关而言，"法无授权不可为"。因而，行政法主要是通过行政组织法来控制行政权的权源，通过行政程序法规范行政权行使的方式。[①] 但民法规范主要是实体规范，民法以规定民事主体的实体权利义务为主要内容。民法规范大体上可以区分为行为规则和裁判规则。通过规定实体权利义务关系，通过规定相关的构成要件以及法律后果的方式，民事法律规范可以提高民事主体的行为预期，从而为其提供行为指引。

---

① 参见姜明安：《行政法》，37 页，北京，北京大学出版社，2017。

第四，调整方法不同。民法具有任意性，由于民法以意思自治为原则，采"法不禁止皆可为"的精神，因而民法中的大多数规范，特别是债和合同法规范体现了较强的任意性特点，当事人的意思可在合法的前提下优先于任意法而适用。因此，法律行为制度允许当事人通过意定主义的方式来调整自己的行为。而行政法具有强制性，行政法多为强行法，一般不允许当事人通过协商来改变法律的规定。

三、民法和经济法

根据一些学者的看法，"经济法"这一概念是由德国人莱特（Ritter）于1906 年在《世界经济年鉴》中提出的。[①] 近几十年来的研究结果表明，法国空想共产主义者摩莱里和德萨米早在此前已分别在《自然法典》（1755 年）和《公有法典》（1843 年）中使用过经济法的概念。20 世纪 30 年代，适应第一次世界大战后的战时经济需要，德国产生了一系列统制经济的法规，德国学者海德曼（Hedemann）、努斯包姆（Nussbaum）、克诺特（Knott）、卡斯克尔（Kaskel）等提出了所谓经济法为独立的法律部门的主张，并在柏林大学、柏林商学院相继设置了"经济法讲座"。根据多数德国学者的看法，经济法有形成为特别法域（Sonderrechtsgebiet）的趋势。当经济法理论兴起后，很快传入日本、法国等大陆法系国家。

20 世纪 20 年代末 30 年代初，苏联著名法学家斯图契卡首先表述了与民法并存的经济法（经济行政法）观点，他把国家采用行政手段管理生产和产品分配的法规统称为经济行政法。后来，苏联学者帕苏坎尼斯和金兹布尔格，也提出过经济法观点。50 年代末期，苏联以 B.B. 拉普捷夫和 B.K. 马穆托夫为代表的现代经济法学派提出了"纵横统一"的经济法观点，认为经济法作为一个独立的法律部门调整纵向和横向统一的经济关系，调整在统一的国家所有制、统一的计划和经济核算关系

---

① 参见施启扬、苏俊雄：《法律与经济发展》，10 页，台北，自版，1974。

基础之上的计划组织因素和财产因素结合的经济关系。① 我国在 1979 年开始出现经济法概念，经济法学也蓬勃兴起。迄今为止，我国法学界对经济法的调整对象和调整范围问题存在不同的见解，主要有以下几种观点：

1. 纵横统一的经济法观点。这一观点认为，我国经济法调整纵向和横向统一的经济关系。统一的基础在于社会主义公有制和国家计划。在纵横统一的经济关系中，存在管理因素和财产因素的结合、计划因素和价值因素的结合。经济法的调整范围是：国家和经济组织之间的经济管理关系，经济组织之间的经济关系和经济组织内部的经济关系。

2. 综合经济法观点。这一观点认为，经济法调整的并非特定的经济关系，而是在经济活动中发生的具体性质不同的多种类的具体的经济关系。经济法只是对诸种经济关系的综合调整，而不是一个独立的法律部门。所以，经济法所调整的经济关系不具有单一性质，而具有复合性质。经济法主要包括经济行政法、经济民法、劳动法以及刑法等部门法中涉及经济内容的规范。经济法的调整方法也是综合性的。

3. 计划经济法观点。这一观点认为，经济法并不调整全部的纵向经济关系，而只是调整社会主义计划经济中的各种经济关系。在我国有计划的市场经济关系的基础上，一个调整计划经济关系的法律部门是绝对必要的，这个新的法律部门就是经济法。

4. 学科经济法观点。这一观点认为，经济法并没有自己特殊的调整对象和调整方法，不是一个独立的法律部门，而只是一门学科，经济法作为一门学科的任务，就是要研究运用各个法律部门的手段，综合调整社会主义经济关系，以避免法律部门在调整经济关系中的不协调现象。②

笔者认为，经济法一词具有双重含义：一是指调整经济关系的所有经济法律规范，从这个意义上使用的经济法概念通常又称为经济立法。二是指调整特定的

① 参见［苏］B. K. 马穆托夫：《调整经济关系的各种法律主张》，载《苏维埃国家与法》，1979（5），30 页。

② 以上观点请参见王家福等：《中国经济法诸论》，北京，法律出版社，1987。

经济关系的法律部门，即作为独立的法律部门的经济法。从这个意义上所说的经济法，就是国家行政权力作用于经济领域，国家行政机关对国民经济实行组织、管理、监督、调节的法律规范的总称。它主要调整纵向的，具有行政隶属特征的经济管理关系。从这个意义上说，经济法也称为经济行政法。[①]

经济法和民法在调整对象上的主要区别在于：

1. 经济法调整的是国家在管理经济活动中所产生的关系，也称为经济管理关系，它是国家为实现宏观的经济管理，有效地利用社会资源，对国民经济进行管理、调控，在此基础上所形成的社会关系，其内容包括计划、组织、调节、监督等多方面。由于这种关系主要发生在有隶属关系的上下级之间，所以也称为纵向的关系。而民法的调整对象主要是发生在平等主体之间的财产关系和人身关系，民法不仅调整经济关系，也调整非经济关系，民法调整的社会关系的主要特点在于其平等性，这种关系大多是平等的交易关系在法律上的表现。

2. 经济法调整的经济管理关系是按指令和服从原则建立起来的行政隶属关系，所以经济法规范大多是强行性的规范，违反该规范所产生的责任大多是行政责任。而民法的调整对象是民事主体之间在平等协商基础上建立起来的平等关系，由此决定了经济法主要采取指令和服从的调整方法，而民法以任意性规范为主，主要采取意思自治的调整方法，违反民法的规定主要产生民事责任。

3. 经济法调整的经济管理关系是以全社会需要为宗旨的关系。它主要协调的是市场主体的利益和国家利益、社会公共利益的冲突，其目的在于维持良好的市场秩序，实现特定的公共政策。而民法主要协调民事主体之间的关系，目的在于保护单个民事主体的合法权益。在经济领域中许多涉及财产内容的管理关系，诸如征收能源交通重点建设基金、征收奖金税和建筑税等关系，表现了国家强制地、无偿地取得财政收入，这些关系所体现的是宏观效益，当事人之间不存在相对利益。而民法调整的交换关系，是各个当事人为了实现各自的所有权和他物权，满足他们之间的不同需要和利益，并在平等自愿的基础上发生的关系。各种

---

① 有关经济行政法的观点，参见梁慧星、王利明：《经济法的理论问题》，70 页，北京，中国政法大学出版社，1986。

交换关系更多地体现了交易当事人的利益，由此决定了我国民法旨在确认和保护民事主体在交换中的合法权益，以促进我国市场经济的发展。

四、民法和社会法

社会法是调整个人基本生活权利保障而衍生的相关社会关系的法律规范总称。社会法是近几十年来发展起来的、跨越公法和私法的法律部门，其内容主要包括劳动法、社会保障法、社会救助法等法律。社会法以保护社会大众和弱势群体为宗旨，在缓和社会矛盾、维护社会稳定方面发挥着重要的作用。社会法有广义和狭义的区分。广义的社会法，是指为了解决社会性的问题而制定的各种有关社会法规的总称。它是根据国家既定的社会政策，通过立法的方式制定法律，以保护某些特别需要扶助人群的经济生活安全，或是用以普遍增进社会大众的福利。将所有有关社会法规集合在一起，便被广泛地称为社会法或社会立法。[①] 在我国，尽管对社会法与劳动法、经济法的关系存在许多争论，但大多数学者认为，社会法可以成为独立的法的部门。而狭义的社会法是指社会保障法。社会保障是指国家通过制定各种措施，使公民在年老、患病、失业、遭遇灾害或丧失劳动能力的情况下，能够获得一定的物质帮助，以保障公民的基本生活需要。在市场经济条件下，社会保障法律制度日趋重要。迄今为止，我国社会保障立法仍然极不完善，尤其是仍然缺乏全国性的社会保障立法。这不仅造成各个地方性的规定极为散乱、彼此之间不协调，无法形成体系，而且在违反社会保障规定时缺乏统一的法律责任的规定，从而使社会保障制度无法发挥应有的作用。因此，完善社会保障法，是我国当前立法的一项重要任务。

民法与社会法之间具有密切联系：一方面，二者都强调对弱势群体的保护。随着民法人文关怀精神的彰显，其越来越强调对人的保护，其与社会法一样，都强调对社会弱势群体的保护。另一方面，二者在功能上具有一定的互补性。社会法强调对人的保障，注重维护社会稳定，民法尤其是侵权法也注重对受害人的救

---

① 参见林嘉：《社会保障法的理念、实践与创新》，23 页，北京，中国人民大学出版社，2002。

济，在民法无法为受害人提供充分的救济时，社会法可以对受害人提供补充性的保护。虽然两者之间存在密切联系，但仍然存在较大的差异，主要表现在：

第一，法律性质不同。从法律性质上说，民法是私法，以维护民事主体的私人利益为主要目标。尽管现代民法已经从个人本位向社会本位演进，为了维护社会公共利益也加强了对私人关系的干预，但毕竟民法维护的主要还是私人利益。民法是典型的私法，但社会法是否为私法，则有不同的看法。社会法作为以维护社会公共利益为主要目标的法律，在性质上并不是私法，它的目的在于建立较为完备的社会保障制度，维护社会全体成员的共同福利，谋求社会大众共同福利的增进，因此兼具公法与私法双重性质。①

第二，适用的原则不同。民法以私法自治为原则，表现出较强的任意法的特性；而社会法主要是强行法，它不允许当事人之间自由设立权利义务。例如，就社会保险而言，尽管存在自愿险，但更多的是法定的强制险。当然，社会法中也有自治的内容，如劳动合同中部分内容也允许当事人自由约定。

第三，功能不同。民法注重维护形式正义，而社会法则注重维护实质正义。社会法体现的是一种分配正义，即通过利益的合理分配，保障弱势群体的合法权益，实现社会的实质正义，进而有效维护社会的和谐。而社会法不以平等主体之间社会关系为起点，而以实质平等的价值理念构建社会法的规则体系，尤其是注重保护弱势群体的权益，而民法调整的是平等主体之间的关系，其注重形式上的平等，以实现矫正正义为主要目的。② 还应当看到，社会法具有满足社会成员的基本生活需要的功能。由于市场机制不能够完全解决对弱者的保护、对人们生老病死的保障，所以，需要通过社会法来解决人们的基本生存问题，协调劳资纠纷，从而有助于维护社会的和谐稳定。而民法对利益进行的分配，是通过民事主体的自主决定来进行的。

第四，保障的权益不同。社会法以保护公民的生存权为目标，即实现社会保障的根本目的就是使公民获得基本的生存条件。在激烈竞争的市场经济条件下，越来越需要国家和社会重视公民的社会保障，体现对人的终极关怀。而民法不仅

---

① ② 参见郑尚元：《社会法的定位和未来》，载《中国法学》，2003（5）。

要保护生存权，而且要保护民事主体参与市民生活所应当享有的各种权利。[①]

五、民法与民事诉讼法

民事诉讼法是用来调整当事人、法院及其他诉讼参与人之间实施诉讼活动以及由此形成的诉讼关系的法律规范的总称。马克思曾经指出："审判程序和法二者之间的联系如此密切，就像植物的外形和植物的联系，动物的外形和血肉的联系一样。审判程序和法律应该具有同样的精神，因为审判程序只是法律的生命形式，因而也是法律的内部生命的表现。"[②] 可见，民法和民事诉讼法是相互依赖、密不可分的。一方面，民法所规定的实体规则在很大程度上决定了民事诉讼法的规则设计。例如，就侵权责任而言，民事诉讼法所规定的举证责任分配规则应当以《侵权责任法》的规定为基础。另一方面，民事诉讼法可以从程序上起到对民事权利的全面保障作用，为民事权利提供了规则化、体系化的程序保护规则。法谚云，"救济走在权利之前"，民事权利的实现需要民事诉讼的保障，如果诉讼程序的设置无法保障民事权利的实现，那么实体法中的权利也就变成无源之水、无本之木，也难以真正实现。

当然，作为不同的法律部门，民法和民事诉讼法也存在如下区别：

第一，性质不同。民事诉讼法是程序法，旨在规范民事主体实现其民事权利的民事诉讼程序。而民法是实体法，旨在规范民事主体之间实体的民事权利义务关系。实体法和程序法虽然联系紧密，但基本内容和基本原则都各自不同。[③] 与此相应，民法属于私法，而民事诉讼法属于公法，因为后者以规范国家司法权的行使作为其重要内容。

第二，调整对象不同。民法调整民事主体之间的人身关系和财产关系，而民事诉讼法是调整民事诉讼活动和诉讼关系的法律，以规范诉讼程序和诉讼关系为对象，以公正、适当解决纠纷为目的。民法主要调整实体权利义务关系，而民事

---

① 参见林嘉：《社会保障法的理念、实践与创新》，23页，北京，中国人民大学出版社，2002。
② 《马克思恩格斯全集》，第1卷，178页，北京，人民出版社，1956。
③ 参见张卫平：《民事诉讼法学方法论》，载《法商研究》，2016（2）。

诉讼法主要规范当事人、法院和诉讼关系人实施的民事诉讼法律关系。[①] 民法主要是任意法，以当事人意思自治为原则；而民事诉讼法为强行法，采纳程序法定主义。

第三，从立法目的来说，民法主要考量实体正义，民法中的正义除了具体的法律规范内容外，还需要综合考虑社会、历史、经济等多种因素，通过价值衡量对当事人直接的权利义务进行分配才能实现。民事诉讼法虽是以保护民法上的实体权利为目的，但其所追求的是程序正义，目的是实现法律上的正义，其以诉讼规则为依据，以法律事实为准则。当然，这并不是说两者是截然对立的。一方面，法官在追求程序正义的同时，在裁判时也需要考量多种社会因素，即将实体法中的实质正义纳入裁判的考量之中。另一方面，程序正义是通向实质正义的必经之路，因为程序正义为当事人提供了公平的权利保障平台，只有在这个平台之上，才能真正实现当事人权利的平等保护。

第七节　民法的渊源

一、民法渊源概述

民法的渊源是指民事法律规范借以表现的形式，它主要表现在各国家机关根据其权限范围所制定的各种规范性文件之中。关于民法渊源的内涵可以从几个方面来理解：一是从立法意义上理解，即法律规范产生的原因。凡是能够成为法律规范或者能够成为法律规范产生的根据的，都可以成为法律的渊源。拉伦茨指出，"渊源"是指法律的产生原因，是立法的行为；习惯法的"渊源"是体现在习惯法中的共同法律信念。[②] 二是从司法上来看，凡是成为裁判依据的规则，不

---

① 参见张卫平：《民事诉讼法学方法论》，载《法商研究》，2016（2）。

② 参见［德］卡尔·拉伦茨：《德国民法通论》上册，王晓晔等译，11 页，北京，法律出版社，2003。

论其是否为法律规范，只要能够作为法官判案的依据都应当成为民法的渊源。三是从行为规则来看，即不仅仅能够作为裁判规则而且能够成为行为规范的规则才能成为民法的渊源。例如，交易习惯等可以作为法院审理合同案件、解决合同纠纷的依据，但不宜作为行为规则使用，因而不应当成为民法的渊源。笔者认为，作为民法的渊源主要应体现在立法、司法裁判和行为规则方面，它包括了裁判规则和行为规则两个方面。

二、民法渊源的具体类型

（一）宪法

宪法是国家的根本法，由全国人民代表大会制定，并具有最高的法律效力。毫无疑问，宪法作为国家的根本大法，理应成为民法的渊源，宪法中关于社会主义建设的方针和路线的规定、关于财产所有制和所有权的规定、关于公民基本权利和义务的规定等，都是调整民事关系的重要法律规范。因此，《民法总则》第1条规定："为了保护民事主体的合法权益，调整民事关系，维护社会和经济秩序，适应中国特色社会主义发展要求，弘扬社会主义核心价值观，根据宪法，制定本法。"

但是，宪法规范能否在裁判中引用，一直存在争议：一是肯定说。此种观点认为，宪法具有最高效力，是民法制定的依据，宪法中的相关规定是调整民事关系的重要法律规范。[①] 二是否定说。此种观点认为，应当将渊源理解为可以作为裁判基准的法律规范，由于宪法不能成为裁判规范，应当将宪法排除在民法渊源之外。[②] 学界曾经就宪法的司法化问题发生过争议，2009 年最高人民法院发布的《关于裁判文书引用法律、法规等规范性文件的规定》（以下简称《引用法律规

---

① 参见魏振瀛主编：《民法》，4 版，14 页，北京，北京大学出版社、高等教育出版社，2010。
② 参见梁慧星：《民法总论》，3 版，26 页以下，北京，法律出版社，2007；龙卫球：《民法总论》，38 页以下，北京，中国法制出版社，2001；马俊驹、余延满：《民法原论》，3 版，29 页，北京，法律出版社，2007。

定》）第 4 条规定："民事裁判文书应当引用法律、法律解释或者司法解释。对于应当适用的行政法规、地方性法规或者自治条例和单行条例，可以直接引用。"从该条规定来看，并没有将宪法列入民事裁判文书可以引用的范围之列。因此，依据该规定，法官在裁判民事案件中，不得直接援引宪法裁判案件。但这并不意味着裁判文书不能援引宪法。一方面，宪法可以成为裁判中说理论证的重要依据。也就是说，宪法虽然不能直接作为民事裁判依据，但其仍然是法院在司法裁判中的参考性依据。另一方面，法官在裁判过程中，如果因适用法律出现复数解释，在此情况下就应当以宪法的原则、价值和规则为依据，确定文本的含义，得出与宪法相一致的法律解释结论。通过合宪性解释来确定法律文本含义时，通常采取选择或排除的方式。这就是说，如果某个解释结论符合宪法，就应当选择其作为解释结论；如果所作的解释结论违反了宪法，就应当予以排除。通过这种方式，使文本的含义能够与宪法保持一致。从这个意义上说，宪法也可以成为民法的渊源。更何况，从立法层面来看，宪法是民事立法的依据，宪法中关于社会主义建设的方针和路线的规定、关于财产所有制和所有权的规定、关于公民基本权利和义务的规定等，都是调整民事关系的重要法律规范，也是《民法总则》和各种单行民事法规必须遵循的法律依据。

（二）民事法律

民事法律是由全国人民代表大会及其常务委员会制定和颁布的民事立法文件，是我国民法的主要表现形式。民事法律主要由两部分组成：一是民法总则、民法通则以及合同法、物权法、侵权责任法、涉外民事关系法律适用法、婚姻法、收养法、继承法等民事基本法以及专利法、商标法、著作权法。二是商事特别法。在商事特别法方面，我国已制定了公司法、保险法、海商法、票据法、证券法等法律。可见，我国民事立法的基本规则已经建立，但仍然需要制定一部民法典予以完善。上述民事法律都是民事法律的重要组成部分，也是裁判中应当依循的基本规则，法官可以直接援引这些法律裁判案件。

（三）国务院发布的行政法规

依据宪法规定，国务院有权根据宪法、法律和全国人民代表大会常务委员会

的授权，制定、批准和发布法规、决议和命令，其中有关民事部分的法规、决议和命令，是民法的重要表现形式，其效力仅次于宪法和民事法律。依照宪法和组织法，国务院还有权发布决定和命令，其中具有规范性内容的，也是法律渊源。[①] 例如，2007 年 1 月 31 日国务院颁布的《商业特许经营管理条例》，2011 年 1 月 21 日国务院颁布的《国有土地上房屋征收与补偿条例》等都是重要的民法渊源。

严格地说，国务院制定的行政法规与其发布的行政决定和命令，在法律效力上是有区别的。立法法对行政法规专门作出了规定，根据《立法法》第 65 条："国务院根据宪法和法律，制定行政法规。行政法规可以就下列事项作出规定：（一）为执行法律的规定需要制定行政法规的事项；（二）宪法第八十九条规定的国务院行政管理职权的事项。"国务院制定规则的权限包括两个方面：一是制定行政法规。根据《行政法规制定程序条例》，行政法规一般称"条例"，也可以称为"规定""办法"，行政法规在性质上属于"法律的命令"，而决定和命令属于"行政命令"，它是为执行法律而制定的。它包括狭义的行政法规（在名称上通常称为"条例""规章"等）与授权立法（在名称上通常称为"暂行条例""暂行规定"等）。二是制定决定和命令。作为法律命令的行政法规，可以直接要求一般人遵守服从，而行政命令只对其所指示的下级机关有其效力，故前者中有关民事的部分可作为法律渊源，而后者则不可作为民法的渊源。

（四）行政规章

根据《立法法》的规定，行政规章是指国务院各部委以及各省、自治区、直辖市的人民政府和省、自治区的人民政府所在地的市以及设区的市、自治州人民政府根据宪法、法律和行政法规等制定和发布的规范性文件。一些行政规章也包含调整民事关系的内容，其也可能成为民事裁判的依据。关于行政规章在司法裁判中的运用，《引用法律规定》第 4 条并没有将其规定为民事裁判可以直接引用的裁判规范，但从该司法解释第 6 条的规定来看，对行政规章而言，法官"根据

---

① 参见孙国华、朱景文主编：《法理学》，261 页，北京，中国人民大学出版社，1999。

审理案件的需要，经审查认定为合法有效的，可以作为裁判说理的依据"。从该条规定来看，在民事裁判中，行政规章并不能直接作为裁判依据，而需要经过法院的审查认定。当然，在特殊情况下，如果法律对行政规章的适用作出了明确规定，则其也可以成为民事裁判的依据。①

（五）最高人民法院的司法解释

最高人民法院是我国的最高审判机关，依法享有监督地方各级人民法院和各专门人民法院的审判工作的职权。我国宪法没有授予最高人民法院以立法权，但是全国人民代表大会常务委员会《关于加强法律解释工作的决议》第 2 条规定："凡属于法院审判工作中具体应用法律、法令的问题，由最高人民法院进行解释。"《人民法院组织法》第 33 条也规定了这种解释权。据此，1997 年 6 月 23 日最高人民法院发布《关于司法解释工作的若干规定》，对司法解释的立项、起草、审核、通过和发布等程序作出了规定，并将司法解释分为"解释""规定"和"批复"三种形式。为了在审判工作中正确贯彻执行法律，最高人民法院可以在总结审判实践经验的基础上发布司法解释性文件，包括发布在审判工作中适用某个法律的具体意见，例如颁行《关于贯彻执行〈中华人民共和国民法通则〉若干问题的意见（试行）》《关于适用〈中华人民共和国合同法〉若干问题的解释（一）》等。

从法理的角度来看，司法解释并不属于法律体系的组成部分，因为最高人民法院并不是享有立法权的机关。但在我国现阶段，由于立法的不完备，最高人民法院作出了大量的司法解释文件，包括系统意见文件和个案批复文件，这些解释已远远不再被当做普通司法解释看待，而是具有法律渊源的地位，在实践中已经被作为法律渊源援用。② 司法解释已经成为我国各级审判机关在处理案件中的裁

---

① 例如，《侵权责任法》第 58 条规定："患者有损害，因下列情形之一的，推定医疗机构有过错：（一）违反法律、行政法规、规章以及其他有关诊疗规范的规定；（二）隐匿或者拒绝提供与纠纷有关的病历资料；（三）伪造、篡改或者销毁病历资料。"依据该条规定，如果因医疗机构违反行政规章的规定造成患者损害的，则推定医疗机构有过错。因此，在此种情形下认定医疗机构的过错时，法官即可以依据行政规章的规定作出裁判。

② 参见龙卫球：《民法总论》，39 页，北京，中国法制出版社，2001。

判规则，并被当事人直接援引，甚至法院的裁判都直接援引司法解释。所以，司法解释事实上已经成为法律渊源。

需要探讨的是，关于指导性案例是否属于法律渊源。所谓指导性案例，是指由最高人民法院确定并发布的、对全国法院审判、执行工作具有指导作用的案例。[①] 2010 年 11 月 26 日最高人民法院发布了《关于案例指导工作的规定》，从而建立了案例指导制度。该制度对于保障裁判的统一、规范法官自由裁量、保障法律的准确适用等都具有十分重要的意义。指导性案例都是从个案中的典型案例选出，因此其和司法解释相比，具有较强的针对性和具体性。尤其是指导性案例都是实践中出现的典型案例，而且该案例得以公布，乃是经过了审理法院和上级法院甚至最高人民法院的层层遴选，其判决书的理论水平较高，说理较为充分，审判质量较高。因此，这类案例的公布，有助于提升司法机关司法判决书的说理水平。但关于指导性案例究竟应当具有何种效力，一直是有争议的话题。笔者认为，指导性案例与司法解释不同，其不具有法律约束力，不能作为裁判依据援引，只能作为裁判的参考，从这个意义上，指导性案例制度，并非等同于判例法制度，也不能照搬判例法国家普遍采纳的遵循先例的原则。根据《关于案例指导工作的规定》第 7 条，指导性案例的效力是"各级人民法院在审判类似案件时应当参照"，这是对指导性案例的一种准确定位。参照的含义意味着在没有充分且正当的理由时，法官对于同类案件应当参照指导性案例作出裁判。但指导性案例并不是法律渊源，不能直接作为裁判依据，只是可以在判决书说理部分来加以使用。

（六）地方性法规或者自治条例和单行条例

地方性法规是指地方各级人民代表大会、地方各级人民政府、民族自治区的自治机关，在宪法、法律规定的权限内所制定、发布的决议、命令、法规、自治条例、单行条例等规范性法律文件。地方性法规虽然在效力范围上具有从属性，

---

① 《关于案例指导工作的规定》第 2 条规定："本规定所称指导性案例，是指裁判已经发生法律效力，并符合以下条件的案例：（一）社会广泛关注的；（二）法律规定比较原则的；（三）具有典型性的；（四）疑难复杂或者新类型的；（五）其他具有指导作用的案例"。

且在适用范围上具有地域局限性，但地方性法规是地方国家权力机关依据宪法的授权而制定的法规，同样具有法的效力，其中调整民事关系的内容属于民法的渊源。

自治条例和单行条例也可以成为民法的渊源。所谓自治条例，是指民族自治地方的人民代表大会依据宪法和法律，结合当地民族自治地区特点所制定的、管理自治地方事务的综合性法规。所谓单行条例，是指民族自治地方的人民代表大会及其常务委员会在宪法和法律所规定的自治权范围内，结合民族地区的特点，就某方面具体问题所制定的法规。《引用法律规定》第4条规定："民事裁判文书应当引用法律、法律解释或者司法解释。对于应当适用的行政法规、地方性法规或者自治条例和单行条例，可以直接引用。"依据这一规定，自治条例和单行条例也可以成为民事裁判的依据，可以成为民法的渊源。

需要指出的是，行政规章和地方性法规虽然可以成为民法渊源，但其不能直接作为判断合同效力的依据。最高人民法院《合同法司法解释一》第4条规定："合同法实施以后，人民法院确认合同无效，应当以全国人大及其常委会制定的法律和国务院制定的行政法规为依据，不得以地方性法规、行政规章为依据。"

（七）国际条约和国际惯例

国际条约是两个或两个以上的国家就政治、经济、贸易、军事、法律、文化等方面的问题确定其相互权利义务关系的协议。国际条约的名称包括条约、公约、协定、和约、盟约、换文、宣言、声明、公报等。国际条约虽然不属于国内法的范畴，但我国政府与外国签订的或者我国加入的国际条约，对我国国内的国家机关、企事业单位、社会团体和公民也具有与国内法一样的约束力。从这个意义上讲，我国签订或加入的国际条约也是我国法的渊源之一。[1] 在处理涉外民事关系时，我国参加的国际条约优先于国内法而适用，但如果该条约中我国作出了保留的声明，则保留的条款不得适用。例如，我国已经参加了《联合国国际货物销售合同公约》，但是对于公约的下列条款做了保留：（1）第一章第1条的（1）

---

[1] 参见孙国华、朱景文主编：《法理学》，263页，北京，中国人民大学出版社，1999。

款（b）项，关于国际私法规则导致适用某一缔约国的法律的规定。（2）第二章第 11 条以及与第 11 条内容有关的规定，即关于合同以及合同的修改、终止、要约和承诺可以书面形式以外的任何形式作出的规定。

国际惯例也称为国际习惯，分为两类：一类为属于法律范畴的国际惯例，具有法律效力；另一类为属于非法律范畴的国际惯例，不具有法律效力。[①] 外交文件上所用的"惯例"一词可能既包括具有法律拘束力的习惯，即狭义的"惯例"，也包括尚未具有法律拘束力的"惯例"，即《国际法院规约》第 38 条第 1 项（5）款所指的"通例"[②]。按照《国际法院规约》第 38 条，国际惯例是指"作为通例（general practice）之证明而经接受为法律者"。可见，能够成为法律渊源的国际惯例，主要是指前一类国际惯例。《民法通则》第 142 条规定，"涉外民事关系的法律适用，依照本章的规定确定。中华人民共和国缔结或者参加的国际条约同中华人民共和国的民事法律有不同规定的，适用国际条约的规定，但中华人民共和国声明保留的条款除外。中华人民共和国法律和中华人民共和国缔结或者参加的国际条约没有规定的，可以适用国际惯例。"可见，我国签订或加入的国际条约以及国际惯例也可以成为我国民法的渊源。

一个国家所参加的国际条约是否能够具有国内法的效力，对此有三种不同的观点：一是纳入说，即认为国际条约直接具有国内法的效力，不需要经过立法程序即可在国内直接适用；二是转化说，即认为国际条约必须首先通过立法程序纳入国内法，成为国内法的组成部分才能适用；三是折中说，即认为应当根据不同情况，确定国际条约是否可以直接发生国内法的效力，或者必须经过国内立法机关的特别程序才能适用。笔者认为，应当采纳第三种观点。从我国已经加入的国际条约来看，有一些可以直接适用，例如对涉外合同关系而言，我国参加的《联合国国际货物销售合同公约》，无须立法程序的转化即可直接适用，但也有一些国际条约，如 TRIPs 协议，则必须转化为国内法才可以适用。所以，关于国际条约是否可以直接适用的问题，应当根据具体情况具体分析。

---

①　参见黄进：《国际私法》，82 页，北京，法律出版社，1999。

②　王铁崖主编：《国际法》，13～14 页，北京，法律出版社，1995。

应当指出的是，国际条约优先于国内法而适用的效力，主要是针对涉外民事关系而言的，而对于国内的民事关系，原则上还是要受国内法调整，不应当盲目地扩张国际条约的适用范围，而直接适用国际条约；否则，不符合《民法通则》第142条的立法本意。

根据《民法通则》第142条的规定，国际惯例的适用只限于中国法律和中国缔结或者参加的国际条约没有规定的情况。显然，其效力低于中国法律，只有在不违背我国法律规定的前提下，才可适用。例如，有关合同的效力的确定不得适用国际惯例，因为宣告合同无效和撤销合同是从根本上消灭合同关系，将导致合同溯及既往地消灭，双方要产生恢复原状的义务，所以对此只能以现行法律为依据，绝不能适用国际惯例。更何况，在合同效力问题上各国规定的差异很大，它涉及对一国的公共利益和公共秩序的保留问题，这是一个国内法的问题。

（八）不违背公序良俗的习惯

所谓习惯，是指当事人所知悉或实践的生活和交易习惯。所谓生活习惯，是指人们在长期的社会生活中形成的习惯。所谓交易习惯是指交易当事人在当时、当地或者某一行业、某一类交易关系中，所普遍采纳的，且不违反公序良俗的习惯做法。我国是幅员辽阔的多民族国家，在少数民族聚居的地区，生活习惯在民法渊源中具有一定的意义。例如，1951年《最高人民法院西南分院关于赘婿要求继承岳父母财产问题的批复》中指出：如当地有习惯，而不违反政策精神者，则可酌情处理。《民法总则》第10条规定："处理民事纠纷，应当依照法律；法律没有规定的，可以适用习惯，但是不得违背公序良俗。"当然，习惯要成为民法渊源，并成为裁判的依据，其必须经过"合法性"判断，即不得违反法律的强制性规定和公序良俗。

1. 不违反法律的强制性规定。不论是作为具体裁判规则的习惯，还是用于填补法律漏洞的习惯，都应当与其他法律渊源保持一致性，而且其内容都不得违反法律的强制性规定。违反法律强制性规定的习惯不能作为漏洞填补的依据。例

如，按照有的地方的习俗，"拜师学艺期间，马踩车压，生病死亡，师傅概不负责"①。此类习惯显然与我国现行法中雇主应当对雇员在执行工作任务中遭受的人身伤害承担赔偿责任且当事人不能约定免除人身伤害的赔偿责任的法律规则之间存在冲突。还有的地方习俗规定，寡妇不得改嫁，这显然不符合《婚姻法》的规定，因而不得作为民法的渊源。

2. 不违反公序良俗。《民法总则》第 10 条规定，习惯不得违背公序良俗。因为公序良俗是从民族共同的道德感和道德意识中抽象出来的，公序良俗在内涵上由社会公共秩序、生活秩序以及社会全体成员所普遍认许和遵循的道德准则所构成，它是中华民族传统美德的重要体现，也是维护社会安定有序的基础。习惯作为法律渊源，能够弥补法律规定的不足，使法律保持开放性，但如果习惯本身与法律规则和公序良俗相冲突，甚至与整个社会公认的伦理道德观念相冲突，将其引入法律渊源体系，则可能导致体系违反的现象，也会破坏现有的法秩序。因此，只有符合公序良俗原则和国家整个法制精神的习惯，才可以被承认为习惯法；反之，那些违背公序良俗，和一国整体法制精神相违背的习惯将不会被承认为习惯法。例如，个别地方的习惯不允许寡妇改嫁，禁止嫁出去的女儿享有继承权，允许买卖婚姻，对宗族械斗者予以奖励，对违反族规者实行肉体惩罚甚至加以杀害等，这些陈规陋习不仅不能成为法律渊源，而且应当被法律所禁止。法谚云："陋习非习惯。"因此，法官在适用这些习惯时，应当通过法律的强制性规定和"公序良俗"对其内容和效力进行审查。②

依据《民法总则》第 10 条，采纳"有法律依法律，无法律依习惯"的规则，也就是说，在存在具体法律规则时，应当优先适用该具体的法律规则，而不能直接适用习惯法；此处所说的"法律"是指具体的法律规则，而不包括法律的基本原则。只有在无法找到具体法律规则时，才能适用习惯处理民事纠纷。在此需要讨论习惯与法律基本原则适用的先后顺序。笔者认为，习惯应优先于法律基本原

---

① 汤建国、高其才主编：《习惯在民事审判中的运用》，288 页，北京，人民法院出版社，2008。

② 参见广东省高级人民法院民一庭、中山大学法学院：《民间习惯在我国审判中运用的调查报告》，载《法律适用》，2008（5）。

则而适用。一方面，习惯作为民法渊源，较之于民法基本原则，更为具体，可以直接运用到个案。而基本原则具有高度的概括性和抽象性，可以普遍适用于各种民事案件，所以，如果基本原则优先于习惯而适用，则习惯作为民法渊源就失去了适用的空间。另一方面，习惯，特别是当事人之间的交易习惯，能够体现当事人的真实意愿。优先适用习惯，则可以更好地尊重当事人的私法自治，而且习惯的内容相对具体，可以有效限制法官的自由裁量权，如果优先适用民法基本原则，则会赋予法官过大的自由裁量权。例如，甲、乙之间订立了一份购买30车黄沙的合同，但合同中没有对"车"的概念进行界定，出卖人认为，"车"是指"130"型小货车；买受人认为，"车"应当是东风牌大卡车。如果依据习惯处理该纠纷，则法官应当要求当事人证明当事人之间在过去的交易中究竟采用何种类型的"车"交货，或者证明买卖黄沙的行业通常采用什么样的"车"交货，通过习惯来确定合同文本中"车"的含义，则更为具体。但如果由法官通过公平原则、诚实信用原则等民法基本原则来确定"车"的含义，则会给法官过大的自由裁量权力。

三、关于政策与法理能否作为民法渊源的探讨

（一）政策不宜作为民法渊源

从我国民事立法的发展来看，《民法通则》将政策作为民法的渊源之一，该法第6条规定，在民事案件中"民事活动必须遵守法律，法律没有规定的，应当遵守国家政策。"但是以后的《合同法》《物权法》在表述法源时，均没有继续使用"政策"一词。在《民法总则》起草过程中，关于政策能否作为民法的渊源，存在一定的争议。从《民法总则》的规定来看，其并没有将政策规定为民法的渊源。笔者认为，不宜将政策规定为民法的渊源，主要理由在于：

第一，党和国家的大政方针政策本身就是制定民法的指导，如果仅仅将其作为法源对待，反而会降低其地位。党和国家的政策应当是立法的重要指导，将其作为民法的一般法源，反而会不当降低其地位和对民事立法的指导意义。还应当

看到，党和国家的大政方针政策都已经通过法律、法规等方式得到了具体落实，基本上都已经转化为国家的意志，已经成为民法的法源，如国家的有关"金融政策""税收政策""产业政策""宏观调控政策"等，都已经上升为法律法规了，在客观上没有必要将其作为民法渊源重复作出规定。

第二，政策这一概念的内涵过于宽泛，其既包括中央的政策，又包括地方的政策，将其作为民法的渊源，可能会影响民法规则的准确适用，也会赋予法官过大的自由裁量权力。例如，有学者就曾在搜集案例时发现在20万份文书样本中就有3 800多份包含"政策"字样的裁判文书。① 在我国司法实践中，一些个案直接采用"优惠政策""政策性优惠""政策原因"等表述，并作出裁判，而这些政策性文件并没有公开，当事人很难了解。还应当看到，我国现行立法并未对政策与法律规则之间的适用关系作出规定，在某些案件中，如果法律规则与政策都可以适用，此时法官究竟应当援引政策裁判，还是应当援引法律规则裁判呢？可见，将政策作为民法的渊源，不仅会影响民法规则的适用，也会给司法裁判带来困难。

第三，政策的变动性太大，与民法典规则的相对稳定性之间并不相容。不同的时期，党和国家的政策可能不同，而民法典的法源应当保持相对的稳定性，将政策作为民法的渊源，可能会影响民法典规范的稳定性。

当然，政策虽然不是民法的渊源，但在司法实践中，法官在裁判具体案件时，可以将政策作为法官裁判案件的重要参考。例如，在合同纠纷中，如果当事人之间的合同违反国家政策，此时，法官虽然不能据此认定合同无效，但可以将合同内容违反的国家政策作为认定合同违反法律、行政法规以及公序良俗的重要参考。

（二）法理不能作为民法渊源

法理实际上是法律上的道理，是形成某一国家全部法律或某一部门法律的基本精神和学理。法理可以有多方面的理解，它既可以包括对法律规则的解释，也

---

① 参见李友根：《司法裁判中政策运用的调查报告——基于含"政策"字样裁判文书的整理》，载《南京大学学报》（哲学．人文科学．社会科学版），2011（1）。

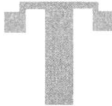

包括自然法的规则，还包括学理的内容，王泽鉴教授认为，法理"系指自隐含在立法、法秩序或一般价值体系演绎而出的一般法律原则，为谋求社会生活事务不可不然之理，与所谓条理、自然法、通常法律的原理，殆为同一事物的名称"①。可见，法理是一个广义上的概念。在许多国家，法理可以成为民法的渊源，例如，《瑞士民法典》第1条规定："（1）凡依本法文字或释义有相应规定的任何法律问题，一律适用本法。（2）无法从本法得出相应规定时，法官应依据习惯法裁判；如无习惯法时，依据自己如作为立法者应提出的规则裁判。（3）在前款的情况下，法官应参酌公认的学理和实务惯例。"我国台湾地区"民法"第1条也规定："民事，法律所未规定者，依习惯；无习惯者，依法理。"我国《民法总则》并没有将法理规定为民法渊源。毕竟法理不具有行为规则和裁判规则的性质与功能，只不过是学者的见解而已。当然，在民事审判中，法官应当参考法理，尤其是应该把法理作为裁判说理的重要依据和内容，因为法理本身就是对社会生活与审判实践的经验总结。

第八节　民法的适用

一、民法的适用范围

法律的适用范围问题是一切法律都应当要涉及的问题。但此处所说的仅仅是民法的适用范围问题。民法的适用范围，是指民事法规在何时、何地、对何人发生法律效力。民法的适用范围，也是民法的效力范围。此处所说的民法主要是指具体的民事法律法规，而不是从法源上所称的民法，不应当包括各种除民事法律法规之外的规范性文件以及习惯。正确了解民事法律规范的适用范围，是准确适用民事法律规范的重要条件。从内容上看，民法的适用范围包括时间上的适用的

---

① 王泽鉴：《民法总则》，49页，北京，北京大学出版社，2009。

范围、空间上的适用范围和对人的适用范围。

(一)民法在时间上的适用范围

民法在时间上的适用范围，是指民事法律规范在时间上所具有的法律效力。具体来说包括两个方面：民法的生效和民法的失效。民事法律规范开始生效的时间通常有以下两种情况：一是自民事法律颁布之日起生效，二是民事法律通过并颁布以后经过一段时间再开始生效。一般来说，民法的效力自其实施之日发生，至废止之日停止。法律规范何时开始实施，可以由法律规范本身规定，也可以由制定法律的机关以命令或决议予以规定。如果立法对法律规范效力的停止时间不加规定，应认为法律一直有效，直至法律明文废止或修改时才停止生效。也有少数法律规范在公布之时即规定了停止生效的日期。关于我国《民法总则》的适用时间，该法第 206 条规定："本法自 2017 年 10 月 1 日起施行。"采纳的就是此种做法。

民事法律规范对其实施前发生的民事关系有无溯及既往的效力，是民法在时间上效力的一个重要问题。法律是否溯及既往，是指新的法律颁布实施后，对它生效之前发生的事件和行为是否适用。如果适用，即具有溯及力；如果不适用，即不具有溯及力。[①] 一般的原则是新法没有溯及既往的效力，即在通常情况下，新公布实施的民事法规只适用于该法规生效后所发生的民事关系。法律不得溯及既往的根据在于：在法律尚未公布之前，人们只能按照旧的法律实施行为，而依据旧的法律所作出的任何行为都是合法的。如果在新的法律颁布以后，新的法律产生推翻人们依据旧的法律所实施的行为的效力，就会打破人们对依据法律而行为的后果的预期。在法治社会，法的可预期性是法治的重要内容，因为人们确信依据现行的法律去行为便会依法产生其预期的效果，那么人们就会严格地遵循法律。但如果人们依法行为不能产生预期的效果，甚至在未来因为法律溯及既往将使其承担一定的法律责任，那么人们就不会按照现行法律去行为，甚至会故意违反法律，从而对法律秩序的形成造成妨碍。所以，法律不溯及既往的原则，其宗

---

① 参见公丕祥主编：《法理学》，384 页，上海，复旦大学出版社，2002。

旨在于提醒人们遵守法律，尤其在民事关系领域，如果采取溯及既往的原则，就会使已经形成的社会关系被推翻，也不利于保护公民、法人的合法权利。因此，法律不溯及既往的原则，旨在提醒人们遵守法律。如果人们按照现行的法律去行为，由此形成的各种法律关系却被未来的法律所否定，也不利于社会关系的稳定和保障法律的权威性。①

当然，法律不溯及既往不是绝对的，在某些情况下，民事法规也可以作出有溯及力的规定，但需以有明文规定为限。最高人民法院《民法通则意见》第196条规定："1987年1月1日以后受理的案件，如果民事行为发生在1987年以前，适用民事行为发生时的法律、政策，当时的法律、政策没有具体规定的，可以比照民法通则处理。"一般来说，在民事领域，例外情况下实行法律溯及既往原则，必须采取有利追溯原则，即这种溯及既往对各方当事人都是有利的，且不损害国家利益和社会公共利益。具体来说，一是法律法规是在某个民事行为发生后生效的，但该行为所引发的诉讼正在进行中，在诉讼阶段是否可以适用现行法律法规的规定，主要考虑行为发生时是否有相应的法律规定，或者过去的法律和现在的法律是否发生矛盾。如果在案件审理中，针对该行为，过去的法律法规没有作出规定，而现在的法律法规对此作出了规定，则可以参照适用现在的法律法规的规定。例如，关于表见代理的规则，以前的法律没有规定，而只是在《合同法》颁布后才正式确立了该规则，因此可以参照现行《合同法》对有关表见代理的案件进行审理。二是关于民事法律行为的效力判断，如果过去的法律法规不认为某种民事法律行为是有效的，而现有的法律法规认为是有效的，则应当适用现有的法律法规，认定该行为有效。② 这主要是因为涉及社会公共利益，如果现在的法律不认为该行为无效，则该行为并不违反社会公共利益，应当认定该行为有效。三是关于民事责任的承担，如果过去的法律对某种违法行为所规定的民事责任较重，而现在的法律对某种违法行为所规定的责任较轻，则可以参照现在的法律来确定责任。

---

① 参见高鸿钧：《现代法治的困境及其出路》，载《法学研究》，2003（2）。
② 参见《合同法司法解释一》第3条。

（二）民法在空间上的适用范围

民法在空间上的适用范围，是指民事法律规范在地域上所具有的效力。任何国家都是根据主权、领土完整和法制统一的原则，来确定各种法律、法规的空间效力范围的。关于民法在空间上的适用范围，《民法总则》第 12 条规定："中华人民共和国领域内的民事活动，适用中华人民共和国法律。法律另有规定的，依照其规定。"该条对我国民事法律在空间上的适用范围作出了规定。

关于空间效力，一般可以分为域内效力和域外效力。所谓域内效力，是指一国的法律效力可以及于该国管辖的全部领域，而在该国管辖领域以外无效。就民事领域而言，一般的原则是，我国民事法律规范的效力及于我国主权管辖的全部领域，但在确定某一个具体民事法律法规的效力时，由于制定、颁布民事法规的机关不同，民事法规适用的空间范围也不相同，这大体上有两种情况：（1）凡属全国人民代表大会及其常务委员会、国务院及其所属各委、部、局、署、办等中央机关制定并颁布的民事法规，适用于中华人民共和国的领土、领空、领海以及根据国际法、国际惯例应当视为我国领域的一切领域，例如我国驻外使馆、航行或停泊于我国境外的船舶、飞机等。（2）凡属地方各级立法机关根据各自的权限所颁布的民事法规，只在各该立法机关管辖区域内发生效力，在其他区域不发生效力。

所谓域外效力，是指法律在其制定国管辖领域以外的效力。[①] 在现代社会，法律一般不能当然产生域外效力，但是随着国际交往的发展，为保护国家和公民、法人的利益，国内法也可以在例外情况下规定域外效力。例如，《海洋环境保护法》第 12 条规定："在中华人民共和国管辖海域以外，排放有害物质，倾倒废弃物，造成中华人民共和国管辖海域污染损害的，也适用本法。"

（三）民法对人的适用范围

民法对人的适用范围，是指民事法律规范对于哪些人具有法律效力。一国法律的对人效力，存在两种不同的理论：一是属人主义，不论其处于国内或国外，只要该人具有本国国籍，属本国国民即适用本国的法律，即属于本国公民，不论其所在

---

① 参见公丕祥：《法理学》，383 页，上海，复旦大学出版社，2002。

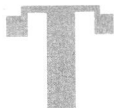

何处均可适用。① 二是属地主义，即是以领土主权为原则，以地域为标准，确定法律对人的拘束力。凡是居住在本国领土之内的人，无论其国籍属于本国还是外国，均受本国法律的管辖。② 关于我国民法对人的适用范围，从《民法总则》第12条规定来看，其对属地主义作出了规定，但没有对属人主义作出规定。

笔者认为，民法应当为属人主义预留空间。民法对人的适用范围主要有以下几种不同的情况：一是我国民法对居住在中国境内的中国公民或设立在中国境内的中国法人，具有法律效力。中国公民、中国法人在中国领域内一律适用中国法律。二是我国民法对居留在我国境内的外国人、无国籍人和经我国政府准许设立在中国境内的外国法人，原则上具有法律效力。三是居留在外国的我国公民，原则上应适用所在国的民法，而不适用我国民法。例如，我国《民法通则》第143条规定："中华人民共和国公民定居国外的，他的民事行为能力可以适用定居国法律。"该条尽管是对确定行为能力的法律所作的规定，但也包含了一种含义，即居住在国外的中国公民，其从事民事活动应当适用所在国的法律。但是，依照我国民法的特别规定和我国缔结或参加的国际条约、双边协定以及我国认可的国际惯例，应当适用我国民法的，仍然适用我国民法。

二、《民法总则》与其他法律的适用关系

《民法总则》第11条规定："其他法律对民事关系有特别规定的，依照其规定。"这就明确确认了特别法优先于普通法的原则。在法理上，根据法律的适用范围有无限制，法律可以分为普通法和特别法。所谓民事普通法，是指适用于全国领域、规定一般事项，并且无适用的时间限制的民事法律。民事特别法是指适用于特定区域、规定特定的事项，或在适用时间上有限制的民事法律。具体来说，一是民事特别法优先于《民法总则》。《民法总则》虽然要统辖各个单行民事法律，但是在法律适用上，民事特别法的规定属于特别规定，应当优先适用。例

---

①② 参见郑玉波：《民法总论》，27 页，北京，中国政法大学出版社，2003。

如，知识产权的相关问题应当优先适用《著作权法》《专利法》《商标法》等法律的规定，在上述法律没有就某事项作出规定时，才适用《民法总则》的规定。二是商事特别法应当优先于《民法总则》。我国已经颁布了《公司法》《票据法》《证券法》等一系列商事特别法，与《民法总则》相比，其规定也属于特别规定，应当优先适用。需要指出的是，按照《民法总则》第11条的规定，优先适用其他法律规定的前提是该"其他法律"应当与《民法总则》处于同一法律位阶，否则，应当按照"上位法优先于下位法"的法律适用规则，优先适用较高位阶的法律规则。

就民法典总则与民法典分则的关系而言，其也应当属于民事普通法与民事特别法的关系。民法典总则在性质上属于民事普通法，而民法典分则在性质上即属于民事特别法，因此，在民法典分则作出特别规定的情形下，应当首先适用该特别规则，而不能直接适用总则的规则，只有在民法典分则未作出规定的情形下，才能适用总则的规则。还需要指出，同一法律条款内部也可以根据法律规范的内容而区分民事普通法和民事特别法。例如《民法总则》第18条第1款规定："成年人为完全民事行为能力人，可以独立实施民事法律行为。"这一条款系一般规定，应为民事普通法。第18条第2款规定："十六周岁以上的未成年人，以自己的劳动收入为主要生活来源的，视为完全民事行为能力人。"这一款系特殊规定，应为民事特别法。

需要指出的是，就特别法和普通法的关系而言，如果普通法已经修改了特别法，则不应当适用特别法优先于普通法的规则，而应当适用新法优先于旧法的规则。例如，《民法总则》的多个条款都修改了《合同法》的规则，此时，就应当适用《民法总则》的规则，而不应当再适用《合同法》的规则。

第九节　民法典的体系

一、民法典的编纂体例

民法典是按照一定的体系编排的调整民事关系的制度和规范的集合，它是成

文法的最高形式，也是体系化的产物。大陆法系各国民法典的编纂体系，主要有罗马式与德国式两种具有代表性的模式。

1. 罗马式。它是由罗马法学家盖尤斯（Gaius）在其《法学阶梯》（institutiones）一书中提出的，优帝编制法律时采用了这种形式，将民法分为人法、物法和诉讼法。这种三编的编纂体系被《法国民法典》全盘接受，但《法国民法典》剔除了其中的诉讼法内容，把物法分为财产及对所有权的各种限制和取得财产的各种方法，将民法典分为人法、财产法、财产权取得法三编，2006 年《法国民法典》修订又增加了担保编。《法国民法典》没有设立总则，缺少关于民事活动的一般原则。有关民法的一般规则、原则体现在学者的学理著述中。瑞士、比利时、意大利等欧洲大陆国家民法采纳此种模式。①

2. 德国式。它是罗马法大全中的《学说汇纂》所采用的体例，该体系是潘德克顿（Pandekten System）学派在注释罗马法特别是在对《学说汇纂》的解释的基础上形成的。潘德克顿学派的学者将人法与物法进一步区分为亲属法、继承法、债法与物权法，并且将这些法则的共同点归纳而总结出总则编。② 该体系最早被胡果（Hugo）在 1789 年出版的《罗马法大纲》一书中采用，胡果主张民法体系应当分为对物权（Realrechte）、对人的债（persönliche Obligationen）、家庭权（Familienrechte）以及继承权（Verlassenschaften）四个部分，却没有抽象出总则部分。③ 之后，海泽提出了总则的概念④，最后由萨维尼在其潘德克顿体系中加以完善，该体系把民法典分为五编：总则、债法、物权、亲属、继承。⑤ 该体系首先确定了总则，规定民法共同的制度和规则，然后区分了物权和债权，区分了财产法和身份法，把继承单列一编，从而形成了完整、明晰的体系。大陆法

---

① 参见郑玉波：《民法总则》，40 页，北京，中国政法大学出版社，2003。

② Vgl. Wclhelm, Walter, Zur juristischen Methodenlehre im 19, Jahrhundert, 1958, Frankfurt/m. S. 22.

③ Hugo, Institutionen des heutigen römischen Rechts, Berlin, 1789, Inhalt.

④ Vgl. Heise, Grundriss eines Systems des gemeinen Civilrechts zum Beruf von Pandecten-Vorlesungen, 3. Aufl., Heidelberg, 1819.

⑤ Savigny, System des heutigen römischen Rechts, Bd. 1, ss. 401ff.

系许多国家与地区都接受了德国式民法典体系，如日本、泰国、韩国、葡萄牙、希腊、俄罗斯等国家以及我国台湾地区、澳门特区的民法。不过，日本在继受德国式时，采纳了萨克森式体例，将物权置于债权之前。[①]

20世纪90年代完成的荷兰民法典在体例上又有重大的改变[②]，法典的起草者巧妙地将法国法（罗马式）模式和德国法模式结合起来，同时又大量吸收了英美法系的经验，创建了民法典的八编模式。[③]尤其值得注意的是，该法典在债权和物权之上设立了财产法总则，并改造了德国法的总则模式。该法典在颁布之后，得到了包括德国在内的许多国家民法学者的广泛好评。1994年的加拿大《魁北克民法典》借鉴了两大法系的优点，不仅保持了《法国民法典》的罗马式结构，而且有新的发展，尤其是借鉴了英美法的信托制度等规则，使该法典具有混合法的特色。由此表明，民法典体系并非一成不变的，它是一个随着社会政治经济文化的发展而变化的体系。

受历史传统因素的影响，我国受大陆法系国家立法影响较大，自清末变法以来，基本上被纳入了大陆法的体系，近代中国的民事立法以及民法学说中大量吸收了大陆法尤其是德国法的概念与制度，经过长期的立法实践、法学教育和司法适用，大陆法系的概念、规则等已经深入人心，成为我国民法文化的组成部分。改革开放以来，尤其是自《民法通则》颁布以后，我国法官所接受的概念、范畴和法学方法等，都在一定程度上受到德国法的影响。但这并不意味着我们在21世纪制定中国民法典时还需要僵化到一成不变地继受《德国民法典》的五编制体例。笔者认为，民法典的体系本身是一个开放和发展的体系，它与一国的政治经济文化环境等因素息息相关。一百多年前德国注释法学派所形成的《德国民法典》体系是符合当时德国社会经济需要的，但它并不完全符合当前我国社会经济的需要，如果无视我国现实情况而仍然延续《德国民法典》的结构，则无异于削足适履。如果这样，民法的发展又从何谈起？《德国民法典》毕竟是百余年前的产物，一百多年来整个世界社会政治经济文化发生了巨大的变化，科技日新月异，民法的体系与内容理所当

---

① 参见郑玉波：《民法总则》，40页，北京，中国政法大学出版社，2003。
② 荷兰曾在1838年制定过一民法典，1992年重新制定了一部新的民法典。
③ 这八编是：人和家庭法、法人、财产法总则、继承法、物权、债法总则、合同分则、运输工具和运输。

然应当随着时代的变化而变化。所以，我们必须从中国的实际出发，借鉴国外的经验，并在大陆法的既有模式上有所创新、有所发展。

在构建我国民法典体系时，必须要确定该体系的核心制度，即所谓"中心轴"。围绕着这条中心轴，民法典的体系得以逻辑地展开各项具体制度和规范。这根中心轴的作用在于贯穿和统辖民法典各项制度，使各项制度和规范形成逻辑统一。但关于构建民法典的"中心轴"究竟是什么，理论上存在不同的看法：一是意思表示说。此种观点认为，民法典应当以意思表示作为自己的中心轴。例如，德国学者温德赛特认为，意思表示和意思自治贯穿于民法的各个领域和环节，整个民法典应当以意思表示和意思自治为核心加以构建。[①] 二是民事权利说。此种观点认为，民法就是权利法，因此民法典体系的构建应当以民事权利为中心而展开。此种学说来源于自然法学派的思想。我国也有不少学者认为，民法是以人为本位、以权利为中心、以责任为手段对社会关系进行调整的。这种关系的逻辑结构就是人—权利—责任的结构，而不是单纯的"人—物"对应的结构或总—分对应的结构，因此，民法典的结构应按照人—权利—责任这一结构来设计。[②] 三是法律关系说。此种观点认为，应当依法律关系为基础来构建民法典的体系。在这种编排方法中，法律关系被作为整理法律和展示法律的技术工具，而且成为体系构建的基本方法。[③] 萨维尼以法律关系为中心，从理论上构建了一个民法典的体系，该体系反映出的编排方法被后世学者称为"萨维尼编排法"[④]。潘德克顿学派将整个法律关系的理论运用到法典里面去，构建了一个完整的潘德克顿体系结构（Pandektensystem）。德国法系的国家大都接受了这一体系。[⑤] 笔者认为，未来我国民法典应当以法律关系为中心来构建，主要理由在于：一方面，法律关系是对社会生活现象的高度抽象和全面概括。"法书万卷，法典千条，头绪纷繁，莫可究诘，然一言以蔽之，其所研究和所规定者，不外法律关系而

---

① 参见金可可：《论温德沙伊德的请求权概念》，载《比较法研究》，2005（3）。

② 参见麻昌华、覃有土：《论我国民法典的体系结构》，载《法学》，2004（2）。

③ Savigny, System des heutigen römischen Rechts, Bd. 1, ss. 401ff.

④ ［葡］平托：《民法总则》，5 页，澳门，澳门大学法学院、法律翻译办公室，1999。

⑤ 参见［葡］孟狄士：《法律研究概述》，黄显辉译，78 页，澳门，澳门基金会、澳门大学法学院，1998。

已。"① 法律关系是根据法律规范建立的一种社会关系②，是对社会生活关系的一种法律归纳和抽象，反映了社会关系的一些共同特征。另一方面，法律关系是对民法规范逻辑化和体系化的基础。法律关系编排方式被大多数学者认为是科学的编排方式，民法的诸制度都是围绕民事法律关系而展开的，法律关系包含主体、客体、内容三项要素，三项要素可以完整覆盖民法典的各项内容。总则之中应当包括法律关系的基本要素，即主体、客体、法律行为、责任。民法典的分则以法律关系的内容（即民事权利）为中心展开，分则部分包括人格权法、婚姻家庭法、继承法、物权法、债权总则、合同法和侵权责任法。

我国已经颁布了《民法总则》《合同法》《物权法》《侵权责任法》《婚姻法》《继承法》等重要的民事法律，未来我国民法典应该在此基础上通过修改、补充、完善相关的规则，形成体系化的民法。在《民法总则》通过后，有必要制定独立成编的人格权法，未来民法典的体系应当由民法总则、人格权编、债和合同编、物权编、侵权责任编、婚姻编、继承编组成。

二、民法总则在民法典中的地位

民法总则就是关于民法的一般性规则。总则统领民法典并且可以普遍适用于民法各个部分，它也是民法中最抽象、最概括的部分，是对民法典分则所要展开的全面内容的抽象和概括。《德国民法典》首开设立总则之先河。早在 18 世纪德国注释法学家对《学说汇纂》进行系统整理的基础上，就已经提出了总则的理论构想。达贝罗（C. C. Dabelow）和胡果（G. Hugo）在 1800 年前后就已经提出了总则的理念，但并没有形成关于总则的系统思想。一般认为，19 世纪初，德国学者 Arnold Heisse 在其于 1807 年所出版的《普通法体系概论》中才详细阐述了民法总则的体系。③ 萨维尼从法律关系的共同因素出发，从各种具体的民事法律关系中抽象

---

① 郑玉波：《民法总则》，63 页，台北，三民书局，2003。

② 参见张文显主编：《法理学》，2 版，131 页，北京，高等教育出版社，2003。

③ Vgl. Heise, Grundriss eines Systems des gemeinen Civilrechts zum Beruf von Pandecten-Vorlesungen，3. Aufl.，Heidelberg，1819.

出了具有普遍性的法律规范，形成了民法总则，例如权利能力、权利客体、法律关系、法律行为等。① 潘德克顿学派甚至认为，民法学的每一个分支部门都可以抽象出一个总则，例如债权法有"债法总则"，物权法有"物权总则"，债权法中的契约之债还有"契约总则"，等等。这种方法被研究者称为"提取公因式法"②，并形成了法典编纂的"总分"结构，为后世总则体系的构建奠定了坚实的基础。按照潘德克顿模式，将整个民法共通的事项抽象出来规定的，就是民法总则。③

《德国民法典》接受了潘德克顿学派关于民法典总则的理论，确立了民法总则的体系。其内容包括：人、物、法律行为、期间和期日、消灭时效、权利的行使、担保的提供。《德国民法典》总则的体系和内容是一个非常成功的范例，其为司法实践提供了良好的制度支撑。总则的设立避免了各个分则之间不必要的冲突，提供了更为清晰、简明的民事法律规则，增加了法典的逻辑性和体系性，进一步促进了民法法典化的科学性。规定民法总则可以说是《德国民法典》一大特色。"民法总则的设立，充分展现了德意志民族抽象、概念、体系的思考方法。"④《德国民法典》对后世民法典产生了重要的影响，大陆法系许多国家和地区都接受了德国式民法典体系，如日本、泰国、韩国、葡萄牙、希腊、俄罗斯以及我国台湾地区、澳门特区等国家或地区的民法。我国《民法总则》的制定，实际上也是采纳了德国潘德克顿的立法体例，借鉴了《德国民法典》的立法经验。

民法总则是关于民法的基本规则，也称为私法的基本法。民法总则是采取"提取公因式"（von die Klammer zu ziehen）的方式将民法中共同适用的规则确立下来，形成了一个统辖各个民事立法的规则体系⑤，它是民法典中最基础、最

---

① Vgl. Wclhelm, Walter, Zur juristischen Methodenlehre im 19，Jahrhundert，1958，Frankfurt/m. S. 22.

② Franz Wieacker, *A History of Private Law in Europe*，*with Particular Reference to Germany*，translated by Tony Weir, Clarendon Press，1995，p. 376.

③ 参见［日］山本敬三：《民法讲义》（I），解亘译，15页，北京，北京大学出版社，2004。

④ 王泽鉴：《民法总论》，20页，北京，北京大学出版社，2009。

⑤ Gustav Boehmer, Grundlagen der Bürgerlichen Rechtsordnung，Ⅱ，J. C. B. Mohr（Paul Siebeck），Tuebingen，1951，S. 72f.

通用，同时也是最抽象的部分。民法总则在我国民事法律体系中的地位主要表现在如下几个方面：

第一，民法总则是民法典的总纲。民法总则不仅统领民法典、普遍适用于民法各个部分，而且统领整个民商事立法，是民法各个部分共同适用的基本规则。"民法总则通过共通事项的抽出和对它的综合，反复完成一般概念的形成，其结果就具备了经过透彻的逻辑思考的、保持首尾一贯的体系。"① 民法总则的制定极大地推进了我国民事立法的体系化过程，它是根据提取公因式的方法，将民法分则中的基本规则抽象出来加以规定，民法典的分则其实就是民法总则中民事法律关系的具体展开。

第二，民法总则是私法的基本法，它应当普遍适用于所有平等主体之间的法律关系。民法总则可以统辖所有的民商事特别法。我国迄今为止已经颁布了250多部法律，几乎半数以上都涉及民商事法律，这些法律不可能都纳入民法典，而只能作为民事特别法存在，但这些法律规则的适用也要受到民法总则的指导。例如，知识产权法也是民法的重要组成部分，其虽然不是民法典的一编，但也应当可以适用民法总则的相关规定，其与民法总则之间也构成特别法和普通法的关系。

第三，民法总则可以有效地指导商事特别法。民商合一体例的核心在于强调以民法总则统一适用于所有民商事关系，统辖商事特别法。如果仅有商事特别法，而缺乏民法总则的指导，各商事立法就会显得杂乱无章、有目无纲，而且无论每部商事特别法的规定如何详尽，也仍不免挂一漏万，在法律调整上留下许多空白。同时，各商事特别法在价值上和具体规则上也可能存在一定的冲突，这就需要通过民法总则统一调整各种民商事关系。在民商合一体例下，所有的商事特别法都应受民法总则的统辖。例如，主体适用民事主体的规定，行为可以适用民事法律行为的规定。民法典总则的设立，沟通了民法与商法的关系，为商事特别法的运行提供了良好的基础和保障，这也有利于建立完整的民商法体系。②

---

① ［日］山本敬三：《民法讲义》（Ⅰ），解亘译，17页，北京，北京大学出版社，2004。
② 参见魏振瀛：《中国的民事立法与法典化》，载《中外法学》，1995（3）。

第二章

民法的基本原则

第一节　民法的基本原则概述

一、民法基本原则的概念和特征

"原则"一词来源于拉丁文 Principium，有"开始、起源、基础、原则、原理、要素"等含义。[①] 民法的基本原则是民法的主旨和基本准则，它是制定、解释、执行和研究民法的出发点，民法的基本原则贯穿在整个民法制度和规范之中，它是民法的本质和特征的集中体现，是高度抽象的、最一般的民事行为规范和价值判断标准。民法基本原则在法律中也常常表述为一种价值和理念，贯穿于法律的各个部分。就民法而言，它确立了平等、私法自治、公平、诚实信用、公序良俗等原则。基本原则可以分为两类：一类是法律上明文规定的基本原则，如《民法总则》规定的平等、自愿、公平、诚实信用、公序良俗等，《物权法》规定

---

① 参见徐国栋:《民法基本原则解释》，7 页，北京，中国政法大学出版社，1992。

的物权法定原则等。另一类是法律上没有规定的基本原则。例如，学者从《合同法》的规定中推导出的鼓励交易（promoting trade）原则。民法的基本原则具有以下特点：

1. 民法的基本原则贯穿于全部民法规范之中，是指导各种民事行为、民事立法和司法活动的根本准则。具体表现为：第一，指导立法。在制定民法时，立法者必须先确定民法的根本出发点，民法是市场经济的基本法律制度，应当反映市场经济对相应法律规则的要求，而民法的基本原则就必须充分体现这些要求。民法的具体规则和制度应当受基本原则的指导。民事法律如果没有一些基本原则作指导，各项法律之间必然是杂乱无章的，规则之间也必然是相互冲突和矛盾的。第二，规范民事行为。尽管民法的基本原则并不直接确定当事人之间的权利义务，但也具有确定行为模式的作用，从而指导当事人的具体行为。在现行法上对于民事主体的民事活动欠缺相应的民法规范进行调整时，民事主体应依民法基本原则的要求进行民事活动。①因为基本原则本身可以提供一种抽象的行为模式和标准。例如，诚实信用的原则体现了伦理和道德的要求，体现了人们所追求的一种理想和目标，因此，自然应当成为人们的行为准则。基本原则可以起到弥补具体规则不足的作用。第三，为裁判活动提供标准。民法的基本原则为人民法院、仲裁机构处理民事纠纷，准确适用民法提供了指导性的方针和原则。法官在对法律条文进行解释时，应当符合民法的基本原则的要求，解释的结果不能与基本原则相背离。

2. 民法的基本原则不直接涉及当事人的具体权利义务。法律原则的基本特点是："它不预先设定任何确定的、具体的事实状态，没有规定具体的权利和义务，更没有规定确定的法律后果。但是，它指导和协调着全部社会关系或某一领域的社会关系的法律调整机制。"② 从这一点出发，学者认为，基本原则具有不确定性，它不是确定性法律规范，不预先设定任何确定的、具体的事实状态，没

---

① 参见梁慧星：《民法总论》，40 页，北京，法律出版社，1996。
② ［美］迈克尔·P. 贝勒斯：《法律的原则》，张文显等译，468 页，北京，中国大百科全书出版社，1995。

有规定具体的权利和义务，更没有规定确定的法律后果。民法的基本原则同样如此，它只是反映了民法的基本价值取向，如自由、正义、效率等，不能以民法的基本原则代替民法的具体规则。

3. 基本原则是强行性规范，不允许当事人排除其适用。对基本原则，当事人必须严格遵守，不得以约定排除其适用，当事人排除基本原则适用的约定不发生法律效力。例如，当事人不得在合同中约定排除诚信原则的适用，否则此类条款将被认定为无效。

依据我国《民法总则》第3～9条，民法基本原则包括民事权益受法律保护原则、平等原则、意思自治原则、公平原则、诚实信用原则、符合法律和公序良俗原则、绿色原则，这些原则构成了一个完整的整体。

二、民法基本原则和一般条款

一般条款（clausula generalis）是指在成文法中居于重要地位的，能够概括法律关系共通属性的，具有普遍指导意义的条款。[①] 例如，《侵权责任法》第6条第1款规定："行为人因过错侵害他人民事权益，应当承担侵权责任。"一般认为，该条属于过错责任的一般条款，可以普遍适用于法律没有规定的各种特殊情况。再如，《侵权责任法》第69条规定："从事高度危险作业造成他人损害的，应当承担侵权责任。"该条在性质上是高度危险责任的一般条款，可以适用于各种高度危险责任的情形。

一般条款在性质上实际上具有双重性，它既是一般条款，又有基本原则的性质。但大量的一般条款都是作为具体规则的一般条款。无论是何种一般条款，其与法律原则都具有一定的相似性，表现在：一方面，二者都具有较高的普遍性和抽象性，可以比较广泛地适用于法律中的某个领域。一般条款都是法律原则的具体化，甚至某些一般条款就是法律原则本身。例如，《合同法》第52条规定，

---

① 参见张新宝：《侵权责任法的一般条款》，载《法学研究》，2001（4）。

"损害社会公共利益"的合同无效。这实际上就是公序良俗原则的具体化。另一方面，与作为具体规则的一般条款一样，法律原则也具有抽象性、概括性和开放性特征。在某些情况下，法律的基本原则以一般条款的形式表现出来，或者说，可以从一般条款之中提升出法律的基本原则。虽然一般条款与法律原则具有类似性，但不能说一般条款就是法律原则的简单表现或者将两者完全等同。具体来说，二者之间存在如下区别：

第一，性质不同。法律原则，指不能为个别或具体的法律规则所涵盖的，贯穿于整个法律之中的法律的基本价值与精神。在我国，每部立法首先都集中规定基本原则，为法官的审判活动提供基本的指导。一般条款本质上还是法律规则，通常是由立法机关制定的，可导致确定法律后果的行为规则，适用于较为具体的事项。[①] 法律原则仅仅是价值的宣示，它只是一般的法律思想。例如，个人责任原则、尊重人格尊严的原则等。但是，法律原则并不包括构成要件和法律后果，难以直接适用于具体案件之中。[②]

第二，功能不同。一般条款作为法律规则，是裁判性规范，可以为诉争中的司法裁判提供直接依据和准则，法官在确定案件事实之后，通常可以直接根据三段论的推理方式得出裁判结果。而法律原则通常并不能作为裁判的直接依据，其更多是对立法、司法、执法和守法活动提供基础性的指导。即便其在司法裁判结论的演绎中具有指导意义，但裁判结论仍然是通过适用一般条款和具体规定等法律规则得出来的。

第三，法律层次不同。从相对应的概念来看，一般条款是与具体列举相对应的，而法律原则是与法律规则相对应的。与法律原则相比，一般条款仍然对其所包含的众多不特定的个案设置了特定的权利义务关系和法律后果。一般条款与个案式具体列举的结合通常有两种模式：一是一般条款在先，具体列举在后。具体列举的作用在于以一定的方式局部地突出一般条款的范围。二是一般条款在具体列举之后，一般条款对于弥补个案式列举的不足具有重要作用。例如《侵权责任

---

① 参见《元照英美法词典》，1211 页，北京，法律出版社，2003。
② 参见秦季芳：《概括条款之研究》，62 页，台湾大学法律学研究所硕士学位论文，1994。

法》第24条关于公平责任一般条款的规定，是与该法第32条关于监护人责任中的公平责任的具体规定相结合的。而法律原则是与法律规则相对应的概念，其并不直接涉及当事人的权利义务关系，通常不与具体的条款直接对应。

第四，法律适用上的不同。由于一般条款与基本原则相比较，在具体性方面的程度更强，所以，在有一般条款的情况下，应当先引用该一般条款，而不能直接引用法律原则。例如，关于公平责任的适用规则，应当适用《侵权责任法》第24条关于公平责任的规定，而不能直接援引《民法总则》第6条关于公平原则的规定，因为一般条款仍然规定了特定的构成要件，对一类社会关系具有直接的调整功能。如果某社会关系并没有个案式的具体规定予以规范，则通常可以归入某个一般条款所规范的范畴，可以通过适用一般条款得出法律结论。与此不同的是，法律原则的意义在于对立法、司法和执法等行为提供指导思想，一般不能直接适用于个案。即使是因为填补漏洞的需要，有必要援引基本原则时，也必须是在穷尽了所有的填补漏洞的方法之后才能援引基本原则填补漏洞。

第五，法律原则具有层次性。这就是说，在民法中，有贯穿于民法各个领域的基本原则，也有仅在民法的某一个领域中存在的原则，它们都构成民法的基本原则，但在层次上还是有区别的。例如，民法的基本原则是平等，而婚姻法的基本原则是男女平等。民法奉行私法自治原则，在合同法中体现为合同自由。这就体现了法律原则的层次性，也是法律价值体系的表现。而一般条款则不具有层次性，它们相互之间不存在抽象与具体的区分。此外，法律原则包括成文化的和不成文化的两种，而一般条款都是成文化的，不存在所谓"不成文化的一般条款"。因此，法律原则并非必然存在于制定法之中，而一般条款必然存在于制定法之中。

三、民法基本原则的适用

在民事案件中，法官不得以法无明文规定而拒绝裁判，但法官在裁判案件中，有具体规定的，应当援引具体规定，而不应援引基本原则裁判。法官的职责

在于"你给我事实，我给你法律"，此处所说的法律主要是指具体的法律规则，而非法律的基本原则。从我国司法实践来看，有的法官在能够找到具体的法律规则时，并不适用该具体规则，而直接援引抽象的法律原则裁判①，援引基本法律原则裁判，表面上是依法裁判，但实质上给予法官过大的自由裁量权，很容易被滥用，因为基本原则的内涵十分宽泛，较为抽象，几乎可以适用于各类纠纷。在司法裁判过程中，法官如果抛开具体规定而直接援引法律原则裁判，本身就违背了立法目的，很难说是真正的依法裁判。尤其是援引基本原则裁判难以保障法官依法、公正地作出裁判，有效地限制法官的自由裁量权，所以，应当严格限制法官在裁判中援引基本原则。笔者认为，法官在裁判中援引基本原则应当注意如下几点：

第一，有具体规则必须适用具体规则，而不能适用基本原则。因为在法律就某事项作出具体规定时，表明立法对该事项已经做了更为精细的安排，此时，法官直接援引基本原则裁判，本身就违背了立法的目的；而且法官援引的规定越具体、与案件联系越紧密，对于法官的自由裁量限制就越多，案件的裁判就越精确。尤其应当看到，在司法三段论中，作为案件裁判大前提的法律规范应当包含构成要件和法律效果两个部分，但基本原则本身既不包含具体的构成要件，也不包含具体的法律效果，通常难以作为案件裁判的大前提予以适用。

第二，基本原则可以与具体的规则结合起来适用。由于基本原则都体现了立法的价值和精神，所以，基本原则可以和具体的规则结合起来，用于解释具体规则适用的合理性。例如，在确定合同效力时，公序良俗原则和违反公序良俗无效的规则可以结合适用。但应当指出的是，在同时适用基本原则与具体规则的情况下，基本原则不能直接作为裁判依据，其只能作为裁判说理的依据，法官裁判只应援引具体的法律规则。

第三，在法律规定不明确时，基本原则可以用于解释指引。基本原则展现了立法者的价值判断，能够为法官裁判案件提供具体的价值指引。因此，在具体的法律规则存在两种或者两种以上合理的解释时，基本原则可以为法官进行解释选

---

① 以公平原则为例，截止到 2017 年 9 月 29 日，在"中国裁判文书网"上进行检索，共得到 202 775 份裁判文书。

择提供价值指引。

第四，在存在法律漏洞时，基本原则可以用于填补法律漏洞。在存在明显漏洞的情况下，争议的案件没有具体的规则可供援引，法官又不能拒绝裁判，此时，法官应当以基本原则作为填补法律漏洞的依据。从大陆法系国家的法律发展来看，正是在法官运用基本原则解释法律中发展出了缔约过失责任、情势变更原则、一般人格权、附保护第三人效力的契约等制度，从而使法律与社会生活相协调①，使古老的民法焕发了新的生机。当然，由于基本原则的内涵十分宽泛、抽象，在各种法律漏洞填补方法中，其应当属于兜底性的法律漏洞填补方法。

《民法总则》第 10 条规定："处理民事纠纷，应当依照法律；法律没有规定的，可以适用习惯，但是不得违背公序良俗。"该条确立了有法律依法律，无法律依习惯的规则。但问题在于，如何理解此处的"法律"？其是否包括了基本原则？笔者认为，此处的"法律"应当限于具体的规则，而不包括基本原则，也就是说，法官在裁判过程中，应当优先适用民法的具体规则，在无具体规则时，应当看是否有相应的习惯，只有在缺乏具体的习惯时，才有可能适用基本原则。之所以作出此种认定，是因为基本原则的内涵和适用范围十分宽泛，如诚实信用原则，其几乎可以适用于所有的民事纠纷，如果优先适用基本原则，可能导致习惯无适用余地，从而导致上述规定沦为具文。从这一意义上讲，只有在找不到习惯的情况下，才有可能适用基本原则裁判案件。

第二节　民事权益受法律保护原则

一、民事权益受法律保护原则的内涵

《民法总则》第 3 条规定："民事主体的人身权利、财产权利以及其他合法权

---

① 参见［德］维亚克尔：《近代私法史》（下），陈爱娥译，496～510 页，上海，上海三联书店，2006。

益受法律保护,任何组织或者个人不得侵犯。"该条确立了民事权益受法律保护的原则。从我国《民法总则》的规定来看,民事权利受法律保护原则包括如下几方面内涵:

第一,民法主要保护人身、财产等权益。《民法总则》系统、全面地规定了民事主体所享有的各项人身、财产权益。从保护公民财产权利的角度来看,《民法总则》首次在法律上使用了"平等"保护民事主体物权的表述,这是对《物权法》的重大完善。该法对知识产权的客体进行了详尽的列举,扩张了知识产权的保护范围,进一步强化了对知识产权的保护。该法强化了对英雄烈士等的姓名、肖像、名誉、荣誉的保护,有助于弘扬公共道德,维护良好的社会风尚。当然,从《民法总则》的规定来看,其所保护的民事权益范围虽然非常宽泛,但并非所有的权益都受到民法的保护,一些公法上的权利,如劳动权、受教育权,主要受公法保护,民法保护的主要是私权,其中以人身、财产权益为基本内容。

第二,民法不仅保护权利,而且保护利益。也就是说,不论是权利还是利益,都受到法律保护。我国《民法总则》第3条采用"其他合法权益"这一表述,这就意味着,不论是权利还是利益,都受到法律保护。这为将来对新型民事权益的保护预留了空间,保持了民法总则规则的开放性。从我国《民法总则》的规定来看,其多个条款都使用了"权益"的表述,《民法总则》第126条规定:"民事主体享有法律规定的其他民事权利和利益。"依据该条规定,不论是权利还是利益,都受到法律保护。这不仅与保护民事权益的基本原则相对应,也保持了民法保护权益范围的开放性。任何组织和个人都不得非法侵害他人的合法权益,也不得非法干预权利人行使权利。例如,任何人不得非法查封、扣押、没收公民的合法财产。

第三,对新型民事权益进行保护。在民事权益受法律保护原则的指导下,《民法总则》强化了对新型民事权益的保护,体现了当代中国的时代特征,回应了当今社会的现实需求。例如,该法首次正式确认隐私权,有利于强化对隐私的保护。再如,针对互联网和大数据等技术发展带来的侵害个人信息现象,《民法总则》规定了个人信息的保护规则,维护了个人的人格尊严,必将有力

遏制各种"人肉搜索"、非法侵入他人网络账户、贩卖个人信息、网络电信诈骗等现象。

第四，在民事权益受到侵害时，民法主要通过民事责任对权利人进行救济。在权利人的权利受到侵犯时，权利人可以依法请求有关行政机关给予保护，也可以诉请人民法院或仲裁机构予以判决或仲裁。

民事权益受法律保护是民法最重要的原则，之所以要将该原则作为民法的首要原则①，主要原因在于，一方面，民法是权利法。民法总则被称为民事权利宣言书，正如英国学者彼得·斯坦所指出的："权利的存在和得到保护的程度，只有诉诸民法和刑法的一般规则才能得到保障。"② 另一方面，近代民法典的体系，就是权利体系。③ 如前所述，民法以法律关系为中心展开，而民事法律关系又以权利为核心而展开，"民法是作为权利的体系而被构建的"④，民法总则的体系也是以私权为中心而展开的，其所规定的民事主体（自然人、法人、非法人组织）是民事权利的享有者和民事义务的承担者，各项民事权利是私权完整的内容和结构，民事法律行为是行使私权而从事的行为，而民事责任既是因侵害私权而产生的法律后果，也是保障私权实现的强有力手段。在构建了完整的民事权利体系之后，《民法总则》为分则的制定也奠定了基础，因为民法典分则实际上是按照物权、合同债权、亲属权、继承权、人格权以及因侵害民事权利而产生的侵权责任等内容展开的。《民法总则》系统、全面地确认和保护各项民事权利，构建民事权利体系，弘扬私法自治，强化对人格尊严价值的保障。因此，对权利的保护是整个民法的中心任务。

---

① 在"民法总则三审稿"中，该条被置于第 9 条，但在大会审议时，有代表提出，民事权益受法律保护是民法的基本精神，统领整个民法典和商事特别法，应当进一步突出该原则的地位，因此立法机关最后决定将该条置于第 3 条，作为民法基本原则之首加以规定。

② [英] 彼得·斯坦、约翰·香德：《西方社会的法律价值》，王献平译，41 页，北京，中国人民公安大学出版社，1989。

③ 参见 [日] 松尾弘：《民法的体系》，4 版，15 页，东京，庆应义塾大学出版社，2005。

④ [日] 大村敦志：《民法总论》，江溯、张立艳译，34 页，北京，北京大学出版社，2004。

二、民事权益受法律保护原则在民法中的体现

我国立法历来重视对个人的人身和财产权益进行保护。例如，《民法通则》第5条规定："公民、法人的合法的民事权益受法律保护，任何组织和个人不得侵犯。"该条对个人民事权益受法律保护的原则作出了规定。除《民法通则》外，《侵权责任法》也对个人的权益保护作出了规定，该法第2条规定："侵害民事权益，应当依照本法承担侵权责任。本法所称民事权益，包括生命权、健康权、姓名权、名誉权、荣誉权、肖像权、隐私权、婚姻自主权、监护权、所有权、用益物权、担保物权、著作权、专利权、商标专用权、发现权、股权、继承权等人身、财产权益。"在总结上述立法经验的基础上，《民法总则》第3条对民事主体合法权益受法律保护的原则作出了规定，而且从该条所处的位置来看，其仅次于"立法目的"和"调整对象"之后，应当属于最为重要的民法基本原则。

《民法总则》继续采纳《民法通则》的经验，专设"民事权利"一章，集中地确认和宣示自然人、法人所享有的各项民事权利，充分地彰显民法对私权保障的功能。《民法总则》在全面保障私权方面呈现出许多亮点，在民事权利保护方面不仅充分体现了时代性，而且保持了民事权益保护范围的开放性。也正是因为这一原因，《民法总则》也被称为"民事权利的宣言书"。

我国民法全面确认和保护民事权益主要体现在如下几个方面：

第一，构建了完善的民事权利体系。《民法总则》系统、全面地规定了民事主体所享有的各项人身、财产权益。而且从保护公民财产权利的角度来看，《民法总则》第一次正式确立了隐私权以及个人信息保护规则，全面列举了自然人、法人以及非法人组织所享有的各项人格权。同时，《民法总则》在规定民事权利保护的原则时，首次在法律上使用了"平等"保护民事主体物权的表述，这是对《物权法》的重大完善。还应当看到，该法对知识产权的客体进行了详尽的列举，扩张了知识产权的保护范围，进一步强化了对知识产权的保护。

第二，构建了体系化的民事权利保护机制。《民法总则》在确认民事权益的

基础上，规定了体系化的民事责任制度，奠定了民事权益保障的基础。民法中的民事权益保护以侵害民事权利的侵权责任为主线而展开，并在此基础上形成了完整的制度体系。全面保护民事权利，有利于保障最广大人民群众的根本利益，保护人民群众对美好生活的向往，充分实现人民的福祉，促进个人的全面发展。在广大人民群众物质生活条件得到极大改善、个人财产不断增加的情况下，对财产安全和人格尊严的保护显得更为重要。《民法总则》强化对个人财产和人身权益的保护，也有利于保护个人的人格尊严。

第三，规范了民事权利的行使。"自由止于权利"，权利的不当行使会侵害他人的权利，因此，对民事权利的保障还要求妥当规范民事权利的行使规则。《民法总则》规定了禁止权利滥用、义务必须履行以及自愿原则，因此，民事主体在自由行使其民事权利的同时，也应当尊重他人的权利，如果滥用权利造成他人损害，则行为人应当依法承担责任。规范民事权利的行使规则可以明确划定权利人权利行使的边界，这实际上也是民事权利有效实现的重要前提和基础。

第四，全面维护个人的行为自由。马克思说，法典是人民自由的圣经。保障私权一方面需要通过民法全面确认个人所享有的各项人身权益和财产权益，而且应当系统规定私权的救济机制，全面保障私权。同时，保障私权还意味着要尊重个人的"私法自治"，其本质上是尊重个人的自由和自主，即充分发挥个人在现代社会治理中的作用。与公权力"法无明文规定不可为"相反，私权的行使是"法无禁止即可为"，即只要是法律没有明文规定禁止个人进入的领域，按照私法自治原则，个人均有权进入。这既有利于节约国家治理成本，也有利于增加社会活力，激发主体的创造力。

第三节　平等原则

一、平等原则的概念和意义

所谓平等原则，是指民事主体在法律地位上是平等的，其合法权益应当受到

法律的平等保护。《民法总则》第4条规定："民事主体在民事活动中的法律地位一律平等。"民事主体地位平等原则是我国民法将平等主体之间的财产关系和人身关系作为其调整对象的必然体现。民法的平等原则集中反映了民法所调整的社会关系的本质特征，也是全部民事法律制度的基础。

从比较法上来看，由于平等原则通常是在宪法中规定的，因而有的国家民法典并没有直接对平等原则作出规定，但也有国家在民法典中对平等原则作出了规定。例如，《法国民法典》第8条规定："所有法国人均享有民事权利。"该条实际上确立了民法的平等原则。有的国家民法典并没有明确规定平等原则，但相关规则也被解释为平等原则。例如《德国民法典》第1条规定："人的权利能力始于出生完成之时。"该条虽然规定的是自然人权利能力开始的时间，但其宣示了一切自然人从出生完成之时均具有权利能力，因此，一般认为，其也在法律上确认了权利能力一律平等的重要原则。① 我国立法历来将平等原则作为一项重要的民法基本原则。例如，《民法通则》第3条规定："当事人在民事活动中的地位平等。"《合同法》第3条规定："合同当事人的法律地位平等，一方不得将自己的意志强加给另一方。"《物权法》第4条规定："国家、集体、私人的物权和其他权利人的物权受法律保护，任何单位和个人不得侵犯。"以上法律均将平等原则作为民法重要的基本原则，这也是从民法调整对象出发所产生的一项基本原则。在民法上，采纳该原则的主要意义在于：

第一，集中体现了民法的调整对象和调整方法的特点，表现了民法的基本价值理念。因为民法的调整对象是平等主体之间的人身关系和财产关系，民法的平等原则集中反映了民法所调整的社会关系的本质特征，该原则也是全部民事法律制度的基础。正是因为民法贯彻平等原则，因而其具有了不同于行政法、刑法等法律部门的方法，即平等调整民事主体之间社会关系的方法。所以，必须运用平等原则来确定民法调整社会关系的方法和特点，以及在发生了民事违法行为以后的责任方式。

---

① 参见陈卫佐译注：《德国民法典》，5页，注4，北京，法律出版社，2010。

第二，充分反映了市场经济的本质要求，并构建市场经济秩序的基础。市场经济最本质的特征就体现在主体之间的平等性上。在市场经济社会，参与市场的各个主体作为合理的人，为了实现其利益的最大化，就不可避免地存在利益的冲突与矛盾，而且在单个主体利益与社会公共利益之间又存在冲突和矛盾，为此必须明确各类市场主体的平等地位。[①] 所谓市场秩序是指市场主体在参与市场活动中形成的一定的规范状态。因为交易天然地要求交易双方的地位是平等的，在利益上是等价的，否则就不可能产生公平的竞争，从而也不可能形成有序的市场经济秩序。

第三，体现了现代法治的基本精神，也有助于建设社会主义政治文明。现代法治社会以贯彻"平等原则"为特征，而公民在法律面前的平等，必然要求具体体现为民法所确认的主体的平等地位和责任自负原则、造成损害应根据损益相当的准则进行赔偿的原则、对公民和法人的合法权益平等保护的原则等。平等原则最本质的内涵就是人格的平等，它是对封建等级制度的否定，也是对宗法制度下人与人的依附关系的否定。平等原则构建了市场经济的基础，在政治层面上也是最为根本的原则，正是在平等的基础上才产生了近现代社会的各项民主制度。切实遵行民法的平等原则，才能够真正消除封建残余和特权思想，建立社会主义政治文明。

第四，强化对各类财产的平等保护，促进社会财富的增长。平等原则不仅强调对公有财产的保护，而且要求将对个人财产所有权的保护置于相当重要的位置。对国内财产进行一体化保护，有利于实现"有恒产者有恒心"所体现的一种利益期待，鼓励人们创造社会财富，满足社会投资的需求，实现社会财富的增长和经济的繁荣。

需要指出，民法上的平等原则虽然与政治上的平等具有一定的联系，但其仍然主要强调民事法律关系中主体地位的平等和法律保护的平等，而一般不涉及政治权利的平等。各项民法基本原则和基本的民法制度都建立在民事主体平等的假

---

① 参见魏振瀛、钱强波：《市场经济与民法观念》，载《中外法学》，1994 (5)。

定之上，没有民事主体之间的平等，民法也就丧失了存在的前提。正因为这样，我国《民法总则》将平等原则作为一项重要的民法基本原则加以规定，这是不无道理的。

二、平等原则的内容

平等原则主要包括如下内容：

第一，人格的平等。人格平等就是在法律上不分尊卑贵贱、财富多寡、种族差异、性别差异，而一律认为人与人的抽象人格是平等的。"将人与人格视为等同，这具有现实基础和政治意图，即消除等级差别。"[①] 民法确认了每个人的人格，要求每个人都必须尊重他人的人格特性，不得非法介入他人人格范围，不得侵害他人的人格范围。[②] 这样，每个人都是权利和义务的归属主体，从这个意义上来说，每个人就必须被承认为法律上的主体。[③] 我国《民法总则》第4条明确规定："自然人的民事权利能力一律平等。"民事权利能力与生俱来，为自然人终身享有，并且自然人的民事权利能力在范围上是平等的。除法律特别规定的以外，任何单位和个人不得限制和剥夺公民的民事权利能力。

第二，在具体的法律关系中当事人的法律地位平等。尤其是在合同关系中，无论参与合同关系的当事人在事实上是否具有隶属关系或不平等的地位，在合同关系中当事人都是完全平等的。平等原则还表现在民事主体在民事法律关系的产生、变更和消灭上，必须平等协商，任何一方当事人不得将自己的意志强加给另一方当事人。

第三，对各类民事主体的平等对待。在具体的民事法律关系的内容确定上，民法除注重形式平等，还要兼顾实质平等。对各类民事主体的平等对待包括强式意义

---

① ［德］罗尔夫·克尼佩尔：《法律与历史——论〈德国民法典〉的形成与变迁》，朱岩译，60页，北京，法律出版社，2002。

② Larenz/Wolf，Allgemeiner Teil des Bürgerlichen Rechts，9. Aufl.，2004，§ 2 Rn. 7.

③ Larenz/Wolf，Allgemeiner Teil des Bürgerlichen Rechts，9. Aufl.，2004，§ 2 Rn. 11.

上的平等对待和弱式意义上的平等对待。所谓强式意义上的平等对待，是指尽可能避免对人进行分类，以对各类群体给予平等待遇。而弱式意义上的平等，是指针对不同情况，要区别对待。[①] 在法律上，这意味着凡被法律视为相同的人，都应当以法律所确定的方式来对待。[②] 例如，合同法既确定了合同自由原则，又兼顾合同正义，而合同正义的实现就建立在弱式意义上的平等对待的基础上。

第四，在补救方法上，也要充分贯彻平等性。无论主体在所有制、经济实力等方面存在何种差异，当其权利受到侵害时，法律都给予一体保护。就民事权利保护而言，任何主体都不能比其他主体享有更多的特权，即便公有财产从政治层面上讲神圣不可侵犯，但在民法中也应与私人财产受到同等的保护。从损害的角度看，应当按照实际损害给予救济，而不能因人而异。此外，在民法上，民事主体地位的平等性，决定了在民事责任方式上，应当贯彻损失填补原则，以弥补受害人的损失为宗旨，一般不能对加害人的行为施以类似于公法上的惩罚性措施。当然，在追究了民事责任以后，并不影响对违法者追究其他公法上的责任，这两种责任并行不悖。平等原则的鲜明体现就是我国物权法上贯彻的物权平等保护原则，这一原则将国家、集体及个人的财产置于同一法律地位予以保护。通过对各类财产进行一体化保护，有利于实现"有恒产者有恒心"所体现的一种利益期待，鼓励人们创造社会财富，满足社会投资的需求，实现社会财富的增长和经济的繁荣。

应该指出，民事主体在法律地位上的平等，不等于在实际的民事法律关系中，每个当事人所享有的具体的民事权利和承担的民事义务都是一样的。在具体的民事法律关系中，各个当事人根据法律和自身的意志，享有不同的权利和义务。有的享受更多的民事权利，有的要承担更多的民事义务，有的只享有权利而不承担民事义务或只承担义务而不享有权利（如在赠与合同中，赠与人就只承担义务而不享有权利）。由此可见，法律地位的平等，并不是指实际享有的权利和承担的义务均等。

---

① 参见郑成良：《法律之内的正义》，40 页，北京，法律出版社，2002。

② 参见［美］博登海默：《法理学——法哲学及其方法》，邓正来译，281 页，北京，华夏出版社，1987。

第四节 意思自治原则

一、意思自治原则的概念

意思自治也称为私法自治（Privatautonomie）[1]，是指民事主体依法享有在法定范围内广泛的行为自由，并可以根据自己的意志产生、变更、消灭民事法律关系。也就是说，每个人都能在自我决定下依据个人的意思规划其私人的生活关系，无须国家的介入。"个人的平等和自由能够促成人类共同生活秩序的最优化，因为个人的自我奋斗和在竞争中自由发挥对所有人都有利。"[2] 意思自治原则具体体现为合同自由、婚姻自由、家庭自治、遗嘱自由以及过错责任等民法的具体规则。从比较法上看，各国都十分重视保障个人的意思自治。例如，《法国民法典》第 1134 条规定："依法订立的契约在当事人之间具有相当于法律的效力。"该条最直接地体现了私法自治的精神。在我国《民法总则》中，该原则被称为"自愿原则"，该法第 5 条规定："民事主体从事民事活动，应当遵循自愿原则，按照自己的意思设立、变更、终止民事法律关系。"该条对意思自治原则作出了规定。尽管在民法的各部分（身份法和财产法、物权法和债权法）中的强度不同，但意思自治原则作为民法的一项基本原则，贯彻于整个民法之中，体现了民法最基本的精神。该原则在民法中的重要作用和地位表现在：

第一，奠定了民法作为市民社会基本法的地位。市民社会与政治国家的分离，导致了公法与私法的分立。公法的重要特点表现在规范的强制性方面，私法

---

[1] 意思自治与私法自治基本上是同义语。但两者有一定的区别，意思自治与私法自治的关系表现在：前者是后者的重要组成部分，但不完全等同。因为私法自治是私法领域中的最基本原则，而私法既包括民法、商法等实体法，也包括一些程序法。而意思自治是民事实体法中的基本原则。所以，意思自治应当包括在私法自治的内容之中。

[2] Brox/Walker, Allgemeiner Teil des BGB, 32. Aufl., Carl Heymanns Verlag, 2008, Rn. 25, S. 16.

的重要特点表现在规范的任意性上，私法的任意性即主要体现在意思自治原则上。[①] 意思自治是私法的基本原则，也是私法与公法相区别的主要特征。在市民社会，私法自治原则承认个人有独立的人格，承认个人为法的主体，承认个人生活中有一部分是不可干预的，即使国家在未经个人许可时也不得干预个人生活的这一部分。[②] 该原则强调私人相互间的法律关系应取决于个人的自由意思。在私法自治原则之下，法律原则上承认当事人本于自由意思所为的意思表示具有法律约束力，并对基于此种表示所形成的私法上生活关系赋予法律上的保护。[③] 从而给民事主体提供了一种受法律保护的自由，使民事主体获得自主决定的可能性。

第二，最直接地反映了市场经济的本质需要。德国学者海因·科茨等指出："私法最重要的特点莫过于个人自治或其自我发展的权利。契约自由为一般行为自由的组成部分……是一种灵活的工具，它不断进行自我调节，以适应新的目标。它也是自由经济不可或缺的一个特征。它使私人企业成为可能，并鼓励人们负责任地建立经济关系。因此，契约自由在整个私法领域具有重要的核心地位。"[④] 因为一方面，市场经济条件下"尽可能地赋予当事人的行为自由是市场经济和意思自治的共同要求"[⑤]。民事关系特别是合同关系越发达、越普遍，则意味着交易越活跃，市场经济越具有活力，社会财富才能在不断增长的交易中得到增长。正是因为私法充分体现了意思自治原则，才能赋予市场主体享有在法定范围内广泛的行为自由，并能依据自身的意志从事各种交易和创造财富的行为。另一方面，如何优化配置有限的资源是市场经济发展的基本要求，而通过意思自治在市场中分配资源是市场经济的基本运作规律，私法自治即是民法调整市场经济关系的必然反映，也是民法作为市民社会的法律的本质要求。

第三，保障了民事主体的行为自由。私法自治是贯穿于民法始终的价值理

---

① 参见苏永钦：《走入新世纪的私法自治》，1～54 页，北京，中国政法大学出版社，2002。

② 参见谢怀栻：《从德国民法百周年说到中国的民法典问题》，载《中外法学》，2001 (1)。

③ 参见詹森林：《民事法理与判例研究》，2 页，台北，自版，1998。

④ ［德］罗伯特·霍恩、海因·科茨、汉斯·莱塞：《德国民商法导论》，楚建译，90 页，北京，中国大百科全书出版社，1996。

⑤ 江平：《市场经济和意思自治》，载《中国法学》，1993 (6)。

念，"人总是生活在同他人的不断交往之中。每个人都需要私法自治制度，只有这样他才能在自己的切身事务方面自由地作出决定，并以自己的责任处理这些事情。一个人只有具备了这种能力，他才能充分发展自己的人格，维护自己的尊严"①。按照私法自治的要求，每个人都要依其意思作出行为，"法无禁止即自由"，其反面要求就是每个人要对自己的行为负责。自主决定与自负其责、过错责任正是自由意志的两大根本原则，即意思自治（或私法自治）原则与过失责任原则。② 例如，侵权责任法的主要任务在于实现行为自由和法益保护之间的平衡，而责任自负、过错责任就能够很好地平衡这两者之间的关系。

第四，该原则是推进国家治理能力现代化的一种重要方式。受认识能力的限制，立法者的理性是有限的，其在立法时不可能对社会主体的一切行为都作出圆满的安排，而只能赋予各个民事主体自主决定其事务的意志自主和自由。每个民事主体都是自己利益的最佳判断者，法律赋予其广泛的行为自由，赋予其在法定的范围内自主地安排好自己的事务，这有利于维持社会的和谐稳定。民法规定意思自治原则，也有利于构建和谐社会，因为在现代社会，合同不仅是规范交易关系的工具，也是重要的组织社会的手段。例如，在我国，城市要发挥自治功能，可以通过管理规约来规范小区的生活。我国现在五亿多人都居住在各种社区之中，每天都可能因为物业费、管理费等事项发生各种摩擦和纠纷，如果都要政府进行管理，则是不可行的，这就需要借助私法自治，允许当事人通过协商、订立管理规约的方式进行社区自治，这有利于纠纷的有效化解，实现社会和谐。从这一意义上说，意思自治原则在发挥社区自治上也具有重要的功能。

二、意思自治原则的内容

（一）赋予民事主体在法律规定范围内广泛的行为自由

意思自治的实质就是允许当事人在法律规定的范围内，自主决定自己的事

---

① 〔德〕卡尔·拉伦茨：《德国民法通论》上册，王晓晔等译，54 页，北京，法律出版社，2003。
② 参见〔德〕卡尔·拉伦茨：《法学方法论》，陈爱娥译，391 页，台北，五南图书出版公司，1992。

务，自由从事各种民事行为，最充分地实现自己的利益。意思自治包括在当事人的意思形成过程中的自由，以及在意思的表达过程中的自由，也就是说，当事人可以自由决定其行为，确定参与市民生活的交往方式，而不受任何非法的干涉。① 在具体的民事法律关系中，当事人所享有的自由包括如下几个方面：

1. 民事主体有权依法从事某种民事活动和不从事某种民事活动。也就是说，在民事领域中，除了法律另有规定之外，当事人是否从事某种行为或不行为，是否行使某种权利或不行使权利，完全应当由当事人自由安排。民事权利大多可以由权利人自由作出处分，权利人抛弃其权利或利益，只要不损害社会公共利益或他人的利益，就是合法有效的。当然，法定或约定的民事义务，民事主体则应当履行，而不具有可选择性。

2. 民事主体有权选择其行为的内容和相对人。当事人可以通过平等协商，为自己设定权利和承担义务，当客观情况发生变化以后，可以依法变更权利和义务的内容。当事人有权自愿选择他们缔约的伙伴，通过协商一致达成合同条款，并自愿接受这些条款的约束，在等价交换的基础上交换各自的产品和劳务。当事人之间的协议一经合法成立，就具有法律效力，并可以改变民法的任意性规定。

3. 民事主体有权选择其行为的方式。民事主体从事法律行为，有权对口头形式、书面形式、公证等方式作出选择。但法律、法规要求采取某种特殊的形式的，必须采取该形式。

4. 民事主体有权选择补救方式。一般来说，每个人都是自己利益的最佳判断者。通常情况下，受害人能够选择对自己最为有利的责任方式，即便受害人选择不适当，也应当由该受害人自己承担不利的后果。因此，作为民法重要制度的责任竞合制度应充分体现意思自治的内容和精神。例如，《合同法》第 122 条规定：“因当事人一方的违约行为，侵害对方人身、财产权益的，受损害方有权选择依照本法要求其承担违约责任或者依照其他法律要求其承担侵权责任。”这就赋予了权利人在责任竞合的情况下，选择请求权的权利。

---

① 参见苏号朋：《民法文化——一个初步的理论解析》，载《比较法研究》，1997（3）。

（二）允许民事主体通过法律行为调整他们之间的关系

意思自治的重要意义就在于，允许主体在从事民事行为，尤其是从事民事法律行为时，通过其自己的意志产生、变更和消灭民事法律关系。这就是民法中的任意性调整方法。该方法的特点在于，它并不是确立具体的行为准则，而只是划定了一个界限和范围，要求民事主体在该范围之内自主行为，同时法律承认当事人之间通过自主协商而达成的合意具有优先于法律任意性规范适用的效力。承认民事主体根据其意志自主形成法律关系，并对其通过表达意思产生或消灭法律关系的效果予以承认。因而，私法自治保障个人具有根据自己的意志，通过法律行为构筑其法律关系的可能性。[①] 正是在这个意义上，有学者指出，私法是一个允许自由决策的法。[②]

（三）确立了行政机关干预民事主体的行为自由的合理界限

在私法领域，根据意思自治原则，法无明文禁止即为自由，因此，民事主体在法定的范围内享有广泛的自由，也就是说，只要不违反法律、法规的强制性规定和公序良俗，国家就不得对其进行干预。即使法律没有规定某种权利，但如果民事主体享有的利益不为法律所禁止，则其享有的利益为法律所保护。行政机关也不得限制和干预民事主体依据民事基本法律享有的财产自由和人身自由。所以，意思自治原则划定了民事主体和行政机关的权限，确定了二者之间的正确关系。

三、对意思自治的限制

任何意思自治都不是绝对的自由，而是相对的、有限制的自由。在 19 世纪，由于个人主义思潮的盛行，意思自治原则曾经被绝对化，但自 20 世纪以来，随着垄断的加强，国家加强了对经济领域的干预。以私法自治为核心的民法的三大原则都已经受到不同程度的限制，尤其是对合同自由和契约自由的限制表现得尤

---

① 参见〔德〕迪特尔·梅迪库斯：《德国民法总论》，邵建东译，8 页，北京，法律出版社，2000。
② 参见〔德〕迪特尔·梅迪库斯：《德国民法总论》，邵建东译，7 页，北京，法律出版社，2000。

为突出。例如，在德国民法中，私法自治只被认为是当事人的一种相对的权利，当事人只能在法律规定的范围内行使自治权。① 从比较法上看，各国都在民法中扩大了对意思自治的限制，这种限制主要表现在：一是在经济领域中，随着国家干预的加强，从而对合同自由等原则作出了更多的限制；二是基于公序良俗、公共利益维护的需要，对意思自治也进行了不同程度的限制，法律上禁止当事人作出违反公序良俗或者侵害公共利益的约定；三是在家庭伦理生活中以及劳动关系领域等都进一步加强了对弱者的保护，以及对劳工的保护的趋势，从而限制了当事人的意思自治。例如，监护职能的社会化等都表现了这样一种趋势。②

第五节 公平原则

一、公平原则的概念

所谓公平原则，是指民事主体应本着公平、正义的观念实施民事行为，司法机关应根据公平的观念处理民事纠纷，民事立法也应该充分体现公平的理念。在罗马法中，就有一项重要规则，即"无论何人均不得基于他人的损害而受有利益"（nam hoc natura aequum est neminem cum alterius derimento et iniuria fieri locupletiorem）③，这实际上体现的也是公平原则。从比较法上看，有的国家对公平原则作出了规定，例如，《瑞士民法典》第 4 条规定："依本法所作的裁判，或判断具体状况，或认定重要原因是否存在时，法官应根据法理公平裁判。"我国民法历来将公平原则作为基本原则。《民法总则》在总结这些立法经验的基础上，于第 6 条规定："民事主体从事民事活动，应当遵循公平原则，合理确定各方的

---

① 参见徐国建：《德国民法总论》，77 页，北京，经济科学出版社，1993。
② 参见陈苇、李欣：《私法自治、国家义务与社会责任——成年监护制度的立法趋势与中国启示》，载《学术界》，2012（1）。
③ D.50，17，206。

权利和义务。"这就在法律上明确确认了公平原则。

民事活动应当遵循公平原则。这就将公平原则确定为民法的一项基本原则。其特点表现为：

第一，公平原则本身是民事活动的一项基本原则。民事主体在从事民事活动的过程中，应当按照公平的观念正当行使权利和履行义务。例如，在合同订立后，应当从顾及对方当事人的利益的角度出发，进行充分的准备。在权利的行使过程中，要充分顾及他人的利益，不得滥用权利，这实际上也是维护交易秩序的内在要求。民法将正义作为其基本价值，这是其规范和调整交易关系的需要。这里所说的交易是广义上的，包括自愿的交易和非自愿的交易。自愿的交易（如合同）关系必须反映公平的要求，当事人必须履行其承诺，不能随意违反。非自愿的交易（如侵权）关系也必须反映矫正正义的需要。不管是自愿的交易，还是非自愿的交易，其结果都要体现法律所要求的公平正义，这也是交易有序进行的需要。

第二，公平原则是民事活动的目的性的评价标准。这就是说，任何一项民事活动，是否违背了公平原则，常常难以从行为本身和行为过程作出评价，而需要依结果上是否符合公平的要求来进行评价。如果交易的结果形成当事人之间的极大的利益失衡，除非当事人自愿接受，否则法律应当作出适当的调整。例如，依据过错原则所作出的裁判结果违背了公平原则，则可以依据公平原则进行调整。由于公平是一种目的性的评价标准，所以公平原则更多地体现了实质正义的要求。

第三，公平原则是法官适用民法应当遵循的重要理念。公平正义是司法追求的最高价值，法官在裁判过程中，也应当秉持公平正义的价值理念。公平虽然是一个抽象的概念，但因为社会一般人对公平仍然有一个基本的价值评判标准，所以法官应当依据社会的一般公平正义观念进行司法活动。当然，由于公平正义的内涵较为抽象，其虽然可以指导民法规则的解释与适用，但并不能代替具体的民法规则。

第四，它是适用法律和解释法律所应当遵循的原则，可以弥补民法规定的

不足。由于民事活动本身十分复杂，法律不可能事无巨细地作出规定，在法律没有明确规定的情况下，可以适用公平原则。比如，关于房屋租金标准，在没有法律和政策规定的统一标准的情况下，应由当事人双方根据公平合理原则协商确定。

公平原则体现了现代法治的精神，古罗马法学家凯尔苏斯（Celsus）曾言："法乃公正善良之术（Jus est ars boni et aequi）。"自此以后，公平正义成为法律固有的属性。公平正义是一切法律所追求的价值，是法律的精髓和灵魂。正义体现了某种秩序的内在要求，是构建普适性秩序的内在需要。换言之，法律作为行为规范，以调整社会关系为目的，必然以公平正义作为其基本价值。当然，公平概念的内涵是动态的、发展的。随着时代的发展，人们对公平的认识也会产生相应的变化。所以，公平内涵的确定应当紧密结合社会历史发展潮流。

二、公平原则和其他原则的关系

公平原则和平等原则极为类似。因为平等和公平都强调了公平、正义的价值理念。据此有许多学者认为，公平原则应当包括在平等原则中，认为公平就是平等的具体化。但笔者认为，两者是有区别的。一方面，平等原则注重的是地位的平等，而公平原则注重的是结果的公平。另一方面，平等注重的是形式上的平等，而公平注重的是实质上的公平。所以这两项原则是不能相互替代的。

公平原则和意思自治原则是相辅相成的。意思自治原则要求当事人在从事民事活动时表达出自己的真实意志，公平原则要求当事人在民事活动中以公平、正义观念指导自己的行为。在当事人的真实意志与其外在的表示不一致，而局外人又往往无从得知时，应着公平原则，从行为的结果是否公平合理判断该行为是否出于当事人的自愿。还有一种情况是，某些看起来是出于当事人自愿的民事活动，结果对一方显失公平，和民法的公平原则相悖，根据法律的规定，对于这种民事行为可以撤销。可见，公平原则能够切实保护当事人在民事活动中的自主自愿，弥补意思自治原则适用的不足。

三、公平原则在民法中的具体体现

公平原则要求将公平的理念贯彻在整个民事法律制度的设计当中，以价值的均衡为标准配置当事人之间的权利、义务。公平原则在民法中具体体现为如下几个方面：

1. 在合同法中的运用

公平原则在合同法中运用得最为广泛，《合同法》第 5 条规定："当事人应当遵循公平原则确定各方的权利和义务。"这主要是因为商品交换本身就要求遵守价值法则，体现公平、平等的要求。公平原则在合同法中又表现为如下几个方面：

（1）等价有偿原则。我国《民法通则》第 4 条规定，民事活动应当遵循等价有偿的原则。等价有偿原则，是指民事主体在从事民事活动时要按照价值规律的要求进行等价交换，实现各自的经济利益。按照这一原则，除了法律另有规定或者当事人另有约定之外，取得他人财产利益或者获得他人提供的劳务者，都应提供相应的对价。

不过，等价有偿原则不能作为整个民法的基本原则，它主要是合同法领域中的基本原则，是公平原则在合同法中的作用，在亲属法等领域很难适用。

（2）情势变更原则。所谓情势变更，是指合同有效成立以后，非因当事人双方的过错而导致了一定情势的变化，致使合同不能履行或如果履行将显失公平，因此根据公平原则，当事人可以请求变更或者解除合同。情势变更原则虽然是依据诚信原则解释发展出来的，但其产生的基础仍然是公平原则，早在《合同法》颁布之前，有关地方的法院就曾经根据情势变更的法理作出判决。[1]《合同法司法解释二》明确承认了该规则。[2]

---

[1] 例如，武汉市煤气公司诉重庆检测仪表厂有关煤气表装配线技术转让合同、煤气表散件购销合同纠纷案。湖北省高级人民法院根据情势变更原则作出了判决。

[2] 《合同法司法解释二》第 26 条规定："合同成立以后客观情况发生了当事人在订立合同时无法预见的、非不可抗力造成的不属于商业风险的重大变化，继续履行合同对于一方当事人明显不公平或者不能实现合同目的，当事人请求人民法院变更或者解除合同的，人民法院应当根据公平原则，并结合案件的实际情况确定是否变更或者解除。"

（3）显失公平制度。所谓显失公平，是指一方在订立合同时，由于情势紧迫或者判断能力缺乏等原因，而订立对自己明显不利的合同。在出现显失公平的情况以后，当事人有权请求撤销该合同。尽管我国《合同法》根据公平原则承认显失公平为合同撤销的原因，但在实践中对该规定应当从严掌握，不能将正常的交易风险都作为显失公平看待。如果当事人因某个交易不成功或者某个合同亏本，就以显失公平为由要求撤销合同，显然违背了显失公平制度所设立的目的。在法律上将显失公平作为可撤销的合同，是因为在从事民事行为时，一方利用了对方的无经验或者是利用了自己的优势地位，从而导致民事主体之间利益关系失衡，是以非自愿的显失公平为前提的，自愿的显失公平不影响民事法律行为的效力。

我国《民法总则》不仅确认了公平原则是民法的基本原则，而且多个条款都反映了公平原则的基本要求。例如，该法第151条的规定确立了显失公平制度。该条规范可直接适用于合同关系中，它实际上是公平原则的具体化。

2. 在物权法中的运用

（1）在添附制度中的运用。所谓添附，是指不同所有人的物结合在一起，形成不可分离的物或具有新质的物。添附发生后，需要根据添附规则确定财产的归属，这时就需要具体适用公平原则。例如，取得添附物的人应当补偿失去该物的人的损失；尤其是在损失不能确定的情况下，只能根据公平原则进行补偿。

（2）在相邻关系中的运用。在相邻关系中，一方应当容忍另一方不动产所有人或使用人权利的必要延伸，为其行使权利提供必要的便利。其存在的基础实际上是公平原则。同时，相邻关系的具体规则也体现了公平原则。例如，所有人应当容忍来自他人的轻微损害等。

3. 在侵权法中的运用

（1）公平责任原则。公平责任，又称衡平责任（Billigkeitshaftung），是指当事人双方在对造成损害均无过错的情况下，由人民法院根据公平的观念，在考虑当事人的财产状况及其他情况的基础下，责令加害人对受害人的财产损失给予适当补偿。《侵权责任法》第24条规定："受害人和行为人对损害的发生都没有过错的，可以根据实际情况，由双方分担损失。"该条实际上是《民法总则》第6

条规定的具体化。此外，相关法律中还规定了具体类型的公平责任，例如，《侵权责任法》第 87 条针对高楼抛物坠物致害规定了公平责任。[①] 这就意味着在侵权责任领域，依据侵权责任法的特殊规定，要按照公平尺度衡量当事人之间的利益，使民事责任符合公平正义的要求。

（2）损害赔偿。根据完全赔偿原则，一方给另一方造成损害的，行为人应当赔偿因其行为给另一方造成的损失，加害人的赔偿数额应与受害人的损失相符。完全赔偿原则是公平原则的具体体现。财产损害赔偿制度谋求当事人之间的利益平衡，反对对他人劳动的侵占和无偿占有，因此，它巩固了以价值为基础的交换关系。在比较法上，损害赔偿制度中还存在生计酌减规则。依据这一规则，法院可以考虑责任人的生计，适当减轻其赔偿责任，这也是公平原则的体现。

（3）损益相抵。所谓损益相抵，又称损益同销，是指受害人基于损失发生的同一原因而获得利益时，应在其应得的损害赔偿额中扣除其所获得的利益部分。这一规则尽管是损害赔偿的减轻规则，但它是公平原则在损害赔偿责任中的具体应用。

公平原则作为一种基本的价值，应当体现在立法、司法及法学研究中。公平原则也是一项重要的司法原则，既适用于合同责任，也适用于侵权责任。司法机关在处理民事纠纷时，就要根据公平合理的观念，使案件的处理既符合法律，又公平合理。公平原则作为一项"弹性"很强的原则，给予司法人员一定的自由裁量权，使他们能够针对案件的具体情况，公平合理地处理民事纠纷。

第六节　诚实信用原则

一、诚信原则的历史发展

在民法中，诚信（Bona fides）原则是指民事主体在民事活动中应当讲究诚

---

① 该条规定："从建筑物中抛掷物品或者从建筑物上坠落的物品造成他人损害，难以确定具体侵权人的，除能够证明自己不是侵权人的外，由可能加害的建筑物使用人给予补偿。"

实、恪守信用，并依照善意的方式行使权利、履行义务。该原则常常被称为民法特别是债法中的最高指导原则或称为"帝王规则"（König Lehrnorm）[1]。德国学者 Hedemann 指出："诚信原则之作用力，世罕其匹，为一般条项之首位。"[2] 诚信原则在各个法律体系中有不同的表述方式，但其均被确立为调整民事法律关系的基本原则。[3] 我国《民法总则》第 7 条规定："民事主体从事民事活动，应当遵循诚信原则，秉持诚实，恪守承诺。"这就在法律上确认了诚信原则。

诚实信用原则起源于罗马法。在罗马法的诚信契约中，债务人不仅要依照契约条款，更重要的是要依照其内心的诚实观念完成契约所规定的给付。欧洲中世纪的教会法也规定，个人一旦作出允诺，便应当履行。根据教会法，谎言、伪证和虚假的誓言都是"言语上的罪过"，不遵守其话语和承诺者应当受到惩罚，违背誓言的行为构成一种不法状态，应当受到法律的制裁。[4] 1804 年的《法国民法典》第 1134 条规定，契约应依诚信方法（dc bonnefoi）履行。1863 年的《萨克森民法典》第 158 条规定："契约之履行，除依特约、法规外，应遵守诚信。依诚实人之所应为者为之。"

在历史上，诚实信用原则主要适用于债之关系，至 20 世纪，西方国家日益借助于诚信原则解释法律和契约，诚信原则的适用范围不断拓宽，突破了债之关系而扩展到民法各个法域，包括物权法、亲属法、继承法，任何人在行使权利、履行义务时都应当依诚实信用原则为之，因而被称为民法中的"帝王规则"。例如，1907 年的《瑞士民法典》第 2 条规定，"无论何人，行使权利，履行义务，均应依诚信为之。"这就将诚信原则的适用，由债权债务关系，扩充到一般权利和义务。对诚实信用原则的这种理解，实际上发挥了将社会伦理价值（soziale-thischen Wertungen）和公平考量（Billigkeitserwägungen）渗入法适用过程中的

---

[1] ［日］森田三男：《债权法总论》，28 页，东京，学阳书房，1978。

[2] 杨仁寿：《法学方法论》，171 页，台北，三民书局，1995。

[3] 诚实信用，在拉丁文中表达为"Bona Fide"，在法文中为"Bonne Foi"，在英文中为"Good Faith"（英文直译为"善意"），在德文中为"Treu und Glauben"，在日本法中称为"信义诚实"原则。

[4] 公元 1234 年，教皇格里高利九世发布了敕令，其中一条敕令写道："和平必得维持，愿协议必得遵守（pax servetur, pacta custodiantur）"；这一原则后来逐渐在世俗的法庭中得到适用的

作用。① 这样，法外或超越法律的社会命令和伦理原则蕴含的标准就能介入，这些标准可能法律没有规定或者规定得很零散，但本身却是整体法秩序所必需的基础。②《德国民法典》第 242 条规定："债务人有义务照顾交易习惯，以诚实信用所要求的方式履行给付。"在德国，法院曾经运用该原则去解决第一次世界大战后随着经济崩溃、通货膨胀和货币贬值而发生的极其重要的经济和社会问题③，并利用这一原则解决第二次世界大战后改革币制发生的问题。其他大陆法系国家民法也都确立了诚信原则。④ 诚信原则对于缓和西方社会的各种矛盾、维护社会的稳定，起了重要作用。可以说，自 20 世纪以来，诚信原则在民法中得以普遍运用，是民法发展的重要标志。

诚实信用原则是民法中的一项基本原则，这就意味着，诚信原则应适用于民法的整个领域，而不仅仅是某一个领域。诚实信用原则在民法中具体表现为：第一，要求民事主体正当行使民事权利，禁止滥用权利、造成对他人的损害。第二，忍受轻微妨害的义务。对于来自邻人轻微的妨害，应当忍受。第三，以正当的方式履行义务。在合同对义务的履行没有作出明确规定的情形下，应当根据诚信原则履行义务。第四，情势变更原则，在合同订立后履行完毕以前，发生了情势变更导致当事人利益失衡时，如果符合法律规定的条件，应允许当事人变更或解除合同。第五，附随义务的产生。合同履行过程中，当事人应当依据诚信原则承担通知、协助、保密、忠实、告知、保护等附随义务。第六，禁止从违法行为中获利原则，即任何人不得从违法行为中获取不正当利益。第七，禁反言和禁止恶意抗辩原则，这就是说，任何人不能违反允诺，也不得基于自身所实施的违法行为提出有利于自己的抗辩。诚信原则在民法中所派生的具体规则不限于此，从

---

① Dirk Looschelders，Schuldrecht，Allgemeiner Teil，Carl Heymanns-Verlag，7. Auflage，2009，Rn. 60，S. 27.

② MünchKomm-Roth，§ 242，Rn. 11.

③ 参见［德］康拉德·茨威格特等：《略论〈德国民法典〉及其世界影响》，载《法学译丛》，1983 (1)。

④ 例如，《日本民法典》第 1 条规定："（1）私权必须适合公共福祉。（2）权利行使及义务履行必须遵守信义，以诚实为之。（3）权利不许滥用。"

今后的发展趋势来看，必然会从诚信原则中产生出更多的民法规则。诚信原则不仅适用于财产法领域，也广泛适用于对人身关系的调整之中。[①]

从比较法上来看，诚信原则不仅是普遍适用于民法的重要原则，同时，它也是法官解释民法的重要依据。在我国，诚信原则是民法中重要的基本原则，应适用于民法的整个领域，民事主体行使任何民事权利、履行任何民事义务，都应当遵守这一原则。诚信原则不仅是适用于债和合同法的重要准则，而且广泛适用于物权法等领域。《民法总则》第 7 条确定诚信原则，弘扬了社会主义核心价值观中的诚信价值。对维护交易安全和秩序具有重要的意义。只有树立全社会诚实守信的道德观念，才能建立诚信社会，维护正常的生活秩序和经济秩序，并为法治的推行奠定良好的社会基础。

二、秉持诚实、恪守承诺

秉持诚实，是指当事人要真实、真诚，在合同订立中，要如实披露相关订约信息，告知相关真实情况，不坑蒙拐骗，不欺诈他人。在物权的行使中，也要秉持诚信原则，不得滥用物权。在我国传统法律文化中，历来存在契约严守的精神，这也是儒家诚信忠义法律文化的当然要求。"与朋友交而不信乎""人而无信，不知其可也。"儒家诚信法律文化甚至将其上升到一般的做人准则。所以，民间也历来有"君子一言，驷马难追""君子一诺，重于泰山""言必信，行必果"等说法，"诚者自然，信是用力，诚是理，信是心，诚是天道，信是人道，诚是以命言，信是以性言，诚是以道言，信是以德言"（《性理大全·诚篇》），这些都构成了契约严守精神的文化基础。

为人诚实守信是我国传统文化的重要组成部分，在我国商业习惯中，也历来将诚实守信、童叟无欺作为重要的商业道德，更是社会主义核心价值观的组成部分。诚然，诚信原则是对伦理观念的法律确认，但这并不是说诚信原则只是一项

[①] 参见徐国栋：《诚实信用原则研究》，120～161 页，北京，中国人民大学出版社，2002。

道德原则。诚信原则将道德规范确认为法律原则以后，已成为法律上一项重要原则。在法律上，诚信原则属于强行性规范，当事人不得以其协议加以排除和规避。《民法总则》所确立的诚信原则首先就要求民事主体在民事活动中诚信而为，同时，《民法总则》的相关制度也进一步具体化了诚信原则。例如，该法第146条第1款规定："行为人与相对人以虚假的意思表示实施的民事法律行为无效。"第149条规定第三人实施欺诈行为使一方在违背真实意志的情况下实施的民事法律行为，对方知道或者应当知道的，则受欺诈方有权请求撤销。上述两个规则都是新增加的，表明该法进一步要求当事人实施民事法律行为时要秉持诚实。

恪守承诺就是指严守契约和允诺。严守合同（Pacta sunt servanda）、信守允诺（Solus consensus obligat）曾被认为是自然法的基本规则，也是基本的商业道德。中国古代历来就有"民有私约如律令"的说法。古时商鞅立木为信、季布一诺千金，曾被传为佳话，古人历来提倡"君子一言，驷马难追""言必行，行必果"，儒学曾将"信"与"仁、义、礼、智"并列为"五常"，使其成为具有普遍意义的最基本的社会道德规范之一。守诚信、重允诺是中华民族优秀传统文化的重要组成部分。今天，诚信已经成为社会主义核心价值观的重要组成部分，我国《民法总则》从维护社会主义核心价值观和市场秩序出发，必然要求民事主体从事民事活动时秉持诚实，恪守承诺。《民法总则》第119条规定："依法成立的合同，对当事人具有法律约束力。"依据这一规定，当事人在订立合同后，只要合同合法有效，就应当严格按照合同履行，非依法律规定和当事人约定，不得擅自变更或者解除合同。合同就是当事人之间的法律，其对当事人应当具有严格的拘束力。一方在向对方作出单方允诺之后，也应当严格遵守允诺，不得随意违背允诺损害对方的信赖利益。

秉持诚实、恪守承诺是维护正常的市场秩序的前提和基础。市场经济的有序运行要求建立保护产权、严守契约、统一市场、平等交换、公平竞争、有效监管的法律制度。在市场经济社会，市场正是由无数的交易组成，只有当事人之间订立的合同能够得到履行，才能保证交易的有序进行。诚实信用原则是基本的商业道德，也是信用经济的基础。正是从这个意义上讲，契约精神也是构建市场的基

础。严守契约不仅在市场经济社会的建设中意义重大，而且为法治社会的大厦奠定了基础。"重合同、守信用"也是维护正常的社会和谐有序的基础。只有强化人们诚实守信的观念，督促当事人认真履行合同，才能保护交易的秩序，保障社会安定有序。

三、诚信原则的主要功能

诚信原则的基本功能在学理上可以概括为四项机能，即法具体化机能、正义衡平机能、法修正机能、法创设机能。[1] 笔者认为，诚信原则具有如下内容和功能：

第一，确立行为规则的功能。诚信原则不仅是一项抽象的法律原则，而且依据该原则可以产生各种具体的民事义务，这主要表现当事人应依善意的方式行使债权和履行债务，不得规避法律和合同规定。诚信原则要求当事人严格遵守体现了伦理道德要求的诚实、守信、善意等规则，从而保障当事人正确、适当地履行义务。在合同法领域，依据诚信原则产生的附随义务成为合同义务的重要来源。在物权的行使方面，只有严格遵循诚信原则，物权人才能正当地行使物权并建立和睦的经济生活秩序，保障财产流转的正常进行。在法律上，诚信原则属于强行性规范，当事人不得以其协议加以排除和规避。

第二，填补法律和合同漏洞的功能。诚信原则可以运用于填补法律漏洞。也就是说，在适用法律的过程中，如果出现法律的漏洞，法官可以运用诚信原则对法律的漏洞作出填补。诚实信用原则的一大功能在于法的续造。换言之，在遇到因社会变迁、事实关系变动导致立法者没有预料到的利益冲突时，法官可以借助诚实信用原则对此提供解决方案。这样，诚实信用原则本身所具有的灵活性，能够将法与变动的生活关系或社会中的价值标准协调起来。[2] 还需要指出的是，诚

---

① 参见林诚二：《民法理论与问题研究》，8~9页，北京，中国政法大学出版社，2000。

② Dirk Looschelders, Schuldrecht, Allgemeiner Teil, Carl Heymanns-Verlag, 7. Auflage, 2009, Rn. 60，S. 27.

信原则也可以用于填补合同漏洞。合同漏洞是指当事人在合同中对于合同条款没有约定或者约定不明确的现象。① 具体来说，一是合同的内容存在遗漏，即对一些合同的条款，在合同中并没有作出规定。例如，合同中缺少对质量条款的约定的，可以依诚信原则填补漏洞。二是合同中的约定不明确，或者约定前后矛盾，则可以依诚信原则加以完善。

第三，衡平的功能。诚信原则要求平衡当事人之间的各种利益冲突和矛盾。许多学者认为，诚信原则是一项重要的衡平法。这就是说，法官在处理民事纠纷的过程中，可以根据诚实信用原则，对当事人之间的利益冲突进行妥当的衡量，以确定其利益取舍和排序。平等主体之间的交易关系，都是各个交易主体因追求各不相同的经济利益而产生的，而各方当事人之间的利益常常会发生各种冲突或矛盾，这就需要借助诚信原则来加以平衡。② 例如，一方交货在量上轻微不足且未致对方明显损害，则可以使出卖人承担支付违约金等责任，但不应导致合同的解除，否则对出卖人是不公平的。诚信原则不仅要平衡当事人之间的利益，而且要求平衡当事人的利益与社会利益之间的冲突与矛盾。即要求当事人在从事民事活动时充分尊重他人和社会的利益，不得滥用权利，损害国家、集体和第三人的利益。

第四，解释的功能。诚信原则可以作为法官解释民法规则的重要指导。③ 诚信原则要求在法律与合同缺乏规定或规定不明确时，司法审判人员应依据诚信、公平的观念，准确解释法律和合同。具体来说，一方面，在适用法律方面，诚信原则要求司法审判人员能够依据诚信、公平的观念正确解释法律、适用法律，弥补法律规定的不足。可见，诚信原则实际上给予司法审判人员一定的自由裁量权，使其能够依据诚信、公平等观念适用法律、正确处理民事纠纷。另一方面，诚信原则也是司法审判人员在解释合同时所应遵循的一项原则。

---

① 参见《合同法》第 61、139、141、154、156、159、160、161 条等。

② 参见［德］迪特尔·梅迪库斯：《德国债法总论》，杜景林等译，123 页，北京，法律出版社，2004。

③ 参见何孝元：《诚实信用原则与衡平法》，6 页，台北，三民书局，1977。

值得注意的是，诚实信用原则的适用是否要求当事人之间存在特别关联（Sonderbindung），这在学说上存在争议。肯定说认为，诚实信用原则的适用要求当事人之间必须存在法律上的特别关联，否则可能会给其带来过重的负担。[①]否定说认为，诚实信用原则的适用无须特别关联，当事人之间应当诚信行为实际上也是善良风俗的基本要求。[②] 笔者认为，要求当事人之间存在特别关联有一定的合理性，但在许多情况下（如要求当事人依诚信原则行使权利），并不一定要求当事人之间具有特别的关联。

第七节　符合法律和公序良俗原则

一、合法原则

合法原则，是各国法律普遍确认的基本原则。从狭义上讲，合法是指所有民事行为都不得违反法律的强制性规定。而从广义上说，合法还包括民事行为不得违反公序良俗。《民法总则》第 8 条规定："民事主体从事民事活动，不得违反法律，不得违背公序良俗。"该条将合法原则表述为"不得违反法律"，此处所说的合法是从狭义上理解的，即仅指民事行为不得违反法律的强制性规定。合法原则包括如下内容：一是行使权利必须合法，即权利人应当依法行使权利，不得滥用权利。二是义务人应当依法履行义务。民法虽然主要是任意法，但同样为民事主体设定了相应的义务，即使是在合同领域，虽然当事人是通过合同约定的义务，但法律也规定了一些当事人应当依法履行的义务，当事人不仅应当履行合同义

---

① 即"某种形式的适格的社会接触"，比如债务关系、先契约关系以及邻里关系。这一观点的理由在于：在交往中，每个人仅仅需要尽到善良风俗所要求的最低限度的注意义务，而诚实信用原则的适用意味着当事人之间负有更高的注意义务，因此，诚实信用原则必须以特别关联为要，从而诚实信用的命令将社会伦理要求引入。Larenz, Schuldrecht I, §10 Ⅱ；MünchKomm-Roth, §242, Rn. 72ff；Palandt/ Heinrichs, §242, Rn. 3；Fikentscher/Heinemann, Schuldrecht, 10. Auf., 2006, S. 115, Rn. 199.

② Medicus/Lorenz, Schuldrecht AT, 18. Auf., 2008, S. 75, Rn. 144.

务，而且应当履行法律所规定的义务，否则，可能需要依法承担相应的责任。

但是，违反法律规定，并不必然导致民事法律行为无效。关于违反法律强制性规定的民事法律行为的效力，《民法总则》第 153 条规定："违反法律、行政法规的强制性规定的民事法律行为无效，但是该强制性规定不导致该民事法律行为无效的除外。"当然，在评价民事法律行为的效力时，不仅要考虑私法中的强制性规定，还应当考虑公法中的强制性规定，这实际上为公法进入私法提供了通道，而且有利于保持公法评价和私法评价的一致性。例如，走私、贩毒行为在刑法上是犯罪行为，而当事人订立的走私、贩毒合同，也因为违反了刑法上的强制性规定而归于无效，这就可以使法秩序内部保持统一。

二、公序良俗原则

公序良俗，是由"公共秩序"和"善良风俗"两个概念构成的。这一概念起源于罗马法。按照罗马法学家的看法，所谓公序即国家的安全、人民的根本利益；良俗即人民的一般道德准则，这两个概念的含义非常广泛，而且是随着社会的发展而不断变化的。例如，查士丁尼的《学说汇纂》就认为，订立合同约定终身不结婚或者必须结婚、必须信奉某种宗教或者不信奉某种宗教、限制宗教和遗嘱自由等行为，以及以赌博为标的的行为等都属于违反公序良俗而无效的行为。[1] 1804 年的《法国民法典》在完全采纳意思自治原则的同时，也确认了公序良俗原则。《法国民法典》第 6 条规定："个人不得以特别约定违反有关公共秩序和善良风俗的法律。"在《法国民法典》中，将公共秩序和善良风俗统称为公序良俗。而《德国民法典》第 138 条确认了善良风俗的概念，但并没有采纳公共秩序的概念。《日本民法典》第 90 条规定："以违反公共秩序的事项为标的的法律行为无效。"可见，日本民法受到德国法的影响，也规定了公序良俗，并重点运用该原则对法律行为进行调整。

---

[1] 参见周枏：《罗马法原论》下册，599 页，北京，商务印书馆，1994。

我国《民法通则》中没有采用"公序良俗"的概念，《民法通则》第 7 条规定："民事活动应当尊重社会公德，不得损害社会公共利益。"《合同法》第 7 条规定："当事人订立、履行合同，应当遵守法律、行政法规，尊重社会公德，不得扰乱社会经济秩序，损害社会公共利益。"《物权法》第 7 条也明确规定："物权的取得和行使，应当遵守法律，尊重社会公德，不得损害公共利益和他人合法权益。"这三个条款都是从社会道德和社会公共利益方面概括了公序良俗原则的具体内容。按照许多学者的理解，所谓社会公共利益和社会公共道德，就相当于国外民法中的公序良俗的概念。[①]

依据《民法总则》第 8 条的规定，民事主体从事民事活动，不得违背公序良俗。如前所述，从广义上理解，违法也包括违背公序良俗。《民法总则》第 153 条第 2 款也规定："违背公序良俗的民事法律行为无效。"因此，任何违背公序良俗的行为，都应当无效。例如，当事人订立的"包二奶"协议、斡旋行贿等合同，都应当认定为违反公序良俗而无效。我国民法所规定的公序良俗原则，不仅适用于财产关系，也适用于人身关系。它是社会主义核心价值观的体现，与《民法总则》第 1 条所确立的"弘扬社会主义核心价值观"的目的是一致的，对于维护社会伦理，维护社会秩序，都具有重要意义。

公序良俗包括两方面的内容：

1. 公共秩序。所谓公序就是指公共秩序，它主要包括社会公共秩序和生活秩序。公共秩序是指现存社会的秩序[②]，或者说，是"社会之存在及其发展所必要之一般秩序"[③]。而德国学者西米蒂斯认为，公共秩序是指现存社会的秩序。[④]对公共秩序的维护，在法律上大都有明确的规定，因此，危害社会公共秩序的行

---

① 参见李双元主编：《比较民法学》，67 页，武汉，武汉大学出版社，1998；梁慧星：《市场经济与公序良俗原则》，载梁慧星主编：《民商法论丛》，第 1 卷，49 页，北京，法律出版社，1994。

② 转引自〔德〕卡尔·拉伦茨：《德国民法通论》上册，王晓晔等译，598 页，北京，法律出版社，2003。

③ 史尚宽：《民法总论》，334 页，北京，中国政法大学出版社，2000。

④ 转引自〔德〕卡尔·拉伦茨：《德国民法通论》上册，王晓晔等译，598 页，北京，法律出版社，2003。

为通常也就是违反法律的强制性规定的行为。如果合同内容损害社会公共秩序、违反现行法律规定，如走私军火、买卖枪支和毒品、以从事犯罪或帮助犯罪行为作为内容的合同等，应当以违反了法律或行政法规的强制性规定为由宣告合同无效。但有时法律规定并不可能涵盖无余，需要借助公共秩序的概念实现对法律的有效补充。因此，凡是订立合同危害国家公共安全和秩序，即使没有现行的法律规定，也应当被宣告无效。例如，购买"洋垃圾"、有损人格尊严、不当限制人身自由的合同等，即使现行法律没有明确作出禁止性规定，也应当认为是无效的。可见，有关禁止危害公共秩序的规定，实际上有助于弥补法律的强制性规定的不足。在我国，社会公共利益是指全体社会成员的共同利益。法律保障社会公共利益，也就是保护全体人民的共同利益，保护每一个公民的自身利益。但是，应该看到，当前我国正处于一个社会转型的阶段，各个主体为了追求利益的最大化，其自身利益难免会与他人利益或者社会利益发生冲突。这就需要借助于民法规范协调社会公共利益和民事主体的利益，避免片面强调某一方面的利益而漠视另一方面的利益的现象。而通过"公共秩序"这一概念的引入，就可以妥当协调社会公共利益和民事主体的私人利益。如果损害社会公共秩序的行为违反现行法律规定，如走私军火、买卖枪支和毒品、以从事犯罪或帮助犯罪行为作为内容的合同等，应当以违反了法律或行政法规的强制性规定为由宣告合同无效。

2. 善良风俗。它是指由社会全体成员所普遍认许、遵循的道德准则。在德国司法实践中，善良风俗是指"所有有公平、正义思想的人的尊严感"（das Anstandsgefühl aller billig und gerecht Denkenden）。善良风俗的认定应采取一种适用于整体法律交往的一般化标准。[1] 由此可见，这一概念乃是一个不确定概念，仍需要法律补充予以具体化。[2] 善良风俗的含义包含两个方面：一是指社会所普遍承认的伦理道德，例如救死扶伤、助人为乐、见义勇为等。二是指某个区

---

[1]　MünchKomm-Armbrüster，§138，Rn. 14；Reinhard Bork，Allgemeiner Teil des Bürgerlichen Gesetzbuchs，2. Auf.，Rn. 1181，S. 448.

[2]　Brox/Walker，Allgemeiner Teil des BGB，32. Aufl.，Carl Heymanns Verlag，2008，Rn. 329，S. 138；MünchKomm-Armbrüster，§138，Rn. 11.

域社会所普遍存在的风俗习惯，如婚礼不得撞丧。善良风俗本身就是社会生活中的一些基本规矩，而且，许多地方将善良风俗转化为乡规民约，使之成为软法，构成社会自治的重要内容。在善良风俗中，有许多道德规则已经表现为法律的强行规定，如不得遗弃老人等。我国民法提倡家庭生活中互相帮助、和睦团结，禁止遗弃、虐待老人和未成年人，禁止订立违反道德的遗嘱，禁止有伤风化、违背伦理的行为，提倡尊重人的人格尊严，切实保护自然人的人格权，等等，都体现了善良风俗的要求。在财产关系中，我国民法要求人们本着"团结互助，公平合理"的精神建立睦邻关系，提倡拾金不昧的良风美俗，确认因维护他人利益而蒙受损失者，有权获得补偿，这些都是从正面倡导社会公德的。从反面来说，我国民法禁止在民事活动中坑蒙拐骗、尔虞我诈，或搞不正当竞争，禁止在广告中做虚假的宣传或在商品交换中明知商品有瑕疵而不告知，甚至以假乱真，兜售假冒商品，等等。所以，社会公共道德已经成了民法中一项基本规则，它是民法所体现出来的一项伦理价值。但有许多现存或在发展中的道德还没有被法律所涵盖，需要通过善良风俗这一个条款，尽可能将其引入民法体系中来。因此《民法总则》第153条第2款也规定："违背公序良俗的民事法律行为无效。"

由此可见，公序良俗在内涵上是由社会公共秩序和生活秩序以及社会全体成员所普遍认许和遵循的道德准则所构成的。公序良俗原则和诚实信用原则有着密切的联系，它们都要求遵守社会主义道德规范。但这两者是有所区别的，表现在，一方面，诚实信用原则主要适用于财产关系，特别是商品交换关系。强调在商品交换活动中恪守信用、讲究诚实。而尊重公序良俗原则普遍适用于各种民事关系。另一方面，尊重社会公德原则较之于诚实信用原则更具体、明确，而诚信原则更具有弹性。例如，善良风俗需要以社会一般人所认可为依据，但是诚信就缺乏一个普遍的规则，所以它给予法官的自由裁量权更大。

三、公序良俗原则的功能

公序良俗原则的功能是指公序良俗原则在社会生活中所发挥的作用，这也是

公序良俗能够上升为民法基本原则的原因。在我国，公序良俗原则的主要功能体现在：

第一，对私法自治进行必要的限制。公序良俗的概念是对私法自治的一种限制。以公序良俗限制私法自治的范围，是罗马法以来公认的原则。例如，在德国法上，善良风俗能够对私法自治起到限制作用，即否认与其相悖、偏离法律共同体伦理基础的法律行为的效力，从而捍卫法律秩序的基本价值。[①] 公序良俗的概念能够宣告一些违反道德的法律行为无效，还能借此对从事私法活动进行意思自治的当事人提出威慑，阻碍其缔结有违善良风俗的法律行为。[②] 在我国，尽管适应市场经济的需要应当扩大民事主体的意思自治的范围，允许其在民事活动领域依法享有广泛的行为自由，然而意思自治原则必须要依赖于公序良俗原则予以配套，因为法律设立公序良俗原则的一个重要目的就是对意思自治进行必要的限制。例如，对于"代孕母"案件，法院都依据公序良俗原则认定"代孕协议"无效。[③] 尽管民法对意思自治的限制也在不断加强，这种限制除了表现为引入强行法规则对其进行限制之外，还有必要通过在法律上确立公序良俗原则来对民事行为进行限制。民事主体依法享有意思自治，其中就包括在不违反公序良俗的前提下实现意思自治。

第二，弘扬社会公共道德，建立稳定的社会秩序。公序良俗就是要强调民事主体进行民事活动必须遵循社会所普遍认同的道德，从而使社会有序发展。公序良俗之所以成为民法的基本原则，因为这直接涉及民法与道德之间的互动关系问题。随着社会生活的发展，人们的价值观念也会发生变化。因此，立法者可以借助善良风俗的一般条款来反映不断变化了的价值观，吸取其合理成分。[④] 所以，引入公序良俗概念表现了一般的伦理观念，它是"将道德伦理摄入于法的境界里，而对于其违反行为从法的领域驱逐"[⑤]。通过在民法中确立一些道德规范也

---

① MünchKomm-Armbrüster，§138，Rn. 1.
② MünchKomm-Armbrüster，§138，Rn. 2.
③ 参见林劲标、杨虹：《"借腹生子"，舍"义"取"生"的另类范式》，载《中国审判》，第58期。
④ Larenz/Wolf，Allgemeiner Teil des Bürgerlichen Rechts，9. Aufl.，2004，§41 Rn. 1.
⑤ 刘得宽：《民法总则》，420页，台北，五南图书出版公司，1996。

能有效地弘扬道德规范，防止违反社会公德行为的发生。例如，违反性道德的合同、借腹生子合同、赌债偿还合同、贬损人格尊严和限制人身自由的合同等，如果允许这些合同生效，无疑将严重危害社会秩序。

第三，协调个人利益与社会公共利益、国家利益之间的冲突，维护正常的社会经济和生活秩序。公序良俗具有一种调节性的功能。如果在法与现实的理想之间，或者法与道德之间呈现缺口，则公序良俗原则可以填补这一缺口。[①] 这一原则实际上赋予法官一定的自由裁量权，"公序良俗的调整机能由确保社会正义和伦理秩序向调节当事人之间的利益关系、确保市场交易的公正性转变，从而使法院不仅从行为本身、而且结合行为的有关情势综合判断其是否具有反公序良俗性"[②]。公序良俗原则对利益冲突的协调表现在，一方面，如果民事主体因为追求利益的最大化所从事的行为和社会公共利益发生冲突和矛盾，不管是否存在对强行法的违反，首先应当维护社会公共利益。另一方面，一些法律法规所确定的强行法规则可能过于僵化，缺乏弹性，或者在适用中具有明显的不合理性，此时法官就应当考虑援用公序良俗原则解决个人利益与社会公共利益的冲突。

第四，弥补强行法规定的不足。公序良俗作为一个弹性条款，之所以要在法律上予以确认，根本原因在于，由于强行法不能穷尽社会生活的全部，其适用范围不能将各种民事活动都涵盖其中。民事活动纷繁复杂，强行法不可能对其一一作出规定，需要通过在法律上设立抽象的弹性条款，对民事行为提供更为全面的规则，并对其效力作出评价。例如，尽管民法中许多条款反映了道德规则，但民法也不可能将道德全部摄入其中，由于民事活动，无论是交易活动还是一般的社会生活，大都离不开道德的评价和规制，违反了社会所普遍接受的道德准则，不仅可能会给当事人造成损害，也会造成对社会秩序的妨害。这就需要采用公序良俗的原则，以之作为强行法的组成部分，从而配合各种具体的强行法规则对民事活动起调控作用。[③] 公序良俗原则是沟通强行法与道德规范的桥梁，为道德规范

---

① 参见［日］四宫和夫：《日本民法总则》，唐晖等译，209 页，台北，五南图书出版公司，1995。
② 李双元、温世扬主编：《比较民法学》，70 页，武汉，武汉大学出版社，1998。
③ 参见［德］迪特尔·梅迪库斯：《德国民法总论》，邵建东译，511 页，北京，法律出版社，2000。

引入法律提供了媒介。公序良俗原则也有利于避免法律的僵化，能够保护法律强行性规范与道德的有机协调，维护社会经济生活秩序的和谐稳定。

公序良俗确实是一个较为抽象的不确定法律概念，难以在司法裁判中直接援引，需要通过法律补充予以具体化。还必须指出，公序良俗的类型十分复杂，且其内涵也是不断发展的。正如梅仲协所指出的："至善良风俗一语，其意义殊难确定。因时代之推移，与文明之进展，随时随地，变更其内容。是故何者得视为善良风俗，应就整个民族之意志决之，初不能拘于某一特殊情形也。举例言之，就自己应为之事，而要求相对人给予报酬之契约，又或约定终身不为婚娶，或禁止行使正当职业，或为非婚姻上同居，而给予以金钱之契约，均属有背善良风俗，其契约应为无效。"① 所以，不能够对这些类型进行严格限定；否则，就妨碍了对公序良俗的维护。

四、公序良俗原则与相关原则

（一）公序良俗原则与自愿原则

公序良俗原则与自愿原则关系密切。在现代社会，虽然私法自治原则可以成为社会治理的重要方式，但私法自治也可能被滥用，而对社会经济生活造成妨碍，因此，需要借助于公序良俗原则，对私法自治原则进行必要的限制，这尤其体现在伦理生活领域。例如，借助公序良俗原则否定当事人所订立的损害伦理道德、危害社会公共利益的合同的效力。② 在我国，尽管为了促进市场经济的发展，需要借助自愿原则，不断扩大民事主体意思自治的范围，允许其在民事活动领域依法享有广泛的行为自由，但也需要借助公序良俗原则对民事主体的行为进行必要的限制。例如，为了保护个人的人格尊严，应当对有偿代孕行为进行必要的控制，以防止将人的身体作为商品进行交易的现象。公序良俗原则就是要强化民事主体从事民事活动必须遵循社会所普遍认同的道德，从而建立稳定的社会秩

---

① 梅仲协：《民法要义》，119 页，北京，中国政法大学出版社，1998。
② 参见［德］迪特尔·梅迪库斯：《德国民法总论》，邵建东译，516 页，北京，法律出版社，2000。

序，使社会有序发展。因此，在一定程度上，公序良俗原则对自愿原则作出了限制和干预，从而保障人们自主自愿行为时能够符合法律的价值和目的。

（二）公序良俗原则与诚信原则

公序良俗原则与诚实信用原则一样，都要反映一个社会主流的价值观和道德观，并通过这一原则的引入以发挥填补法律漏洞、弥补法律不足的功能。但是，两者毕竟是不同的民法原则，其存在如下区别：

一是适用范围不同。诚信原则作为"帝王规则"，其适用范围较为宽泛。它不仅可以适用于债法领域，而且适用于民法的各个领域。特别是强调在交易活动中秉持诚实、恪守承诺，意义重大。而公序良俗原则主要适用于人身关系和债法领域，在物权法等领域适用情形相对较少。

二是功能不同。诚信原则经常用于填补法律漏洞和合同漏洞。正是因为这一原因，在诚信原则的基础上产生了许多新的规则，如合同正义规则、禁止暴利规则、禁止滥用权利规则、缔约过失责任规则、当事人应承担附随义务的规则等。而公序良俗原则的功能主要是认定法律行为的效力。依据《民法总则》的规定，违反公序良俗的后果将导致法律行为无效。但诚信原则主要不是用于判断法律行为效力的，违反诚实信用原则也不当然地导致法律行为无效。在司法实践中，法官也很少以公序良俗原则为基础解释出新的规则和制度。

三是调整民事行为的方式不同。诚信原则一般通过设定行为人积极行为义务（如附随义务）的方式，调整人们的行为，尤其是基于诚实信用原则会产生行为人的附随义务等，可见，诚信原则要求行为人通过特定行为实现特定的道德要求。而公序良俗原则一般通过消极设定行为人不得从事某种行为的不作为义务来实现，也就是说，行为人在民事行为实施的过程中，不得从事违反该原则的行为。

四是目的不同。诚实信用原则主要是为了保护对方当事人的利益。因此，诚实信用原则往往赋予一方当事人要求另一方当事人为特定行为的权利，如合同当事人可以基于此原则要求对方履行附随义务。而公序良俗原则往往侧重于保护第三人的利益和一般社会大众的利益，从这一意义上说，公序良俗原则设定了私法

自治的框架，消极地限制法律行为的效力，当事人通常并不能以此为基础要求对方当事人为特定行为。

五、公序良俗原则的司法适用

公序良俗原则是较为抽象的原则，只有在现行法缺乏相关规定或者发生规范冲突时才能适用，以免发生"向一般条款逃逸"的现象。原则上，现行法有具体规定的，优先适用法律的具体规定。

公序良俗原则既是一个基本原则，又是一个不确定概念，此种概念无法通过定义的方式确定其内涵，因此在具体适用中，必须要通过对概念的类型化，从而使法官在适用中能够寻找到更为确定的标准。在对概念进行类型化时，首先，应当以一个社会特定时期的主流价值观念为基础。因为道德观念本身是在不断发展变化的，所以，应当以当下的价值观念作为标准。拉伦茨则认为，善良风俗的内容依据法伦理原则和社会伦理原则来界定，前者由法秩序内部固有的伦理价值和原则形成，后者则源于社会和经济交往中必不可少的集体价值观[1]，应当以社会的主流价值观念作为解释公序良俗内容的依据。其次，要把握善良风俗的变动性，根据特定历史时期人们主流的道德观念、价值观念等进行判断。善良风俗的内涵会随着社会变迁而变化，而且这种变化会独立于实证法本身的变化。这种变化不仅体现在交往范围的观念变化上，还可能体现在整个法律共同体的基本价值上。[2] 所以，法官在解释公序良俗原则时不能以过去的价值观念为依据。

从我国的实际出发，对违反公序良俗的行为可以进行如下类型化：一是危害婚姻法、损害正常的家庭关系秩序的行为，例如双方离婚后约定禁止一方当事人生育，约定断绝亲子关系，夫妻在离婚时约定禁止任何一方在离婚后再婚，订立劳动合同限制劳动者在几年内不得结婚、生育的合同等。二是违反有关收养关系的规定，例如，收养人和送养人在达成收养协议时约定送养人收取一定的报酬。

---

① Larenz/Wolf，Allgemeiner Teil des Bürgerlichen Rechts，9. Aufl.，2004，§ 41 Rn. 12ff.
② 参见梅仲协：《民法要义》，119 页，北京，中国政法大学出版社，1998。

三是违反性道德的行为，如有偿性服务合同等。四是赌债偿还合同。五是贬损人格尊严和限制人身自由的合同。例如，在雇佣合同中规定不准雇员外出；或规定离开商场、工作场地，需要搜身等。六是限制职业选择自由的合同，如在合同中规定不准另一方选择任何合法的职业。七是违反公平竞争的行为，如拍卖或招标中的串通行为①，数个企业互相约定共同哄抬价格、操纵市场等。八是违反劳动者保护的行为。例如，订立生死合同条款，即只要发生工伤事故雇主概不承担责任。最高人民法院《关于雇工合同"工伤概不负责"是否有效的批复》明确指出：对劳动者实行劳动保护，在我国宪法中已有明文规定，这是劳动者所享有的权利。约定"工伤概不负责"的条款，严重违反了社会主义公德，应属于无效的民事行为。九是诱使债务人违约的合同。十是禁止投诉的合同。例如在合同中约定，禁止一方投诉另一方的某种违法行为。公序良俗原则在债法中主要运用于判断法律行为的效力，从而作为限制私法自治的工具。所以，如果当事人实施了违反道德的事实行为，则无法适用公序良俗原则。

需要探讨的是，违反善良风俗是否有主观要件的要求？对此，国外的判例学说中存在不同的看法。肯定说认为，善良风俗的违反必须主观要件齐备，如果法律行为侵害了对方当事人利益的，实施违反善良风俗行为的当事人主观上必须具有应受谴责的态度。② 否定说认为，就法律行为内容违反善良风俗而言，无须行为人正确理解其内容，也不要求其善意。只要当事人知悉违反善良风俗的基础事实即可。单纯的因过失导致不知道违反善良风俗一般不能成立。违反善良风俗的意识或者侵害他人的意图本身并不必要。③ 笔者认为，否定说更值得赞同，因为公序良俗原则的适用是为了维护社会公共道德，如果考虑主观要件，则在有些情况下无法实现这一制度的目的。

---

① 参见梁慧星：《市场经济与公序良俗原则》，载梁慧星主编：《民商法论丛》，第 1 卷，57～58 页，北京，法律出版社，1994。

② Larenz/Wolf, Allgemeiner Teil des Bürgerlichen Rechts, 9. Aufl., 2004, § 41 Rn. 25.

③ Larenz/Wolf, Allgemeiner Teil des Bürgerlichen Rechts, 9. Aufl., 2004, § 41 Rn. 23.

第八节　绿色原则

一、绿色原则的概念和意义

所谓绿色原则，是指民事活动中应当遵循的节约资源、保护生态环境的原则。《民法总则》第 9 条规定："民事主体从事民事活动，应当有利于节约资源、保护生态环境。"这就从基本原则的层面，提出了生态环境保护的要求。

从比较法上看，传统民法注重调整财产关系，而不注重对环境的保护。但《德国民法典》已经开始考虑对环境的保护，该法第 906 条第 1 项规定："（1）土地所有人不得禁止煤气、蒸汽、臭气、烟、煤烟子、热、噪音、震动以及从另一块土地发出的类似干涉的侵入，但以该干涉不妨害或仅不显著地妨害其土地的使用为限。在通常情况下，法律或法令所确定的极限值或标准值不被依这些规定算出和评价的干涉所超出的，即为存在不显著的妨害。依《联邦公害防止法》第 48 条颁布所反映技术水平的一般行政规定中的数值，亦同。"《瑞士民法典》第 684 条规定："〔经管工业的方式〕（一）任何人，在行使其所有权时，特别是在其土地上经管工业时，对邻人的所有权有不造成过度侵害的注意义务。（二）因煤、烟、不洁气体、音响或震动而造成的侵害，依土地的位置或性质，或依当地习惯属于为邻人所不能容忍的情况的，应严禁之。"可见，一些国家的民法典已经对环境保护问题作出了规定。

我国《民法通则》中并没有关于环境保护的原则和规则，保护环境主要是通过《环境保护法》等法律实现的。早在 1989 年，立法机关就颁布了《环境保护法》，在此之后，立法机关又相继颁布了《水污染防治法》《环境噪声污染防治法》《节约能源法》《大气污染防治法》《水法》《草原法》《固体废物污染环境防治法》等多部保护环境的法律，构建了我国环境保护法的完整体系。我国《民法通则》《侵权责任法》等民事立法虽然对环境侵权责任作出了规定，但其并不直

接救济生态环境损害本身。《民法总则》对绿色原则作出规定，是我国民事立法的一大进步，而且《民法总则》将绿色原则作为一项民法基本原则进行规定，表明保护生态环境并不仅仅适用于侵权，而应当贯彻适用于整个民法，将直接影响民法典各分编制度、规则的设计、理解与适用。《民法总则》第132条规定："民事主体不得滥用民事权利损害国家利益、社会公共利益或者他人合法权益。"该条所规定的禁止权利滥用规则与绿色原则相配合，能够直接起到保障民事主体正当行使民事权利、维护生态和环境的作用。

绿色原则是我国民法典积极回应现代社会问题的体现，也是我国传统法律文化的传承。它既传承了天地人和、人与自然和谐共生的我国优秀传统文化理念，又体现了党的十八大以来的新发展理念，与我国是人口大国、需要长期处理好人与资源生态的矛盾的国情是相适应的。[①] 尤其是在我国，随着经济社会的快速发展，环境和生态日益成为严重的社会问题，关系到基本民生和人民群众的生命健康。现阶段，我国水资源严重短缺，污染严重，空气质量恶化，许多城市深受雾霾困扰，人们对于青山绿水、蓝天白云、清新空气的需求，比以往任何时候都更为强烈，它们成为人们生活的必需品，也是人们幸福生活的组成部分。虽然人类不能支配大自然的阴晴、风雨，但是我们可以支配我们的行为，可以通过法律来规范人们的行为，保护环境生态。所以，民法以人为中心，应当积极回应现实的需要，担当起节约资源、保护生态环境的使命。《民法总则》规定绿色原则，将其作为民法的基本原则，将对民法典各编的制度、规则产生重大影响，也会对人们的日常行为产生重要的引导作用。

绿色原则的提出，是我国民法典时代性的体现，反映了因为资源环境日益恶化而强化对生态环境保护的现实需要。21世纪是一个面临严重生态危机的时代，生态环境被严重破坏，人类生存与发展的环境不断受到严峻挑战。全球变暖、酸雨、水资源危机、海洋污染等已经对人类的生存构成了直接的威胁，并引起了全世界的广泛关注。如何有效率地利用资源并防止生态环境的破坏，

---

① 参见李建国：关于《中华人民共和国民法总则（草案）》的说明。

已成为直接调整、规范物的归属和利用的民法典的重要使命。党的十八届五中全会提出了"五大发展理念",即创新、协调、绿色、开放、共享的发展理念。坚持绿色发展,就是要求必须坚持节约资源和保护环境的基本国策,坚持可持续发展,坚定走生产发展、生活富裕、生态良好的文明发展道路,加快建设资源节约型、环境友好型社会,促进人与自然和谐共生,推进美丽中国建设。绿色原则的提出,是五大发展理念的具体体现。它表明民法规则应当在尊重民法逻辑自洽的前提下,在基本精神和理念上顺应生态规律,为资源保护和生态文明建设预留充分的空间。①

二、绿色原则的内涵

第一,有效率地利用资源。现代社会,资源的有限性与人类不断增长的需求和市场的发展形成尖锐的冲突和矛盾。由于人口增长,发展速度加快,现代社会的资源和环境对于发展的承受能力已临近极限。解决这种冲突和矛盾的有效办法就是有效率地利用资源。由于资源利用中冲突的加剧,民法典必须承担起引导资源合理和有效利用的功能,"以使互不相侵而保障物质之安全利用"②。而在我国资源严重紧缺、生态严重恶化的情况下,更应当重视资源的有效利用。③ 绿色原则要求人们的生产、生活等活动要与资源、环境相协调,要实现人与自然的和谐相处,有效率地利用资源、节约资源。我国民法确认和保护产权本身,也是为了有效利用资源,因为只有产权界定明晰,才能更好地发挥资源的经济效用。我国民法上其他一些制度也都在一定程度上体现了节约资源、保护环境的理念。例如,《物权法》确认了物尽其用的原则,该原则贯穿于物权法各项制度和规则之

---

① 参见王旭光:《环境权益的民法表达——基于民法典编纂"绿色化"的思考》,载《人民法治》,2016(3)。

② 史尚宽:《物权法论》,1页,北京,中国政法大学出版社,2000。

③ 2006年6月5日,国务院新闻办公室发表了《中国的环境保护(1996—2005)》白皮书。《白皮书》指出,由于中国人均资源相对不足,地区差异较大,生态环境脆弱,生态环境恶化的趋势仍未得到有效遏制。

中，尤其是物权法所确认的用益物权制度，是为了更好地发挥资源的经济效用。再如，《物权法》第119条规定："国家实行自然资源有偿使用制度，但法律另有规定的除外。"该条确立了自然资源有偿使用制度，对于有效防止资源滥用具有重要意义。

第二，保护环境和生态。保护环境生态是环境保护法等法律的重要任务，立法机关早在1989年就颁布了《环境保护法》，迄今为止，我国已经建立了一整套保护环境的法律制度。但是，这并不意味着民法就不应当承担环境保护的使命。实际上，现代民法的一个重要发展趋势就是保护环境、维护生态。民法典必须反映资源环境逐渐恶化的社会的特点，因为在市场经济环境下，由于民法典具有保护主体权利、配置市场资源的作用，其基本理念及相关制度设计都将对资源环境产生重大影响。[1] 一方面，我国环境保护法主要注重通过行政手段和行政责任，强制当事人保护环境，而在一定程度上忽视了通过侵权责任来保护环境，未能形成与侵权责任法的有效衔接。行政处罚并非以损害后果作为确定处罚数额的依据，甚至某些处罚与损害后果并无直接的关联。行政机关也会受其能力所限，难以对有关损害后果进行准确认定。因此，处罚的结果大多远远低于污染所造成的实际损失。因此，出现了违法成本低、执法成本高的问题。事实上，《侵权责任法》专设"环境污染责任"一章，对污染环境造成损害时的污染者责任作出了规定，对于有效保护生态环境具有重要意义。另一方面，在世界范围内，传统的所有权绝对主义观念也在保护生态环境的大背景下出现松动，并在相当程度上融入了"预防原则"和"可持续发展原则"的要求。[2] 为此，有必要结合保护生态环境的具体需要，对财产权的客体、权能、属性、用益物权、相邻关系以及征收等制度进行重新审视，强化不动产所有人、使用人保护环境、维护生态的义务。我国《民法总则》第132条规定的禁止滥用权利，也包含要求所有人和使用人不得滥用民事权利，破坏环境和生态，损害社会公共利益。

绿色原则与禁止权利滥用也有一定的内在逻辑联系，二者之间有一定的交

---

① 参见吕忠梅：《如何"绿化"民法典》，载《法学》，2003（9）。
② 参见石佳友：《物权法中环境保护之考量》，载《法学》，2008（3）。

叉。《民法总则》第132条对禁止权利滥用规则作出了规定，即"民事主体不得滥用民事权利损害国家利益、社会公共利益或者他人合法权益"。绿色原则实际上强调一种保护环境和维护生态的义务，生态环境是一种公共物品，节约资源、保护生态环境可以看作是公共利益，所以，民事主体在从事民事活动中，应当负有消极的不得侵害生态环境的义务。如果权利人以破坏生态环境的方式行使权利，即便没有造成其他权利人的损害，也应当将其认定为损害社会公共利益的行为，从而认定构成权利滥用行为。

三、绿色原则的功能

《民法总则》在民法基本原则部分对绿色原则作出了规定，表明其对整个民法典的规则解释和适用均具有重要的指导意义。但不能据此认为，绿色原则仅属于宣示性规定，否则其意义将大打折扣，该原则至少具有如下几个方面的功能：

（一）确立价值导向的功能

绿色原则为法律规则的制定和适用确立了一种价值导向，也就是说，不论是立法还是司法都应当考虑生态环境的保护问题，考虑社会的可持续发展。传统民法以个人权利保护为中心，强调对个人权利的确认与保护，而没有对个人权利的行使设置过多的限制。但现代民法不仅要体现权利本位的理念，而且要规范权利行使行为，以更好地兼顾私人权利的保护与社会公共利益的保护。《民法总则》对绿色原则作出规定，实际上也体现了这一价值理念的转变。

从这一意义上说，绿色原则也为立法适应将来社会发展预留了很大的空间。例如，关于生物多样性的保护、动物特殊地位的确立等，我国现行立法并没有作出特别规定，将来可以借助绿色原则设计相关的法律规则。

（二）对财产权利作出必要限制的功能

绿色原则也对财产权利的行使设置了一定的限制，即权利人在行使财产权

利时，应当考虑个人利益与社会利益的平衡。传统民法以个人利益为中心，一般而言，权利人有权按照自己的意愿行使物权，他人不得非法干涉。但按照绿色原则，民事主体从事民事活动时，应当有利于节约资源、保护生态环境，这实际上是对权利人行使权利作出了一定的限制，在一定程度上可以说是民法典社会化的重要体现。① 例如，就物权的行使与抛弃而言，就应当尽量做到物的有效利用，要尽量节约资源、保护生态环境。即便法律没有要求权利人在行使物权时兼顾生态环境保护，法官也应当从具体案件出发，在考虑生态环境保护的基础上，确定权利人行使权利的具体规则，这也反映了所有权的社会化现象。在立法上，将来民法典物权编应当将绿色原则具体化为权利人行使其物权的具体规则，从而督促权利人以更有利于生态环境保护的方式行使其物权。

（三）为民事主体设定法定义务的功能

我国民法典规定应当贯彻绿色原则，特别是在物权编、侵权责任编中，相关的规则设计应当切实贯彻绿色原则，为民事主体设定节约资源、保护生态环境的义务。例如，在不动产权利行使方面，应当课以不动产权利人节约资源、保护生态环境的义务，土地承包经营权人不得采用污染土地的方式利用土地等。虽然民事主体在行为时应当遵循绿色原则，但如果违反了绿色原则，当事人是否应当承担法律责任？笔者认为，绿色原则作为一项民法基本原则，一般不能直接作为裁判依据，判断当事人是否需要承担民事责任，应当依据具体的法律规则加以判断，而不宜直接依据绿色原则加以认定。如果没有具体的法律规则，则很难直接依据绿色原则认定行为人的责任。当然，在法律适用过程中，绿色原则可以指导相关规则的解释与适用。

（四）解释合同的功能

绿色原则也可以指导合同的解释活动。例如，在合同的内容可能损害环境和生态时，可以依据绿色原则宣告其无效。严格来说，对环境的保护就是保护公共

---

① 参见陈甦主编：《民法总则评注》上册，68 页，北京，法律出版社，2017。

利益，因而，法官在解释合同时，涉及合同是否违反绿色原则，其实就要考虑合同的履行是否会损害生态环境，如果合同的履行确实有可能损害生态环境，则可能被认定为违反绿色原则，依据《民法总则》第 153 条第 2 款可以宣告合同无效。当然，这并不是说，违反环境法的合同应一概被宣告无效，法官以此为依据认定合同无效，应当尽到充分论证的义务。

第三章

民事法律关系概述

第一节　民事法律关系的一般原理

一、民事法律关系的概念和特征

在社会生活中，个人不是孤立的人，而是社会的人，"人非遗世而孤立，而是具有社会性，共营社会及经济生活"①，人与人之间必然发生各种社会关系。各类主体为了满足自身的需要，必须从事社会交往，相互之间要发生各种社会关系，同时为了使社会关系形成安定、和平、有序的状态，人与人之间形成正常的交往关系，需要由法律对各种社会关系进行规范，而民法调整的是各种社会关系中平等主体间的人身和财产关系。为了使社会关系的确立和发展符合国家的要求，国家需要运用各种法律来调整社会关系，从而使受法律调整的社会关系获得了法律关系的性质。法律关系是法律规范在调整人们之间的社会关系过程中所形

---

① 王泽鉴：《民法总则》，30 页，北京，北京大学出版社，2009。

成的一种特殊的社会关系，即法律上的权利义务关系。由于调整各种社会关系的法律不同，所形成的法律关系也就不同。民事法律关系是由民法规范调整的社会关系，也就是由民法确认和保护的社会关系。民事法律关系不同于其他法律关系的特点在于：

1. 民事法律关系是民法所调整的社会关系在法律上的表现

人们在社会生活中会形成各种社会关系，但并不是所有的社会关系都会受法律调整，如道德关系、宗教关系等一般通过其他规范调整，只有那些必须要由法律调整的关系才能最终经由法律的确认和规范而上升为法律关系。各种社会关系分别由不同的法律部门调整，因此形成了不同的法律关系。而民法在调整平等主体之间的人身关系和财产关系的过程中，形成了民事法律关系，并使原来的社会关系的内容表现为法律上的权利义务关系。

民事法律关系产生以后，民事法律规范便落实为约束当事人行为的具体的权利和义务。民事法律关系是民法调整的结果。没有民法，也就没有民事法律关系。民事法律关系与现实生活中存在的由民法所调整的社会关系并不是两个关系，而是一个关系。法律调整社会关系只是赋予当事人权利和义务，使之成为权利义务关系。因而不能把民事法律关系理解为是一种独立于民法的调整对象以外的社会关系。①

2. 民事法律关系是人与人之间的权利义务关系

萨维尼认为，法律关系是"通过法律规则确定的人（Person）与人之间的关系（Beziehung）"②。拉伦茨认为，法律关系是"人与人之间的法律纽带"③。民事法律关系也不例外。民事法律关系作为一种权利义务关系，实质上是发生在民事主体之间的社会关系。即使是人格权关系，也是人与人之间的关系，不是人对自身的关系。民事法律关系虽然在许多情况下要与物发生直接的联系，但是它并不

---

① 参见孙国华：《法理学教程》，463~466 页，北京，中国人民大学出版社，1994。

② Savigny, System des heutigen römischen Rechts, Bd. 1, s. 331. 拉伦茨也指出，法律关系是"人与人之间的法律纽带"。转引自 [德] 迪特尔·梅迪库斯：《德国民法总论》，邵建东译，51 页，北京，法律出版社，2000。

③ [德] 迪特尔·梅迪库斯：《德国民法总论》，邵建东译，122 页，北京，法律出版社，2000。

是人与物、人与自然界的关系，而是通过物所发生的人与人之间的关系。① 例如，尽管物权的概念本身强调了权利人对物的支配，物权是指权利人所享有的直接支配其物并排斥他人干涉的权利，但物权关系作为一种法律关系乃是一种以一定的权利义务为内容的社会关系。明确民事法律关系为人与人之间的关系对于正确适用民法具有重要意义。

3. 民事法律关系具有平等性

民法调整社会关系的特点首先在于其平等性，民事法律关系就是平等主体之间的人身关系和财产关系在法律上的表现，因此，在这种关系中，不仅当事人在法律地位上是平等的，而且许多法律关系中当事人的权利义务具有对等性和相应性，一方的权利即是另一方的义务，一方的义务即是另一方的权利。从民法调整的平等关系的本质出发，民法侧重运用自愿、协商等自治的方法进行调整，并且在具体的法律关系中体现双方权利义务的平等性和对等性，以促进社会实质正义的实现。

4. 民事法律关系具有一定程度的任意性

民事法律关系以实现私法自治为主要目的，民事法律关系的特征也应该体现私法自治的要求。民事主体参与的各种社会关系大都体现其私人利益，所以法律赋予民事主体较大的自治权，因此民事法律关系具有较强的任意性。表现在：第一，发生上的任意性，即许多民事法律关系由当事人以意思自治的方法产生；第二，变更上的任意性，即许多民事法律关系允许当事人协商变更；第三，消灭上的任意性，即许多民事法律关系也允许当事人通过意思自治的方法消灭；第四，内容上的任意性，民事法律关系的内容大多系由当事人意思决定，当事人的约定优先于法律规定，只要不违反国家强行性法律和公序良俗，当事人可以依法协商自由确定其权利义务内容。必须看到，尽管民事法律关系作为一种特殊的社会关系，具有一定程度的任意性，但民事法律关系是按照民法规范形成的社会关系，而民法不过是国家意志的反映。所以，民事法律关系是按照国家意志建立起来的

---

① 参见彭万林主编：《民法学》，修订版，224 页，北京，中国政法大学出版社，1997。

关系。只有在当事人的行为符合民法中体现的国家意志时，国家才能确认并保护当事人建立起来的民事法律关系，并用国家强制力保证民事法律关系中的权利义务内容的实现。

"法无禁止即自由"。在市场经济条件下，交易的发展和财产的增长都要求市场主体在经济活动中保持高度的能动性和活力，法律应为市场主体提供广阔的自治空间，政府对经济活动的干预应限制在合理的范围内，市场经济对法律提出了尽可能赋予当事人行为自由的要求，这一点在民法中表现得最为突出和明显。民法主要通过任意性规范而不是强行性规范来调整交易关系。民法调整方法的特点是允许主体依法独立自主自愿地产生、变更和消灭民事法律关系，当事人有权根据自己的意志和利益决定是否参加某种民事法律关系，决定是否变更和终止民事法律关系。由这一调整方法所决定，民法的大多数规范特别是债法的规范大多是任意性规范，即允许当事人通过协商改变这些规定，民法的调整方法即充分尊重当事人的意志自由的方法，与行政指令和服从的方法是截然不同的。从本质上讲，民法的调整方法正是市场经济所迫切需要的，这就决定了民事法律关系具有较强的任意性。在民事立法中，应当注重运用任意性调整方法，尊重当事人的意思自治，通过民事主体平等自愿、协商一致的方法实现法律的调整。

二、民事法律关系在民法体系构建中的意义

民事法律关系在民法体系构建中具有如下意义：

1. 民事法律关系是整个民法逻辑体系展开与构建的基础。一般认为，萨维尼最早系统提出以法律关系构建整个民法的体系，其代表作《当代罗马法的体系》就详细探讨了法律关系，在此基础上，依据五编制分别讨论具体的民法制度。[①] 潘德克顿学派一个最伟大的贡献就在于，以法律关系的要素作为构建民法典总则体系的骨架，"德意志民法创设总则编之一举，意义甚为重大，当时德国

---

① Savigny, System des heutigen römischen Rechts, Bd. I, Berlin, 1840, I331 f. 7.

法律学者皆认为：对各种法律关系共同事项，另有谋设一般的共同规定之必要"①。也就是说，潘德克顿学派将整个法律关系的理论运用到法典里面去，构建了一个完整的民法典的体系结构。具体来说，在总则中根据法律关系的要素确立了主体、行为、客体制度，然后在分则中确立法律关系的内容，该内容主要是民事权利，具体包括债权、物权、亲属权、继承权，当总则中确立的主体、行为、客体与分则中的权利结合在一起就构成一个完整的法律关系。② 例如，总则中的主体、行为、客体与物权制度结合在一起，就构成完整的物权法律关系。由于法律关系的各种要素都已具备从而形成完整的法律关系，这种构架模式体现了潘德克顿体系的严谨性和科学性。在我国民法典制定过程中，这种体系化的构建模式对我们具有重要的指导意义。为此，需要我们以民事法律关系为民法典体系构建的中轴，整合现行的零散的民事法规，建立逻辑清晰、结构严密、体系完整的民事权利体系。

2. 民事法律关系理论对整个民法学的建立和发展具有重要意义。"法书万卷，法典千条，头绪纷繁，莫可究诘，然一言以蔽之，其所研究和所规定者，不外法律关系而已。"③ 民法学作为以民法为研究对象的学科，不是孤立地研究个别的民法规范，而是从整体着眼将民法体系作为研究的对象，而法律关系正是贯穿始终的一根红线，它将民事主体、客体、行为、各种民事权利等诸要素整合为一体，形成清晰的脉络。民法学作为具有自身特点与体系的独立学科，其研究体系与论述方式的展开也是建立在民事法律关系各项要素的基础上的。民法学在一定意义上就是民事法律关系之学。

3. 从方法论上看，民事法律关系是指导理论研究人员与司法实务工作者解决实践问题的基本思维模式与思考方法。司法审判人员在处理民事纠纷时，都需要将当事人置于具体的民事法律关系中，分析该具体法律关系的主体、客体以及

---

① 陈棋炎：《亲属、继承法基本问题》，3页，台北，三民书局，1980。

② 参见［德］罗伯特·霍恩、海因·科茨、汉斯·莱塞：《德国民商法导论》，楚建译，70～71页，北京，中国大百科全书出版社，1996。

③ 郑玉波：《民法总论》，63页，台北，三民书局，1979。

当事人的权利义务关系，把握权利的产生、变更、消灭，这样才能公正裁判，正确地解决各种民事纠纷。例如，在解决某个纠纷时，首先需要判断所涉及的是侵权法律关系还是违约法律关系，如果是合同关系，那么究竟是一个合同关系还是两个合同关系，该合同关系的内容、性质究竟为何，这就是正确审理民事案件所应当遵循的基本思路。

第二节　民事法律关系的要素

一、民事法律关系的要素概述

民事法律关系的要素是指构成民事法律关系的必要因素。任何民事法律关系都由几项要素构成，要素发生变化，具体的民事法律关系就随之而变化。

民法学界关于法律关系的要素有三种观点：一是三要素说，即认为民事法律关系的要素包括主体、客体和内容；二是四要素说，认为民事法律关系的要素包括主体、客体、内容和责任；三是五要素说，认为民事法律关系的要素除了主体、客体和内容之外，还应当包括民事权利义务的变动以及变动的原因。所谓变动的原因实际上就是法律事实，而变动本身就是指法律事实所产生的法律效果。

笔者认为，民事法律关系的要素仅限于三个，即主体、客体和内容，这是任何法律关系都应具备的，民事法律关系也不例外。而五要素说将法律事实包含在法律关系当中，这是值得商榷的。法律事实本身指的就是社会生活中的能引起法律关系产生、变更、消灭这一后果的事实。民事法律关系都是不断变动的，考察任何一种民事法律关系都应当了解变动的原因及其变动的效果，这就意味着必须查找一定的法律事实，但是法律事实毕竟是外在于法律关系的，它是将抽象的法律规范与具体的法律关系加以连接的中间点，是使客观的权利变为主观的权利的媒介，但它本身并不是法律关系的要素。只有在考察法律事实之后才能明确其引发了何种法律关系，而在明确了该种法律关系之后已经无须再考察法律事实了。

那么，民事责任能否作为法律关系的一个要素呢？笔者认为，民事责任在性质上是违反民事义务的法律后果，因此责任是法律关系遭到破坏、违反而产生出来的新的法律关系。例如，合同法律关系被违反后就产生了违约责任，而违约责任本身就是一种法律关系，同理，因侵权行为而引发的侵权责任就是侵权法律关系。所以，民事责任本身就是法律关系的一种，是原有的法律关系的变异形态，而非法律关系的要素。

二、民事法律关系的具体要素

民事法律关系包括主体、内容和客体三个要素。

（一）民事法律关系的主体

民事法律关系的主体，简称民事主体，是指参加民事法律关系，享有民事权利并承担民事义务的人。在我国，民事主体包括自然人、法人和非法人组织，国家在一些场合也是民事法律关系的特殊主体。任何个人和组织要成为民事主体，必须由法律赋予其主体资格。

在具体民事法律关系中，一般都要有双方或多方当事人参加。在参加民事法律关系的当事人中，享有权利的一方是权利主体，承担义务的一方是义务主体。在某些民事法律关系中，一方只享有权利，另一方只承担义务，例如担保法律关系。而在大多数民事法律关系中，双方当事人都既享有权利，又承担义务。例如，在买卖关系中，买方有请求卖方交付出卖物的权利，又有支付价款的义务，卖方有交付出卖物的义务，又有收取价款的权利。因此，在这些民事法律关系中，每一方当事人既是权利主体，又是义务主体。当事人的这种双重主体身份，是由这些关系的双务性决定的。当然，在例外情况下，也可能只有权利主体一方，而没有义务主体，例如形成权关系。

民事法律关系的每一方主体可以是单一的，也可以是多数的。例如，在债权关系中，债权人和债务人每一方都既可以是一个人，也可以是多个人。在相对法律关系中，每一方主体都是特定的，在绝对法律关系中，则承担义务一方是不特

定的任何人。

（二）民事法律关系的内容

民事法律关系的内容，是指民事主体所享有的权利和承担的义务。这种权利义务内容，是民法调整的社会关系在法律上的直接表现。任何个人和组织作为民事主体，参与民事法律关系，必然要享有民事权利和承担民事义务。

民事权利，是指由国家强制力予以保障的类型化的民事主体所享有的利益，这种法律之力和特定利益的结合则构成权利。民法是权利法，各种民事权利的共同因素包括：权利主体、权利客体、权利变动的原因、权利的救济、权利的时间因素。[1] 我国《民法总则》系统、全面地确认了民事主体所享有的各项民事权利，并规定了民事权利行使的原则与限制，以及因侵害民事权利所应当承担的民事责任等，从而确定了民事法律关系的基本内容。整个民法的分则体系都是以权利为中心而展开的，但这并不意味着权利概念能够完全替代民法中的法律关系的概念[2]，因为权利只是法律关系概念中的主要内容，并不能涵盖法律关系的其他要素，也不能代替法律关系的内容。

民事义务，是指义务人为满足权利人的要求而为一定的行为或不为一定的行为的法律负担。它具体包括：（1）义务人必须依据法律的规定或合同的约定，为一定的行为或不为一定的行为，以便满足权利人的要求。（2）义务体现为一种负担，义务通常以满足权利人的需要为目的，而并非满足义务人自身的目的，正是因为这一原因，义务在民法上与债务常常混用。不过，从义务内容来看，这种负担不是无限的，义务人只承担法定的或约定的范围内的义务，而不承担超出这些范围以外的义务。（3）义务具有强制性，也就是说，义务人必须履行其义务，而不能像对待权利那样可以行使或不行使，或可以抛弃。民事义务是一种受到国家强制力约束的法律义务，如果义务人不履行其义务，将依法承担法律责任。民事义务和民事权利一样，也是由国家法律确认的，它规定了义务主体的行为范围，即义务人必须这样做或那样做。违反义务将转化为法律上的责任。

---

① 参见杨代雄：《私权一般理论与民法典总则的体系构造》，载《法学研究》，2007（1）。
② 参见［德］迪特尔·梅迪库斯：《德国民法总论》，邵建东译，65页，北京，法律出版社，2000。

在民事法律关系中，权利和义务是相互对立、相互联系在一起的。《民法总则》第 131 条规定："民事主体行使权利时，应当履行法律规定的和当事人约定的义务。"该条对义务必须履行原则作出了规定。在通常情况下，离开了民事义务就无所谓民事权利，权利和义务都是一致的，权利的内容要通过相应的义务表现，而义务的内容则由相应的权利限定。当事人一方享有权利，必然有另一方负有相应的义务，并且权利和义务往往是同时产生、变更和消灭的。因此，民事权利和民事义务是从不同的角度表现民事法律关系的内容的。

(三) 民事法律关系的客体

民事法律关系的客体是指民事权利和民事义务所指向的对象。如果没有客体，民事权利和民事义务就无法确定，更不能在当事人之间分配权利义务关系。

关于民事法律关系的客体，理论界有不同的看法。有人认为客体是物，也有人认为客体是物和行为。笔者认为，关于民事法律关系的客体，应当区分不同的民事法律关系确定。就物权法律关系而言，其客体应为物；就知识产权法律关系而言，其客体应为智力成果；就债权法律关系而言，单纯的物和行为一样都不能作为债权法律关系的客体，只有把它们结合起来，即结合成"体现一定物质利益的行为"[①]，才能成为民事法律关系的客体。如买卖关系的客体是交付买卖标的物的行为，货物运输关系中的客体是安全、及时送达运输标的物的行为。

第三节　民事法律关系客体

一、民事法律关系客体的概念和特征

如前所述，民事法律关系的客体，是指民事权利义务共同指向的对象。根据概念法学的体系思想，应将作为法律规定对象的构成要件分离出若干要素，并将这

---

① 佟柔主编：《民法原理》，33 页，北京，法律出版社，1983。

些要素一般化，形成类别概念，并借着不同层次的类型化，形成不同抽象程度的概念，并因此构成体系。[1] 客体概念的真正形成可以说是概念法学发展的产物。无论是民事权利还是民事义务都必须指向一定的客体，必须在一定的客体之上才能形成某种法律关系，进而在当事人之间分配权利义务。所以，如果没有法律关系的客体，主体活动也就变得漫无目的，权利和义务就成为无法体现、无法落实、毫无意义的东西。关于民事法律关系的客体，有狭义与广义之分，狭义上的客体是指在法律上可以支配的对象，人是权利的主体而非权利的客体。[2] 广义上的客体是指凡是能够作为权利义务所指向对象的一切人和物，都可称为客体。例如，物权的客体是物，而债权的客体则可指向特定人。[3] 本书采狭义上的客体说。

关于法律关系的客体与标的是否同一，学理上有不同的观点：一种观点认为，法律关系的客体也就是标的；另一种观点认为，客体不同于标的，客体是指法律关系中权利义务所指向的对象，而标的则是指法律关系的内容。持这种观点的学者认为，"法律行为之标的者，系当事人依法律行为所表示企图实现之社会生活关系，亦可谓法律行为所要完成的事项"[4]。还有人认为，标的仅指权利指向的对象。[5] 笔者认为，法律关系的客体与标的是同一的，但是它们并不完全等同于法律关系的内容。因为法律关系的内容指的就是权利义务，而客体是权利义务所指向的对象，如果将标的等同于法律关系的内容，则在逻辑上是混乱的，尽管客体要体现主体的一定利益，但不能完全等同于权利。据此，笔者认为，法律关系的客体指的是权利义务的对象，借助客体可以实现民事主体想要达致的目标。

民事法律关系的客体具有如下特征：

第一，客体既是权利指向的对象，也是义务所指向的对象。从《民法总则》的规定来看，民事权利客体首先是民事权利的指向对象，但由于权利义务是相对

---

① 参见［德］卡尔·拉伦茨：《法学方法论》，陈爱娥译，356 页，台北，五南图书出版公司，1992。
② 参见王泽鉴：《民法总则》，195 页，北京，北京大学出版社，2009。
③ 参见史尚宽：《民法总论》，221 页，北京，中国政法大学出版社，2000。
④ 洪逊欣：《中国民法总则》，台北，自版，1992。
⑤ 参见龙卫球：《民法总论》，127 页，北京，中国法制出版社，2002。

应的，因而从义务人的角度来看，民事权利客体也是其义务指向的对象。

第二，民事法律关系的客体必须根据不同的法律关系分别确定。虽然对于民事法律关系的客体在学理上可以归纳为物、行为、智力成果等几类，但是考察任何一个法律关系的客体都必须要结合具体的法律关系分别加以判定。民事法律关系的客体不是划一的，但都必须能满足社会成员的利益需要。

第三，人本身不能成为权利客体，只有与人身相关的利益才能成为客体。在现代社会，人是不能作为权利客体而成为他人权利的支配对象的。民法中的人身权，也不是以人身为客体，而是以人格利益为客体。① 至于债权的客体，只是以特定人的行为为客体，也就是债务人所负有的为或不为一定行为的义务，而并非以债务人为客体。

任何法律关系都必须具备主体、客体、内容三要素，但是却不一定都需要有标的物。因为一方面，像债权关系以及一些特殊的物权关系，例如权利质权等，并不以特定的物为对象，所以，客体与标的物是不同的。另一方面，在具体的法律关系中，标的和标的物也是不同的。例如债权关系中，客体是行为，标的物可能是债务人向债权人交付的物，债务人的行为只是标的而非标的物。在任何合同关系中都要求有债务人的行为，即存在标的，但不一定要有标的物。

关于我国民法典是否有必要规定民事权利客体，存在不同观点，不少学者认为，在民法中不存在一般的抽象的客体概念，客体总是和具体的权利相联系，只能有具体权利的客体，如物是物权的客体，知识产权的客体是智力成果和工商业标记，所以只能在各个法律制度中分别规定客体，而不必在总则中规定客体。这一观点有一定的道理，但笔者认为，民法典总则仍有必要规定民事权利客体，主要理由在于：一方面，民事权利客体可以作为设计相关法律规则的依据。民事权利客体是民事法律关系的重要内容，民事权利客体不同，其相关的法律规则也应当存在一定差别。例如，将民事权利客体区分为物、行为、智力成果等不同类型，有利于在此基础上设计不同的法律规则。以侵害名誉权为例，在名誉权受到

---

① 参见王泽鉴：《民法总则》，196页，北京，北京大学出版社，2009。

侵害的情况下，对受害人的首要补救方式是恢复名誉。而在侵害物权的情形下，主要的责任方式应当是恢复原状、赔偿损失。另一方面，有利于准确设计相关的民事权利客体交易规则。民事权利客体的类型不同，其交易的法律规则也会存在一定的差别。例如，针对有形财产物权变动的规则，将难以适用于无形财产交易，如知识产权交易、数据交易、网络虚拟财产交易等。[①] 因此，研究不同类型的民事权利客体，有利于在此基础上妥当设计相关的交易规则。

二、民事法律关系客体的主要类型

(一) 人身利益

1. 人格利益

人格利益分为一般人格利益和个别人格利益。依据《民法总则》第 109 条，自然人的一般人格利益是指人身自由和人格尊严。依据《民法总则》第 110 条第 1 款，自然人的人格利益包括生命权、身体权、健康权、姓名权、肖像权、名誉权、隐私权、婚姻自主权以及个人信息等权益，依据该条第 2 款，法人的人格利益包括名称权、名誉权等权利。人格权的客体主要是指向生命、健康、名誉等精神利益。

人格利益大多体现为一定的精神利益，它一般不像财产利益那样具有有形的特征，尤其是名誉、肖像、隐私、贞操、自由等利益，都是行为与精神活动的自由和完整的利益，且以人的精神活动为核心而构成。对自然人而言，这些利益都以人格尊严为基础，并以彰显人格尊严为目标。对这些人格利益的侵害，必然造成主体精神上的痛苦，并损害主体的精神利益。[②]

2. 身份利益

身份利益一般是因自然人之间的身份关系以及因知识产权而获得的利益。与人格利益的固有性不同，身份利益并不具有固有性，其以一定的社会关系为基

---

① 参见梅夏英：《数据的法律属性及其民法定位》，载《中国社会科学》，2016 (9)。
② 参见杨立新：《人身权法论》，89 页，北京，人民法院出版社，2002。

础。身份利益主要包括如下两种：一是基于一定的婚姻关系和家庭关系等身份所取得的利益。此种身份利益以一定的身份关系存续为前提，一旦这种身份关系消灭，则相关的身份利益也将不复存在。因自然人之间身份关系所产生的身份利益主要包括因婚姻关系和家庭关系而产生的身份利益，其主要包括夫妻之间、父母子女之间、有扶养关系的祖父母与孙子女或外祖父母与外孙子女之间依法相互享有的身份权，以及因监护关系产生的监护权等。对此，《民法总则》第112条规定："自然人因婚姻、家庭关系等产生的人身权利受法律保护。"二是因知识产权而获得的身份利益。此种身份利益主要是因知识产权的创造和发现而取得的身份利益，如因著作、专利、商标的发明、创造而享有的身份利益。应当指出的是，因知识产权而享有的身份利益的主体并不限于自然人，法人和非法人组织同样可以成为此类身份利益的主体。

（二）财产利益

1. 有形财产

有形财产主要是指有体物，物作为权利的客体，和作为其他民事权利的客体一样，必须是存在于人身之外、为人力所能支配而且能够满足人类的某种需要的财产。《民法总则》第115条规定："物包括不动产和动产。法律规定权利作为物权客体的，依照其规定。"依据该规定，物权的客体主要包括动产与不动产，但在法律有特别规定的情形下，权利也可以作为物权的客体。动产是指在性质上能够移动并且不至于损害其价值的物，如电视机，书本等。不动产是指在性质上不能移动或者移动后将损害物的价值的物。两者的区别主要表现在：一是权利主体不同。在我国，土地属于国家和集体组织所有，个人不能对土地享有所有权。动产的类型很多，除了法律有特殊规定以外，任何主体可依法享有对动产的所有权。二是权利取得方式不同。动产取得的一些方式如先占、添附、加工、拾得遗失物、发现埋藏物等，一般不适用于不动产。三是权利变动方式不同。动产所有权移转以交付为要件，而不动产所有权移转以登记为要件。四是他物权的设定不同。动产一般不能够设定用益物权，只有在法律明确规定的情况下可以设立担保物权，如动产抵押、动产质押和留置权。一般来说，在动产之上设立的他物权是

有限的，而在不动产之上则可以设立多项他物权，各项用益物权基本上都是在不动产的基础上产生的。五是司法管辖不同。一般而言，不动产适用不动产所在地的特别管辖，而动产适用一般的司法管辖。

人是法律关系的主体，不是客体，人本身不能成为物，而且人身体的各个部分在没有和人体分离时，也不是物，而是身体权的客体。假牙、假肢等如果与身体紧密结合，无法自由分离，也可以成为人的身体的一部分，而不再是物。[1] 国外有的判决甚至认为，盗窃精液也是侵害身体权。[2] 处分人的身体，是违反公序良俗的，相应的法律行为应当归于无效。但自然人有权对身体某一部分放弃，即为恢复身体健康而自愿放弃身体的某一组成部分，如进行截肢手术；再如对其身体组成部分加以改变，如进行整容[3]；有权合法捐献器官或组织；也有权拒绝接受医疗或外科的检查和治疗。例如在对自然人进行麻醉、针刺、切除或移植器官时，必须以其同意为前提，否则就可能构成侵害身体权。[4]

人体器官是特殊的物。人体器官是指发挥某些生理功能的身体组成部分。人体器官是身体权的组成部分，其本身不是物，不能对其自由处分。我国法律严格禁止器官买卖[5]，并对从事此类行为的人追究相应的法律责任。[6] 对人体器官的买卖、担保、抵债，应视为违反公序良俗，其行为无效。[7] 当然，人体组织有主要部分和附属部分的区分，对附属部分，如头发、指甲等，在对身体不会造成损害、也不认为违反公序良俗的情况下，可以由权利人进行转让。法律虽然禁止人体器官买卖，但是法律允许人们通过自愿捐献的方式进行人体器官的移植。当

----

[1] 参见王泽鉴：《民法总则》，174 页，北京，北京大学出版社，2009。

[2] 在德国的一个判例中，原告为了避免手术后失去生育能力，将精子取出以保存，以便将来生育，此后由于被告过失导致精子毁损，导致原告无法生育，法院判定被告应承担侵害身体权的责任，并判处了抚慰金。BGH NJW 1994，127.

[3] 参见王利明主编：《人身损害赔偿疑难问题》，16 页，北京，中国社会科学出版社，2004。

[4] 参见徐国栋主编：《绿色民法典草案》，85 页，北京，社会科学文献出版社，2004。

[5] 《人体器官移植条例》第 3 条规定："任何组织或者个人不得以任何形式买卖人体器官，不得从事与买卖人体器官有关的活动。"

[6] 参见 2007 年国务院颁布的《人体器官移植条例》第 26 条。

[7] 参见［德］迪特尔·梅迪库斯：《德国民法总论》，邵建东译，876 页，北京，法律出版社，2000。

然，合法的器官捐献必须出于捐献者的真实意愿；捐献行为不能以造成捐献者身体的重大损害为代价；捐献行为不得违反公序良俗。例如，在实践中，以捐献为名而从事器官买卖，这就违反了公序良俗原则。还需要指出，克隆技术涉及生命伦理的问题，许多国家对于克隆人采取禁止的立场，但是对于为了治疗疾病而克隆器官，大多采取相对缓和的态度，在一定范围内允许实施。美国于2003年2月通过禁止克隆人法案，法案中允许"以医学研究为目的的治疗性复制"①。联合国也拟制定《反对生殖性克隆人国际公约》，禁止非法克隆人体器官。笔者认为，从人道主义、救死扶伤道德出发，应当允许科学家复制身体的部位或其他器官，但是，由于克隆技术涉及伦理道德等一系列问题，因而器官克隆应当受到严格的法律限制。

关于尸体是否是物，一直存在争论。② 尸体是没有思维和生命现象的肉体，故尸体不是人身，在符合法律规定和社会公共秩序的情况下，尸体也可以作为物成为物权的客体。③ 例如，有关医疗单位和研究单位将尸体做成标本以供研究，这些单位自然对尸体享有占有、使用和依法处分的权利。关于尸体的性质以及侵害尸体是否可以适用精神损害赔偿，存在不同观点：一种观点认为，人活着的时候对自己身体享有的支配权利属于身体权，死亡后该权利并不消灭，须予以"延伸保护"，由死者的近亲属进行保护。④ 另一种观点认为，尸体本身体现了某种精神利益，因此，侵害尸体也应当承担精神损害赔偿责任。最高人民法院司法解释采用了第一种观点。笔者认为，尸体不同于一般的物，对尸体的侵害直接伤害了生者对死者的感情和尊严，也会给生者造成一定的精神痛苦，因而应当赔偿精神损害。但此种情形适用精神损害赔偿必须符合一定的条件，即侵害行为造成了对尸体的侵害，且行为人采取的方式已经违反了社会公共利益、社会公德。

---

① 《美众院通过禁止克隆人案 但准许治疗性复制行为》，见中新网，2003-02-28。

② 参见王泽鉴：《民法总则》，175页，北京，北京大学出版社，2009。

③ 关于尸体能否成为物，有两种不同的看法。肯定说认为，由于尸体具有有体性、独立性和无人格性，应成为物。但尸体与普通物不同，而是特殊的物。否定说认为，如果把尸体作为权利客体，则继承人可以使用、收益并可以抛弃，这是与法律和道德相违背的，所以尸体不是物。

④ 参见杨立新：《公民身体权及其民法保护》，载《法律科学》，1994（6）。

2. 无形财产

所谓无形财产，主要是指除有体物以外的其他权利和利益，如对股票、债券、智力成果等的权利，其不能为人们所触觉且不占有一定的空间。[1] 传统上，民事权利的客体主要是有体物，但随着社会生活的发展和科技的进步，无形财产逐渐发展，并且在社会生活中的价值也会越来越重要。例如，知识产权、商业秘密、商号、商誉、计算机软件、空间权、经营特许以及客户信息、经营网络等都成为社会中重要的无形财产。有价证券所代表的权利具有十分重要的价值。尤其是人类社会已经进入了一个互联网、大数据时代，计算机软件、数据、网络的虚拟财产等，已经成为重要的财产。具体而言，无形财产主要包括如下几种类型：

（1）作品、发明、实用新型、外观设计、商标等智力成果

智力成果主要是知识产权的客体，智力成果是脑力劳动的产物或结果。智力成果有的需要有物质表现形式，有的不需要物质表现形式。21世纪是知识经济的时代，因此，智力成果是现代社会中最重要的无形财产。我国《民法总则》对知识产权保护作出了规定，该法第123条规定："民事主体依法享有知识产权。知识产权是权利人依法就下列客体享有的专有的权利：（一）作品；（二）发明、实用新型、外观设计；（三）商标；（四）地理标志；（五）商业秘密；（六）集成电路布图设计；（七）植物新品种；（八）法律规定的其他客体。"

（2）数据、网络虚拟财产

数据、网络虚拟财产也是重要的民事权利的客体。《民法总则》第127条规定："法律对数据、网络虚拟财产的保护有规定的，依照其规定。"该条对数据、网络虚拟财产的保护作出了规定，适应了互联网、大数据时代的要求。具体而言：

第一，数据的权利。众所周知，我们已经进入了一个互联网大数据背景下的信息社会，也进入了数字经济时代。数据是财富，数据信息被喻为大数据时代的"新石油"，是经济增长和价值创造的重要源泉。数据的开发和利用不仅已成为科

---

[1] 参见郑玉波：《民法总则》，265页，北京，中国政法大学出版社，2003。

技创新的重要内容，而且成为民事主体的重要财产。数据究竟包括哪些权利，是一个值得探讨的问题。笔者认为，首先，如果数据具有独创性，则其可以受到著作权法的保护。其次，即使没有获得知识产权的数据，也要受到法律保护，包括署名权、数据携带权（也有人称为提取权），这就是说，权利人有权禁止或许可他人将数据转移到另一个载体存放。此外，还应包括数据利用权，即禁止他人发行、传播数据库中的数据的权利。

还要看到，由于大数据是对海量的信息所进行的收集、存储和分析，因而，大量的数据涉及自然人的个人信息和隐私，甚至涉及个人的敏感信息和核心隐私。[1] 例如，将个人病历资料开发成大数据，或者将个人的银行存款信息汇总开发成大数据。如果对这些数据资料还没有进行匿名化处理，或者匿名化处理不完整，从相关的数据中仍然可以了解个人的相关信息和隐私，这就可能侵害个人信息权利和隐私权。通过大数据技术的运用，一些机构可以从相关的数据中分析出个人的身份、财产、消费习惯等方面的信息。[2] 如果这些信息经过整合后再投入数据黑市进行交易，这些行为可能触犯刑法的规定，构成非法侵入计算机信息系统罪、侵犯公民个人信息罪等罪名。[3] 当然，即便行为人的上述行为不构成犯罪，其也构成对他人个人信息权利和隐私权的侵害。因此，相关主体在收集、利用个人信息数据的同时，应当以保护当事人对个人信息的控制权和隐私权为前提，信息的收集者和利用者应当负有保护个人信息和隐私的责任。[4] 所以，在未来有必要规定大数据中个人信息和隐私的保护问题，这也是适应信息社会、大数据时代的特殊要求、面向21世纪的当然要求。

第二，网络虚拟财产。网络虚拟财产是伴随着互联网发展而产生的新的财

---

① See Allen, Anita L., "Protecting One's Own Privacy in a Big Data Economy", *Harvard Law Review Forum*, Vol. 130, Issue 2 (December 2016), pp. 71 - 78. also see Jarass, in: ders., EU-Grundrechte-Charta Art. 8, Rn. 5.

② See Allen, Anita L., Protecting One's Own Privacy in a Big Data Economy, *Harvard Law Review Forum*, Vol. 130, Issue 2 (December 2016), pp. 71 - 78.

③ 参见叶竹盛：《是时候给大数据套上法律笼头了》，载《新京报》，2017 - 05 - 31。

④ Gola/Klug/Körffer, in: Gola/Schomerus, BDSG, § 13, Rn. 49.

产，如比特币、网游中的装备、电子邮箱等，它们与一般的财产在本质上有很大的共性，都具有一定的经济价值，甚至可以在一定范围内流通。在司法实践中，已经出现了电子游戏装备、QQ 号码归属等纠纷。①《民法总则》对网络虚拟财产的保护作出原则性规定，可以为网络虚拟财产的保护提供法律依据。②

关于网络虚拟财产的性质，存在不同观点：一是无形财产说，此种观点认为，将网络虚拟财产界定为物权或者债权客体均面临一定的困难，网络虚拟财产在性质上应当属于无形财产。③ 二是物权说。此种观点认为，网络虚拟财产具有可支配性，通过物权请求权对侵害网络虚拟财产的行为进行规制，比债权请求权的方式更有效率，因此，从纠纷解决和法经济学的角度来看，将网络虚拟财产界定为物权比界定为债权更为妥当。④ 三是债权说，此种观点认为，网络虚拟财产本质上是一系列以专属性服务为内容的合同权利的集合，其在性质上应当属于债权。⑤ 四是民事权利客体说。此种观点认为，网络虚拟财产并非仅为债权的客体，因为从《民法总则》第118条第2款的规定来看，债权的客体是民事主体的行为，而网络虚拟财产并非民事主体的行为，无法成为债权的客体。网络虚拟财产可以成为各类民事权利的客体。⑥

笔者认为，从《民法总则》第127条规定来看，既然承认网络虚拟财产具有财产性质，因此，就应当比照财产权的规则对其进行保护。网络虚拟财产应当受到财产权保护，而不能用人格权保护方法，侵害网络虚拟财产也不能适用精神损害赔偿，但其究竟是物权还是债权，目前仍未达成共识。笔者认为，网络虚拟财

---

① 例如，在"李某晨诉北极冰公司案"中，游戏玩家李某晨因为游戏道具被盗，遂以游戏运营商侵害其私人财产为由诉至法院。法院认为，"关于丢失装备的价值，虽然虚拟装备是无形的，且存在于特殊的网络游戏环境中，但并不影响虚拟物品作为无形财产的一种，获得法律上的适当评价和救济。玩家参与游戏需支付费用，可获得游戏时间和装备的游戏卡均需以货币购买，这些事实均反映出作为游戏主要产品之一的虚拟装备具有价值含量"。北京市第二中级人民法院（2004）二中民终字第2877号民事判决书。

② 参见北京市朝阳区人民法院（2003）朝民初字第17848号民事判决书。

③ 参见李国强：《网络虚拟财产权利在民事权利体系中的定位》，载《政法论丛》，2016（5）。

④ 参见许可：《网络虚拟财产物权定位的证立——一个后果论的进路》，载《政法论坛》，2016（5）。

⑤ 参见刘明：《论网络虚拟财产禁止让与特约的法律规制》，载《中国社会科学院研究生院学报》，2015（1）。

⑥ 参见杨立新：《民法总则规定网络虚拟财产的含义及重要价值》，载《东方法学》，2017（3）。

产以当事人之间存在网络服务协议为前提，应当属于债权，可适用债权的相关规定对此类财产予以保护。

（3）股票、债券、票据等有价证券

有价证券也是民事权利的客体，所谓有价证券，是指表示一定的权利，权利人行使权利必须持有证券，原则上不得离开证券而行使权利的一种证券。[1] 有价证券的定义，最初由德国学者布伦纳（Brunner）于19世纪末期提出，他认为："有价证券乃表彰私权之证券，其利用——主要指权利之行使而言，但权利之移转亦包括之——以证券之持有为必要者也。"[2] 有价证券通常为权利凭证，它既可以作为物权的客体，也可以作为债权的标的。我国《民法总则》第125条规定："民事主体依法享有股权和其他投资性权利。"该条对股票、债券、票据等有价证券作出了规定，当然，从我国立法来看，有价证券主要是通过证券法、票据法等立法来调整的。

（4）电、热、声、光等自然力

物不仅包括占有一定空间的有形物（各种固体、液体和气体），还包括电、热、声、光等自然力或"能"（energies）[3]。电、天然气等无形物在交易上是可以作为交易对象的，从交易观念出发，它可以作为物而对待，许多国家民法典明确规定电力等自然力为可以支配的物。[4]《民法总则》第115条规定："物包括不动产和动产。法律规定权利作为物权客体的，依照其规定。"从该规定来看，民法所调整的物主要是有体物，但如果法律规定电、热、声、光等作为物权客体的，则其也可以成为物权的客体。

（三）行为

债权的客体是行为。法律上所指的行为，是指人有意识的活动。行为在民事法律关系中是另一个重要客体。例如，债权本质上是特定人之间请求为一定行为

---

① 参见谢怀栻：《票据法概论》，3页，北京，法律出版社，1990。
② 转引自郑玉波：《民商法问题研究（四）》，144页，台北，自版，1985。
③ 李双元、温世扬主编：《比较民法学》，247页，武汉，武汉大学出版社，1998。
④ 参见陈华彬：《物权法原理》，53页，北京，国家行政学院出版社，1998。

或不为一定行为的关系，所以债权的客体都是行为。这种行为就表现为债务人所应当作出的行为或不作为。

当然，债权中也涉及物，例如买卖中有标的物，但是债权的客体直接指向的是债务人的行为，而间接涉及物。任何债的关系中的债务人的给付行为都不可或缺，但间接涉及物则只是一部分而不是全部的债的关系。即便债权涉及物，物也不是债权的客体。例如，在买卖合同中，债权人只能请求债务人交付标的物，而不能直接支配标的物。

第四节　民事法律事实

一、民事法律事实的概念和意义

民事法律事实，是指依法能够引起民事法律关系产生、变更或消灭的客观现象。民事法律规范本身并不能在当事人之间引起民事上的权利义务关系，而只是表明民事主体享有权利和承担义务的可能性。但是，法律可以根据统治阶级利益的需要，规定一些事实条件，在发生这些事实以后，就使民事法律关系产生、变更和消灭，这些由法律规定的、能够产生一定法律后果的事实，就是法律事实。

关于民事法律事实的性质有如下几种观点：一是构成要件说。此种观点将法律事实等同于完全的法律规定中的构成要件。例如梅仲协先生认为："某种特定事实，发生某种特定效果者，吾人称之为法律内容；当事人所完成之法律关系及其他事故，谓之法律事实。"[1] 二是因果关系说。此种观点认为，民事法律事实是法律现象发生的原因，其引发民事权利的发生、变更或消灭。[2] 三是法律所规范之事实说。此种观点认为，民事法律事实为民法所规定的生活事实，纯粹由非

---

[1]　梅仲协：《民法要义》，1～2 页，台北，自版，1970。

[2]　参见何孝元：《民法总则》，101 页，台北，自版，1960；郑玉波：《民法总则》，207 页，台北，三民书局，1979。

法律规范所调整的生活事实则非民事法律事实。如王伯琦先生认为："社会各种事物，有为法律规范所支配者，有为其他规范，如道德、礼仪、宗教等规范所支配者。为法律规范所支配之事物，即为法律适用之对象，称之谓法律事实。"①

上述各种观点都不无道理，都从不同的角度对法律事实作出了解释。笔者认为，将法律事实等同于法律要件是不妥当的。法律规范是层出不穷的，而法律要件作为规范确定的内容也是纷繁复杂的。在法律上将各种引起法律关系变动的法律事实归纳整理为事件、行为之类的法律事实，目的不在于确定规范构成要件，而在于揭示法律现象产生的原因。所以，笔者赞成第二种学说。法律事实是法律现象产生的原因，是依法能够引起民事法律关系产生、变更和消灭的客观现象。法律事实的特点在于：

1. 它是一种客观存在的社会生活中出现的事实，而不是当事人主观的内心意思。法律事实都是外在于主观意思而存在的客观事实，如自然现象等，就行为而言，必须是表露于外的事实。例如，当事人希望缔结合同法律关系就必须通过要约、承诺将其内心意思表露于外，单纯的内心意思无法产生法律效果，只有表露于外能被客观认知的意思，才能被法律所评价，并产生一定的法律后果。不论当事人的意思如何，法律事实都是外在于主观意思而存在的客观事实。②

2. 法律事实必须能够引起一定的法律后果。社会生活中出现的事实，也并非都与法律规定有关，也并不都能产生一定的法律效果。例如，亲戚朋友相聚交谈、邻里之间相互串门等，不可能产生法律意义。凡是能够产生一定的法律意义、具有一定的法律价值的事实，都可以成为法律事实。法律事实不仅可能引起当事人预期的特定的法律效果，也可能引起当事人预期之外的其他法律后果。例如，当事人订立的合同符合法律的强行性规范且不违反社会公共利益时，就能够产生合同法律关系。如果该合同是无效合同，此时虽然不引起当事人预期的法律后果，但仍产生诸如返还财产、赔偿损失等法律后果。法律事实出现时，可能产

---

① 王伯琦：《民法总则》，119 页，台北，自版，1963；史尚宽：《民法总论》，266 页，台北，自版，1975。

② 参见江平主编：《民法学》，142～143 页，北京，中国政法大学出版社，2007。

生如下法律后果：

第一，引起民事法律关系的产生。例如，签订了买卖合同，买方有请求卖方交付出卖物的权利和支付价款的义务，卖方有请求买方支付货款的权利和向买方交付出卖物的义务。只有通过法律事实，才能使民事法律所规定的权利义务，转化为当事人实际享有的权利和承担的义务。

第二，引起民事法律关系的变更。因法律事实的出现而导致民事法律关系的变更通常包括：主体变更（权利主体或义务主体发生变化）、内容变更（主体享有的民事权利和承担的民事义务在范围和性质上发生变化）和客体变更（客体发生变化）。例如，由于法人的合并和分立，导致债的关系中的主体发生变更。

第三，引起民事法律关系消灭，使主体之间的权利义务不再存在。例如，因物质资料被消费，使该物的所有权关系消灭；债务的清偿使债的关系消灭等。

法律事实与法律后果之间，可能具有一定的因果联系，也可能不具有直接的因果联系。而某个法律后果的发生，也可能是多种法律事实相互作用的结果，所以，法律事实与法律结果之间的联系是复杂的。我国台湾地区学者黄茂荣认为，法律事实与一定的法律后果间属于三段论的逻辑推论关系，因为二者间并不是一一对应关系，此观点可值赞同。①

3. 法律事实能否引起一定的法律后果或者引起何种特定的法律后果，最终都取决于法律的规定。社会生活中的各种事实，有的是由法律规范的，有的是由道德、宗教等规范的，只有为法律规范支配的事实，才是法律事实。

法律事实与法律适用中所考虑的法律事实并不相同，在法官解决纠纷时，首先要确定一定的法律事实，这种事实是当事人通过一定的证据加以证明从而在特定程序的空间中向法官展现出来的具体的丰富的事实，它可能与客观上的事实相符合，也可能不符合。民事法律事实并非对客观生活事实的简单复制，而是对客观生活事实进行法律评价之后的结果。例如，双方当事人签订合同这个事实属于法律事实，能够引起合同法律关系的产生，而在法律适用中展现在法官面前的事

---

① 参见黄茂荣：《法学方法与现代民法》，201页，北京，中国政法大学出版社，2001。

实则可能包括什么人、在什么时间、什么地点签订合同等一系列内容。

二、民事法律事实的分类

根据客观事实是否与人的意志有关，法律事实可以分为事件和行为两大类。

事件，又称为自然事实，是指与人的意志无关，能够引起民事法律后果的客观现象。例如，人的死亡使继承人取得继承遗产的权利，物的灭失引起所有权关系的消灭等。关于行政或司法行为究竟是事件还是行为，值得探讨。作为民事法律事实的"行为"，指的是"民事行为"，其特点是行为人意志可以控制的，而行政或者司法行为对于行政执法者或司法者来说，虽属有意识的、可以控制的行为，但其引起民事法律关系的变动，却非与其相对的被动的"相对人"可以控制。所以，笔者认为，行政或司法行为应当属于民事法律事实中的事件。例如，法院的判决或裁定能够引起一定的民事后果，它属于事件而不是行为。

行为，是指人的有意识的活动。行为可以分为以下几种类型：

1. 民事法律行为，是指行为人旨在确立、变更、终止民事权利义务关系的行为。有的民事行为符合法律的要求，能够达到当事人预期的目的，称为有效的民事法律行为；有的民事法律行为不符合法律的要求，不能达到当事人预期的目的，发生与当事人的意志相悖的法律后果，称为无效的民事法律行为。民事法律行为是最主要的民事法律事实。

2. 事实行为，是指行为人实施一定的行为时在主观上并没有产生、变更或消灭某一民事法律关系的意思，但由于法律的规定，同样会引起一定的民事法律后果的行为。事实行为有合法的，也有不合法的。从事智力创造活动，拾得遗失物、漂流物等属于合法的事实行为；侵害国家、集体的财产或他人的人身、财产则是不合法的事实行为。

民事法律关系的产生、变更和消灭，有时只以一个法律事实为根据，有时需要以两个或两个以上的法律事实的相互结合为根据。例如，遗嘱继承法律关系，就需要立遗嘱的行为和遗嘱人死亡这两个法律事实才能够发生。这种引起民事法

律关系的产生、变更或消灭的两个以上的法律事实的总和，称为民事法律关系的事实构成。要求事实构成的民事法律关系，只有在事实构成具备的情况下，才能引起民事法律关系的产生、变更和消灭。

第五节　民事法律关系的特殊内容

一、特定法律关系中的资格问题

所谓民事主体在特定法律关系中的资格，并非指民事主体的主体资格，而是指其在特定具体民事法律关系中依据法律规定而享有的特殊地位。例如，我国《民法总则》在监护制度中采用了"监护资格"的概念。特定法律关系中的资格是民事法律关系中的特殊现象，这些资格或地位在法律上的性质应如何认定，理论上存在很大的争议，许多学者认为这种地位实质上是一种权利或权限[①]，认为民法上不可能在主体资格之外还存在另外的特殊资格。

民法上对特定法律关系中的资格往往采取"权利"或者"权限"的表述，因此学者大多认为这些特定法律关系中的资格在性质上属于权利或者权限。应当承认，民事主体在具体法律关系中的地位，包括权利和权限。例如，代理权在代理人和相对人之间表现为一种权利，而在代理人和本人之间则表现为本人对代理人代理权的授予。可见，这些特定法律关系中的资格不能单纯用权利或者权限来概括，主要原因在于：一方面，权利和义务大多是相对应的，而这些地位是权利、义务、职责的集合，例如，代理人的权限就是代理人的权利、义务、职责的综合。另一方面，民事权利的行使具有较强的任意性，它赋予当事人一定的行为自由，权利人可以行使或不行使，或予以处分、抛弃，但这些地位具有一定的强制性，当事人在一般情况下对其这类地位，不得抛弃。民事权利大多体现为权利人自身的利益，但这种所谓

[①]　参见张俊浩主编：《民法学原理》，279～280页，北京，中国政法大学出版社，1997。

的地位可能体现为他人的利益，如代理权体现的不是代理人的利益，而是本人的利益。正如拉伦茨指出的："法律关系的整体的法律结果，即参与某种法律关系的人所拥有的权利、预期取得权利、义务，其他的拘束，负担性义务和权限等一起构成了他在这种法律关系中的法律地位。"①

这些资格（地位）的法律特征主要表现在：

第一，该资格是指民事主体参与具体法律关系时所具有的法律地位，这一点使它与由法律直接规定产生的、由民事主体当然享有的主体资格区别开来。主体资格是抽象的法律人格，表现为当事人的权利能力②，是民事主体获得权利的可能性；而此处所谓的地位是指在具体法律关系中的民事主体已经实际享有并承担的民事权利、义务、职责的集合，具有特定的内容和明确的指向对象，而不是一种抽象的资格或可能性。这种地位是当事人在具体法律关系中基于法律的规定、某种意思表示或法律行为的实施等原因而取得的，它与民事主体在任何民事活动中所具有的一般性、普遍性的法律地位，即民事主体资格存在根本的差异。例如，承诺的资格是因为要约人发出要约而享有的法律地位，这是一种具体的、现实的法律地位，而任何完全民事行为能力人都享有从事法律行为的可能性，但这是一种抽象的法律地位。

第二，资格是各种权利、义务和职责的有机结合，它既不体现为单纯的权利，也不体现为单纯的义务。当事人在其地位中所享有的权利与其负担的义务也并不具有对应性，例如，监护人享有的监护权与其负担的监护义务之间也不具有对等性。

第三，资格所包含的职责是当事人必须履行的，具有一定的强制性。尽管这些地位常常被称为代理权、监护权等，但它实质上并不是一种权利，当事人必须切实履行其职责，尽到合理谨慎的注意义务，否则应当承担相应的责任。而权利的行使一般具有任意性，可以由当事人行使或不行使，权利人不行使权利仅发生可能丧失权利的后果，而不应当承担任何责任。绝大多数地位是不能抛弃的，但是权利大多可以抛弃。

---

① ［德］卡尔·拉伦茨：《德国民法通论》上册，王晓晔等译，271 页，北京，法律出版社，2003。
② 参见龙卫球：《民法总论》，2 版，165 页，北京，中国法制出版社，2002。

第四，履行地位中的义务或职责并没有给当事人提供特定的利益，例如，代理人履行代理职责，并不从其代理行为中受有利益。再如，监护人不能基于自身利益考虑而决定是否履行其监护职责，只要监护人不履行其监护职责，就要承担相应的责任。但是权利是一种受到法律保护的利益，权利人都享有一种现实的特定的利益，例如土地所有权人对土地享有现实的利益。

二、权利外的利益

权利外的利益是指虽未被法律类型化为权利，但应当受到法律保护的合法利益。例如死者的人格利益、占有利益、纯粹经济利益等。在现代社会中，民法对法益的保护范围具有明显的扩张趋势，也就是说，民法所保护的法益并不仅限于权利，其还保护权利外的各种合法利益。一方面，这是因为权利尚在发展过程中，就某些利益的边界、效力等无法形成共识，因而立法者将其作为权利外的利益加以保护。例如，在我国立法中，隐私长期以来是作为利益而保护的，立法文件中没有使用"隐私权"，就是出于此种考虑。另一方面，这种做法也是为了维护法益的开放性。如果立法中将法律保护的利益限于权利，则无法适应社会发展的需要。从比较法来看，民法注重保护权利外的利益，也是一种发展趋势。一般人格权、纯粹经济损失等制度的产生都反映了这一发展趋势。

从我国法律来看，《民法总则》第 126 条规定："民事主体享有法律规定的其他民事权利和利益。"此处采用民事权利和利益的提法，就表明其所保护的对象，不仅包括民事权利，还包括权利外的合法利益。我国《侵权责任法》第 2 条第 2 款重申了"民事权益"的提法。民法所保护的权利外利益的典型情形主要有如下几种：

一是新型人格利益。人格权益体系是一个不断发展、变化的体系，具有开放性。[1] 我国《民法总则》第 111 条并没有将个人信息规定为一项具体人格权，而是将其规定为一项人格利益。因此，个人信息在性质上属于新型人格利益。除个

---

[1]　Jean-Christophe Saint-Pau（dir.），Droits de la personnalité，LexisNexis，2013，p. 37.

人信息外，个人的声音、特有的肢体动作等，在性质上均属于人格利益。

二是死者人格利益。死者人格利益在性质上并不是权利，自然人死亡后，其不可能再享有实际权利中包含的个人利益，但由于死者人格利益中包含了社会利益的因素，因而在自然人死亡后，法律仍需要对这种利益进行保护。同时，侵害死者的人格利益还将导致死者的近亲属遭受财产与精神上的损害，因此，对死者人格利益的保护并非对死者的保护，而只是对某些社会利益或个人利益的保护。

三是占有。在现实生活中，许多占有的状态尽管还没有形成权利，但法律从维护社会秩序和人对物的关系出发，需要对这些占有状态进行保护。如拾得遗失物和漂流物，发现埋藏物后，依据法律规定，占有人应及时返还失主或上缴国家，而不能据为己有，占有人也不能因其占有而获得占有权并长期占有这些物。但占有一旦形成，便应当受到法律保护，假如对上述占有不予保护，任何人都可以凭借暴力从占有人手中侵夺其占有物，则社会经济秩序和财产秩序将遭到严重破坏，法律秩序也将荡然无存。

四是对新型智力成果享有的利益。对一些新型智力成果，其可能并未被确认为知识产权的类型，但仍然属于民事利益，应当受到法律保护，我国司法实践也采纳了此种立场。例如，在"莒县酒厂诉文登酿酒厂不正当竞争纠纷案"中，法院认为，被告文登酿酒厂违背诚信原则，以仿制瓶贴装潢及压价手段竞争，属不正当竞争行为，因此应停止侵害，赔偿损失。本案中，瓶贴装潢虽未形成权利，但原告的瓶贴装潢代表了原告的白酒信誉，并能给原告带来一定的经济利益，因此应受到侵权责任法的保护。[①]

三、预期取得的利益

在某些民事法律关系中，法律关系的具体内容不是特定的权利和义务，而只是某种期待的利益，例如附条件、附期限的合同关系，在条件未成就或期限未到

---

① 参见《最高人民法院公报》，1990（3）。

来之前，当事人取得了一种期待的权利。这种权利具体表现为预期的利益，也应受到民法的保护。在民法中，预期的利益可以分为两种：一种是确定能够实现的利益，该种利益的取得要件虽尚不具备，但其未来实现是必然的，如附期限法律行为中的当事人的期待利益；另一种是利益的实现处于不确定状态，其权利的取得取决于其他不确定的因素，例如附条件法律行为中的当事人的期待利益、未来的可得利益等。

第二编

民事主体

第四章

自然人

第一节　自然人的民事法律地位

一、民事主体的概念和特征

民事主体，也称为人格（Personne，person），是指依照法律规定能够参与民事法律关系，享有民事权利和承担民事义务的人。民事主体是权利的享有者，也是民法所规范的权利的归属者，所以也称为权利主体。① 在具体的法律关系中，主体因所参与的法律关系的不同而可能具有不同的身份，所以民法上出现的所有人、债务人、债权人、继承人等都是对民事主体的具体表述。民法上有关主体的规定统称为"人法"或主体制度。大陆法系国家民法主要将民事主体限于自然人和法人两大类，而依据我国《民法总则》的规定，民事主体包括自然人、法

① 参见〔日〕星野英一：《私法上的人》，王闯译，载梁慧星主编：《民商法论丛》，第 8 卷，155 页，北京，法律出版社，1997。

人和非法人组织。自然人以人的身份而当然取得权利能力即主体资格，而法人和非法人组织只有在符合法律规定的条件时才能成为民事主体。

民事主体虽亦称为人格，但严格地说，两者并不完全相同。人格（personality）一词来源于拉丁语 persona（人格），"persona"原指戏剧中的假面具，最初在希腊的戏剧中使用，后来被罗马的演员所采用。传说一个有名的罗马演员为遮掩他的不幸的斜眼，使用了假面具，并称之为 persona。① 在罗马法学家的表述中，persona 有多种含义，诸如"声望和尊严""自由民""享有法律地位的任何人"②。在现代民法理论上，人格一词在不同的场合下使用，至少具有三重含义：第一，是指具有独立的法律地位的个人和组织。自然人是指依自然规律出生的、具有血肉之躯的人格；法人则是相对于自然人而言的，由法律拟制的人格。第二，是指作为民事主体的必备条件的民事权利能力。正如黑格尔所指出的："人格一般包含着权利能力，并且构成抽象的从而是形成的法的概念。"③ 民事权利能力是充当民事主体即作为民法上的人所必须具备的法律资格。凡具有民事权利能力的人，即可成为民事法律关系的主体，享有民事权利和承担民事义务。从这个意义上理解，人格与权利能力的概念是一致的。第三，从人格权的客体角度来理解人格的概念，可认为人格是一种应受法律保护的利益，通常称为人格利益。它具体包括自然人的人身自由、生命、健康、肖像、名誉、隐私等人格利益。只有在第一种含义上使用时，人格与主体的含义才是相同的。

作为民法的一个范畴，民事主体和一般意义上所说的人的概念不同。民事主体是从民法的角度对社会生活中的自然人、法人和非法人组织的主体地位所进行的界定。任何个人和组织参与不同的法律关系，可能有不同的主体资格。例如，就行政机关而言，其在签订民事合同时，在性质上属于平等的民事主体，而在其行使行政管理职权时，则属于公权力机关，而不再是平等的民事主体。所以，任

---

① 也有一些语言学家认为"人格（persona）"是从希腊语直接派生的，但古希腊法律中贸易人格这一概念，在古希腊语中，这个词也被解释为教堂的代表，在英吉利萨克森语中也称为 persona。

② 陈仲庚等编著：《人格心理学》，31、36 页，沈阳，辽宁人民出版社，1986。

③ ［德］黑格尔：《法哲学原理》，46 页，北京，商务印书馆，1982。

何组织和个人，无论其在行政、劳动法律关系中的身份如何，也无论其所有制形式和经济实力如何，他们从事民事活动的主体资格皆由民法主体制度所确认，其合法权益共同受民法保护。

任何个人和组织要成为民事主体，首先要获得法律的确认，同时，法律在确认民事主体时也要考虑诸多的因素，主要包括如下方面：

第一，能否以自己的名义从事民事活动。对于自然人来说，其都可以以自己的名义从事民事活动，只不过，未成年人和精神病人需要法定代理人的代理。而对于社会组织来说，其作为主体应当能够以独立的名义参与法律关系，取得权利，承担义务，并以自己的名义到法院起诉应诉。通常社会组织作为主体必须要有自己的字号或名称。事实上，并非所有的组织都可以以自己的名义从事民事活动。依据《民法总则》第74条第2款的规定，法人分支机构以自己名义从事民事活动的，产生的责任应由法人承担。合伙组织没有办理登记的情形，也不能以合伙企业的名义对外行为，而只能以各个合伙人的名义对外行为。

第二，是否具有自己的独立意志。具有独立的意志是认定民事主体的重要基础。就自然人而言，只要其脱离母体而成为独立的人，便具有了独立性，此种独立性主要表现为独立的意志。虽然未成年人尚不具有独立的意思能力和行为能力，需要其法定代理人的辅助才可以完成法律行为，但这种行为能力上的限制并不否认其意志上的独立性。而就成为民事主体的组织体而言，其能够自己或者通过他人形成独立的意思，这是其具有独立性的基础。社会组织要作为一个主体从事各种交易活动，必须能够独立地形成与表达自己的意志，而这种意志与其成员的意志应当区分开来，为此，应当设置自己的意思形成机构。

第三，是否具有相对独立的财产。社会组织要成为法人，其应当具有自己的独立财产，这是其能够独立享有民事权利和承担民事义务的资格，也是其能够独立承担责任的基础。也就是说，其应当具有与其成员财产相区别的独立财产，作为其从事交易、承担责任的基础。法人的成员将其财产出资以后，享有股权、成员权，但这些出资的财产应由这些社会组织所有或支配，在一定程度上应当与成员的财产相分离。这种具有一定独立性的财产是作为民事主体必不可少的条件。

当然，对非法人组织而言，法律并不要求其具有自己独立的财产。

值得探讨的是，民事主体是否应以能够独立承担民事责任为要件？对于自然人来说，他们都应当以其责任财产为基础，对他人独立承担民事责任。而对于法人而言，其既然具有独立的财产，也应当能够相对独立地承担民事责任。从《民法总则》第 60 条的规定来看，其明确了"以其全部财产独立承担民事责任"。但《民法总则》承认非法人组织的主体地位，并没有将独立承担责任作为社会组织成为民事主体的要件。有学者认为，能否独立承担民事责任是法人与非法人组织的根本区别。[①] 此种观点也不无道理。一方面，从本质上看，某一社会组织能否独立承担民事责任，是立法者综合权衡"交易效率"与"交易安全"的结果，而不是该社会组织取得民事主体资格的条件。[②] 某一社会组织如果没有独立财产，则无法以自己的名义享有权利、承担义务，如果其独立财产不足以承担责任，法律出于维护交易安全的需要，可以课以其成员承担责任。因此，从这一意义上讲，某一社会组织要成为民事主体，其应当具有独立的财产，但并不当然需要其能够独立承担民事责任。

此外，社会组织要成为民事主体必须经过相应的法律程序，如依据法律法规的规定必须注册登记或批准等，有些社会组织要成为民事主体必须满足法定的条件。例如，有限责任公司与股份有限公司的设立应当有最低的人数限制，或者要具有组织机构等。

民事主体意味着独立的法律人格，可以以自己的名义在法律范围内独立自主地进行各项民事活动，不受他人非法干涉和限制。民事主体意味着个人或组织具有独立的法律人格，即主体的法律地位不依赖于他人而独立存在。民事主体制度也充分体现了民法的价值和精神，尤其是自由和平等的价值。自然人和组织被认可为民事主体，就意味着其可以自由从事民事活动，这是自由价值的体现。同时，承认民事主体也意味着，任何民事主体从事民事活动时，都具有平等的主体

---

① 参见郭明瑞：《民法总则中非法人组织的制度设计》，载《法学家》，2016（5）。

② 参见马俊驹、曹治国：《守成与创新——对制定我国民法典的几点看法》，载《法律科学》（西北政法学院学报），2003（5）。

地位，而且都应当遵循平等、自愿等民法基本原则。

民事主体地位是国家所确认的享有权利的资格，也是承担义务的基础。因为民事主体是权利和义务的承担者，没有民事主体就无法确定权利义务的归属。甚至可以说，民事主体是权利义务存在的目的，因为说到底，"一切权利均因人而设立（hominum causa omne ius constitutum est）"①。权利最终是为了满足主体的意志和利益，主体不存在权利义务也将不复存在。所以，从逻辑体系上考虑，民法首先应当从主体出发，先有主体后才有权利义务的设定。民法对社会关系的调整必须从对主体的规范着手，并以主体为基础才能确定各种民事权利和义务。所以，民事主体制度在民法总则中居于核心地位。

二、自然人的民事主体地位

在民法上，"人"既包括自然人也包括法人。所谓自然人，是指依自然规律产生，具有五官百骸，区别于其他动物的人，自然人既是一个法律概念，又是一个生物学意义上的概念。只要是生物学上的人，都能够成为自然人。当然，在古代社会，生物学意义上的人并不一定是民事主体。例如罗马法中，取得权利主体的人必须取得自由民的身份，且必须是市民。奴隶虽然是自然人，但并非主体。但近代民法对自然人的民事主体资格都普遍地无条件地予以承认。只要是生物学意义上的人，一经出生完成，都自动享有权利能力，成为民事主体。1804 年的《法国民法典》没有规定法人制度，1900 年的《德国民法典》则在普遍承认自然人的主体资格的同时，也承认了法人的主体资格，因此，在民事权利主体制度中，同时使用了"自然人"和"法人"两个概念。

我国《民法通则》第二章规定了自然人的法律地位，但该章标题为公民（自然人），而《民法总则》修改了这一规定，明确以"自然人"作为章名，并且将自然人的民事权利能力、民事行为能力、宣告失踪、宣告死亡等规则都规定在该章中，

---

① 转引自［意］彼德罗·彭梵得：《罗马法教科书》，黄风译，29 页，北京，中国政法大学出版社，1992。

具有重要意义。笔者认为，与《民法通则》的规定相比，《民法总则》采用"自然人"的表述更为科学，因为一方面，"自然人"概念更符合民法的私法特点。公民是公法领域中主体的称谓，它是指具有一国国籍的自然人。而在私法领域中，主体的范畴是自然人。采纳"自然人"这一概念，有利于区分公法和私法的调整领域。另一方面，"自然人"概念更有利于彰显民事权利能力平等的理念。自然人包括的范围更为宽泛，不仅包括本国公民，还包括外国公民和无国籍人。如果在民法中仍然使用公民的概念，则将使我国公民之外的自然人难以获得民法赋予的民事主体资格，这与现代人权观念以及各国民事立法的趋势是背道而驰的。所以 1900 年的《德国民法典》开宗明义便明确宣告"人的权利能力始于出生之完成"。从而在法律上明确宣示将权利能力赋予所有的人，这既是私法观念的重大进步，也是法律文明的重大发展，这一规定为现代各国所广泛接受。如果无国籍人和外国人不具有权利能力，其从事的民事行为无效，这也是不可思议的。所以各国采纳自然人的概念，将权利能力赋予所有的自然人。采用"自然人"的概念，进一步强调了各个自然人，不分国籍，在权利能力上一律平等，从而为权利能力的平等奠定了基础。[①]

第二节　自然人的民事权利能力

一、自然人民事权利能力的概念和特点

自然人的民事权利能力是自然人依法享有民事权利和承担民事义务的资格，它是每个自然人平等地享有民事权利、承担民事义务的可能性。民事权利能力，在罗马法中称为"人格"，据学者考证，第一次在法律上使用近代意义上的权利能力概念，是学者泽勒（Franzvon Zeiller）所起草的《奥地利民法典》。[②] 19 世纪中期，萨维尼在其名著《当代罗马法体系》中，区分了权利能力与行为能力的

[①] 参见杨震：《民法总则"自然人"立法研究》，载《法学家》，2016（5）。

[②] 参见梁慧星：《民法总论》，56 页，北京，法律出版社，2011。

概念。①《德国民法典》也采纳了权利能力的概念，并将其视为法律意义上的人的本质属性。权利能力，首先是指人能成为权利的主体的能力。② 任何社会组织要成为权利主体，必须在民法中被赋予承受法律关系的资格。唯具有主体资格者，才可以成为权利主体或法律关系的主体。

从总体上看，自然人民事权利能力主要具有如下特点：

1. 平等性。自然人的权利能力最突出地表现了平等性的特点。我国《民法总则》第 14 条规定："自然人的民事权利能力一律平等。"自然人的民事权利能力一律平等，这既是社会主义法治基本原则的具体体现，也是民法调整私法关系的本质要求。它意味着任何自然人，不分性别、民族、出身、职业、职务、文化程度、宗教信仰、政治面貌、财产状况，其民事法律地位一律平等，都可以享有法律所规定的民事权利和承担法律所规定的民事义务。《民法总则》第 12 条规定："中华人民共和国领域内的民事活动，适用中华人民共和国法律。法律另有规定的，依照其规定。"因此，外国人和无国籍人在中国领域内从事民事活动，和中国公民一样，享有平等的民事权利能力。但是，给予外国人的这种待遇通常是以该外国人所属国家对等地给予我国公民国民待遇为前提的。

权利能力概念的产生最精确地表达了自然人之间的平等性，但这种平等只是一种抽象的地位或资格的平等，并非指在具体的法律关系当中的当事人的具体权利义务上的平等。在例外的情况下，某些主体的权利能力有所限制，如受破产宣告的人、筹备中的法人、未经许可的外国法人等，有学者将其能力称为相对权利能力。

2. 普遍性。在近现代世界各国民法中，都承认外国人和无国籍人具有民事权利能力。因为如果不承认其具有民事权利能力，则可能影响国际上的民事往来关系。另外，如果外国人和无国籍人不具有民事权利能力，则这些人的生命、健康、身体、财产等基本人权就不能得到保护，这也有违最基本的人权思想。

3. 不可剥夺性。自然人的权利能力始于出生、终于死亡。一个自然人可能因刑事犯罪而被限制自由，但不能因此而剥夺其民事权利能力。自然人的民事权

---

① 参见张俊浩主编：《民法学原理》，77 页，北京，中国政法大学出版社，2000。
② 参见［德］卡尔·拉伦茨：《德国民法通论》上册，王晓晔等译，36 页，北京，法律出版社，2003。

利能力和民事行为能力除依法律规定并经法定程序加以限制和剥夺外，任何人不得限制或剥夺。

4. 不可转让和抛弃性。权利能力既是主体的基础，也是主体的前提条件，它与主体资格是不可分离的，因此，无权利能力之人不可能成为权利主体，也不能从事任何社会经济活动，所以权利能力是不能够被抛弃或者与主体相分离的。自然人的民事权利能力具有与自然人的人身不可分离和不可转让的属性，个人也不得抛弃其权利能力。

5. 在内容上的广泛性。自然人的民事权利能力的内容，是指自然人可以享有的各种民事权利的范围。在我国，自然人的民事权利能力不仅具有平等性，而且在内容上具有广泛性，也就是说，除法律有特别规定外，自然人可以广泛享有各项民事权利，承担民事义务，能够依法享有各种人身权利和财产权利。

民事权利能力的概念是私法文明发展的结晶。从罗马法上不平等的法律人格到近代民法权利能力一律平等，从法律人格可以被减损、剥夺到近代对权利能力的同等保护，是一个巨大的历史进步。我国确立权利能力制度本身就是对先进的私法文化的继受。在我国，由于存在几千年的封建专制主义传统，缺乏人格平等的基本理念，现实生活中特权观念、等级观念和大量的不尊重人格平等的现象依然存在，因而需要在法律上确认并宣示人格平等的理念，这也是法律面前人人平等原则的体现。此外，权利能力制度是主体制度的重要内容，缺乏该概念，主体制度从逻辑体系上将无法构建。权利能力和行为能力是民事主体制度的两大支柱概念，权利能力是主体参与社会活动的资格，行为能力是主体通过自己的行为取得权利的资格，而权利能力概念是各类民事主体享有权利和承担义务的逻辑起点与前提条件。

二、民事权利能力与权利

民事权利能力是国家通过法律确认的民事主体享有民事权利和承担民事义务的资格，它是民事主体享有权利和承担义务的基础。权利能力和权利的概念经常容易混淆。有许多学者认为，权利能力的概念使权利的概念更为复杂化，例如法国民法和日

本民法就将其称为"权利的享有",实践中两者的界限容易模糊。应该看到,这两者之间存在极大联系:一方面,权利能力是权利享有的基础;另一方面,人格权如生命健康权的享有也是人格实现的保障,但是两者之间具有明显的区别,表现在:

第一,民事权利能力是享有权利、承担义务的资格,是一种法律上的可能性。只有具有这种资格的人,才能享有民事权利和承担民事义务,平等地参与民事法律关系。民事权利能力只是享有权利的法律上的可能性,并不意味着就是主体所享有的实际利益。而民事权利是民事主体已经实际享有的现实权利,民事权利都是以一定的实际利益为内容的。

第二,民事权利能力,包括享有民事权利的能力以及承担民事义务的能力。民法中能够享有权利的人,也即是能够承担义务的人,现代民法中没有只能享有权利不能承担义务的人,也没有只能承担义务而不能享受权利的人。因此,任何民事主体,既可以享有权利,也必须负担义务。当然,在某一个具体法律关系中,某人可能只享有权利,而另一人只承担义务。而民事权利只涉及主体享有的权利,而不包括民事义务的承担。①

第三,民事权利能力是由国家通过法律直接赋予的,不是由个人自己决定的,也不是由他人决定的。因此,民事权利能力的内容和范围都是由法律规定的,法律不仅规定哪些人享有民事权利能力,而且规定可以享有多大范围的民事权利能力。民事权利能力归根结底决定于社会的物质生活条件。在不同的社会,法律所规定的权利能力是不同的。而具体的权利,都是由个人决定的,只有参与具体的法律关系才能享有②,权利的范围不仅决定于社会经济生活条件和法律的规定,有时还取决于一个人的财产状况。

第四,在存续期间上。自然人的权利能力始于出生、终于死亡,伴随民事主体的存续过程。权利是权利主体在其存续过程中介入具体的法律关系而取得的,其存续与否由特定法律事实决定,而与民事主体的存续没有直接关系。

第五,民事权利能力是享有权利、负担义务的前提,是作为主体资格的基本

①② 参见佟柔主编:《中国民法》,67页,北京,法律出版社,1986。

条件，所以，与主体有着不可分割的联系，它既不能转让，也不得放弃，而且本人也不得自行处分。而权利除了法律另有规定或依其性质或依当事人约定不得处分外，可以自行处分。

三、权利能力与民事诉讼上的当事人能力

所谓当事人能力，又称诉讼权利能力，是指能够成为诉讼当事人的资格，只有具有当事人能力才能成为诉讼当事人。[①] 此种能力是由民事诉讼法所确定的能力。我国《民事诉讼法》第48条第1款规定，"公民、法人和其他组织可以作为民事诉讼的当事人。"这就确认了公民、法人和其他组织具有当事人能力。民事权利能力和诉讼权利能力，也具有密切的联系。

一般来说，具有民事权利能力一定具有诉讼权利能力，但不具有民事权利能力也未必就不具有诉讼权利能力，主要原因在于，实体法上的社团是否具有权利能力或主体资格，往往取决于其是否具有独立的财产，能否独立承担责任，而对于一些不具有独立财产和独立责任的法人分支机构，在程序法上为了简化诉讼，可以赋予这些组织诉讼法上的主体资格。同时，在许多诉讼中，如确认之诉和形成之诉，本身和责任没有必然联系，所以不能承担独立责任的社会组织，完全可以具有诉讼上的权利能力，却不具有民事上的权利能力。例如，法人的分支机构等，在民法上可能并不具有民事权利能力，却可能成为诉讼主体，即具有诉讼权利能力。至于其能否独立承担责任，则是执行中的问题，也可以在判决中确定。从这一意义上说，具有当事人能力或诉讼主体资格的范围更广。[②]

---

① 参见江伟主编：《民事诉讼法学》，176页，上海，复旦大学出版社，2002。
② 按照最高人民法院《关于适用〈中华人民共和国民事诉讼法〉若干问题的解释》第52条的规定，《民事诉讼法》第48条规定的其他组织是指合法成立、有一定的组织机构和财产，但又不具备法人资格的组织，包括：（1）依法登记领取营业执照的个人独资企业；（2）依法登记领取营业执照的合伙企业；（3）依法登记领取我国营业执照的中外合作经营企业、外资企业；（4）依法成立的社会团体的分支机构、代表机构；（5）依法设立并领取营业执照的法人的分支机构；（6）依法设立并领取营业执照的商业银行、政策性银行和非银行金融机构的分支机构；（7）经依法登记领取营业执照的乡镇企业、街道企业；（8）其他符合本条规定条件的组织。

四、自然人民事权利能力的开始

(一) 自然人的民事权利能力始于出生

自然人的民事权利能力是自然人享有民事权利、承担民事义务的资格，是自然人的法律人格的要素，它有与自然人的人身不可分割和不可转让的属性，因此，自然人的民事权利能力是自然人终身享有的。荀子说："生，人之始也；死，人之终也。"（《荀子·礼论》）人一旦出生，就成为一个民事权利主体，必须享有民事权利能力，我国《民法总则》第 13 条规定："自然人从出生时起到死亡时止，具有民事权利能力，依法享有民事权利，承担民事义务。"据此，自然人的民事权利能力应自出生时开始。

大多数国家规定自然人的民事权利能力自出生开始。《德国民法典》第 1 条就规定："人的权利能力自出生完成时开始。"《日本民法典》第 1 条规定："私权的享有从出生开始。"我国《民法总则》第 13 条亦如此规定。据此，自然人的民事权利能力自出生开始。而人自出生要生存，就须具有民事权利能力，依法享有民事权利，承担民事义务。因此，新生婴儿同其他自然人一样，依法享有财产权和人身权，受法律的保护。

何谓出生？出生是一种法律事实，且属于其中的事件。根据郑玉波先生的观点，其应具备的要件为"出"与"生"，两者缺一不可。所谓"出"者，乃由母体分离是。所谓"生"者，乃保持其生命而出是（否则谓之死产），至保持命之久暂，亦非所问。[①] 笔者认为，出生应当具备如下条件：第一，必须与母体相分离。自然人的权利能力自出生开始，出生就是脱离母体成为独立的有生命的人。至于采用何种分离的形式，如分娩还是手术等则不予考虑。第二，必须活着出生。即使只有片刻的生命也认为有权利能力。在医学上，以有呼吸行为的开始，作为生存的证明。如果胎儿出生时是死体的，则不能将其认定为法律意义上的出生。[②]

---

① 参见郑玉波：《民法总则》，68～69 页，台北，自版，1979。
② 参见黄立：《民法总则》，71 页，台北，三民书局，1994。

出生既然决定着民事权利能力的产生，是一个重要的法律事实，正确地确定出生的时间也就具有重要意义。关于出生的时间，学说主要有三种：

一是阵痛说。阵痛说认为妊妇开始阵痛，就意味着胎儿出生。但在阵痛之后，胎儿未必就随之出生、出生后的胎儿也未必就是活体，因此，阵痛较之于出生显然太早。

二是露出说。此说又分为两种，即一部露出说和全部露出说。一部露出说认为胎儿一部分脱离母体即为出生完成。全部露出说认为胎儿全部脱离母体之时，为完成出生。此种学说只是说明胎儿出生的事实已经完成，但胎儿出生后究竟为死体还是活体，依此说则难以确定。

三是独立呼吸说。独立呼吸说认为胎儿全部脱离母体，且在分离之际有呼吸行为，为完成出生。胎儿是否继续生存，则不必考虑。[①] 因为胎儿在尚未与母体分离之前，其呼吸是通过母体进行的，脱离母体之后才能以其自己的肺独立呼吸，由此表明胎儿不仅出生，而且已经存活。可见，此种学说较之于前两种更为妥当。因此，独立呼吸说为目前学界通说。[②]

笔者认为，应当以独立呼吸作为判断出生时间的标准。因为通常情况下，如果胎儿已经独立呼吸，就意味着其已经与母体相分离，成为一个独立的生命体。《民法总则》第 15 条规定："自然人的出生时间和死亡时间，以出生证明、死亡证明记载的时间为准；没有出生证明、死亡证明的，以户籍登记或者其他有效身份登记记载的时间为准。"依据这一规定，自然人出生时间一般以出生证明记载的时间为准，如果没有出生证明的，或者出生证明没有详细记载自然人出生时间的，则应以户籍登记或者其他有效身份登记记载的时间（如个人居民身份证件记载的时间）为准。

一般来说，自然人的民事权利能力与年龄和健康状况无关。但是，对于某些领域的权利能力，法律特别规定只有达到一定年龄才能具有或有某些疾病的人不能享有。如我国《婚姻法》第 6 条规定：结婚年龄，男不得早于 22 周岁，女不

---

①② 参见龙卫球：《民法总论》，197～198 页，北京，中国法制出版社，2001。

得早于 20 周岁，即是说公民只有达到这个年龄才有结婚的权利能力。《婚姻法》第 7 条还规定：患有医学上认为不应当结婚的疾病，禁止结婚。因此，患有此类疾病的公民结婚的权利能力自治愈之日起才能取得。这些达到一定年龄才能具有或有某些疾病不得享有的权利能力称为特殊的民事权利能力。

（二）关于胎儿利益的保护

自然人权利能力始于出生，但由于胎儿的利益也是需要保护的，所以法律上需要有专门的制度对此作出规制。各国判例学说对于胎儿的保护主要有三种观点：

1. 具有权利能力或者成为独立的生命体说。此种观点认为，胎儿是特殊民事主体，但以出生时成活为条件，或认为胎儿在出生前不具有权利能力，只是在其出生后才溯及地取得权利能力。德国学者德尼（Deynet）及黑德里希（Heidrich）根据德国《基本法》第 1 条第 1 项及第 2 项规定，主张胎儿有权利能力；帕夫洛夫斯基（Pawloiski）主张类推适用《德国民法典》第 1923 条第 2 项及第 844 条第 2 项第 2 款之规定，承认胎儿就其出生前所受之损害具有部分权利能力（Teilrechtsfaehigkeit）。[①] 英国上议院在有关的法案中认为，虽然胎儿直到出生时止都是依靠母亲而生存的，但是从受孕时起，他就是一个独立的、区别于母亲的生物体。[②]

2. 对人类自然成长的过程进行保护说。此种观点认为，生命法益具有与所有权等权利不同的特质。所有权在发生前，不可能有受侵害问题，但是，生命法益却不同，它具有生物自体的本质，法律应承认这种自然的效力，对人类自然成长的过程进行保护。任何对人类自然成长的妨碍或剥夺，皆构成对生命法益的侵害，对生命发展过程的妨碍，构成对健康的侵害。[③] 法律无须为胎儿创造独立人

---

① 参见［德］迪特尔·梅迪库斯：《德国民法总论》，邵建东译，786～787 页，北京，法律出版社，2000。

② See Ian Kennedy edited, *Medical Law*, Oxford University Press, 1998, p. 191.

③ 参见王泽鉴：《对未出生者之保护》，载王泽鉴等：《民法学说与判例研究》，第 4 册，241 页以下，北京，中国政法大学出版社，1998。

格，但有必要保护"形成中的生命"①。鉴于自然人的特殊性，即使损害是立即发生的，损害后果在出生之后才显示出来，也不应影响对胎儿的保护。②

3. 保护胎儿出生后可以享受的利益。在英国，一些判例表明，"每当涉及依赖于出生才能获得的利益问题，胎儿在子宫中就受到保护，视同它已经出生。但是在胎儿实际出生以前，其他人不能以此原理获得利益。胎儿被视为已经出生几乎仅仅是基于民法上的目的"③。我国台湾地区"民法"规定，"胎儿以将来非死产者为限，关于其个人利益之保护，视为既已出生"。针对该条规定，学者提出了法定停止条件说和法定解除条件说。法定停止条件说认为，胎儿出生以非为死产者为生效条件，胎儿自此获得权利能力，并得以自己的名义主张损害赔偿；法定解除条件说认为，胎儿出生为死产者为解除条件，胎儿在出生前即可主张损害赔偿，胎儿之母亲或父母亲即可成为其法定代理人，代其行使权利，出生死产者即溯及地丧失权利。④

关于胎儿利益保护，我国《民法总则》第16条规定："涉及遗产继承、接受赠与等胎儿利益保护的，胎儿视为具有民事权利能力。但是胎儿娩出时为死体的，其民事权利能力自始不存在。"依据该条规定，胎儿并不是民事主体，但其利益仍然受到法律保护。该条规定包括如下几个方面的含义：

1. 胎儿不是民事主体

依据我国《民法总则》第13条的规定，民事权利能力始于出生，因此，胎儿不享有民事权利能力，并不是民事主体。胎儿本身不具有权利能力，法律不能为了保护胎儿的某种特殊的利益，而改变权利能力制度，赋予胎儿权利主体的资格。主要理由是：第一，权利能力的取得必须始于出生，没有出生就不可能作为一个独立存在的生物体享有权利能力，而胎儿在没有出生之前，完全依附于母体，不可能成为区别于母体的一个独立的生物体而存在，所以不能成为具有民事

---

① ［葡］平托：《民法总论》，105页，澳门，澳门大学法学院、澳门法律翻译办公室，1999。

② 参见［德］迪特尔·梅迪库斯：《德国民法总论》，邵建东译，786～787页，北京，法律出版社，2000。

③ Ian Kennedy edited, *Medical Law*, Oxford University Press, 1998, p. 191.

④ 参见汪渊智：《胎儿利益的民法保护》，载《法律科学》，2003（4）。

权利能力的主体。第二，享有权利能力必须是一个活着的主体。胎儿在出生以前，不是一个完整的自然人，其是否存活还是一个疑问，也就不能确定其作为权利主体存在。第三，如果胎儿真的具有权利能力，那么胎儿的权利能力的起始期限也难以确定。

2.涉及遗产继承、接受赠与等胎儿利益保护的，胎儿视为具有民事权利能力

胎儿虽然不是民事主体，但其利益仍然应当受到法律保护，比较法上关于胎儿利益保护，有采取具体列举方式和概括规定方式，前者是指法律具体列举胎儿所享有的权益的范围，而后者则概括规定胎儿所享有的一切权益。[①] 我国《民法总则》第16条兼采上述两种方式，即一方面具体规定了遗产继承、接受赠与；另一方面又用"等"字概括规定了胎儿所享有的各项权益。依据《民法总则》第16条的规定，胎儿受到法律保护的利益范围如下：一是遗产继承利益。我国《继承法》第28条对胎儿继承时的特留份利益作出了规定，当然，从《民法总则》第16条规定来看，在涉及遗产继承时，胎儿视为具有民事权利能力，这实际上在《继承法》第28条的基础上，扩大了胎儿在遗产继承中的利益范围，其不再限于特留份利益。二是接受赠与。这就是说，在胎儿出生前，如果有人对其作出赠与时，该项赠与有效，胎儿可以保有该赠与利益。此外，《民法总则》第16条在规定胎儿所享有的民事权利的范围时，采用了"涉及遗产继承、接受赠与等"这一表述，表明胎儿所享有的利益并不限于上述两项。例如，在胎儿未出生之前，其健康遭受侵害，也可以在其出生后独立提出损害赔偿的请求。当然，从《民法总则》第16条的规定来看，在涉及胎儿利益保护时，法律将胎儿"视为"具有民事权利能力，这就是说，胎儿本身并不是民事主体，只是在需要受到法律保护的情形下，可以适用民事主体的相关规则对其进行保护。

需要指出的是，该条也可以为胚胎的保护提供法律依据。随着试管婴儿技术的发展，美国威斯康星大学的詹姆斯·汤姆森教授（James Thomson）从人类早

---

① 参见郑玉波：《民法总则》，104页，北京，中国政法大学出版社，2003。

期胚胎的内层细胞团中分离培养出第一例人胚胎干细胞系，给人类带来了福音。1978 年，第一个试管婴儿在英国诞生，人工生殖技术迅速发展，生命科学的发展也日新月异。如今，人体胚胎技术已经日渐成熟。人体胚胎是一个医学上的词汇，它主要是指受精后的生殖细胞，属于胎儿的前阶段。胚胎不同于胎儿，在医学上，只有在胚胎发育到具有初步的人形后，才能称为胎儿，在此之前的阶段即属于胚胎。胚胎又分为体内胚胎和体外胚胎。前者是在母体内发育的胚胎，其可由自然方式受孕，也可能通过人工授精实现；而后者则是在母体外发育的胚胎，其一般不是通过自然方式受孕。从我国司法实践来看，有关胚胎的纠纷也开始出现，如著名的"无锡冷冻胚胎案"①。从比较法上来看，有的国家法律对胎儿的保护可以扩大到对胚胎的保护，还有的规定可以将胎儿的保护时间提前到受孕时。② 我国《民法总则》对胎儿的利益保护作出规定，也可以为胚胎的保护提供法律依据。

3. 胎儿利益保护的条件是娩出时为活体

关于胎儿视为具有民事权利能力应从何时开始计算，存在两种观点：一种观点认为，胎儿在出生前即具有民事权利能力。如果胎儿娩出时为死体，则溯及地丧失民事权利能力，此种观点也称为"法定的解除条件说"。另一种观点认为，胎儿在出生前并未取得民事权利能力，如果胎儿娩出时为活体，则溯及地享有民事权利能力，此种观点也称为"法定停止条件说"③。两种观点对胎儿民事权利能力的态度是不同的，按照"法定的解除条件说"，胎儿在出生前即享有民事权利能力，在其利益受到侵害时，其可以向行为人提出请求；而按照"法定停止条件说"，胎儿在出生前并不享有民事权利能力，在其遭受侵害时，只有在其出生后才能提出请求。

关于胎儿的民事权利能力，我国《民法总则》第 16 条规定："胎儿娩出时

---

① 江苏省无锡市中级人民法院（2014）锡民终字第 1235 号民事判决书。

② 例如，《奥地利民法典》第 22 条规定："胎儿自受孕时起受法律保护，涉及非属第三人的个人权利时视作既已出生，但以活体出生为取得条件的权利，死产儿视作从未受孕。"

③ 王泽鉴：《民法总则》，113 页，北京，北京大学出版社，2009。

为死体的，其民事权利能力自始不存在。"从该规定来看，其更接近于前述"法定的解除条件说"的观点，也就是说，在胎儿出生前，可以通过民事权利能力的相关规则对其进行保护。该条所规定的"娩出"是指胎儿从母体内产出，与"出生"这一表述相比，娩出这一表述更符合医学标准，也更加规范。这就是说，如果胎儿娩出时是死体的，则视为胎儿自始不具有民事权利能力。因此，胎儿在娩出前因继承、接受赠与等原因所取得的利益，也自始不享有。例如，胎儿在接受赠与后，如果娩出时为死体的，则该赠与无效，应当将该财产返还赠与人。

五、自然人民事权利能力的终止

（一）自然人的权利能力终于死亡

自然人死亡以后，自然不能继续成为权利义务的承担者，其权利能力也当然自然消灭。我国《民法总则》第 13 条规定："自然人从出生时起到死亡时止，具有民事权利能力，依法享有民事权利，承担民事义务。"据此，自然人的权利能力因死亡而终止。也就是说，自然人死亡之后，不能再作为民事主体享有民事权利、承担民事义务。

死亡是一种自然事件，也是引起法律关系变动的重要的法律事实，与民事权利能力的终止联系在一起。自然人的民事权利能力既然为自然人终身享有，因此，它就只能在自然人死亡时终止。死亡包括生理死亡和宣告死亡。生理死亡也称为自然死亡，是指自然人生命的自然终结。至于死亡的原因（如病故、因意外事故致死），对主体资格的丧失并无影响。自然人死亡以后应当由医院和有关部门开具死亡证明书，自然死亡的时间一般应以死亡证明书上记载的时间为准。然而，死亡毕竟是一个事实问题，因此，如果死亡证明书中记载的时间与公民死亡的真实时间有出入时，则应以事实为准。

自然人死亡以后，不应当再作为民事主体享有权利并承担义务，但是法律在例外情况下需要对自然人死亡后的某些利益进行保护。例如，在著名的"荷花女

案""海灯法师案"中，最高人民法院的相关批复中就对死者的人格利益进行了保护。①《精神损害赔偿司法解释》第 3 条规定："自然人死亡后，其近亲属因下列侵权行为遭受精神痛苦，向人民法院起诉请求赔偿精神损害的，人民法院应当依法予以受理：（一）以侮辱、诽谤、贬损、丑化或者违反社会公共利益、社会公德的其他方式，侵害死者姓名、肖像、名誉、荣誉；（二）非法披露、利用死者隐私，或者以违反社会公共利益、社会公德的其他方式侵害死者隐私；（三）非法利用、损害遗体、遗骨，或者以违反社会公共利益、社会公德的其他方式侵害遗体、遗骨。"这一解释显然扩张了死者人格利益保护的范围，它不限于对死者的名誉利益进行保护，还包括死者的姓名、肖像、名誉、荣誉、隐私以及遗体和遗骨等人格利益方面的保护。

关于自然人死亡后所享有的人格利益的性质，学理上存在不同观点：

1. 权利说。此种观点认为，死者人格利益在性质上属于权利。也就是说，自然人死亡以后，其某些民事权利并不因此而丧失，但该权利以及权利包含的利益应当由其近亲属来行使。例如，著作财产权在作者死后 50 年内仍然受到保护，但署名权等著作人身权则不受保护期限的限制。

2. 利益说。此种观点认为，死者人格利益在性质上属于利益。任何权利因主体消灭而不存在，因为在法律上不可能存在无主体的权利，否则权利所体现的利益就没有归属。所谓人死亡以后应当受法律保护的，应当是利益而非权利。②利益说中又有两种不同的观点：一是认为法律应当直接保护死者的利益，二是认为应当采取间接的方法保护死者利益，又称为"近亲属利益说"，这就是说，对死者利益的保护是通过对其近亲属利益的保护来间接实现的。

3. 反射利益说。此种观点认为，死者人格利益在性质上属于反射利益。一

①　最高人民法院 1989 年《关于死亡人的名誉权应受法律保护的函》认为："吉文贞（艺名荷花女）死亡后，其名誉权应依法保护，其母陈秀琴亦有权向人民法院提起诉讼。"在该解释中，确定了死者的名誉应当受到保护。最高人民法院 1990 年《关于范应莲诉陈敬永祥等侵害海灯法师名誉权一案有关诉讼程序问题的复函》称："海灯死亡后，其名誉权应依法保护，作为海灯的养子，范应莲有权向人民法院提起诉讼。"该答复也进一步确认了死者的名誉利益应当受到保护。

②　参见张红：《死者人格精神利益保护：案例比较与法官造法》，载《法商研究》，2010（4）。

般情况下，权利因主体的死亡而消灭，但在某些情况下，为了保护公共利益，仍然需要对死者的名誉、肖像、隐私等利益以及著作权进行保护，因此种公共利益保护的反射而使其近亲属享有一定的利益。①

笔者赞成利益说。自然人死亡后，其主体资格丧失，无法享有权利，其财产权利和利益应当依继承法而产生新的归属，而由于现代法不存在身份继承，因而，与死者的人格和身份相关联的利益，必然因其死亡而消灭。但死者的某些利益并不因为其死亡而消灭。例如，死者所享有的名誉、隐私、肖像、姓名等利益仍然存在，因此，应当受到法律保护。法律上之所以需要保护这些利益，一方面是因为这些利益虽然不是独立的权利，但仍然属于法律所保护的法益。另一方面，民事权利以利益为内容，这种利益是社会利益和个人利益的结合，一个人死亡后，其已不可能再享有实际权利中包含的个人利益，但由于权利中包含了社会利益的因素，因而在自然人死亡后，仍需要对这种利益进行保护。而且损害这些利益，将直接影响到曾经作为民事主体存在的该自然人的人格尊严。法律保护这些利益，体现了法律对民事主体权益保护的完整性，也有利于引导人们重视个人生前死后的声誉，维护社会公共道德和秩序。② 就死亡的公民来说，他不可能享有权利中的利益，但从社会角度考虑，仍需对其生前权利以及包含的社会利益加以保护。在这种情况下，与其说该自然人的某些具体民事权利受法律保护，毋宁说与该自然人有关的某些利益受法律的保护。

（二）生理死亡的时间认定

生理死亡的时间直接关系到民事主体是否存在、原权利义务是否变更、继承是否开始等，这就需要准确判断生理死亡的时间，因此，其在民法上具有一定的法律意义。如何认定自然死亡的时间，主要有三种学说：

1. 心脏跳动停止说。此种观点认为，心脏一旦停止跳动，即认为已经死亡。心脏停止跳动也就是心脏搏动的停止，这是目前认定死亡的一般标准。但是现代

---

① 参见张弛：《死者利益的法律保护论》，载《东方法学》，2008（3）。

② 参见最高人民法院民事审判第一庭编著：参见《最高人民法院〈关于确定民事侵权精神损害赔偿责任若干问题的解释〉的理解与适用》，43 页，北京，人民法院出版社，2001。

医学证明，在心脏停止跳动以后，脑电波尚未消失，因此该学说并不十分准确。

2. 呼吸停止说。该说认为，呼吸停止以后即认为死亡。我国目前主要采取此种学说。但呼吸停止以后，心脏可能还在继续跳动，不宜一概认定自然人已经死亡。

3. 脑电波消失说。此种学说认为，生命是人脑的活动过程，对于死亡的认定，脑电波的有无，比心搏的有无更为重要。故而脑电波消失，应为死亡的标准，其时点，即为死亡的时间。① 脑死亡，指以脑干或脑干以上中枢神经系统永久性地丧失功能为参照系而宣布死亡的标准。

笔者认为，关于死亡时间的认定，应当按照医学标准来确定，生理死亡的判断标准应该与医疗技术的发展相适应，传统观点所持的心脏死亡说等具有一定的合理性，但是随着医学科技的发展，病人的心跳、呼吸、血压等生命体征都可以通过一系列药物和先进设备加以逆转或长期维持；在此情况下，还不能直接认定病人已经死亡。但是如果脑干发生结构性损伤破坏，则无论采取何种医疗手段最终必然导致心脏死亡。因此，与心脏死亡相比，脑死亡显得更为科学，标准更可靠。② 目前大多数医学专家主张，死亡的脑电波消失说比较科学，也在临床中逐渐被采纳，因此，采纳这一观点认定死亡时间有一定的道理。

关于生理死亡时间的具体确定，需要有一定的证据证明。我国《民法总则》第15条对生理死亡时间的证明规则作出了规定："自然人的出生时间和死亡时间，以出生证明、死亡证明记载的时间为准；没有出生证明、死亡证明的，以户籍登记或者其他有效身份登记记载的时间为准。有其他证据足以推翻以上记载时间的，以该证据证明的时间为准。"依据该条规定，首先按照死亡证明所记载的

---

① 参见张俊浩主编：《民法学原理》，106～107 页，北京，中国政法大学出版社，1997。

② 我国台湾地区也于 1987 年通过了"脑死亡法"，但目前采用的是脑死亡和呼吸死亡标准并存方式。中国医学界自 20 世纪 80 年代开始讨论建立"脑死亡"标准，目前，世界上已有 80 余个国家和地区承认了脑死亡标准。中华医学会已组织了全国内科、神经内科、神经外科、法学、伦理学等有关专家进行深入讨论，起草的中国脑死亡诊断标准初稿已完成，正在广泛征求各方意见，进行修改和完善。参见《中国判定首例"脑死亡"武汉同济医院临床应用》，见 http://www.chinanews.com.cn/n/2003-04-11/26/，载《深圳商报》，2002-10-29。

时间确定自然人的生理死亡时间；如果没有死亡证明，则以户籍登记或者其他有效身份登记记载的时间为自然人的生理死亡时间。当然，死亡毕竟是一个事实问题，因此，如果死亡证明中记载的时间与公民死亡的真实时间有出入，则应以事实为准。

（三）死亡时间的推定

除了生理死亡时间的认定之外，法律上还存在对死亡时间的推定。比如说，几个自然人在同一事件中死亡，又不能确定死亡时间先后的，如何确定其死亡顺序呢？各国立法规定不一。在两个相互有继承关系的人共同遇难时，需要确定死亡的先后顺序，如果不能确定死亡的先后顺序，则需要采用推定的办法。对此，1985年《继承法司法解释》第2条规定："相互有继承关系的几个人在同一事件中死亡，如不能确定死亡先后时间的，推定没有继承人的人先死亡。死亡人各自都有继承人的，如几个死亡人辈份不同，推定长辈先死亡；几个死亡人辈份相同，推定同时死亡，彼此不发生继承，由他们各自的继承人分别继承。"采取此种标准的主要原因是避免出现几个自然人之间互相发生继承的复杂情况。

第三节 自然人的民事行为能力

一、自然人的民事行为能力的概念和特点

自然人的民事行为能力，是指自然人能够以自己的行为行使民事权利和负担民事义务，并且能够对于自己的违法行为承担民事责任。简言之，它是自然人可以独立进行民事活动的能力或资格。其特点在于：

1. 独立进行民事活动的能力。人们对自己的行为后果并不是都能认识清楚的，如果许可一切人都可独立地进行活动，势必会对一些缺乏判断能力的人带来不利，也不利于交易的安全。因此，法律上普遍认为，不具备认识能力的人的行为是无效的，不能发生当事人所追求的法律后果。有学者认为，行为能力"自广义而言，乃

依自己的意思活动，得引起法律上效果之能力也"，从狭义上理解，行为能力仅仅指从事完全有效的法律行为的资格。① 简而言之，民事行为能力就是行为人独立进行民事活动的能力。

2. 以意思能力为基础。自然人的民事行为能力是自然人对自己的行为后果承担责任，使自己的行为发生法律效力的能力。因此，一个人要具备承担自己行为后果的能力，首先应具备认识这种行为的能力，即要以意思能力为基础。关于行为能力与意思能力的关系，各国立法规定并不相同。按照瑞士等国的民法，行为能力包括意思能力，但德国民法认为，意思能力只是意思表示的有效要件，而并非行为能力的内容。笔者认为，如果将意思能力理解为认识和判断自己行为的能力，那么行为能力应当包括意思能力，或者说应当以意思能力为基础。民事行为能力以人的认识能力为根据，而人的认识能力与人的年龄和健康状况有密切联系。一个人只有达到一定的年龄且有健全的智力，对客观事物才具有判断力。所以，民事行为能力与民事权利能力不同，它并不是自然人一出生就可享有的，它与人的年龄和健康状况有关。也正是因为民事行为能力以认识能力为基础，所以它不应受性别、政治面貌、出身条件等限制。

3. 法定性。自然人的民事行为能力与人的认识能力有关，但它不是以自然人个人的意识为标准的，不是由自然人个人决定的。民事行为能力也不是"天赋"的，而是由国家法律赋予的。民事行为能力既然是国家赋予的一种独立进行民事活动的资格，所以除法律规定的情况和依法定程序外，任何人不得剥夺和限制自然人的民事行为能力。

民法规定自然人的民事行为能力的原因在于：一是保护无行为能力和限制行为能力人的利益。行为能力欠缺，意味着欠缺独立行为的能力，因此其在交易中容易受到损害。所以，法律有必要规定一个标准，使那些不具有或欠缺意思能力的人不能自由行为，即不能通过自己的积极活动，去设定权利义务关系，产生其预期的法律效果，从而保护这些行为能力欠缺的人的利益。如果无行为能力人或

① 参见史尚宽：《民法总论》，108 页，北京，中国政法大学出版社，2000。

限制行为能力人与他人发生交易行为，第三人并不知交易的相对人为无行为能力人或限制行为能力人，其主观上是善意的、无过失的，但仍不能当然使交易行为有效，因为在民法上对无行为能力人的利益的保护超过了对善意第三人的信赖利益的保护。[①] 二是保护交易的安全和秩序。行为能力制度的设立首先在于保护欠缺行为能力人的利益，其次才是保护交易安全，保障社会经济秩序的稳定。如果任何人可以其无意思能力而主张交易无效，这对交易安全的保护是不利的，所以，对行为能力应规定严格的、明确的标准。总之，法律正是根据自然人的个人利益和社会利益的需要来规定自然人的民事行为能力的。自然人的民事行为能力与民事权利能力并不一致，有民事权利能力并不一定就具备民事行为能力，但有民事行为能力必然有民事权利能力。

二、民事行为能力和民事权利能力

民事权利能力，是享有民事权利和承担民事义务的资格，从而可以成为民事主体。但是，具备了民事主体资格，要实际地参与民事活动，还必须要有民事行为能力。民事行为能力，就是法律所认定的形成意思的能力[②]，即主体能够独立地以自己的行为取得权利、承担义务的资格。主体能否独立认识和判断自己行为的性质和后果并对自己的行为作出选择，从而具备形成意思的能力，通常是由法律确认的。

民事权利能力和民事行为能力是主体制度中的两项重要内容。没有民事权利能力，就失去了主体资格，也就不可能具有行为能力。但是具有权利能力，而没有行为能力，也不能通过自己的行为去享有权利和承担义务。具体来说，二者的区别表现在：

第一，民事权利能力是成为民事主体的资格，而民事行为能力是能够以自己

---

① 参见［日］山本敬三：《民法讲义》（I），解亘译，29 页，北京，北京大学出版社，2004。

② 参见［德］迪特尔·梅迪库斯：《德国民法总论》，邵建东译，409 页，北京，法律出版社，2000。

的行为从事民事活动的资格①，换言之，它是法律认定的意思能力。二者在本质属性上是不同的。所以有权利能力的人，如果不具备法定的意思能力，也就没有行为能力。反过来说，任何具备行为能力的人，都具有权利能力。

第二，民事行为能力以意思能力的存在为基础，而民事权利能力是每一个自然人都具备的享有权利和承担义务的资格，它不以意思能力的存在为基础，不受年龄、精神状况和身体条件的限制。

第三，民事权利能力具有普遍性，而行为能力不具有普遍性。任何人都具有权利能力，权利能力也不需要特别认定，更不需要通过某种程序来认定。而对自然人来说，其要具有民事行为能力，则应符合一定的年龄、智力、健康标准，对于一些因健康等原因欠缺足够的意思能力的人，则需要通过特殊的程序认定其民事行为能力。对于自然人来说，权利能力都是平等的，但行为能力却可能因人而异。自然人因其智力和健康状况的区别，而在法律上具有不同的行为能力。

第四，民事权利能力是不受限制和剥夺的，而对民事行为能力却可以依据法律规定的原因和程序作出限制。例如，精神病人可以被认定为限制民事行为能力人或无民事行为能力人，但在其恢复健康以后，则应该依法取消对其行为能力的限制。

三、自然人的行为能力和责任能力

民事行为能力不仅包括实施民事法律行为等合法行为的能力，而且包括对不法行为和不履行义务行为负责的责任能力。所谓责任能力，又称为不法行为能力或过失责任能力，是指对自己的过失行为能承担责任的能力。② 责任能力包括侵权责任能力、违约责任能力和其他责任能力。③ 根据这一制度，只有当行为人对

---

① 参见余能斌、马俊驹主编：《现代民法学》，83 页，武汉，武汉大学出版社，1995。

② 参见［德］卡尔·拉伦茨：《德国民法通论》上册，王晓晔等译，156 页，北京，法律出版社，2003。需要指出的是，也有学者认为，责任能力，是指"以自身违法行为负损害赔偿义务的能力。"黄立：《民法总则》，77 页，台北，自版，1994。

③ 参见龙卫球：《民法总论》，266 页，北京，中国法制出版社，2001。

其行为的性质及其后果具有识别能力，也即"认识到其行为的不法以及随之的责任，并且以任何方式理解其行为的后果"时，行为人才有可能承担责任。[①]　在以《德国民法典》为代表的法律之中，主要依据行为人的年龄、精神状况来判定责任能力的有无，例如《德国民法典》第828条第1款规定，不满7周岁的行为人为无责任能力人，因而对其造成的损害不承担责任。责任能力这一概念的核心是"认识其责任所必要的理解力"[②]，由此，责任能力制度就不仅仅与过错，也与其更深层次的基础即私法自治理念发生了联系。私法自治是贯穿于民法始终的价值理念，按照私法自治的要求，每个人都要依其意思作出行为，其反面要求就是每个人要对自己的行为负责。自主决定与自己负责正是自由意志的两大根本原则，即意思自治（或私法自治）原则与过失责任原则。[③]　侵权责任法的主要任务在于实现行为自由和法益保护之间的平衡，而责任能力制度有助于行为自由的充分展开，因此，责任能力制度的重要优势就在于使民法体系逻辑一致地彻底贯彻意思自治的基本理念，充分实现逻辑价值一致性。由于责任能力在侵权责任法中的重要地位，各国对侵权责任能力都有明确规定[④]，而对于违约责任能力则规定准用侵权责任能力之规定。[⑤]

　　进入20世纪之后，随着经济社会的发展和风险社会的来临，为适应侵权责任法救济功能的需要，侵权责任法的具体制度设计也发生了变化，这些变化必然会对责任能力制度产生冲击，具体而言，过错概念的客观化、替代责任的发展、严格责任的发展、公平责任的发展等都会对责任能力制度产生影响。在侵权责任法中，其责任构成、过错和因果关系的认定方式、责任减免事由等，都应按救济理念来完成。救济是侵权责任法的基本理念，侵权责任法也由此体现对人的关怀和保护的基本理念。正是因为侵权责任法要以救济受害人为目的，所以不再过多

---

①　MünchKomm-Mertens，1999，§828，Rn. 1.

②　《德国民法典》第828条。

③　参见［德］卡尔·拉伦茨：《法学方法论》，陈爱娥译，391页，台北，五南图书出版公司，1992。

④　参见《德国民法典》第827、828、829、832条，《日本民法典》第712、713条，我国台湾地区"民法"第187条。

⑤　参见《德国民法典》第276条、我国台湾地区"民法"第221条。

考虑行为人的责任能力问题。根据我国《侵权责任法》第 32 条："无民事行为能力人、限制民事行为能力人造成他人损害的，由监护人承担侵权责任。监护人尽到监护责任的，可以减轻其侵权责任。"该规定与采纳民事责任能力制度的国家有明显不同。立法者在此回避了被监护人的责任能力问题，也没有根据责任能力来判断被监护人是否有过错的问题。

具体来说，一方面，在侵权责任法中，责任能力不是决定过错的前提。在无行为能力人和限制行为能力人致人损害后，立法者并没有表明是否要判断其具有过错。因为承认其过错，就可能要使其独立承担责任，这与监护人责任制度不相符合。如果承认其没有过错，又可能因为监护人无力承担责任时，导致无人负责的现象。而且，在被监护未成年人没有过错又具有财产的情况下，追究监护人的责任，从理论上也难以成立。正是因为这一原因，我国侵权责任法回避了无行为能力人和限制行为能力人的过错问题，因而，也就没有必要以责任能力作为判断过错的标准。另一方面，责任能力不是确立责任并认定责任主体的条件。因为无论被监护人是否具有责任能力，只要其造成损害，都要由监护人承担责任。被监护人是否具有责任能力，就不再是决定过错和责任的基本条件。按照立法者的解释，在法律制定中，有的人建议根据行为人的年龄，增加行为人责任能力的规定，《侵权责任法》对此没有作出规定。[①]

笔者认为，责任能力虽与行为能力有着密切的联系，但也不完全等同于行为能力。凡是具有民事行为能力者，均具有民事责任能力。[②] 从意思能力的角度来看，责任能力也要求有意思能力。但是民事行为能力和责任能力又有区别。主要表现在：

第一，制度宗旨不同。行为能力是为了保障行为人按照自己的意思来参与民事活动，责任能力是为了追究侵权责任。就侵权责任而言，传统民法以意思能力作为判断责任的前提，要求必须有过错，但在现代民法中，为了对受害人遭受的

---

① 参见全国人大常委会法制工作委员会民法室编：《〈中华人民共和国侵权责任法〉条文说明、立法理由及相关规定》，125 页，北京，北京大学出版社，2010。

② 参见梁慧星：《民法总论》，68 页，北京，法律出版社，2011。

损害给予充分的补救，在分配责任的时候，不仅要考虑过错，还要考虑对受损人的补偿。这就要突破意思能力的局限，使行为能力和责任能力分开。侵权责任中的公平原则，更是注重行为人是否具有责任财产，如果有财产则应当承担责任。所以，财产也成为责任能力的基础。

第二，行为能力实际上是以理性的判断能力为基础的，而责任能力是以对不法行为的识别能力为基础的，因此，行为能力的判断标准显然要高于责任能力的判断标准。

第三，行为能力的判断标准是由法律统一规定的，即由年龄和智力状况来进行判断，是可以适用于所有人的判断标准。而对责任能力的判断，则采取的是个别判断的办法，即要根据每个具体不法行为人的意思能力和财产等分别进行判断。①

第四，法律地位不同。行为能力是法律行为制度中的重要内容，其涉及意思表示和法律行为的效力判断，是否具有相应的行为能力是法律行为生效的前提。而责任能力是民事责任承担的前提，在违约责任和侵权责任及其他责任的承担中都是责任要件。

四、民事行为能力的划分

（一）完全民事行为能力

所谓完全民事行为能力，是指自然人能以其自己的行为独立享有民事权利，承担民事义务的资格。《民法总则》第 17 条规定："十八周岁以上的自然人为成年人。不满十八周岁的自然人为未成年人。"第 18 条第 1 款规定："成年人为完全民事行为能力人，可以独立实施民事法律行为。"依据上述规定，18 周岁以上的自然人为完全民事行为能力人，《民法总则》作出此种规定是合理的，因为一方面，根据我国《宪法》，年满 18 周岁的公民享有选举权和被选举权，所以年满

---

① 参见郑玉波：《民法总则》，89 页，台北，三民书局，1998。

18 周岁既是享有宪法规定的重要的公权利的年龄界限，同时也是判断自然人是否成年的重要标志。另一方面，在社会生活交往中，一般认为 18 周岁的人为成年人，已经具有相当的社会经验和知识，能够独立地生活和就业，因此年满 18 周岁的人应为完全行为能力人；且因其具有完全的识别、判断和预见自己行为后果的能力，可以独立实施各种民事法律行为，因而也有必要规定其为完全民事行为能力人。此外，从大陆法系许多国家民法的规定来看，大多以 18 周岁作为成年的标准。例如，《德国民法典》第 2 条规定，年满 18 周岁为成年。所以，以 18 周岁作为完全民事行为能力的年龄判断标准，也与国外的规定相吻合。

《民法总则》第 18 条第 2 款规定："十六周岁以上的未成年人，以自己的劳动收入为主要生活来源的，视为完全民事行为能力人。"所谓"以自己的劳动收入为主要生活来源"，包括两个方面：第一，具有一定的劳动收入，即依靠自己的劳动获得了一定的收入，如工资、奖金等。这种收入应当是固定的，而不是临时的、不确定的。第二，其劳动收入构成其主要生活来源。也就是说，其劳动收入能够维持其生活，不需要借助其他人的经济上的资助，也可以维持当地群众的一般生活水平。[①] 此处所说的"视为"属于法律上不可推翻的推定。"视为"完全民事行为能力人，亦即"即是"。我国《民法总则》作出上述规定的主要原因在于，法律上对于自然人是否具有行为能力的规定，是对所有的自然人的民事行为能力的一般规定，但每个自然人的情况并非完全相同，是否具有完全民事行为能力，其情况也可能是有差别的，因此法律上有必要设定例外规定。《劳动法》第 15 条规定，16 周岁以上的自然人就享有劳动权。因此，16 周岁以上的公民能够参加劳动，并可能具有一定的收入，完全否定其具有完全的行为能力，也不一定妥当。所以，我国《民法总则》第 18 条规定，年满 18 周岁，以自己的劳动收入为主要生活来源，可以视为完全民事行为能力人。

笔者认为，《民法总则》第 18 条第 2 款将以自己的劳动收入为主要生活来源的未成年人视为完全民事行为能力人，虽然不无道理，但是仍有值得商榷的余

---

① 参见柳经纬：《民法总论》，85 页，厦门，厦门大学出版社，2000。

地。主要理由在于：第一，自然人能够以自己的劳动收入为主要生活来源，这表明其已能够独立地从事一定的劳动，具有一定的意思能力，但并不意味着其就具有完全的意思能力。民法设计行为能力制度，在很大程度上是为了考虑交易的安全。能够从事一定的劳动，不一定就能够从事正常的社会交往活动，所以这两者并非完全一致。如果以具有劳动收入作为判断行为能力的标准，则对行为能力的确定标准多样化，不利于司法实践中法官对行为能力的准确判断。第二，将以自己的劳动收入为主要生活来源的情况，视为完全民事行为能力人的判断标准，这实际上不是以年龄而是以经济收入为标准来划分民事行为能力，显然不符合行为能力的本质要件。我国民法确定自然人年满 18 周岁为完全民事行为能力人，主要考虑的是自然人的智力状况，而没有考虑自然人的经济状况。[①] 以自己的劳动收入为主要生活来源与一个人的智力状况并无必然的联系，因此将此年龄段的自然人视为完全民事行为能力并不能成为有说服力的理由。第三，此种判断标准在实践中很难掌握。例如，什么叫"以自己的劳动收入为主要生活来源"？达到多少收入才能认为是"以自己的劳动收入为主要生活来源"？这是很容易发生争议的。尤其是这种做法也不利于保护交易第三人的利益。因为在交易过程中，对与限制行为能力人签订的合同，在法律上应当作为效力待定的合同对待，善意相对人既有权撤销该合同，又可以催告本人追认。但如果未成年人以自己的劳动收入为主要生活来源的，便视为完全行为能力人，该合同便当然有效，从而使善意相对人不能提出撤销和催告，这就不利于保护其利益。因此，笔者认为，不宜以"以自己的劳动收入为主要生活来源"作为判断行为能力的标准。

（二）限制民事行为能力

限制民事行为能力，又称为不完全民事行为能力，它是指自然人部分独立地，或者说在一定范围内具有民事行为能力。根据《民法总则》的规定，限制民事行为能力人有两种：

一是 8 周岁以上的未成年人。《民法总则》第 19 条规定："八周岁以上的未

---

① 参见魏振瀛主编：《民法》，55 页，北京，北京大学出版社，2000。

成年人为限制民事行为能力人，实施民事法律行为由其法定代理人代理或者经其法定代理人同意、追认，但是可以独立实施纯获利益的民事法律行为或者与其年龄、智力相适应的民事法律行为。"该条将限制民事行为能力人的年龄下限从《民法通则》所规定的 10 周岁降低为 8 周岁，降低的主要原因在于，随着经济社会的发展和生活教育水平的提高，未成年人的生理、心理成熟程度和认知能力较之以往有了一定的提高，适当降低限制民事行为能力人的年龄下限，有利于其从事与其年龄、智力状况相适应的民事活动，这也是尊重未成年人自主意识的体现，有利于保护其合法权益。①

二是不能完全辨认自己行为的成年人。一些成年人（如精神病人）也可能因精神、智力障碍而不能完全辨认自己行为的内容与法律后果，不能独立实施一些民事活动，其也应当属于限制民事行为能力人。对此，《民法总则》第 22 条规定："不能完全辨认自己行为的成年人为限制民事行为能力人，实施民事法律行为由其法定代理人代理或者经其法定代理人同意、追认，但是可以独立实施纯获利益的民事法律行为或者与其智力、精神健康状况相适应的民事法律行为。"

对于限制民事行为能力人来说，法律只允许其独立从事纯获利益的民事法律行为及与其年龄、智力和精神健康状况相适应的民事法律行为，具体而言：

第一，纯获利益的民事法律行为。有的国家立法在规定限制民事行为能力人可以实施的法律行为时，采用了纯获法律上利益的表述。例如，《德国民法典》第 107 条规定："对于未成年人并不因之而纯获法律上的利益的意思表示，未成年人必须得到其法定代理人的允许。"依据这一规定，凡是双务合同，实际上都会使未成年人负担一定的义务，都不属于该条所规定的纯获法律上利益的法律行为。② 我国《民法总则》第 19 条并没有采用《德国民法典》的表述，而是采用了"纯获利益的民事法律行为"这一表述，所谓纯获利益的民事法律行为，是指限制民事行为能力人从某项民事法律行为中纯粹获得利益而没有承受负担，或者虽然负有负担，但所获得的利益明显高于负担的民事法律行为。这就是说，一方

---

① 参见李适时主编：《中华人民共和国民法总则释义》，57 页，北京，法律出版社，2017。

② 参见程远：《论限制民事行为能力人之中性行为》，载《清华法学》，2017（1）。

面，限制民事行为能力人如果仅从某项民事法律行为中纯粹获得利益，则该民事法律行为应当属于纯获利益的民事法律行为。此类民事法律行为类似于比较法上的纯获法律上利益的民事法律行为。另一方面，在某项民事法律行为中，限制民事行为能力人虽然有一定的负担，但该负担明显小于其所获得的利益，则也应当将该民事法律行为认定为纯获利益的民事法律行为。例如，如果未成年人获得的利益远远高于其承受负担所遭受的不利益，那么这种合同也可以认为是纯获利益的合同。此外，就附负担的赠与而言，如果限制民事行为能力人所负担的负担明显小于其因赠与而获得的利益，则也应当将该附负担的赠与认定为纯获利益的民事法律行为。

第二，与其年龄、智力及精神健康状况相适应的民事法律行为。依据《民法总则》第 19 条与第 22 条的规定，限制民事行为能力人可以独立实施与其年龄、智力及精神状况相适应的民事法律行为，具体而言，对未成年人而言，其可以独立实施与其年龄、智力状况相适应的民事法律行为。因为从 8 周岁至 18 周岁跨度有 10 年，17 周岁的未成年人与 8 周岁的未成年人的认知状况是不同的，应当区别对待。还应当看到，即便是同一年龄的未成年人，其智力状况也有一定的差别。例如，虽然都是 8 周岁，但有的未成年人心智发育较早，有的未成年人心智发育较晚，因此，应当区别对待。对不能完全辨认其行为的成年人来说，其可以独立实施与其智力、精神健康状况相适应的民事法律行为。

与限制民事行为能力人年龄、智力及精神健康状况相适应的民事法律行为主要是指日常生活必需的行为。限制行为能力人应当可以从事一些日常生活所必需的交易，否则会不当限制其行为的自由，也会给其生活造成不便。在王泽鉴教授看来，此类行为如理发、购买零食、学生购买文具用品、少女购买脂粉等，固不待言；就现代社会生活而言，它尚应包括看电影、适当玩玩电动玩具、去儿童乐园坐云霄飞车等在内。[①] 在英美法中有所谓必需品理论（doctrine of "necessaries"）。根据 1979 年英国《货物买卖法》第 3 节的定义，"必需品"是"与未成

---

① 参见王泽鉴：《民法学说与判例研究》，第 4 册，40 页，北京，中国政法大学出版社，1998。

年人的生活条件……和与其在出售和交付时的实际需要相适应的物品"。因此，何谓"必需品"，应依未成年人的经济能力、身份、地位、职业等各种情况为标准来判断。① 这种经验也是值得我们借鉴的。

限制民事行为能力人依法不能独立实施的民事法律行为，则应当由其法定代理人代理实施。对此，《民法总则》第 23 条规定："无民事行为能力人、限制民事行为能力人的监护人是其法定代理人。"依据该条规定，限制民事行为能力人的监护人为其法定代理人，限制民事行为能力人依法不能独立实施的民事法律行为，应当由其监护人代理实施，否则应当属于效力待定的民事法律行为。

依据《民法总则》第 19 条与第 22 条的规定，在经法定代理人允许的情形下，限制民事行为能力人可以独立实施各类民事法律行为。法定代理人的允许既可以是事先的同意，也可以是事后的追认。具体包括两种：一是事先同意。也就是说，限制民事行为能力人的法定代理人可以事先同意或者授权该限制民事行为能力人实施民事法律行为，在此情形下，即便该民事法律行为超出了该限制民事行为能力人的年龄、智力发展状况，其也是有效的。例如，父母授权子女在 300元范围内购买一辆自行车，只要其子女是在 300 元以内购买自行车，就认为已得到父母的允许。当然，该限制民事行为能力人应当在其法定代理人允许的权限范围内行为。二是事后追认。追认就是事后表示同意。从这一规定可以看出，此类行为并不是一概被认定为无效，而应将其作为效力待定的民事法律行为。这就是说，对限制行为能力人实施的依法不能独立实施的行为，在法律上既不是当然无效，也不是当然有效，其是否有效，要取决于其法定代理人是否追认。限制民事行为能力人有权实施上述民事法律行为，对于上述行为以外的其他比较复杂及重大的民事法律行为，则应当由法定代理人代理或征得其法定代理人同意后进行。

（三）无民事行为能力

所谓无民事行为能力，是指自然人无独立从事民事活动的资格，也就是说，不具有以自己的行为取得民事权利和承担民事义务的资格。在我国，无民事行为

---

① 参见杨桢：《英美契约法论》，264 页，北京，北京大学出版社，1997。

能力人包括两类：一是不满 8 周岁的未成年人，对此，《民法总则》第 20 条规定："不满八周岁的未成年人为无民事行为能力人，由其法定代理人代理实施民事法律行为。"二是不能辨认自己行为的人。对此，《民法总则》第 21 条第 1 款规定："不能辨认自己行为的成年人为无民事行为能力人，由其法定代理人代理实施民事法律行为。"依据该条规定，如果成年人因为智力、精神状况等原因而无法辨认自己的行为，则应当属于无民事行为能力人。《民法总则》第 21 条第 2 款规定："八周岁以上的未成年人不能辨认自己行为的，适用前款规定。"依据《民法总则》第 19 条的规定，年满 8 周岁的未成年人属于限制民事行为能力人，但如果其不能辨认自己的行为，则也应当属于无民事行为能力人。对于不能辨认自己行为的自然人而言，从保护其利益出发，法律规定其为无民事行为能力人是十分必要的。

依据《民法总则》第 20 条与第 21 条的规定，对无民事行为能力人而言，其不能独立实施任何民事法律行为，而必须由其法定代理人代理实施。因此，无民事行为能力人所实施的民事法律行为都是无效的。但根据《民法通则意见》第 6 条的规定，"无民事行为能力人、限制民事行为能力人接受奖励、赠与、报酬，他人不得以行为人无民事行为能力、限制民事行为能力为由，主张以上行为无效"。笔者认为，无民事行为能力人通常不能辨认和理解自己的行为，因此不能独立实施民事法律行为。但在特殊情形下，无民事行为能力人可以实施如下两类行为：一是纯获利益的行为，例如，接受赠与、奖励等。对此类行为，也必须从严解释，即只能对未成年人有利，而不能给其增加任何负担，这些行为应当予以允许。二是日常生活必需的细小的行为。无行为能力人也可能会从事一些日常生活所必需的行为，例如乘坐公交车和地铁、购买早点或零食。如果这些行为所涉金钱数额不大，且与其年龄和智力相符合的，其可以实施。允许无民事行为能力人实施上述行为，有利于保护无民事行为能力人的利益，同时，也有利于保护交易安全。

五、自然人民事行为能力的宣告

（一）申请认定自然人为无民事行为能力人或限制民事行为能力人

在自然人因智力、精神健康状况等原因而不能辨识或者不能完全辨识自己的

行为时,相关主体有权申请人民法院认定该自然人为无民事行为能力人或者限制民事行为能力人。《民法总则》第 24 条第 1 款规定:"不能辨认或者不能完全辨认自己行为的成年人,其利害关系人或者有关组织,可以向人民法院申请认定该成年人为无民事行为能力人或者限制民事行为能力人。"依据该条规定,申请认定自然人为无民事行为能力人或限制民事行为能力人需要具备如下条件:

第一,被申请人为被认定为不能辨认或者不能完全辨认自己行为的成年人。从该条规定来看,其仅适用于成年人,未成年人为无民事行为能力人或者限制民事行为能力人不需要人民法院的认定,而可以直接依据其年龄来判断。同时,被认定人应当是不能辨认或者不能完全辨认其行为的自然人,即该自然人因为智力发育不成熟,或者因为精神健康状况方面的原因,导致其辨认能力不足。从比较法上看,有的国家设置了禁治产制度,适用于因醉酒、服用麻醉品等人,但我国并不存在禁治产制度,无民事行为能力人或者限制民事行为能力人的认定仅适用于不能辨认或者不能完全辨认自己行为的人。

第二,必须经利害关系人或者有关组织申请。认定自然人为无民事行为能力人或限制民事行为能力人必须依据利害关系人或者有关组织申请,法院不能依职权主动认定。所谓利害关系人,是指与被申请宣告的人有利害关系的人,如精神病人的配偶、父母、成年子女以及其他亲属等。所谓有关组织,依据《民法总则》第 24 条第 3 款规定,具体包括:居民委员会、村民委员会、学校、医疗机构、妇女联合会、残疾人联合会、依法设立的老年人组织、民政部门等。只有利害关系人或有关组织才能提出申请。

第三,须经人民法院认定。宣告自然人为无民事行为能力人或限制民事行为能力人,旨在保护该自然人的利益和维护社会正常的经济秩序,但由于行为人能力的认定也涉及个人的行为自由,因此,只有人民法院有权依法作出,任何人不得单方面认定他人为无民事行为能力人或限制民事行为能力人。人民法院在认定某一自然人为无民事行为能力或限制民事行为能力人时,必须确定其辨认能力的状况,具体进行认定。

(二)民事行为能力的全部和部分恢复

《民法总则》第 24 条第 2 款规定:"被人民法院认定为无民事行为能力人或

者限制民事行为能力人的，经本人、利害关系人或者有关组织申请，人民法院可以根据其智力、精神健康恢复的状况，认定该成年人恢复为限制民事行为能力人或者完全民事行为能力人。"该条对民事行为能力的全部或者部分恢复作出了规定，依据该条规定，民事行为能力的全部和部分恢复应当具备如下条件：

第一，必须针对被人民法院认定为无民事行为能力人或者限制民事行为能力人的成年人。一方面，如果不是被人民法院认定为无民事行为能力人或者限制民事行为能力人的，则不能适用该条所规定的民事行为能力恢复规则。另一方面，从该条规定来看，其仅适用于成年人民事行为能力的恢复，如果未成年人因为年龄增长而取得限制民事行为能力或者完全民事行为能力，则不需要通过该条所规定的程序取得相应的民事行为能力。

第二，必须经本人、利害关系人或者有关组织申请。依据该条规定，人民法院不能依职权主动宣告某自然人恢复相应的民事行为能力，其必须经申请才能作出相应的认定。请求恢复民事行为能力的申请人包括本人、利害关系人或者有关组织。具体来说：一是本人。民事行为能力的恢复关系本人的切身利益，因此，与认定自然人为无民事行为能力人或限制民事行为能力人的申请不同，被认定恢复相应民事行为能力的自然人本人也可以提出相应的申请。二是利害关系人。此处所说的利害关系人主要是指该自然人的近亲属、债权人等。[1] 三是有关组织。依据《民法总则》第 24 条第 3 款规定，可以提出申请的"有关组织"具体包括：居民委员会、村民委员会、学校、医疗机构、妇女联合会、残疾人联合会、依法设立的老年人组织、民政部门等。

第三，根据成年人的智力、精神健康恢复的状况决定是否恢复。人民法院在认定是否有必要全部或者部分恢复某人的民事行为能力时，主要是考虑其智力、精神健康恢复状况。如果法院在考虑其智力、精神健康状况后认为其已经能够完全辨识自己的行为，则应当认定其已恢复完全民事行为能力；如果该自然人只恢复到部分辨识自己的行为，则应当认定其为限制民事行为能力人。在必要时，可

---

[1]　参见石宏主编：《中华人民共和国民法总则条文说明、立法理由及相关规定》，53 页，北京，北京大学出版社，2017。

能需要医院提供相关的诊断证明，以确定其智力、精神健康恢复状况。

需要指出的是，该条所规定的民事行为能力的恢复包括两种情形，即恢复为限制民事行为能力人或者完全民事行为能力人。这就是说，民事行为能力的恢复并不意味着一概恢复为完全民事行为能力人，而是由人民法院根据该自然人的智力、精神健康恢复的情况，具体认定其恢复为限制民事行为能力人或者完全民事行为能力人。

六、自然人民事行为能力的终止

自然人民事行为能力的终止是指民事行为能力的消灭。自然人的民事行为能力因一定的法律事实而取得，也因一定法律事实而终止。《民法总则》第13条规定：“自然人从出生时起到死亡时止，具有民事权利能力。”因此，自然人的主体资格因死亡而终止，自然人死亡后，其民事行为能力也因此终止。死亡是自然人民事行为能力终止的法律事实。因为自然人一旦死亡，其民事权利能力终止，也就不再是民事权利主体，因而也就不可能再从事民事活动。当然，自然人民事行为能力的终止应当是基于自然死亡而发生的，在宣告死亡的情形下，如果某自然人仍然处于生存状态，则其民事行为能力不因此终止。

自然人因智力、精神健康状况而被宣告为无民事行为能力，并非意味着其民事行为能力终止。在此应当区分民事行为能力的终止与民事行为能力的中止的概念：民事行为能力的中止是指自然人民事行为能力的一时丧失，而终止则是永远的消灭。自然人因智力、精神健康状况被宣告为无民事行为能力人时，其民事行为能力一时丧失，在他恢复健康时，可以重新获得行为能力。

关于民事行为能力终止的时间，有学者认为，对于自然死亡的自然人来说，民事行为能力的终止应当从其死亡前神志不清时起确定。笔者认为，这种看法是不妥当的。因为自然人神志不清达到何种程度，才能被认为是不能辨认自己的行为后果，可能需要借助医院的医疗结论或者其他证据加以判断；而且从《民法总则》第24条规定来看，无民事行为能力的认定需经过一定的程序，即由利害关

系人或者有关组织申请，由人民法院认定，不宜仅因自然人神志不清而直接认定其丧失民事行为能力。

第四节　监护

一、监护的概念和意义

所谓监护，是指民法上所规定的对于无民事行为能力人和限制民事行为能力人的人身、财产及其他合法权益进行监督、保护的一项制度。[1] 履行监督、保护义务的人，称为监护人；而被监督、保护的人，称为被监护人。监护制度起源于禁治产制度。所谓禁治产宣告制度，是指对于"经常处于心神丧失状态"的人由法院宣告其为禁治产人。[2] 在古罗马第一部成文法典《十二铜表法》中，就已经规定要为"精神病人"和"痴呆"设定"保佐人"，保佐的对象包括精神病人、受到禁治产处分的浪费人以及某些聋哑人或慢性病患者。[3] 该制度对大陆法系国家产生了重大影响。但近几十年来，大陆法系国家对监护制度进行了重大的改革，尤其是规定成年人监护制度之后，更注重尊重被监护人的独立人格和尊严。[4] 我国《民法总则》在总结《民法通则》关于监护的立法经验的基础上，借鉴了近几十年来大陆法系国家监护制度的最新立法经验，系统、全面地规定了监护制度。

从各国立法来看，为对未成年人及无民事行为能力或者限制民事行为能力的成年人进行监督和保护，设立亲权、监护、保护、保佐、辅保等制度，这些制度在内容上各有侧重，不尽相同。我国立法没有作此种区分，而对于无行为能力人

---

[1]　参见佟柔主编：《中国民法》，75 页，北京，法律出版社，1990。

[2]　参见［日］四宫和夫：《日本民法总则》，唐晖等译，59 页，台北，五南图书出版公司，1995。

[3]　参见黄风：《罗马法》，108 页，北京，中国人民大学出版社，2009。

[4]　参见陈苇、李欣：《私法自治、国家义务与社会责任——成年监护制度的立法趋势与中国启示》，载《学术界》，2012（1）。

和限制行为能力人的监督和保护统一采用监护制度。不过在我国《民法总则》中，监护包括两个方面：一是未成年人的监护制度，即专门针对未达到法定成年年龄的人所设立的监督和保护制度；二是成年人的监护制度。其中包括了对无民事行为能力、限制民事行为能力的成年人的法定监护与成年意定监护。这两种监护是根据被监护对象的不同而作出的区分，两者在监护人的选任规则等方面也存在一定的区别。

监护制度的设立，主要是为了保护无行为能力人和限制行为能力人的合法权益，同时也为了保护交易第三人的合法权益，并维护社会秩序的稳定、保护交易的安全。关于监护制度究竟应该规定在民法典总则中的自然人部分，还是规定在民法典分则中的亲属法中，理论上一直存在争议。《民法总则》选择将其规定在自然人中，不无道理，因为监护制度主要是对自然人民事行为能力的一种补充，应该成为民事行为能力制度的组成部分，而且监护本身并不一定涉及亲属关系，将其规定在亲属法中，难以涵盖所有类型的监护，会人为地割裂监护制度的内容。

监护从其本质上讲，是对缺乏行为能力人的监督、照顾和辅助制度。法律设立监护制度，一是对被监护人的行为能力予以弥补，因为不具有完全民事行为能力的自然人，不能进行或不能独立地进行民事活动，这就难以满足其物质和精神生活的需要，而通过监护制度的设立，可由监护人代为或协助其进行民事活动，从而可以有效地保护其合法权益；二是通过监护人的设立，可以对其财产和人身等合法利益予以保护和照顾，避免其受到其他人的侵害；三是对被监护人进行监督和管束，防止其实施违法行为，对他人和社会造成损害；四是由监护人作为法定代理人代理被监护人从事民事法律行为，从而保护相对人的合法权益，维护交易安全。

监护与亲权是不同的。所谓亲权，是父母对未成年子女以教养保护为目的，在人身和财产方面所享有的各种权利。其中人身方面的亲权可分为保护权、教育权和惩戒权，财产方面的亲权可分为财产管理权、使用收益权、处分权和财产上的代理权、同意权。[①] 监护不同于亲权，因为一方面，我国现行立法中没

---

① 参见史尚宽：《亲属法论》，622 页，台北，自版，1980。

有对亲权的概念作出明确规定。另一方面，传统上属于亲权的一些规定，被置于监护部分进行了规定。例如，《民法总则》第 26 条就规定："父母对未成年子女负有抚养、教育和保护的义务。成年子女对父母负有赡养、扶助和保护的义务。"但显然，监护关系的成立不以监护人与被监护人之间存在亲权关系为前提，即便不存在亲权关系，当事人之间也可能因为协议、法院指定等原因而成立监护关系。

二、监护的性质

关于监护的法律性质，学者们历来有不同的观点，主要分为如下几种学说：

1. 权利说。此种观点认为，监护是一种权利。持此种观点的学者把监护统称为监护权，但这种权利主要是身份权[①]，并认为只有从性质上把监护权视为权利，才能使监护人正确地、主动地行使权利，并实现监护的目的。也有学者认为，我国《民法通则》第 18 条第 2 款规定："监护人依法履行监护的权利，受法律保护。"这就含有将监护视为权利的意思。

2. 权利义务一体说。此种观点认为，监护在本质上仍然是一种权利，但是要以履行一定的义务为前提和目的，监护是指"对于那些由于年龄或者精神健康原因而不能自我保护的人给予监护和保护的、由民法所赋予的必要的权利和义务"[②]。按照法律规定，监护关系的设立不应附带任何条件，监护人不能基于自身利益考虑而决定是否履行其监护之责，只要监护人不履行其监护职责，就要承担相应的责任。

3. 职责说。此种观点认为，监护并不是一种权利，而是一种职责，监护的内容在于保护被监护人的身体和财产，而不是对人的支配的权利。罗马法中就把监护视为一种公职，而不是权利。我国民法设立监护制度，纯粹是为保护被监护

---

① 参见李由义主编：《民法学》，573～574 页，北京，北京大学出版社，1988。
② 龙卫球：《民法总论》，276 页，北京，中国法制出版社，2002。

人的利益，绝对不允许监护人借监护谋取自身利益。① 我国《民法总则》实际上采纳了此种观点。

应当承认，监护中也包括了权利，任何第三人不得侵害监护人享有的监护权。② 例如，在夫妻离异而确定一方担任未成年子女监护人的情况下，非与子女共同生活一方未经另一方同意，擅自带走被监护人，也会构成对对方监护权的侵害。③ 但监护在性质上并不完全等同于权利，《民法总则》第 34 条第 2 款也规定："监护人依法履行监护职责产生的权利，受法律保护。"虽然该条使用了"权利"这一表述，但其并不完全是权利。一方面，任何权利都以一定的实有利益为基础，权利都要体现权利人的利益，而监护制度的着眼点在于保护被监护人的合法权益，由于监护人并不是从监护中获得利益，其主要是为了对被监护人进行照顾和保护，主要体现为义务，因而一般认为，其属于职责，而并非等同于权利。另一方面，如果说监护是一种权利，那么监护人就可以因监护而取得相应的利益，甚至借监护而谋求自身利益（如为了自己的利益不正当地处分被监护人的财产），这显然违背了监护制度的目的。

《民法总则》采纳了职责说。依据该法第 34 条的规定："监护人的职责是代理被监护人实施民事法律行为，保护被监护人的人身权利、财产权利以及其他合法权益等。"从该条规定来看，监护的主要内容是代理被监护人实施民事法律行为，保护被监护人的权益，可见，《民法总则》采纳了职责说。因为监护在本质上并不是一种权利，而是一种职责，监护人既享有职权（权利），又负有一定的职责。从整体上看，我国监护制度注重监护人所负有的职责以及对职责的正确履行。任何人作为监护人首先应意识到其对社会和国家负有的责任，而不能根据自己的意志和利益而推卸或不适当地履行此种责任。

---

① 参见梁慧星：《民法总论》，84 页，北京，法律出版社，2011。

② 参见"宋某英等诉徐州市第三人民医院因工作失误致其亲子被他人抱走要求找回亲子案"，载最高人民法院应用法学研究所编：《人民法院案例选》，第 4 辑，47～52 页，北京，时事出版社，2000。

③ 参见"张某辉诉张莉监护权纠纷案"，河南省南乐县人民法院（2010）南民初字第 285 号民事判决书。

三、监护的分类

依据被监护人的不同，监护可以分为未成年人监护和成年人监护。

（一）未成年人监护

所谓未成年人监护，是指以未成年人为被监护人的监护。依据《民法总则》第 27 条的规定，未成年人监护的监护人首先是该未成年人的父母，父母对未成年子女的监护因子女出生的法律事实而发生，除因死亡或按法定程序予以剥夺外，任何人不得加以剥夺或限制。父母作为未成年子女的法定监护人，以子女出生这一法律事实为发生原因，一直延续到子女年满 18 周岁。按照《婚姻法》的规定，养子女和生父母间的权利与义务，因收养关系的成立而解除。因此，未成年人被他人收养后，收养人即应为其法定监护人。在父母离婚后，应由抚养子女的一方主要履行监护职责，在其不履行监护职责时，另一方可以请求法院撤销原来的裁决，由自己来履行监护职责。

依据《民法总则》第 27 条第 2 款的规定，在未成年人的父母已经死亡或者没有监护能力的情形下，可以由其他人或者组织担任监护人。也就是说，在未成年人父母可以担任监护人的情形下，应当由其父母担任监护人，因为父母与子女的亲缘关系，使其通常会以最有利于子女的方式履行监护职责，从而最有利于保护未成年人的利益。此外，由父母担任监护人，也有利于未成年人的成长，因为父母与子女往往具有最亲密的联系。但如果该未成年人的父母已经死亡，或者没有监护能力（如丧失民事行为能力，或者被撤销监护人资格），则应当按照如下顺序确定未成年人的监护人：一是祖父母、外祖父母，二是成年的兄、姐，三是其他愿意担任监护人的个人或者组织，但是须经未成年人住所地的居民委员会、村民委员会或者民政部门同意。上述主体担任未成年人的监护人时，应当按照先后顺序确定，而且已确定的监护人应当具有监护能力。可以说，此种规定符合我国的社会习惯。在法律上规定监护的顺序有利于解决实践中存在的因监护权发生的各种纠纷，并且也有利于明确监护人。

此外，依据《民法总则》第32条的规定，如果没有依法具有监护资格的人，则由民政部门担任监护人，当然，也可以由具备履行监护职责条件的被监护人住所地的居民委员会、村民委员会担任监护人。这实际上是对《民法总则》第27条规定的补充，体现了"以家庭监护为基础，社会监护为保障，国家监护为补充"的理念。对未成年人的监护人，也可以通过由法院指定来确定。《民法总则》第31条规定：对监护人的确定有争议的，由被监护人住所地的居民委员会、村民委员会或者民政部门指定监护人，有关当事人对指定不服的，可以向人民法院申请指定监护人；有关当事人也可以直接向人民法院申请指定监护人。

《民法总则》在未成年人监护中并没有继续规定《民法通则意见》中的委托监护制度。《民法通则意见》第22条规定："监护人可以将监护职责部分或者全部委托给他人。因被监护人的侵权行为需要承担民事责任的，应当由监护人承担，但另有约定的除外；被委托人确有过错的，负连带责任。"一般认为，该条对委托监护制度作出了规定。有观点认为，法律上有必要设置委托监护，这有利于保护未成年人的利益，特别是农村广大留守儿童无人照看，规定委托监护制度有利于保护未成年人的利益。笔者认为，《民法总则》未对委托监护制度作出规定是合理的，虽然委托他人承担一定的监护职责在实践中也是常见的，但受托人只是基于委托合同帮助监护人履行一定的监护职责，这并不意味着一定要设置委托监护制度。监护人资格具有人身专属性，不得随意移转，如果允许监护人通过合同移转监护人资格，将不利于保护被监护人的利益，监护制度的目的也难以实现。因此，虽然监护人可以委托他人履行监护职责，但监护人的资格并没有因此移转，监护人与受托人之间的法律关系在性质上应当是委托合同关系，在被监护人造成他人损害时，监护人仍然应当依法承担监护人责任。

（二）成年人监护

成年人监护，是指依据法律规定和约定对无民事行为能力或者限制民事行为能力的成年人所实施的监护。从比较法上看，监护制度已出现了一些重要发展趋势：一是建立了老年监护制度；二是强化了对被监护人意思自治的尊重。这实际上也受到有关国际公约的影响。例如，联合国大会于2006年通过的《残疾人权

利公约》（我国在 2008 年已加入该公约）在序言中就明确宣告，要确认残疾人的自主和自立，包括自由作出自己的选择。随着老龄社会的到来，各国开始重视老年监护制度，即为不能完全处理自身事务的老年人设置监护人，从而对其进行照护和管理的一项民事法律制度。^① 各国目前主要依靠老年康复协议和老年监护协议等方式推进老年监护制度。一些国家已经开始对老年监护制度作出规定，如一些国家的判例要求疗养院应当尽量对老年人进行精神关爱，不得歧视老年人，凸显了维护老年人人格尊严的价值理念。^②"因高龄化社会来临及社会因素而增加，精神障碍轻重程度有别，应创设较有弹性且周全的新监护制度，以保障精神障碍者的人格尊严，并促进社会安全。"^③ 我国《民法总则》借鉴比较法的经验，规定了成年人监护制度，贯彻了尊重老年人自我决定权的理念^④，而且从《民法总则》成年人意定监护制度的规定来看，其强化了对老年人利益的保护和人格尊严的维护。

从《民法总则》的规定来看，成年人监护包括两种：一是法定监护，即依据法律规定对无民事行为能力或限制民事行为能力的成年人所进行的监护，监护人的范围、顺序以及监护职责等都是依法确定的。《民法总则》第 28 条对成年人监护的法定监护人作出了规定，即成年人监护第一顺序监护人为配偶，第二顺序监护人是父母、子女，第三顺序监护人是其他近亲属，第四顺序的监护人为其他愿意担任监护人的人。二是意定监护，即按照具有完全民事行为能力的成年人与有关个人或组织之间的约定所形成的成年人监护。关于意定成年人监护，《民法总则》第 33 条规定："具有完全民事行为能力的成年人，可以与其近亲属、其他愿意担任监护人的个人或者组织事先协商，以书面形式确定自己的监护人。协商确定的监护人在该成年人丧失或者部分丧失民事行为能力时，履行监护职责。"

---

① 参见康娜：《我国老年人监护制度探究》，载《法商研究》，2006（4）。

② 参见［日］宇田川幸则：《浅论日本关于成年人监护制度的修改》，载渠涛主编：《中日民商法研究》，第 1 卷，387 页，北京，法律出版社，2003。

③ 王泽鉴：《民法总则》，126 页，北京，北京大学出版社，2009。

④ 参见陈苇、李欣：《私法自治、国家义务与社会责任——成年监护制度的立法趋势与中国启示》，载《学术界》，2012（1）。

我国《民法总则》使用多个条款对成年人监护制度作出了规定，并强化了对作为被监护人的成年人权益的保护，突出了对其个人意愿的尊重。规定成年人监护具有重要意义：第一，有利于保护老年人的合法权益，适应了老年社会的发展需要。① 通常，老年人对外界情况的判断能力和认知能力不足，对外界的风险常常难以作出清晰的判断，这也使其人身权益和财产权益极易遭受侵害。例如，在实践中，老年人常常成为电信诈骗的受害人。第二，符合国际上的发展趋势。我国成年人监护立法的重构需要以立法趋势为背景，贯彻尊重自我决定权理念，增设意定监护制度②，成年人监护应当尽量保障其正常生活，监护人的作用主要是一种辅助作用，而不是纯粹地对被监护人的人身、财产权益进行管理。我国《民法总则》成年人监护制度也反映了这一比较法上监护制度的发展趋势。第三，弥补了现行立法的不足。我国《民法通则》仅对未成年人监护作出了规定，而没有对成年人监护制度作出特别规定，只是对患有精神病的成年人的监护问题作出了一般规定，《民法总则》适应老龄社会的发展需要，对成年人监护制度作出规定，弥补了《民法通则》规定的不足，完善了我国的监护制度体系。

未成年人监护和成年人监护构成了我国《民法总则》上的监护制度，但二者也存在一定区别，主要在于：第一，被监护人不同。未成年人监护中，被监护人是未成年人，而成年人监护的被监护人是成年人。第二，监护职责不同。关于未成年人监护中监护人的监护职责，《民法总则》第35条第2款规定："未成年人的监护人履行监护职责，在作出与被监护人利益有关的决定时，应当根据被监护人的年龄和智力状况，尊重被监护人的真实意愿。"关于成年人监护中监护人的监护职责，《民法总则》第35条第3款规定："成年人的监护人履行监护职责，应当最大程度地尊重被监护人的真实意愿，保障并协助被监护人实施与其智力、精神健康状况相适应的民事法律行为。对被监护人有能力独立处理的事务，监护

---

① 从国务院发布的《"十三五"国家老龄事业发展和养老体系建设规划》来看，预计到2020年，全国60岁以上老年人口将增加到2.55亿人左右，占总人口比重提升到17.8%左右；高龄老年人将增加到2 900万人左右，独居和空巢老年人将增加到1.18亿人左右，老年扶养比将提高到28%左右。

② 参见陈苇、李欣：《私法自治、国家义务与社会责任——成年监护制度的立法趋势与中国启示》，载《学术界》，2012（1）。

人不得干涉。"从上述规定可以看出，在未成年人监护中，监护人应当尊重被监护人的真实意愿，而在成年人监护中，监护人应当最大程度地尊重被监护人的真实意愿，并协助被监护人实施与其年龄、精神健康状况相适应的民事法律行为，在被监护人处理其有能力独立处理的事务时，监护人不得干涉。质言之，在成年人监护中，监护人的职责主要是协助被监护人处理事务，而在未成年人监护中，监护人的职责则更多地体现为监督和照管。第三，法定监护人的顺序不同。关于未成年人监护中监护人的顺序，《民法总则》第 27 条规定："父母是未成年子女的监护人。未成年人的父母已经死亡或者没有监护能力的，由下列有监护能力的人按顺序担任监护人：（一）祖父母、外祖父母；（二）兄、姐；（三）其他愿意担任监护人的个人或者组织，但是须经未成年人住所地的居民委员会、村民委员会或者民政部门同意。"关于成年人法定监护中监护人的范围，《民法总则》第 28 条规定："无民事行为能力或者限制民事行为能力的成年人，由下列有监护能力的人按顺序担任监护人：（一）配偶；（二）父母、子女；（三）其他近亲属；（四）其他愿意担任监护人的个人或者组织，但是须经被监护人住所地的居民委员会、村民委员会或者民政部门同意。"可见，两种监护中监护人的顺序存在一定差别。第四，是否允许意定监护不同。对未成年人而言，为保护未成年人的利益，不允许当事人进行意定监护，而依据《民法总则》第 33 条的规定，成年人监护可以进行意定监护。

四、监护的设定

我国《民法总则》构建监护制度的基本思路，是要构建以家庭监护为基础，以社会监护为补充，以国家监护为保障的监护制度。从《民法总则》第 32 条规定来看，"没有依法具有监护资格的人的，监护人由民政部门担任，也可以由具备履行监护职责条件的被监护人住所地的居民委员会、村民委员会担任"。可见，在没有监护人的情形下，由民政部门或者具备履行监护职责条件的被监护人住所地的居民委员会、村民委员会担任监护人，这就形成了国家治理和社会治理的良

性互动。关于监护的设立，从我国《民法总则》的规定来看，其主要规定了法定监护、意定监护、遗嘱监护和指定监护几种方式。

（一）法定监护

1. 法定监护的概念和特征

所谓法定监护，是指监护人由法律直接规定的监护。关于法定监护的类型，我国《民法通则》仅规定了未成年人的法定监护，《民法总则》在此基础上对成年人的法定监护也作出了规定。法定监护具有如下特征：

一是监护人范围具有法定性。《民法总则》第 27、28 条分别对未成年人和成年人的法定监护人作出了规定，从该规定可以看出，不论是未成年人法定监护，还是成年人的法定监护，监护人的范围都是法定的。

二是监护人具有法定的顺序。与其他类型的监护不同，在法定监护中，各个具有监护资格的人在担任监护人时，存在一定的顺序限制，即只有顺序在前的人无法担任监护人时，顺序在后的人才能担任监护人。在实践中，确实存在不少监护争议，如争当监护人或者相互推诿，如果没有法定的顺序，则法院对此类纠纷就缺乏解决的标准。

三是监护的对象具有特定性。从《民法总则》的规定来看，法定监护的被监护人具有特定性，即限于未成年人、无民事行为能力或者限制民事行为能力的成年人。由于未成年人、无民事行为能力或者限制民事行为能力的成年人的认知能力较弱，因而，在法定监护中，监护人的监护职责主要是对被监护人进行监管和照顾；而在成年人意定监护中，监护人的职责更多地是对被监护人从事民事活动进行协助。

2. 法定监护的监护人范围

（1）未成年人法定监护人的范围

《民法总则》第 27 条规定："父母是未成年子女的监护人。未成年人的父母已经死亡或者没有监护能力的，由下列有监护能力的人按顺序担任监护人：（一）祖父母、外祖父母；（二）兄、姐；（三）其他愿意担任监护人的个人或者组织，但是须经未成年人住所地的居民委员会、村民委员会或者民政部门同意。"该条

对未成年人的法定监护人范围作出了规定，依据该条规定，未成年人的法定监护人包括：

第一，未成年人的父母。在未成年人父母能够担任监护人的情形下，首先由父母担任未成年人的法定监护人。因为一般情况下，父母能够在最大限度内实现子女的利益，由其作为第一顺序的法定监护人，有利于保护未成年人的利益；同时，由父母担任第一顺序的监护人，也能够为未成年人提供更好的成长环境，更能够实现监护制度的目的。父母作为未成年子女的法定监护人，以子女出生这一法律事实为发生原因，一直延续到子女年满18周岁。亲子血缘关系和子女未成年状态是这一监护关系设立和存在的自然基础。在此意义上，可以说父母是未成年子女与生俱来的、当然的监护人，法律只不过是加以确认而已。父母是子女的第一顺序监护人，父母对未成年子女的监护因子女出生的法律事实而发生，除因死亡或按法定程序予以剥夺外，任何人不得加以剥夺或限制。

关于担任未成年人监护人的父母的范围，我国《婚姻法》第26条规定："养父母和养子女间的权利和义务，适用本法对父母子女关系的有关规定。养子女和生父母间的权利和义务，因收养关系的成立而消除。"该法第27条还规定："继父或继母和受其抚养教育的继子女间的权利和义务，适用本法对父母子女关系的有关规定。"因此，作为未成年人监护人的"父母"，除该未成年人的生父母外，还包括养父母和形成抚养关系的继父母。同时，应当指出的是，根据我国《收养法》第23条第2款之规定："养子女与生父母及其他近亲属间的权利义务关系，因收养关系的成立而消除。"因此，在收养关系成立的情形下，应当由养父母担任未成年人的监护人，生父母并不享有担任未成年人监护人的资格。例如，在某个案件中，原告之女被他人收养10年之后，原告在法院起诉，要求解除收养人和被收养人之间的监护关系，由自己担任监护人，理由是，生母应享有比养母优先的监护权。笔者认为，此种理由难以成立，因为法律上并不存在此种优先关系，如果要解除监护关系，需要符合《民法总则》第36条所规定的撤销监护的条件。

第二，其他近亲属及其他愿意担任监护人的个人或组织。如果未成年人的父

母已经死亡或者没有监护能力，则依据《民法总则》第 27 条，由下列有监护能力的人按顺序担任监护人：一是祖父母、外祖父母；二是兄、姐；三是其他愿意担任监护人的个人或者组织，但是须经未成年人住所地的居民委员会、村民委员会或者民政部门同意。从《民法总则》第 27 条的规定来看，上述主体在担任未成年人的监护人时，应当按照法律规定的顺序进行。如果未成年人祖父母、外祖父母、兄、姐以外的人愿意担任未成年人的监护人，其在担任监护人时应当经该未成年人住所地的居民委员会、村民委员会或者民政部分同意，以避免上述人担任监护人不适当造成未成年人的损害。

此外，在未成年人法定监护中，《民法总则》对监护人的范围做了调整，其改变了《民法通则》的规定，不再将被监护人父母所在单位作为未成人的监护人，因为在社会主义市场经济条件下，单位与职工之间是劳动合同关系，就业人员具有很强的流动性，单位缺乏履行监护职责的意愿，也不具有担任监护人的能力。《民法总则》第 27 条所规定的"组织"主要是指社会公益组织，因为随着我国公益事业的发展，有监护意愿和能力的社会组织增多，由公益组织担任未成年人的监护人，可以作为家庭监护的有益补充，也可以缓解国家监护的压力。这些社会组织担任监护人应当具备的信誉、财产状况等条件，可以由相关法律具体规定。

第三，民政部门、被监护人住所地的居民委员会、村民委员会。根据《民法总则》第 30 条，在没有依法具有监护资格的人时，监护人应由民政部门担任，也可以由具备履行监护职责条件的被监护人住所地的居委会或村委会担任。这一规则体现了"以国家监护为补充"的理念，可以为被监护人提供兜底保护。而且与《民法通则》的相关规定相比，《民法总则》突出了民政部门承担监护职责的优先地位，因为与村民委员会、居民委员会相比，民政部门具有更强的监护能力，能够有效调配各种社会资源，因而更有能力履行监护职责。

（2）成年人法定监护人的范围

《民法总则》第 28 条规定："无民事行为能力或者限制民事行为能力的成年人，由下列有监护能力的人按顺序担任监护人：（一）配偶；（二）父母、子女；（三）其他近亲属；（四）其他愿意担任监护人的个人或者组织，但是须经被监护

人住所地的居民委员会、村民委员会或者民政部门同意。"因此，成年人法定监护人的范围如下：

一是配偶。与未成年人法定监护不同，在成年人法定监护中，第一顺序的监护人是被监护人的配偶，而不是其父母。法律之所以作出此种规定，主要是因为配偶与被监护人长期生活在一起，与其关系更为密切，相互之间更为熟悉，而且被监护人的配偶对其生活习惯也更为熟悉，由其作为第一顺序的监护人更为合理，也更有利于被监护人的权益保护。配偶关系因婚姻的合法成立而生效，在我国以夫妻进行结婚登记、取得结婚证的时间为配偶关系开始时间。当然，一旦一方死亡或者双方离婚，则配偶关系也随之终止。

二是父母、子女。在成年人的配偶无法担任监护人时，由成年人的父母或者子女担任。成年人的父母或者子女具有监护能力的，则在成年人配偶不能担任监护人时，应当担任监护人，履行监护职责。

三是其他近亲属。依据《民法通则意见》第12条的规定，近亲属包括配偶、父母、子女、兄弟姐妹、祖父母、外祖父母、孙子女，外孙子女。但《民法总则》第28条所规定的"其他近亲属"应当是除被监护人配偶和父母、子女以外的近亲属。

四是其他愿意担任监护人的个人或者组织，但是须经被监护人住所地的居民委员会、村民委员会或者民政部门同意。从该条规定来看，其并没有对能够担任成年人法定监护人的范围进行严格限制，任何个人和组织都可以担任成年人的法定监护人，但其担任成年人的法定监护人应当具备如下条件：其一，其他个人或者组织愿意担任。其二，应当取得被监护人住所地的居民委员会、村民委员会或者民政部门同意，以防止因为监护人设置不当，侵害被监护人的利益。其三，其他个人或者组织具有担任监护人的能力。

《民法总则》第30条规定，依法具有监护资格的人之间，可以协议确定监护人，协议确定监护人应当尊重被监护人的真实意愿。《民法总则》第30条规定了协议监护，但必须符合几个条件：第一，必须是在依法具有监护资格的人之间进行协商，但要尊重监护人的法定顺序。例如，在父母有多个子女，或者未成年人

有多个兄姐时，究竟由何人担任监护人，可以协商确定。第二，协议监护必须是父母以外的人，不能通过协议将父母排除在监护人范围之外。第三，要尊重被监护人的真实意愿。在具有监护资格的数人在进行协商确定时，要考虑被监护人的真实意愿。也就是说，通常在协商时应当征求被监护人的意见。[①] 需要指出的是，该条规定的依法具有监护资格的人之间可以协议确定监护人，仍然属于法定监护的一种，而非意定监护。虽然协议确定监护人也可以适用于未成年人监护，但该协议只能在依法具有监护资格的人之间订立，因此，其应当属于法定监护的范畴。

（二）意定监护

所谓意定监护，依据《民法总则》第33条的规定，是指具有完全民事行为能力的成年人与其近亲属、其他愿意担任监护人的个人或者组织事先协商，以书面形式确定自己的监护人的方式所设定的，在其丧失或者部分丧失民事行为能力时由该监护人履行监护职责的监护。《民法总则》第33条关于意定监护的规定来自《老年人权益保障法》，该法第26条第1款规定："具备完全民事行为能力的老年人，可以在近亲属或者其他与自己关系密切、愿意承担监护责任的个人、组织中协商确定自己的监护人。监护人在老年人丧失或者部分丧失民事行为能力时，依法承担监护责任。"当然，《民法总则》也在《老年人权益保障法》的基础上，对其做了进一步完善，如强调书面形式等，以防止发生争议。

从《民法总则》的第33条规定来看，意定监护具有如下特征：

第一，仅适用于具有完全民事行为能力的成年人。从该条规定来看，只有成年人才能通过协议确定自己的监护人。同时，只有具有完全民事行为能力的成年人才能通过协议确定自己的监护人，因为完全民事行为能力人具有辨认自己行为后果的能力，所以，法律上允许其可以通过协议确定监护人，安排自己的事务，规划好自己的生活。如果成年人是无民事行为能力人或限制民事行为能力人，则无法通过协议确定自己的监护人。[②]

---

① 参见王利明主编：《〈中华人民共和国民法总则〉条文释义》，74页，北京，人民法院出版社，2017。
② 参见石宏主编：《中华人民共和国民法总则条文说明、立法理由及相关规定》，74页，北京，北京大学出版社，2017。

第二，监护人的范围较为广泛，不限于法定监护人，也不受法定监护人顺序的限制。从《民法总则》第33条的规定来看，意定监护的监护人范围并不限于法定监护人，设定意定监护的成年人的近亲属、其他愿意担任监护人的个人或者组织都可以成为其监护人，这也赋予了成年人较大的选择监护人的自由。

第三，需要采用书面形式。在意定监护中，当事人在选择监护人时，既不受法定监护人范围的限制，也不受监护顺序的限制，更不需要其住所地的居民委员会、村民委员会的同意，这就能够在最大限度内尊重当事人的意愿。由于意定监护的内容直接关系被监护人的重大权益，而且在设定监护的成年人丧失或者部分丧失民事行为能力时，监护人才开始履行监护职责，此时可能因为距离协议订立时间较为久远，或者因为设定监护的成年人民事行为能力欠缺等原因，使准确确定协议的内容较为困难，因此，为准确确定意定监护协议的内容，减少可能发生的争议，《民法总则》第33条要求设定意定监护必须采用书面形式。

第四，在设定意定监护的成年人丧失或者部分丧失民事行为能力时，监护人才开始履行监护职责。也就是说，当事人订立协议与监护人履行监护职责之间有一定的时间间隔，当事人在订立意定监护协议时，设定意定监护的成年人仍属于完全民事行为能力人，并不需要他人的监护，只有在其丧失或者部分丧失民事行为能力时，协议所设定的监护人才开始履行监护职责。^①

在此需要讨论的是，成年人的意定监护和法定监护之间是何种关系？如果成年人通过协议约定了意定监护，则在其丧失民事行为能力时，应当适用意定监护还是法定监护？之所以会产生意定监护与法定监护之间在适用上的交叉和冲突，很重要的原因在于，我国《民法总则》所规定的成年人意定监护是与民事行为能力制度挂钩的，依据《民法总则》第33条的规定，成年人意定监护是在该成年人丧失或者部分丧失民事行为能力时，监护人才开始履行监护职责，这实际上是将成年人意定监护与民事行为能力制度联系在一起，可能会影响成年人意定监护制度功能的发挥。笔者认为，按照私法自治原则，应当肯定意定监护的优先效

---

① 参见石宏主编：《中华人民共和国民法总则条文说明、立法理由及相关规定》，69页，北京，北京大学出版社，2017。

力，而且在此情形下，如果认定法定监护优先，则可能导致意定监护失去适用余地。

（三）遗嘱监护

遗嘱监护是指被监护人的父母在担任监护人期间，通过遗嘱的方式为被监护人指定监护人的监护制度。我国《民法总则》第 29 条规定："被监护人的父母担任监护人的，可以通过遗嘱指定监护人。"可见，该条对遗嘱监护制度作出了规定。《民法总则》借鉴了比较法上的经验，增加了遗嘱监护，有利于贯彻我国监护制度中的被监护人利益最大化原则。依据该条规定，遗嘱监护具有如下特征：

第一，能够设定遗嘱监护的是被监护人的父母。我国监护制度的基本原则之一，是要实现被监护人利益的最大化，而父母在设定遗嘱监护时，能够从最有利于保护子女利益的角度出发，实现子女利益的最大化。从比较法上来看，许多国家也都仅允许父母通过遗嘱指定监护人。当然，如果被监护人的父母都是监护人的，则父母一方不得通过设定遗嘱的方式排除另一方的监护人资格，因为父母都是第一顺位的法定监护人，任何一方不得通过设定遗嘱的方式排除另一方的监护人资格。

第二，遗嘱监护既适用于未成年人监护，也适用于成年人监护。遗嘱的方式通常适用于在父母去世前，因担忧被监护人没有合适的监护人会遭受人身财产损害，所以，通过遗嘱的方式，为被监护人指定监护人。这一制度主要适用于未成年人监护，但也可以适用于成年人监护。

第三，被监护人父母在设定遗嘱监护时必须具有监护人资格。如果其父母已经被取消监护资格，则不能通过遗嘱指定监护人。尽管该条并没有提到，在设定遗嘱监护时需要实现被监护人利益的最大化，但此处实际上推定，由父母通过遗嘱指定监护人，最有利于实现被监护人利益的最大化。

第四，在遗嘱监护的情形下，所指定的监护人不受《民法总则》第 27 条、第 28 条关于监护人范围以及顺序的限制。从《民法总则》第 29 条规定来看，其只是规范被监护人的父母可以通过遗嘱为被监护人指定监护人，而没有对被指定的监护人的范围作出限制，可见，被指定的监护人的范围并不受法定监护顺序的限制。

第五，遗嘱监护的生效需要被指定的人同意担任监护人。如果通过遗嘱指定

监护人，是否需要被指定人接受？《民法总则》第 29 条在遗嘱监护中并没有提及是否需要尊重被指定人意愿，这与《民法总则》第 30 条关于协议确定监护人的规定不同。笔者认为，如果遗嘱所指定的人拒绝担任监护人，则该指定不发生效力，否则在性质上就不属于遗嘱监护，而是法定监护了。同时，尽管因为立遗嘱人是被监护人的父母，通常会指定最符合被监护人利益的监护人，但在设立遗嘱监护时，仍然应当考虑被监护人的真实意愿。此外，如果遗嘱监护指定的监护人确实不利于被监护人，也可以通过法律程序变更监护人。

第六，遗嘱监护以遗嘱人的死亡作为生效要件。遗嘱作为一种死因法律行为，其生效应当以遗嘱人死亡为条件，也就是说，只有在设定遗嘱的人死亡后，遗嘱监护才能生效。

（四）指定监护

《民法总则》第 31 条第 1 款规定："对监护人的确定有争议的，由被监护人住所地的居民委员会、村民委员会或者民政部门指定监护人，有关当事人对指定不服的，可以向人民法院申请指定监护人；有关当事人也可以直接向人民法院申请指定监护人。"该条规定了指定监护制度，依据这一规定，指定监护包括两种类型：

1. 由被监护人住所地的居民委员会、村民委员会或者民政部门指定监护人。《民法总则》第 27、28 条虽然规定了监护人的顺序，但同一顺序的当事人可能会对监护人资格产生争议，如对当事人担任监护人的资格等发生争议，而且相关当事人也可能因不愿担任监护人而发生争议。依据《民法总则》第 31 条第 1 款的规定，当事人就监护人的确定发生争议的，则由被监护人住所地的居民委员会、村民委员会或者民政部门指定监护人，如果当事人对该指定不服，则可以向人民法院申请指定监护人。

2. 由人民法院指定监护人。从该条规定来看，由人民法院指定监护人包括两种情形：一是当事人对被监护人住所地的居民委员会、村民委员会或者民政部门指定的监护人不服的，可以由人民法院指定监护人；二是人民法院也可以直接依据有关当事人的申请指定监护人，而不需要经过被监护人住所地的居民委员会、村民委员会或者民政部门指定监护人这一阶段。不论就监护人的确定是否发

生争议，法院都可以依当事人的申请而指定监护人。可见，与《民法通则》的规定相比，《民法总则》实际上扩大了法院在指定监护人方面的权力。

关于监护人的指定，《民法总则》第31条第2款规定："居民委员会、村民委员会、民政部门或者人民法院应当尊重被监护人的真实意愿，按照最有利于被监护人的原则在依法具有监护资格的人中指定监护人。"依据这一规定，居民委员会、村民委员会、民政部门或者人民法院在指定监护人时，应当遵循如下规则：一是按照被监护人利益最大化的原则和尊重其意愿的原则指定。也就是说，如果被监护人有一定的识别能力，在指定监护人时应当征求被监护人的意见，同时，也要充分考虑具有监护资格的人的品行、身体状况、经济条件以及能够为被监护人提供的教育水平或者生活照料措施等，综合进行判断。[①] 二是应从有监护人资格的人中指定。《民法总则》第27条、第28条对未成年人监护和成年人监护的监护人范围作出了规定，居民委员会、村民委员会、民政部门或者人民法院在指定监护人时，应当在上述规定所确定的监护人范围中指定。不过，虽然《民法总则》第27条、第28条在规定监护人范围时，设定了一定的顺序限制，但居民委员会、村民委员会、民政部门或者人民法院在指定监护人时，并不需要严格按照这一顺序指定，而只需要在尊重被监护人意愿的情况下，按照被监护人利益最大化原则指定即可。指定监护人时，被指定的监护人既可以是一个，也可以是数个。

在指定监护人之前，被监护人的利益可能无人照管，如某个老人因为没有子女，其配偶也无法担任监护人，在申请居民委员会、村民委员会、民政部门或者人民法院指定监护人之前，该老人处于无监护人的状态，其人身、财产权益随时可能遭受他人侵害，此时，就有必要由相关主体担任临时监护人。[②]《民法总则》第31条第3款规定："依照本条第一款规定指定监护人前，被监护人的人身权利、财产权利以及其他合法权益处于无人保护状态的，由被监护人住所地的居民委员会、村民委员会、法律规定的有关组织或者民政部门担任临时监护人。"这

[①②] 参见石宏主编：《中华人民共和国民法总则条文说明、立法理由及相关规定》，69页，北京，北京大学出版社，2017。

就是说，出现上述情形时，可以由被监护人住所地的居民委员会、村民委员会、法律规定的有关组织或者民政部门担任临时监护人，这些主体也应当履行监护职责。临时监护在性质上并不是独立的监护类型，而是因为暂时没有监护人，或者监护人被撤销还没有确定新的监护人，为了防止出现被监护人的人身、财产权益无人保护的状态，而采取的一种临时措施。

在指定监护人的情形下，监护人一旦确定，就不得随意变更，对此，《民法总则》第31条第4款规定："监护人被指定后，不得擅自变更；擅自变更的，不免除被指定的监护人的责任。"依据该条规定，在指定监护人后，因相关主体擅自变更监护人而使被监护人遭受损害的，则监护人应当承担不履行监护职责的责任。

五、监护人的职责及其履行

（一）监护人监护职责的内容

《民法总则》第34条规定采用的是"监护人的职责"这一表述，因此，在监护关系中，监护人负担的是监护职责，在内容上应当是权利与义务的结合。依据《民法总则》第26条的规定，"父母对未成年子女负有抚养、教育和保护的义务"。《民法总则》第34条规定："监护人的职责是代理被监护人实施民事法律行为，保护被监护人的人身权利、财产权利以及其他合法权益等。监护人依法履行监护职责产生的权利，受法律保护。监护人不履行监护职责或者侵害被监护人合法权益的，应当承担法律责任。"依据上述规定，监护人的监护职责包括如下内容：

一是代理被监护人实施民事法律行为。依据《民法总则》第23条的规定，"无民事行为能力人、限制民事行为能力人的监护人是其法定代理人"，依据该条规定，在法定监护中，监护人是被监护人的法定代理人，代理被监护人实施民事法律行为。在意定监护中，监护人也是在被监护人丧失或者部分丧失民事行为能力时才开始履行监护职责，监护人也需要代理被监护人实施部分民事法律行为。监护制度的首要目的在于弥补被监护人行为能力的不足，监护人作为被监护人的

法定代理人，可以以被监护人的名义进行民事活动，为被监护人取得和行使权利、设定和履行义务。因此，凡是无行为能力人和限制行为能力人依法不能实施的民事行为，都应当由其监护人代理实施或同意其实施。如果未征得其同意而实施这些行为，必须要获得监护人的事后追认，该行为才能有效。正因为监护人要代替或协助被监护人进行民事活动，所以监护人必须具有完全民事行为能力。

二是保护被监护人的人身权利、财产权利以及其他合法权益。监护制度的重要目的是对被监护人进行照管，因此，保护被监护人的人身、财产及其他合法权益也是监护人监护职责的重要内容。[①] 对于未成年人来说，通常没有自己的独立财产，但在某些情况下（如通过继承、赠与等）其也可能会取得一定的财产，由于未成年人不具有管理、使用和处分财产的能力，因而应由未成年人的父母或其他监护人代为管理。监护人在履行其财产监护职责时，应尽如下义务：第一，要严格区分被监护人与监护人的财产，避免因双方财产界限不清而造成对被监护人的财产的损害。即使是在父母对子女的监护关系中，如果子女通过继承或接受遗赠等取得了一定的财产，父母也应充分尊重子女的财产权利。为此，监护人应详细开具被监护人的财产目录，建立明确、清楚的账目。第二，监护人要保护被监护人的合法权益。这就要求监护人与被监护人不能有利益冲突，如果由与被监护人有利益冲突的人担任监护人，则容易损害被监护人的利益。监护人不得基于自己的利益而对被监护人的财产进行不正当的使用、调换或作其他用途，损害被监护人的利益。在管理财产的过程中，监护人只享有管理权，没有收益权。例如，监护人将被监护人财产出租后，不得将租金据为己有。至于在管理过程中支付的必要的费用，应由被监护人以自己的财产承担。第三，监护人对被监护人的财产，如不是为了被监护人的利益，不得转让、出卖、无偿借给他人使用。第四，监护人不得接受被监护人的财产。不管是有偿的还是无偿的，都不得通过赠与、买卖等方式接受被监护人的财产，否则，该行为是无效的。

监护人要保护被监护人的人身、财产不受侵害，在被监护人的人身、财产和

---

① 参见魏振瀛主编：《民法》，66～67 页，北京，北京大学出版社，2000。

其他合法权益受到非法侵害时，监护人作为法定代理人，有权代理被监护人请求法院给予保护，代为参加整个诉讼活动。①

依据《民法总则》第 34 条的规定，"监护人不履行监护职责或者侵害被监护人合法权益的，应当承担法律责任"。该条所规定的"法律责任"一般是侵权责任，但在意定监护中，监护人不履行监护职责也可能构成违约。

三是教育被监护人。对未成年人监护来说，监护人的职责主要是保护、教育和关心未成年人，约束未成年人的行为，防止其实施侵害国家财产、集体财产或他人人身、财产的不法行为。我国《婚姻法》第 21 条规定，父母对于子女有抚养、教育、保护的权利和义务。所谓抚养、教育，是指教导和养育子女，使其身心健康发育。所谓保护，是指约束被监护人并保护未成年人的人身安全，使未成年人健康成长。父母以何种方式履行其职责，法律一般不作规定。但父母的监护职责，在法律上有明确规定。我国为加强对未成年人的保护和教育，先后制定了《义务教育法》《未成年人保护法》等法律和法规，这些规定也是确定父母对未成年子女的人身监护职责的重要依据。

四是监督和管教被监护人。未成年人由于年龄尚小，常常不能对自己的行为作出正确的判断，这就需要对其管教和约束。所以，监护人对被监护人尽到管教约束的责任，不仅有利于被监护人，而且有利于他人和社会。如果监护人没有尽到管教和约束被监护人的责任，致使被监护人实施侵害国家财产、集体财产或他人人身、财产的不法行为，监护人应当承担民事责任。

监护人依法履行其监护的职责，受法律的保护，任何单位和个人都不得非法干涉监护人履行自己的职责。但依据法律规定，监护人也应当认真履行其监护职责，若不履行监护职责或侵害被监护人的合法权益，则应依法承担责任。例如，对被监护人虐待、遗弃，情节恶劣构成犯罪的，应承担刑事责任。监护人不履行或不适当履行监护职责，给被监护人造成财产损失的，应当赔偿损失。在监护人未尽监护职责，侵害被监护人合法权益的情况下，对于不履行监护职责的监护

---

① 参见杨立新：《人身权法论》，修订版，938 页，北京，人民法院出版社，2002。

人，人民法院可以根据有关人员或者有关单位的申请，撤销监护人的资格，另行指定他人担任监护人。①

五是在被监护人侵害他人时承担侵权责任。在被监护人导致他人损害时，监护人应当承担侵权责任，这也是其监护职责的重要内容。我国《侵权责任法》第32条规定："无民事行为能力人、限制民事行为能力人造成他人损害的，由监护人承担侵权责任。监护人尽到监护责任的，可以减轻其侵权责任。有财产的无民事行为能力人、限制民事行为能力人造成他人损害的，从本人财产中支付赔偿费用。不足部分，由监护人赔偿。"据此，在被监护人侵害他人时，监护人要承担严格责任，只不过，监护人证明其尽到监护责任的，可以减轻其责任。另外，如果被监护人有财产的，应当先从其本人财产中支付赔偿费用，监护人仅就不足部分承担赔偿责任。

（二）监护人监护职责的履行

《民法总则》第34条规定，监护人依法履行监护产生的权利受法律保护。也就是说，监护人在依据法律规定或者约定履行监护职责时，任何个人或组织不得进行非法干涉。依据《民法总则》第35条的规定，监护人履行监护职责应当遵循如下原则：

1. 按照最有利于被监护人的原则履行监护职责。监护制度设立的主要目的是对被监护人进行保护和照顾，因此，监护人在履行监护职责时，应当按照最有利于被监护人的原则履行监护职责。比较法上普遍采纳了这一原则。② 所谓最有利于被监护人，也称为"最佳利益"原则，就是说，监护人要根据被监护人的实际情况来行使监护职责，充分地维护被监护人的人身、财产和其他利益。③《德国民法典》第1901条第2款、第3款规定体现了这一原则，英国2005年的《意

---

① 参见"殷某1与殷某2申请撤销监护人资格案"，上海市杨浦区人民法院（2010）杨民一（民）特字第12号民事判决书。

② 参见陈苇、李欣：《私法自治、国家义务与社会责任——成年监护制度的立法趋势与中国启示》，载《学术界》，2012（1）。

③ 参见石宏主编：《中华人民共和国民法总则条文说明、立法理由及相关规定》，77页，北京，北京大学出版社，2017。

思能力法》第 5 条亦体现了最佳利益原则。① 监护人在履行职责过程中，依据这一原则，应当以被监护人的最大利益为中心，来考量何种选择和决定最有利于被监护人，充分尊重被监护人的意愿，从而最大限度地避免对被监护人的损害。

关于如何理解最有利于被监护人的原则，存在两种标准：一是主观标准，即只要监护人主观上认为其行为对被监护人有利，则不论客观上是否对被监护人有利，都应当认定是符合最有利于被监护人原则。二是客观标准，即只有在客观上有利于被监护人，才符合最有利于被监护人的原则。笔者认为，片面强调主观标准和客观标准都有失偏颇，由于主观标准以监护人的主观认识作为判断是否有利于被监护人的标准，常常并不明确，可能不利于有效规范监护人的行为，有效保护被监护人的利益；而一概按照客观标准，也可能不利于尊重被监护人的意愿，而且客观标准本身也缺乏明确的界定标准。笔者认为，应当采用折中标准，即一方面，监护人主观上应当按照有利于被监护人的标准行为；另一方面，监护人应按照最有利于实现被监护人利益的标准行为，以更好地实现监护制度的目的。最有利于被监护人的原则体现在多方面，例如，当被监护人有财产时，监护人应努力使被监护人的财产保值、增值，而不能浪费；如果被监护人生病的，则监护人应当及时将其送医救治；如果被监护人处于受教育阶段的，则监护人应当使被监护人尽量获得好的教育。在判断监护人履行监护职责是否最有利于被监护人时，应当结合监护事项的特点、对被监护人利益的影响、监护人的监护能力等多种因素加以判断。

2. 不得擅自处分被监护人的财产。监护制度的目的在于对被监护人进行管理和照顾，其既包括对被监护人的人身权益进行照顾，也包括对被监护人的财产进行照管，这尤其体现在成年人监护中。监护人在履行监护职责时，一般只是对被监护人的财产进行管理，而不能通过被监护人的财产为自己谋利。依据《民法总则》第 35 条的规定，除为维护被监护人利益的情形外，监护人不得处分被监护人的财产。

---

① 参见李霞：《成年监护制度的现代转向》，载《中国法学》，2015（2）。

3.尊重被监护人的意愿。我国《民法总则》秉持人文关怀的理念，从关爱、保护被监护人考虑，要求监护人在履行监护职责时，应当尽可能尊重被监护人对自己事务处理的意愿，尤其针对成年人监护，注重将传统的"消极防御保护"与"积极辅助"被监护人相互结合。①《民法总则》在尊重被监护人的意愿方面，又区分未成年人监护和成年人监护，分别作出了规定，具体来说，应从两方面考虑：

第一，尊重未成年人的意愿。传统的监护制度主要将未成年人作为一种被管理的对象，而忽视对其意志和意愿的尊重。监护制度改革的一个重要发展趋势是，在未成年人年龄、智力限度内，尊重其意志和意愿，而不是仅仅将其作为被管理的对象。监护人在履行监护职责时，应当尊重被监护人的自主决定权，因为对未成年人而言，随着年龄和心智水平的提高，其独立人格和认识也在不断成熟，此时，不应当仅将未成年人定位为被监管的对象，而应当尽可能地尊重其真实意愿。②我国《民法总则》中的未成年人监护制度也体现了这一发展趋势，依据该法第35条第2款的规定，监护人在作出与被监护人利益有关的决定时，应当根据被监护人的年龄和智力状况，尊重被监护人的真实意愿。在未成年人监护中，由于未成年人毕竟心智发育不全，判断能力不足，其所作出的判断可能并不是最佳判断，监护人应尊重其意愿，但并不意味着要完全按照未成年人的意愿行为。

第二，依据《民法总则》第35条第3款的规定，成年人的监护人履行监护职责，应当最大程度地尊重被监护人的真实意愿，保障并协助被监护人实施与其智力、精神健康状况相适应的民事法律行为。由于成年人相对于未成年人而言，其认知能力和判断能力更强，因而，《民法总则》要求监护人必须最大程度地尊重被监护人的真实意愿。所谓最大程度，是指监护人应当尽可能地尊重被监护人的意愿，由被监护人作出决定，在作出决定时，监护人只是起到一种保障并协助的作用。③例如，城市中许多老人都有自己的房屋，但老年人愿意以房养老，或

① 参见李世刚：《〈民法总则〉关于"监护"规定的释评》，载《法律适用》，2017（9）。
② 参见陈甦主编：《民法总则评注》上册，257～259页，北京，法律出版社，2017。
③ 参见石宏主编：《中华人民共和国民法总则条文说明、立法理由及相关规定》，78页，北京，北京大学出版社，2017。

者愿意将房屋以相当价格出售，或者将房屋长期出租等，这些事务究竟应当如何处置，监护人应当尽可能听取老年人的意愿，如果老年人有能力独立处理这些事务，就应当由其独立决定，监护人主要起到一种保障与协助的作用。在处分被监护人的财产时，监护人不能认为在房价涨到最高时，就代其出卖房屋。如果被监护人能够独立作出决定，则监护人只能提供意见供被监护人参考，最终还是由被监护人独立作出决定。我国《民法总则》强调尊重成年被监护人的意愿，既符合比较法上成年人监护制度的发展趋势；也有利于充分保护老年人的合法权益，彰显了民法的人文关怀理念。

应当指出的是，在实践中，适用最有利于被监护人的原则，可能会与尊重被监护人意愿发生冲突。例如，老年人执意要低价出售房屋，而作为其监护人的子女认为对其不利，则应当如何处理？笔者认为，此时，应当区分未成年人监护与成年人监护，对未成年人而言，受其年龄所限，其可能无法准确判断客观情况，此时，一概强调尊重其意愿，可能不利于保护其利益，因此，更应当强调最有利于被监护人的原则。而对成年人监护而言，由于成年人能够理解其行为的性质和判断行为的后果，此种监护的功能更多地强调对作为被监护人的成年人行为的一种辅助，因而更应当强调尊重被监护人意愿。当然，在判断某一事项是否有利于被监护人时，不应当纯粹从经济利益的角度加以认定，不宜认为凡是有利于增加被监护人财产利益的都是最有利于被监护人的，反之都是不利于被监护人的。例如，如果未成年人要求以其财产献爱心捐款，这一行为虽然会减少被监护人的财产，但可能有利于未成年人的身心健康和独立人格的发展，此时，也应当认定该行为符合最有利于被监护人的原则。

六、监护的终止

监护因一定的法律事实而发生，也因一定的法律事实而终止。监护设立的根据不同，终止的原因也不相同。《民法总则》第39条规定："有下列情形之一的，监护关系终止：（一）被监护人取得或者恢复完全民事行为能力；（二）监护人丧

失监护能力；（三）被监护人或者监护人死亡；（四）人民法院认定监护关系终止的其他情形。"依据这一规定，监护主要因下列原因而终止。

（一）被监护人取得或者恢复完全民事行为能力

对于未成年人的监护，自被监护人成年之日起，监护即终止。成年是一个法律事实，受监护的未成年人一旦年满 18 周岁，就成为成年人，具有完全民事行为能力，可以独立地进行民事活动。此时，监护当然终止。如果被监护人是精神病人，当其痊愈以后，经利害关系人申请，由人民法院撤销对其作出监护的裁决，才能导致监护关系终止。如果被监护人因其他原因而导致其丧失全部或部分民事行为能力，则当其恢复完全民事行为能力时，监护关系终止。

（二）监护人丧失监护能力

监护关系的成立以监护人具有行为能力为条件。监护人如果在履行职责过程中，丧失民事行为能力，也就根本不可能履行监护职责，从而自然应当导致监护关系终止。例如，监护人在履行职责过程中，突然患病陷入昏迷而丧失民事行为能力，则无法继续担任监护人。

（三）被监护人或者监护人死亡

监护关系是由双方当事人即监护人与被监护人共同构成的，任何一方的死亡，都将导致监护关系的终止。如果被监护人死亡，则监护关系就不必存在；而监护人死亡，则无人履行监护职责，监护关系自然也应当终止。

（四）人民法院认定监护关系终止的其他情形

如果存在人民法院认定监护关系终止的其他情形，则监护关系也应当终止。例如，在监护人不依法履行其监护职责，或者滥用监护人资格损害被监护人利益时，人民法院可以根据有关人员或者单位的申请，在查明事实后，撤销监护人的监护资格，从而导致监护关系终止。此外，如果有关当事人有正当理由，也可以向法院申请变更监护人，该申请得到法院许可，也可导致原监护关系终止。

监护人在一般情况下，不得抛弃其监护资格，也不得要求辞去监护，但如果确有正当理由使其不能履行监护职责，可以向指定机关提出申请，请求辞去监护资格。一般来说，辞去监护仅适用于指定监护的情况，而不能适用于法定监护。

《民法总则》第 39 条第 2 款规定："监护关系终止后，被监护人仍然需要监护的，应当依法另行确定监护人。"据此，即便出现了上述原因导致监护关系被终止，但在某些情况下，被监护人仍然需要监护。例如，监护人死亡后，被监护人仍未成年，仍然需要监护人，此时就应当依照《民法总则》的相关规定，重新确定监护人。如果由人民法院撤销监护人资格的，在撤销的同时，法院也应当依法指定监护人。

七、监护人资格的撤销

（一）撤销条件

所谓撤销监护资格，是指监护人在履行职责期间，从事了严重侵害被监护人权益的行为，被取消其监护资格的行为。法律之所以规定撤销监护人资格制度，主要是为了保护被监护人的合法权益，对监护人进行监督。在监护关系设定后，监护人因各种原因已经无法或者未能履行职责，从保护被监护人利益角度考虑，有必要规定监护资格撤销制度。《民法总则》第 36 条第 1 款规定："监护人有下列情形之一的，人民法院根据有关个人或者组织的申请，撤销其监护人资格，安排必要的临时监护措施，并按照最有利于被监护人的原则依法指定监护人：（一）实施严重损害被监护人身心健康行为的；（二）怠于履行监护职责，或者无法履行监护职责并且拒绝将监护职责部分或者全部委托给他人，导致被监护人处于危困状态的；（三）实施严重侵害被监护人合法权益的其他行为的。"这就对撤销监护人的资格原因和条件等作了明确规定。依据这一规定，撤销监护人资格的条件包括如下几种：

第一，实施严重损害被监护人身心健康行为的。监护制度的本意，是实现对被监护人的照管、保护，如果监护人对被监护人实施了严重损害其身心健康的行为，就构成撤销的事由。例如，监护人对被监护人实施性侵害，对被监护人进行暴力殴打、虐待等行为，都会严重损害被监护人的身心健康。此处所说的严重侵害，是针对被监护人的人身权益，而不是针对财产的侵害，而且侵害行为必须达

到造成严重损害后果的程度。

第二，怠于履行监护职责，或者无法履行监护职责并且拒绝将监护职责部分或者全部委托给他人，导致被监护人处于危困状态的。具体而言，其又可分为如下几种：一是怠于履行监护职责，导致被监护人处于危困状态的。监护人本应尽到对被监护人利益最大化的保护，但监护人不作为，怠于履行监护职责。[①] 例如，监护人明知被监护人挨饿受冻，而拒绝提供食物和衣物，使被监护人处于冻死饿死的危急状态，则可能导致其监护资格的撤销。二是无法履行监护职责并且拒绝将监护职责部分或者全部委托给他人，导致被监护人处于危困状态的。如果监护人因各种原因而无法履行监护职责，如监护人因吸毒、赌博、服刑、身患重病等原因而无法履行监护职责时，在此情形下，监护人应当尽快将监护职责委托给他人行使。如果监护人及时将监护职责委托给他人行使，则并不会导致其监护资格被撤销。只有当监护人自己无法履行监护职责，并且拒绝将监护职责部分或者全部委托给他人时，才会导致监护资格的撤销。在上述两种情形下，如果导致被监护人的权益受到重大损害、被监护人处于危困状态的，则将会发生监护人监护资格被撤销的情形。此处所说的被监护人处于危困状态，是指被监护人的人身权益受到重大威胁或侵害，如被监护人处于挨饿、受冻状态，或者居住在危楼之中极不安全。在此情形下，将会导致监护人监护资格的撤销。

第三，实施严重侵害被监护人合法权益的其他行为的。该规定是一个兜底条款，只要出现了其他严重侵害被监护人合法权益的行为，都可能导致监护人监护资格的撤销。例如，监护人恶意侵占被监护人的财产，导致被监护人合法财产权益受损。

（二）指定临时监护人

监护人被撤销之后，如果没有及时指定新的监护人，则被监护人就处于无人监护的状态，对其十分不利。如果被监护人的人身、财产处于无人监护的状态，就极易遭受第三人的侵害。因此，依据《民法总则》第 36 条第 1 款规定：人民

---

① 参见李适时主编：《中华人民共和国民法总则释义》，108 页，北京，法律出版社，2017。

法院根据有关个人或者组织的申请，在撤销监护人资格以后，应当为被监护人安排必要的临时监护措施。所谓临时监护措施，就是为了在短期内起到保护被监护人权益的作用而采取的一些监护措施。例如，将被监护人安置在医院、看护所等场所，委托医院负责看护等。在采取这些措施的同时，人民法院也应当按照最有利于被监护人的原则依法指定临时监护人。

（三）申请撤销的主体

并非任何人都有权申请撤销监护人的监护资格。只有了解被监护人的情形、能够为其提供照顾、保护等措施的人，或者与被监护人有一定利害关系的人，才能作为主体申请撤销监护资格。关于申请撤销监护资格的主体，《民法总则》第 36 条第 2 款规定："本条规定的有关个人和组织包括：其他依法具有监护资格的人，居民委员会、村民委员会、学校、医疗机构、妇女联合会、残疾人联合会、未成年人保护组织、依法设立的老年人组织、民政部门等。"在这些机构中，居民委员会、村民委员会都是群众性的自治组织，有义务办理一些公益性的事业，防止被监护人的利益受到侵害。至于学校、医疗机构、妇女联合会、残疾人联合会、未成年人保护组织、依法设立的老年人组织、民政部门等机构，也都与被监护人的成长、生活相关，对被监护人负有照顾、保护等义务。而且该条还使用了"等"字，就表明列举的这些机构并不是完全列举，即并不仅限于这些机构。这一规定作为兜底性的规定，尽量扩大了有权申请撤销监护资格的主体范围。

此外，《民法总则》第 36 条第 3 款还规定："前款规定的个人和民政部门以外的组织未及时向人民法院申请撤销监护人资格的，民政部门应当向人民法院申请。"这就规定了民政部门在其他个人或组织均未及时提起撤销申请时的申请义务。民政部门作为政府的职能部门，负有保护未成年人的义务，其本身就应当负担一定的社会救助义务，也可以防止出现无人申请的情况。我国的监护制度是以家庭监护为基础，以社会监护为补充，以国家监护作为保障的监护制度，这一规定实际上也强化了国家在监护制度中的义务，因此，在相关主体未向人民法院申请撤销监护人的，民政部门负有提出申请的义务。

（四）抚养费、赡养费、扶养费的支付

《民法总则》第 37 条规定："依法负担被监护人抚养费、赡养费、扶养费的父母、子女、配偶等，被人民法院撤销监护人资格后，应当继续履行负担的义务。"监护资格与扶养义务是区分的。抚养、赡养、扶养是法定的义务，是基于血缘等关系而确立的，这些义务不因监护关系的终止而终止。依《婚姻法》规定，法定扶养关系有如下几种：一是父母对未成年子女有抚养的义务。二是夫妻之间的相互扶养义务，这就是说，依据《婚姻法》第 20 条的规定，夫妻之间有相互扶养的义务。三是依据《婚姻法》第 21 条的规定，成年子女对父母负有赡养的义务。上述义务都是法定的义务，不因监护关系的撤销而终止，即便监护人的监护资格被撤销，上述义务仍然应当履行。

（五）监护资格的恢复

某人的监护资格被撤销后，并不意味着其永远丧失监护资格，在一定条件下也可以恢复。《民法总则》第 38 条规定："被监护人的父母或者子女被人民法院撤销监护人资格后，除对被监护人实施故意犯罪的外，确有悔改表现的，经其申请，人民法院可以在尊重被监护人真实意愿的前提下，视情况恢复其监护人资格，人民法院指定的监护人与被监护人的监护关系同时终止。"依据这一规定，监护资格的恢复必须具备如下几个条件：

第一，被撤销监护资格的人确有悔改表现的。该条规定仅适用于被撤销监护资格的自然人，主要包括两类人：一是被监护人的父母；二是被监护人的子女。如果这些人确有悔改的表现，则人民法院可以考虑恢复监护人的监护资格。当然，监护人不能仅有悔改的意愿，而且必须有悔改的行为。监护人是否有悔改的表现，应当由人民法院根据具体情形予以判断。[1]

第二，由被撤销监护资格的人提出申请。监护资格的恢复应当按照法定程序进行。监护人监护资格的恢复应当由监护人提出申请，愿意继续担任监护人。因此，即便监护人有悔改表现，且被监护人愿意恢复监护关系，该监护关系也不能

---

[1]　参见李适时主编：《中华人民共和国民法总则释义》，113 页，北京，法律出版社，2017。

当然恢复，而必须由人民法院依据法定程序予以恢复。

第三，被监护人愿意恢复。监护人监护资格的恢复应当尊重被监护人的意愿，这也有利于保障被监护人的健康成长。因此，在监护资格被撤销后，即便其确有悔改表现，但如果被监护人不愿意恢复其监护人资格，则人民法院仍然不能恢复其监护资格。

第四，不存在监护人实施故意犯罪的情形。根据 2014 年最高人民法院、最高人民检察院、公安部、民政部《关于依法处理监护人侵害未成年人权益行为若干问题的意见》第 40 条的规定，监护人具有下列情形之一的，一般不得判决恢复其监护人资格：（1）性侵害、出卖未成年人的；（2）虐待、遗弃未成年人 6 个月以上、多次遗弃未成年人，并且造成重伤以上严重后果的；（3）因监护侵害行为被判处 5 年有期徒刑以上刑罚的。

第五节　宣告失踪

一、宣告失踪的概念

宣告失踪是指自然人离开自己的住所下落不明达到法定的期限，经利害关系人申请，人民法院依照法定程序宣告其为失踪人的一项制度。从比较法上看，许多国家的立法都对宣告失踪制度作出了规定。例如，《法国民法典》第 112 条："一人停止出现在其住所地或居所地且他人无其音信时，监护法官得应有利益关系的当事人或检察院的请求，确认失踪推定。"《意大利民法典》第 49 条规定："自获得失踪人最后消息之日起经过两年，推定的法定继承人以及任何一个有理由认为由于失踪人的死亡能够取得失踪人财产的人都可以向有管辖权的法院按照前款的规定提出宣告失踪的申请。"我国《民法总则》也在《民法通则》规定的基础上，对宣告失踪制度作出了规定，该法第 40 条规定："自然人下落不明满二年的，利害关系人可以向人民法院申请宣告该自然人为失踪人。"这就对宣告失

踪制度作出了规定。

我国在改革开放以后，人口流动性日益增强，跨地区、跨国的人口流动日益普遍，人口的大规模流动、经济和社会生活的日益复杂性等，都可能带来人员失踪事件。自然人一旦失踪，将对其既有的财产关系产生重大影响：一方面，自然人失踪后，其财产将处于无人照管的状态，很容易受到他人侵害；另一方面，自然人失踪后，其难以主张债权，也难以及时履行债务，这可能影响经济秩序的稳定，对多方当事人的利益产生影响。因此，法律上特设置宣告失踪制度，通过人民法院确认自然人失踪的事实，并通过设置财产代管人管理失踪人的财产，及时了结其债权债务关系，以保护失踪人和利害关系人的利益，从而维护社会经济秩序的稳定。

当然，宣告失踪的成立应当以自然人离开自己的住所下落不明达到一定期限为条件，虽然现代通信方式十分发达，但个人偶尔中断与他人联系的现象也时常发生①，如果不设置个人下落不明达到一定期限的限制条件，很可能导致宣告失踪制度的滥用。因此，有必要明确宣告失踪的法定条件，尤其需要以自然人下落不明达到法定期限作为宣告失踪的限制条件。

二、宣告失踪的条件

宣告失踪应当符合法定的条件，依据《民法总则》第 40 条、第 41 条的规定，宣告失踪应当具备如下条件：

第一，必须有自然人下落不明满 2 年的事实。依据《民法总则》第 40 条的规定，宣告失踪要求自然人必须下落不明满 2 年。依据《民法通则意见》第 26 条的规定，所谓下落不明，是指自然人离开最后居所和住所后没有音信的状况，这种状况须持续、不间断地存在。② 如果自然人离开住所和居所后仍然有音信，只是因为通信等方面的原因无法联系到，并不属于下落不明。

---

① 参见陈甦主编：《民法总则评注》上册，296 页，北京，法律出版社，2017。
② 参见柳经纬：《民法总论》，94～95 页，厦门，厦门大学出版社，2000。

关于下落不明的起算点，《民法总则》第 41 条规定："自然人下落不明的时间从其失去音讯之日起计算。战争期间下落不明的，下落不明的时间自战争结束之日或者有关机关确定的下落不明之日起计算。"依据该条规定，自然人下落不明的时间起算点并不是其离开住所或者居所的时间，而是其失去音信的时间。如果自然人是在战争期间下落不明的，则其下落不明的时间应自战争结束之日起计算，如果有关机关确定了自然人下落不明的时间，则其下落不明的时间自该机关确定的时间起算。

第二，必须由利害关系人向人民法院提出申请。依据《民法总则》第 40 条的规定，宣告失踪需要利害关系人的申请。由于宣告失踪仅涉及当事人之间的私人事务，一般不涉及社会公共利益，因而，法院不能依据职权进行失踪宣告，宣告失踪必须由失踪人的利害关系人提出申请。关于利害关系人的范围，《民法总则》并没有作出规定，依据《民法通则意见》第 24 条的规定，"申请宣告失踪的利害关系人，包括被申请宣告失踪人的配偶、父母、子女、兄弟姐妹、祖父母、外祖父母、孙子女、外孙子女以及其他与被申请人有民事权利义务关系的人"。从该条规定来看，其既没有对申请宣告失踪的利害关系人的人数作出限制，也没有对其申请顺序作出限制，因此，上述利害关系人可以单独申请，也可以同时申请，而且其申请并没有顺序限制，即便这些利害关系人就是否宣告失踪发生冲突，只要符合受理的条件，法院就应当受理。[1]

第三，必须经过法院依据法定程序宣告。失踪宣告只能由人民法院作出，其他任何机关和个人无权作出宣告失踪的决定。人民法院在收到宣告失踪的申请以后，应当依据《民事诉讼法》规定的特别审理程序，发出寻找失踪人的公告，公告期满以后，仍没有该公民的音信时，人民法院才能宣告该公民为失踪人。

三、宣告失踪的法律后果

在自然人被宣告失踪后，其民事主体资格仍然存在，可以实施各种民事行

---

[1]　参见柳经纬：《民法总论》，95 页，厦门，厦门大学出版社，2000。

为。因此，宣告失踪并不产生消灭婚姻关系的效力，也不会使失踪人的财产被他人继承。依据《民法总则》的规定，宣告失踪的法律后果是为失踪人设置财产代管人。

(一) 财产代管人的设置

财产代管人是为失踪人管理财产的人。自然人在被宣告失踪后，有必要为其设置财产代管人，因为在自然人下落不明的情形下，其财产无人照管，可能遭受毁损、灭失，这就有必要设置财产代管人为其管理财产。同时，设置财产代管人也有利于及时了解失踪人的相关权利义务关系，从而维护社会经济秩序的稳定。[①]

关于财产代管人的设置，《民法总则》第 42 条规定："失踪人的财产由其配偶、成年子女、父母或者其他愿意担任财产代管人的人代管。代管有争议，没有前款规定的人，或者前款规定的人无代管能力的，由人民法院指定的人代管。"依据该条规定，在自然人被宣告失踪后，应当依据如下规则确定财产代管人：

第一，首先应当由其配偶、成年子女、父母或者其他愿意担任财产代管人的人代管。这是因为这些人毕竟与失踪人存在密切关系，由其代管财产更符合失踪人的利益。该条并没有对上述主体担任财产代管人的人数和顺序作出规定，因此，可以由上述人中的一人或者数人担任失踪人的财产代管人，而且上述主体在担任财产代管人方面并没有顺序上的限制。

第二，如果失踪人没有上述人担任财产代管人，或上述主体对担任失踪人的财产代管人有一定的争议，或者上述主体均无代管能力的，由人民法院指定财产代管人。从该条规定来看，其并没有对法院指定的财产代管人的范围进行限定，因此，人民法院可依具体情况确定合适的财产代管人。此时法院应当考虑失踪人利益的最大化。

(二) 财产代管人的地位

关于财产代管人的地位，存在两种不同的观点：一是代理人说，此种观点认为，财产代管人有与法定代理人同等的法律地位，德国的通说认为，失踪人的财

---

① 参见李浩：《民事诉讼法学》，432～433 页，北京，法律出版社，2011。

产保佐人（Abwesenheitspfleger）属于失踪人的法定代理人（gesetzlicher Vertreter）。[①]　其照管失踪人的全部或者一部分财产，同时一个保佐人也可以同时管理数个人的财产。[②]　二是管理人说，此种观点认为，财产代管人只是普通管理人的一种，在本质上和一般的财产管理人没有区别。

笔者认为，代管人属于法定代理人。失踪人财产代管人的职责主要是对失踪人的财产进行管理，当然，其在履行管理职责时，也需要代理失踪人实施一定的民事法律行为。如在法律以及法院授权的范围内有权代理失踪人从事一定的民事行为，即以失踪人的财产代其清偿债务，也有权代理其接受债权。由于此种代理是基于法律规定而产生的，因而其在性质上是一种法定代理，而且是法院所指定的代理。财产代管人虽然是失踪人的代理人，但是，它和一般代理人也存在差异。财产代管人不能全权代理失踪人从事民事活动，只能在法律和法院授权的范围内代理失踪人从事必要的民事活动。财产代管人通常不能从事与失踪人的债务清偿和债权追索无关的活动。[③]

（三）财产代管人的职责

依据《民法总则》第 43 条的规定，财产代管人的职责包括如下内容：

1. 妥善管理失踪人的财产。《民法总则》第 43 条第 1 款规定："财产代管人应当妥善管理失踪人的财产，维护其财产权益。"财产代管人管理失踪人财产的行为主要体现为一种消极的管理行为，如履行失踪人的债务，接受失踪人债务人的履行等，其一般不得积极利用失踪人的财产。当然，在特殊情形下，为了保护失踪人的利益，财产代管人也需要对失踪人的财产进行积极处分，如为防止失踪人的房屋倒塌，应当允许财产代管人请人代为修缮。同时，依据该条规定，财产代管人应当妥善管理失踪人的财产，且在管理失踪人的财产时应当尽到善良管理人的管理义务。

---

① MünchKomm/Schwab，§ 1911，Rn. 19.
② MünchKomm/Schwab，§ 1911，Rn. 17.
③ 参见杨立新：《中华人民共和国民法总则要义与案例解读》，175 页，北京，中国法制出版社，2017。

依据《民法总则》第 43 条第 3 款的规定，财产代管人只有因故意或者重大过失造成失踪人财产损失时，才需要承担赔偿责任，财产代管人在因一般过失造成失踪人财产损失时，其并不需要承担赔偿责任。法律上作出此种规定，主要是考虑到我国法上就无偿委托、赠与等情形，法律仅要求当事人对其故意或重大过失负责。从《民法总则》第 43 条第 3 款的规定来看，其也没有规定财产代管人的报酬请求权。

2. 清偿失踪人的债务，并追索其债权。代管人的另一项主要职责是代理失踪人履行债务和接受履行。一是代管人有权从失踪人的财产中支付税款、债务和其他应当支付的费用（如赡养费、抚养费等）。关于财产代管人履行管理职责的费用，《民法总则》第 43 条第 2 款规定："失踪人所欠税款、债务和应付的其他费用，由财产代管人从失踪人的财产中支付。"依据该条规定，财产代管人缴纳失踪人所欠税款、清偿债务以及所支出的其他费用，应当从失踪人的财产中支付。二是代管人应当尽力追索失踪人的债权，代理失踪人接受债权。如果财产代管人怠于主张债权或者怠于接受履行造成失踪人损失的，财产代管人应当承担赔偿责任。

当然，关于财产代管人是否有权请求报酬，《民法总则》并未作出规定。笔者认为，财产代管主要是对被宣告失踪人的财产进行临时管理，其只是对被宣告失踪人的财产进行一种维护，而不需要使该财产增值，因此，财产代管人原则上只能请求失踪人偿还履行财产代管职责所支出的必要费用，而不能请求失踪人支付管理报酬。

（四）财产代管人的变更

在自然人失踪期间，财产代管人可能因为丧失民事行为能力等原因而无法履行财产代管职责，此时，就有必要变更财产代管人。从比较法上来看，一般都认为，当代管人不履行职责时，利害关系人可以申请由法院来撤换相应代管人。①依据《民法总则》第 44 条的规定，财产代管人的变更主要包括如下情形：

---

① MünchKomm/Schwab，§1911，Rn. 23.

一是失踪人的利害关系人申请变更财产代管人。《民法总则》第 44 条第 1 款规定："财产代管人不履行代管职责、侵害失踪人财产权益或者丧失代管能力的，失踪人的利害关系人可以向人民法院申请变更财产代管人。"依据该规定，在财产代管人不履行代管职责、侵害失踪人财产权益或者丧失代管能力的情形下，为失踪人设置财产代管人的目的将难以实现，此时，失踪人的利害关系人有权向人们法院申请变更财产代管人。

二是财产代管人申请变更财产代管人。《民法总则》第 44 条第 2 款规定："财产代管人有正当理由的，可以向人民法院申请变更财产代管人。"依据该规定，如果财产代管人有正当理由，其也可以申请变更财产代管人。例如，财产代管人因为年龄、健康状况等原因难以有效履行财产代管职责，可能导致失踪人遭受损失的，此时，应当允许其向人民法院申请变更财产代管人。

在人民法院变更失踪人的财产代管人后，为保障新的财产代管人有效履行代管职责，同时为了明确当事人之间的权利义务关系，减少纠纷，原财产代管人应当及时将失踪人的有关财产移转给新的财产代管人，并且及时向新的财产代管人报告其担任财产代管人期间的代管情况。对此，《民法总则》第 44 条第 3 款规定："人民法院变更财产代管人的，变更后的财产代管人有权要求原财产代管人及时移交有关财产并报告财产代管情况。"

四、宣告失踪的撤销

（一）撤销失踪宣告的条件

自然人在被宣告失踪后，如果又重新出现，则其有权申请撤销失踪宣告，也可由其利害关系人申请撤销。关于宣告失踪的撤销，《民法总则》第 45 条第 1 款规定："失踪人重新出现，经本人或者利害关系人申请，人民法院应当撤销失踪宣告。"依据该规定，撤销失踪宣告应当符合如下条件：

1. 失踪人重新出现。依据该条规定，失踪人重新出现是撤销失踪宣告的条件，当然，失踪人重新出现并不限于失踪人回到原住所或者居住地，如果确知其

下落，也应当属于"失踪人重新出现"。

2. 经本人或者利害关系人申请。撤销失踪宣告需要被宣告失踪人本人或者其利害关系向人民法院提出申请。从该条规定来看，失踪人本人或者其利害关系人在申请撤销失踪宣告方面并没有顺序限制，在失踪人重新出现后，利害关系人中的一人或者数人都可向人民法院申请撤销失踪宣告。

3. 由人民法院撤销。撤销失踪宣告的申请应当向作出失踪宣告的人民法院提出，由法院作出撤销决定。关于撤销失踪宣告的程序，《民事诉讼法》第186条进一步详细规定了撤销失踪宣告的法定程序："被宣告失踪、宣告死亡的公民重新出现，经本人或者利害关系人申请，人民法院应当作出新判决，撤销原判决。"

（二）撤销失踪宣告的法律后果

失踪宣告一旦撤销，即产生如下法律效力：

一是财产代管关系终止。财产代管人是在自然人失踪期间代其管理财产，一旦失踪宣告被撤销，相应的财产代管关系也应当终止。当然，依据《民法总则》第45条第2款的规定，在失踪人重新出现的情形下，财产代管人即应当负有相应的移转财产和报告义务，此时，即应当认定财产代管关系已经终止。如果财产代管人以失踪人的名义与第三人订立了合同，则合同的效力不受影响，因为代管关系的终止仅对未来发生效力，不影响代管人在代管期间的代理权。

二是财产代管人的移交财产和报告义务。《民法总则》第45条第2款规定："失踪人重新出现，有权要求财产代管人及时移交有关财产并报告财产代管情况。"依据该条规定，一旦失踪人重新出现，则其就有权请求财产代管人移交有关财产，并有权请求财产代管人报告代管其财产期间的相关情况。

第六节　宣告死亡

一、宣告死亡的概念

所谓宣告死亡，是指自然人下落不明达到法定期限，经利害关系人申请，人

民法院经过法定程序在法律上推定失踪人死亡的一项制度。自然人长期下落不明可能导致相关的财产关系和人身关系长期处于不确定状态，这有可能影响经济秩序和社会秩序，通过宣告死亡制度，可以及时了结下落不明人与他人的财产关系和人身关系，从而维护正常的社会秩序。

与自然死亡类似，宣告死亡虽然也可以了结被宣告死亡人相关的财产关系和人身关系，但宣告死亡不同于自然死亡，表现在：一方面，自然死亡将终局性地了结该自然人的财产关系和人身关系，不存在恢复的可能；而宣告死亡虽然也可以了结被宣告死亡人的财产关系和人身关系，但该民事法律关系存在恢复的可能，即一旦死亡宣告被撤销，相关的财产关系和人身关系即可能恢复。另一方面，自然死亡将消灭该死亡自然人的民事主体资格；而宣告死亡毕竟属于对下落不明人死亡的一种推定，在该自然人仍然生存的情形下，其民事权利能力并不受影响①，其民事行为能力也不受影响。因此，自然人被宣告死亡后，如果其仍然处于生存状态，其仍然可以实施民事法律行为，依法取得民事权利，负担民事义务。

宣告死亡和宣告失踪的联系十分密切。多数情况下，在自然人下落不明后，其利害关系人都是先申请宣告失踪，后申请宣告死亡，因为一个人下落不明的时间越长，其死亡的可能性就越大。②但两者是存在区别的：一方面，从我国《民法总则》的规定来看，宣告失踪并不是宣告死亡的必要步骤和条件。也就是说，只要符合申请宣告死亡的条件，不论利害关系人是否曾经申请宣告失踪，都可以直接到法院申请宣告死亡。③另一方面，宣告死亡与宣告失踪的制度功能是不同的，宣告失踪制度主要解决的是被宣告失踪人的财产管理问题，而宣告死亡的制度则是为了彻底解决民事法律关系因某自然人长期失踪而产生的不确定状态④，即通过宣告死亡制度，消除某些可能使法律关系悬而不决的因素，从而维持法律

①　参见王泽鉴：《民法总则》，118页，北京，北京大学出版社，2009。
②　参见朱庆育：《民法总论》，381页，北京，北京大学出版社，2013。
③　参见李适时主编：《中华人民共和国民法总则释义》，132页，北京，法律出版社，2017。
④　参见陈甦主编：《民法总则评注》上册，330页，北京，法律出版社，2017。

关系的稳定。①

因为宣告失踪并非宣告死亡的必经程序，所以，《民法总则》第 47 条明确规定："对同一自然人，有的利害关系人申请宣告死亡，有的利害关系人申请宣告失踪，符合本法规定的宣告死亡条件的，人民法院应当宣告死亡。"从法律上看，对同一自然人而言，如果有的利害关系人申请宣告失踪，有的申请宣告死亡，则法院只能作出一种宣告，而不能同时作出失踪宣告和死亡宣告，因为二者在效力上存在一定的冲突。例如，就财产关系而言，在宣告失踪的情形下，需要为失踪人设置财产代管人；而在宣告死亡的情形下，将产生继承的效力，而不产生设置财产代管人的效力。同时，从《民法总则》的规定来看，宣告死亡不仅解决失踪人的财产关系，而且能够解决失踪人的人身关系，与宣告失踪相比，其效力范围更为广泛，能够终局地解决失踪人的权利义务关系②，因此，如果有的利害关系人申请宣告失踪，有的利害关系人申请宣告死亡，如果符合宣告死亡的条件，应当作出死亡宣告。

二、宣告死亡的条件

《民法总则》第 46 条规定："自然人有下列情形之一的，利害关系人可以向人民法院申请宣告该自然人死亡：（一）下落不明满四年；（二）因意外事件，下落不明满二年。因意外事件下落不明，经有关机关证明该自然人不可能生存的，申请宣告死亡不受二年时间的限制。"该条对宣告死亡的条件作出了规定，依据该条规定，宣告死亡必须具备以下条件：

第一，自然人下落不明达到法定期限。如前所述，下落不明是指自然人离开最后居所和住所后没有音信的状况。在宣告死亡的情形下，自然人的下落不明主要是指生死不明，如果确知某人仍然活着，只是没有和家人联系或者不知道其确切地址，不能认为其下落不明。

---

① 参见朱庆育：《民法总论》，381 页，北京，北京大学出版社，2013。
② 参见李适时主编：《中华人民共和国民法总则释义》，132 页，北京，法律出版社，2017。

依据《民法总则》第 46 条的规定，在申请宣告死亡的情形下，自然人下落不明达到法定期限可以分为如下两种情形：一是一般情形下，下落不明满 4 年。可见，与宣告失踪相比，在宣告死亡的情形下，自然人下落不明的时间应当更长，因为在宣告失踪的情况下，只是发生了被宣告失踪人的财产代管和债权债务了结的后果，但宣告死亡以后，还会发生继承的开始、身份关系的解除等，因此，宣告死亡的条件应当比宣告失踪严格，下落不明的时间应当比宣告失踪时所要求的时间长。[①] 二是在自然人因意外事件下落不明时，其下落不明需要满 2 年。由于自然人在因意外事件下落不明的情形下，其生存的可能性相对较小，因而，宣告其死亡时对其下落不明的时间要求也相对较短。此外，依据《民法总则》第 46 条的规定，在自然人因意外事件下落不明的情形下，如果有关机关证明该自然人不可能生存的，此时，申请宣告该自然人死亡不受 2 年时间的限制，即在此情形下，其利害关系人即可申请宣告该自然人死亡。例如，发生沉船事故后，相关部门进行了紧急搜救，证实失踪乘客已不可能生存，此时，其利害关系人可以立即申请宣告该人死亡，而不受 2 年期限的限制。

第二，必须要由利害关系人提出申请。依据《民法总则》第 46 条的规定，宣告死亡需要由利害关系人向人民法院提出申请，此处所说的利害关系人，是与被宣告死亡法律后果具有利害关系的人。关于各利害关系人在申请死亡宣告时是否有顺序的先后，存在不同观点：一种观点认为，宣告死亡的利害关系人包含的范围很广，如果没有顺序的限制，就会出现此种情形，即父母要求宣告死亡，但配偶并不希望宣告死亡，如果满足父母的请求，就会干涉配偶的婚姻自主，因此，应有顺序规定。另一种观点认为，我国法律不应当规定申请宣告死亡的顺序，因为如果顺序在先的当事人不申请，则失踪人长期不能被宣告死亡，造成财产关系长期不能稳定。《民法总则》没有对各利害关系人申请宣告死亡的顺序作出规定，但《民法通则意见》第 25 条规定："申请宣告死亡的利害关系人的顺序是：（一）配偶；（二）父母、子女；（三）兄弟姐妹、祖父母、外祖父母、孙子

[①]　参见李适时主编：《中华人民共和国民法总则释义》，129 页，北京，法律出版社，2017。

女、外孙子女；（四）其他有民事权利义务关系的人。申请撤销死亡宣告不受上列顺序限制。"该司法解释确立了宣告死亡申请人的顺序。这就意味着，居于优先次序的利害关系人对失踪人不申请宣告死亡的，后一顺序的利害关系人不得提出死亡宣告的申请。当然，同一顺序的利害关系人之间则无优先次序，如果部分申请宣告死亡而部分不同意宣告死亡的，则应宣告死亡。

第三，必须要由人民法院作出宣告。依据《民法总则》第46条的规定，死亡宣告应当由人民法院作出。人民法院在受理死亡宣告的申请后，应当按照《民事诉讼法》规定的特别审理程序发出寻找下落不明人的公告，公告期届满，没有其音信的，人民法院才能作出死亡宣告。我国《民事诉讼法》对宣告死亡的程序也作出了规定，在进行死亡宣告时，应当依据相关规定处理。

三、宣告死亡时间的认定

在宣告死亡的情形下，自然人死亡时间的认定对于确定相关的权利义务关系具有重要意义。被宣告死亡是人民法院基于利害关系人的申请，依据法定程序推定下落不明的自然人死亡的一种法律制度。作出这种推定首先要确定死亡的具体时间，如果死亡的时间不确定，就不利于准确认定相关的权利义务关系。例如，自然人死亡时间的认定，对于死亡赔偿金的计算、养老金的领取、抚恤金的领取、继承开始时间的确定，甚至婚姻关系的终止时间等，均具有重要意义。

关于宣告死亡情形下自然人死亡时间的认定，《民法总则》第48条规定："被宣告死亡的人，人民法院宣告死亡的判决作出之日视为其死亡的日期；因意外事件下落不明宣告死亡的，意外事件发生之日视为其死亡的日期。"该条将宣告死亡情形下自然人的死亡时间区分为两种情形：

一是一般情形下被宣告死亡时死亡时间的认定。依据该条规定，一般情形下，在自然人被宣告死亡时，人民法院宣告死亡的判决作出之日视为其死亡时间。该规则基本沿袭了《民法通则意见》的规则，该司法解释第36条第1款规定："被宣告死亡的人，判决宣告之日为其死亡的日期。判决书除发给申请人外，

还应当在被宣告死亡的人住所地和人民法院所在地公告。"该规则被实践证明是行之有效的。因此，《民法总则》继受了这一经验，将人民法院宣告死亡的判决作出之日视为自然人的死亡时间。

二是因意外事件被宣告死亡时死亡时间的认定。依据该条规定，在因意外事件导致自然人下落不明，该自然人被宣告死亡的，该意外事件发生的日期将视为该自然人的死亡日期。例如，马航 MH370 航班事故属于众所周知的意外事故，该事故发生后，相关人员生死未卜，此时，如果依法作出死亡宣告，则相关人员的宣告死亡时间应当是该事故发生的日期。

四、宣告死亡的法律后果

在我国，宣告死亡的后果可以概括为推定被宣告人死亡，从而发生与自然死亡相同的效力。当然，其与自然死亡的法律后果并不完全相同。

（一）宣告死亡的效力及于一切人

自然人一旦被宣告死亡，将产生消灭其既有财产关系和人身关系的效力，该效力不仅及于申请人，而且及于其他任何人。① 也就是说，不仅申请宣告死亡者可以主张死亡宣告的效力，而且，其他所有人都可以据此提出相应的权利主张。

（二）宣告死亡并不当然消灭被宣告死亡人的民事主体资格

宣告死亡的目的在于终结被宣告死亡人原有的财产关系和人身关系，但其不同于自然死亡，其只是对下落不明的自然人死亡的一种拟制，不能完全等同于自然死亡。在德国法中，死亡宣告的效力仅仅产生一种推定，即推定失踪人在失踪判决所标明的时间为死亡，但这种推定可以被推翻，特别是为被宣告死亡者的重新出现所推翻。② 可见，宣告死亡并非为了绝对地消灭或剥夺被宣告死亡人的主体资格，而在于结束以被宣告死亡人原住所地为中心的民事法律关系。③ 自然人

---

① 参见施启扬：《民法总则》，修订 8 版，79 页，北京，中国法制出版社，2010。
② 参见〔德〕迪特尔·梅迪库斯：《德国民法总论》，邵建东译，789 页，北京，法律出版社，2000。
③ 参见王泽鉴：《民法总则》，111 页，北京，北京大学出版社，2009。

在被宣告死亡后仍然可能生存，并且也必然会从事一些民事活动，由此产生一些新的民事法律关系。如果被宣告死亡的失踪人被认为完全没有权利能力，则其从事任何行为都是无效的，这显然不符合法理。假如被宣告死亡的自然人完全没有权利能力还可以自行向法院申请撤销对他的死亡宣告，即实施有效的诉讼行为，这在民法上是无法解释的。[①] 因此，《民法总则》第49条规定："自然人被宣告死亡但是并未死亡的，不影响该自然人在被宣告死亡期间实施的民事法律行为的效力。"依据该条规定，在被宣告死亡后，如果自然人仍然生存的，则其主体资格并不受影响，其在被宣告死亡后所实施的民事法律行为的效力也不受影响。

（三）财产关系的变动

自然人被宣告死亡后，将对其财产关系产生一定的影响。如前所述，宣告死亡将产生消灭自然人原有的人身关系和财产关系的效力，因此，自然人一旦被宣告死亡，其财产将作为遗产由其继承人继承。同时，被宣告死亡的自然人的债权人也有权请求该自然人的继承人清偿债务。

（四）婚姻关系的消灭

自然人一旦被宣告死亡，其婚姻关系将消灭。对此，《民法总则》第51条规定："被宣告死亡的人的婚姻关系，自死亡宣告之日起消灭。"依据该条规定，自然人一旦被宣告死亡，其婚姻关系将自死亡宣告之日起消灭。宣告死亡制度的主要功能是了结被宣告死亡人原有的人身和财产关系，因此，死亡宣告一旦作出，被宣告死亡人的婚姻关系即应当消灭。

五、死亡宣告的撤销

（一）死亡宣告撤销的条件

宣告死亡毕竟是一种法律上的死亡推定，该推定是可以被推翻的[②]，如果自然人被宣告死亡后，其客观上仍然可能处于生存状态，在确知该自然人仍然生存

---

① 参见柳经纬：《民法总论》，97页，厦门，厦门大学出版社，2000。
② 参见史尚宽：《民法总论》，97页，北京，中国政法大学出版社，2000。

时，其本人或者利害关系人即有权撤销之前的死亡宣告。对此，《民法总则》第50条规定："被宣告死亡的人重新出现，经本人或者利害关系人申请，人民法院应当撤销死亡宣告。"依据该条规定，死亡宣告的撤销应当具备如下条件：

一是被宣告死亡的人重新出现。被宣告死亡的人重新出现包括的情形很多，例如，该自然人回到原住所或者居住地，或者有人确知其下落，或者虽然难以确定其下落，但确定其仍然处于生存状态。只要出现了能够确定被宣告死亡人仍然生存、否定其已经死亡的情形，就可以认定属于该条所规定的"重新出现"。

二是必须经本人或者利害关系人申请。虽然被宣告死亡人重新出现，但并不意味着其原有的人身、财产关系就当然恢复，而必须要经过本人和利害关系人申请，由人民法院作出新的判决，撤销原有的死亡宣告。毕竟，死亡宣告的判决具有既判力，而且已经产生了相应的法律后果，所以，要推翻该判决，也必须经过法定的程序。① 这就是说，撤销死亡宣告需要被宣告死亡人或者利害关系人提出申请，当然，从《民法总则》第50条的规定来看，其并没有对申请撤销死亡宣告的利害关系人的顺序和人数进行限制，因此，只要被宣告死亡的人重新出现，任何一个利害关系人都可以申请撤销死亡宣告。

三是由人民法院作出撤销宣告。《民事诉讼法》在特别程序中对撤销死亡宣告作出了规定，该法第186条规定："被宣告失踪、宣告死亡的公民重新出现，经本人或者利害关系人申请，人民法院应当作出新判决，撤销原判决。"

（二）死亡宣告撤销的法律后果

1. 财产关系应当恢复

死亡宣告的撤销将产生财产关系恢复的效果。对此，《民法总则》第53条第1款规定："被撤销死亡宣告的人有权请求依照继承法取得其财产的民事主体返还财产。无法返还的，应当给予适当补偿。"依据该条规定，一旦自然人的死亡宣告被撤销，其继承人应当向其返还自己依照继承法所取得的财产，原则上应

---

① 参见李适时主编：《中华人民共和国民法总则释义》，137 页，北京，法律出版社，2017。

当返还原物。由于宣告死亡只是对死亡的一种拟制，被宣告死亡的自然人仍然可能生存，在被宣告死亡的自然人重新出现后，对其死亡的拟制将被推翻，相关当事人通过继承所取得的财产应当返还给被宣告死亡的人。同时，继承人取得遗产是无偿的，课以其返还义务也不会不当加重其负担。值得讨论的是，某人被宣告死亡后，其子女已经继承了其财产，后将该财产赠与他人，受赠人是否应当返还？如果按照不当得利的规则，善意的受益人仅以其现存利益为限进行返还。所以，受赠人应当负有返还的义务，主要是因为受赠人无偿取得了利益。对此，比较法上往往都有规定（如《德国民法典》第822条、我国台湾地区"民法"第183条），我国民法虽然没有明确规定，但可以作出同样的解释。

当然，由于继承人对宣告死亡的发生并无过错，且属于合法取得财产，在其取得财产后，有权将财产使用、消费，因而在死亡宣告被撤销后，如果其所继承的财产无法返还，如财产已经毁损灭失，其并不需要承担赔偿责任，而只需要给予适当补偿。[①] 所谓适当补偿，主要是考虑返还义务人取得的财产价值、返还能力以及获得的利益。

《民法总则》第53条第2款规定："利害关系人隐瞒真实情况，致使他人被宣告死亡取得其财产的，除应当返还财产外，还应当对由此造成的损失承担赔偿责任。"依据这一规定，利害关系人承担此种责任应当符合如下条件：

第一，利害关系人隐瞒了失踪人未死亡的信息。此处所说的"隐瞒真实情况"应当是指利害关系人明知或者应当知道失踪人并未死亡，但故意隐瞒这一事实，从而导致失踪人被错误地宣告死亡。[②] 利害关系人隐瞒真实情况，是指利害关系人明知被宣告死亡人未死亡，却故意告知其下落不明，或者在被询问时，未告知被宣告死亡人未死亡的信息。

第二，必须因此致使他人被宣告死亡。也就是说，如果利害关系人如实向法院告知失踪人未死亡的信息，则该失踪人将不会被宣告死亡。当然，某人被宣告死亡并不需要隐瞒真实信息的利害关系人自己提出死亡宣告申请。

---

① 参见李适时主编：《中华人民共和国民法总则释义》，141页，北京，法律出版社，2017。
② 参见陈甦主编：《民法总则评注》上册，368～369页，北京，法律出版社，2017。

第三，因死亡宣告取得其财产。即隐瞒真实信息的利害关系人因失踪人被宣告死亡后取得了其财产。当然，取得财产的原因可以是继承，也可以是基于其他原因取得财产。因此，在死亡宣告被撤销后，利害关系人除了应返还因此所取得的财产外，如果被宣告死亡人还有其他损失，则该利害关系人仍然应当予以赔偿。因为在利害关系人隐瞒真实情况的情形下，其取得相关财产具有一定的过错，所以，其既需要向被宣告死亡人返还因此所取得的全部财产，还应当赔偿损失。此处的赔偿责任不同于该条第1款所规定的补偿责任，应当坚持完全赔偿原则。

2. 婚姻关系的恢复

《民法总则》第51条规定："死亡宣告被撤销的，婚姻关系自撤销死亡宣告之日起自行恢复，但是其配偶再婚或者向婚姻登记机关书面声明不愿意恢复的除外。"依据该条规定，被宣告死亡人的婚姻关系原则上应当自行恢复。但在例外情形下，其婚姻关系则不能自行恢复。依据该条规定，该例外情形包括如下两种：一是其配偶已经再婚。因为在死亡宣告后，被宣告死亡人的婚姻关系已经消灭，其配偶可以再婚，该婚姻也受到法律保护，在此情形下，即便死亡宣告被撤销，被宣告死亡人的婚姻关系也不能当然恢复，这也有利于维持婚姻家庭关系的稳定。如果配偶再婚，即使再婚后又离婚或再婚后新配偶死亡，其与被宣告死亡的配偶之间的婚姻关系也不得自动回复。二是其配偶向婚姻登记机关书面声明不愿意恢复。也就是说，如果被宣告死亡人的配偶不愿意恢复婚姻关系的，则其有权向婚姻登记机关声明不愿恢复婚姻关系。该条要求当事人必须作出书面声明，主要是为了避免发生争议。法律作出此种规定，有利于保护当事人的婚姻自由。[①] 从该条规定来看，其并没有对被宣告死亡人的配偶作出书面声明的时间作出限定，因此，其既可以在死亡宣告被撤销前作出，也可以在死亡宣告被撤销后作出。

3. 对收养关系的影响

《民法总则》第52条规定："被宣告死亡的人在被宣告死亡期间，其子女被

---

① 参见石宏主编：《中华人民共和国民法总则条文说明、立法理由及相关规定》，106～107页，北京，北京大学出版社，2017。

他人依法收养的，在死亡宣告被撤销后，不得以未经本人同意为由主张收养关系无效。"宣告死亡具有消灭自然人既有人身关系的效力，因此，自然人一旦被宣告死亡，如果符合收养的条件，其子女就可以被他人收养，依法产生的收养关系受法律保护，非因法律规定的原因，不得擅自解除或者被宣告无效。法律作出此种规定，有利于维护合法收养关系的效力，保持收养关系的稳定性，也有利于保护被收养人和收养人的利益。

第七节　个体工商户和农村承包经营户

一、两户制度

在我国，"两户"是个体工商户和农村承包经营户的简称。在改革开放之前，自然人从事经营活动受到严格限制。为了扩大自然人从事经营（包括工商业经营和农业经营）的自由，我国《民法通则》设立了个体工商户和农村承包经营户。可以说，"两户"是改革成果的制度化。

个体工商户是自然人从事工商业经营的法律形式，是自然人成为市场经济主体、参与工商业经营活动的重要途径。这一制度设计推动了市场经济的发展。截至 2016 年年底，我国已登记的个体工商户数量，达到 5 929 多万户，其在经济生活中发挥着十分重要的作用。[①] 在法律上规定个体工商户的法律地位，不仅有助于解决就业问题，而且有利于推动"大众创业、万众创新"。目前，农村承包经营户有两亿三千多户，并且成为我国家庭承包经营为基础、统分结合的农村经济制度的重要载体。[②]《民法总则》要巩固改革成果，进一步推进改革，有必要继续规定两户制度。

关于个体工商户、农村承包经营户能否成为独立的民事主体，学理上存在不

[①②] 参见石宏主编：《中华人民共和国民法总则条文说明、立法理由及相关规定》，111 页，北京，北京大学出版社，2017。

同的看法。《民法总则》将两户规定在自然人之中，表明其没有与自然人的主体资格完全发生分离。但是，这并不意味着，"户"本身不是民事主体。笔者认为，《民法总则》规定两户制度，认可了家庭单位可以参与民事活动，认可了其民事主体地位。家庭是社会最基本的细胞，从广义上说，也是一种社会组织。从历史发展上看，家庭逐渐从家族中分离出来，演变为以父母子女为核心的小家庭，并在组织社会生活中发挥重要的功能，其中就包括了生产、分配、消费等经济功能。[1] 据《汉书·食货志》记载，秦律已经规定了户籍制度，并将父亲规定为户主，对家庭财产享有支配权。[2] 据学者考证，宋代的民间商业活动大多是以家庭为单位而进行的，工商业经营活动在宋代的家庭生活中占有重要地位。[3] 在古代，家庭是小农经济的主体，能够以自己的名义参与各种经济活动。[4] 虽然现代社会重视突出个人的独立人格，但家庭仍然可以作为独立的民事主体。从广义上讲，家庭也属于组织体的范围，能够独立地表达自己的意志，且能够对外承担责任，在组织社会过程中具有重要地位。尤其是从我国实践来看，个体工商户本身是可以登记的，类似于国外的商自然人。而承包经营户历来都是以户为单位从事生产经营活动，所以，法律上规定"两户"也是对现实的认可，且有利于调整家庭参与民事交往活动的行为。

二、个体工商户

（一）个人工商户的概念和特征

《民法总则》第 54 条规定，"自然人从事工商业经营，经依法登记，为个体工商户。"据此可见，个体工商户，是指经过依法登记，从事工商业经营的自然

---

[1] 参见肖立梅：《家庭的民事主体地位研究》，载《河北法学》，2009（3）。

[2] 参见张晋藩：《中国法制史》，207 页，北京，群众出版社，1994。

[3] 参见田欣：《宋代商人家庭的经营活动研究述评》，载《廊坊师范学院学报》（社会科学版），2008（4）。

[4] 参见曹贤信、李苏苊：《家庭成为民事主体的理论证成与法律协调》，载《中华女子学院学报》，2017（1）。

人。关于个体工商户的性质，理论上存在不同观点。从《民法总则》的规定来看，其将个体工商户规定在"自然人"一章中，表明其在性质上仍然属于从事工商业经营活动的自然人，而不应当属于非法人组织。当然，自然人一旦以个体工商户的名义从事工商业经营活动，就成为商事主体。个体工商户的特征主要在于：

第一，它是商事主体的一种类型。虽然个体工商户是在"自然人"部分规定的，但是，它与自然人不完全相同。个体工商户可以是一个自然人，也可以由数个自然人组成。根据《个体工商户条例》第2条的规定，"有经营能力"的自然人可以申请成为个体工商户，因而作为个体工商户的自然人，应当具备经营能力，参与市场经济活动。但个体工商户又不是一个组织体，即使是家庭经营，家庭也并非一般意义上的组织。

第二，它有自己的经营范围。个体工商户主要从事工商业经营活动，当然，其经营活动是有一定的范围限制的。在我国，《个体工商户条例》等要求个体工商户明确其经营范围，该经营范围也决定了个体工商户的权利能力和行为能力范围。依据《个体工商户条例》的规定，个体工商户的经营范围应当依法办理登记。

第三，它必须依法办理登记。自然人要成为个体工商户，不需要出资，但必须依法进行登记。在这一点上，它和法人和非法人组织的设立是不同的。法律要求个体工商户必须依法登记，是为了有效规范和监管个体工商户的经营活动，保障其正常合法经营。法律也不要求其必须具有字号和名称。依据《民法总则》第54条的规定，个体工商户可以起字号，这是个体工商户依法享有的权利。

依据《个体工商户条例》第4条的规定，自然人在办理个体工商户登记时，并不需要登记机关的批准，只要不属于法律、行政法规禁止进入的行业，登记机关都应当办理登记，这就极大地保障了个人的经营自由。[①] 依据《民法通则》第26条的规定，公民只有在法律允许的范围内经核准登记从事工商业经营的，才

---

① 《个体工商户条例》第4条规定："国家对个体工商户实行市场平等准入、公平待遇的原则。申请办理个体工商户登记，申请登记的经营范围不属于法律、行政法规禁止进入的行业的，登记机关应当依法予以登记。"

属于个体工商户，而从《民法总则》第 54 条规定来看，其删除了《民法通则》中"在法律允许的范围内"的表述，既体现了对当事人私法自治的尊重①，也体现了对自然人经营自由的保障。

（二）个体工商户的债务承担

《民法总则》第 56 条第 1 款规定："个体工商户的债务，个人经营的，以个人财产承担；家庭经营的，以家庭财产承担；无法区分的，以家庭财产承担。"可见，该规定采取了区别处理的模式：

一是个人经营的个体工商户，以个人财产承担债务。从登记的角度来看，个人经营的个体工商户会明确登记为"个人经营"。因为在个人经营的情况下，个体工商户和经营者是同一个主体，由于个体工商户并没有独立的财产，因而，应当以经营者的个人财产承担债务。

二是家庭经营的个体工商户，以家庭财产承担债务。在办理登记时，个体工商户可以被明确地登记为"家庭经营"。家庭经营个体工商户的，以家庭财产承担。不过，从实践来看，有些个体工商户虽然登记为"个人经营"，但其他家庭成员也参与到经营之中，从而形成事实上的家庭经营。这里所说的家庭财产，包括从事经营的各个家庭成员的个人财产和共同财产。因为在家庭经营的情况下，家庭成员的个人财产也要投入家庭经营之中，因而个体工商户的财产无法与家庭财产区分开来。法律上要求用家庭财产承担债务，有利于强化对债权人的保护。

三是无法区分个人经营还是家庭经营的，以家庭财产承担债务。在有些情况下，个体工商户究竟是个人经营还是家庭经营难以区分。例如，虽然登记为"个人经营"，但是其家庭成员也参与了经营活动。为了解决此时的债务承担问题，也为了强化对债权人的保护，我国《民法总则》第 56 条第 1 款中规定，"无法区分的，以家庭财产承担"。

在此需要讨论的是，个人财产和家庭财产的区分标准问题。一般来说，个人财产就是指个人的财产包括共同财产中的个人份额。例如，依据《婚姻法》第

---

① 参见杨震：《民法总则"自然人"立法研究》，载《法学家》，2016（5）。

18条的规定和相关司法解释，夫妻一方的个人特有财产包括：（1）一方的婚前财产；（2）一方因身体受到伤害获得的医疗费、残疾人生活补助费等费用；（3）遗嘱或赠与合同中确定只归夫或妻一方的财产；（4）一方专用的生活用品；（5）其他应当归一方的财产。① 如果夫妻一方登记了个体工商户，其个人财产不仅包括前述个人特有财产，还应当包括其在夫妻共同财产中的份额。

根据《个体工商户条例》第12条的规定："个体工商户不再从事经营活动的，应当到登记机关办理注销登记。"但是，法律上并没有要求个体工商户注销登记之前要进行清算，这是因为个体工商户的财产与经营者的财产并没有区分开来，而且由于个体工商户的经营者要承担无限责任，因而并无清算的必要。

三、农村承包经营户

（一）农村承包经营户的概念

《民法总则》第55条规定："农村集体经济组织的成员，依法取得农村土地承包经营权，从事家庭承包经营的，为农村承包经营户。"据此，所谓农村承包经营户，是指依法取得农村土地承包经营权，从事家庭承包经营的农户。农村承包经营户的出现是我国20世纪70年代末农村经济体制改革的产物，其至今仍然是最为重要的农村集体经济的经营形式。② 我国《宪法》第8条规定："农村集体经济组织实行家庭承包经营为基础、统分结合的双层经营体制。"因此，明确农村承包经营户的法律地位，保障其合法权益，是落实宪法确立的基本经济制度的要求。

比较而言，农村承包经营户与个体工商户的区别在于：

第一，农村承包经营户是以"户"为单位从事家庭承包经营的。户本身不是

---

① 《婚姻法司法解释（二）》第13条规定："军人的伤亡保险金、伤残补助金、医药生活补助费属于个人财产。"

② 参见苏号朋：《民法总论》，131页，北京，法律出版社，2006。

组织体，而是基于血缘、婚姻等而组成的。而个体工商户并非都是以"户"为单位从事经营，其可以是个人经营，也可以是家庭经营，在经营方式上是比较灵活的。从我国农村改革的趋势来看，虽然逐步允许专业大户、家庭农场、专业合作社、农业企业取得农村土地承包经营权，但农村承包经营户仍然是重要的农村集体经济的经营形式。

第二，农村承包经营户需要依法取得农村土地承包经营权。依据《民法总则》第 55 条的规定，农村承包经营户可以取得农村土地承包经营权，土地承包经营权是指权利人依法对其承包经营的耕地、林地、草地等享有占有、使用和收益的权利，依据《物权法》的规定，该权利在性质上属于独立的用益物权。[①] 该项权利是承包经营户对其依据承包合同所取得的土地进行占有和从事农业生产经营活动并获得收益的权利，土地承包经营权是以耕作、养殖等为目的而使用他人土地的权利，其所涉及的生产经营活动包括一切以农业为目的的生产活动。[②] 农村承包经营户可以将该权利流转，也可以利用该权利进行融资，而且在该权利被征收的情况下，农村承包经营户还有权获得征收补偿，这就更有利于保护农村承包经营户的权利。

第三，农村承包经营户从事的是土地承包经营。个体工商户从事的是工商业经营，还必须经过登记方能取得营业执照。而农村承包经营户主要从事的是农业生产，不需要取得营业执照。土地承包经营权人有权从事以耕作、养殖等以农业为目的的生产活动。他们在土地上进行耕种，通过劳动取得一定的产品，并取得对该产品的所有权，其可以自己使用该产品，也可以作其他处分。土地承包经营人有权在流转合同到期后按照同等条件优先续租承包土地[③]，在土地被征收的情况下，可以获得合理补偿。

第四，农村承包经营户并不以登记为前提，只要依法取得了农村土地承包经

---

① 参见杨震：《民法总则"自然人"立法研究》，载《法学家》，2016（5）。

② 参见丁关良：《农村土地承包经营权性质的探讨》，载《中国农村经济》，1999（7）。

③ 参见中共中央办公厅 国务院办公厅印发《关于完善农村土地所有权承包权经营权分置办法的意见》。

营权，就应当认定其主体资格。有学者认为，农村承包经营户与个体工商户、个人独资企业一样，属于商自然人。[1] 笔者认为，农村承包经营户与个体工商户仍然存在一定的区别，个体工商户更类似于商自然人，农村承包经营户则不同。这主要是因为个体工商户必须依法办理登记，但法律并不要求农村承包经营户必须办理登记。个体工商户可以起字号，该字号可作为名称权予以保护，而农村承包经营户并不享有起字号的权利。另外，农村承包经营户是从事农业经营，因此，其所从事的并非商事活动。

（二）农村承包经营户的债务承担

考虑到农村承包经营户是以"户"为单位进行农业经营活动的，因此，其债务也应当由"户"来承担。依据《民法总则》第56条第2款规定："农村承包经营户的债务，以从事农村土地承包经营的农户财产承担"。这里所说的"农户财产"包括该户内成员的个人财产和共同财产。例如，夫妻二人组成农村承包经营户，在债务承担时，责任财产既包括夫妻的个人财产，也包括夫妻的共同财产。需要说明的是，此处所说的"农户财产"，仅是指农户自身的财产，而不能包括农村集体经济组织的财产。例如，农地的所有权归集体所有，所以，不能作为农户财产。农户只能以其对农地享有的土地承包经营权对其债务负责。

《民法总则》第56条第2款规定："事实上由农户部分成员经营的，以该部分成员的财产承担。"这也体现了权利义务一致的原则。所谓"事实上由农户部分成员经营"，就是指虽然以农户的名义签订了土地承包经营合同，但是，实际上仅农户内的部分成员从事了农业生产经营。此时，应当根据实际情况，认定农户仅由部分成员经营，债务也应当仅由参与经营的成员承担。而对于那些没有参与经营的家庭成员，在法律上就不能再要求其承担民事责任。例如，因考上大学、参军等原因，农户中的一些成员已经不再从事农业经营，要求这些成员也对农户的债务负责，是不合理的。

---

① 参见赵旭东：《商法学》，31页，北京，高等教育出版社，2007。

第八节　自然人的身份证明和住所

一、自然人的身份证明

在我国，自然人的身份证明是居民身份证，根据《居民身份证法》的规定，身份证是证明公民真实身份的凭证，每个公民都有一个身份证号码，身份证号码是国家为每个公民编制的唯一的、终身不变的身份代码，由公安机关按照公民身份号码编制国家标准编制。[①] 公民自年满 16 周岁之日起 3 个月内，应当向常住户口所在地申请；未满 16 周岁的公民，可自愿申请领取居民身份证。公民从事有关活动，需要证明身份的，有权使用居民身份证，有关单位及其工作人员不得拒绝。但是在特殊情况下，公民有义务出示身份证以证明自己的身份。例如，人民警察依法执行公务，需要查验居民的身份证，我国公民有义务配合。根据《居民身份证法》，任何组织和个人不得扣押居民身份证，公安机关和人民警察对因制作、发放、查验、扣押居民身份证而知悉的个人信息，应当予以保密。

二、自然人的住所

（一）住所的概念和意义

住所是指公民长期居住生活的地点。在社会生活中，每个人的活动总是存在于一定的空间的，其从事一定的民事活动和社会生活，总是在一定的场所内，例如，工作场所、营业活动场所、居住场所、财产所在地等。这些场所可能各不相同，这就需要在法律上确定自然人的住所。[②] 住所是自然人参与的各种法律关系集中发生的中心地域。

---

① 参见《居民身份证法》第 3 条。
② 参见王泽鉴：《民法总则》，144 页，北京，北京大学出版社，2009。

在各国法律中，认定住所的标准不一，主要存在三种观点：一是主观说，此种观点认为，住所应当以当事人长期居住的意思来决定。德国学者丘特尔曼指出："住所为以久住的意思而居住之地。"① 此种观点为《瑞士民法典》所采纳，其第 23 条第 1 项规定："人之住所，为以久住之意思而居住之处所。"二是客观说，此种观点认为，住所应当以客观上实际长期居住的地点为住所。住所为生活的中心地，如《日本民法典》第 21 条规定："住所以个人生活所在地为其住所。"《德国民法典》第 7 条关于住所的概念实际上也采用了客观说。三是折中说，即将当事人长期居住的意思与客观上长期居住的事实结合起来加以考察，我国台湾地区"民法"第 20 条实际上采纳的是折中说。

关于自然人的住所，我国《民法总则》第 25 条规定："自然人以户籍登记或者其他有效身份登记记载的居所为住所；经常居所与住所不一致的，经常居所视为住所。"该条对自然人的住所确定规则作出了规定。法律上确定住所的意义主要在于：

1. 确定自然人的民事主体状态。如宣告失踪、宣告死亡，都以自然人离开住所地下落不明为前提。

2. 决定债务的清偿地。根据《合同法》第 62 条，当事人对履行地点约定不明确，依照本法第 61 条的规定仍不能确定的，适用下列规定：给付货币的，在接受货币一方所在地履行；交付不动产的，在不动产所在地履行；其他标的，在履行义务一方所在地履行。

3. 决定婚姻登记的管辖地点。如我国《婚姻登记条例》规定，依申请人住所管辖婚姻登记。

4. 在涉外民事关系中确定法律适用的准据法。如《民法通则》第 149 条规定，"遗产的法定继承，动产适用被继承人死亡时住所地法律，不动产适用不动产所在地法律。"

5. 决定诉讼管辖法院和司法文书送达地。

---

① 转引自施漾泽：《论住所》，载郑玉波主编：《民法总则论文选辑》（下），472 页，台北，五南图书出版公司，1984。

（二）住所的分类

在民法上，住所分为三类：

一是法定住所，即由法律直接规定的住所。依据《民法总则》第25条，自然人以户籍登记或其他有效身份登记记载的居所为住所，但一般认为无行为能力人及限制行为能力人如果与监护人共同生活，应当以其监护人的住所为住所。[①]夫妻在尚未离婚以前，夫妻一方可以以另一方的住所为其住所，但当事人另外选定住所的除外。

二是意定住所，也称为任意住所。对于是否允许当事人根据自己的意志确定住所，我国现行立法没有规定，但笔者认为应当允许当事人选择。例如，公民离开其户籍所在地，外出工作、生活，其户籍所在地住所与其工作的场所经常不一致，此时应当允许公民根据其意志选定住所，但对此也应当在法律上明确作出规定。

三是拟制住所，即由法律规定在特殊情况下将居所推定为住所。所谓居所，即自然人居住的住处。如果自然人离开住所后长期在某居所居住，则可能将该居所推定为其住所。

在法律上，每个公民只能有一处住所。《户口登记条例》规定，"公民应当在经常居住的地方登记为常住人口，一个公民只能在一个地方登记为常住人口。"因此，我国公民每人只能有一个住所。由于无民事行为能力人、限制民事行为能力人一般是与监护人生活在一起的，因而，其住所与监护人的住所多为一致，但他们并不是当然以监护人的住所为住所。

（三）自然人的居所

所谓居所，是指自然人为了某种特定目的而临时居住的场所。居所和住所的区别在于，是否有长期居住的意思。如果有长期居住的意思就是住所，而只有暂时居住的意思就是居所。例如，因临时培训而在某宾馆居住，就属于居所；因住院治疗而临时居住在医院，也属于居所。但住所和居所之间也可能发生转换，通常认为，如果在住所无法查明的情况下，就要以居所代替住所。如果自然人的住

---

① 参见魏振瀛主编：《民法》，69页，北京，北京大学出版社，2000。

所不能确定，则应当以其经常居住地为其居所。如果当事人有几个住所，则应当以与产生纠纷的民事关系最密切的住所为居所。①

居所在法律上的意义主要在于：在比较法上，有的国家认为，居所对于决定管辖、票据的发行、准据法的运用等都具有意义。但是，在我国，居所的主要意义在于，在无法确定住所时，以居所作为住所。

（四）自然人住所的认定规则

1. 自然人以户籍登记或者其他有效身份登记记载的居所为住所

户籍登记是公安机关按照国家户籍管理的相关规定，对公民的身份信息进行记载的制度。依据相关法律法规的规定，公民应当在经常居住地的公安机关进行户籍登记。"其他有效身份登记"主要是指身份证、居住证和外国人的有效居留证件。② 因为在我国，随着城镇化的发展，农村进城打工或从事各种经商等活动的人越来越多，这些人可能并没有取得当地的户籍，但是取得了相关的居住资格；另外，随着我国对外交往的增多，外国人来华工作、居住的现象也越来越普遍，这些外国人并没有在我国进行户籍登记，其有效的居留证件也可以作为认定其住所的依据。

2. 经常居所与住所不一致的，经常居所视为住所

《民法总则》第 25 条规定："经常居所与住所不一致的，经常居所视为住所。"最高人民法院《民法通则意见》第 9 条规定："公民离开住所地最后连续居住一年以上的地方，为经常居住地。但住医院治病的除外。公民由其户籍所在地迁出后至迁入另一地之前，无经常居住地的，仍以其原户籍所在地为住所。"因此，如果自然人的经常居所与住所不一致的，则将其经常居所视为住所，法律之所以作出此种规定，是因为法律规定住所的主要目的是确定与自然人具有最密切联系的法律关系发生地和纠纷解决地③，在自然人在住所以外的居所经常居住的情况下，将该居所视为其住所，更有利于实现住所法律规则的目的。

---

① 参见魏振瀛主编：《民法》，69 页，北京，北京大学出版社，2000。
② 参见李适时主编：《中华人民共和国民法总则释义》，74 页，北京，法律出版社，2017。
③ 参见石宏主编：《中华人民共和国民法总则条文说明、立法理由及相关规定》，56～57 页，北京，北京大学出版社，2017。

第五章

法人的一般原理

第一节　法人概述

一、法人的概念和特征

法人（juristische Person，Legal Person），是相对于自然人而言的一类民事权利主体。法律上的人与通常所称的人的概念不同，其不限于自然人，还包括法人和非法人组织。早在古罗马时期，罗马法学家就已经注意到除自然人之外还存在另一类主体，即社团（Universitas）。"Universitas"是罗马法中团体概念的总称，有时仅用于指公共团体法人，即现代西方学者所称的公法人。而针对从事经济活动一类的团体，罗马法学家常用"Societas"或"Collegia"一词。但是，罗马法学家并没有提出明确的法人概念。在大陆法系各国，1784年的普鲁士邦普通法典最早采纳了法人的概念，1900年的《德国民法典》承认了法人是一类独立的民事主体[①]，但

---

① 参见史尚宽：《民法总论》，120页，北京，中国政法大学出版社，2000。

《德国民法典》并没有给法人下一个明确的定义。我国《民法总则》第57条规定："法人是具有民事权利能力和民事行为能力，依法独立享有民事权利和承担民事义务的组织。"这就在法律上确认了法人是独立的民事主体，这一规定揭示了法人的民事主体性和法人的基本特征，具体表现在：

1. 独立的名义。所谓"独立的名义"，是指法人能够以自己的名义独立地享有权利、承担义务，并能在法院起诉应诉。独立的名义也表明法人应当具有民事权利能力和民事行为能力。《民法总则》第58条第2款规定："法人应当有自己的名称、组织机构、住所、财产或者经费。"法人具有民事权利能力和民事行为能力，表明法人是由民法所规定的主体（人）。法人是社会组织在法律上的地位。应当指出，社会组织的概念并不等于团体的概念。广义的团体除了指多数人的组织以外，还包括一定财产的集合体，狭义的团体仅指多数人的集合。它独立于自然人而存在，所以，法人的成员的死亡、退出，不影响法人的存续。法人所享有的权利也不同于自然人享有的权利。任何人和法人交易时，是和一个组织体交易，而不是和自然人交易。法人具有组织上的统一性，从而极大地降低了交易费用。

2. 独立的财产。所谓独立的财产，是指法人所具有的独立于其投资人以及法人的成员的财产。《民法总则》第58条第2款规定："法人应当有自己的名称、组织机构、住所、财产或者经费。"因此，无论是营利法人还是非营利法人，都应该有自己的财产或经费。法人具有独立的财产，是法人能够参与民事活动、享有民事权利并承担民事义务的基础，也是法人独立承担民事责任的重要保障。法人具有独立的财产也决定了其责任的独立性以及法人成员的有限责任。法人独立的财产区别于法人成员的财产，法人财产独立性越明确，就越能够防止法人成员及设立人侵害法人的财产。[①] 由于法人的财产与出资人的财产分开，所以，在法人内部要实行所有权与经营权分离，建立健全的组织结构。

3. 健全的组织机构。《民法总则》第58条第2款规定，法人应当有自己的组织机构。法人的组织机构是对内管理法人的事务、对外代表法人从事民事活动的

---

① 参见郑玉波：《民法总则》，176页，北京，中国政法大学出版社，2003。

机构的总称。法人的团体意志总是通过一定的组织机构才能形成，并且只有通过一定的组织机构才能具体实现。当然，营利法人和非营利法人的组织机构是各不相同的。例如，营利法人应当具有权力机构、执行机构和监督机构，实行决策、执行、监督机构相互独立、权责分明、相互制衡的机制。其他类型的法人也应当具有自己的意思形成和执行机构。

4. 独立的责任。《民法总则》第 60 条规定："法人以其全部财产独立承担民事责任。"因此，所谓独立的责任，是指法人以自己的全部财产对自己的债务承担责任，法人的成员及设立人仅以其出资或认缴的出资为限对法人债务承担责任。[①] 既然法人能够享有权利，就应对自己违反民事义务的行为后果承担责任。除法律另有规定外（如无限责任公司），法人的创立人和法人的成员对法人的债务不负责任。从民事主体制度的发展趋势来看，其早期强调团体的主体地位，即团体只要有权利能力和行为能力，便承认其法人地位，并没有从责任角度来塑造法人制度。但实际上，其并不是法人的典型形式，法人成员承担有限责任才是法人的典型形式，在此种法人组织形式下，其成员的有限责任是法律赋予法人这种团体所享有的一种特权，它也是区分法人和非法人组织的重要特征。

《民法总则》中法人制度一章是民法总则最具有创新点的地方，该章有如下几个特点：一是从中国实际出发，尤其是从中国改革开放的实践出发，创造性地规定了法人的分类以及特别法人制度等，体现了鲜明的中国元素。二是体现了民商合一的原则。该章规定也吸收了《公司法》等法律的一些规则，将其扩大到包括公司在内的所有营利法人。三是通过设置引致条款，有效地衔接了特别法的规定。从法律适用的层面来看，特别法有规定的，应当优先适用特别法的规则；特别法没有规定的，适用《民法总则》的规则。

二、法人的性质

所谓法人的性质，是指法人作为民事主体的原因，换言之，根据什么原因，

---

① 参见江平主编：《民法学》，87 页，北京，中国政法大学出版社，2007。

法人才能够享有权利、负担义务。关于法人的性质，主要有三种不同的观点：一是"拟制说"，此种观点认为，法人只是观念上的无形的权利主体，是法律针对人和财产的集合而拟制的人格。法人不具有意思属性，因此法人本身是无行为能力的，法人参与民事活动必须由自然人来代理。法人机构的行为并不是法人自己的行为，而是为法人从事行为的法人机构的自然人的行为，但是作为拟制的结果，其法律后果归属于法人。① 二是"否认说"。此种观点认为，法人本身不是独立的人格，而是为了一定的目的而存在的财产，即"目的财产"（Zwcekver-moegen）。法人的财产，并不属于法人本身所有，而属于管理其财产的自然人，只有管理法人财产的自然人，才是法律上所称的法人。也有人认为，法人仅仅是形式上的权利、义务主体，而实际上的权利、义务的归属者，只是享有法人财产利益的多数个人。三是实在说。此种观点认为，法人并不是法律的虚构，也并非没有团体意识和利益，而是一种客观存在的主体。②

笔者认为，探讨法人的本质，应当考虑其在经济社会中的实际作用。"一言以蔽之曰，法人能担当社会作用，而具有社会价值，法律有赋予其人格之必要。"③ 承认法人主体地位，有利于方便社会组织参与交易，降低交易费用；通过在法律上承认有限责任制度，有利于鼓励交易和刺激投资，实现所有权和经营权的分离，有效促进社会经济的发展。我国法律承认法人和自然人一样是独立的民事主体，具有民事权利能力和行为能力等，这实际上是采纳了"实在说"。但实在说也有一定的缺点，主要是没有完全考虑到法人和自然人的区别。另外，该说将法人机构的行为等同于法人的行为，可能导致法人机构所从事的任何越权行为甚至明显违反法人意志的侵权行为，都要由法人负责，这不利于对法人利益的保护。所以，在例外情况下可以吸收拟制说的合理之处。例如，法律应对法人机构违反法人意志损害法人利益的行为进行规制，而不应当一概由法人承受相关的不利后果。

---

① 参见龙卫球：《民法总论》，362 页，北京，中国法制出版社，2002。
② 参见王泽鉴：《民法总则》，151 页，北京，北京大学出版社，2009。
③ 郑玉波：《民法总则》，173 页，北京，中国政法大学出版社，2003。

三、法人的分支机构

法人的组织机构也可包括法人的分支机构。《民法总则》第 74 条第 1 款规定："法人可以依法设立分支机构。法律、行政法规规定分支机构应当登记的，依照其规定。"法人的分支机构是根据法人的意志所设立的法人的组成部分。分支机构根据法人章程、决议的授权从事法人的部分经营业务，法人可以依法设立分支机构，这就是说，如果法律法规对于设立分支机构作出了规定，包括条件、程序的（如商业银行的分支机构），则必须依据法律的规定设立，不得随意设立。如果法律、行政法规规定分支机构必须办理登记，则应当登记。例如，《公司法》第 14 条规定，设立分公司应当向公司登记机关申请登记。在一般情况下，法人的分支机构只是隶属于法人的机构，不能作为独立的民事权利主体。[①]

法人的分支机构包括领取了营业执照和未领取营业执照两种，二者的区别表现在以下几个方面。第一，未领取营业执照的分支机构，不得以自己的名义独立从事民事活动，而只能以法人的名义订约；而领有营业执照的分支机构，可以对外从事法律行为。因为依据我国现行法律，允许领取营业执照的分支机构对外从事经营活动，实际上是允许其对外从事法律行为。第二，在诉讼上，有营业执照的分支机构可以成为独立的诉讼主体，以自己的名义起诉、应诉，但无执照的分支机构只能以法人的名义起诉、应诉。[②] 第三，在责任承担方面，有营业执照的分支机构可以先以自己的财产承担责任，无营业执照的分支机构应当由其所属法人承担清偿责任。

《民法总则》第 74 条第 2 款规定："分支机构以自己的名义从事民事活动，产生的民事责任由法人承担；也可以先以该分支机构管理的财产承担，不足以承

---

① 参见石宏主编：《中华人民共和国民法总则条文说明、立法理由及相关规定》，167～168 页，北京，北京大学出版社，2017。

② 最高人民法院《关于适用〈中华人民共和国民事诉讼法〉的解释》第 53 条规定："法人非依法设立的分支机构，或者虽依法设立，但没有领取营业执照的分支机构，以设立该分支机构的法人为当事人。"

担的，由法人承担。"如果法人的分支机构以法人名义实施民事活动，应当由法人承担法律后果，自不待言。而如果法人的分支机构以自己的名义从事民事活动，而且分支机构有自己的财产的，应当先以自己的财产承担，不足部分由法人承担。例如，各商业银行在各地都有分支机构，在发生纠纷以后，通常先由各分支机构以自己经营管理的财产承担责任，但其民事责任最终由总行承担。[①]

《民法总则》虽然将法人的分支机构规定在法人一章，但法人的分支机构在性质上并不是法人。那么，法人的分支机构是否属于非法人组织呢？笔者认为，《民法总则》第102条和第103条规定，非法人组织是不具有法人资格但可以以自己的名义从事民事活动的组织。从上述规定来看，如果法人的分支机构已经登记，能够以自己的名义从事民事活动，则其已经符合非法人组织的特征，应当属于非法人组织。

四、法人的住所

住所是民事主体从事民事活动，发生民事法律关系的主要场所。法人和自然人一样，也应当有自己的住所。确定法人住所的主要意义在于：一是确定诉讼管辖地。法人的住所所在地就是法人所在地，因此，法人的起诉应诉地点应当依据其住所确定。二是法律文书的送达。法律文书的送达地点，应当依法人的住所予以确定。三是债务履行地。例如，我国《合同法》规定了债务履行地点的确定规则，如果法人的住所不确定，也就无法明确债务履行地。

《民法总则》第63条规定："法人以其主要办事机构所在地为住所。依法需要办理法人登记的，应当将主要办事机构所在地登记为住所。"据此，法人住所的确定要依据如下规则：

第一，法人以其主要办事机构所在地为住所。法人可能有多个活动场所或办事机构，但是，法人的住所只能有一个。在法人不需要办理登记的情况下，就应

---

① 参见《商业银行法》第22条。

当以其办事机构所在地为住所。例如，事业单位法人不需要办理登记，因此，就直接以其主要办事机构所在地为其住所。

第二，依法需要办理法人登记的，应当将主要办事机构所在地登记为住所。在法人需要办理登记的情况下，登记的住所有可能与主要办事机构所在地不一致。例如，公司的主要办事机构在北京，但公司成立时是在上海登记的，因此，便将其登记的住所确定为上海。在此情形下，法律要求应当更改登记，将其主要办事机构所在地登记为住所。

第二节　法人的分类

一、公法人和私法人

大陆法的民事立法和理论将法人分为公法人和私法人，但根据什么标准分类，各种观点颇不相同。一种观点认为，应以目的事业的公私为标准，或以是否对国家负有实现其职能的义务为标准。[1] 另一种观点认为，应以法人设立的法律根据为标准进行分类。依公法设立的法人为公法人，如县、市等；依私法设立的法人为私法人，如公司、企业等。[2] 显然，这种分类是西方学者把法律分为公、私法的产物。还有一种观点认为，应当以是否具有统治权力为标准，公法人可拥有公共权力方面的权力并担任公共当局的专有职务。国家是公法人，而各类拥有公共权力的机构也是公法人。[3] 这种分类的意义在于受理公法人或私法人的争议的机关不同，两者适用的法律也不一样。不过，在西方国家，公法和私法的分类标准存在争议，因此公法人和私法人的区分标准也不很明确。这些分类标准都不

---

① 参见［日］四宫和夫：《日本民法总则》，唐晖等译，85 页，台北，五南图书出版公司，1995。

② 参见［德］卡尔·拉伦茨：《德国民法通论》上册，王晓晔等译，179 页，北京，法律出版社，2003。

③ 参见［葡］平托：《民法总论》，152 页，澳门，澳门法律翻译办公室，1999。

无道理，本书倾向于采纳综合的标准，通过考察其设立的法律依据、事业目的等综合进行判断。

我国《民法总则》将法人分为营利法人、非营利法人以及特别法人，其中，特别法人包括了机关法人等公法人，可见，《民法总则》仍然采取了公法人与私法人相区分的做法。

二、营利法人和非营利法人

社团法人根据成立的目的，可以将其分为营利法人和非营利法人。我国《民法总则》采纳了营利法人和非营利法人的分类，依据《民法总则》第 76 条第 1 款的规定，所谓营利法人，是指以取得利润并分配给股东等出资人为目的成立的法人。营利法人主要包括有限责任公司、股份有限公司和其他企业法人等。依据《民法总则》第 87 条第 1 款的规定，所谓非营利法人，是指为公益目的或者其他非营利目的成立，不向出资人、设立人或者会员分配所取得利润的法人。非营利法人包括事业单位、社会团体、基金会、社会服务机构等。从理论上看，非营利法人还可以再分为公益法人和非公益法人：公益法人是专门以社会公益为目的的法人，如慈善机构、福利院等。非公益法人也可以称为中间法人，是指不以营利为目的，也不以公益为目的的法人，如同学会、同乡会等。①

营利法人和非营利法人都是私法人，二者都是独立的民事主体，依据相关法律法规的规定，其设立大多需要依法办理登记，而且二者在活动过程中都可能有一定的盈利，但二者也存在一定的区别，主要体现为：

第一，设立的依据不同。比较法上，营利法人的设立通常要依据特别法而设立，而非营利法人一般要依据民法的规则设立。但在我国，无论是营利法人还是非营利法人，首先要依据特别法的规定，特别法没有规定的，则适用《民法总则》的规定。关于营利法人的设立，我国已经颁布了《公司法》《中外合资经营

---

① 参见洪逊欣：《中国民法总则》，131 页，台北，三民书局，1992。

企业法》《中外合作经营企业法》等，这些法律为营利法人的设立提供了法律依据。关于非营利法人的设立，我国也颁行了相关的法律法规，如《慈善法》《基金法》《事业单位登记管理暂行条例》等。

第二，设立的原则不同。营利法人的设立一般采取准则主义，而非营利法人的设立一般采取许可主义。依据我国《民法总则》及其他法律法规的规定，营利法人的设立一般采准则主义，并不需要特别的许可。但非营利法人中，如捐助法人、宗教场所法人等，其设立既需要依法登记，也需要批准设立。

第三，是否向成员分配利润不同。"营利"，顾名思义，就是获取利润，也就是通过从事经营活动而谋求利润，所以，营利法人都要从事广泛的经营活动，但是在我国，某些非企业法人，如学校、医院在传统理论上属于公益法人，但在现实中广泛实施经营和营利行为，在政策放宽的情况下，大量的私立学校、私立医院、体育俱乐部、报业集团等以企业的形式涌现出来，其也要从事一些经营活动，所以，单纯从营利本身而言，无法明确区分营利法人与非营利法人，因而，我国《民法总则》采取了另一种分类方法，即以是否向成员分配利润作为区分标准。如果利润分配给出资人或者法人成员，则应当属于营利法人；但如果利润归属于法人；用于实现法人的目的，则属于非营利法人。[①]

第四，法人终止后剩余财产的分配不同。对营利法人而言，在法人终止后，如果有剩余财产，一般应返还给出资人、设立人或法人的成员。但对非营利法人而言，其终止后财产有剩余的，则要区分是为公益目的设立的法人，还是为非公益目的设立的法人，如果是为公益目的设立的法人，在其终止后，依据《民法总则》第95条的规定，不得向出资人、设立人或者会员分配剩余财产。但是为非公益目的设立的法人，在其终止后，其剩余财产则可以分配给其成员。

需要指出的是，《民法总则》采营利法人和非营利法人的分类，并且以是否将利润分配给成员作为分配标准，但在非营利法人中，以取得利润是否分配作为标准，本身就是值得商榷的，依据该法第87条第1款关于非营利法人概念的规

[①]　参见李适时主编：《中华人民共和国民法总则释义》，230页，北京，法律出版社，2017。

定，"为公益目的或者其他非营利目的成立、不向出资人、设立人或者会员分配所取得利润的法人，为非营利法人"，该条规定使用了"取得利润"的表述，但由于非营利法人本来不是为了追求利润，因而谈不上利润分配问题。

三、社团法人和财团法人

私法人又可以分为社团法人和财团法人，但是对社团法人和财团法人的分类也没有统一的标准，基本上存在三种观点。第一种观点认为，由具有共同目的人的集合而成立的法人为社团，由具有一定目的的财产的集合而成立的法人为财团。[①] 第二种观点认为，根据社员意思而构成法律关系的法人为社团，根据捐助行为者的意思而构成法律关系的法人为财团。第三种观点认为，社团是以一定组织的社员为其成立条件的法人，如公司、企业等，而财团是以捐助行为为其成立条件的法人，如基金会、寺庙等。[②] 大多数西方学者倾向于第三种观点。从比较法上来看，社团法人和财团法人的区别有如下几点：

第一，成立的基础不同。社团法人必须有社员，而且社员是其成立的基础；而财团法人以财产为基础，如基金会等。[③] 财团法人虽然也有管理人，但管理人员的变更不影响财团法人的存在。[④] 财团法人制度"使该一定财产之集合，成为独立体，而使其管理具有永续性，申言之，该财产既不因受益人之增减变更而变更，尤不因管理人之交替而动摇，同时对于捐助人于既捐之后，亦不再有何等牵连，如此其原来之目的，自不难达成"[⑤]。

第二，目的不同。社团法人的设立可以为了营利，也可以为了公益：前者称为营利社团法人，后者称为公益社团法人。而财团法人的设立则只能为了公益。

第三，设立程序不同。社团法人的设立一般符合法定条件即可，大多不需要

---

① 参见施启扬：《民法总则》，116页，台北，三民书局，1996。
② 参见何孝元：《民法总则》，53页，台北，三民书局，1953。
③ 参见王泽鉴：《民法总则》，152页，北京，北京大学出版社，2009。
④ 参见江平主编：《法人制度论》，45页，北京，中国政法大学出版社，1994。
⑤ 郑玉波：《民法总则》，176页，北京，中国政法大学出版社，2003。

经过行政机关的批准。而财团法人的设立则一般要经过主管机关的许可。当然，无论是社团法人还是财团法人，其设立都需要登记。

第四，设立人的地位不同。社团法人在设立以后，其设立人将取得社员资格，如公司股东享有股东权，并能够行使自益权和共益权。而财团法人在设立以后，其设立人便与法人脱离关系，因为财团法人没有成员，其设立人不作为法人成员，也不直接参与或决定法人事务，而且其设立人也并不当然成为财团法人的管理人员。

从我国《民法总则》的规定来看，其并未采纳社团法人与财团法人的分类方法，但这并不意味着我国不存在财团法人。例如，我国《民法总则》所规定的捐助法人实际上就是财团法人。

四、普通法人和特别法人

我国《民法总则》第三章第四节专门规定了特别法人，据此，法人可以分为普通法人和特别法人。从我国《民法总则》规定来看，这两类法人都是由《民法总则》确认的，两者的区别主要表现在：

第一，是否属于营利法人、非营利法人不同。特别法人无法归入营利法人与非营利法人的范畴。正是因为这一原因，《民法总则》以专节的形式对其作出了规定。而普通法人则可以归入营利法人和非营利法人之中。

第二，特别法人的类型是封闭的，而营利法人、非营利法人的类型是开放的。从《民法总则》的规定来看，其对营利法人与非营利法人类型的列举，都是采取了不完全列举的方式，只是列举了典型形式，实践中出现的新的形式，可以依据其性质将其归入营利法人与非营利法人的范畴。[①] 而《民法总则》对特别法人的列举采用了封闭式列举的方式。

第三，特别法人适用规则具有特殊性。由于特别法人与营利法人、非营利法人的性质存在重要区别，因而，《民法总则》在规定特别法人时，并没有规定其可以

[①] 参见石宏主编：《中华人民共和国民法总则条文说明、立法理由及相关规定》，226 页，北京，北京大学出版社，2017。

参照适用营利法人与非营利法人的规则。当然，其可以适用法人的一般规则。

第三节　法人的设立与登记

一、法人的设立

《民法总则》第 58 条第 1 款规定："法人应当依法成立。"社会组织要成为法人，不能自行设立，而必须要依据法律法规的规定设立，法人之所以要依法设立，一方面是因为法人具有民事权利能力，能够独立参加民事活动，因此，社会组织要成为民事主体，必须符合法律规定的条件。另一方面，法人成员对法人责任承担有限责任，有限责任可以被理解为是法人与债权人之间的特殊交易安排。如果允许法人任意设立，则可能增加对合法主体的识别成本，影响交易安全。因此，法人必须依法设立，法人无论采取何种形式设立，都应当符合法律的规定，并且在设立后应当予以公示。法人依法成立后，便可以法人的名义对外从事民事活动，享有民事权利和承担民事义务，同时可以以法人的名义在法院起诉和应诉。

从法人制度的发展来看，各国立法关于法人的成立共有五种不同的方式：第一，自由主义，也称为放任主义，即法人的设立不必具备何种形式，只要具备法人的实质，政府即予以承认。第二，特许主义，又称为立法特许主义，即专门颁布某项法律而成立某个法人组织。第三，核准主义，又称许可主义，即法人的设立必须经过行政机关的许可，又称为行政许可主义。第四，准则主义，即只要符合国家规定的设立标准，不必经过行政机关的许可，仅需向登记主管机关办理登记，法人即可成立。此种方式又称为登记主义。第五，强制主义，即国家在一定范围内强制设立法人。① 在 18 世纪至 19 世纪初的自由资本主义时期，各国法律

---

① 以上几种观点请参见郑玉波：《民法总则》，178 页，北京，中国政法大学出版社，2003；史尚宽：《民法总论》，151 页，北京，中国政法大学出版社，2000。

比较普遍地采取了法人自由设立主义。至垄断资本主义时期以后，除《瑞士民法典》第 60 条仍然对非营利法人采取自由设立主义以外，各国法律都放弃了这种办法，主要采取了许可主义和准则主义的设立办法，在特殊情况下，对于某些特殊的企业法人的设立，也采取了强制主义和特许主义。我国《民法总则》第 58 条只是笼统地规定法人应当依法设立，而没有区分不同的法人类型而分别规定其设立条件。

法人依法成立应当符合如下条件：

1. 设立程序合法

第一，从事设立行为。营利法人在设立时，常常要由发起人从事设立行为。发起人之间订立法人设立协议的行为，在性质上是共同行为，可以准用合伙的规定，在完成特定行为后（如公司名称预先核准等），可转化为设立中的法人。对非营利法人而言，如捐助法人等，也需要有设立行为。

在大陆法系国家，大多规定发起人要参与订立章程，并在章程上签名，并且必须认购公司股份，所以发起人在公司成立后就是法人的成员。例如，《德国股份公司法》第 29 条规定，公司随发起人认缴全部股份而告成立。而英美公司成文法中并未界定相同的发起人的概念，且未强行规定发起人必须认购股份，因此从事筹划设立公司，履行公司设立行为的人不一定是公司成立时认购股份并在章程上签章的人：前者被认为是发起人，而后者被称为公司创办人。[1] 我国《公司法》实质上继受了大陆法系关于发起人的规定，要求发起人应当按照公司章程的规定认购相应的股份，并承担公司的筹办事务。[2] 由此可见，对营利法人而言，发起人一般在法人成立后即成为企业法人的成员，但发起人在特定情况下，也须对发起过程中的行为，包括欺诈、胁迫等违法行为，承担相应的责任。营利法人在设立过程中，还必须依法订立合同和章程。

第二，依法办理审批和登记手续。我国法律对于设立程序，采取准则主义和

---

[1]　See Paul L. Davies, *Gower's Principles of Modern Company Law*, 6th ed., London: Sweet&Maxwell, 1997, p. 131.

[2]　参见《公司法》第 84 条。

核准主义两类。依据我国现行法律规定，对于不同类型的法人实际上采取不同的设立原则。例如，公司的设立原则上采取准则主义。但对捐助法人、宗教场所法人等，其设立采核准主义。

《民法总则》第58条第3款规定："设立法人，法律、行政法规规定须经有关机关批准的，依照其规定。"根据法律规定不需要进行登记的国家机关等组织，也必须依法取得有关机关的批准，才能依法取得法人资格。例如，基层群众性自治组织法人作为特别法人，主要是依据有关机关的批准而设立的。

2. 法人的设立应当符合法定的条件

法人必须依法设立，意味着社会组织要成为法人，必须符合法律法规规定的条件。法人的成立条件合法包括法人的目的、宗旨合法，符合国家和社会公共利益的要求。法人有符合法律规定的财产、经费、组织机构等。组织的合法性还包括组织机构、经营范围、经营方式等内容的合法。《民法总则》第58条第2款规定："法人应当有自己的名称、组织机构、住所、财产或者经费。法人成立的具体条件和程序，依照法律、行政法规的规定。"依据这一规定，法人的设立应当具备如下条件：

第一，具有自己的名称。法人的名称是某一法人区别于其他法人的标志，法人对于已经登记注册的名称享有专用权。根据《民法通则》第99条的规定，法人有权使用、依法转让自己的名称。任何类型的法人，其名称都受到法律的保护。

第二，组织机构。法人的组织机构是对内管理法人的事务，对外代表法人从事民事活动的机构总称。一般来说，法人的类型不同，其所要求的组织机构也不完全相同。对于营利法人来说，其组织机构主要包括：（1）决策机构，即形成法人的意志、决定法人的重大事务的机构，如股东大会，职工代表大会等。（2）执行机构，即负责贯彻执行决策机关的决议、指示，具体管理法人的日常业务活动的机构，如董事会、理事会、厂长、经理等。（3）监督机构，即对法人的执行机构的活动进行监督的机构，如监事会等。

第三，住所。法人和自然人一样，也应当有自己的住所。法律要求法人要有自己

的住所，有利于国家对法人的监督和管理，同时也便于债务的履行，诉讼的管辖。

第四，有必要的财产或者经费。任何法人都要有必要的财产和经费，这是法人能够独立地享有民事权利和承担民事义务的物质基础，也是其能够独立地承担民事责任的财产保障。所谓"有必要的财产或者经费"，是指法人要有自己的独立财产。不同的法人承担的社会职能不同，目的范围不同，因此，法人在为实现其目的和维持其存在而从事的各种民事活动中，所要求的独立财产亦各不相同。

法人成立的具体条件和程序，依照法律、行政法规的规定。我国许多法律和法规对各种类型的法人的设立程序都有特别规定，例如《公司法》对公司的成立规定了明确的程序。根据法律规定需要依法登记的企业法人、社会团体法人等，必须履行登记手续，才能取得法人的资格。

二、法人的合并与分立

在法人合并、分立的情形下，也可以产生新的法人或者使法人资格消灭，在某种意义上也可以理解为法人设立的形式。所谓法人的合并，是指两个或两个以上的法人合并为一个新的法人，或者一个或多个法人归并到一个现存的法人中。其中，第一种情形称为"新设合并"或者"创设合并"[1]，对此种法人的合并而言，原有的法人消灭，产生新的法人。第二种情形称为"吸收合并"或者"存续合并"[2]。对此种法人合并而言，被合并的法人的主体资格消灭，而存续的法人主体资格仍然存在，只是因为被合并的法人或部分的加入而使其在主体资格上发生变更。《民法总则》第 67 条第 1 款规定："法人合并的，其权利和义务由合并后的法人享有和承担。"这是因为在合并的情形，原有的法人被新法人所吸收，所以，其权利义务应当由合并后的法人承担，以免影响债权人的利益。

所谓法人的分立，是指一个法人分成两个或两个以上的法人，或将现有的一个或几个法人分出一部分组成一个新的法人。法人的分立有两种情况：一是派生

---

①②　朱庆育：《民法总论》，446 页，北京，北京大学出版社，2016。

分立。它是指原法人仍然存在，但是，从原法人中分立出新的法人。二是新设分立。它是指原法人分立为两个或两个以上的法人，原法人因新法人设立而消灭。也就是说，被分立的企业的主体资格消灭，而产生出几个新的企业，如果新的企业具备法人条件，则将依法成立几个新法人。[1]　在分立以后，被分立的法人有可能消灭。《民法总则》第67条第2款规定："法人分立的，其权利和义务由分立后的法人享有连带债权，承担连带债务，但是债权人和债务人另有约定的除外。"就法人分立而言，无论采取何种形式，原则上由分立后的各个法人享有连带债权、承担连带债务。

三、设立中的法人

(一) 设立中的法人的概念和特征

所谓设立中的法人，是指从设立法人开始至法人成立之前的组织。例如，筹备中的公司。从性质上看，设立中的法人虽然是一个组织体，并且具有一定的组织机构，但其并不是独立的民事主体。[2]　德国法传统上认为其不具有法人资格，而将其视为参与设立的行为人所成立的合伙，准用关于合伙关系的规定。在学理上则将其称为无权利能力的社团。[3]　我国《民法总则》虽然是在法人中对设立中的法人作出规定的，但并没有对设立中的法人的法律地位作出规定。笔者认为，设立中的法人不能以法人的名义从事民事活动，其虽然有一定的民事权利能力和民事行为能力，但其权利能力的范围仅限于从事必要的设立行为，凡是超出设立目的范围的民事行为都不得实施。所谓必要的设立行为，应当根据法律的规定、设立法人的协议以及根据行为的性质等来加以认定。因为这一原因，有学者认为，设立中的法人应当具有拟制的权利能力或者相对的权利能力。[4]

---

① 参见江平主编：《民法学》，111页，北京，中国政法大学出版社，2007。
② 参见范健：《设立中公司及其法律责任研究》，载王保树主编：《商事法论集》，第2卷，150～151页，北京，法律出版社，1997。
③ 参见黄立：《民法总则》，141页，北京，中国政法大学出版社，2002。
④ 参见黄立：《民法总则》，67页，北京，中国政法大学出版社，2002。

设立中的法人具有如下特征：

第一，它是主要从事设立行为的组织。设立中的法人不同于筹备前的法人，所谓筹备前的法人，是指发起人开始筹备成立某个法人组织，但还没有成立筹备机构从事实际的设立行为，此时的组织体称为筹备前的法人。而设立中的法人主要从事设立行为，它要实际地从事设立行为。为了设立法人，它也要从事一些民事行为，如借款、举债、购买必要的建筑材料等，从而发生一定的债权债务关系，因此有必要在法律上规范设立中的法人。

第二，民事权利能力和民事行为能力受到严格限制。虽然《民法总则》在法人一章中对设立中的法人作出规定，但其并没有将设立中的法人规定为法人。严格地说，设立中的法人并不是法人，因为其并不完全符合法人的要件，也没有通过登记等程序设立为法人。设立中的法人也不同于合伙组织，因为设立人之间并没有订立合伙协议，而且设立中的法人在设立期间所享有的权利和所承担的义务，都要转移给设立后的法人，其自身也不独立享有和承担此债权债务。所以应当将其视为设立中的法人，一个具有相对的民事权利能力的特殊的团体。即使设立中的法人能够实施一定的行为，但其民事权利能力和民事行为能力也是受到严格限制的，其行为范围仅限于与设立法人有关的行为。

第三，与设立后的法人具有同一性。关于设立中的法人与成立后的法人的关系，有几种不同的观点：一是分离说。此种观点认为，设立中的法人与成立后的法人是两个不同的主体。对设立中的法人的行为应当由行为人自己承担责任。设立中的法人不得将设立期间的债务转嫁给成立后的法人，设立中取得的不动产如果未经办理过户手续，也不得转移给成立后的法人。[①] 二是同一体说。此种观点认为，应当将设立中的法人与成立后的法人视为同一体，设立中的法人所形成的各种法律关系，都应当直接移转于设立后的法人，即法人成立前所享有的财产权利及形成的债权债务关系都应由成立后的法人享有和承担。[②]《民法总则》第75

---

① 参见龙卫球：《民法总论》，405页，北京，中国法制出版社，2002；黄立：《民法总则》，142～150页，北京，中国政法大学出版社，2002。

② 参见［德］迪特尔·梅迪库斯：《德国民法总论》，邵建东译，823页，北京，法律出版社，2000。

条第 1 款规定："设立人为设立法人从事的民事活动，其法律后果由法人承受。"这就表明，我国《民法总则》采用的是同一体说。设立中的法人之所以与成立后的法人具有同一性，一方面是因为，设立中的法人是设立后的法人的前期阶段，从设立到设立完成是法人成立的过程。"学说上，有将筹备中之法人与已登记设立之法人譬喻为花蕊与花朵，蛹与蝴蝶，胎儿与孩童，以相呼应。"[①] 另一方面，设立中所形成的权利义务关系都要移转给设立后的法人，而不可能由设立人来承担。例如，公司的筹建处是为了公司的成立而从事的各种民事行为，所以，其在设立中所发生的债权债务关系，应当由设立后的法人承担。还要看到，如果将其作为一个与设立后的法人分离的主体对待，这样法人对设立前和设立后的债权债务要分别处理，在操作上也很困难。因为在法人成立后，设立中的法人也不复存在，所以也无法由其继续承担责任。

（二）设立人的责任

《民法总则》第 75 条第 1 款规定："设立人为设立法人从事的民事活动，其法律后果由法人承受；法人未成立的，其法律后果由设立人承受，设立人为二人以上的，享有连带债权，承担连带债务。"据此可见，我国《民法总则》采同一体说，即只要法人成功设立，设立人为设立法人从事的民事活动，其法律后果由法人承受。该条实际上确立了三项规则：第一，如果法人设立成功，就应当由法人承受法律后果。第二，法人未成立的，其法律后果由设立人承受。既然设立是设立人发起的，而且是为了设立人的利益，因此，在法人未成功设立时，要求设立人承受法律后果是合理的。第三，设立人为二人以上的，享有连带债权，承担连带债务。在法人未设立的情形下，如果设立人是两个人以上的，就形成了多数人之债，由多个设立人承担连带债务，享有连带债权。

在设立法人的过程中，设立人为了设立法人而实施的民事活动，可能以该设立中法人的名义进行，也可能以设立人自己的名义进行。如果设立人是

---

①　曾世雄：《民法总则之现在与未来》，103 页，北京，中国政法大学出版社，2001。

以其自己的名义实施民事活动，此时，构成间接代理。《民法总则》第 75 条第 2 款规定："设立人为设立法人以自己的名义从事民事活动产生的民事责任，第三人有权选择请求法人或者设立人承担。"可见，本条实际上是按照间接代理的规则，允许第三人选择请求法人或设立人承担法律后果。但是，该条必须符合如下要件：

第一，设立人实施民事活动必须以设立法人为目的。依据该条规定，设立人从事民事活动必须以"设立法人"为目的，如果设立人在法人设立过程中为自己利益而行为，则即便设立人以设立中的法人的名义活动，其法律后果原则上也不应当由设立后的法人承担。① 可见，该条规定对设立人的行为目的采取了实质判断标准，即必须区分设立人行为的目的，并据此判断设立后的法人是否需要承受设立人行为的法律后果。

第二，设立人必须是以自己的名义从事民事活动，而不能以设立中法人的名义行为。② 从《民法总则》第 75 条第 2 款的规定来看，设立人必须以自己名义行为，才能适用本款规定。例如，在设立法人过程中，需要购买设备，设立人以自己的名义与商场签订合同，此时将难以认定是设立人自己的行为，还是法人的行为。如果设立人并未以自己的名义行为，而是以设立中法人的名义行为，则无法适用该款规定。

第三，因设立人实施民事活动而产生了民事责任。从《民法总则》第 75 条第 2 款的规定来看，必须设立人在从事民事活动时产生了民事责任，才有可能适用该款规定。从该款规定来看，其使用"民事责任"这一表述，而没有限定其责任性质，因此，其既可以是违约责任，也可以是侵权责任。从该款规定来看，其并没有要求相对人必须知道设立人与设立中法人之间的关系，因此，不论相对人对设立人与设立中法人之间的关系是否知情，都可以适用该款规定。③

在符合上述条件时，允许第三人选择请求法人或设立人承担法律责任。如果其选择请求法人承担责任，则设立人将不再承担责任。

①② 参见李适时主编：《中华人民共和国民法总则释义》，229 页，北京，法律出版社，2017。
③ 参见陈甦主编：《民法总则评注》上册，505 页，北京，法律出版社，2017。

四、法人的登记

(一) 登记的类型

在我国，法人的成立，大都必须经过登记，方能取得法人资格。例如，营利法人均须办理登记（《民法总则》第 77 条，《公司法》第 6 条、第 7 条、第 12 条、第 13 条等）。事业单位法人和社会团体法人，除法律规定不需要登记的外，均须办理登记。财团法人的设立，如基金会，必须要订立章程，且要经过登记，才能设立。当然，并非所有的法人都需要登记，例如，许多事业单位法人的设立就不需要办理登记手续。

登记的重要功能在于公示，即向社会公开法人的信息，以便利第三人查询知悉，从而保障交易安全。据此，《民法总则》第 66 条规定："登记机关应当依法及时公示法人登记的有关信息。"依据这一规定，登记机关应当"依法"公示，就是强调公示本身要符合法律规定。在营利法人登记制度改革中，要简政放权、加强监管，而通过公示来公开法人的信息，从而可发挥有效监管的作用。凡是法律规定要公开的信息，都应当通过登记及时公示。"公示"就是对外公开，允许第三人查询。所谓"及时"，就是指在法律规定的期限内将有关信息对外公开。

法人登记包括设立登记、变更登记和注销登记。具体而言：

1. 设立登记。所谓设立登记，是指法人在设立时，依据法律法规的规定，将有关的登记事项登记记载于登记簿上，从而完成法人设立的程序。关于登记是否为法人成立的条件，比较法上存在不同的做法。有的以登记作为法人成立的条件，例如，《德国民法典》第 21 条、《瑞士民法典》第 52 条第 1 项。有的则并未将登记作为法人成立的条件，而将其作为对抗第三人的条件，例如，《日本民法典》第 45 条。在我国，除依法不需要办理法人登记即可成立的少数法人外，绝大多数法人只有经登记机关依法登记，才能取得法人资格。[①] 可见，在我国，法

---

① 参见李适时主编：《中华人民共和国民法总则释义》，181 页，北京，法律出版社，2017。

人的设立登记原则上是法人的成立要件。

2. 变更登记。所谓变更登记，是指法人在设立后，发生了依据法律法规的规定，应当登记的新事项，或者已登记的事项发生了变更，需要办理相关的变更登记手续。[1] 例如，公司设立后，股东发生了变更，或者章程对相关主体的权限作出了修改，依据法律规定应当办理变更登记。在变更登记的情形下，法人本身已经设立，是否完成变更登记，并不影响法人的主体资格，但由于法人的登记事项涉及第三人利益，所以，在法人的相关事项发生变更后，法律要求登记义务人应当及时办理变更登记。

3. 注销登记。所谓法人的注销登记，是指法人在清算结束后，依据法律法规的规定，由相关主体申请登记机关办理。例如，企业法人因歇业、被撤销、宣告破产或者因其他原因终止营业，应当向登记主管机关办理注销登记。[2] 一旦办理注销登记，从注销登记办理完毕之日起，法人资格消灭。

（二）登记的效力

依据我国现行法的规定，登记的效力要区分不同的登记类型分别予以确定。具体而言：

1. 设立登记采登记要件主义。我国法律法规历来对依法需要办理登记的法人采登记要件主义。例如，《企业法人登记管理条例》第 3 条规定："申请企业法人登记，经企业法人登记主管机关审核，准予登记注册的，领取《企业法人营业执照》，取得法人资格，其合法权益受国家法律保护。"我国《民法总则》实际上也采取了此种立场，例如，《民法总则》第 77 条规定："营利法人经依法登记成立。"该条实际上也是将登记作为营利法人成立的条件。在登记要件主义模式下，如果法律要求法人必须办理设立登记的，其没有登记，就不能取得法人资格。

2. 变更登记采登记对抗主义。我国《公司法》和《公司登记管理条例》第五章、第六章都对变更登记作了明确规定。《民法总则》第 64 条规定："法人存续期间登记事项发生变化的，应当依法向登记机关申请变更登记。"据此，在法

---

[1] 参见史尚宽：《民法总论》，179 页，北京，中国政法大学出版社，2000。

[2] 参见《企业法人登记管理条例》第 20 条。

人存续期间，如果登记事项发生了变化，法人应当依据法律规定办理变更登记。例如，法人章程对于公司对外担保的限制发生变化（如原来要求超过 1 000 万元的对外担保需要经过董事会同意，后来改为超过 1 000 万元的对外担保需要经过股东大会同意），此种变化就应当进行变更登记。但对变更登记的效力，并没有作出明确规定。就法人的变更登记而言，比较法上一般都认为，应当采对抗主义。①《民法总则》第 65 条规定："法人的实际情况与登记的事项不一致的，不得对抗善意相对人。"从该条规定来看，可以将变更登记的效力解释为登记对抗主义。

3. 关于消灭登记的效力，依据我国法律法规的规定，消灭登记将导致法人终止，但在没有办理消灭登记的情况下，如果法人已经被注销营业执照，是否导致法人主体资格消灭，历来存在不同观点。笔者认为，营业执照主要是法人的经营资格问题，而非法人的主体资格。因此，即便法人已经被注销了营业执照，其主体资格仍然存在，应当到登记机关办理注销登记，否则无法消灭其主体资格。

（三）法人的实际情况与登记的事项不一致的情形

《民法总则》第 65 条规定："法人的实际情况与登记的事项不一致的，不得对抗善意相对人。"该条实际上也是采对抗主义的立场。具体而言，包括两层含义：

第一，法人的实际情况与登记的事项不一致。这主要包括两种情形：一是在设立时法人未如实申报登记，从而导致法人登记事项与法人的实际情况不一致。二是法人在存续过程中事项发生变更，但没有及时办理变更登记，或者所办理的变更登记与法人的实际情况不一致。② 如果法人的登记事项与实际情形不一致，很可能影响交易安全和交易秩序，此时，应当由法人承受相应的不利后果。

第二，不得对抗善意相对人。该条所规定的"不得对抗"应当包含如下两方面含义：一是法人的相关事项变更后，即便法人相关事项的变更没有进行变更登

---

① 参见〔德〕汉斯·布洛克斯、沃尔夫·迪特里希·瓦尔克：《德国民法总论》，张艳译，444 页，北京，中国人民大学出版社，2012；郑玉波：《民法总则》，217 页，北京，中国政法大学出版社，2003。

② 参见李适时主编：《中华人民共和国民法总则释义》，186 页，北京，法律出版社，2017。

记，相关事项的变更仍然可以生效①；二是善意相对人因为信赖登记而实施相关的民事活动时，其效力受到法律保护，法人不得主张按照法人实际情况认定相关行为的效力。所谓善意第三人，是指信赖登记簿的记载、不知该记载与实际权利状况不符的人。② 据此，只要相对人是善意的，法人没有办理变更登记而导致实际情况与登记事项不一致的，就不能对抗善意相对人。例如，法人的法定代表人发生变更后未及时办理登记，则法人原法定代表人以法人名义所实施的行为，法人仍须承受其法律后果。从比较法上看，各国法律普遍认为，法人登记事项与实际情况不一致时，为保护善意第三人、维护交易安全，应当由法人承受相应的法律后果。③

第四节 法人的民事权利能力和民事行为能力

《民法总则》第 59 条规定："法人的民事权利能力和民事行为能力，从法人成立时产生，到法人终止时消灭。"这就在法律上确认了法人的民事权利能力和民事行为能力与法人资格同时产生、同时消灭的规则。

一、法人的民事权利能力

（一）法人的民事权利能力的概念

所谓法人的民事权利能力，是指法人作为民事权利主体，享有民事权利并承担民事义务的资格。就其本质而言，法人是"法律赋予权利能力的、由人与财产以法律所规定的方式组成的组织"④。此处所说的权利能力是民事权利能力，即

---

① 参见［德］汉斯·布洛克斯、沃尔夫·迪特里希·瓦尔克：《德国民法总论》，张艳译，444 页，北京，中国人民大学出版社，2012。
② 参见李适时主编：《中华人民共和国民法总则释义》，188 页，北京，法律出版社，2017。
③ 参见《德国民法典》第 68 条，《意大利民法典》第 34 条。
④ Raiser，Der Begriff der juristischen Person，AcP 199，104，105．

法人在参与市场经济活动时所应当享有的能力，而不包括法人在行政关系中享有权利和承担义务的资格。从这个意义上说，法人的能力通常是与民事活动联系在一起的，而不能涉及政治国家的生活。①

尽管法人和自然人一样具有民事权利能力，但是法人的民事权利能力毕竟不同于自然人的民事权利能力。法人的民事权利能力，是特殊的民事权利能力，这种特殊性具体表现在：

1. 法人不享有与公民的人身不可分离的权利。法人是一个社会组织体，因此，某些与公民的人身不可分离的人身权（如生命权、健康权等）不能由法人享有，以性别、年龄、身份及亲属关系等为前提的权利、义务，也不能由法人享有和承担。但是，法人可以享有名称权、名誉权等人格权。②

2. 法人的民事权利能力依法受法律、行政法规的限制。③ 法人只能在法律或行政命令的范围内，具有享有权利和承担义务的能力。因法律法规规定不同，各种法人享有的能力也不相同，例如，我国《物权法》第 184 条规定："下列财产不得抵押：（一）土地所有权；（二）耕地、宅基地、自留地、自留山等集体所有的土地使用权，但法律规定可以抵押的除外；（三）学校、幼儿园、医院等以公益为目的的事业单位、社会团体的教育设施、医疗卫生设施和其他社会公益设施；（四）所有权、使用权不明或者有争议的财产；（五）依法被查封、扣押、监管的财产；（六）法律、行政法规规定不得抵押的其他财产。"这就对一些非营利法人等的民事权利能力作出了限制。

3. 法人的权利能力受其章程和目的的限制。④ 这就是说，一方面，法人的权利能力要受到其设立人的意志的约束，其设立人在设立法人时确立的目的的范围也直接决定了法人的能力范围。另一方面，法人的权利能力应当在其章程等文件中加以确定。

---

① 参见江平主编：《法人制度论》，22 页，北京，中国政法大学出版社，1994。
② 参见程合红：《商事人格权论》，29～33 页，北京，中国人民大学出版社，2002。
③ 参见史尚宽：《民法总论》，153 页，北京，中国政法大学出版社，2000。
④ 参见史尚宽：《民法总论》，154 页，北京，中国政法大学出版社，2000。

（二）法人的民事权利能力的开始和终止

《民法总则》第 59 条规定："法人的民事权利能力和民事行为能力，从法人成立时产生，到法人终止时消灭。"这一规则包括如下含义：

1. 法人的民事权利能力从法人成立时产生。具体来说，依据《民法总则》第 78 条的规定，营利法人从办理完毕核准登记手续，并依法领取营业执照之日起才能享有民事权利能力。事业单位法人和社会团体法人不需要办理法人登记的，从成立之日起，具有民事权利能力；依法需要办理法人登记的，从办理完毕核准登记手续之日起，具有民事权利能力。

2. 法人的民事权利能力从法人终止时消灭，法人因依法被撤销、解散、依法宣告破产或其他原因而终止以后，其民事主体资格原则上就不复存在。但是，根据《民法总则》的相关规定，法人在依法进行清算的阶段，其权利能力仍然是存在的，但是仅限于清算范围内的活动。

二、法人的民事行为能力

（一）法人的民事行为能力的概念

所谓法人的民事行为能力，是指法人作为民事权利主体，以自己的行为享有民事权利并承担民事义务的资格。法人的民事行为能力是法人以自己的意思独立进行民事活动，取得权利并承担义务的资格。法人是否像自然人那样具有民事行为能力？由于对法人的本质有不同的看法，对此也有两种不同的观点：

1. 代理说。代理说是"法人拟制说"的一种观点，认为既然法人是法律拟制的，当然无意思能力，而无意思能力则无行为能力。公司董事的行为，只是董事本身的行为，根据民法上代理的规定，其法律行为的效果应归属于法人。[①]

2. 机关说。机关说是"法人实在说"的一种观点，认为法人有团体意志或组织意志，董事只是法人的机关，并不是其代理人。董事在职务上的行为，是法

---

① 参见［德］博伊庭：《德国公司法中的代表理论》，载梁慧星主编：《民商法论丛》，第 13 卷，535 页，北京，法律出版社，2000。

人本身的行为，所以，法人有行为能力，不过以其机关的行为作为自己的行为。①

《民法总则》第 59 条规定："法人的民事权利能力和民事行为能力，从法人成立时产生，到法人终止时消灭。"可见，我国《民法总则》采纳的是法人实在说，基于实在说而采纳的是机关说，而不是代理说。这就意味着首先必须承认法人具有自身的独立意志。

法人和自然人一样，也享有民事行为能力，但是，法人的民事行为能力与自然人的民事行为能力相比是不同的，表现在：

第一，法人的民事行为能力和其民事权利能力在时间上是一致的。法人的民事行为能力始于法人成立、终于法人消灭，在法人存续期间始终存在，所以，法人的民事权利能力和民事行为能力同时发生，同时消灭。而自然人的民事行为能力受其年龄、健康状态等因素的影响，其有权利能力不一定有行为能力。

第二，法人的民事行为能力和其民事权利能力在范围上是一致的。也就是说，法人能够以自己的行为取得权利和承担义务的范围，不能超出它们的民事权利能力所限定的范围。②

第三，法人的民事行为能力是以其不同于单个自然人意思的团体意思为前提的。法人作为一个统一的组织体，有自己的内部机构，能够产生并实现自己的意思，从而决定了法人具有民事行为能力。法人的民事行为能力是通过法人的机关来实现的。

（二）关于目的范围对法人的能力限制的法律效力

法人的目的范围，也称为业务范围，在企业法中称为经营范围。关于目的范围对法人的能力限制的法律效力，学者存在如下几种不同的观点：

1. 权利能力限制说。此种学说认为，法人的目的范围对于法人活动的限制，是对于法人权利能力的限制。我国学者大多采纳此种观点。③

---

① 参见［德］博伊庭：《德国公司法中的代表理论》，载梁慧星主编：《民商法论丛》，第 13 卷，534 页，北京，法律出版社，2000。
② 参见魏振瀛主编：《民法》，4 版，82 页，北京，北京大学出版社、高等教育出版社，2010。
③ 参见刘定华、屈茂辉主编：《民法学》，123 页，长沙，湖南人民出版社，2001。

2. 行为能力限制说。此种学说认为，法人的权利能力仅受其性质及法律、法规的限制，因此法人的目的范围属于对其行为能力而不是对其权利能力的限制。近年来我国一些学者认为，从保护交易安全出发，对法人经营范围的限制是对法人行为能力的限制。[1]

3. 代表权限制说。此种学说认为，法人的目的，不过划定法人机关的对外代表权的范围而已。依此说，法人的目的外行为属于超越代表权的行为，应为无效，但有存在依代理的法理予以追认的可能性。[2]

4. 内部责任说。此种学说认为，法人目的，不过是决定法人机关在法人内部的责任而已。所以，法人的目的外行为，当然应为有效。[3]

以上四种观点都不无道理。笔者认为，代表权限制说未能揭示出目的范围对法人能力的限制。因为法人目的范围并不是法人的法定代表人代表权限的内容，法人的目的范围是法律法规以及法人的章程、性质等决定的法人的能力范围。但是代表权的范围主要是法人对法定代表人权限的确定和限制。法人的经营活动可以通过法定代表人来实现，也可以通过法人的机关委托代理人来从事。所以，将经营范围视为对法定代表人的代表权的限制是不妥当的。至于内部责任说，也值得商榷。因为目的范围并不是法人内部责任的确定，而实际上主要是为了维护交易安全，也就是说是为了解决法人与第三人之间的关系，其着眼点在于确定法人和第三人之间的关系。

笔者认为，可以根据情况，运用权利能力和行为能力限制的学说来解释对法人的能力限制问题。对法人的能力限制的法律效力，必须要区分目的范围而确定对不同类型的法人的限制。对于机关法人而言，其主要职能是在法律法规授权的范围内行使国家公权力，发挥国家机关的管理职能，其从事民事活动只能受到其目的范围的限制。如果其超出目的范围，从事以营利为目的的生产经营活动，显

---

① "营利性私法法人像自然人那样享有普遍的、不受限制的权利能力。法人章程关于经营范围的规定，只是对法人行为能力或权利义务之现实归属的限制。"朱广新：《法定代表人的越权代表行为》，载《中外法学》，2012（3）。

② 参见梁慧星：《民法总论》，128 页，北京，法律出版社，2011。

③ 参见［日］北川善太郎：《民法总则》，71 页，东京，有斐阁，1993。

然，已经超出了其权利能力和行为能力的范围。对于营利法人而言，其经营范围不应当是对其权利能力的限制，而应当是对其行为能力的限制。因为一方面，适应市场经济的内在需要，应当赋予营利法人广泛的从事投资和交易的自由。另一方面，营利法人在从事经营活动时，将与第三人进行民事交往，如果以营利法人的经营范围作为对其权利能力的限制，势必导致许多民事行为无效，将不利于保护第三人的信赖利益和维护交易安全。尤其应当看到，从各国发展来看，对营利法人的经营范围的限制呈越来越宽松的趋势。[1]

在我国，从发展社会主义市场经济的需要出发，应当对营利法人的经营范围的限制逐渐放宽，即使企业从事了超越经营范围的行为，也无须简单地认定为无效。我国《公司法》第12条也允许公司通过修改公司章程，改变经营范围，但公司的经营范围属于法律、行政法规规定须经批准的项目的，应当依法经过批准。最高人民法院《合同法司法解释一》第10条也规定："当事人超越经营范围订立合同，人民法院不因此认定合同无效。但违反国家限制经营、特许经营以及法律、行政法规禁止经营规定的除外。"这些规定都为认定法人的能力提供了法律基础。

三、法人的侵权行为能力

与法人的民事行为能力相联系的是法人的侵权行为能力。所谓侵权行为能力是指承担因侵权行为所致的损害赔偿责任的能力，因此，也称为责任能力。法人是否具备侵权行为能力？对此，有两种不同的观点：

1. 否定说。此种观点认为，法人是拟制的产物，法人没有侵权行为能力，因为侵权行为以故意、过失为前提，而法人既无意思能力，就不能从事侵权行为。[2]

---

[1]　参见史尚宽：《民法总论》，154页，北京，中国政法大学出版社，2000。
[2]　参见史尚宽：《民法总论》，160页，北京，中国政法大学出版社，2000。

2. 肯定说。此种观点认为，法人有侵权行为能力，但是为什么具有这种能力，学者之间的看法不尽相同。有人认为法人有意思能力，即有故意或过失，所以可以实施侵权行为。[1] 有人认为，法人的机关代表法人实施的行为，就是法人本身的行为，法人对于其机关的行为负责的根据就在于法人未尽到对其选任和监督的注意义务。[2] 还有人认为，法人对其机关的行为负责，并不是因为法人本身的过失，不过是法律为维护公众交易的安全，规定了一种特别的责任。[3]

当代各国民法大多肯定了法人有侵权行为能力。例如，1900 年的《德国民法典》第 31 条规定，"董事，董事之一人，或依社团章程所选任之其他代理人，于执行属于其权限之事务时，因应负损害赔偿义务之行为，所加于第三人之损害，由社团负其责"。第二次世界大战以来，随着无过失责任的发展，法人的侵权行为责任范围正在逐渐扩大，而对于法人是否具有侵权行为能力的疑问也已逐步减少了。

《民法总则》第 62 条第 1 款规定："法定代表人因执行职务造成他人损害的，由法人承担民事责任。"据此，法定代表人的行为视为法人的行为，这就从法律上明确肯定了法人具有侵权行为能力。《侵权责任法》关于用工责任、产品责任、环境污染责任、高度危险责任、建筑物所有人或管理人的责任等规定，实际上也肯定了法人具有侵权行为能力。承认法人具有侵权行为能力的意义主要表现在：一是确认了法人能够以团体的名义，对因其行为产生的侵害他人财产和人身的行为承担侵权责任，并应当以法人的独立财产对此负责。二是对法定代表人和法人机关成员在执行职务过程中造成他人损害的，应当视为法人的行为，由法人对该行为负责。三是在雇佣关系和劳动关系中，法人对其工作人员执行职务的行为造成他人损害，应当承担侵权责任。

---

[1] 参见李模：《民法总则之理论与实用》，66 页，台北，自版，1982。

[2] 参见杨立新：《侵权法论》，395 页，长春，吉林人民出版社，1998。

[3] 参见［德］冯·巴尔：《欧洲比较侵权行为法》下卷，焦美华译，255 页，北京，法律出版社，2001。

第五节 法人的法定代表人

一、法定代表人的概念

法人的法定代表人是指依照法律或法人的组织章程的规定，代表法人行使职权的负责人。《民法总则》第 61 条第 1 款规定："依照法律或者法人章程的规定，代表法人从事民事活动的负责人，为法人的法定代表人。"这就在法律上确立了法定代表人制度。关于法定代表人在法律上的地位，依法人的学说不同而存在不同的看法。拟制说认为，法人并非客观存在的实体，不具有行为能力，所以法人的法定代表人只是法人的代理人。而法人实在说认为，法人是客观存在的事实，具有行为能力[1]，法定代表人的行为就是法人自身的行为。我国现行立法采纳法人实在说，承认了法定代表人为法人的机关。法人的法定代表人具有如下特征：

1. 法人的法定代表人是由法律或法人的组织章程规定的自然人。我国有关法律明确规定了营利法人的法定代表人。例如，《公司法》第 13 条规定："公司法定代表人依照公司章程的规定，由董事长、执行董事或者经理担任，并依法登记。"同时，一些营利法人也可以根据其章程的规定，具体确定何人为该法人的法定代表人。但如果法律规定和章程的规定不一致，则应当以章程的规定为准。

2. 法人的法定代表人有权代表法人从事民事活动。法定代表人根据法律和章程的规定，有权代表法人对外行为。法定代表人不需要事先获得法人的特别授权。法定代表人依法代表法人行为时，执行职务的行为所产生一切法律后果都应由法人承担。法人的法定代表人与法人的其他工作人员一样，都能够代表法人行

---

[1] 参见史尚宽：《民法总论》，139～140 页，北京，中国政法大学出版社，2000。

为，但是法定代表人是法人的主要负责人，如公司的董事长、总经理等。通常，要由法定代表人代表法人在法院起诉和应诉。

3.法定代表人以法人名义从事的活动，由法人承担法律后果。《民法总则》第61条第2款规定："法定代表人以法人名义从事的民事活动，其法律后果由法人承受。"根据这一规定，一方面，法定代表人都是自然人，如果其是以自己的名义从事民事活动，原则上只能视为自己的行为，而不能视为法人的行为。另一方面，只要法定代表人以法人的名义从事的民事活动，都应当由法人承受。这是因为法人的意志正是通过法定代表人实现的。此处所说的"承受"就包括承担和享有两层含义。[①] 具体而言，就义务和责任而言，应当由法人承担；而权利和利益，应当由法人享有。该条是法律直接规定的，具有强行法的性质，不允许当事人通过约定排除或限制其适用。

二、法定代表人的责任

正如上述，法人的法定代表人是法人的组成部分，但这并不是说法人的法定代表人的一切行为后果都应由法人承担。《民法总则》第62条第1款规定："法定代表人因执行职务造成他人损害的，由法人承担民事责任。"依据这一规定，只要法定代表人是在执行职务范围内造成他人损害，都应当由法人承担民事责任。

法人代表人造成他人损害，由法人承担责任，必须是因"执行职务"造成的。如何认定"执行职务"，值得探讨。笔者认为，可以借鉴用工责任（或称雇主责任）中的外观说或客观说。只要法定代表人的行为外观上可以认定为执行职务的，即为职务行为。[②] 也就是说，如果从法定代表人的行为来看，社会一般人

---

① 参见石宏主编：《中华人民共和国民法总则条文说明、立法理由及相关规定》，130页，北京，北京大学出版社，2017。

② 参见王泽鉴：《雇佣人无过失侵权责任的建立》，载王泽鉴：《民法学说与判例研究》，第1册，22页，北京，中国政法大学出版社，1998。

会将其理解为执行职务的行为，就认为其满足了执行职务的要件。我国司法实践中就用工责任历来也采外观说。[1] 因此，在认定法定代表人是否是执行职务时，应当考察其行为外观。不论法定代表人是否与法人签订了正式的劳动合同，也不论其是上班还是下班，只要法定代表人造成了他人的损害，且第三人有合理理由认为其是在执行职务，就认定为因执行职务而致害。例如，甲在周末驾驶单位的公车带上单位的其他工作人员出去旅游，途中撞伤受害人，是否属于执行职务？笔者认为，从社会一般人的角度来看，可以认为其行为与自己的工作任务之间存在内在联系，且车上乘坐的都是单位的工作人员，与执行职务具有关联性。

对于法人的法定代表人非执行职务而产生的行为后果，法人是不承担责任的。法人的法定代表人有权代表法人对外行使职权，同时也有义务严格遵守国家的法律、法规，保障企业合法经营。如果其没有很好地履行自己的职责，而从事非法活动，应当依法承担法律责任。即便法人的法定代表人所从事的违法活动是根据法人的集体意志进行的，因为其实施这些违法行为时，本身也是有过错的，所以在追究法人的法律责任的同时，应根据不同情况追究法人的法定代表人的法律责任。

在法人就法定代表人的行为承担责任后，也可能向法定代表人追偿。《民法总则》第62条第2款规定："法人承担民事责任后，依照法律或者法人章程的规定，可以向有过错的法定代表人追偿。"该条对法人对其法定代表人的追偿权作出了规定。据此应当区分两种关系，即法人的对外责任承担以及法人对法定代表人的内部追偿关系。就法人的对外责任承担问题而言，如果法人的法定代表人实施了越权代表等行为时，法人原则上仍然需要承受该行为的法律后果，即需要对相对人承担责任。但这并不意味着法人无权对实施越权代表等行为的法定代表人追偿，依据该条规定，追偿应当符合如下两个要件：

一是法定代表人有过错，即法定代表人如果没有过错，则应当享有豁免权，

---

[1] 例如，《人身损害赔偿司法解释》第9条第2款规定："前款所称'从事雇佣活动'，是指从事雇主授权或者指示范围内的生产经营活动或者其他劳务活动。雇员的行为超出授权范围，但其表现形式是履行职务或者与履行职务有内在联系的，应当认定为'从事雇佣活动'。"

即便造成相对人损害，也不应当承担责任。但如果法定代表人明知对法人不利而仍然实施相关行为，或者不考虑风险控制部门提出的风险提示，显然是有过错的。

二是必须有法律或章程的依据。《民法总则》第62条第2款已经为法人的追偿权作出了规定，当然，法人的章程也可以对法人追偿权的行使作出规定。例如，法人的章程规定，只有法定代表人具有故意或重大过失的，法人才能对其追偿。在法定代表人仅具有轻微过失时，法人就不能追偿。

三、对法定代表人代表权的限制

（一）相对人为善意时的越权代表行为效力

《民法总则》第61条第3款规定："法人章程或者法人权力机构对法定代表人代表权的限制，不得对抗善意相对人。"这一规定设定了对善意相对人信赖利益保护的规则。适用这一规则必须满足如下要件：

第一，法人章程或者法人权力机构对法定代表人的代表权作出了限制。法定代表人虽可代表法人行为，但其权限也是要依法受到限制的，如果对这些限制第三人难以知悉，且第三人信赖了法定代表人的行为，若事后法人以内部的限制为由主张代表行为无效，就可能妨碍交易安全。因此，从强化第三人信赖的保护考虑，要区分相对人是善意还是非善意的，来确定法律行为的效力。[①]

第二，必须是法人章程或者法人权力机构所作出的限制。通常来说，法人章程的限制都进行了登记，第三人应当知悉。而法人权力机构的限制往往是通过决议的形式确定的，属于法人的内部治理问题，并不需要登记，因而，对此种限制，相对人难以知悉。

第三，相对人是善意的。关于如何判断相对人是否善意，存在不同观点。以

---

① 参见李适时主编：《中华人民共和国民法总则释义》，173页，北京，法律出版社，2017。

公司法定代表人越权担保为例，关于相对人善意的判断，一种观点认为，公司章程对其法定代表人权限的限制并不具有对抗善意第三人的效力，相对人并不具有审查公司章程的义务。① 另一种观点认为，考虑到相对人查阅公司法定代表人权限并不困难，因此，在公司法定代表人对外担保时，其应当有查阅公司章程、确定其代表权限的义务，否则很难认定其具有善意。② 笔者认为，在法人法定代表人从事代表行为时，不宜一概认定相对人有查询法人章程的义务，或没有查询公司章程的义务，而应当结合法人的经营范围、交易的性质、相对人的查询能力、查询成本等多种因素综合判断。例如，就公司法定代表人越权担保的情形，除担保公司外，一般的公司并不从事担保活动，此时，如果公司法定代表人对外提供担保，则相对人即应当查询公司的章程，以确定该法定代表人是否有对外提供担保的代表权限，否则很难认定其属于善意。相对人为善意时，法人章程或者法人权力机构对法定代表人代表权的限制，不得产生对抗的效力。如果相对人是恶意的，则不能使该法律行为有效。例如，某个相对人已经知道法人内部决议关于不允许超过特定限额进行担保的规定，此时，相对人就是恶意的。因此，法人章程或者法人权力机构对法定代表人代表权的限制，便可以对抗恶意相对人。

从《民法总则》第 61 条第 3 款的规定来看，在法人的法定代表人越权行为的情形下，对其代表权的限制不得对抗善意第三人，但如何理解越权代表行为的效力，存在较多争议。从该条规定来看，其在规定越权行为的效力时，实际上以相对人是否为善意作为区分越权行为不同效力的标准。一般认为，在相对人为善意的情况下，法定代表人的越权代表行为应当有效。③ 从《民法总则》第 61 条第 3 款的规定来看，其使用了"不得对抗善意相对人"这一表述，表明在善意相对人主张法人的法定代表人越权代表行为有效时，法人不得主张其无效，但善意相对

---

① 参见冉克平：《论公司对外担保合同的效力——兼评〈公司法〉第 149 条第 3 款》，载《北方法学》，2014（2）。

② 参见高圣平：《担保物权司法解释起草中的重大争议问题》，载《中国法学》，2016（1）。

③ 参见崔建远：《合同法总论》上卷，356 页，北京，中国人民大学出版社，2008。

人能否主张其无效，该条并没有作出规定。按照立法者的观点，对越权代表行为而言，如果相对人是善意的，则该代表行为有效。[①] 可见，立法者并没有赋予善意相对人选择是否主张代表行为无效的权利。

（二）相对人为恶意时的越权代表行为效力

在相对人恶意的情形下，法人法定代表人越权代表行为的效力如何？《民法总则》并没有对此作出规定。学界对此存在不同观点，一种观点认为，在相对人恶意的情形下，越权代表行为应当属于无效行为。[②] 另一种观点认为，在相对人为恶意的情形下，法定代表人的越权代表行为应当属于效力待定的行为。[③] 笔者认为，在相对人恶意的情形下，应当区分不同情形认定法定代表人越权代表行为的效力：如果相对人不仅知道法定代表人没有相应的代表权限，而且还有与该法定代表人恶意串通损害法人利益的故意，依据《民法总则》第 154 条的规定，该越权代表行为应当属于无效行为；如果相对人没有与代表人恶意串通，而只是知道代表人没有相应的代表权限，此时，从鼓励交易出发，不宜一概否定该越权代表行为的效力，而应当交由法人最终确定其效力，因此，将其认定为效力待定的民事法律行为更为妥当。

第六节　法人的终止

一、法人终止的原因

法人的终止，亦即法人的消灭，是指法人丧失民事主体资格，不再具有民事

---

① 参见李适时主编：《中华人民共和国民法总则释义》，173 页，北京，法律出版社，2017。

② 参见崔建远：《合同法总论》上卷，356 页，北京，中国人民大学出版社，2008。

③ 参见曹嘉力：《越权代表行为的法律效力初探——兼评〈合同法〉第 50 条》，载《当代法学》，2002（9）。

权利能力与行为能力的一种状态。① 法人终止后，其民事权利能力和行为能力消灭，民事主体资格丧失。《民法总则》第 68 条第 1 款规定："有下列原因之一并依法完成清算、注销登记的，法人终止：（一）法人解散；（二）法人被宣告破产；（三）法律规定的其他原因。"据此，法人终止的原因主要包括以下几种情形：

1. 法人解散。依据《民法总则》第 69 条，法人解散的主要原因包括：

一是法人章程规定的存续期间届满或者法人章程规定的其他解散事由出现。例如，有些项目公司的法人章程规定，项目结束以后半年内解散。再如，法人章程规定，设立法人的目的已经实现或者确定无法实现时解散。

二是法人的权力机构决议解散。如果法人是社团法人，其权力机构有权决定解散，这是法人成员共同意志的体现。例如，经全体股东大会决定，解散法人，或经出资人全体会议决定歇业。如果法人章程规定不许对法人解散，而全体成员共同决定解散，则应当视为对原章程进行了修改。

三是因法人合并或者分立需要解散。法人分立、合并的主体不限于企业，但主要是企业。所谓分立，是指一个法人分成两个或两个以上的法人，或将现有的一个或几个法人分出一部分组成为一个新的法人。在分立以后，被分立的法人有可能消灭。所谓合并，是指两个或两个以上的法人合并为一个新的法人，或者一个或多个法人归并到一个现存的法人中去，或是将某个法人分成若干部分，并入其他现存的法人中。在第一种情况下，原有的法人消灭，产生新的法人；在第二种情况下，被合并的法人的主体资格消灭了，而存续的法人主体资格仍然存在，只是在主体资格上发生变更。②

四是法人依法被吊销营业执照、登记证书，被责令关闭或者被撤销。依该条规定，法人被吊销营业执照、登记证书就应当解散。笔者认为，此种规定并不妥当。因为吊销营业执照，法人只是暂时不能营业，并不当然需要解散。如果法人经过整改重新取得了营业执照，则仍可继续存在。至于法人被责令关闭或者被撤

---

① 参见江平主编：《法人制度论》，154 页，北京，中国政法大学出版社，1994。
② 参见江平主编：《民法学》，113 页，北京，中国政法大学出版社，2007。

销，主要是指法人在存续期间内，违反有关法律的强制性规定，例如，利用法人名义从事走私、贩毒等违法犯罪行为，依法被有权机关责令关闭或撤销。社会团体法人从事法律所禁止的活动时，民政机关或者其他有权机关也可以依法予以取缔。

五是法律规定的其他情形。我国有关的法律法规就一些具体类型的法人，规定了解散事由。例如，依据《基金会管理条例》第16条的规定，如果基金会"无法按照章程规定的宗旨继续从事公益活动的"，则应当终止。

2. 依法宣告破产。营利法人在其全部资产不足以清偿到期债务的情况下，经法定代表人或其他有权代表人、主管部门以及营利法人的债权人等提出申请，由人民法院宣告营利法人破产。法人被宣告破产后，由清算组织负责对该法人的财产、债权和债务进行清理，并变卖法人的财产清偿债务。从宣告破产之日起，营利法人终止。

3. 法律规定的其他原因。法律上还可能规定在解散和破产之外的法人终止事由。例如，因国家机关机构调整而导致机关法人的终止等。

原则上，法人的终止取决于法人成员的意思自治，但也有例外。例如，《民法总则》第68条第2款规定："法人终止，法律、行政法规规定须经有关机关批准的，依照其规定。"依据该条规定，如果法律、行政法规规定法人的终止应当经过有关机关的批准，则法人终止应当遵循该规则。

二、法人清算

（一）法人清算的概念

所谓清算，是指法人在终止前，应当对其财产进行清理，对债权债务关系进行了结。《民法总则》第70条第1款规定："法人解散的，除合并或者分立的情形外，清算义务人应当及时组成清算组进行清算。"之所以要求法人及时清算，主要是为了保护债权人利益，并使法人能够及时终止，退出市场。实践中，法人在停业后没有进行债权债务清算，也没有进入破产程序，从而成为"僵尸企业"，

这既损害了债权人的利益，也损害了交易安全。因此，《民法总则》规定清算制度对于维护交易安全、保护交易秩序，防止法人解散后逃废债务，十分必要。

《民法总则》第 70 条第 1 款排除了分立和合并的情形，因为在法人分立或合并的情况下，分立后的法人或合并后的法人要对债权人承担连带责任，足以保护债权人的利益，不需要进行清算。此处所说的"及时"是指法律规定了清算期限的，应当在该期限内清算。例如，《公司法》第 183 条规定，公司应当在解散事由出现之日起 15 日内成立清算组，开始清算。如果法律没有规定，则应当尽快组织清算，不能长期拖延。

在法律上，法人的清算有两种形式：一是依破产程序进行的清算。法人在宣告破产以后，要由主管机关或人民法院组织有关人员成立清算组织，依照破产程序进行，清算的程序应适用《企业破产法》的规定。二是非依破产程序进行的清算。法人除因宣告破产而被解散外，应按法律规定（如民法、民事诉讼法、公司法、其他商事特别法等有关规定）的其他程序而不按照破产程序进行清算。

清算一般是在法人终止时进行的，但是在法人负债过重的情况下，经过法人的意思机构或法人的全体成员的决定，由法人向有关单位提出申请并被批准后，可以主动清算。

（二）清算期间的法人的性质

清算期间的法人称为清算法人。关于清算法人在法律上的性质，理论上有四种不同的看法：

1. 清算法人说。此种观点认为，法人因解散而消灭其主体资格，但是由此又会导致财产成为无主财产，因此，法律专为法人的清算目的而设立了一种清算法人，这种法人的能力是特殊的，它不享有原法人的能力。

2. 拟制存续说。此种观点认为，法人因解散而丧失权利能力，法人不得再从事其经营范围所决定的活动，但是由于法律的拟制使法人在清算的目的范围内享有权利能力，从法人解散至清算完结，在此阶段视为法人仍然存续。德国、日本等国家的民法持这种观点。例如，《德国民法典》第 44 条规定：社团因破产之开始而丧失其权利能力。关于破产程序的社团视为存续，在清算范围内有权利能力。

3. 同一人格说。此种观点认为，清算法人与解散前的法人，在本质上是相同的，不过是权利能力的范围缩小而已。清算法人不得再享有从事生产活动的能力，但是在清算的目的范围内，与解散前的法人一样享有权利能力，而解散前的法人的一切权利能力（包括专属的权利和义务）都要移转给清算法人。

4. 同一人格兼拟制说。此种观点认为，法人在解散后，其人格仍然存在，但是，法人解散后，内部成员的缺乏致使法人丧失了其存在的基础，因此，清算法人只是由法律所拟制的法人，不是实在的法人。^①

笔者认为，采纳同一人格说较为合理。这就是说，清算前的法人和清算后的法人具有同一人格，因为法人在解散以后，其权利能力并不是完全归于消灭。如果法人因解散而丧失其权利能力，不再具有主体资格，这就难以解释清算中的法人仍然可以同他人进行民事活动。所以，《民法总则》第 72 条第 1 款规定："清算期间法人存续，但是不得从事与清算无关的活动。"这就是说，在清算过程中，法人继续存在，而只是其权利能力的范围受到了一定限制，即清算中的法人仅在清算范围内享有权利能力，其行为应围绕清算目的的实现而展开。

（三）清算义务人

所谓清算义务人，是指在法人解散后负有对法人进行清算的义务的人。此处所说的清算义务人，是有义务发起清算、组织清算的人，并非要求其一定参与具体的清算活动。《民法总则》第 70 条第 2 款规定："法人的董事、理事等执行机构或者决策机构的成员为清算义务人。法律、行政法规另有规定的，依照其规定。"依据这一规定，清算义务人包括：第一，就营利法人而言，主要限于执行机构中的董事。第二，对于非营利法人而言，包括理事及其他决策机构的成员。例如，根据《民办教育促进法》第 20 条第 1 款，"民办学校应当设立学校理事会、董事会或者其他形式的决策机构"，决策机构的成员也可以称为董事。第三，法律、行政法规规定的其他人员。清算义务人只是负有启动清算程序的主体，其义务是启动清算程序、组成清算组，但其本身并非当然的清算组织的成员。清算

---

① 以上几种观点参见郑玉波：《民法总则》，199 页，北京，中国政法大学出版社，2003。

义务人应当组成清算组，进行清算。清算组的成员不限于前述清算义务人，例如，其可以聘请专业人员参与清算。

清算义务人负有及时清算的义务，《民法总则》第 70 条第 3 款规定："清算义务人未及时履行清算义务，造成损害的，应当承担民事责任；主管机关或者利害关系人可以申请人民法院指定有关人员组成清算组进行清算。"依据这一规定，清算义务人要及时履行清算义务，包括组成清算组、开展清算。如果清算义务人迟延履行其清算义务，将引发两个方面的后果：一是因此造成他人损害的，应当承担民事责任。清算人的义务范围十分广泛，如及时主张债权、保护被清算法人的财产等。因此，清算人未履行清算义务，既可能导致被清算法人的损害，也可能导致债权人损害。从该条规定来看，其并没有限定此种赔偿责任的性质，因此，其既可能是对债权人的赔偿责任，也可能是对被清算法人的责任。例如，因迟迟不清算，导致债权人的债权无法实现，因此，清算义务人就要对债权人承担赔偿责任。同时，此种责任既可能是违约责任，也可能是侵权责任。二是主管机关或者利害关系人可以申请人民法院指定有关人员组成清算组进行清算。这就是说，如果清算义务人不及时组织清算，将启动强制清算程序。此处所说的主管机关，是指法人的主管机关，如民办学校就是由教育主管部门作为其主管机关。所谓利害关系人，是指对清算有利益关系的人，如股东、债权人等。这些机构和个人都可以在法院提起诉讼，请求法院组成清算组进行清算。[①] 可见，清算组织的成立分为两类：

1. 清算法人自己组成的清算组织。在企业法人因解散而终止的情况下，要由法人自己成立清算组织，清算组织的成员一般应由法人的意思机关（如董事会，股东大会等）选举。一般来说，法人的章程中明确规定了清算人的，应依章程的规定；章程没有规定的，应由清算法人的意思机关或全体成员选举组成，也可以吸收外部成员参加清算组织。清算人不能胜任清算工作的，可以经利害关系人申请，由人民法院予以撤销并重新指定清算人。

---

① 参见石宏主编：《中华人民共和国民法总则条文说明、立法理由及相关规定》，156 页，北京，北京大学出版社，2017。

2. 由人民法院组成的清算组织。企业法人因被撤销、被宣告破产而终止的，应当由主管机关或者人民法院组织有关机关和有关人员依法成立清算组织。这里所说的"有关机关"包括财政、审计、工商、税收、银行、劳动部门等单位。中外合资经营企业、中外合作经营企业或外资企业，其清算组织的成员中应包括该企业审批部门的代表。这里所说的"有关人员"包括注册会计师、律师、经济师、工程师等人员。任何人非经企业的主管机关或人民法院的许可，不得成为清算组织的成员。

（四）清算组的职权

在清算程序启动之后，就应当依据法律规定的程序和清算组职权，进行清算。《民法总则》第71条规定："法人的清算程序和清算组职权，依照有关法律的规定；没有规定的，参照适用公司法的有关规定。"我国有关法律对清算程序和清算组的职权作出了规定。例如，《公司法》《企业破产法》《慈善法》《民办教育促进法》等都有规定，但是，比较而言，《公司法》的规定最为完备。因此，如果相关法律没有规定，可以参照《公司法》的规定。

清算组织的职权是：对内清理财产，处理法人的有关事务；对外代表法人了结债权债务，在法院起诉和应诉。具体来说：

一是对内处理法人的事务，如清理财产，整理账目，编造资产负债表和财产目录。任何人未经清算组织的同意，不得处分法人的财产。对未履行的合同如能继续履行，以法人的名义组织继续履行。负责调查法人的机关或成员在法人的债务问题上有无违法行为或重大过失，确定他们是否负有责任。

二是对外收取债权，清偿债务。清算组织应及时通知债权人申报债权，并规定适当的期限，债权人逾期不申报债权的，其债权不列入清算范围内。清算组织有权召集债权人会议或其他会议，在核实债权以后，应根据法定的顺序清偿。清算组织对于法人已经到期的债权应负责收取，对于未到期的债权，可以让与他人，也可以作价的方式让与他人。

三是变卖财产。清算组织应负责变卖法人的财产，但是法律禁止或限制自由买卖的财产，应由政府主管部门或者指定的部门收购处理。

四是非依破产程序进行的清算，如果清算法人的财产不足以清偿其债务，清算组织应申请宣告破产。

《民法总则》第 72 条第 2 款规定："法人清算后的剩余财产，根据法人章程的规定或者法人权力机构的决议处理。法律另有规定的，依照其规定。"法人清算之后，如果还有剩余财产，如何处理？依据上述规定，首先，如果法律有特别规定的，依照其规定。例如，《民办教育促进法》第 59 条就对此作出了规定。其次，在法律没有特别规定的情形，应当适用私法自治，依据章程或者法人权力机构的决议处理。例如，法人章程明确了要返还给股东，应当依据章程。如果章程没有规定，而股东会决定返还给股东，应当依据该决定处理。

（五）清算期间内法人存续

法人在清算期间，其人格并不消灭，清算组织就是法人在清算期间的意思机关和执行机构，应当由清算组织代表法人行使职权。《民法总则》第 72 条第 1 款规定："清算期间法人存续，但是不得从事与清算无关的活动。"这就是说，在清算期间，法人资格仍然得以存续，只不过，其权利能力和行为能力受到限制。问题在于，如果法人在清算期间从事了与清算活动无关的活动，则该活动的效力如何？有观点认为，该条规定法人在清算期间不得从事与清算无关的活动，实际上是对法人权能能力所进行的限制，法人违反该规定所实施的民事法律行为应当无效。[①] 笔者认为，不宜一概认定处于清算阶段的法人所实施的民事法律行为无效，而应当区分交易相对人是否善意（即对法人处于清算阶段是否知情）分别认定相关民事法律行为的效力：如果相对人明知法人已经进入清算阶段而仍然与其交易，则应当认定该民事法律行为无效。但如果相对人因为无法查实等原因而并不知道法人已经进入清算阶段，则为保护交易安全，不应当否定该民事法律行为的效力。

《民法总则》第 72 条第 3 款规定："清算结束并完成法人注销登记时，法人终止；依法不需要办理法人登记的，清算结束时，法人终止。"严格地说，法人解散并不等于法人终止。只有经过法人清算，并办理了注销登记，法人才终止。因此，

---

① 参见陈甦主编：《民法总则评注》上册，488 页，北京，法律出版社，2017。

该条区分了两种情形：一是需要依法办理登记的法人的终止。我国相关的法律法规都规定了事业单位、社会团体、基金会法人在清算结束之后应当办理注销登记，只有在办理注销登记之后，法人才终止。① 二是依法不需要办理法人登记的终止。例如，集体经济组织法人目前并没有要求办理登记，如果发生这类组织的终止，在清算后，则不需要办理注销登记。此时，只要清算结束，法人就归于终止。

（六）破产清算

所谓破产清算，是指企业法人被宣告破产以后所进行的清算。《民法总则》第73条规定："法人被宣告破产的，依法进行破产清算并完成法人注销登记时，法人终止。"从我国现行立法来看，只有《企业破产法》对企业的破产问题作出了规定，其他法人的破产目前并没有法律作出规定，只能参照适用《企业破产法》的规则。对此，《企业破产法》第135条规定："其他法律规定企业法人以外的组织的清算，属于破产清算的，参照适用本法规定的程序。"一般而言，在破产清算完毕后，应当办理注销登记，经注销登记后，法人资格最终归于消灭。

---

① 参见《事业单位登记管理暂行条例》第13条，《社会团体登记管理条例》第21条，《基金会管理条例》第18条。

第六章

营利法人

第一节　营利法人的概念和类型

一、营利法人的概念

营利法人是指以取得利润并分配给股东等出资人为目的成立的法人。《民法总则》第 76 条第 1 款规定："以取得利润并分配给股东等出资人为目的成立的法人，为营利法人。"我国《民法总则》保持了《民法通则》关于企业法人与非企业法人分类的做法，独创了营利法人与非营利法人的分类，改变了大陆法系社团法人和财团法人的分类方法。这种方法也具有较强的包容性，因为营利法人能够涵盖公司以外的其他从事经营活动并以分配利润为目的的组织。而非营利法人能够涵盖社会团体法人、事业单位法人以外的其他不以分配利润为目的的组织，因此，此种分类有利于健全社会组织法人治理结构，并有利于加强对这类组织的引

导和规范，促进社会治理创新。[1]

相对于非营利法人而言，营利法人的特点在于：

第一，它是社团法人的一种类型。在比较法上，营利法人和非营利法人是社团法人的两种类型。从《民法总则》的相关规定来看，营利法人也应当属于社团法人。例如，该法第 76 条第 2 款列举了其包含有限责任公司、股份有限公司等，这些都是以人的集合为基础的法人。因此，营利法人通常都要有成员。而且为了保障营利法人的正常运行，营利法人的成员需要按照约定出资。法人的成员虽然不都是营利法人的机关，但成员的存在构成了营利法人成立的基础和存续的条件。[2]

第二，它主要从事经营活动并取得利润。《民法总则》第 76 条第 1 款规定："以取得利润并分配给股东等出资人为目的成立的法人"，营利法人通常都是从事市场经济活动的组织体，所以，对营利法人的规范涉及交易秩序和交易安全，需要民事特别法对其治理结构等作出明确规定，明确其应承担的责任。从我国现行法来看，营利法人主要适用《公司法》《全民所有制工业企业法》《中外合资经营企业法》等特别法的规定。

第三，它的设立目的是分配利润给出资人。营利法人和非营利法人的区别并不在于是否营利，而在于是否将营利分配给其成员。[3] 事实上，某些非营利法人也可能要从事某些经营活动，并取得利润。例如，基金会也可能要将其管理的资产用于投资，并取得利润。再如，寺庙也可能对外收取门票，但这些非营利法人并不将利润分配给其成员。

第四，终止后将剩余财产分配给成员。营利法人终止，如果其尚有剩余财产的，则将该财产分配给其成员。而对为公益目的设立的非营利法人而言，依据

---

[1] 参见李适时主编：《中华人民共和国民法总则释义》，299 页，北京，法律出版社，2017。

[2] 从比较法上来看，社团法人的成员所享有的权利称为社员权或者成员权，通说认为，其既非单纯的财产权，也不是单纯的人身权，而实际上是一种特殊类型的权利。参见郑玉波：《民法总则》，229 页，北京，中国政法大学出版社，2003。

[3] 参见石宏主编：《中华人民共和国民法总则条文说明、立法理由及相关规定》，173 页，北京，北京大学出版社，2017。

《民法总则》第95条的规定，其终止后，不得向出资人、设立人或者会员分配剩余财产。

二、营利法人的类型

《民法总则》第76条第2款规定："营利法人包括有限责任公司、股份有限公司和其他企业法人等。"具体来说，营利法人可以做如下分类：

一是公司法人和非公司企业法人。从《民法总则》第76条第2款的规定来看，以营利法人的组织形式为标准，可以将营利法人区分为公司法人和非公司企业法人。公司法人受《公司法》调整，我国《公司法》所规定的公司包括股份有限公司和有限责任公司。有学者认为，公司法人主要包括四项要素，即依法设立、以营利为目的、以股东投资行为为设立基础以及有限责任。[①] 这实际上概括了公司法人的核心特征。非公司企业法人主要是指全民所有制企业、集体所有制企业以及三资企业（中外合资经营企业、中外合作经营企业、外商独资企业）。

二是有限责任公司、股份有限公司。这是对公司法人进行的一种细分。依据我国《公司法》第3条第2款的规定，所谓有限责任公司，是指股东以其认缴的出资额为限对公司承担责任的公司；所谓股份有限公司，是指股东以其认购的股份为限对公司承担责任的公司。依据我国《公司法》第8条的规定，设立有限责任公司，必须在公司名称中标明"有限责任公司"或者"有限公司"字样；设立股份有限公司必须在公司名称中标明"股份有限公司"或者"股份公司"字样。有限责任公司又分为一般有限责任公司、国有独资公司和一人有限责任公司。依据《公司法》第64条的规定，所谓国有独资公司，是指国家单独出资、由国务院或者地方人民政府授权本级人民政府国有资产监督管理机构履行出资人职责的有限责任公司。依据《公司法》第57条第2款的规定，所谓一人有限责任公司，是指只有一个自然人股东或者一个法人股东的有限责任公司。

---

① 参见江平、方流芳主编：《新编公司法教程》，24～25页，北京，法律出版社，1994。

我国《民法总则》之所以规定营利法人制度，并在营利法人制度中大量吸收公司法的规则，旨在扩张公司法的相关制度和规则，将其扩张适用于公司以外的营利法人，从而维护交易安全和秩序。

三、营利法人的登记设立

比较法上关于营利法人的设立多采准则主义，即只要符合法律规定的条件，就可以设立。[①] 在我国，法律法规为鼓励人们进行市场经营，鼓励投资创业，就营利法人的设立原则上采取准则主义，即只要符合法律规定的条件，就可以设立。依据《公司法》第 6 条第 1 款、第 2 款，我国对于公司设立主要采取准则主义。当然，就一些特殊的行业或领域，基于特定的法政策考虑，也采取核准主义，其主要集中在煤炭开发、电力供应、供气供水、公用设施、航空运输、港口经营、枪支制售、危险物品、证券期货、职业介绍等领域。[②] 因为这些领域关系到国计民生、国家安全等社会公共利益，所以，目前仍然采取核准主义的模式。

营利法人的设立，必须要办理登记。依据《民法总则》第 77 条的规定："营利法人经依法登记成立。"因为营利法人主要是从事经营活动，一方面，要求其办理登记，有助于将其章程等事项向社会公示，从而维护交易安全。另一方面，要求其办理登记，也有助于政府对其行为进行必要的监管。通过登记，政府可以掌握营利法人的信息，从而为政府的监管提供基础。这对于国家准确掌控国民经济运行态势、掌握宏观的企业经营信息、实现必要的宏观调控，都十分必要。营利法人的设立必须办理登记，这有利于督促企业披露一些应当对外公开的信息，如资产经营状况、经营范围、组织结构、权益状况等信息，督促法人合法经营，从而维护交易的安全和秩序。

《民法总则》第 78 条规定："依法设立的营利法人，由登记机关发给营利法

---

① 参见王泽鉴：《民法总则》，154 页，北京，北京大学出版社，2009。
② 参见石宏主编：《中华人民共和国民法总则条文说明、立法理由及相关规定》，176 页，北京，北京大学出版社，2017。

人营业执照。营业执照签发日期为营利法人的成立日期。"因此，对于营利法人来说，其办理登记之后，应当取得营业执照。营业执照，是营利法人可以对外营业的证照。营业执照既是法人获准从事经营的证照，也是社会组织享有法人资格的证明。具有证明经营资格和法人资格的双重功能。[1] 关于营业执照在性质上究竟是营利法人资格的证明文件，还是法人从事经营活动的证明文件，存在不同观点。一种观点认为，营业执照是营利法人的成立要件，按照此种观点，营利法人的成立不仅需要登记，而且需要办理营业执照，营业执照具有证明企业主体资格取得和营业资格取得的双重功能。[2] 另一种观点认为，营业执照只是营利法人开展经营活动的条件，而非营利法人成立的条件。[3] 依据我国《民法总则》第78条规定，"依法设立的营利法人，由登记机关发给营利法人营业执照。营业执照签发日期为营利法人的成立日期。"从该条规定来看，其并没有明确规定取得营业执照是营利法人取得主体资格的条件。笔者认为，营业执照是营利法人取得法人资格的证明，而非取得法人资格的条件。因为营业执照在性质上是获准从事经营活动的证明，但是因为我国没有规定就法人资格单独出具证明文件，所以，营业执照也起到了证明法人资格的功能。取得营业执照表明营利法人已经具备了法人资格，同时也有权在营业执照确定的经营范围内活动。正是因为这一原因，吊销营业执照就使法人暂时中止其经营活动。营业执照签发日期为营利法人的成立日期。

在此需要讨论的是，如果营利法人被吊销营业执照，将产生何种效力？营利法人是否因此而终止？如前所述，营业执照只是营利法人开展经营活动的条件，而非其取得主体资格的条件，因此，营利法人被吊销营业执照后，营利法人无权继续开展经营活动，但其主体资格仍然存在。我国《民法总则》也采取了此种立场，依据《民法总则》第69条的规定，营利人依法被吊销营业执照的，将产生

---

① 参见石宏主编：《中华人民共和国民法总则条文说明、立法理由及相关规定》，178页，北京，北京大学出版社，2017。

② 参见蒋大兴：《公司法的展开与评判：方法·判例·制度》，348页，北京，法律出版社，2001。

③ 参见虞政平：《吊销营业执照的法律效力》，载《法律适用》，2003（10）。

法人解散的效力，但法人出现解散事由后，法人资格仍然存续。依据《民法总则》第 72 条第 3 款的规定，"清算结束并完成法人注销登记时，法人终止；依法不需要办理法人登记的，清算结束时，法人终止"，因此，营业执照被吊销，法人资格并不因此终止。

四、营利法人的章程

所谓章程，是指营利法人成员订立的规范法人活动范围、组织结构、议事规则、盈余分配、内部成员之间的权利义务及其他重要事项的法律文件。关于公司章程的性质，存在不同的观点：

一是合同说。合同说主要为英美法系国家学者所主张，按照此种观点，公司是股东订立的一份长期性合同，公司章程的约束力源于股东之间的自由意思，章程的效力来源于合意。[①] 合同说源于公司合同理论，按照该理论，公司是股东等参与成员所订立的长期性合同，公司法在性质上属于公司合同的摹本，目的在于填补合同漏洞，公司章程是公司的内部规则，其在性质上也应当属于合同。[②]

二是自治说。此种观点认为，章程是公民宪法上结社自由的一种体现，章程是在法律允许的范围内，通过调整社团内部关系达到社团自治的目的。[③] 持自治说的学者认为，公司章程是公司的自治规范，通过公司章程自治是公司自治的一种形式，章程不仅调整公司的内部事务，而且还调整股东之间、公司与股东之间以及公司对外经营活动等。[④]

三是宪章说。此种观点认为，公司章程既不是自治法，也不是契约，其在性质上是带有宪章性质的法律文件，章程是确立股东和公司行动纲领的公司最基本的运行规则，在公司内部具有最高效力，公司的其他内部规范都不得与公司的章

[①]　参见朱慈蕴：《公司章程两分法论——公司章程自治与他治理念的融合》，载《当代法学》，2006（5）。

[②]　参见吴飞飞：《论公司章程的决议属性及其效力认定规则》，载《法制与社会发展》，2016（1）。

[③]　参见赵旭东主编：《公司法学》，170 页，北京，高等教育出版社，2015。

[④]　参见郭奕：《论公司章程自治的界限》，载《浙江社会科学》，2008（4）。

程相抵触，否则都是无效的。①

笔者认为，从性质上说，以上三种观点都是从不同层面揭示了营利法人章程的性质，正如国家需要制定宪法一样，章程也被称为法人的"小宪法"。《民法总则》第79条规定："设立营利法人应当依法制定法人章程。"从该条规定来看，制定章程是设立营利法人的必要条件，事实上，缺少章程，营利法人将无法办理登记，无法有效设立。② 章程在性质上是当事人合意的产物，因此也是一种法律行为，且必须以书面形式记载，因而也是要式行为。③ 设置章程是营利法人进行自治的一种工具，法律对营利法人的章程作出规定，实际上是尊重当事人按照自己的意愿管理营利法人内部事务，并规范其对外交往活动。

章程的内容可以分为绝对必要记载事项和任意记载事项。所谓绝对必要记载事项，是指法律规定章程中必须具备的内容，不记载这些内容，该章程是无效的，登记机关将不予登记。④ 绝对必要记载事项包括：法人的名称、宗旨、业务范围、住所、资本总额、所有制性质、人员等。所谓任意记载事项，是指不是由法律明文规定不可缺少的事项，可以规定，也可以不规定在章程中。

法人的章程对于法人来说至关重大，章程一经登记，就具有法律效力，成为法人的行为准则，也是营利法人设置组织机构、开展活动的基本准则。同时，由于章程对营利法人的经营目的、财产状况等作出了记载，其也可以为交易相对人准确判断营利法人的财产状况、经营活动等提供一定的依据，从而有利于保护交易安全。⑤ 根据我国法律规定，营利法人的章程必须经有关营利法人的主管部门或政府授权部门批准，工商行政管理机关方予以登记。营利法人的章程必须合法。登记机关审核某个企业是否能够成为法人，要审核该企业的章程，因为要保证企业法人的合法性，首先要保证章程的合法性。

---

① 参见雷兴虎主编：《公司法新论》，169页，北京，中国法制出版社，2001。
② 参见张新宝：《〈中华人民共和国民法总则〉释义》，147页，北京，中国人民大学出版社，2017。
③ 参见郑玉波：《民法总则》，222页，北京，中国政法大学出版社，2003。
④ 参见郑玉波：《民法总则》，225页，北京，中国政法大学出版社，2003。
⑤ 参见张新宝：《〈中华人民共和国民法总则〉释义》，147页，北京，中国人民大学出版社，2017。

第二节　营利法人的组织机构

一、营利法人的组织机构概述

所谓营利法人的组织机构，是指依据法律法规和章程确立的、在营利法人内部设置的机构。营利法人的组织机构也是其治理结构，通常都是由法律法规明确规定的。我国《公司法》对公司的组织机构作出了全面规定，而《民法总则》在总结《公司法》立法经验的基础上，对营利法人的组织机构作出了规定，但关于营利法人治理结构规范的性质，存在几种不同观点：一是强制性规范说。此种观点认为，公司法关于股东会、董事会、监事会职权的规定具有专属的性质，只能由公司法所规定的机关行使，因此，此类规范在性质上应当属于强制性规范，公司章程也不得改变上述规则，否则章程的效力可能会受到审查。[①] 二是任意性规范说。此种观点认为，公司法不应当剥夺和过分限制当事人的自治权利，公司法中关于公司组织机构的规则在性质上属于公司内部的规范，其只是涉及股东和公司利益，而不涉及公共利益和第三人利益，因此，其在性质上应当属于任意性规范。[②] 三是区分说。此种观点认为，关于营利法人治理机构的法律规范的属性，不应当一概而论，而应当结合具体因素加以判断，如果相关的治理机构规范涉及第三人利益、安全、效率等因素，则应当将其认定为强制性规范，否则不应当一概将其界定为强制性规范。[③] 笔者认为，一概将营利法人组织机构的规则认定为强制性规范或者任意性规范都过于武断，应当根据具体情形判断其规范性质。关于营利法人权力机构、执行机构等，营利法人都应当具备，缺乏这些机构，可能

---

①　参见王保树：《从法条的公司法到实践的公司法》，载《法学研究》，2006（6）。

②　参见赵旭东等：《有限责任公司的改造与重塑——〈公司法〉相关内容的修改建议》，载《政法论坛》，2003（3）。

③　参见陈甦主编：《民法总则评注》上册，554～555页，北京，法律出版社，2017。

难以称其为营利法人。因此，关于营利法人组织机构法律规范的性质，不可一概而论，而应当具体判断，尤其是结合法律规定本身加以判断。例如，我国《民法总则》第80条、第81条对营利法人权力机构、执行机构的设置作出了规定，从这两条规定来看，其在规定营利法人权力机构、执行机构时使用了"应当"这一表述，表明其属于强制性规范，当事人不得通过约定加以变更，但关于营利法人监督机构的设置，《民法总则》第82条并没有使用"应当"这一表述，表明该规则并非强制性规范。

从《民法总则》的规定来看，其关于营利法人组织机构的规定主要具有如下特点：

第一，建立在分权的基础上。营利法人组织机构的理论基础是分权与制衡理论。营利法人作为组织体，其治理可以参考国家治理的经验。分权制衡是通过对营利法人治理权力进行分割并加以相互制约。[①] 一般而言，营利法人的权力主要包括重大事项的决定权、事务执行权以及监察权。我国《公司法》对公司治理中的分权制衡作出了规定，在公司中，上述权力主要由股东会、董事会和监事会分别行使。营利法人的组织机构实行决策、执行、监督机构的相互独立、权责分明、相互制衡的机制。对营利法人进行分权制衡的目的是要实现营利法人内部各机构之间权责分明、相互独立、相互制约的关系，从而既保障出资人的利益，又充分保障营利法人的经营自主权。[②]

第二，根据所有者和经营者相分离而形成的组织结构。按照古典经济学家对企业的定义，所有者与经营者是合二为一的，但随着公司制度的兴起，公司的权力中心逐渐由所有者转向经营者，即由股东大会逐步转向董事会，公司董事会享有很强的决策权和高度的自治权，从而逐步发展成为所有者和经营者相分离的组织机构体系。[③] 而且随着现代经理制度的发展，拥有专门管理知识的经理逐步控

---

① 参见张保红：《论构建公司治理结构的原则》，载《法学杂志》，2009（4）。
② 参见崔勤之：《对我国公司治理结构的法理分析》，载《法制与社会发展》，1999（2）。
③ 参见关鑫、高闯：《公司治理演进轨迹与问题把脉：基于"两权分离"与"两权偏离"》，载《改革》，2014（12）。

制了经营权，这也使所有权与经营权的分离进一步强化。由专业的经营者对营利法人进行管理，有利于营利法人自身的发展，但由此也可能产生损害所有者利益的问题，这就需要强化对经营者权力的限制，并强化经营者的信义义务，以更好地保障所有者的利益。

第三，从《民法总则》关于营利法人组织机构的规定来看，其许多规则都源于《公司法》的规定，如关于营利法人权力机构、执行机构、监督机构的职权范围、权力制约等规则，主要是借鉴《公司法》相关规定的结果，是对《公司法》立法经验的一种总结，因为《公司法》关于公司组织机构的规定是经我国实践证明有利于公司治理的有益经验。《民法总则》将《公司法》关于公司治理的相关经验规定在营利法人部分，将其适用于所有类型的营利法人，对于健全营利法人组织结构、完善我国营利法人制度具有重要意义。

二、营利法人的权力机构

营利法人的权力机构是其意志的产生机构。营利法人是社团法人的一种，以人的集合为基础，为了形成营利法人的共同意志，应当设立权力机构。例如，公司应当设立股东大会，作为其权力机构。《民法总则》第 80 条第 1 款规定："营利法人应当设权力机构。"据此，任何营利法人都必须有自己的权力机构，从而形成成员的共同意志。

营利法人的权力机构是其意志的形成机构，《民法总则》第 80 条第 2 款规定："权力机构行使修改法人章程、选举或者更换执行机构、监督机构成员，以及法人章程规定的其他职权。"依据这一规定，营利法人的权力机构享有如下职权：

一是修改法人章程。章程对于营利法人具有重要意义。营利法人章程的修改关系到成员利益的实现，因此，营利法人章程的修改必须由其权力机构进行，以充分体现其成员的意志，满足其成员的利益要求。

二是选举或者更换执行机构、监督机构成员。营利法人的权力机构是其成员

共同意志的形成机构，因此，其有权更换执行机构、监督机构成员。以公司为例，公司的董事会、监事会成员是公司的核心成员，涉及这些成员的选举、更换，就应当由权力机构进行。

三是行使法人章程规定的其他职权。章程是确定营利法人行为的基本规范，章程的制定属于营利法人设立人私法自治的范畴，章程可能对营利法人权力机构的职权范围作出规定。营利法人的设立人可以在章程中作出特别规定。例如，就公司对外提供高额担保，章程可以要求必须经过股东大会同意，这就是章程规定股东大会享有的特殊权力。

三、营利法人的执行机构

所谓营利法人的执行机构，是指依据法律法规和章程，执行法人权力机构的决定，从事日常管理的机构。例如，公司的董事会或执行董事，就是其执行机构。《民法总则》第81条第1款规定："营利法人应当设执行机构。"因此，任何营利法人想要从事经营活动，必须由执行机构从事具体的经营活动，并对外代表法人。

关于执行机构和法定代表人的关系，《民法总则》第81条第3款规定："执行机构为董事会或者执行董事的，董事长、执行董事或者经理按照法人章程的规定担任法定代表人；未设董事会或者执行董事的，法人章程规定的主要负责人为其执行机构和法定代表人。"依据该条规定，如果营利法人设置了董事会或者执行董事，则由董事长、执行董事或者经理担任营利法人的法定代表人。当然，此时究竟应当由董事长、执行董事或者经理担任营利法人的法定代表人，应当由章程予以明确，相对人在与营利法人进行交易时，应当通过章程判断具体的法定代表人。在营利法人未设置董事会或者执行董事时，则法人章程所规定的主要负责人为该法人的执行机构和法定代表人。例如，如果营利法人没有设置董事会，则章程中可以规定由总经理担任法定代表人。

《民法总则》第81条第2款规定："执行机构行使召集权力机构会议，决定

法人的经营计划和投资方案，决定法人内部管理机构的设置，以及法人章程规定的其他职权。"据此，执行机构享有如下职权：

第一，行使召集权力机构会议。例如，公司的董事会，可以召集股东大会。因为执行机构要对权力机构负责，所以，其有权召集权力机构的会议，并报告其经营情况。

第二，决定法人的经营计划和投资方案。营利法人的经营计划和投资方案是其重大事项，应当由执行机构在章程和权力机构授权的范围内作出决定。当然，章程也可以约定，在特定情况下，需要经过权力机构批准等。

第三，决定法人内部管理机构的设置。为了从事经营活动的需要，执行机构要在其内部设置一些机构，如财务部、合规部、风控部等。因为执行机构要具体落实权力机构的决定，而且要适应市场的需要从事经营活动，所以，其应当在章程和权力机构授权的范围内享有自主确定内部管理机构的职权。

第四，法人章程规定的其他职权。除上述职权之外，法人章程还可能赋予执行机构一定的职权。例如，经过章程授权，执行机构可以对外提供高额担保；再如，法人章程也可能规定其有权聘任总经理等。

四、营利法人的监督机构

所谓监督机构，是指营利法人中监督执行机构的组织机构。例如，公司的监事会就是典型的营利法人监督机构。与权力机构和执行机构不同，《民法总则》并没有要求所有的营利法人都必须设立监督机构。我国《公司法》第51条虽然规定有限责任公司要设置监事会，但是，并非所有的营利法人都有必要设置监事会。例如，取得法人资格的独资企业，因为其规模较小，也不一定都必须设置监事会。尤其是对营利法人而言，监督机构的规模可大可小，对于规模较大的法人可以设监事会，对于规模较小的法人可以只设一名监事。通常来说，执行机构的人员不能同时在监督机构任职，否则，就无法发挥监督机构的功能。

《民法总则》第82条规定："营利法人设监事会或者监事等监督机构的，监

督机构依法行使检查法人财务，监督执行机构成员、高级管理人员执行法人职务的行为，以及法人章程规定的其他职权。"据此，监督机构的职权包括：

第一，依法检查法人财务。监督机构的重要职权就是监督法人的财务。因此，监督机构有权查阅账目、会计资料等。通过财务监督，有助于维护出资人或成员的利益。

第二，监督执行机构成员、高级管理人员执行法人职务的行为。监督机构实际上是代表法人和法人成员，对执行机构进行监督。因此，监督机构要对董事、执行董事、总经理及其他高级管理人员的行为进行监督，包括对其行为是否合法合规的监督。

第三，行使法人章程规定的其他职权。为了实现营利法人的自主经营，其也可以通过章程赋予监督机构其他职权。

第三节　营利法人的特殊规则

一、不得滥用出资人权利

（一）滥用出资人权利损害法人或者其他出资人利益

《民法总则》第 83 条第 1 款规定："营利法人的出资人不得滥用出资人权利损害法人或者其他出资人的利益。滥用出资人权利给法人或者其他出资人造成损失的，应当依法承担民事责任。"该条实际上是在总结《公司法》第 20 条规定的经验基础上而形成的规则，其主要针对的是出资人滥用出资人权利损害法人或者其他出资人的利益的现象。例如，大股东掏空公司财产并将之移转至新设立的公司，进而损害公司债权人及其他出资人的利益。《民法总则》第 83 条第 1 款确认这一规则，并将其适用扩展至公司以外的营利法人，对于保护中小股东利益、维护交易安全具有重大意义。该条所规定的滥用出资人权利的行为包括如下要件：

第一，行为主体限于出资人。营利法人是出资人组成的法人，营利法人出资

人的合法权利要受到法律保护。但是，出资人的权利也必须合法行使，不得滥用。通常，滥用权利的是控股股东，但是，小股东也可能滥用其权利。例如，小股东以查账为名，了解公司经营秘密，并透露给他人。因此，滥用出资人权利的行为人包括所有出资人。

第二，滥用出资人权利。此处所说的滥用权利具有特定含义，即仅指滥用出资人的权利。例如，公司大股东为自己的公司或自己的亲属提供担保，或者进行各种利益的输送，股东利用公司为自己的公司担保，或者为其个人担保，都属于滥用权利。

第三，因滥用权利损害法人或者其他出资人的利益。在滥用出资人权利的情形，可能造成法人或其他出资人的利益受损。一是给法人造成了损害。例如，泄露法人的经营秘密给第三人，或者因为自己亲属提供担保，造成法人的重大财产损害。二是给其他出资人造成损害。例如，大股东长期拒绝同意分红，损害小股东利益。

滥用出资人权利给法人或者其他出资人造成损失的，应当依法承担民事责任。此处所说的责任，主要是指侵权责任。原则上，在滥用股东权利的情形下，遭受损害的法人和其他出资人有权向滥用出资人权利的出资人请求承担损害赔偿责任。至于公司债权人如果因此遭受损害，则可以通过法人人格否认制度主张权利，而不宜直接根据本条请求出资人承担损害赔偿责任。[1]

（二）法人人格否认

《民法总则》第83条第2款规定："营利法人的出资人不得滥用法人独立地位和出资人有限责任损害法人的债权人利益。滥用法人独立地位和出资人有限责任，逃避债务，严重损害法人的债权人利益的，应当对法人债务承担连带责任。"该条是关于揭开法人面纱的规定。该规则已在公司法中作出明确规定，《民法总则》总结《公司法》的经验，在营利法人中作出规定，这就扩张了其适用范围，从而可以适用于非公司的营利法人。

---

[1]　参见刘建功：《〈公司法〉第20条的适用空间》，载《法律适用》，2008（1）。

《公司法》等法律为了鼓励投资、促进交易，确立了公司的有限责任制度。公司作为现代企业的基本形态，以有限责任作为其责任形式。从历史上看，有限责任制度的产生曾为公司在社会经济生活中发挥重要的作用奠定了基础。有限责任制度的最大优点在于，通过使股东负有限责任的方式实现其鼓励投资的功能。同时，有限责任有利于股东自由转让其投资，这也有利于提高资本的流通速度和利用效率，降低了股东的投资风险，从而对市场经济的发展起到强有力的推动作用。此外，有限责任制度还促使了所有权和经营权的分离，这也有利于提高财富的利用效率。在评价公司制度对美国经济发展的作用时，美国学者伯纳德·施瓦茨曾谈到，"正是公司制度使人们能够聚集起对这个大陆进行经济征服所需要的财富和智慧"[1]。公司的产生为社会化大生产提供了适当的企业组织形式，并在更广泛和更深层次促进了市场经济的发展，从而使资本主义在短时期内创造出了比以前所有社会都大得多的生产力。因此，美国哥伦比亚大学前校长巴特勒（N. M. Butler）在 1911 年曾指出："有限责任公司是当代最伟大的发明，其产生的意义甚至超过了蒸汽机和电的发明。"[2] 哈佛大学前校长伊洛勒（Charles W. Eliot）也认为，"有限责任是基于商业的目的而产生的最有效的法律发明"[3]。

然而，有限责任也为股东特别是董事滥用公司的法律人格提供了机会。公司的运作是靠人来实现的，在某些情况下，董事可能利用公司的人格从事各种欺诈行为，并为自己谋取非法所得。而即使出现此种情况，由于有限责任的存在，阻碍了债权人要求董事负责的请求。还有一些董事常利用公司的人格从事各种隐匿财产、逃避清偿债务的责任等行为。从实践来看，一些不法行为人正是通过滥用公司的有限责任来损害债权人利益，其中最突出的问题就是一些个人在兴办各种公司以后，利用有限责任逃避债务，严重损害公司债权人利益。据此，许多学者建议，应当借鉴英美法的"揭开公司面纱"的规则经验，对法人人格在特殊情况

---

① ［美］伯纳德·施瓦茨：《美国法律史》，67 页，北京，中国政法大学出版社，1989。

② Tony Orhniai edited, *Limited Liability and the Corporation*, Croom Helm, London & Camberra, 1982. p. 42.

③ Phillip Blumberg, *The Law of Corporate Groups*: *Procedural Law*, Boston, Toronto, Little Brown and Co. , 1987, p. 3.

下予以否认，此种责任在大陆法中称为"直索责任"①。"揭开公司面纱"的理论根据主要有如下几种：

第一，滥用公司人格。滥用行为又分为两种，一种是主观滥用说，即认为只要行为人主观上具有滥用的故意时，就构成滥用。另一种是客观滥用说，即认为对于藏于公司之后的自然人的责任认定，不以主观故意为要件，而以其行为客观上形成滥用为要件。

第二，欺诈说，此种观点认为公司股东实施欺诈债权人的行为，并致债权人损害，可向股东直索。如董事故意隐瞒负债大于资产的事实，仍与债权人订约而取得财产，遂构成欺诈。在欺诈的情况下允许"揭开公司面纱"，在许多国家的公司法中有规定。如《英国公司法》第630条规定，若董事实施欺诈行为，可向董事直索。

第三，违法说，此种观点认为，若区分公司与其成员的地位将造成违法的后果时，应允许债权人向公司的股东直索，美国的法院在实践中大都认为，公司的人格必须用于合法的目的，若用于非法目的，则应"揭开公司的面纱"。

笔者认为，法人人格否认的理论根据就在于公司的独立人格被不正当使用，这就是说，法律赋予了法人独立的人格，出资人因此享有有限责任的特权，但出资人享有权利的同时，必须维护法人的合法性。如果公司的人格掩盖了个人的不正当的、非法的行为，并造成了对债权人的损害，则对公司的人格不予考虑，应允许债权人对公司的股东请求赔偿。我国《公司法》第20条第3款规定："公司股东滥用公司法人独立地位和股东有限责任，逃避债务，严重损害公司债权人利益的，应当对公司债务承担连带责任。"该条实际上采纳了法人人格否认的理论。据此，所谓法人人格否认，是指司法审判人员在特殊情况下，对公司的股东特别是董事在管理公司的事务中从事各种不正当行为严重损害公司债权人的利益时，应当不考虑公司的独立人格，而要求公司的股东与公司对债权人承担连带责任的制度。法人人格否认是在特殊情况下不考虑法人的独立主体资格，这并不是要否

---

① 朱慈蕴：《公司人格否认法理研究》，79～92页，北京，法律出版社，1998。

定公司独立人格和有限责任制。毕竟，揭开公司面纱只能在例外的情况下采用，不可能作为公司法的一般原则，而公司的独立主体资格和有限责任制仍然是一般原则。

我国《民法总则》规定的法人人格否认制度的构成要件和法律效果如下：

（1）营利法人的出资人滥用了法人人格。其包括滥用法人独立地位和出资人有限责任，在实践中表现为如下情形：一是人格混同，即某公司与某成员之间及该公司与其他公司之间没有严格的分别，所谓"一套人马、两块牌子"，名为公司实为个人等，都属于人格混同的情况。二是财产混合，即公司的财产不能与该公司的成员及其他公司的财产作清楚的区分，公司的盈利与股东的收益之间没有区别，公司的盈利可以随意转化为公司成员的个人财产，或者转化为另一个公司的财产，而公司的负债则为公司的债务。三是不正当控制。所谓不正当控制，是指一个公司对另一个公司通过控制而实施了不正当的，甚至非法的影响。表现为母公司对子公司实施了过度控制，子公司完全成了母公司的工具。[1] 四是滥用出资人有限责任。例如，股东利用公司名义借债，然后借助关联交易的方式逃避债务。这些行为都是对公司独立人格的滥用。

（2）滥用法人人格逃避债务。在出资人滥用法人人格的情况下，其目的必须是为了逃避债务。例如，有的股东利用公司的独立人格，以公司名义对外从事交易，但将利益归为自己个人享有，最后仅以对公司的有限投资承担责任，股东仅以出资额为限承担责任，从而逃避了债务。

（3）严重损害法人的债权人利益。《民法总则》第83条第2款强调"严重"损害，目的是限制法人人格否认制度的适用。所谓严重损害法人债权人的利益，是指法人债权人的债权因法人人格的滥用而无法得到清偿，致使债权人遭受严重的损失。

依据《民法总则》第83条第2款，应当对法人债务承担连带责任。所谓连带责任，是指法人和出资人对法人债务负连带的清偿责任。因此，不论法人对债

---

[1]　参见石少侠：《公司人格否认制度的司法适用》，载《当代法学》，2006（9）。

权人的债务是否超出出资人的出资额，出资人都要负责。在此种责任中，请求权人是债权人，债权人可依法请求出资人对法人债务负连带清偿责任，在民法上，这种责任可以看成是出资人有限责任的例外。

二、禁止从事不当关联交易

《民法总则》第 84 条规定："营利法人的控股出资人、实际控制人、董事、监事、高级管理人员不得利用其关联关系损害法人的利益。利用关联关系给法人造成损失的，应当承担赔偿责任。"在市场经济条件下，关联交易本身并不一定都是有害的，也并不当然都损害债权人利益和交易安全，因为在市场经济社会，关联交易现象时有发生，特别是在较大的公司和上市公司中。如果交易双方存在关联关系，只要交易价格是正当且公平合理的，存在关联关系的交易双方进行谈判，能够节约大量谈判成本，提高效率。尤其是在企业集团化的情形下，子公司遇到经营困难时，母公司与其进行关联交易，为其提供资金帮助，使其转危为安，或者帮助其转变经营方式，扩大经营销路，这些都有利于企业的发展。但问题在于，如果利用关联交易进行利益输送，有损公司利益和债权人利益，则应当是法律所禁止的。因此，该条设置了不当关联交易的禁止规则。《民法总则》把《公司法》的关联交易规则和禁止滥用出资人权益规则置于营利法人之中，其现实意义在于，扩大了其适用对象，由单纯地适用于公司到适用于全部营利性法人，尤其是适用于国企和一些以营利为目的的营利法人，这就有利于对这些法人的活动进行规范。同时，这也表明了《民法总则》采用民商合一的体制，对于《公司法》没有规定的事项，则可以适用《民法总则》的规则，从而起到一种拾遗补缺的作用。

适用该条规定必须符合如下几个条件：

第一，行为的主体具有特殊性。这些主体主要包括：控股出资人、实际控制人、董事、监事、高级管理人员。具体来说：一是控股出资人，依据我国《公司法》的规定，出资额占有限责任公司资本总额 50% 以上或者其持有的股份占股份有限公司股本总额 50% 以上的股东；出资额或者持有股份的比例虽然不足

50%，但依其出资额或者持有的股份所享有的表决权已足以对股东会、股东大会的决议产生重大影响的股东，都是控股出资人。二是实际控制人，此类人名义上并非法人的出资人，但实际上可以支配法人的决策和活动，例如，通过签订合同等方式，控制了公司的投票权。三是董事，即公司等法人的执行机构的成员。四是监事，即法人监督机构的成员，如公司的监事等。五是高级管理人员，即实际从事法人管理的高级管理人员，如公司的总经理、副总经理、财务负责人等。

第二，利用了关联关系从事交易。利用关联关系从事交易的范围较广，不仅包括订立合同，还包括投资、担保等各种交易行为。一般而言，营利法人与其关联人之间的任何财产、权利或义务的移转，几乎都可以看作是关联交易。[①] 在企业集团中，不同的资源对企业集团内部的不同企业具有不同的意义，因此，关联交易也可以成为企业集团内部进行资源调整的重要方式。[②] 但不当的关联交易便可能对法人及其出资人等的利益产生不利影响。《民法总则》第 84 条的适用条件之一就是营利法人利用关联关系从事了交易行为。

第三，损害了法人的利益。该条并不要求对债权人造成损害，而仅仅要求对法人造成了损害。例如，挪用法人资金、为关联方提供担保、以不合理低价购买商品或服务等损害了法人利益。《公司法》等法律为了防止关联交易，都要求对关联交易通过价格公允、投票机制等予以防范，目的都是保障关联交易的妥当性和合理性，而不是为了杜绝关联交易。如通过信息披露等方式，要求公开关联交易的具体信息，尤其是公开可能损害公司利益和债权人利益的信息，能够有效防止关联交易损害公司和债权人利益。因此，对于没有损害法人利益的关联交易，法律上并不要求予以禁止。

依据《民法总则》第 84 条，如果营利法人和控股出资人等利用其关联关系损害法人的利益，给法人造成损失的，法人有权请求行为人承担损害赔偿责任，此种责任在性质上是侵权责任。

---

① 参见顾功耘：《公司法》，350 页，北京，北京大学出版社，1999。
② 参见沈田丰：《关联交易的性质、影响与规范》，载《现代法学》，1999（3）。

三、决议的撤销

《民法总则》第85条规定："营利法人的权力机构、执行机构作出决议的会议召集程序、表决方式违反法律、行政法规、法人章程，或者决议内容违反法人章程的，营利法人的出资人可以请求人民法院撤销该决议，但是营利法人依据该决议与善意相对人形成的民事法律关系不受影响。"营利法人的权力机构和执行机构都可以作出决议，但是，如果决议行为的程序或内容违反了法律或者章程，出资人可以请求撤销该决议行为。从广义上来说，这属于可撤销法律行为的一种类型。依据该条规定，营利法人的出资人可以请求人民法院撤销的决议包括两种情形：

第一，程序违法或者违反章程的规定。从该规定来看，营利法人的权力机构、执行机构的决议行为在程序上违反法律、行政法规，或者决议行为违反法人章程的，该决议行为属于可撤销的行为。不论决议的内容是否合法，只要决议的程序违反法律、行政法规或者章程的规定，营利法人的出资人都可以主张撤销该决议行为。

第二，内容违反章程规定。《民法总则》的上述规定并没有明确决议内容违反法律、行政法规时的效力，而只是规定了决议内容违反章程规定时的效力。笔者认为，《民法总则》第85条虽然没有对决议行为的内容违反法律、行政法规时的效力作出规定，其应当可以适用《民法总则》第143条关于民事法律行为违反法律、行政法规强制性规定而无效的规则。因为从《民法总则》第134条的规定来看，法人、非法人组织的决议行为在性质上属于民事法律行为的范畴，应当可以适用《民法总则》民事法律行为的一般规则，当然，如果相关立法对决议行为的效力作出了特别规定，则应当适用该特别规定。[①]

不过，出于交易安全维护的考虑，该条特别规定，营利法人依据该决议与善意相对人形成的民事法律关系不受影响。这就是说，撤销不应当产生对抗善意相

---

① 参见《公司法》第22条。

对人的效力。例如，公司董事会超出章程的授权，作出与第三人订立数额巨大的购买合同的决议。若第三人是善意的且无过失，即使这一决议嗣后被撤销，买卖合同仍然应当有效。

四、营利法人的社会责任

所谓企业法人的社会责任（Corporate Social Responsibility），是指企业法人不能仅仅以最大限度地为股东营利作为自己唯一的存在目的，还应当努力增进股东利益之外的其他所有社会利益。"公司的社会责任"这个概念最早于1924年由美国学者谢尔顿（Sheldon）提出，并为各国所接受。[①] 按照传统观点，营利法人的根本任务是实现出资人利益的最大化，在公司治理领域体现为股东中心主义。[②] 20世纪初，随着公司制度的发展，公司坚持股东利益至上的制度设计暴露了一些问题，学者开始探讨公司的社会责任问题，到了20世纪末期，公司应当负担社会责任已经得到广泛认可。[③] 有学者认为，公司之所以需要承担社会责任，是由其社会性所决定的，因为公司本质上是一种营利性的社会组织，所以，公司在追求营利的同时，应当兼顾环境保护、劳工利益等，从而服务于社会的和谐、可持续发展等目标。[④] 公司社会责任在性质上并不是公司对特定的企业或者个人所负担的责任，而应当是公司对"一般社会公众"所负担的责任。[⑤]

关于企业社会责任的理论基础，有以下几种不同观点：一是"利害关系人理论"。此种观点认为，营利法人不仅应当追求企业经济效益的提升，还应当努力增进社会效益，营利法人除实现股东利益外，还应当兼顾与公司利益相关的一切

---

① 参见汤春来：《美国公司社会责任的流变及其启示》，载《法学论坛》，2006（3）。

② 参见［英］加文·凯利等编：《利益相关者资本主义》，欧阳英译，179页，重庆，重庆出版社，2001；谢鸿飞：《营利法人社会责任的法律定性及其实现机制——兼论〈民法总则〉第86条对公司社会责任的发展》，载《法治现代化研究》，2017（2）。

③④⑤ 参见刘萍：《公司社会责任的重新界定》，载《法学》，2011（7）。

人的利益，如劳动者、消费者、债权人等，其终极目标应当是提升社会的整体利益。① 企业的生产经营活动应当以实现社会责任为己任，而不仅仅只是对股东负责。② 二是"企业公民理论"，此种观点认为，公司作为社会成员，其应当成为一个好公民和好邻居，公司的社会责任要求其"不仅对社会有所取，也要对社会有所付出"③。企业在享受社会赋予的条件和机遇时，应当承担起对社会的责任和义务，以符合伦理、道德的行动回报社会。④ 三是"企业契约理论"，此种观点认为，企业的治理结构应当建立在包括法律在内的契约之上，这些契约不仅调整企业与所有者之间的关系，而且还调整企业与利益相关者之间的关系。⑤ 四是"企业系统理论"，此种观点认为，企业系统是大的社会系统的组成部分，企业经营目标的实现，不能仅从企业本身来考察，而且要从更大的社会系统的目标来考察，这就要求企业应当与周围的环境取得和谐，因此，其必须承担一定的社会责任，兼顾消费者权益、保护环境等利益。⑥

我国 2005 年修订《公司法》时规定了公司的社会责任，这是我国公司法的一大特色，也是我国立法对世界公司法的一大贡献。⑦《民法总则》第 86 条规定："营利法人从事经营活动，应当遵守商业道德，维护交易安全，接受政府和社会的监督，承担社会责任。"这就在法律上明确了法人的社会责任，并且将其适用范围从公司扩张及于所有的营利法人，对于强化营利法人的社会责任具有重要意义。依据该条规定，营利法人应当承担如下社会责任：

第一，遵守商业道德。之所以要明确法人的社会责任，一个重要的原因是为

---

① 参见李雪平：《企业社会责任国际标准的性质和效力——兼议 ISO 26000 制定中的法律问题》，载《环球法律评论》，2007（4）。

② 参见卢昌崇：《企业治理结构》，74～75 页，大连，东北财经大学出版社，1999。

③ 王保树：《公司社会责任对公司法理论的影响》，载《法学研究》，2010（3）。

④ 参见李雪平：《企业社会责任国际标准的性质和效力——兼议 ISO 26000 制定中的法律问题》，载《环球法律评论》，2007（4）。

⑤ 参见许云霄编：《公共选择理论》，35 页，北京，北京大学出版社，2006。

⑥ 参见李雪平：《企业社会责任国际标准的性质和效力——兼议 ISO 26000 制定中的法律问题》，载《环球法律评论》，2007（4）。

⑦ 参见刘俊海：《新公司法的制度创新：立法争点与解释难点》，553 页，北京，法律出版社，2006。

了加强公司的道德责任。俗话说，"商贾重利""在商言商"，但重利不可罔义，公司的社会责任实际上就是借助于法律规则进一步强化公司的商业道德。法律不可能穷尽公司的各种义务和责任，也不可能在公司法中详尽地规定公司的所有义务，而且公司在不同的经营时期，它负有的义务也是动态变化的，所以仅仅依靠法定义务来约束公司显然是不够的，应该通过商业道德来整体上规范公司的行为。

第二，维护交易安全。由于营利法人所从事的经营行为涉及交易安全和社会秩序，涉及债权人的利益，也涉及消费者的合法权益。因而，营利法人履行社会责任的一个重要内容就是维护交易安全。[①] 另外，履行社会责任也是为了保护社会利益相关者的利益。任何一个组织都不只是为了自身存在，而是为了社会存在，公司也不例外。在公司经营中，会涉及社会利益相关者的利益，如劳动者利益、消费者利益、债权人利益、中小竞争者利益、环境利益、社会弱者利益及整个社会利益等。营利法人只有充分尽到其社会责任，才能构建社会的诚信文化，维护社会和谐稳定，促进社会的有序发展。

第三，接受政府和社会的监督。由于营利法人所从事的活动涉及交易安全和社会秩序，社会利益相关者的利益，所以营利法人应当自觉接受政府有关主管部门的监督。例如，在市场经营事项上接受工商管理部门的监督，在食品安全问题上接受食品安全监管部门的监督，在商品价格上接受物价部门的监督等。此外，营利法人还需要接受全社会的监督。例如，新闻媒体可以对营利法人的经营活动进行舆论监督。

需要指出的是，营利法人从事经营活动未履行社会责任时应承担什么样的后果，对此一直存在不同的观点。不少学者认为，法律规定公司的社会责任是一种倡导性规则，违反该规则并不一定导致法律责任。事实上，现行法律虽未明确规定营利法人不履行社会责任时的法律后果，但是这并不意味着营利法人就无须承担任何责任，而应当考量营利法人不履行社会责任的具体类型，令其承担不同的

---

① 参见李适时主编：《中华人民共和国民法总则释义》，255 页，北京，法律出版社，2017。

法律责任。例如，营利法人违法用工、损害劳工利益也是一种不履行社会责任的表现，此时该营利法人就有可能承担劳动法上的责任；营利法人违反环保法规，同样是不履行社会责任的表现，此时就需承担环境法、侵权法上的责任。为保障营利法人切实履行其社会责任，法律在明确营利法人的社会责任时，应当将其解释为一项法律义务，而不是一项道德义务。[①]

[①] 参见谢鸿飞：《营利法人社会责任的法律定性及其实现机制——兼论〈民法总则〉第 86 条对公司社会责任的发展》，载《法治现代化研究》，2017（2）。

第七章

非营利法人

第一节　非营利法人的概念和分类

一、非营利法人的概念

《民法总则》第 87 条第 1 款规定："为公益目的或者其他非营利目的成立，不向出资人、设立人或者会员分配所取得利润的法人，为非营利法人。"非营利法人与营利法人相对应，其包括：事业单位法人、社会团体法人、基金会、社会服务机构等。采取营利法人和非营利法人的分类，是我国《民法总则》基于自身国情的独创，且已经突破了传统大陆法系社团法人和财团法人的界分理论。在传统大陆法系国家，营利法人和非营利法人是对社团法人的再分类，而我国扩大了非营利法人的概念，将其内涵扩大，使其也包含了事业单位法人等类型。这不仅在规则体系上进行了创新，而且从中国实际出发，有利于对各种非营利法人加以规范，维护社会秩序和交易安全。相对于营利法人，非营利法人具有如下特征：

第一，它是基于公益目的或者其他非营利目的而设立的。所谓为公益目的所

设立的法人，主要是指面向社会大众，以满足不特定多数人的利益为目的的法人。如中华慈善总会、中国红十字会等；所谓为其他非营利目的所设立的法人，主要是指以互助互益目的而设立的法人，如商会、学会、俱乐部等。[①] 营利法人是基于私益的目的而设立，通常都是为了设立人或成员的利益而设立的，例如，公司的设立就是为了股东获得利润。而非营利法人的设立目的是公益目的。例如，为了奖励对我国法治作出贡献的人士，设立了基金会。无论是基于公益目的还是基于其他非公益目的设立的非营利法人，其都不以营利为目的。需要指出的是，非营利法人并不是客观上没有获得利润，也不是不从事经营活动，而是指非营利法人运作的目的并不是为了获取利润。[②]

第二，它不向出资人、设立人或者会员分配利润。营利法人和非营利法人的区别不在于其是否从事经营活动，而在于其经营所得的利润是否分配给出资人、设立人或者会员。营利法人所取得的利润可以分配给其出资人、设立人或者会员，例如，上市公司可以向其股东分红；而非营利法人则不允许进行此种利润分配。

第三，它的组织机构具有特殊性。营利法人都有成员，因此，其组织机构中应当包含成员大会。《民法总则》第80条第1款规定，"营利法人应当设权力机构。"这里所说的权力机构就是指成员大会。而就非营利法人而言，除了社会团体法人以外，其他类型的非营利法人并不设立成员大会。非营利法人并没有完全按照营利法人的组织结构来设置，除法律有特别规定外（如《民法总则》第93条），非营利法人并不一定设置监督机构。

第四，其终止后剩余财产的分配具有特殊性。与营利法人终止后将其财产分配给成员不同，依据《民法总则》第95条的规定，为公益目的成立的非营利法人在终止后，不得向出资人、设立人或者会员分配其剩余财产。当然，为了其他非营利目的所设立的非营利法人，在其终止后，可以分配剩余财产，如俱乐部、

---

① 参见李适时主编：《中华人民共和国民法总则释义》，257页，北京，法律出版社，2017。
② 参见石宏主编：《中华人民共和国民法总则条文说明、立法理由及相关规定》，197页，北京，北京大学出版社，2017。

行业协会等。①

《民法总则》第 87 条第 2 款规定："非营利法人包括事业单位、社会团体、基金会、社会服务机构等。"此处使用了"等"字，表明非营利法人主要包括但不限于上述几类，只要实践中出现了符合非营利法人定义的组织，都可以纳入非营利法人的范围。

《民法总则》采取营利法人和非营利法人的分类，这是对我国《民法通则》中企业法人和非企业法人分类的经验总结，也体现了法律的继承性。从目的功能的角度进行法人分类，更有利于对社会组织的规范和管理。② 从实践来看，营利法人和非营利法人基本上都有特别法的规定，如《公司法》《基金会管理条例》等，采取目前的分类方法，也有助于民法总则与特别法的衔接。

二、非营利法人和营利法人的区分

关于非营利法人和营利法人的区分标准，存在不同观点：

一是单一标准说。此种观点认为，应当以是否向出资人、设立人或者会员分配利润作为区分营利法人和非营利法人的标准。按照两大法系的普遍做法，"非营利性"并非禁止获得利润，而是限制分配所获得的利润。③

二是双重标准说。双重标准说认为，区分非营利法人与营利法人应当采用如下两个标准：（1）成立目的是否为公益目的或者其他非营利目的；（2）是否向出资人、设立人或者会员分配所取得的利润。④

《民法总则》第 87 条实际上采纳了双重标准。笔者认为，采用双重标准更有利于区分营利法人和非营利法人，具体来说：

第一，非营利法人主要是为了公益目的设立，而不是为了营利。"营利"，顾

---

① 参见李适时主编：《中华人民共和国民法总则释义》，258 页，北京，法律出版社，2017。

② 参见李适时主编：《中华人民共和国民法总则释义》，257 页，北京，法律出版社，2017。

③ 参见税兵：《非营利法人解释》，载《法学研究》，2007（5）。

④ 参见陈甦主编：《民法总则评注》上册，634～635 页，北京，法律出版社，2017。

名思义，指的是谋求利润。① 从非营利法人的目的来看，绝大多数非营利法人都是为了公益目的而设立的，例如，慈善组织、基金会、红十字会、医院、学校等，当然，也有一些非营利法人是基于互助互益等目的成立的，如商会、行业协会等，主要向其成员或会员提供服务，但无论是何种形态，它们从事活动都不是为了获取营利，不是为了赚取利润。② 虽然一些非营利法人也可能从事一些经营活动，例如，有的事业单位将其剩余的房屋出租，或者从事一些有偿咨询活动等，但这些并不是它们主要的活动，其主要不是从事经营活动。例如，《基金会管理条例》第 2 条规定："本条例所称基金会，是指利用自然人、法人或者其他组织捐赠的财产，以从事公益事业为目的，按照本条的规定成立的非营利性法人。"但对营利法人而言，其设立的主要目的是追求营利。

通常，基于营利目的而设立的法人，要办理企业法人登记，而非营利法人则不需要办理企业法人登记。例如，在"长乐自来水公司与工行五四支行借款担保纠纷案"中，法院认为，"自来水公司领取的是企业法人执照，属于以营利为目的的企业法人，其经营活动虽具有一定的公共服务性质，但不属于以公益为目的的事业单位"③。因此，即使某个社会组织从事的活动具有一定的公益性，但其主要是从事营利活动且领取企业法人执照，也应当属于营利法人。

第二，是否分配利润。一般而言，非营利法人主要从事非营利活动，所以一般谈不上分配利润的问题。非营利法人均不得分配利润，这是由其成立目的所决定的。④ 非营利法人的出资人、设立人等在设立非营利法人时，就不是为了获取营利，因而不得将利润进行分配。

应当看到，实践中确实存在一些法人，如民办医院、民办学校、出版社等，虽然是基于公益目的设立，但其也要获取一定的利润，如果其不以公益或者其他

① 参见李适时主编：《中华人民共和国民法总则释义》，259 页，北京，法律出版社，2017。
② 参见石宏主编：《中华人民共和国民法总则条文说明、立法理由及相关规定》，196 页，北京，北京大学出版社，2017。
③ 《最高人民法院公报》，2005（9）。
④ 参见石宏主编：《中华人民共和国民法总则条文说明、立法理由及相关规定》，196 页，北京，北京大学出版社，2017。

非营利目的而设立，而且从事了经营活动，获得了利润，但并未分配给其成员，而是用于公益目的或者其他非营利目的，其是否属于非营利法人？笔者认为，从我国实践来看，非营利法人可能从事一定的经营活动，也可能获得一定的利润，但其主要目的并不是为了获取利润，所以，不能因为其从事营利活动，就将其归入营利法人。从《民法总则》第87条的文义来看，其在规定非营利法人时，一方面强调其设立目的是公益目的或者其他非营利目的，另一方面强调其不向出资人、设立人或者会员分配所取得的利润。其重点是强调不向出资人、设立人或者会员分配所取得的利润，否则就违反了其设立的宗旨和目的。从实践来看，许多非营利法人也可能从事一定的经营活动，甚至获取一定的收益，如果法人通过经营活动取得了一定的收益，但并没有将该收益予以分配，而是用于公益或者其他目的，则该法人在性质上应当是非营利法人。[1] 从这个意义上说，非营利法人与营利法人最为主要的区别在于是否分配利润，而不在于营利目的本身。因此，即便是以获得利润为目的而设立的法人，但如果其并没有分配所获得的利润，则仍然应当将其认定为非营利法人。

三、非营利法人的设立和终止

（一）非营利法人的设立

从比较法上来看，财团法人的设立原则是指在设立法人时，是否需要履行特定的手续以及履行何种手续。从历史上看，大致有自由设立主义、特许设立主义、许可设立主义、准则主义、强制设立主义等设立原则。[2] 在我国，非营利法人的设立必须要具备法人的条件才能设立。《民法总则》第58条对法人的设立条件作出了规定，如应当有自己的名称、组织机构、住所等，非法人组织的设立也应当具备该条所规定的条件。

非营利法人一般都需要依法登记设立，例如，《民法总则》第88条对事业单

---

① 参见陈甦主编：《民法总则评注》上册，635页，北京，法律出版社，2017。
② 参见马俊驹、余延满：《民法原论》，120页，北京，法律出版社，2005。

位法人的设立作出了规定，依据该条规定，事业单位法人的设立一般都需要进行登记。该法第 90 条规定了社会团体法人的设立，从该条规定来看，社会团体法人的设立一般也需要进行登记。该法第 92 条规定了捐助法人和宗教活动场所法人应当依法登记设立。从这个意义上可以说，我国就非营利法人总体上采许可设立主义。当然，如果法律规定不需要办理登记的，其设立也可以不进行登记。

（二）非营利法人的终止

非营利法人可以因为目的已经实现、期限届满、被撤销、合并等原因而终止。依据有关法律法规的规定，非营利法人的终止一般都要进行清算，以清理其债权债务，保障债权人利益。例如，《慈善法》第 18 条第 1 款规定："慈善组织终止，应当进行清算。"

《民法总则》第 95 条规定："为公益目的成立的非营利法人终止时，不得向出资人、设立人或者会员分配剩余财产。剩余财产应当按照法人章程的规定或者权力机构的决议用于公益目的；无法按照法人章程的规定或者权力机构的决议处理的，由主管机关主持转给宗旨相同或者相近的法人，并向社会公告。"依据这一规定，非营利法人终止时，其剩余财产分配应当遵循如下规则：

第一，不得向出资人、设立人或者会员分配剩余财产。非营利法人的"非营利"特点决定了，其剩余财产不能分配。因为其财产本来要用于公益事业，因此，允许分配剩余财产，与此类法人的设立目的不相吻合。应当看到，许多非营利法人的财产来源是多元化的，不仅来自出资人、设立人或成员，也可能来自政府的经费支持、个人或组织的捐款、税收优惠等。如果将剩余财产分配给出资人、设立人或成员，就可能使其获得不当的利益，也可能使非营利法人转化成为营利法人。[①]

第二，剩余财产应当按照法人章程的规定或者权力机构的决议用于公益目的。既然非营利法人的设立目的一般是公益目的，所以，通过法人章程或权力机构决议，可以将其继续用于公益目的。不过，这一公益目的可能与该非营利法人

---

① 参见石宏主编：《中华人民共和国民法总则条文说明、立法理由及相关规定》，222 页，北京，北京大学出版社，2017。

设立的公益目的不完全相同。

第三，无法按照法人章程的规定或者权力机构的决议处理的，由主管机关主持转给宗旨相同或者相近的法人，并向社会公告。《慈善法》第 18 条第 3 款规定："慈善组织清算后的剩余财产，应当按照慈善组织章程的规定转给宗旨相同或者相近的慈善组织；章程未规定的，由民政部门主持转给宗旨相同或者相近的慈善组织，并向社会公告。"这里所说的"无法按照法人章程的规定或者权力机构的决议处理"，是指法人章程没有规定或者权力机构没有作出决议，或者法人章程的规定或者权力机构的决议违反了法律或章程。

《民法总则》第 72 条第 2 款规定："法人清算后的剩余财产，根据法人章程的规定或者法人权力机构的决议处理。法律另有规定的，依照其规定。"所以，对于一般的法人而言，其剩余财产可以依据章程规定或权力机构的决议处理，但是，对于特殊的法人，则可能存在特别法的规定。因此，《民法总则》第 95 条的规定可以理解为例外规则。

第二节　事业单位法人

一、事业单位法人的概念及特征

所谓事业单位法人，是相对于企业法人而言的，它是指从事非营利性的社会各项公益事业的各类法人，例如从事新闻、出版、广播、电视、电影、教育、文艺、科研、医疗等事业的法人。"事业"是相对于"企业"而言的。在我国，事业单位法人种类繁多、类型复杂，但它们都具有如下特点：

第一，事业单位法人是非营利法人，不以营利为目的。一方面，事业活动是为公共利益服务的活动，包括文化、教育、卫生、体育、新闻、出版等事业，这些事业构成社会主义精神文明建设不可缺少的内容。事业单位法人虽然也可能营利，但不完全以追求营利为目的，还具有一定的公益性。获取盈利并不是事业单位的目的

和宗旨。否则,事业单位就从性质上发生了变化,而成为企业了。另一方面,即使事业单位法人从事了营利活动,其并不能将利润分配给其设立人、出资人或成员。例如,出版社虽然要追求经济效益,但也要追求社会效益,其获得的营利不能分配给出资人。再如,公立学校虽然收取学费或也从事其他营利活动,但所得利益只能用于增加学校资产规模,而不可能给股东或成员分红,所以仍属于非营利法人。

第二,事业单位法人大多是财团法人。在理论上,就事业单位的类型归属存在争议。笔者认为,其大多可以纳入财团法人的范畴。因为事业单位主要以国家财政拨款为基础设立,不存在出资行为。而且,事业单位的工作人员并非事业单位的成员,其本身没有成员,无法设立成员大会。当然,与典型的财团法人不同,不少事业单位并无捐助章程。

第三,事业单位法人主要靠国家的财政拨款进行活动,在国家财政预算支出中,事业费占据重要比重。随着我国经济的发展,国家预算将从资金供给和财务管理方面,不断提高这一项支出在整个预算中的比重,以促进我国文教科学卫生等事业的发展。各个事业单位通过财政拨款取得的经费,由事业单位独立支配。在我国,农村集体所有制组织也可以通过集资入股或由集体出资等方式举办学校、医院等事业单位。这些集体所有制的事业单位依法所取得的财产,也可以作为事业单位法人的独立财产。事业单位法人所有或经营的财产是其对外从事民事活动,享有权利并承担义务的物质基础。事业单位法人以法人的名义从事民事活动所形成的债务,由事业单位以自己经营或所有的财产承担责任。

二、事业单位法人经依法登记成立

事业单位法人应当依法成立。《民法总则》第88条规定:"具备法人条件,为适应经济社会发展需要,提供公益服务设立的事业单位,经依法登记成立,取得事业单位法人资格;依法不需要办理法人登记的,从成立之日起,具有事业单位法人资格。"依据这一规定,事业单位法人的设立要区分为两种形式:

一是需要办理登记的事业单位法人。从实践来看,多数事业单位都应当办理

登记。《事业单位登记管理暂行条例》第 3 条第 1 款规定："事业单位经县级以上各级人民政府及其有关主管部门（以下统称审批机关）批准成立后，应当依照本条例的规定登记或者备案。"对需要办理登记的事业单位法人，经依法登记成立，取得事业单位法人资格。这就是说，此类事业单位法人资格的取得以登记为要件，在审批机关批准并登记或备案后，才能够取得法人资格，而不能在成立之初但尚未登记时径行取得。

二是不需要办理登记的事业单位法人。在例外情况下，法律允许事业单位不办理登记。例如，银监会、证监会、保监会等参照公务员管理的事业单位，都不需要办理登记。对不需要办理登记的事业单位法人，从成立之日起，具有事业单位法人资格。这就是说，此类事业单位法人资格的取得不以登记为要件，法人资格取得与否的判断标准是其是否已经成立。

三、事业单位的法定代表人和组织机构

《民法总则》第 89 条规定："事业单位法人设理事会的，除法律另有规定外，理事会为其决策机构。"因为事业单位法人并非社团法人，其也没有成员，所以，事业单位法人不可能设立成员大会，而应当设立理事会。在我国，目前正在推行事业单位改革，实行"政事分开"，理顺政府与事业单位的关系，事业单位法人也要建立健全法人治理结构。因而，事业单位法人要建立理事会，健全决策机制，提高运行效率，确保公益目标的实现。《民法总则》第 89 条规定，理事会是事业单位法人的决策机构，其享有法律法规和章程规定的权限。一般而言，理事会的权限包括：确定事业单位的发展目标、制定事业单位的章程、制订事业单位的发展规划、决定事业单位重大的事项、推荐或决定事业单位的法定代表人、确定事业单位的内部管理机构等。

理事会不仅要吸纳事业单位内部的人员参与决策，还要吸纳外部人员参与决策。除了理事会以外，还应当明确管理层的权限，制定事业单位的章程，依据章程管理事业单位。例如，在我国，不少公立高校都设立了大学章程，同时也设立了理事会，校长等管理者都应当依据理事会决定和大学章程，进行学校的管理。

法定代表人是法人的代表机关。事业单位法人作为法人的一种类型，也需要法定代表人。法定代表人的行为就是法人的行为，其后果由法人承担。《民法总则》第89条规定，"事业单位法人的法定代表人依照法律、行政法规或者法人章程的规定产生。"因此，法定代表人的选定要依据法律、行政法规或者法人章程确定；同时，其职权也依照法律、行政法规或者法人章程的规定来确定。

第三节　社会团体法人

一、社会团体法人的概念和特征

社会团体法人是指具备法人条件，基于会员共同意愿，为公益目的或者会员共同利益等非营利目的而依法设立的社会团体，如工会、妇女联合会、工商业联合会等。国务院1998年颁布的《社会团体登记管理条例》第2条规定，本条例所称社会团体，是指中国公民自愿组成的为实现会员共同意愿，按照其章程开展活动的非营利性社会组织。社会团体法人的特点是：

第一，基于会员的共同意愿设立。依据《民法总则》第90条的规定，社会团体法人基于会员的共同意愿而设立。因此，社会团体法人是依法自愿成立的，一般是由会员全体协商一致，自愿成立的组织。如何理解此处所规定的"会员共同意愿"？从该规定来看，通常应当要有设立行为，从而表明会员具有共同意愿。这就是说，社会团体法人的设立人，应当就法人的设立达成协议，形成共同的意志，在此基础上设立社会团体法人。

第二，非营利性。依据《民法总则》第90条的规定，社会团体法人在性质上属于非营利法人。其设立目的，可以是公益，也是可以是追求会员共同利益。社会团体法人包括从事社会公益、文学艺术、学术研究、宗教等非以营利为目的的各类法人，它们既可以从事事业单位所从事的某些事业，也可以从事其他的群众性的社会活动，但是，社会团体法人所从事的各类活动不得违反法律和章程规

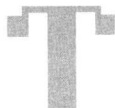

定，不得超出章程所规定的活动范围和地域开展活动。例如，非宗教团体不得专门从事宗教活动。如果社会团体逾越其活动范围，将依法追究其法律责任，甚至被撤销法人资格。社会团体法人也可从事某些营利活动，如某些科技协会从事技术咨询和服务工作，依法收取一定的报酬，但是一般不得专门以营利为目的，否则，就逾越了其业务范围。当然，社会团体法人也可以从事一定的经营活动，取得一定的收入，但由于其属于非营利性法人，因而不得将该收入分配给会员。

第三，社会团体法人具有一定的独立财产。社会团体法人虽然属于非营利法人，但为保障其正常的运营和责任承担，其也需要有独立的财产，其财产可能来源于会员出资或会员缴纳的费用，也可能来源于社会捐助。这些财产归社会团体法人所有，并受法律保护。社会团体法人接受捐赠、资助，必须符合章程规定的宗旨和业务范围，必须根据与捐赠人、资助人约定的期限、方式和合法用途使用。而且，社会团体法人应当向业务主管单位报告接受、使用捐赠、资助的有关情况，并应当将有关情况以适当的方式向社会公布。①

社会团体法人在从事民事活动中所形成的债务，应由社会团体法人以自己的财产清偿，社会团体法人的设立人和会员不必对社会团体法人的债务负责，这是法人有限责任的要求。社会团体法人终止时应当办理注销登记手续，在办理注销登记前，应当在业务主管单位及其他有关机关的指导下，成立清算组织，完成清算工作，清算期间内社团法人不得开展清算外的活动。

二、社会团体法人的设立

如前所述，基于会员的共同意愿设立，同时申请成立社团应当符合法定的条件，如有一定的会员、章程、规范的名称和相应的组织机构、固定的住所等。②《社会团体登记管理条例》第 3 条第 1 款规定："成立社会团体，应当经其业务主管单位审查同意，并依照本条例的规定进行登记。"据此，申请成立社团还应当

---

① 参见《社会团体登记管理条例》第 29 条。
② 参见《社会团体登记管理条例》第 10 条。

取得业务主管单位的同意。

《民法总则》第 90 条规定，社会团体法人需要登记的，"经依法登记成立，取得社会团体法人资格；依法不需要办理法人登记的，从成立之日起，具有社会团体法人资格"。据此，社会团体法人可以登记，也可以不办理登记。对于依法需要办理登记的社会团体法人而言，其取得法人资格的时间为依法登记时。对于依法不需要办理登记的社会团体法人而言，其取得法人资格的时间为成立之日。①

社会团体法人是基于会员共同意愿设立的，因此，设立社会团体法人必须具有章程。章程是社会团体法人的"宪章"，具有重要意义。《民法总则》第 91 条第 1 款要求，"设立社会团体法人应当依法制定法人章程"。社会团体的章程应当记载如下事项：（1）名称、住所；（2）宗旨、业务范围和活动地域；（3）会员资格及其权利、义务；（4）民主的组织管理制度，执行机构的产生程序；（5）负责人的条件和产生、罢免的程序；（6）资产管理和使用的原则；（7）章程的修改程序；（8）终止程序和终止后资产的处理；（9）应当由章程规定的其他事项。② 章程应当由设立时的全体会员同意，而且应当登记。

三、社会团体法人的组织机构

一是权力机构。社会团体法人是以人为基础而设立的组织，其正常运行也需要作出相关决策，因此，其组织机构之中应当设立权力机构。《民法总则》第 91 条第 2 款规定："社会团体法人应当设会员大会或者会员代表大会等权力机构。"据此，社会团体法人的权力机构可以是会员大会或者会员代表大会。一般而言，社会团体法人的权力机构，可以享有修改法人章程的职权、决定执行机构成员的职权、决定法定代表人的职权以及法人章程规定的其他职权。

二是执行机构。社会团体法人还应当设置理事会等执行机构。《民法总则》

---

① 结合《社会团体登记管理条例》第 3 条第 3 款的规定，下列团体不需要办理登记，"（一）参加中国人民政治协商会议的人民团体；（二）由国务院机构编制管理机关核定，并经国务院批准免于登记的团体；（三）机关、团体、企业事业单位内部经本单位批准成立、在本单位内部活动的团体。"

② 参见《社会团体登记管理条例》第 14 条。

第 91 条第 3 款规定："社会团体法人应当设理事会等执行机构。"依据本条规定，社会团体法人可以将理事会作为执行机构，也可以将其他机构作为执行机构，具体选择因各社会团体法人的内部治理结构的不同而有所不同。由于社会团体法人形式多样，内部治理结构各有不同，因而该条规定在保证指引性的同时也兼具开放性，充分尊重相关主体的意思自治。①

关于社会团体法人是否应当设立监督机构，《民法总则》没有对此作出规定，这就意味着，社会团体法人可以设立监督机构，也可以不设立监督机构。但笔者认为，社会团体法人仍然应当设立监督机构，从《民法总则》第 91 条的规定来看，社会团体法人应当设立权力机构和执行机构，在社会团体法人的治理上，应当肯定执行机构在社会团体法人对内管理和对外交往中的重要作用，但如果缺乏监督机构，则可能难以对社会团体法人执行机构的行为进行必要的监督；权力机构虽然可以对执行机构的行为进行监督，但与专门监督机构的监督方式相比，权力机构的监督可能是低效的。从比较法上看，有的国家对此类法人也设置了监督机构。② 因此，为了有效规范执行机构的行为，有必要设置独立的监督机构。

社会团体法人也应当有法定代表人，法定代表人就是代表社会团体法人从事民事活动的人。法定代表人可以依据章程确定，由理事长或者会长等负责人按照法人章程的规定担任。社会团体法人的法定代表人不得同时担任其他社会团体的法定代表人。

第四节　捐助法人和宗教场所法人

一、捐助法人概述

（一）捐助法人的概念和特征

所谓捐助法人，是指具备法人条件，为公益目的，以捐助财产设立的基金

---

① 参见李适时主编：《中华人民共和国民法总则释义》，273 页，北京，法律出版社，2017。

② 例如，日本的《一般法人法》中即规定设置诸如评议员大会的组织，利用这一组织来承担起有关理事和监事的选任、监督职能，从而增加财团法人的社会参与度和公信力。

会、社会服务机构等组织。在比较法上，捐助法人通常被称为私法上的财团法人。我国原有《基金会管理条例》，确立了基金会这一法人类型。但是，《民法总则》所规定的捐助法人，较之于基金会，其范围更为广泛。《民法总则》第92条第1款规定："具备法人条件，为公益目的以捐助财产设立的基金会、社会服务机构等，经依法登记成立，取得捐助法人资格。"此处列举了基金会和社会服务机构作为捐助法人的典型形态，但该条使用了"等"字，表明其还包括其他形式。该条第2款明确规定了宗教场所法人在性质上属于捐助法人。

《民法总则》就捐助法人作出了基本规定，明确了其设立条件、组织机构、捐助人权利等内容，其实践意义主要在于：一方面，有利于规范捐助法人的设立和运行。实践中，各种众筹、募捐十分混乱，基金会的管理也不完善，侵吞、挪用、浪费捐助财产的现象也大量存在。规定捐助法人制度，明确捐助法人的管理运行规则，有利于有效规范捐助行为。另一方面，有利于完善法人的治理结构。《民法总则》第93条第2、3款规定："捐助法人应当设理事会、民主管理组织等决策机构，并设执行机构。理事长等负责人按照法人章程的规定担任法定代表人。捐助法人应当设监事会等监督机构。"这些规定都有利于完善捐助法人的治理结构。还应当看到，捐助法人的规定有利于维持捐助财产的稳定性。通过确立捐助法人制度，使捐助财产和本人的财产相分离，并由专人管理，从而使财产保值增值。

捐助法人具有如下特征：

第一，它具有非营利性。捐助法人的非营利性主要表现在如下两个方面：一是设立目的具有公益性。依据《民法总则》第92条第1款的规定，捐助法人的设立必须是为了"公益目的"。《基金会管理办法》第2条也规定："基金会的活动宗旨是通过资金资助推进科学研究、文化教育、社会福利和其他公益事业的发展。"《慈善法》也规定，慈善组织应当以开展慈善活动为宗旨；因此，捐助法人的设立，应当旨在促进公共利益或满足成员非经济性需求，并非为其发起人或成员谋求经济利益。二是不能将利润分配给捐助人。捐助法人也

可能从事一定的经营活动（如寺庙可以收取门票），但其不能将利润分配给捐助人。

第二，它是财产的集合体。捐助法人属于典型的财团法人，它是财产的集合体，是以财产的集合为基础的法人。① 例如，在"太原罗克佳华工业有限公司与山西省天使文化基金会企业借贷纠纷案"中，法院认为，"根据《基金会管理条例》第二条，基金会是指利用自然人、法人或者其他组织捐赠的财产，以从事公益事业为目的，按照本条例的规定所成立的非营利性法人。被上诉人系依据该条例成立的非营利性法人，其资金来源只能是自然人、法人或其他组织捐助的财产。"② 基金会就是由各类组织以及个人自愿的捐赠所形成的。这些自愿捐赠的资金脱离了捐助人之后，具有独立性，所有权也从原捐助人转移至捐助法人，为该法人所享有。③ 从捐助者的角度来说，捐助法人一旦成立，便与捐助者脱离关系，捐助者不再对捐助对象享有支配权。捐助法人中的有关人员也应当按照捐助章程来管理运作财产，这和社团法人也是有区别的。从比较法上来看，大陆法为谋求财产的独立性和管理的持续性，发展了财团法人制度，而英美法发展了信托制度，两种制度各有特点，都是为了实现捐助财产与捐助者个人财产的分离，从而寻求其长期稳定的发展。④

第三，它没有成员或会员。捐助法人以财产集合为中心，并没有自己的成员或会员，捐助法人的管理者的变动不应当影响到捐助法人的存在。虽然捐助法人是通过捐助人捐助一定的财产形成的，但捐助人并不是捐助法人的成员，而且捐助人也并不当然会成为捐助法人的管理人员，在捐助法人设立后，其将取得法人资格，与捐助人同属独立的民事主体。⑤

捐助法人也没有意思机关，即没有像社团法人那样的意思形成机关（成员大会）。捐助法人依据法人章程的规定进行运作，而且法人理事会等管理机构都不

---

① 参见胡岩：《财团法人之研究》，111 页，北京，中国政法大学出版社，2013。
② 山西省太原市中级人民法院（2014）并民终字第 1025 号民事判决书。
③ 参见佟柔主编：《中国民法》，128 页，北京，法律出版社，1990。
④ 参见［日］我妻荣：《新订民法总则》，于敏译，109 页，北京，中国法制出版社，2008。
⑤ 参见胡岩：《财团法人之研究》，112 页，北京，中国政法大学出版社，2013。

得改变基金会章程。

第四，它是基于捐助行为而设立的。所谓捐助行为，是指以设立捐助法人为目的，出捐一定财产的行为。① 捐助人可以是一人或者数人。② 捐助行为在性质上属于民事法律行为，捐助行为的成立是由捐助人以意思表示的形式作出的。③ 由于捐助人在作出捐助行为时，捐助法人尚未成立，因而，捐助行为在性质上应当属于单方民事法律行为。④ 由于捐助人在实施捐助行为时，并不需要相对人受领其捐助的意思表示，因而，捐助人作出的捐助意思表示在性质上属于无相对人的意思表示。依据《民法总则》第138条的规定，除法律另有规定外，无相对人的意思表示在表示完成时生效，因此，捐助行为应当自捐助人完成捐助的意思表示时生效。捐助行为在性质上属于无偿民事法律行为，也就是说，捐助人在作出捐助行为时，并没有权利要求相关主体对其作出补偿，而且在捐助法人成立后，捐助人也不得向捐助法人请求支付报酬。⑤ 关于捐助行为是否属于要式民事法律行为，比较法上各国规定不完全一致，《民法总则》并没有对此作出规定。

第五，它必须登记设立。与其他类型的非营利法人不同，捐助法人必须经过登记设立，在这一点上，捐助法人与事业单位法人等非营利法人不同，因为所有的捐助法人都必须登记成立，这也是为了规范捐助法人的设立，强化对捐助法人的监督。

捐助法人和社会团体法人虽然都属于非营利法人，但两者之间存在一定的区别。一方面，基础不同。捐助法人在性质上属于财团法人，其以财产的结合为基础，而社会团体法人则以人的联合为基础。另一方面，设立人与组织的关系不同，对社会团体法人而言，一般情况下，设立人在法人成立后即成为该社会团体法人的会员，而捐助法人不同，捐助法人一旦成立，设立人

---

① 参见史尚宽：《民法总论》，231页，北京，中国政法大学出版社，2000。
② 参见史尚宽：《民法总论》，232页，北京，中国政法大学出版社，2000。
③ 参见胡岩：《财团法人之研究》，112～113页，北京，中国政法大学出版社，2013。
④ 参见［德］迪特尔·梅迪库斯：《德国民法总论》，邵建东译，866页，北京，法律出版社，2000。
⑤ 参见胡岩：《财团法人之研究》，114页，北京，中国政法大学出版社，2013。

与法人即脱离关系，其无法成为该捐助法人的成员，也不当然成为该捐助法人的管理者。

（二）捐助法人的设立

1. 依法登记成立

捐助法人的设立都必须依法办理登记手续，这是为了规范捐助法人的管理。因此，《民法总则》第92条第1款规定："具备法人条件，为公益目的以捐助财产设立的基金会、社会服务机构等，经依法登记成立，取得捐助法人资格。"依据这一规定，捐助法人都应依法登记设立，我国相关法律法规也对此作出了规定。例如，《慈善法》第10条规定："设立慈善组织，应当向县级以上人民政府民政部门申请登记。"除了登记之外，在我国，有些捐助法人的设立必须依法审批。例如，根据《基金会管理办法》第11条的规定，建立基金会，由其归口管理的部门报经中国人民银行审查批准，民政部门登记注册发给许可证，具有法人资格后，方可进行业务活动。再如，设立宗教场所法人，依据相关法律法规的规定，也必须要批准后才能办理设立手续。

2. 制定章程

捐助法人是财产的集合，因此，捐助法人的章程具有特别的意义。《民法总则》第93条第1款规定："设立捐助法人应当依法制定法人章程。"通过制定章程，可以使捐助人的捐助目的得以明确，从而使捐助法人的设立和运行都符合捐助人的意愿。例如，捐助人要设立以救助艾滋病患者为目的的基金会，这一目的就要通过章程固定下来。

考虑到章程的重要性，法律上往往都对其应当记载的事项作出了规定。例如，我国《慈善法》第11条规定："慈善组织的章程，应当符合法律法规的规定，并载明下列事项：（一）名称和住所；（二）组织形式；（三）宗旨和活动范围；（四）财产来源及构成；（五）决策、执行机构的组成及职责；（六）内部监督机制；（七）财产管理使用制度；（八）项目管理制度；（九）终止情形及终止后的清算办法；（十）其他重要事项。"章程是捐助人意志的体现，也确定了捐助法人的组织和活动的基本规则。

（三）捐助法人的机构

依据《民法总则》第 93 条的规定，捐助法人的治理结构包括如下几个方面：

一是决策机构，捐助法人应当设理事会、民主管理组织等决策机构。捐助法人决策机构的权力源于法律法规和章程的规定，其主要负责关系捐助法人发展的重大决策。理事长等决策机构的负责人应当作为捐助法人的法定代表人。依据《民法总则》第 93 条第 2 款规定："理事长等负责人按照法人章程的规定担任法定代表人"。此处强调"按照法人章程的规定"，实际上意味着，允许通过法人章程确定法定代表人，从而预留了一定的私法自治空间。

二是执行机构。依据《民法总则》第 93 条第 2 款规定："捐助法人应当设理事会、民主管理组织等决策机构，并设执行机构。"此处所说的"执行机构"是指贯彻执行理事会等的意志的机构，如总经理等。执行机构主要负责执行决策机构所作出的决策，但在执行事务的过程中，其也应当享有一定的决策权，其权限和范围应当由法律法规以及章程规定。

三是监督机构。为了监督理事会等决策机构和执行机构的行为，贯彻捐助人的意志，捐助法人应当设立监督机构。《民法总则》第 93 条第 3 款明确规定："捐助法人应当设监事会等监督机构。"依据该规定，监督机构是捐助法人应当设立的机构，而从《民法总则》关于社会团体法人组织机构的规定来看，其并没有要求社会团体法人必须设置监督机构。可见，《民法总则》要求对捐助法人进行更为严格的监督。按照立法者的观点，采取此种做法的主要原因在于，捐助法人没有成员，需要设置更为健全的监督机制。[1] 同时，要求捐助法人设置监督机构，也有利于规范捐助财产的使用，保障捐助法人的有序发展。当然，从该条规定来看，《民法总则》并没有要求捐助法人必须设置监事会，而是作出了较为弹性的规定，即捐助法人可以设立监事会，也可以设立监事。如何设置由章程予以规定，以尊重捐助人或设立人的意志。

---

[1] 参见李适时主编：《中华人民共和国民法总则释义》，289 页，北京，法律出版社，2017。

（四）捐助人的权利

捐助人就是向捐助法人无偿实施捐助行为的主体。捐助人可以是自然人，也可以是法人。一个人可以实施多次捐助行为。在捐助法人设立之后，捐助法人和捐助人本身是两个不同的主体，但在捐助法人设立过程中，捐助人可以通过章程表达自己的意志。[①]为了保证捐助法人的规范运行，使捐助法人能够贯彻捐助人的意志，捐助人应当享有一些权利。《民法总则》赋予了捐助人如下三项权利：

1. 查询捐助财产的使用、管理情况。《民法总则》第 94 条第 1 款规定："捐助人有权向捐助法人查询捐助财产的使用、管理情况。"毕竟捐助法人是捐助人出资设立的，为了避免捐助财产的使用和管理违反捐助人事先确定的目的，捐助人有权了解财产的使用和管理情况。例如，捐助人有权查询其自己捐助财产的使用情况。在捐助人提出要求查阅账目、了解捐款用途的情况下，慈善组织应当提供，当然，如果慈善组织所提供的审计报告等文件已经说明了捐赠款项的用途，则该慈善组织即无须再单独提供相关的说明。例如，在"王某与中国红十字基金会公益事业捐赠合同纠纷案"中，法院认为："红基会已经在其官方网页及'白雪人道救助'（后更名为生命天使基金）官方微博上对《审计报告》予以公示，该《审计报告》涉及了募集的款项及使用情况，故王某主张判令红基会在其网站上公开白雪天使基金（生命天使基金）的捐款及使用情况、财务报告或审计报告已无意义。"[②]

2. 提出意见和建议，以使得捐助财产的使用更符合捐助人事先确定的目的。《慈善法》第 42 条规定，"慈善组织违反捐赠协议约定的用途，滥用捐赠财产的，捐赠人有权要求其改正"。依据该条规定，捐赠人有权监督其捐款的用途，如果慈善组织违反约定使用捐助款项的，捐助人有权依据协议的规定要求其改正。同时，如果慈善组织拒绝改正，则捐助人应当有权请求其承担违约

---

① 参见胡岩：《财团法人之研究》，112 页，北京，中国政法大学出版社，2013。
② 北京市第二中级人民法院（2015）二中民终字第 11186 号民事判决书。

责任。

3. 请求人民法院撤销捐助法人的违法决定。《民法总则》第 94 条第 2 款规定：“捐助法人的决策机构、执行机构或者法定代表人作出决定的程序违反法律、行政法规、法人章程，或者决定内容违反法人章程的，捐助人等利害关系人或者主管机关可以请求人民法院撤销该决定，但是捐助法人依据该决定与善意相对人形成的民事法律关系不受影响。”捐助人行使该项权利，必须符合如下条件：

第一，必须针对的是决策机构、执行机构或者法定代表人作出的决定。此处所说的“决定”，其范围比较宽泛，既包括决策机构和执行机构作出的决议，也包括法定代表人作出的决定。①

第二，必须针对决定的内容和程序违法或违反章程的现象。《民法总则》第 94 条第 2 款所采用的概念是“决定”而非“决议”，这是因为前者的范围更加宽泛，包括了法定代表人所作出的决定，这些决定只要违反法律或章程就可以撤销。② 具体来说，一是内容和程序违法。例如捐助法人没有按照其与捐助人订立的捐助协议使用捐助款项，既违反了法律规定，又违反了捐助协议。二是内容和程序违反法人章程。例如章程规定，高于一定数额款项的使用必须经过理事会半数以上讨论决定，但法定代表人擅自使用大额款项，违反了章程的相关规定。

第三，撤销的主体包括捐助人等利害关系人或者主管机关。一是捐助人等利害关系人。利害关系人是指与捐助法人有利害关系的人，包括捐款人、捐款人的继承人、捐助法人的债权人等。虽然上述利害关系人与捐助法人是相分离的，但其与捐款的使用之间仍然存在利害关系，在捐助法人的决策机构等所作出决定的内容和程序违法或者违反章程时，其应当有权请求撤销该决定。二是主管机关，主要指捐助法人的主管机关，因为主管机关负有监管职责，故其有权对违反法律

---

①② 参见石宏主编：《中华人民共和国民法总则条文说明、立法理由及相关规定》，221 页，北京，北京大学出版社，2017。

或章程的决定予以撤销。通过赋予主管机关撤销权，有利于对捐助法人的决策机构、执行机构或者法定代表人的行为进行规范，并保障捐助法人的正常运行。当然，是否行使该撤销权应由捐助人等利害关系人或主管机关决定。在不行使撤销权的情况下，相关决定有效；在行使撤销权的情况下，相关决定自始无效，不具有拘束力。

《民法总则》第 94 条第 2 款规定：在行使撤销权以后，"捐助法人依据该决定与善意相对人形成的民事法律关系不受影响"。作出该规定的目的是保护交易安全和社会秩序。但需要指出的是，该规定本身仍具有值得探讨之处，因为一旦作出的决定被法院撤销，必然会对交易当事人产生影响，而如果撤销后交易依然有效，则撤销的意义便不复存在。当然，在决定撤销后，善意相对人可以请求捐助法人赔偿损失。

二、宗教场所法人

（一）宗教场所法人的概念和特征

所谓宗教场所法人，是指依法取得捐助法人资格的宗教活动场所。《民法总则》第 92 条第 2 款规定："依法设立的宗教活动场所，具备法人条件的，可以申请法人登记，取得捐助法人资格。法律、行政法规对宗教活动场所有规定的，依照其规定。"这就在法律上确立了宗教场所的法人资格。依据《宗教事务条例》第 12 条第 1 款的规定，信教公民的集体宗教活动，一般应当在经登记的宗教活动场所（寺院、宫观、清真寺、教堂以及其他固定宗教活动处所）内举行。

《民法总则》规定宗教场所法人为捐助法人，具有如下重要意义：一是有利于宗教活动场所以法人名义从事民事活动，享有权利，负担义务。二是有利于保障其合法的财产权益。长期以来，由于法律上没有明确宗教活动场所的法人资格，导致许多寺院、教堂等难以在银行开设账户，善款往往以个人名义存入银行，房产、地产、机动车等财产的所有权不能登记在宗教活动场所名下。这些都

导致宗教财产权权属关系混乱，宗教财产得不到有效保护和监督管理。[①] 三是有利于按照捐助法人的治理结构规范宗教活动场所的活动，宗教场所法人要取得法人资格，必须要有规范的章程，设立决策机构、执行机构和监督机构，这就为宗教团体和宗教活动场所的发展提供了基本的法律保障。

依据《民法总则》第 92 条第 2 款规定，宗教场所法人具有如下特点：

第一，它是以从事宗教活动为设立目的而设置的捐助法人。一方面，宗教场所法人在性质上是捐助法人的一种，应当根据法律关于捐助法人的相关规定完善宗教场所法人的治理结构、财产管理等事务。另一方面，此种捐助法人的特殊性就在于，它的设立目的是特定的，即它以从事宗教活动为目的。在我国，宗教分为佛教、道教、基督教等，虽然各个宗教场所法人的设立目的有差异，但是，都必须是为了从事宗教活动，否则，不得设立为宗教场所法人。从这个意义上说，此种法人所提供的是一种国家对宗教事务的治理方式。

第二，它是以宗教场所为基础而形成的法人。宗教场所法人不是人的集合，而是财产的集合，是由土地、建筑、庙产等构成的财产综合体，作为财产集合，其性质应为财团法人。作为宗教场所法人基础的财产，主要包括其依法使用的土地，依法所有或者管理使用的建筑物、构筑物、各类设施、用品、工艺品、文物、宗教收入、各类捐赠以及从事经营服务活动的合法收益和其他财产。[②]

第三，它在性质上属于非营利法人。宗教场所法人也是非营利法人的一种类型。宗教场所法人不能以营利为目的，虽然其也可以从事一定的经营活动，如少林寺可以收取门票费用，但是，其获得的收益只能用于宗教活动，而不能分配给其捐助人等。正因为如此，宗教活动场所不得从事承包、经营、上市等以营利为目的的活动，有关部门也不得从事"宗教搭台，经济唱戏"等将宗教活动商业化的行为。

宗教场所法人和宗教团体不同，宗教团体在性质上属于社会团体，依法需要在民政部门登记，全国性的宗教团体包括佛教协会、道教协会、伊斯兰教协会、

---

①② 参见冯玉军：《宗教财产归属与宗教法人资格问题的法律思考》，载《苏州大学学报》（法学版），2016（1）。

天主教爱国会、基督教三自爱国运动委员会等。设立宗教场所通常要由宗教团体提出申请，与宗教团体相关的制度，宗教场所法人也应当遵循。但是，宗教团体与宗教场所彼此独立、互不隶属，在宗教场所取得独立法人资格后，便可以独立主体身份参与民事活动。

（二）宗教场所法人的设立

宗教活动场所要成为法人，必须要满足法人的设立条件。依据《民法总则》第 92 条第 2 款的规定，"具备法人条件的，可以申请法人登记，取得捐助法人资格"。另外，宗教场所法人的设立登记，还必须遵守特别法的规定。例如，就关于宗教活动场所的筹备设立，《宗教事务条例》采行政许可主义。依据该《条例》第 21 条的规定："筹备设立宗教活动场所，由宗教团体向拟设立的宗教活动场所所在地的县级人民政府宗教事务部门提出申请。县级人民政府宗教事务部门应当自收到申请之日起 30 日内提出审核意见，报设区的市级人民政府宗教事务部门。"有关主管部门批准设立宗教活动场所，必须符合一定的条件。[①] 在经过批准之后，宗教活动场所还需要办理登记手续。根据该《条例》第 22 条，对符合条件的予以登记，发给"宗教活动场所登记证"。

（三）宗教场所法人的管理

虽然《民法总则》对宗教场所法人进行了定性，即其属于捐助法人，但考虑到宗教场所法人的组织、管理等都有特殊性，因此，有关的特别法对此作出了规定。依据《民法总则》第 92 条第 2 款的规定，如果法律、行政法规对宗教活动场所有规定的，则应当依照该规定规范宗教活动场所。例如，《宗教事务条例》就宗教场所法人的管理作出了一些规定，对其的管理应当依据这些规定进行。依据该条例的规定，宗教活动场所应当成立管理组织，实行民主管理；宗教活动场所管理组织的成员，经民主协商推选，并报该场所的登记管理机关备案；宗教活动场所可以按照宗教习惯接受公民的捐献，但不得利用宗教作掩护，欺骗或者诈取信徒财务；非宗教团体、非宗教活动场所不得组织、举行宗教活动，不得接受

---

① 参见《宗教事务条例》第 20 条。

宗教性的捐献。此外，宗教场所法人接受捐赠后，使用捐款也必须符合法律法规的规定，而不得将相关的捐款挪作他用。例如，在"卫某英与刘某勤、无锡灵山慈善基金会确认合同无效纠纷案"中，法院认为："宗教人士应依附于宗教团体或宗教场所开展宗教活动或接受捐赠，所接受的捐赠也应向捐赠者开具正规的收据并及时入账。"①

---

① 江苏省无锡市中级人民法院（2016）锡民终 1246 号民事判决书。

第八章

特别法人

第一节 特别法人概述

一、特别法人的概念和特征

特别法人，是我国法上营利法人和非营利法人之外的一类法人。根据《民法总则》第96条，特别法人包括机关法人、农村集体经济组织法人、城镇农村的合作经济组织法人、基层群众性自治组织法人。特别法人制度为我国《民法总则》所独创，是适应我国国情而构建的法人类型。在法律上确立特别法人制度的意义主要在于：一方面，就营利法人和非营利法人之外的重要法人类型作出规定，明确这些组织的民事主体地位，以便利其从事民事活动。例如，由于长期以来就居委会和村委会的法律地位没有在法律上得到确认，导致其无法以自己的名义从事民事活动。另一方面，通过特别法人的规定，有利于在具体法律关系中准确认定国家机关、基层自治组织的法律地位，从而沟通了民法与行政法等法律部门的关系。

特别法人的特征主要表现在：

第一，它是营利法人和非营利法人难以包括的其他类型法人。在传统的大陆法系国家，法人被分为公法人和私法人，并主要以私法人作为民法规范的对象。私法人又分为社团和财团法人，并以此构建了法人制度的体系。① 我国《民法总则》并非以此作为分类标准，而采纳了营利法人和非营利法人的分类，但这种分类又不能将一些特殊的法人囊括其中，尤其是不能将机关法人纳入其中。因为营利法人和非营利法人主要是针对传统民法上的私法人而言的。所以，单设特别法人，是我国采营利法人和非营利法人分类的必然结果。

第二，它的设立具有特殊性。② 就特别法人的各种类型来看，其设立通常都具有特殊性。就机关法人而言，有些机关法人是直接依据《宪法》设立的，有些机关法人是直接依据法律法规或政府的行政命令而设立的。居委会、村委会、农村集体经济组织、城镇农村的合作经济组织的设立一般也是直接基于法律或者行政命令。这些组织大多不需要办理登记，因而和一般的营利法人、非营利法人不同，其没有一般的、法定的设立程序，也缺乏明确的设立标准。

第三，它们的权利能力和行为能力具有特殊性。特别法人所承担的职责往往具有社会公益性质，因此决定了其权利能力和行为能力具有特殊性。例如，依据《民法总则》第 97 条的规定，机关法人只能从事"为履行职能所需要的民事活动"。再如，依据该法第 101 条第 1 款规定，居委会和村委会也只能从事"为履行职能所需要的民事活动"。这就在很大程度上限制了其权利能力和行为能力的范围，从而避免其过多地进入市场，其利用所享有的公权力损害其他市场主体的权益。

特别法人是基于中国的实践情况将机关法人、基层群众性自治组织、农村集体经济组织以及合作经济组织法人归入特别法人的类别，以有利于其更好地参与民事活动，也有利于保护其成员和相对人的合法权益。③ 应当指出，

---

① 参见蔡立东：《法人分类模式的立法选择》，载《法律科学》（西北政法大学学报），2012（1）。
② 参见李适时主编：《中华人民共和国民法总则释义》，300 页，北京，法律出版社，2017。
③ 参见陈甦主编：《民法总则评注》上册，687 页，北京，法律出版社，2017。

这四种类型的法人确实各具特色，很难提炼出共同的法律规则，很难将其包括在营利法人和非营利法人之中，因此，立法者有必要单设特别法人一节，对其作出规定。从性质上看，除了机关法人具有特殊的权利能力和行为能力，且作为公法人不宜包括在营利法人、非营利法人之中外，其他三种类型虽属于私法人的范畴，但这些私法人可能分别要承担一定的行政管理和公共管理的职责，或者在规则上难以为营利法人和非营利法人概括，因而有必要单设特别法人制度将其概括其中。之所以将其作为特别法人对待，更多地是考虑其需要特别规范。例如，作为基层群众自治性组织的居委会和村委会，完全是城镇居民和村民的自治组织，其通常不会从事大规模的民事活动，而主要从事为履行职能所需要的民事活动。

二、特别法人的类型

《民法总则》第 96 条规定："本节规定的机关法人、农村集体经济组织法人、城镇农村的合作经济组织法人、基层群众性自治组织法人，为特别法人。"特别法人包括四种类型，即机关法人、农村集体经济组织法人、城镇农村的合作经济组织法人以及基层群众性自治组织法人。《民法总则》采用封闭式列举的方式，没有使用"等"字。按照立法机关的解释，之所以采用封闭式的列举，主要是考虑到现实社会中的绝大多数法人都可以纳入营利法人和非营利法人的范围，营利法人和非营利法人作为法人的最基础分类是合适的，特别法人的范围很小，未来也不宜扩大，否则就会侵蚀和动摇营利法人和非营利法人这一分类方法的基础性地位。① 但是，笔者认为，采用封闭式列举的方式，未必十分妥当。一方面，《民法总则》只是封闭性地列举了上述四类特别法人，还有大量的组织体无法纳入其中。事实上，在这四种类型中，机关法人是最典型的法人，其他三类特别法人只是因为难以被涵盖到营利与非营利法人之中，所以规定在该节中，按照这种

---

① 参见李适时主编：《中华人民共和国民法总则释义》，301 页，北京，法律出版社，2017。

分类方法，将来立法可能需要扩张特别法人的类型，即对于不能被营利法人和非营利法人所包含的法人类型，可能都需要规定在特别法人部分。例如，就民办学校、民办医院、民办养老院等兼有公益性与营利性的机构而言，因其很难被纳入非营利法人，而又不属于特别法人，所以，其法律地位很难准确界定。[①] 另一方面，随着经济和社会的发展，一些新类型的法人也可能被纳入特别法人之中。所以，特别法人也应当保持其开放性。

第二节　机关法人

一、机关法人的概念和特征

所谓机关法人，是指依照法律和行政命令组建的，享有公权力并以从事国家管理活动为主的各级国家机关。《民法总则》第 97 条承认了机关法人的主体地位，依据这一规定，各级国家机关作为代表国家从事管理活动的组织，它们在从事民事活动的时候，与其他民事主体具有平等的法律地位，平等地享有民事权利，承担民事义务。作为机关法人，其并非行政权的行使者和公共事务的管理者，而只是平等的民事主体，不再享有行政优益权。

机关法人在性质上属于公法人。所谓公法人，主要是指依据公法设立、履行公共职能的法人。之所以在法律上要赋予国家机关法人地位，是因为虽然这些机构行使公权力，但是，其也要从事必要的民事活动。而且，其在从事民事活动时，也应当以平等的民事主体的身份出现。例如，国家机关要修缮其房屋、购买办公设备、签订用工合同等。机关法人的主要特点表现在：

第一，设立上的特殊性。国家机关是依据法律的规定和行政命令而成立的。它不是根据出资人或捐助人的意愿而设立的，而是直接依据法律法规和

---

① 　参见谭启平：《中国民法典法人分类和非法人组织的立法构建》，载《现代法学》，2017（1）。

行政命令而成立的。我国许多法规都直接规定设立某种机关，根据《国务院组织法》和《地方各级人民代表大会和地方各级人民政府组织法》的规定，国务院和地方人民政府从工作需要和精简原则出发，可以通过行政命令而设立行政机关。机关法人不需要办理设立登记，因为与一般的营利、非营利法人不同，机关法人并不是单独设立的某一种法人，而是指已经设立的国家机关在从事民事活动时，赋予其法人资格，以保障其更好地参与民事活动。机关法人都是依据法律法规和行政命令而设立，因此，其不需要借助登记发挥公示的作用。所以，机关法人自其成立之日起就已经设立。在这一点上，它与一般的法人都要办理设立登记是不同的。

第二，它是享有公权力的各类国家机关。行政机关依法享有国家赋予的行政权力，代表国家从事行政管理活动，对政治、经济、文化、教育等事务进行管理。只有在从事民事活动时，例如购置办公用品、租用国有的房屋等时，它们才以机关法人的身份出现，并且与其他民事主体处于平等的地位。各级国家机关并不是以营利为目的的组织，它们代表国家为履行其职能从事民事活动，由此形成的利益均归于国家。

第三，机关法人的财产来自于财政拨款。《民法通则》第 50 条规定，"有独立经费的机关从成立之日起，具有法人资格"。国家机关要成为机关法人必须具有独立的经费。虽然机关法人没有独立经营的财产，但是有独立的经费，这些经费是根据其工作需要，由国家和地方财政拨款形成的。这些经费也是为了机关法人的运行而拨付的，机关法人以法人的名义从事必要的民事活动时所形成的债务，由机关法人以其通过预算拨款所获得的独立经费承担责任。

第四，机关法人从事民事行为时，其民事行为能力比其他任何类型的法人受到更严格的限制。根据《民法总则》第 97 条，机关法人从事民事活动的范围是受到明确限定的，即"从事为履行职能所需要的民事活动"。何为"从事为履行职能所需要的民事活动"？该条并没有作出明确界定，但一般认为，其应当是指为了更好地履行其行政职能而有必要从事房屋建造和修缮、办公用品采购、购买食品等必要的民事活动，但不得从事经营性的活动以及设立担保等与履行其行政

职能无关的活动。① 也就是说，机关法人在从事政府管理的职能行为时，只能从事一些维持自己管理活动所必需的民事活动，且依据我国《物权法》第 53 条的规定，国家机关对其直接支配的不动产和动产，只享有占有、使用和依法处分的权利，而不享有收益权，否则就超越了其权利能力的范围。

需要讨论的是，我国《民法总则》第 110 条承认法人享有名誉权等人格权，但享有公权力的政府机关是否享有名誉权？对此，历来存在争议。从比较法上看，一些国家的判例学说对此持否定态度，并确认了这样的原则，即对于诽谤国家机关和地方政府的情形，如果对该国家机关或者地方政府提供私法上的救济，将违背公共利益，因为一个通过民主程序选举出的政府，必须无限制地接受社会公众的批评。② 但我国现行法律对此并无明文规定，学界也尚未就该问题达成共识。笔者认为，虽然我国现行法律承认法人享有名誉权，但国家机关作为公权力机关，具有特殊性，其名誉权应当受到必要的限制。尤其是在公民对国家机关提出批评时，即便有些批评失当，国家机关也不能因此主张侵害名誉权的责任。事实上，政府的信誉主要是靠政府自身依法、高效行政，惠民利民而建立起来的。通常而言，如果行政机关能够自觉接受社会公众的监督和批评，不仅不会降低行政机关的信誉，而且有利于提高其信誉。当然，如果某人造谣惑众，已经损害公共利益，自然可以通过其他途径对该行为进行追责，而没有必要通过维护政府机关名誉权的方式对该行为进行规制。所以，从这个意义上说，享有公权力的机关法人的权利能力是应当受到限制的。

二、机关法人的设立与终止

（一）机关法人的设立

《民法总则》第 97 条规定："有独立经费的机关和承担行政职能的法定机构

---

① 参见李昊、邓辉：《我国〈民法总则〉组织类民事主体制度的释评》，载《法律适用》，2017（13）。
② 参见［德］冯·巴尔：《欧洲比较侵权行为法》下卷，焦美华译，151 页，北京，法律出版社，2004。

从成立之日起，具有机关法人资格，可以从事为履行职能所需要的民事活动。"依据这一规定，机关法人的设立不需要经过登记，而是直接依据法律法规和行政决定而设立的。因为这一原因，机关法人一旦设立就具有法人资格，即从成立之日起，具有机关法人资格。

机关法人不同于一般的法人，其不是采取准则主义或许可主义，而是采取特许主义。在我国，机关法人依据法律法规或行政决定而设立，而营利法人或非营利法人的设立通常则是通过设立人、出资人自愿成立的，而非依据法律法规或行政决定。①

（二）机关法人的终止

《民法总则》第 98 条规定："机关法人被撤销的，法人终止，其民事权利和义务由继任的机关法人享有和承担；没有继任的机关法人的，由作出撤销决定的机关法人享有和承担。"据此，机关法人在终止时，也具有其特殊性。具体而言：第一，机关法人不能破产，不适用破产程序，因为国家机关要履行公共职能，如果因破产而终止，将导致其公共职能难以实现。② 第二，机关法人主要是因为被撤销而终止。例如，因机构调整或机构改革而将某个国家机关（如铁道部）撤销。在撤销以后，就要处理其债权债务，清理有关财产。第三，机关法人被撤销以后，原则上其权（力）利义务由继任的机关法人享有和承担。所谓继任的机关法人，是指承接被撤销的机关法人的职权的机关法人。例如，国防科工委被撤销以后，工业和信息化部承接了其职权，因此，工业和信息化部就是继任的机关法人。第四，如果没有继任的机关法人，由作出撤销决定的机关法人享有原机关法人的权利，负担原机关法人的义务。法律作出此种规定，实际上解决了机关法人被撤销后的遗留问题，避免了机关法人因被撤销而导致的债务无人负责的现象。

---

① 参见石宏主编：《中华人民共和国民法总则条文说明、立法理由及相关规定》，227 页，北京，北京大学出版社，2017。

② 参见石宏主编：《中华人民共和国民法总则条文说明、立法理由及相关规定》，229 页，北京，北京大学出版社，2017。

第三节 农村集体经济组织法人和合作社法人

一、农村集体经济组织法人

（一）农村集体经济组织法人的概念和特征

农村集体经济组织法人，是指利用农村集体的土地或其他财产，从事农业经营等活动的组织。农村集体经济组织经历了一个发展过程，最初产生于中华人民共和国成立初期的人民公社化运动，经过 20 世纪 80 年代农村改革的发展，农村集体经济组织也发生了很大的变化。目前，我国的农村集体经济组织包括三类：乡镇集体、村集体、村民小组，但是一些地方开始推进农村集体经济组织产权制度改革，设立了社区股份合作社等组织，这些组织都可以依法成为独立的农村集体经济组织，并能够以自己的名义对外从事民事活动、承担民事责任，因而可以成为法人。

《民法总则》第 99 条确认农村集体经济组织的法人地位，具有如下重要意义：一是明确了农村集体经济组织的民事主体地位，有利于保护其合法权益，使农村集体经济组织能够按照法人的治理模式运营并受到相应监督与规范，从而使其在市场经济环境下更具活力。在实践中，一些农村集体经济组织也需要从事一些投资、经营等活动，但由于法律上一直没有承认其法人地位，也在一定程度上影响了其从事必要的经营活动。二是有利于规范农村集体经济组织的活动。其必须按照法人的条件设立相应的治理结构。三是有利于明确集体经济组织的财产归属，保护其合法的财产权益。《物权法》第 59 条第 1 款规定："农民集体所有的不动产和动产，属于本集体成员集体所有。"该条规定并没有严格区分成员财产和集体财产，而在《民法总则》规定农村集体经济组织的法人地位后，就应当严格区分农村集体经济组织的财产与其成员的财产。① 四是确认农村集体经济组织

---

① 参见李永军：《集体经济组织法人的历史变迁与法律结构》，载《比较法研究》，2017（4）。

的法人地位也符合我国农村改革的方向。按照 2015 年中共中央和国务院发布的《深化农村改革综合性实施方案》的要求，要"探索社会主义市场经济条件下农村集体所有制经济的有效组织形式"，探索剥离村"两委"对集体资产经营管理的职能，开展实行"政经分开"试验，完善农村基层党组织领导的村民自治组织和集体经济组织运行机制。因此，《民法总则》分别对农村集体经济组织法人和基层群众性自治组织法人作出了规定。

概括而言，农村集体经济组织法人具有如下特征：

第一，财产具有特殊性。农村集体经济组织的财产主要是集体所有的财产。依据我国《宪法》第 10 条第 2 款规定："农村和城市郊区的土地，除由法律规定属于国家所有的以外，属于集体所有；宅基地和自留地、自留山也属于集体所有。"《民法总则》肯定农村集体经济组织的法人地位，肯定了其具有财产归属资格，这就有必要对农村集体经济组织法人的财产与农民集体所有的财产进行区分。当然，对于农村集体经济组织所有的土地，农村承包经营户可以享有土地承包经营权，农民还可以享有宅基地使用权。

第二，产生原因具有多样性。农村集体经济组织是一种具有中国特色的组织形式，其产生具有重要的历史根源，从 20 世纪 50 年代的初级社、高级社，到后来的人民公社、生产大队、生产队等，在性质上都属于农村集体经济组织。[①] 可见，农村集体经济组织是与我国农村集体经济制度相适应的一项制度。

第三，职能具有特定性。农村集体经济组织的职能，具体为经营、管理农民集体所有的土地，从事农业生产经营活动。此处所说的农业是广义上的农业，又称大农业，包括农业、林业、牧业、各类副业、渔业等。[②] 随着市场经济的发展，其职能也不断扩大。当然，农村集体经济组织也要承担农村一些公益性的职能，如基础设施建设、公益设施建设等。

第四，组织体具有稳定性。因为农村集体经济组织是我国农村集体所有制的组织形式，需履行特殊的职能，所以，农村集体经济组织不能随意地解散、清

---

① 参见李适时主编：《中华人民共和国民法总则释义》，305 页，北京，法律出版社，2017。

② 参见尹飞：《物权法·用益物权》，北京，中国法制出版社，2005。

算，非经法律规定不能消灭。①

（二）农村集体经济组织法人的设立

农村集体经济组织法人的设立具有天然的地域性，有些是从人民公社转化而来的，并不需要经过批准、登记而设立。《民法总则》第 99 条第 1 款规定："农村集体经济组织依法取得法人资格。"依据这一规定，农村集体经济组织要取得法人资格，必须符合法律规定的条件和程序。《民法总则》将其作为特别法人予以规定，表明其设立程序具有特殊性。一般来说，其应当直接依据法律法规的规定或者行政命令而设立。

但是，我国现行法对此还缺乏明确的规定。因此，《民法总则》第 99 条第 1 款其实是为未来专门就农村集体经济组织进行立法提供依据。使用"依法"的概念具有较大的包容性，也就是说，将来要制定法律法规，以详细予以规范。《民法总则》第 99 条第 2 款规定："法律、行政法规对农村集体经济组织有规定的，依照其规定。"目前，对农村集体经济组织也有一些规定，如《农村土地承包法》《农业法》等，都涉及农村集体经济组织的权利义务。有关的行政法规也有规定。因此，凡是已经作出了规定的，就应当适用其规定；同时，依据本条规定，也授权法律和行政法规对农村集体经济组织的地位作出规定。

需要指出的是，如果集体经济组织的成员或者集体经济组织自身依据《公司法》《合伙企业法》等设立了有关公司或者合伙企业，则这些组织在性质上就不再是《民法总则》所规定的农村集体经济组织法人，而应当属于营利法人或非法人组织，并应依据《民法总则》《公司法》《合伙企业法》等规则确定其权利义务关系。

二、合作经济组织法人

（一）合作经济组织法人的概念和特征

所谓合作经济组织法人，又称为合作社法人，是指劳动者在互助基础上，自

---

① 参见石宏主编：《中华人民共和国民法总则条文说明、立法理由及相关规定》，232 页，北京，北京大学出版社，2017。

筹资金，共同经营、共同劳动并分享收益的经济组织。其成员退社自由，对合作社的债务一般承担有限责任，合作社在法律上享有法人资格。[①] 我国台湾地区"合作社法"也规定了合作社有限责任、保证责任、无限责任三种不同的责任形式，以供社员自由选择。[②] 尽管在现代市场经济社会，企业的组织形态主要是公司，但是合作社仍然大量存在。在我国，合作社一般采取自愿联合的原则，这种联合是一种劳动者为了共同劳动或获取收益而组成的联合，并非资本的联合，所取得的成果由成员平等地分享，而并非根据出资的比例进行分配。但是，我国长期以来，合作社逐步向国有企业过渡，受到了国家过多的干预，缺乏独立性和自主性。20世纪80年代以后，随着我国经济体制改革的深入进行，许多农村集体企业逐渐又呈现出向合作经济方向发展的趋势，因而，2007年我国颁布了《农民专业合作社法》，对农村的专业合作社进行了规范。《民法总则》第100条第1款规定："城镇农村的合作经济组织依法取得法人资格。"这对于明确我国实践中大量存在的合作经济组织（尤其是供销合作社）的法人地位，具有重要意义。另外，这也是我国合作经济法律化的重要探索。

合作经济组织法人应当具有如下特点：

第一，合作经济组织法人本质上是一种劳动者自愿联合的经济组织，合作社的资金来源主要是合作社成员筹集的资金，其形式是由出资者自己出资、自己经营、自己劳动，不接受非合作社成员的投资，更不能向社会广泛募集资金。在股权的流动上，一般合作制企业入股自愿，退股自由，但股份不能转让。《农民专业合作社法》第2条第1款规定："农民专业合作社是在农村家庭承包经营基础上，同类农产品的生产经营者或者同类农业生产经营服务的提供者、利用者，自愿联合、民主管理的互助性经济组织。"

第二，合作经济组织法人在经营目的上，不是以营利为主要目的，而是以社员之间的互济、互助、互惠、互利为其主要目的，其基本目标是为社员服务。合作社的生产经营过程就是为其成员带来利益的过程，在这一点上，它和公司为投

---

① 参见佟柔主编：《中国民法》，125页，北京，法律出版社，1990。
② 参见我国台湾地区"合作社法"第4条。

资人谋利的目的不同。

第三，合作经济组织法人在分配制度上主要不是按资分配，而是采取按交易额分配、按劳分配等各种分配方式。这就避免了公司中可能出现大股东对小股东的利益的侵害等不公平、不合理的现象，并充分保障成员之间的平等。

第四，在管理方式上，合作经济组织法人事务须由社员共同经营，在经营管理方面，不得将任何社员排除在合作事业经营之外，而委托非社员经营合作事业。① 所以，对一般的公司而言，采取股份民主；合作制采取劳动民主，即只要取得合作社社员资格均享有平等的投票权。②

第五，合作经济组织法人的社员要参与经营或劳动。由于职工股东也要参与经营或劳动，不能仅仅凭借出资来分享收益，因而在许多合作社中，劳动的质量和数量成为收益分配的重要依据。当然，还有一些合作社，如供销合作社，主要是按照合作社与社员的交易额来分配。在我国许多股份合作社中，职工在入股后，也要参与劳动。合作社以按劳动比例分红为主，限制股金分红为辅。在联合的内容上，一般合作制企业以劳动的联合为主，非企业员工不可入股。③

就合作经济组织法人的性质，学界历来存在争议。有人认为，其属于营利法人；也有人认为，其属于非营利法人；还有人认为，其是介乎于营利法人和非营利法人之间的法人。根据立法机关的看法，供销合作社等合作经济组织对内具有共益性或者互益性，对外也可以从事经营活动，具有相当的特殊性。④ 考虑到此类法人既无法归入营利法人，也无法归入非营利法人，《民法总则》将其作为特殊法人处理。

（二）合作经济组织法人的设立

《民法总则》第 100 条第 1 款规定："城镇农村的合作经济组织依法取得法人资格。"该条包含两层含义：一是承认其具有法人地位，并强调其设立的条件和程序都必须合法。二是为了规范城镇农村合作经济组织的需要，应进一步完善相

---

① 参见郑少华：《法人运动与第二次法律革命》，载《法学》，2001 (6)。
② 参见戚建刚：《论股份合作企业立法科学性取向》，载《法律科学》，1998 (5)。
③ 参见许承光：《股份合作企业的法律属性探析》，载《江汉论坛》，2000 (12)。
④ 参见李适时主编：《中华人民共和国民法总则释义》，319 页，北京，法律出版社，2017。

关的法律法规。我国现行立法对其的规定还不完善，因此，"依法"二字实际上为未来立法提供了依据。《民法总则》第 100 条第 2 款规定："法律、行政法规对城镇农村的合作经济组织有规定的，依照其规定。"该条既是引致性规范，同时也授权法律和行政法规对农村集体经济组织的地位作出规定，落实《民法总则》的立法精神。[①]

合作经济组织法人在成立时应当有自己的章程，合作社章程是合作社成立的基础。例如，《农民专业合作社法》第 10 条规定，设立农民专业合作社，应当"有符合本法规定的章程"。合作经济组织在这一点上具备了典型的法人形态。合作社的机构和公司一样，有社员大会（或代表大会）作为其机关即最高权力机构，理事会（董事会）和监事会各司其职，向社员大会负责，已完全形成了能够代表组织体实现民事权利和民事义务的机构。合作经济组织的财产一般来源于社员股金、积累资金和政府贷款，也有少部分其他资金。这些财产构成了其对外独立支配的财产，合作社以这些财产对外独立承担民事责任。另外，一般合作社均要进行登记注册，方可有效成立。

对合作经济组织法人的权利义务等内容，有关的法律法规也作出了特别规定。例如，《农民专业合作社法》就对农村的专业合作社进行了规范。因此，《民法总则》第 100 条第 2 款规定："法律、行政法规对城镇农村的合作经济组织有规定的，依照其规定。"

第四节 基层群众性自治组织法人

一、居民委员会和村民委员会

依据《城市居民委员会组织法》第 2 条第 1 款的规定，居民委员会（简称

---

① 参见石宏主编：《中华人民共和国民法总则条文说明、立法理由及相关规定》，240 页，北京，北京大学出版社，2017。

居委会）是"居民自我管理、自我教育、自我服务的基层群众性自治组织"。居民委员会直接行使宪法赋予的自治权和民主管理经济、文化和社会事务的权利。它是我国城市基层政权的重要基础，也是党和政府联系人民群众的桥梁和纽带之一。所谓村民委员会（简称村委会），是指"村民自我管理、自我教育、自我服务的基层群众性自治组织"，"实行民主选举、民主决策、民主管理、民主监督"①。现在，我国农村普遍建立了村委会，这是我国农村实行村民自治的组织形式。由此可见，"两会"都是群众性自治组织。《民法总则》第 101 条确认其法律地位，有利于规范此类群众性自治组织，将其纳入法制轨道，符合建设法治国家的战略方针，也有利于群众自治组织更加规范、高效地开展各项活动。

虽然我国普遍设立了居委会和村委会，但是，它们是否具有法人资格并不明确。我国《民法总则》确认了居委会和村委会的民事主体资格，这便利了其从事民事活动，如签订建设社区公益设施的合同等。我国《物权法》第 60 条第 1 项规定，对于集体所有的土地等不动产，由村集体经济组织或者村民委员会代表集体行使所有权。另外，在我国不少地方，村民委员会还要代行农村集体经济组织的职权，如果不确认其法人资格，就会影响到其行使该项职权。② 基于这一原因，《民法总则》承认了其法人地位。同时，考虑到其既不能归入营利法人，又不能归入非营利法人，所以，将其置于特别法人之中。居民委员会和村民委员会法人的特殊性主要在于：

第一，设立具有特殊性。居民委员会和村民委员会都是依据法律法规的规定而直接设立的。我国已经颁布了《城市居民委员会组织法》和《村民委员会组织法》，这些法律都对居委会和村委会的设立作出了规定。因此，其设立并非基于设立人的意愿，也不需要办理登记。

第二，职能具有特殊性。居民委员会和村民委员会的职能是法律法规直接规

---

① 《村民委员会组织法》第 2 条。
② 参见石宏主编：《中华人民共和国民法总则条文说明、立法理由及相关规定》，243 页，北京，北京大学出版社，2017。

定的，其主要从事公益事业、提供公共服务，并依法管理有关财产。例如，依据《城市居民委员会组织法》第 3 条的规定，居民委员会的任务包括宣传宪法、法律、法规和国家的政策，维护居民的合法权益，教育居民履行依法应尽的义务，办理本居住地区居民的公共事务和公益事业，协助维护社会治安等职能。依据《村民委员会组织法》第 2 条的规定，村民委员会的职责主要包括村民自我管理、自我教育、自我服务，实行民主选举、民主决策、民主管理、民主监督，村民委员会办理本村的公共事务和公益事业，调解民间纠纷，协助维护社会治安，向人民政府反映村民的意见、要求和提出建议。因此，从居民委员会和村民委员会职能上看，其不仅具有公益性，而且具有一定的公共职能性，正是因为这一原因，所以不少人认为，其也履行一定的"行政"职能。

第三，组织机构具有特殊性。居民委员会和村民委员会的组成要经过村民或居民的直接选举而产生，而且，必须按照法律规定设置。例如，《村民委员会组织法》第 6 条第 1 款规定："村民委员会由主任、副主任和委员共三至七人组成。"同条第 2 款规定："村民委员会成员中，应当有妇女成员，多民族村民居住的村应当有人数较少的民族的成员。"

第四，财产具有特殊性。居民委员会的经费来源是由政府划拨的。① 村民委员会存在经费困难的，政府也要适当提供。村民委员会也具有自己独立的财产，依据《物权法》第 60 条的规定，对于集体所有的土地和森林、山岭、草原、荒地、滩涂等，属于村农民集体所有的，由村集体经济组织或者村民委员会代表集体行使所有权。另外，村民委员会办理本村公益事业所需的经费，由村民会议通过筹资筹劳解决。②

《民法总则》第 101 条第 1 款规定："居民委员会、村民委员会具有基层群众

---

① 《城市居民委员会组织法》第 17 条规定："居民委员会的工作经费和来源，居民委员会成员的生活补贴费的范围、标准和来源，由不设区的市、市辖区的人民政府或者上级人民政府规定并拨付；经居民会议同意，可以从居民委员会的经济收入中给予适当补助。"

② 《村民委员会组织法》第 37 条规定："人民政府对村民委员会协助政府开展工作应当提供必要的条件；人民政府有关部门委托村民委员会开展工作需要经费的，由委托部门承担。村民委员会办理本村公益事业所需的经费，由村民会议通过筹资筹劳解决；经费确有困难的，由地方人民政府给予适当支持。"

性自治组织法人资格，可以从事为履行职能所需要的民事活动。"本条实际上明确了居委会和村委会的民事权利能力和民事行为能力的特殊性，即只能从事"为履行职能所需要的民事活动"。这一规定是为了避免其广泛地进入市场，影响其履行法定职责。

关于村民委员会与集体经济组织的关系，《民法总则》分别规定了两者都可以成为法人，但是在法律上如何对二者进行区分，需要予以明确。从实践来看，二者确实存在一定的重合，但在法律上仍然有必要对其进行区分。从功能上说，村民委员会主要承担农村集体自我管理的职能，而集体经济组织主要发挥开展农村集体经营活动的功能。随着我国农村体制改革的深化，农村集体经济组织的职能也随之发生变化，其逐渐从之前的依附于集体组织的状态中分离，而成为自我组织、自我发展、自主经营的组织实体。而村民委员会则主要依据《村民委员会组织法》的规定，实行村民自我管理、自我教育、自我服务，性质上是基层群众性自治组织，其主要职责是办理本村的公共事务和公益事业，调解民间纠纷，协助维护社会治安，向人民政府反映村民的意见、要求和提出建议。

二、未设立村集体经济组织时村民委员会的职能

《民法总则》第 101 条第 2 款规定："未设立村集体经济组织的，村民委员会可以依法代行村集体经济组织的职能。"《物权法》第 60 条规定：对于集体所有的土地和森林、山岭、草原、荒地、滩涂等，属于村农民集体所有的，由村集体经济组织或者村民委员会代表集体行使所有权。也就是说，如果设立了村集体经济组织就由该组织行使所有权，如果没有设立的，则由村委会行使所有权。《村民委员会组织法》第 8 条第 2 款规定："村民委员会依照法律规定，管理本村属于村农民集体所有的土地和其他财产，引导村民合理利用自然资源，保护和改善生态环境。"虽然 2015 年中共中央和国务院发布的《深化农村改革综合性实施方案》提出，要探索剥离村委会对集体资产经营管理的职能，开展实行"政经分

开"试验。但是，目前就农村集体经济组织和村委会的分别设立而言，仍然还处于探索阶段。从实践来看，在不少地方，都没有设立独立的农村集体经济组织，仍然是由村委会代行集体经济组织的职能。考虑到这一客观实际，《民法总则》明确了在未设立村集体经济组织的情况下，村委会可以代行村集体经济组织的职能，这一规定与《物权法》规定的精神也是一致的。

第九章

非法人组织

第一节　非法人组织概述

一、非法人组织的概念和特征

依据《民法总则》第 102 条第 1 款的规定，所谓非法人组织，是指不具有法人资格，但是能够依法以自己的名义从事民事活动的组织。从境外立法例视角而言，非法人组织相当于德国立法例上的"无权利能力社团"，日本立法例上的"非法人社团和非法人财团"，我国台湾地区则称为"非法人团体"①。从我国立法的历史沿革来看，《民法通则》并未规定非法人组织。但《民事诉讼法》承认了其他组织的诉讼主体资格。其他相关民事法律中也规定了其他组织。② 尤其应当看到，我国相关立法也承认了合伙企业、个人独资企业等不具有法人资格的民

---

① 梅仲协：《民法要义》，74 页，北京，中国政法大学出版社，1998。
② 参见《合同法》第 2 条，《担保法》第 7 条，《著作权法》第 2 条，《商标法》第 10 条。

事主体地位，而且此类组织也广泛参与了民事活动。因此，《民法总则》在总结既有立法和司法实践经验的基础上，单设一章规定非法人组织，承认了非法人组织的民事主体地位。《民法总则》在自然人、法人之外规定非法人组织，丰富了民事主体的类型，有利于激发其市场活力，反映了我国改革开放的现实需要。承认其主体地位，也有利于在法律上对其进行规范和管理。例如，法律规定要进行登记的，非法人组织应当进行登记，从而便利对其进行管理。

非法人组织作为一类民事主体，具有如下特征：

第一，非法人组织必须依法设立。非法人组织作为独立的民事主体，应当依据法律规定的条件和程序设立。从比较法上来看，有的国家明确规定，所有团体以登记作为取得权利能力的条件，未登记者，将作为无权利能力社团存在。[1] 依据《民法总则》第103条的规定，非法人组织的设立原则上都应当登记，如果法律、行政法规规定非法人组织的设立必须经有关机关批准的，则设立非法人组织还应当经过批准。这就使非法人组织和未进行登记的民事合伙、设立中的法人等相区别。在法律上要求非法人组织必须依法设立，有利于加强对非法人组织的监督和管理，维护交易安全。

第二，非法人组织能够以自己的名义从事民事活动。一方面，非法人组织虽然不是法人，但其也是组织体，其与单纯的不具有法人资格的财产的集合体，如信托财产、破产财团等是相区别的[2]，非法人组织是人合性而非资合性的组织。另一方面，从实践来看，社会组织的种类多种多样，但并非所有的社会组织都属于非法人组织。依据《民法总则》第102条的规定，非法人组织必须能够以自己的名义从事民事活动，因此，作为一种组织体，其并非松散的民事主体的集合，而是能够以自己的名义对外行为的具有一定的组织机构和组织规则、在结构上较为稳定的社会组织。[3] 非法人组织虽然不具有法人资格，但其在性质上也属于独

---

[1]　参见［德］汉斯·布洛克斯、沃尔夫·迪特里希·瓦尔克：《德国民法总论》，张艳译，451页，北京，中国人民大学出版社，2012。

[2]　参见朱庆育：《民法总论》，468页，北京，北京大学出版社，2013。

[3]　参见杨立新：《中华人民共和国民法总则要义与案例解读》，383页，北京，中国法制出版社，2017。

立的民事主体，具有民事权利能力和民事行为能力，能够以自己的名义从事民事活动。而且非法人组织作为独立的民事主体，其在从事民事活动时，能够取得相关的权利，负担相应的义务。例如，非法人组织可以作为合同当事人与他人订立合同，可以享有合同权利，负担合同义务。

第三，非法人组织也可能具有自己的财产。《民法总则》第104条第1句规定："非法人组织的财产不足以清偿债务的，其出资人或者设立人承担无限责任。"这就表明，非法人组织也可能具有自己的财产，如果非法人组织有自己的财产，则首先应当以自己的财产对外承担责任。例如，合伙企业也具有自己的合伙财产，合伙财产尽管在法律上是合伙人的财产，但毕竟与各合伙人的个人财产是相区别的。合伙财产是由合伙人的出资以及以合伙企业的名义取得的收益所构成的。《合伙企业法》第20条规定："合伙人的出资、以合伙企业名义取得的收益和依法取得的其他财产，均为合伙企业的财产。"在承担债务时，首先以合伙企业的财产承担责任，只有在合伙财产不足以承担责任时，才由各合伙人承担无限连带责任。

第四，非法人组织的成员应承担无限责任。非法人组织虽然属于独立的民事主体，可以享有民事权利，负担民事义务，但其与法人不同，不能独立对外承担责任。法人可以独立对外承担民事责任，法人的责任与其成员的责任是严格区分的，在法人的财产不足以清偿其债务时，法人的成员仅以其认缴的出资额为限承担责任，而无须以自己的全部财产对法人债务承担责任。而对非法人组织而言，《民法总则》第104条第1句规定："非法人组织的财产不足以清偿债务的，其出资人或者设立人承担无限责任。"依据该条规定，在非法人组织的财产不足以清偿其债务时，其出资人或者设立人仍然需要对外承担无限责任。可见，非法人组织不能独立承担责任，其出资人或者设立人需要对法人的债务承担无限责任。

非法人组织与《民事诉讼法》中的"其他组织"的概念并不完全相同。应当承认，《民法总则》规定非法人组织，在一定程度上有利于协调其与民事诉讼法的关系，因为民事诉讼法规定了其他组织，也承认了其他组织的诉讼法律地位，实体法上对其民事主体地位予以明确，有助于实体法和程序法的衔接。尤其是可

为民事诉讼法规定其他组织作为诉讼主体提供实体法依据。但是两者是有区别的，表现在：一方面，从目的上看，诉讼法上的其他组织是为了承认相关组织的诉讼主体资格，而民法总则所规定的非法人组织则是为了确定相关组织的民事主体资格。传统民法认为非法人团体不具有独立的权利能力、责任能力，仅具有诉讼能力。承认非法人团体主要是为了这些组织在诉讼上的方便。[①] 非法人团体原属民事诉讼法上之名词，采纳这一概念主要是为了赋予其当事人资格。[②] 而非法人组织主要是为了赋予组织体民事主体资格，而不仅仅是诉讼主体资格。另一方面，二者的范围不同。诉讼法上的其他组织在范围上要大于民法总则中的非法人组织。因为诉讼法中的其他组织并不一定能够以自己的名义从事民事活动，也不一定需要依法办理登记手续。例如，一般的法人分支机构可能成为诉讼主体，但如果其不能以自己的名义对外活动，则其无法成为民法总则所规定的非法人组织。

我国《民法总则》规定非法人组织，将其规定为第三类民事主体，具有重要意义，从比较法上看，这也是一种创新。因为各国立法极少采纳非法人团体的概念，大部分国家就非法人团体问题立法较简约或不明确在立法上规定，主要由判例和学说充实其内容。德国非法人团体制度仅在其民法典上以一个条文（第 54 条）规定，其实质内容主要由判例与学说发展。[③]《民法总则》在自然人、法人之外，将非法人组织规定为独立的民事主体，符合我国国情，具有重要的现实意义。

二、非法人组织与法人

依据《民法总则》第 102 条，非法人组织是不具有法人资格的组织，法律上

---

① 参见曾世雄：《民法总则之现在与未来》，92 页，北京，中国政法大学出版社，2001。

② 《德国民事诉讼法》第 50 条规定："有权利能力者，有当事人能力。无权利能力的社团可以被诉；在诉讼中，该社团具有有权利能力的社团的地位。"

③ 参见王泽鉴：《民法总则》，195 页，台北，三民书局，1979。

之所以设定非法人组织，其实就是要赋予法人之外的组织体以主体地位。这就是说，非法人组织虽然能够以自己的名义行为，可以成为民事主体，但其并不属于法人。但也有学者认为，非法人组织也具有权利能力，具有民事主体资格，应当也属于法人，而且从实践来看，非法人组织和法人除了在权利和责任承担上略有差别外，二者并无实质差别，非法人组织在特别法的规定下能够获得与法人同样范围的权利能力。[1]　笔者认为，《民法总则》规定的非法人组织，是在法人之外设立独立类型的民事主体，其与法人在成立条件、责任承担方式等方面均存在差别，具体而言，非法人组织与法人的区别主要表现在如下几个方面：

第一，是否具有独立的财产不同。法人具有独立财产，法人的财产完全独立于法人成员的个人财产，这也是法人独立对外承担责任的基础。非法人组织虽然属于独立的民事主体，能够以自己的名义从事民事活动，而且非法人组织还可以设置商事账簿。但非法人组织并没有独立的财产，无法独立保有财产，其财产由其成员共有。例如，合伙企业的财产由各个合伙人共有。也正是因为这一原因，非法人组织无法独立对外承担责任。例如，在普通合伙企业中，合伙人的个人财产与合伙企业财产并未严格分离，普通合伙人要对合伙企业债务依法承担无限连带责任。[2]

第二，是否能够独立承担责任不同。法人的责任与其成员的责任是明确区分的，法人能够独立对外承担责任，法人成员一般以其认缴的出资额为限对法人债务承担有限责任。但非法人组织并不能独立对外承担责任，其责任可能要由其成员承担。对此，《民法总则》第104条第1句规定："非法人组织的财产不足以清偿债务的，其出资人或者设立人承担无限责任。"依据这一规定，非法人组织无法对外独立承担责任，而最终由其成员承担责任。例如，在合伙企业需要对外承担责任时，虽然首先需要用合伙企业的财产对外承担责任，但在该财产无法承担全部责任时，各合伙人仍然需要对外承担责任。

第三，成员与团体的关系不同。对法人而言，法人的成员可能并不直接参与

---

① 参见王涌：《解读〈民法总则〉中的"非营利法人"》，载《南都观察》，2017 - 06 - 19。
② 参见魏振瀛主编：《民法》，4 版，99 页，北京，北京大学出版社、高等教育出版社，2010。

法人的经营、管理活动。例如，在公司内部，股东一般并不直接参与公司的事务。但对非法人组织而言，其成员一般都直接参与非法人组织的经营、管理活动。依据《民法总则》第 105 条的规定，非法人组织可以确定一人或数人代表该组织从事民事活动。但如果非法人组织并未确立法定代表人，则其成员一般都可以代表非法人组织从事民事活动。

第四，治理结构的要求不同。对法人（尤其是营利法人）来说，法律上都要求其有健全的治理结构，即权力机构、执行机构和监督机构，从而保障法人的正常运行。但是对非法人组织来说，考虑到其具体形态的多元性，法律并没有对其治理机构提出要求。例如，即使非法人组织没有设置监督机构，也并非违法。是否设立监督机构，由其设立人或成员自主决定。

非法人组织与法人虽然存在上述区别，但二者均为组织体，具有密切联系，法人的许多规则都可以被参照适用于非法人组织。对此，《民法总则》第 108 条规定："非法人组织除适用本章规定外，参照适用本法第三章第一节的有关规定。"也就是说，非法人组织首先应适用《民法总则》第四章规定，但在第四章没有规定的情形下，还可参照适用第三章第一节即法人组织的一般性规定。具体而言，关于第三章第一节可以被参照适用的规定包括如下几个方面：

一是《民法总则》第 59 条关于法人的民事权利能力和民事行为能力与法人存续期间一致的规则。因为非法人组织和法人一样，都是组织体，都能够以自己的名义行为，而且二者作为独立的民事主体，具有民事权利能力和民事行为能力，因此，有关非法人组织民事权利能力和民事行为能力存续期间的规则可以参照适用法人的规定。

二是《民法总则》第 62 条法定代表人因执行职务致他人损害的责任承担。依据《民法总则》第 105 条的规定，非法人组织可以确定一人或者数人代表非法人组织对外活动，但该条并没有对非法人组织代表人因执行职务致他人损害的责任承担规则作出规定，此时，可以参照适用《民法总则》关于法人法定代表人的相关规则。

三是《民法总则》第 63 条关于法人以其主要办事机构所在地为住所，该规

则也可以适用于非法人组织。

四是非法人组织合并的，其权利和义务由合并后的组织享有和承担；非法人组织分立的，其权利和义务由分立后的组织享有连带债权，承担连带债务。因此，《民法总则》第 67 条关于法人合并、分立后的权利义务承担，也可适用于非法人组织。

五是非法人组织终止时的清算规则。依据《民法总则》第 107 条的规定，非法人组织解散的，应当依法进行清算，但该条并没有对非法人组织清算的具体规则作出规定，此时，可以参照适用《民法总则》第 70 条、第 71 条、第 72 条关于法人解散后的清算规则。

六是由于非法人组织也需要登记，因而，《民法总则》第 64 条、第 65 条、第 66 条关于法人登记的若干规则，同样可适用于非法人组织。

七是《民法总则》第 75 条关于法人设立人的责任，也可适用于非法人组织。

除上述七种情形之外，还有哪些情况需要参照适用法人制度的规则，应当由法官结合具体的案件进行判断。

三、非法人组织的分类

我国《民法通则》仅规定了公民和法人两类民事主体，为适应我国市场经济的发展需要，《民法总则》丰富了民事主体的类型，在自然人和法人之外，承认了非法人组织的民事主体地位。非法人组织也可以分为营利性和非营利性两种。例如，律师事务所在性质上应当属于非营利性的非法人组织，而个人独资企业、合伙企业在性质则属于营利性的非法人组织。关于非法人组织的类型，《民法总则》第 102 条第 2 款规定："非法人组织包括个人独资企业、合伙企业、不具有法人资格的专业服务机构等。"因此，非法人组织包括如下几种类型：

（一）个人独资企业

根据《个人独资企业法》第 2 条的规定，个人独资企业是指"在中国境内设立，由一个自然人投资，财产为投资人个人所有，投资人以其个人财产对企业债

务承担无限责任的经营实体"。个人独资企业，是指依法设立的、由一个自然人投资、财产为投资人个人所有，投资人以其个人财产对企业债务承担无限责任的经营实体。[①] 个人独资企业在民商分立的国家也称为商自然人，可以成为商法上的主体。个人独资企业虽然是由一个自然人投资设立的，但其与自然人不同，属于独立的民事主体，能够以自己的名义对外开展民事活动。当然，个人独资企业虽然以企业的形式存在，但其并不能独立对外承担责任，作为投资人的自然人仍然需要对个人独资企业的债务承担无限责任。

个人独资企业的主要特点在于：

第一，仅有一个投资者，且该投资者为自然人。个人独资企业，顾名思义，就是由一个自然人所创办的企业。[②] 个人独资企业与公司的区别在于，除了国有独资公司以外，公司的投资人是两个以上的民事主体。但是个人独资企业仅有一个自然人出资设立。个人独资企业的意志完全体现为投资者个人的意志。

第二，投资者的财产和企业财产没有分离。依据《个人独资企业法》第17条的规定，个人独资企业投资人对本企业的财产依法享有所有权，其有关权利可以依法进行转让或继承。因此，独资企业的财产属于投资者个人所有，投资者也有权将其投入企业的财产依法转让。但是，如果投资者以家庭共有财产投资，则企业的财产属于家庭共有。可见，在独资企业中，并没有实现企业财产与投资者财产的分离。

第三，企业的所有权和经营权是合一的。在独资企业中，投资者的财产和企业的财产没有分离，与此相应，企业的所有权和经营权也没有发生分离。依据《个人独资企业法》第19条的规定，"个人独资企业投资人可以自行管理企业事务，也可以委托或者聘用其他具有民事行为能力的人负责企业的事务管理"。因此，投资者仍然要自行管理企业的事务，当然，其也可以委托他人管理。

第四，投资者对企业债务承担无限责任。个人独资企业的财产与投资者的个人财产发生重合，并没有法律上的独立性，其责任最终也是由投资者个人承担

---

① 参见《个人独资企业法》第2条。
② 参见朱庆育：《民法总论》，473页，北京，北京大学出版社，2013。

的。因此，《个人独资企业法》第 31 条规定，"个人独资企业财产不足以清偿债务的，投资人应当以其个人的其他财产予以清偿"。正是因为在个人独资企业中，企业财产和个人财产不分离，所以，投资者要对企业债务承担无限责任。因此，个人独资企业与一人公司不同，因为一人公司在性质上属于法人，而且公司责任与公司投资者的责任是区分开的，投资者原则上仅以认缴的出资额为限对公司债务承担责任。

（二）合伙企业

合伙是指两个或两个以上的自然人或法人，根据合伙协议而共同出资、共同经营、共享收益、共担风险的营利性组织，合伙人对外一般承担无限连带责任的组织，或者依法承担有限责任。[①] 合伙包含了两方面的关系：一是合伙协议关系，它是确定合伙人之间的权利义务关系的协议。合伙协议是调整内部关系的依据。二是合伙组织，即在对外表现形式上，合伙作为一个组织体，可以与第三人发生各种法律关系。[②] 合伙乃是由合伙协议与合伙组织两部分所组成的，前者是对合伙人有拘束力的内部关系，后者是由全体合伙人作为整体与第三人产生法律关系的外部形式，合伙大多是这两种关系的结合。尤其是在合伙企业中，合伙人不仅要订立合伙协议，而且要建立合伙组织。合伙企业也是现代企业的一种典型形态，是民事主体的一种类型，根据《合伙企业法》第 2 条的规定，合伙企业是指"自然人、法人和其他组织依照本法在中国境内设立的普通合伙企业和有限合伙企业"。普通合伙企业由普通合伙人组成，只要没有法律的特别规定，则全体普通合伙人应当对合伙企业债务承担无限连带责任。有限合伙企业由普通合伙人和有限合伙人组成，普通合伙人对合伙企业债务承担无限连带责任，有限合伙人以其认缴的出资额为限对合伙企业债务承担责任。

（三）不具有法人资格的专业服务机构

所谓不具有法人资格的专业服务机构，是指专门提供专业服务的非法人组

---

① 我国《合伙企业法》第 2 条第 3 款在普通合伙之外，还承认了有限合伙，有限合伙中的有限合伙人对合伙企业的债务承担有限责任。

② 参见佟柔主编：《中国民法》，131 页，北京，法律出版社，1990。

织，如会计师事务所和律师事务所。我国《注册会计师法》和《律师法》分别对会计师事务所和律师事务所作出了规定。《注册会计师法》第 23 条规定："会计师事务所可以由注册会计师合伙设立。合伙设立的会计师事务所的债务，由合伙人按照出资比例或者协议的约定，以各自的财产承担责任。合伙人对会计师事务所的债务承担连带责任。"《律师法》第 15 条规定："设立合伙律师事务所，除应当符合本法第十四条规定的条件外，还应当有三名以上合伙人，设立人应当是具有三年以上执业经历的律师。合伙律师事务所可以采用普通合伙或者特殊的普通合伙形式设立。合伙律师事务所的合伙人按照合伙形式对该律师事务所的债务依法承担责任。"不具有法人资格的专业服务机构具有如下特征：

第一，设立的特殊性。从《民法总则》第 103 条的规定来看，非法人组织的设立一般仅需要办理登记，而不需要经过批准。但从我国《律师法》《注册会计师法》的规定来看，设立不具有法人资格的专业服务机构一般都需要经过有关部门的批准。经批准设立不具有法人资格的专业服务机构，一方面有利于规范此类专业服务机构的经营活动，另一方面也便于主管机关对其进行必要的管理。

第二，业务范围的特殊性。不具有法人资格的专业服务机构以提供专业服务为内容，因此，这类机构一般不以具备大型生产设备为要件，而主要是由具备专业知识和专门技能的工作人员为客户提供服务。例如，律师为当事人代理案件，会计师事务所为企业进行审计等。

第三，责任承担上的特殊性。一般情形下，非法人组织成员要对非法人组织的债务承担无限连带责任，但对不具有法人资格的专业服务机构而言，在特殊情况下，其成员并不需要对非法人组织的债务承担无限连带责任。例如，依据《合伙企业法》第 57 条第 1 款的规定，如果一个合伙人或者数个合伙人在执业活动中因故意或者重大过失造成合伙企业债务的，应当承担无限责任或者无限连带责任，其他合伙人以其在合伙企业中的财产份额为限承担责任。

（四）其他类型

关于非法人组织的类型，《民法总则》第 102 条第 2 款采用了"等"这一兜

底表述，表明非法人组织并不限于本条所明确列举的合伙企业、个人独资企业以及不具有法人资格的专业服务机构，还有其他类型的非法人组织，例如，依法登记领取我国营业执照的中外合作经营企业、外资企业以及经依法登记领取营业执照的乡镇企业、街道企业等[①]，只要其符合《民法总则》关于非法人组织的条件，即应当认定为非法人组织。

关于非法人组织的类型，还有如下几种情形值得探讨：

第一，法人的分支机构。我国《民法总则》在法人的一般规定中特别规定了法人的分支结构（第74条），由此可见，其实际上是将法人的分支机构作为法人的组成部分来规定的，而并没有将其规定在非法人组织部分。但笔者认为，法人的分支机构实际上包括两种：一类是有自己的财产，已经办理登记，并且能够以自己的名义对外活动的法人分支机构，如一些商业银行的分支机构。另一类则是不能以自己的名义对外活动的。前者符合非法人组织的特征，应当属于我国《民法总则》所规定的非法人组织，而后者则不应当属于非法人组织。

第二，筹备中的法人。对于筹备中的法人而言，其目的在于设立法人，取得法人资格。我国《民法总则》并没有规定筹备中的法人，而只是对筹备中法人的设立人的责任承担作出了规定。从实践来看，筹备中的法人大多尚未进行登记，因此，其并不属于我国《民法总则》所规定的非法人组织。

第三，业主大会和业主委员会。我国台湾地区判例学说普遍认为，业主委员会和业主大会是非法人团体，也称为无权利能力社团。[②]业主大会和业主委员会也具有自己独立的财产，能够以自己的名义对外签订合同，虽然住房和城乡建设部颁发的《业主大会和业主委员会指导规则》第33条规定，业主委员会应当自选举产生之日起30日内，在房地产相关行政管理部门进行备案，但并没有强制要求业主大会进行登记，因此业主大会和业主委员会也难以成为我国《民法总则》规定的非法人组织。

---

① 参见杨立新：《中华人民共和国民法总则要义与案例解读》，384页，北京，中国法制出版社，2017。

② 参见陈聪富：《民法总则》，97页，台北，元照出版公司，2014。

四、非法人组织的代表人

（一）非法人组织可以确定代表人

非法人组织的代表人，是指由非法人组织的出资人或者设立人确定的对外代表非法人组织、对内组织经营管理的人。《民法总则》第 105 条也允许非法人组织确定代表人，该条规定："非法人组织可以确定一人或者数人代表该组织从事民事活动。"允许非法人组织确定代表人具有重要意义：一方面，非法人组织作为独立的民事主体，能够以自己的名义对外活动，为了便于非法人组织参与民事活动，就应当允许非法人组织确定代表人。另一方面，允许非法人组织确定代表人从事民事活动，第三人与非法人组织从事交易时能够明确知道谁能够有权代表非法人组织行为，这也有利于维护交易安全。此外，规定非法人组织代表人制度也有利于控制非法人组织自身的风险，以防止非法人组织成员实施不当代表非法人组织的行为。例如，根据《合伙企业法》第 26 条第 2 款，按照合伙协议的约定或者经全体合伙人决定，可以委托一个或者数个合伙人对外代表合伙企业，执行合伙事务。此时，如果确定了代表人，就应当由代表人代表非法人组织作出代表行为，其他成员不得代表。

非法人组织的代表人不同于法人的法定代表人。法定代表人可以依据法律规定代表法人活动，而非法人组织的代表人则是依据章程、协议或者成员的共同决定对外代表非法人组织行为。非法人组织代表人的产生原因和人数具有多重性，其可以是一人，也可以是数人，且从我国现行法律规定来看，其并没有对非法人组织代表人的登记公示等问题作出细化规定。因而，在其与相对人从事民事活动时，相对人虽然有义务查明其是否为非法人组织的代表人，但可能很难查明非法人组织内部对其代表权限的限制，因此，《民法总则》第 170 条第 2 款规定，非法人组织对执行工作任务的人员职权范围的限制，不得对抗第三人。作出此种规定主要是为了保护交易安全，同时减轻交易相对人的查询义务，提高交易效率。由此确定了非法人组织的执行工作任务人员所从事的职权行为，即使超越内部权

限限制，只要使第三人产生合理信赖，也应该确定为非法人组织的行为。

非法人组织的代表人不同于其代理人。应当看到，二者的产生在一定情况下都需要授权，例如，非法人组织的决议所产生的代表人，需要有非法人组织的授权，才能代表非法人组织。但二者也存在重要区别，表现在：一方面，是否存在法律效果的归属过程不同。非法人组织代表人从事民事活动，应视为非法人组织自身的行为，其法律效果直接归属于非法人组织。而代理人实施代理行为，其法律效果归属于被代理人。另一方面，就权限而言，非法人组织的代表人除了代理人所从事的民事法律行为外，还从事对内管理各种事务等事实行为，而代理人并不能从事该种行为，只能从事民事法律行为。此外，二者的举证责任不同。在越权代表的情形下，原则上法律行为有效，需要由非法人组织证明对方当事人知道或者应当知道代表人的代表权限。在无权代理的情形下，原则上法律行为效力待定，除非相对人证明成立表见代理。

需要指出的是，依据《民法总则》第 105 条的规定，非法人组织"可以"确定代表人，而非必须确定，因此，如果非法人组织确定了代表人，则由该代表人代表非法人组织行为；如果非法人组织未确定代表人，则非法人组织的所有成员都可代表非法人组织作出代表行为。[①] 例如，《合伙企业法》第 26 条第 1 款规定："合伙人对执行合伙事务享有同等的权利。"因此，如果合伙企业未确定代表人，则每一位合伙人均可对外代表合伙，其执行合伙事务的行为对合伙人均发生效力。

（二）非法人组织代表人的义务

非法人组织代表人虽然有权代表非法人组织对外行为，但其也应当负担一定的义务，这些义务主要包括：

一是勤勉义务。代表人应当在执行事务中遵循诚信原则，尽到充分谨慎的作为义务。不得擅自转委托、怠于执行非法人组织的事务等，并要按照业务判断规则（business judgement rule）的要求，为非法人组织的最大利益从事事务的执行。如

---

① 参见杨立新：《〈民法总则〉规定的非法人组织的主体地位与规则》，载《求是学刊》，2017（3）。

果因自己的过错而给非法人组织造成损失，应当对非法人组织承担赔偿责任。[1]

二是忠实义务。该项义务要求非法人组织的代表人应当对非法人组织负有忠诚的义务，在执行非法人组织的事务时，应当按照非法人组织利益最大化的原则进行，不得借执行非法人组织事务牟取私利，不得侵夺非法人组织的商业机会，不得与第三人恶意串通损害非法人组织的利益，也不得经营与非法人组织事业相竞争的事业。

三是报告义务。非法人组织代表人在执行非法人组织的事务时，应当及时向非法人组织的其他成员报告事务执行情况、非法人组织的经营状况、财务状况等，以便其他成员对其进行必要的监督。

第二节　非法人组织的设立

一、非法人组织应当依照法律的规定登记

《民法总则》第103条第1款规定："非法人组织应当依照法律的规定登记。"依据该条规定，非法人组织应当依照法律的规定进行登记，从该条规定来看，非法人组织原则上都应当进行登记。该条之所以作出此种规定，一方面是因为非法人组织的类型较多，登记有利于对各类非法人组织进行更有效率的管理；另一方面，要求非法人组织原则上都进行登记，有助于使不特定第三人了解对方当事人的主体资格和交易能力，进而维护交易安全。《合伙企业法》第9条第1款规定："申请设立合伙企业，应当向企业登记机关提交登记申请书、合伙协议书、合伙人身份证明等文件。"该条对合伙企业的登记问题作出了规定。《个人独资企业法》第9条第1款规定："申请设立个人独资企业，应当由投资人或者其委托的

---

[1] See Franklin A. Gevurtz, "The Business Judgment Rule: Meaningless Verbiage of Misguided Notion", *Southern California Law Review*, Vol. 67, 1994, pp. 287 - 337；邓峰：《业务判断规则的进化和理性》，载《法学》，2008（2）。

代理人向个人独资企业所在地的登记机关提交设立申请书、投资人身份证明、生产经营场所使用证明等文件。委托代理人申请设立登记时，应当出具投资人的委托书和代理人的合法证明。"该条对个人独资企业的登记问题作出了规定。

如果没有登记，非法人组织无法成为民法意义上的民事主体，但可视为一般的民事合伙等关系。依据《民法总则》第103条，非法人组织原则上都需要进行登记，对于未进行登记的社会组织，其在性质上就不属于非法人组织意义上的民事主体，而应当属于民事合伙，此类社会组织不享有民事权利能力，不能以自己的名义实施民事法律行为，也不能享有权利，承担义务。此类未经登记的社会组织不受《民法总则》民事主体制度的调整，而应当受到《合同法》的调整。

对于未经登记的社会组织而言，其并不属于民事主体，无法享有民事权利。例如，其不得登记为土地使用权的主体。同时，关于债务的承担，对非法人组织而言，《民法总则》第104条的规定，"非法人组织的财产不足以清偿债务的，其出资人或者设立人承担无限责任"，这意味着，非法人组织的债务首先应由非法人组织的财产予以清偿，不足部分才由出资人或者设立人承担责任，但对未经登记的社会组织而言，其债务直接由其成员承担责任。

二、须经有关机关批准的，依照其规定

《民法总则》第103条第2款规定："设立非法人组织，法律、行政法规规定须经有关机关批准的，依照其规定。"对于特殊类型的非法人组织，法律、行政法规可能要求其设立必须经有关机关批准，此时，设立此类非法人组织即应当按照法律、行政法规的规定予以批准。非法人组织的设立需要经有关机关批准的情形主要包括如下两种：

一是某种类型的非法人组织设立本身需要经过批准。例如，设立律师事务所和会计师事务所即需要经有关机关批准。对此，《律师法》第18条规定："设立律师事务所，应当向设区的市级或者直辖市的区人民政府司法行政部门提出申请，受理申请的部门应当自受理之日起二十日内予以审查，并将审查意见和全部申请材料报送省、自治区、直辖市人民政府司法行政部门。省、自治区、直辖市

人民政府司法行政部门应当自收到报送材料之日起十日内予以审核，作出是否准予设立的决定。准予设立的，向申请人颁发律师事务所执业证书；不准予设立的，向申请人书面说明理由。"《注册会计师法》第 25 条第 1 款规定："设立会计师事务所，由国务院财政部门或者省、自治区、直辖市人民政府财政部门批准。"

二是某种类型的非法人组织的设立本身不需要经过批准，但如果其经营范围属于需要批准的事项，则其也应当经有关部门批准。例如，《合伙企业法》第 9 条第 2 款规定："合伙企业的经营范围中有属于法律、行政法规规定在登记前须经批准的项目的，该项经营业务应当依法经过批准，并在登记时提交批准文件。"依据该条规定，如果合伙企业的经营范围属于法律、行政法规规定应当批准的项目，则该合伙企业的设立即应当经有关机关批准。再如，《个人独资企业法》第 9 条第 2 款也作出了同样规定："个人独资企业不得从事法律、行政法规禁止经营的业务；从事法律、行政法规规定须报经有关部门审批的业务，应当在申请设立登记时提交有关部门的批准文件。"

当然，一般而言，对于应当经批准设立的非法人组织而言，在批准之后，仍然应当办理登记。批准和登记的功能存在一定的区别，批准主要是基于管理的需要，而登记主要起到一种公示的作用，即通过登记公示非法人组织的主体资格状况，从而降低交易相对人的识别成本，维护交易安全。

第三节　非法人组织的财产责任

一、非法人组织的财产责任的一般规则

所谓非法人组织的财产责任，是指非法人组织对其债务不履行所产生的责任。债务产生的原因，既可以是因正常经营活动产生的，也可以是基于侵权产生的。如前所述，非法人组织不同于法人，不能独立承担民事责任，在其财产不足以清偿其债务时，其出资人或者设立人仍然需要对该债务承担责任，对此，《民

法总则》第 104 条规定："非法人组织的财产不足以清偿债务的，其出资人或者设立人承担无限责任。法律另有规定的，依照其规定。"依据这一规定，非法人组织的偿债规则包含如下两层含义：

第一，应当首先以非法人组织的财产清偿债务，这就是非法人组织的独立责任。法律上之所以确认非法人组织作为独立的民事主体，在很大程度上就是确认其能够以自己的名义履行义务，承担责任。而且法律上一旦确定其为独立的民事主体，其与一般的民事合伙是不同的。原则上，凡是非法人组织有自己财产的，都应当以自己的财产承担责任。我国有关的法律法规也对此作出了规定。例如，《合伙企业法》第 38 条规定："合伙企业对其债务，应先以其全部财产进行清偿。"《个人独资企业法》第 31 条规定："个人独资企业财产不足以清偿债务的，投资人应当以其个人的其他财产予以清偿。"上述规则都确立了首先由作为非法人组织的合伙企业、个人独资企业优先以自己的财产偿还自己的债务。

第二，非法人组织的财产不足以清偿债务的，则应由其出资人或者设立人承担无限责任。如前所述，非法人组织不同于法人，其设立人或者出资人需要对非法人组织的债务承担无限责任。也就是说，如果非法人组织的财产不足以清偿其债务的，其设立人或者出资人需要对该债务承担无限责任。此处所说的无限责任，是指非法人组织的设立人或者出资人需要以其个人的全部财产对非法人组织的债务承担责任。就非法人组织的设立人或者出资人之间的关系而言，其应当对非法人组织的债务承担连带清偿责任，即每个非法人组织的设立人或者出资人连带地对债权人承担清偿责任，债权人可以选择其中一人、数人或者请求其全体承担全部清偿责任。某一设立人或者出资人在清偿全部债务后，其他设立人或者出资人的清偿责任也随之消灭。

非法人组织的出资人或者设立人承担无限责任的特点在于：首先，它是一种法定责任，即非法人组织的出资人或者设立人不能通过约定免除此种责任，当事人如果作出了此种约定，该约定只能在其内部产生效力，而不能对抗债权人。但如果债权人认可的，也应当对债权人发生效力。其次，无限责任是一种对外的责任。也就是说，非法人组织的出资人或者设立人应该以个人财产对非法人组织的

债务负责，任何人都不能以非法人组织的债务非因个人行为造成的而提出抗辩。但是这并不妨碍某个非法人组织的设立人或者出资人在对外承担责任以后，享有向其他设立人或出资人追偿的权利。

二、非法人组织财产责任承担的例外

《民法总则》第104条规定："法律另有规定的，依照其规定。"因此，如果有法律特别规定非法人组织的出资人或者设立人无须对非法人组织资不抵债部分债务承担无限连带责任或者有其他限制的，则依据该具体规定确定出资人、设立人的责任。例如，依据《合伙企业法》第2条的规定，有限合伙人以其认缴的出资额为限对合伙企业债务承担责任。因此，在清偿合伙企业的债务时，有限合伙人所认缴的出资额是其责任承担的上限。如果有限合伙人认缴了出资，但尚未实际履行出资义务，一旦合伙企业财产不足以清偿债务，该有限合伙人应如实履行出资义务。如果其已实际履行了出资义务，则在合伙企业财产不足清偿债务时，其不必再承担额外的清偿责任。不过，若有限合伙人在承担责任前已取回其出资，则在承担责任时，仍应以其出资的财产为限对合伙企业的债务负责。[1] 再如，《个人独资企业法》第28条规定："个人独资企业解散后，原投资人对个人独资企业存续期间的债务仍应承担偿还责任，但债权人在五年内未向债务人提出偿债请求的，该责任消灭。"

第四节　非法人组织的解散

一、非法人组织解散的概念

所谓非法人组织的解散，是指非法人组织章程或者法律规定的事由出现，或

---

[1] 参见韩长印主编：《商法教程》，2版，135页，北京，高等教育出版社，2011。

者基于出资人、设立人的决议，使非法人组织停止积极活动，并开始清理相关财产关系的法律程序。非法人组织的解散，即非法人组织根据出资人、投资人的合意或者法律规定的情形而终止民事主体资格。[①] 非法人组织解散具有如下特征：一是解散原因的多样性。从《民法总则》第 106 条规定来看，非法人组织既可以基于法律规定的原因解散，也可以基于章程规定的事由解散，还可以基于出资人或者设立人的决定解散。二是并不当然导致非法人组织的终止。在非法人组织解散后，还需要进行清算，清算后且办理相关的注销登记后，非法人组织才终止。因此，解散并不导致非法人组织的主体资格消灭。三是非法人组织一旦解散，其民事行为能力就受到严格限制，其不得再实施相关的积极活动，而只是从事与清算活动相关的活动，如向债务人主张债权、接受债务人的履行等。

应该指出的是，非法人组织的解散与撤销不同，非法人组织的解散除了法律规定的原因外，其还可以基于章程规定或者出资人、设立人的决议而解散，其解散一般要体现非法人组织的自主自愿，而非法人组织的撤销一般不由非法人组织自己决定，而是由法律规定或由行政命令决定。

二、非法人组织解散的原因

《民法总则》第 106 条规定："有下列情形之一的，非法人组织解散：（一）章程规定的存续期间届满或者章程规定的其他解散事由出现；（二）出资人或者设立人决定解散；（三）法律规定的其他情形。"这些解散事由大体上可以分为两类：一是任意解散事由，即基于组织成员（出资人、设立人等）的意愿而解散，包含了"章程规定的存续期间届满或者章程规定的其他解散事由出现"和"出资人或者设立人决定解散"这些法定情形；二是强制解散事由，即非法人组织基于法律规定而被迫解散。具体而言，包括如下几种原因：

---

① 参见石宏主编：《中华人民共和国民法总则条文说明、立法理由及相关规定》，252 页，北京，北京大学出版社，2017。

第一，章程规定的存续期间届满或者章程规定的其他解散事由出现。此种原因又可以具体分为两种情形：一是章程规定的存续期间届满。也就是说，如果非法人组织的章程规定了组织的存续期间的，该期间届满，非法人组织即可解散。一般来说，章程规定的存续期间届满，表明非法人组织的设立目的已经达到，此时，非法人组织可以基于组织成员的意思而解散。二是章程规定的其他解散事由出现。非法人组织的章程可能对非法人组织的解散事由作出了规定，如规定年盈利低于一定数额时，将解散该非法人组织，在符合该条件时，该非法人组织也应当解散。

第二，出资人或者设立人决定解散。非法人组织一般由出资人、设立人自愿成立，出资人或者设立人既可以决定成立组织，也能决定解散该组织。因此，即便没有出现法律或者章程所规定的事由，该非法人组织的出资人或者设立人也可以通过决议解散该非法人组织，这也是当事人私法自治的体现。对此，我国有关法律也作出了规定。例如，《合伙企业法》第 85 条第 3 款规定："全体合伙人决定解散，应当解散。"再如，《个人独资企业法》第 26 条第 1 项规定，投资人决定解散，应当解散。

在出资人或者设立人通过决定解散该非法人组织时，应当依据章程或者当事人协商确定的程序来作出决定。如果当事人对决定解散非法人组织设定了一定条件，如要求出资人、设立人支持解散达到一定的比例，则出资人或者设立人决定解散非法人组织时也应当符合该条件。非法人组织的解散与法人的解散不同，法人的解散事由和程序大多是法律规定的，如《公司法》对公司的解散作出了规定。而非法人组织解散的事由大多依章程或当事人协议进行，出资人或者设立人可以决定解散该非法人组织。

第三，法律规定的其他情形。除上述情形外，法律还可能规定了非法人组织解散的事由，如果符合法律规定的事由，也可导致非法人组织的解散。例如，《合伙企业法》规定，合伙企业因为违法被主管机关行政处罚，依法吊销营业执照而解散。

三、非法人组织解散后的清算

《民法总则》第 107 条规定："非法人组织解散的，应当依法进行清算。"非法人组织作为独立的民事主体，可以以自己的名义从事民事活动，享有权利、承担义务。因此，在非法人组织解散后，其必须进行清算，以及时了结相关的权利义务关系，并规范非法人组织的退出行为。如果非法人组织解散后长期不清算，可能导致相关的权利义务关系始终处于不确定状态，这会影响交易安全和交易秩序。

关于非法人组织清算的程序，《民法总则》并没有作出统一规定，但相关的立法对个别类型的非法人组织的清算规则作出了规定。例如，《合伙企业法》对合伙企业的清算规则作出了规定，此时，非法人组织的清算应当适用该特殊规则。同时，依据《民法总则》第 108 条的规定，非法人组织的清算也可以准用法人清算的相关规则。如果相关立法没有对非法人组织的清算规则作出规定，则可以准用法人清算的一般规则。具体而言：在清算开始时，应当确定非法人组织的清算人，从而由其在清算期间代表非法人组织处理与清算相关的事务。一旦清算程序开始启动，非法人组织即应当停止与清算活动无关的活动。清算人应当及时通知该非法人组织的债权人，以便于债权人进行债权申报，清算人应当登记各债权人的债权。如果因为清算人未及时通知导致债权人未及时申报债权的，则债权人有权请求清算人承担责任。清算人应当按照债权平等原则，按比例清偿各债权人的债权。清算结束时，清算人应当编制清算报告，并向登记机关报送清算报告，申请办理注销登记，此后，非法人组织的主体资格消灭。

第三编

民事法律关系的内容

第十章

民事权利

第一节　民事权利概述

一、权利的概念

权利（拉丁文为 Jus、法文为 Droit、德文为 Recht、英文为 Right）是指权利人对义务人提出的与自己的利益和意愿有关的、必须作为或不作为的要求。[①]中国古代虽有民本思想，但始终不存在西方法制中的"权利"概念。学界曾普遍认为，"权利"一词来自于日本。[②]但也有人认为，该词并非来源于日本，乃是 19世纪中叶，美国学者丁韪良（W. A. P. Martin）和他的中国助手们翻译惠顿（Wheaton）的《万国律例》（Elements of International Law）时，选择"权利"

[①]　参见夏勇：《中国民权哲学》，4 页，上海，上海三联书店，2004。

[②]　例如，郑玉波先生认为，"权利"一词来自于日本，"日本学者对其加以继受，初采道理主义译之为'权理'，后采利益主义改译为'权利'"。申卫星：《溯源求本道"权利"》，载《法制与社会发展》，2006（5）。

一词作为英文"rights"一词的对应词语，并说服朝廷接受这一翻译。[①]

民事权利本质上是指法律为了保障民事主体的特定利益而提供法律之力的保护，是法律之力和特定利益的结合，是类型化了的利益。民法的中心问题就是民事权利问题。正如德国学者冯·图尔所言："权利是私法的核心概念，同时也是对法律生活多样性的最后抽象。"[②] 民法典之所以被称为"民事权利宣言书"，就是因为民法以确认和保护民事权利为首要任务，民事权利构成了民法的核心内容，整个民法就是以权利为中心而构建的体系。

关于权利的本质在法律上一直存在争议。主要有如下几种观点：

1. 意志说。又称为意思说，此说以德国历史法学派的萨维尼为代表。他认为："权利为意志的自由，该意志自由即为人，并只有人是意志天赋的。就此在我们看来，每单个法律关系作为人格人与人格人之间的关系，通过一个法律规则加以确定。"[③] 此种观点主张，权利的本质就是意志，是个人意志所支配的范围。按照温德夏特给意志说下的经典定义："主观的权利是一种意志力，或是法律命令所认可的一种意志支配力。"[④] 因此，享有权利者必须是有意思能力的，无意思能力者就不能享有权利，也就没有权利能力。

意志说解释了权利的本质是个人的意志。权利作为法律赋予权利人享有的行为自由，体现了权利人的自由意志。自由意志是权利存在的内在力量，某个主体选择何种权利通常都是基于其自由意志所选择的结果。但是，按照一些著名法学家如凯尔森等人的观点，意志说未能解释意志产生的根源。在民法上，意志仍然不能概括所有权利的本质属性。一方面，就许多民事权利而言，其产生、变更、终止不完全取决于个人的意志，而直接来源于法律规定或其他原因。例如，仅由法律规定而产生优先权，无论是在取得还是在内容上，不完全是个人意志任意选

---

① 参见李贵连：《话说"权利"》，载《北大法律评论》，第1卷第1辑，北京，法律出版社，1998。

② 转引自［德］迪特尔·梅迪库斯：《德国民法总论》，邵建东译，62页，北京，法律出版社，2000。

③ ［德］罗尔夫·克尼佩尔：《法律与历史——论〈德国民法典〉的形成与变迁》，朱岩译，64页，北京，法律出版社，2003。

④ ［法］狄骥：《宪法论》，钱克星译，200页，北京，商务印书馆，1962。

择的结果。另一方面，意志说要求具有意思能力的人才能取得并享有权利。但实际上，在民事权利领域，未成年人虽然不具有完全的意思能力，但仍然可以享有继承权、受遗赠权、物权等。因此，以意志说来解释，不能完全概括权利的本质。

2. 利益说。利益说的代表人物为德国利益法学派的学者耶林。这种学说认为，"权利是受法律保护的利益"①。按照这种观点，凡依法律规定归属个人生活的利益即为权利，权利主体与受益主体同一，"主观权利的真正实质是存在主体的利益，利益的实际效用和享受上。"② 任何权利设定的最终目的都是实现权利人的利益。

利益说准确地概括了权利的本质即利益。事实上，权利人对权利的主张和追求，都是为了获得某种利益。利益包括个人利益和社会利益，权利最本质的属性是个人利益，权利只是利益的外在表现形式。利益既是权利主体的初始动机，也是权利的最终归属。③ 但是利益说也有不足之处。反对利益说的主要理由是：一方面，利益本身只是表现了权利存在的目的和主体享有和行使权利的目的，但并没有指出权利的取得及实现方式，即必须要通过法律的确认才使民事主体享有权利，并通过国家的强制力排除他人的干涉，使权利人现实地享有某种利益，并于此种利益受到侵害时，获得法律的保护。另一方面，法律对利益的保护不一定通过赋予权利的方式，也可以通过单纯的保护权利之外的利益的方式加以实现，或者以通过保护某种权利而反射性地保护另外一种尚未上升为权利的利益，此种方式被称为法律的反射效力。法律还可以通过限制个人能力的方式来保护个人利益，例如为了保护未成年人的利益而设立的行为能力制度。④ 所以利益说不能概括对利益保护的各种方式。此外，某些权利也并不完全体现为利益，例如，父母对子女的监督权并非以具有何种利益为前提。⑤ 所以温德夏特在批评耶林的观点

---

①② ［德］耶林：《拿破仑法典以来私法的普遍变迁》，徐砥平译，18 页，北京，会文堂新记书局，1915。

③ 参见程燎原、王人博：《权利及其救济》，29 页，济南，山东人民出版社，1993。

④ 参见［葡］平托：《民法总论》，澳门翻译公司等译，89 页，澳门，法律翻译办公室，1999。

⑤ 参见李模：《民法总则之理论与实用》，21 页，台北，自版，1992。

时指出，权利的实质不是存在于利益之中，而是存在于为保护这种利益由法律命令所作的决定之中。[①]

3. 法力说。又称为法律力量说，由德国学者梅开尔（Merkel）所倡导，在欧洲许多国家和我国台湾地区，法律力量说正成为通说。这种学说认为，权利的本质表现为法律上之力，权利是由特定的利益和法律上之力两种因素构成的。特定利益为权利的内容，法律上之力为权利的外形。法律为保护或充实个人的特定利益，才给人以特定的法律上的力，使其借以享受特定的利益。[②] 根据法力说，权利乃是一种法律上之力，其为法律所赋予的，此种力量受到法律的支持和保护，依照这种力量，权利人可以支配特定的标的物。当然，不同的权利，其法律上之力也各不相同，但将法律上之力作为所有权利的共同特征是深具意义的。[③]

尽管法力说概括了权利所具有的拘束力和权利所实现的方式和途径，但在名称上用此概括权利是不妥的，因为权利不能简单地以法律之力来概括，不过该学说认为权利是由利益和法律之力构成的，这是值得赞同的。

笔者认为，可以借鉴法力说和利益说的合理之处来解释权利。民事权利本质上是指法律为了保障民事主体的特定利益而提供法律之力的保护，是法律之力和特定利益的结合，是类型化了的利益。正如一些德国学者指出的，权利是"一种由法律赋予个人的权利力量，其目的旨在满足人的利益"[④]。它是利益和力量的结合。利益说和法力说是从不同角度对民事权利所作的说明，单纯从任何一个方面都不能对权利的本质属性作出完全的概括。利益说揭示了民事权利的内容和目的，但没有解释此种内容实现的手段和方式。而法力说则解释了权利所具有的作用，权利赋予主体一定的自由，但并没有表达出权利的内容和目的。所以，只有将两者结合起来才较为妥当。

---

① 参见［法］狄骥：《宪法论》，钱克星译，200 页，北京，商务印书馆，1962。
②③ 参见申卫星：《溯源求本道"权利"》，载《法制与社会发展》，2006（5）。
④ Enneccerus-Nipperdey, Allgemeiner Teil des Bürgerlichen Rechts, 15. Aufl. 1959, SS. 429 - 430.

二、民事权利的特征

(一) 民事权利是由民法规范所确认的一种权利

权利是法定的，民事权利也不例外。关于权利和法律的关系，主要有三种观点：一是天赋人权说。此种观点是由近代启蒙思想家洛克、孟德斯鸠等人提出的。他们从自然法出发，认为某个人生来就享有依据自然法不可剥夺的生命、自由和财产权利。自由、平等和所有权是人的不可剥夺的天赋权利和自然权利，这些权利是先于法定权利而存在的。二是法律和权利同义说。罗马法中的"jus"，既指法律，又指权利。法文 droit、德文 Recht，也是既有"权利"的意思，又有"法律"的意思。但英文 right，则仅有"权利""正直"的意思，而没有"法"的意思。三是法律先于权利存在说。此种观点认为，权利是由法律所创造的，法律在权利之先，只有通过法律的规定才可能存在权利，所以，任何权利都不可能先于法律而存在。[①]

笔者认为，权利既不是天赋的，也不是靠人恩赐的。法律规范就其实质来说，就是关于人们的权利和义务的规定。国家通过法律规定人们的权利，通过法律保护人们的权利，没有法律规定之外的权利。任何人享有的权利，离开了国家强制力，也就难以实现，毫无实际意义。以人格权为例，尽管自然人的一些人格权是与生俱来的，但它并不是天赋人权，而具有一定的法定性。因为若无法律的确认和保护，人格利益是不能成为主体实际享有的民事权利的。天赋人权最初是资产阶级在反封建的过程中所提出的一项政治口号，但它的内涵和外延都在不断地发展着，并不十分确定。由于各国法律对人格利益保护的范围、方式等是不同的，因而也就不存在所谓超越实定法之外的天赋人权。例如，在《民法通则》确认人格权之前，我国几千年来从未在法律上确认人格权的概念，更不存在所谓的天赋人权。"文化大革命"期间，公民的人格权受到了严重的践踏，表明人格权

---

① 参见郑玉波：《民法总则》，44 页，台北，三民书局，1979。

只有依法确认并受到法律的保护，才能真正形成权利。在《民法通则》确认人格权以后，人格权的保护日益受到充分的重视，主体的人格权得到了确实的保障。这些都表明不存在所谓天赋人权，而只存在具体的法定的权利。这种权利不是抽象地自然地产生的，而是法律确认的。还要看到，传统意义上的天赋人权不仅包括了人格权的内容，而且包括了财产权的内容，如果将财产权也作为与生俱来的天赋人权，显然是与民法的基本原则不相符合的。

民事权利是由民法所确认的权利，这表明民事权利不同于任何公法上的权利。这里所说的民事权利是指由民法所规定的民事权利，又称为私权。民事权利作为一种私法上的权利，其与公法上的权利是不同的。这里所说的公法上的权利主要是指宪法和行政法所确认的公民所享有的各种权利，例如宪法规定的公民所享有的选举权和被选举权、劳动权、休息权等。私权与公权之间的区别在于：一是法律依据不同。公权一般由公法所规定，而私权则由私法所规定。[1] 二是义务主体不同。私权无论为绝对权还是相对权，其义务主体都只是特定或不特定的民事主体。而大多数宪法规定的公权从形式上看是一种权利，但其实际上是为国家规定的一种职责，如公民享有劳动权，则国家应承担为公民提供就业机会的义务。正如有学者指出的："宪法基本权利规范，旨在保障人民免受国家权力滥用的侵害，其富有针对国家的性质而非针对人民性质。宪法基本权利规范，只是关乎国家权力的行使，对私人之间，无任何效力而言。"[2] 三是权利内容和目的不同。市民社会与政治国家相对应，个人在政治国家中表现为公民，应享有公法上的权利，在市民社会中表现为市民，享有私法上的权利。这两种权利的内容是不同的，并分别受到不同法律的保护。[3] 公民的民事权利是市民社会中的权利，是用于对抗他人侵犯的权利。而公民在公法上的权利通常是要求公权力机关为一定行为或者不为一定行为，是政治国家的一个范畴。四是救济途径不同。民事权利是私法上的权利，对该权利的侵害一般通过民事诉讼的方式、适用民事诉讼程序

---

① 参见郑玉波：《民法总则》，65 页，北京，中国政法大学出版社，2003。
② 沈岿：《"宪法第一案"司法理论及质疑》，载《判解研究》，2002（1）。
③ 参见申卫星：《构建公权与私权平衡下的中国物权法》，载《当代法学》，2008（4）。

提供救济。私权表明的是两个平等的民事主体之间的地位，国家处于中立的位置，如果双方发生争议，国家要从中解决争议。私权关系本质上就是私的关系，可以由当事人处分其权利和利益。公法上权利的行使和保护，是一个政治问题，它涉及国家的存在，规定的是国家的义务和责任。[①] 而针对侵害公法上权利的救济，则一般通过行政复议、行政诉讼的方式进行，甚至导致违宪审查方式的运用。

(二) 民事权利旨在实现民事主体所享有的利益

首先，民事权利的设定大多体现了主体一定的利益目的，即主体为了追求一定的利益而从事一定的民事活动而取得权利。没有利益，民事权利的设定就失去了意义。[②] 其次，民事权利的内容体现了权利人的利益。民事权利分为财产权利和人身权利，分别体现为财产利益和人身利益。权利的本质就在于对个人利益的确认，个人利益包括的范围极为广泛，但概括起来主要包括财产利益和人身利益。前者如对有形财产和无形财产的享有、支配等，后者包括个人人格利益和身份利益的享有。不同的权利所包含的利益不同，所以才有必要将之区分为不同的权利。再次，民事权利的客体，也体现了主体的一定利益。如果没有主体的利益需要，就不能构成民法上的客体。例如，民法上的物，必须具有可支配性，能够为主体所享有，否则即不构成物权的客体。尤其是在财产法中，客体大多体现了与主体的利益关系。此外，民事权利的行使，也体现了民事主体的利益。当事人行使或不行使权利，以及行使权利的方式，都与权利人的利益直接相关。

应当指出，主体享有、行使、支配某种权利都是为了满足其某种利益的需要。但是权利内容并不完全是一种个人利益的产物。因为权利本身要符合国家意志，权利需要体现一定社会目的和价值，所以国家就有必要协调个人利益和社会利益之间的冲突，从维护社会整体利益出发对民事权利的内容作出某种必要的限制，这就在一定程度上要使权利的内容体现社会利益的要求。所以，权利内容本身是个人利益和社会利益协调的产物。利益不仅包括民事主体的个人利益，特定

---

① 参见申卫星：《构建公权与私权平衡下的中国物权法》，载《当代法学》，2008 (4)。
② 参见郑玉波：《民法总则》，65 页，北京，中国政法大学出版社，2003。

情况下可能还包括社会公共利益。例如，对于死者的名誉、肖像而言，在死者死亡后其个人享有的利益已经不复存在，但由于这种利益在一定程度上体现了社会公共利益，从社会公共利益的要求出发，有必要对之加以保护。所以，仅将民事权利视为一种意志的体现并不完全妥当，因为意志只是表现了特定民事主体一定的行为自由，但不能解释权利所体现的个人利益和社会公共利益的内容。

利益是权利的本质内容，但并不是说，所有的利益都能够表现为权利。我国《民法总则》第 3 条规定：“民事主体的人身权利、财产权利以及其他合法权益受法律保护，任何组织或者个人不得侵犯。”该条规定合法权益也受法律保护，表明在权利之外仍然有一些合法的利益存在，但它们没有被确认为权利。例如，占有的利益、死者的人格利益等。再如，时效经过以后的债权，债务人自愿作出履行，其不得以不知道时效已经经过为由要求返还。此种已经作出的给付，对债权人而言就是一种利益。这些利益虽然不是权利，但仍然受到法律保护。所以，完全以利益来概括权利也不十分准确。

（三）民事权利体现为民事主体一定范围内的行为自由

因为权利的存在，就为民事主体的行为提供了一定的自由的空间。“权利是个人自治权的外显及行为手段”[1]，民事主体可以在权利范围内自由地行为。权利人享有的自由包括：第一，是否行使权利的自由。权利人可以选择行使或不行使权利，权利人不行使权利不应承担法律责任。第二，权利人处分非专属性权利的自由。第三，权利人选择权利行使方式的自由。第四，权利人选择权利救济方式的自由。权利人是否选择救济，选择私力救济还是公力救济，以及选择何种具体的救济手段，都应当由当事人依法自由选择，除涉及公共利益外，国家一般不应予以干涉。

权利中的自由和利益是密切联系在一起的。但利益也不能与行为自由完全分开，正是因为给予了民事主体一定的自由，主体才可能去实现其利益。有时，自由本身就意味着一定的利益。例如，只有享有处分的自由，才可能使权利人真正

---

① ［葡］平托：《民法总论》，88 页，澳门，澳门法律翻译办公室，1999。

实现其所有权。反之，限制了民事主体的自由，实际上就减损了其利益。例如，在物上设定用益物权或担保物权，则所有权的价值将受到减损。赋予权利人对其权利的行使享有充分的自由，也是私法自治原则的体现。

（四）民事权利受到国家强制力的保障

权利本身体现了法律所赋予的力量，因为权利不仅使权利人获得了在法律范围内的行为自由，而且使权利人凭借法律赋予的这种力量而要求他人为一定的行为或不为一定的行为；如权利人有权直接支配权利的客体，并排斥他人的干涉；有权利用标的物获取利益；有权在权利受到侵害的情况下获得法律的保护。这些都是法律强制力的直接体现。所以，利益必须要与法律上的力量相结合，才能构成真正的权利。

权利在性质上是一种法律上之力。权利人依法可以请求义务人为一定行为或不为一定行为，以保证其享有或实现某种利益。权利人因他人的行为而使其利益受到侵害时，可以请求有关国家机关采取强制措施予以保护。[①] 权利人可以按照自己的意志为一定的行为和不为一定的行为，可以请求他人为一定的行为和不为一定的行为，在其权利受到侵害时，有权请求国家机关予以保护。单纯从利益角度是不能说明民事权利的本质的。例如，民事权利的实现大多需要赋予权利人一种请求权，即请求义务人履行义务，要使某人负有的义务得以实现，最有效的手段是赋予其享有一项相应的请求权。这种请求的权利实际上是法律赋予权利人一定的力量。所以，把利益说和法力说结合起来才能够解释权利的本质。总之，任何民事权利都能够获得民法上的救济，无救济则无权利。反之，某种权利能否获得民法上的救济，也是区分民事权利和公法权利的重要标准。

（五）权利是类型化了的利益

在民法上，并非所有的利益都可以称为权利。权利是考虑到社会的需要，在对利益进行类型化的基础上而形成的。权利是指那些被法律所确认的类型化了的利益，如所有权、债权等。当然，权利和利益不能等同，并非所有的利益都是权

---

① 参见魏振瀛主编：《民法》，4 版，35 页，北京，北京大学出版社，2010。

利，从法律上说，权利和利益的保护是有区别的。例如，在德国法中，利益的损害只有在"违反保护他人的法律"或"故意以悖于善良风俗的方法"时才构成侵权，其构成显然严于侵害权利。

原则上，民事权利应当由成文法所确认，但现代社会习惯法和判例法也可以发挥创设民事权利的功能。例如，德国法上的营业权就是由判例法所确认的；我国通过司法解释创设了一般人格权等成文法没有确认的权利。① 这就表明，民事权利本身是一个开放的体系，完全由法律一览无余地予以确认是很困难的。立法者的理性有限，而社会生活变动不居，随着社会的发展，会出现一些新型的民事权益类型，如比较法上出现的采光权、日照权等。而且随着社会的发展，一些民事利益也可能上升为民事权利。例如，从我国立法来看，隐私早期体现为一种民事利益，通过名誉权保护，司法解释在我国立法上将其确认为独立的隐私权。因此，民事权利是一个动态的、变动的体系。正因如此，我国《民法总则》第126条规定："民事主体享有法律规定的其他民事权利和利益。"从而保持了保护民事权益范围的开放性。

三、民法总则关于民事权利规定的特色和意义

民法典被称为"民事权利的宣言书"。《民法总则》继续采纳《民法通则》的经验，专设"民事权利"一章，集中地确认和宣示自然人、法人所享有的各项民事权利，充分地彰显民法对私权保障的功能。《民法总则》在全面保障私权方面呈现出许多亮点，主要表现在：一是时代性，即体现了当代中国的时代特征，回应了当今社会的现实需求。例如，该法首次正式确认隐私权，有利于强化对隐私的保护。再如，针对互联网和大数据等技术发展带来的侵害个人信息现象，《民法总则》规定了个人信息的保护规则，维护了个人的人格尊严，并将有力遏制各种"人肉搜索"、非法侵入他人网络账户、贩卖个人信息、网络电信诈骗等现象。

---

① 参见《精神损害赔偿司法解释》第1条。

二是全面性，《民法总则》广泛确认公民享有的各项人格权、物权、债权、知识产权、亲属权、继承权等权利，从保护公民财产权利的角度来看，《民法总则》首次在法律上使用了"平等"保护民事主体财产权的表述，这是对《物权法》的重大完善。该法对知识产权的客体进行了详尽的列举，扩张了知识产权的保护范围，进一步强化了对知识产权的保护。该法强化了对英雄烈士等的姓名、肖像、名誉、荣誉的保护，有助于弘扬公共道德，维护良好的社会风尚。三是开放性，《民法总则》第 126 条规定："民事主体享有法律规定的其他民事权利和利益。"依据该条规定，不论是权利还是利益，都受到法律保护。这不仅与保护民事权益的基本原则相对应，而且为将来对新型民事权益的保护预留了空间，保持了对私权保护的开放性。

众所周知，现代法治的核心在于"规范公权、保障私权"，法律的功能主要是确认权利、分配权利、保障权利、救济权利，《民法总则》全面确认和保护民事权利，使其真正成为"民事权利的宣言书"，并奠定了现代法治的坚实基础。保障私权就是为了更好地保障最广大群众的根本利益，保护人民群众对美好生活的向往。此外，由于私权的保护在一定程度上界定了公权行使的范围，从而也将起到规范公权的作用。

第二节　民事权利体系

一、民事权利体系是民法的核心

民事权利体系，是指民法所规定的、按照一定逻辑所建构起来的权利的有机整体。民事权利体系也称为私权体系，但严格地说，这两个概念之间有一定的区别。民事权利是私权的核心，但又不完全等同于私权。因为劳动权、环境权虽然是私权，但已经与民事权利相分离，所以，私权体系的概念更为宽泛。

民事权利体系是民法的核心，日本学者松尾弘指出，一部民法典实际上就是

一部关于权利体系的法律。① 法治的基本精神就是规范公权、保障私权。民事权利是民事主体所享有的各种利益在民法上的体现，也是整个民法典所规范和保障的对象。正如德国学者冯·图尔所言："权利是私法的核心概念，同时也是对法律生活多样性的最后抽象。"② 权利构建了民法的核心内容，民法典体系特别是分则体系也要以民事权利为核心来展开，而民法典分则是民事权利的具体展开，并分别形成了物权、债权、人身权等权利体系。即使就侵权责任法而言，侵权责任法之所以可以独立成编，构成民法典中的一个独立的部门法，主要就是因为侵权法是整个民事权利的救济法，承担了保障民事权利的功能。

整个民法体系是围绕民事权利来构建的，这也是近现代以来权利本位思想的体现。自 19 世纪以来，以《法国民法典》和《德国民法典》为代表的近代民法虽然在个人本位和团体本位上有一定的差异，但是，其都主张权利本位，而非义务本位。虽然在不同历史时期，不同所有制社会的民法所保障的权利在性质上存在区别，但近现代社会的民法都坚持了一个共同的基本理念：即民法以民事权利为核心。我国社会长期以来漠视权利，权利观念淡薄，这也要求我们应当坚持以民事权利为中心构建民法典分则体系，从而充分、全面地保障私权。③ 也正是在充分保障私权的基础上，才能真正地推进我国法治社会的构建。

在我国，民事权利体系主要由两类基本权利所构成：一是财产权。它是指以财产利益为直接内容的权利。财产权的主体限于现实地享有或可以取得财产的人，而不像人格权那样可以为一切人普遍地享有。④ 财产权不具有专属性，可以由主体转让、抛弃，也可以继承。财产权利主要包括两大类，即物权和债权。二是人身权。人身权是指以人身所体现的利益为内容的、与权利人的人身不可分的民事权利，包括人格权和身份权。人格权主要包括生命健康权、姓名权、名誉

① 参见［日］松尾弘：《民法的体系》，4 版，15 页，东京，庆应义塾大学出版社，2005。
② 转引自［德］迪特尔·梅迪库斯：《德国民法总论》，邵建东译，62 页，北京，中国政法大学出版社，2000。
③ 参见赵万一：《从民法与宪法关系的视角谈我国民法典制定的基本理念和制度架构》，载《中国法学》，2006（11）。
④ 参见谢怀栻：《谢怀栻法学文选》，354 页，北京，中国法制出版社，2002。

权、肖像权、隐私权、性自主权等。身份权是指基于权利人的特定身份产生的权利，包括亲属权、抚养权等。身份权须有一定的身份或资格等才能产生，如具有夫妻资格，才能享有配偶权。人身权的主要特点在于：其内容主要体现为人格和身份等精神利益。人身权一般都具有专属性，尽管个别人格权的权能，如肖像权的权能可以转让，但人身权作为整体一般是不能转让的，也不能抛弃和继承。在这两种权利的基础上还产生了一些综合性权利，如知识产权、股权等权利。它们既有人身权的属性，又有财产权的属性。

二、我国《民法总则》中的民事权利体系

（一）人身权

1. 人格权

人格权是指以主体依法固有的人格利益为客体的，以维护和实现人格平等、人格尊严、人身自由为目的的权利，包括生命权、身体权、健康权、姓名权、名称权、肖像权、名誉权、隐私权、婚姻自主权等权利。我国《民法总则》第109至111条对此作出了规定。

《民法总则》第109条规定："自然人的人身自由、人格尊严受法律保护。"该条在法律上确认了一般人格权。所谓一般人格权（das allgemeine Persönlichkeitsrecht），是相对于具体人格权而言的，它是指以人格尊严、人身自由为内容的、具有高度概括性和权利集合性特点的权利（Auffangtatbestand-srecht）。[1] 在德国，最早提出一般人格权概念的是基尔克，并为德国判例学说所普遍接受。[2] 一般人格权形成了对人格权进行保护的兜底条款，这既保持了人格权体系的开放性，为新型人格利益保护预留了空间，也为法官提供了裁判依据。从该规定来看，一般人格权仅适用于自然人，而不适用于法人。此外，该条还宣示了人格权保护的基本价值，即判断某些侵权所侵害的权益能否作为人格利益进

---

[1] 参见尹田：《论一般人格权》，载《法律科学》，2002（4）。

[2] Otto von Gierke, Deutsches Privatrecht, Bd I (1895), S. 703.

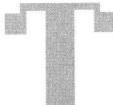

行保护（如挖掘祖坟、砸毁墓碑、人格歧视等），就要看其是否体现了该条所规定的人身自由、人格尊严价值。依据该条规定，一般人格权的内容包括两项：一是人身自由。许多学者认为自由权应该作为具体人格权，但实际上，自由的概念非常广泛，包括财产自由、人身自由、经济自由、竞争自由、行为自由、发展自由等内容。一般人格权中所说的自由，是作为具体人格权的人身自由权之外的自由利益。二是人格尊严。人格尊严是指自然人基于自己所处的社会环境、地位、声望、工作环境、家庭关系等各种客观条件而对自己和他人的人格价值和社会价值的认识和尊重。[1] 人格尊严是一般人格权的重要内容，例如，在"超市搜身案"中，某超市的保安怀疑消费者偷拿财物，对其进行搜身，虽然没有侵犯原告的名誉权，但实际上侵犯了原告的人格尊严。[2]

一般人格权具有派生性，即可以从一般人格权中派生出新的具体人格权。随着社会的发展，新的人格利益不断产生，一般人格权可以为这些新型人格利益的保护提供法律依据，一般人格权也能够起到兜底性条款的作用，从而能够对具体列举的具体人格权所未能涵盖的部分提供概括保护，为社会变迁中出现的新型人格利益确立请求权的基础。

我国《民法总则》规定的具体人格权包括如下两类：

一是自然人的人格权。《民法总则》第110条第1款规定："自然人享有生命权、身体权、健康权、姓名权、肖像权、名誉权、荣誉权、隐私权、婚姻自主权等权利。"该条是对我国《民法通则》的新发展，总结了我国的立法和司法经验。尤其是该条确认了隐私权，全面彰显了时代精神和时代特征。

《民法总则》第111条规定："自然人的个人信息受法律保护。任何组织和个人需要获取他人个人信息的，应当依法取得并确保信息安全，不得非法收集、使用、加工、传输他人个人信息，不得非法买卖、提供或者公开他人个人信息。"所谓个人信息，是指与特定个人相关联的、反映个体特征的、具有可识别性的符

---

[1] 参见王利明、杨立新、姚辉：《人格权法》，35页，北京，法律出版社，1997。

[2] 参见"钱某诉上海屈臣氏日用品有限公司搜身侵犯名誉权案"，上海市虹口区人民法院（1998）虹民初字第2681号，上海市第二中级人民法院（1998）沪二中民终字第2300号民事判决书。

号系统，包括个人身份、工作、家庭、财产、健康等各方面的信息。这一规定具有如下内涵：第一，宣示了个人信息受法律保护。虽然该条没有明确使用"个人信息权"的概念，但是在解释上，也可以认为其承认了个人信息权益是民事权益，受民法保护。另外，该条就个人信息的取得、收集、使用、加工、传输、买卖、公开，都宣示性地要求必须依法进行。这一规定实际是授权就个人信息保护制定单行法律或行政法规。第二，确认了个人信息取得的合法性和合目的性原则。该条中规定"依法取得"，表明任何机关和个人在收集他人个人信息时，都应当遵循合法性原则，保证收集的主体和手段必须合法。同时，个人信息收集必须要符合特定目的。例如，银行收集的个人信息只能限于银行内部使用，房屋中介收集的个人信息只应在交易过程中使用，交易后应当销毁，而不能在此目的之外使用相关信息。第三，强调保障个人信息安全，明确了个人信息收集后的妥善保管责任。个人信息收集后，应当有专人保管和负责。如果个人信息泄露后甚至找不到由谁负责，这就很难有效预防个人信息的泄露。搜集的主体即特定的机构或个人，应当对个人信息搜集后的泄露承担责任。第四，不得非法收集、使用、加工、传输他人个人信息，不得非法买卖、提供或者公开他人个人信息。在民法典中明确承认个人信息作为基本民事权益，严格保护个人信息，防止个人信息的非法泄露和利用，互联网才会健康发展，个人的生活才会幸福安宁，社会生活才会井然有序。

但是，从《民法总则》的上述规定来看，其只是规定了个人信息保护规则，而没有规定独立的个人信息权。《民法总则》之所以没有将个人信息权规定为具体人格权，可能是因为个人信息保护制度尚且是一个较新的领域，对其研究还不成熟，某些问题学界尚未形成共识。因此，《民法总则》只是用反面排除的方式，对行为人不得侵害他人信息的义务作出了规定，而没有将其规定为一种具体人格权。笔者认为，此种做法存在一定的问题：一方面，在法律上确认个人信息权，有利于进一步明确个人信息权的各项具体权能，从而不仅宣示了个人所享有的个人信息权，而且可以为权利人具体行使和维护权利提供明确的指引。另一方面，明确规定个人信息权，也可以为特别法保护个人信息提供上位法依据。从比较法

上来看，许多国家和地区的法律都确认了个人信息权，这一经验值得我们借鉴。此外，《民法总则》只是从消极层面对个人信息保护作出规定，而未规定个人信息权，也不利于区分个人信息权与其他权利（如隐私权、肖像权、姓名权），这可能增加法律适用中的冲突。《民法总则》第111条虽然规定了"应当依法取得并确保信息安全"，确立了个人信息的安全维护权，但并没有明确其内涵，即是否仅指信息控制者本人不得非法利用，是否还包括防止他人的侵害行为，等等，该条并没有作出明确规定。因此，有关个人信息权制度也有待于将来的人格权编作出进一步完善。

二是法人和非法人组织的人格权。《民法总则》第110条第2款规定："法人、非法人组织享有名称权、名誉权、荣誉权等权利。"该规定是在总结《民法通则》立法的经验基础上所作的规定，对保护法人的人格权益意义重大。

此外，《民法总则》第128条规定："法律对未成年人、老年人、残疾人、妇女、消费者等的民事权利保护有特别规定的，依照其规定。"该条明确了在特殊群体人格权保护方面，应当适用特别法的规定。例如，在我国，《未成年人保护法》《妇女权益保障法》《老年人权益保障法》和《残疾人保障法》等法律中，都对特殊群体的人格权保护作出了特别规定。

2. 身份权

所谓身份权，是指为法律所保护的基于民事主体某种行为、关系所产生的与其身份有关的人身权利。[①] 身份权是由一定的身份关系所产生的权利，权利人必须具有某种身份地位才能取得相应的身份权。例如，基于一定的血亲身份而取得亲权等。《民法总则》第112条规定："自然人因婚姻、家庭关系等产生的人身权利受法律保护。"

尽管人格权和身份权都属于人身权的范畴，但二者是两类不同的权利，主要区别如下：一方面，从客体上来看，人格权以人格利益为客体，人格利益包括维护自然人生理活动能力的安全利益、个人对其人格标志（如姓名、肖像

---

① 参见唐德华：《民事审判若干理论与实践问题》，163页，长春，吉林人民出版社，2002。

等）所享有的权利、主体所获得的社会评价和自尊的安全利益等。而身份权的客体则是基于一定的身份所取得的利益，简称为身份利益。当然，身份权所支配的不是特定的人及其身份，而是基于身份关系所体现的利益。[1] 另一方面，权利的取得不同。人格权因主体的出生或成立而取得，并不需要主体实施一定的行为就可以取得。而身份权取得的原因则各不相同，行为人取得某些身份权不仅要有一定的行为能力，而且还要实施一定的行为，如因结婚取得配偶权、因收养而形成养父母子女关系等。虽然《民法总则》第112条明确了自然人可以享有身份权，但是，其具体享有哪些身份权，仍然需要借助学说和司法实务予以明确。一般认为，基于婚姻关系可以产生配偶权，基于家庭关系可以产生亲权。

（二）物权

《民法总则》第114条第2款规定："物权是权利人依法对特定的物享有直接支配和排他的权利，包括所有权、用益物权和担保物权。"该条与《物权法》第2条第3款的规定基本相同。[2] 物权在本质上是一种支配权。其客体主要是有体物，包括动产和不动产。《民法总则》第115条规定："物包括不动产和动产。法律规定权利作为物权客体的，依照其规定。"物权的客体具有独立性、特定性，如某辆汽车、某栋房屋。[3] 与知识产权等财产法律关系不同，物权一般不以无形财产、智力成果为客体。《民法总则》第115条规定："法律规定权利作为物权客体的，依照其规定。"这就是说，在法律有特别规定的情况下，权利也可以作为物权的客体。例如，《物权法》也规定了无线电频谱资源属于国家所有。知识产权等权利也可以成为质押权的客体。

《民法总则》第113条规定："民事主体的财产权利受法律平等保护。"依据这一规定，财产权的主体在法律地位上是平等的，依法享有相同的权利，遵守相

---

[1] 参见杨立新：《人身权法论》，107页，北京，人民法院出版社，2002。

[2] 《物权法》第2条第3款规定："本法所称物权，是指权利人依法对特定的物享有直接支配和排他的权利。"

[3] 参见史尚宽：《民法总论》，254页，北京，中国政法大学出版社，2000。

同的规定。民事主体的财产权受到侵害以后，应当受到法律的平等保护。平等保护原则是民法基本原则在物权法中的具体体现。《物权法》第4条确立了平等保护原则①，该原则是物权法的首要原则，也是我国《物权法》中国特色的鲜明体现。《民法总则》第113条在《物权法》第4条的基础上，首次在法律上使用了"平等"二字，这是对《物权法》的重大完善。此外，《民法总则》将平等保护的适用范围由物权扩张至所有财产权，从而进一步扩张了平等保护的适用范围。该规定在法律上宣告把个人的财产置于和国家的财产同等的地位，从而奠定了我国法治的基础，体现了对民生的关注和对公民切身利益的保护，也有利于鼓励人们创造财富、促进社会财富增长。

为落实财产权的平等保护原则，《民法总则》第117条规定："为了公共利益的需要，依照法律规定的权限和程序征收、征用不动产或者动产的，应当给予公平、合理的补偿。"该条就征收和征用作出了规定，进一步强化了对私有财产的保护。所谓征收，是指国家基于公共利益通过行使征收权，在依法支付一定补偿的前提下，将单位或者个人的财产移转给国家所有。所谓征用是指国家因抢险、救灾等紧急需要而通过行使征用权，临时使用单位或者个人的财产。这两种方式都是对私有财产权进行合法限制的方式，但都必须基于社会公共利益，且必须要符合法定的程序，并依法作出公平合理的补偿。

《民法总则》第116条规定："物权的种类和内容，由法律规定。"该条确立了物权法定原则。所谓物权法定原则，是指物权的种类、内容应由法律明确规定，而不能由法律之外的其他规范性文件确定，或由当事人通过合同任意设定。物权法定是大陆法系各国物权法所普遍承认的基本原则。它对于准确地界定物权、定分止争、确立物权设立和变动规则、建立物权的秩序都具有十分重要的意义。

(三) 债权

《民法总则》第118条第1款规定："民事主体依法享有债权。"该条宣示了民事主体可以依法享有债权。所谓债权，是指特定主体请求特定主体为一定行为

---

① 《物权法》第4条规定："国家、集体、私人的物权和其他权利人的物权受法律保护，任何单位和个人不得侵犯。"

或者不为一定行为的权利。债权是重要的民事权利类型，而且在市场经济社会具有日益重要的地位。债权主要分为如下几种类型：

1. 合同之债

在各类债权中，合同是债权发生的重要原因，而且是基于当事人的意思而产生的债权，属于意定之债的范畴。《民法总则》第 119 条规定："依法成立的合同，对当事人具有法律约束力。"该条对合同的约束力作出了规定。合同的法律约束力是指依法成立的合同在当事人之间产生的法律效力，它反映了法律对当事人之间的合意的评价。只要合同具备了法定的生效要件（或称有效要件），法律就赋予该合同一定的法律约束力。当事人应当依据合同约定行使权利和履行义务，违反合同义务应当承担相应的责任。在合同发生争议以后，当事人的约定就具有优先于法律规定而适用的效力。简言之，合同的法律约束力就是当事人必须严守合同，否则应承担法律责任。市场经济的有序运行要求建立保护产权、严守契约、统一市场、平等交换、公平竞争、有效监管的法律制度，充分发挥市场在资源配置中的基础性作用，该条对合同的约束力作出规定，对于督促当事人严守合同、维护交易安全和交易秩序具有重要意义。

2. 侵权之债

"侵权行为"是指一种侵害他人权益的行为以及造成损害结果的状态。《民法总则》第 120 条规定："民事权益受到侵害的，被侵权人有权请求侵权人承担侵权责任。"依据该规定，侵权行为是责任承担的前提和依据，凡是实施了侵权行为的行为人，都要承担相应的后果。所谓侵权责任，是指侵权人因实施侵害或损害他人民事权益的行为而依据侵权责任法所应当承担的法律后果，它是民事责任的一种类型。因此，《民法总则》第 120 条使用了"民事权益受到侵害"的表述，以凸显侵权法保护客体的开放性。因为侵权行为的发生，也在当事人之间产生债的关系。所以，侵权行为不仅导致民事责任的产生，而且导致债的产生。

3. 无因管理之债

所谓无因管理，是指没有法定或约定的义务，而管理他人事务的行为。其中，行为人称为管理人，被管理人称为本人（又称为受益人）。所谓"无因"，即

是指无法律上的义务。①《民法总则》第 121 条规定："没有法定的或者约定的义务，为避免他人利益受损失而进行管理的人，有权请求受益人偿还由此支出的必要费用。"依据该规定，无因管理的成立，必须符合如下条件：一是没有法定或者约定的义务，实施了管理行为；二是行为人实施了管理他人事务的行为；三是管理人具有为他人利益进行管理的意思；四是管理人不应违背本人明示或可得推知的意思进行管理。

依据《民法总则》第 121 条的规定，管理人在管理本人事务时，虽然没有得到本人的允许，但不仅不构成侵权，反而可以依法向本人请求偿还因管理事务而支出的必要费用，这就实际上肯定了无因管理具有阻却违法的效力。依据该条规定，管理人有权请求受益人偿还由此支出的必要费用。这就是说，如果管理人因管理事务而支出了合理的费用，则其有权请求本人偿还。

4. 不当得利之债

所谓不当得利，是指没有法律上的原因而获得利益，并使他人遭受损失的事实。例如，某人因不知道自己已经付款，又重复向出卖人支付了价款，出卖人所获得的第二笔价款就构成不当得利。《民法总则》第 122 条规定："因他人没有法律根据，取得不当利益，受损失的人有权请求其返还不当利益。"依据该条规定，不当得利的成立要满足如下条件：一是一方获得利益。二是无法律上的原因。虽然《民法总则》第 122 条将其表述为"没有法律根据"，但在解释上应当与比较法上的理解相同，即没有法律上的原因。例如，因侵权行为而获得了利益，就属于典型的没有法律上原因而获得利益。三是他方受到损害。所谓他方受到损害，是指一方当事人遭受了财产上的损失。损害通常是指权利人所遭受的人身或者财产上的不利益。四是获利与受损之间具有因果关系。所谓获利与受损之间具有因果关系，是指一方获利是他方受损的原因，而他方受损就是由一方获利所造成的，在受损和获利之间具有原因和结果之间的关联性。只有受益人的获利与受害人的受损之间存在因果关系，才意味着法律需要对此种利益状态进行调整，此时

---

① 参见王泽鉴：《债法原理》，416 页，北京，中国政法大学出版社，2003。

不当得利返还请求权也才具有正当性，如果损失与获利之间毫无因果关系，则受损人向获利人主张返还不当得利就欠缺合理性基础。

（四）知识产权

知识产权，是指权利人对其智力成果和工商业标志享有的权利。《民法总则》第123条第1款规定："民事主体依法享有知识产权。"《民法总则》作出这一规定，宣示了知识产权作为一种民事权利应当受到法律保护。同时，宣示了知识产权可适用民法典的规定。知识产权法无疑是民法的重要组成部分，但这并不意味着它应成为民法典的独立一编，因其内容非常庞杂、非常复杂，且随着科技的进步需要频繁进行修改，故而应当将其在民法典之外作为特别法单独规定。但知识产权兼具人身性和财产性，其本质上仍属于民事权利的范畴，是私法上财产权利和人身权利的结合。在发生知识产权纠纷后，如果知识产权法未作出特别规定，可以适用民法典的规定。例如，侵害知识产权的责任，在知识产权法中缺乏规定时，可适用侵权责任法的规定。

《民法总则》第123条第2款规定："知识产权是权利人依法就下列客体享有的专有的权利：（一）作品；（二）发明、实用新型、外观设计；（三）商标；（四）地理标志；（五）商业秘密；（六）集成电路布图设计；（七）植物新品种；（八）法律规定的其他客体。"从该条规定来看，其在规定知识产权的客体时，采用了具体列举与兜底规定相结合的方式，扩大了知识产权的范围，为将来对新型知识产权提供保护预留了空间。作为知识产权客体的智力成果是没有外在形体的知识财富，非物质性是智力成果的本质属性，这也是其与传统意义上的所有权的最根本的区别。[①]《民法总则》规定知识产权客体的意义主要在于：一是适应经济社会发展。相对于其他民事权利而言，知识产权受社会文化、经济发展、新技术革命影响更巨，总是处于不断发展变化之中，所以，在《民法总则》中有必要对其客体作出规定。二是授权特别法就这些客体之上的知识产权作出规定。三是明确了这些客体除了受知识产权法的保护之外，也应当受到民法典的保护。具体

[①]　参见吴汉东：《关于知识产权本体、主体与客体的重新认识——以财产所有权为比较研究对象》，载《法学评论》，2000（5）。

来说，知识产权的客体包括如下几种：

第一，作品。作品是作者创造性智力劳动的成果，是著作权的产生依据。依据《著作权法实施条例》第 2 条的规定，"著作权法所称作品，是指文学、艺术和科学领域内具有独创性并能以某种有形形式复制的智力成果"。著作权保护作者与作品之间精神和物质的联系，作者可以依据这种联系获得相关的人身和财产利益。例如，依据《著作权法》第 10 条的规定，作者与作品之间的联系不得被非法侵害，作品的内容不得被非法修改，并不得被非法利用。

第二，发明、实用新型、外观设计。发明、实用新型与外观设计是专利权的客体。依据《专利法》第 2 条的规定，所谓发明，是指对产品、方法或者其改进所提出的新的技术方案；所谓实用新型，是指对产品的形状、构造或者其结合所提出的适于实用的新的技术方案；所谓外观设计，是指对产品的形状、图案或者其结合以及色彩与形状、图案的结合所作出的富有美感并适于工业应用的新设计。同作品一样，这些专利权客体也是专利权人创造性劳动的成果，但和作品不同，专利通常具有一定的技术性内容，与人身联系相对较少，因此，对专利权人来说，主要体现为财产利益。[1]

第三，商标。商标是商标专用权的客体。所谓商标，是指生产者或者经营者在其商品或者服务中使用的、用于区别商品或服务来源的、具有显著特征的标志。商标体现了生产经营者所提供商品或服务的区别性，这种区别性反映了商品或者服务的品质或口碑，商标权所保护的就是这种品质或口碑中所蕴含的经济价值。依据我国《商标法》《反不正当竞争法》等法律的规定，不论是注册商标，还是未注册商标，均受到法律保护。因此，当他人非法使用或者使用近似商标，足以导致消费者产生误解时，便侵害了商标权人的利益。[2]

第四，地理标志。地理标志也是重要的知识产权客体。依据《商标法》第 16 条的规定，所谓地理标志，是指"标示某商品来源于某地区，该商品的特定质量、信誉或者其他特征，主要由该地区的自然因素或者人文因素所决定的标

---

[1]　参见王岩：《专利的价值及其运营》，载《知识产权》，2016（4）。
[2]　参见彭学龙：《寻求注册与使用在商标确权中的合理平衡》，载《法学研究》，2010（3）。

志"。地理标志在广义上属于商标的特殊类型，其作用是标识商品产自某地区，具有特定质量、信誉或者其他特征，这种由于地域特殊性所带来的经济利益也为法律所保护。① 地理标志权是 TRIPs 协定所确定的七大类知识产权之一，是重要的知识产权类型。② 我国《民法总则》对地理标志作出规定，为我国将来完善地理标志的法律保护提供了依据。

第五，商业秘密。依据《反不正当竞争法》第 10 条第 3 款的规定，所谓商业秘密，是指"不为公众所知悉、能为权利人带来经济利益、具有实用性并经权利人采取保密措施的技术信息和经营信息"。商业秘密的特点在于：一是不为公众所知悉性。这就是说，商业秘密具有一定程度的秘密性，只是为少数人所知道和使用，商业秘密也具有一定的新颖性，即已经达成了一定的技术水平。③ 二是能为持有人带来经济利益。三是具有实用性。实用性是指商业秘密的客观有用性，即商业秘密能够被实际运用，并通过运用可以为商业秘密的持有人创造出经济上的价值。四是具有保密性。所谓保密性，是指商业秘密的持有人主观上将其持有的某种商业信息作为秘密对待，并在客观上采取了保密措施。商业秘密是否为一种权利，以及属于何种性质的权利，仍然存在争议。但毫无疑问，商业秘密作为一种知识产权的客体，应当获得法律保护。

第六，集成电路布图设计。集成电路布图设计也是重要的知识产权客体，我国《集成电路布图设计保护条例》对集成电路布图设计的保护作出了规定，依据该条例第 2 条的规定，所谓集成电路布图设计，是指集成电路中至少有一个是有源元件的两个以上元件和部分或者全部互连线路的三维配置，或者为制造集成电路而准备的上述三维配置。集成电路布图设计与集成电路的运行效率有密切联系，优秀的设计能够极大地提升集成电路的运行效率，因此，具有重要的经济利益。它也是设计者创造性智力劳动的成果，法律保护相关的设计者通过优秀设计

---

① 参见石宏主编：《中华人民共和国民法总则条文说明、立法理由及相关规定》，289 页，北京，北京大学出版社，2017。

② 参见王笑冰：《关联性要素与地理标志法的构造》，载《法学研究》，2015（3）。

③ 参见戴建志、陈旭主编：《知识产权损害赔偿研究》，132 页，北京，法律出版社，1997。

获得相应利益的权利，并禁止他人的非法使用与拷贝。

第七，植物新品种。我国《植物新品种保护条例》对植物新品种的保护作出了规定，依据该条例第2条的规定，所谓植物新品种，是指经过人工培育的或者对发现的野生植物加以开发，具备新颖性、特异性、一致性和稳定性并有适当命名的植物品种。植物新品种要获得专利的保护，其必须具备专利的条件，如新颖性、创造性和实用性。①

第八，法律规定的其他客体。除上述知识产权客体外，如果其他法律对知识产权客体的保护有新的规定，则该知识产权客体也受到法律保护。该条对知识产权的客体使用兜底式的规定，保持了知识产权客体的开放性，也为相关立法对新型知识产权客体的保护提供了依据。

（五）继承权

所谓继承权，是指继承人依据法律规定或者遗嘱而取得被继承人财产的权利。从广义上而言，继承权可以分为继承期待权和继承既得权两种。前者是指继承开始前，继承人享有的依照法律的规定或者遗嘱而继承被继承人遗产的资格；后者是指继承开始后，继承人实际享有的可以依照法律的规定或者遗嘱而继承被继承人遗产的资格。② 继承权并不是财产权，也不是人身权，而是具有综合性的权利。《民法总则》第124条第1款规定："自然人依法享有继承权。"这就在法律上确认了自然人享有的继承权。

《民法总则》第124条第2款规定："自然人合法的私有财产，可以依法继承。"依据该条规定，一方面，继承的客体必须是合法的私有财产。如果财产是非法的，则不得成为继承的对象。另一方面，该条肯定了私有财产可以被继承，从而从继承的角度强化了对私有财产的保护。对继承权的保护主要是通过继承法来实现的。我国1985年颁布了《继承法》，该法已经自成体系，但在内容上有待于进一步完善。我国未来民法典将其作为继承编收入其中时，应当进一步修改、

---

① 参见管荣齐、薛智胜：《从TPP知识产权规则审视植物新品种的可专利性》，载《知识产权》，2016（3）。

② 参见史尚宽：《继承法论》，92～93页，北京，中国政法大学出版社，2000。

充实。

（六）股权和其他投资性权利

《民法总则》第 125 条规定："民事主体依法享有股权和其他投资性权利。"该条规定了两项权利：一是股权。从广义上讲，股权是指股东可以向公司主张的各种权利；从狭义上讲，股权是指股东因出资而取得的，依法律或者公司章程的规定和程序参与公司事务并在公司中享受财产利益的，具有可转让性的权利。股权实际上是成员权或社员权的一种类型。对股权内容，我国《公司法》已经作出了相关的规定。二是其他投资性权利。其他投资性权利主要是指民事主体通过各种投资而取得的权利，如通过购买基金、保险等而取得的权利。①

（七）其他合法权益

《民法总则》第 126 条规定："民事主体享有法律规定的其他民事权利和利益。"该条实际上是一个兜底性的条款，不仅使民事权利的保护形成了完整的体系，而且使对私权的保护进一步地保持了开放性。无论是权利还是利益的具体列举，都可能是不周延的。"法条有限、世事无穷"，社会生活不断变化发展，具体列举权利和利益不可能满足实践的发展。随着社会经济的发展，还有一些新型的利益，例如，胎儿的权益、网络虚拟财产权、死者人格利益、特许权、公开权等也需要在法律中作出规定。在条件成熟的时候，这些法益也可以上升为民事权利类型，纳入民事权利体系。通过《民法总则》第 126 条的开放性的规定，可以为法官提供足够的裁判依据。

三、依法为民事权利而斗争是实现权利的重要途径

法定的民事权利体系需要借助个人为权利而斗争的行为加以实现。1872 年 3月 11 日，德国法学家鲁道夫·冯·耶林在维也纳法律协会上作了一个《为权利而斗争》的演讲，这也是一篇震撼了全世界的、最畅销的、迄今为止流传最广的

---

① 参见石宏主编：《中华人民共和国民法总则条文说明、立法理由及相关规定》，298 页，北京，北京大学出版社，2017。

德语法学著作。^① 在该演讲中，耶林阐述了为权利而斗争对维护民事权利的意义，也强调了民事主体为权利而斗争对于维护法律秩序的意义。在民事权利遭受侵害的情况下，通过公权力救济民事权利虽然是必要的，但民事权利主要体现为私人利益，如果当事人不积极主张，公权力往往难以主动介入，这就不利于对权利的保护，因此需要民事主体为权利的实现而斗争。

权利观念其实就是法律观念，权利意识也往往就是法律意识，充分保障民事权利就是构建法治社会的基础，因此，依法为权利而斗争就是为法律的实现而斗争。如果每一个民事主体在权利受到侵害时，都能积极捍卫权利、主张权利，也就更有利于权利乃至法律的实现。所以，为权利而斗争不仅仅是为了私人利益，也有利于法律的实现和法治社会的构建。

第三节　民事权利的分类

一、支配权、请求权、抗辩权、形成权

根据权利的作用，民事权利可分为支配权、请求权、抗辩权和形成权。

（一）支配权

1. 支配权的概念和特征

支配权是指直接支配客体，并享受一定的利益的权利。支配权"系对于特定之权利客体得以直接支配之权利作用，故支配权之行使系依其对客体之支配予以现实化而为"^②。物权是典型的支配权，并且以支配作为其主要的功能。除物权以外，知识产权、人格权、身份权在性质上也可以称为支配权。但是身份权只是对身份利益的支配，而不是对他人人身的直接支配。在现代民法中，已经不存在

---

① 参见［德］鲁道夫·冯·耶林：《法学是一门科学吗?》，奥科·贝伦茨编注、李君韬译，编者前言第 5 页及该页注［5］，作者简介部分，北京，法律出版社，2010。
② 杨与龄主编：《民法总则争议问题研究》，64 页，台北，五南图书出版公司，1998。

以直接支配他人人身为内容的权利。支配权的特点表现在：

第一，支配权的客体是特定的，即特定化的财产和人身利益。尤其是就财产利益而言，支配权的客体必须特定化，才能对特定的财产产生排他的效力。权利人可以直接支配客体，以满足自己的需要，权利人有权禁止他人妨碍其支配客体。通常在同一权利客体之上不得存在复数的相互冲突的支配权。

第二，支配权的权利主体是特定的，而义务主体是不特定的。如果支配权客体为财产，"权利人可以长久地或暂时地使用其支配的财产。同时其他人被排除在使用权之外，以确保第三人无法对权利人的支配可能性造成损害。"① 权利人所享有的支配权可以对抗任何不特定的义务人。

第三，支配权的实现不需要义务人的积极作为，支配权不需要义务人的介入，即可使权利人的权利实现，但义务人不得实施妨碍支配权实现的行为。也就是说，支配权的行使和实现都具有直接性，可以通过权利人的直接行使而实现，不需要外力介入。② 但是，义务人必须不得实施妨碍权利人权利行使的行为，才能使支配权得以实现。支配权的行使，在大多数情况下属于事实行为，极少通过法律行为而行使支配权。例如，物权人可基于自身的意志依法行使其物权的支配权。

第四，支配权因支配而产生排他性等效力。支配权所产生的各种效力，因支配权的类型不同而有异。例如，物权人对物的支配可以产生排他、优先、追及等效力。

支配权常常是确认之诉的对象，支配权的产生和发展也是随着民事权利而发展的。在 19 世纪，学者大多不承认支配权的概念，而认为支配权就是物权。这是因为许多国家民法中并没有承认人格权制度，知识产权也是在民法典之外以特别法的形式规定的。支配权概念的发展是人格权和知识产权发展的必然结果，正是因为出现了物权、人格权、知识产权，才有必要抽象出来支配权的概念，从而形成完整的理论体系。

---

① ［德］迪特尔·梅迪库斯：《德国民法总论》，邵建东译，61 页，北京，法律出版社，2000。
② 参见龙卫球：《民法总论》，140 页，北京，中国法制出版社，2000。

2. 支配权的分类

支配权根据所支配的客体不同，可以分为如下几种类型：

（1）对于物的支配，这主要是作为物权的支配权。物权人对物可以以自己的意志独立进行支配，无须他人的意思和行为的介入，即物权人能够依据自己的意志依法直接占有、使用其物，或采取其他的支配方式。如房屋所有人有权占有、使用其房屋，并有权将房屋出售；国有土地使用权人有权依法使用土地，或转让其土地使用权。所有人和使用权人在依法行使其权利时，一般不需要取得义务人的同意，也不需要义务人的协助，就可以实现其权利。物权中的支配包括对特定的动产和不动产的实物的支配，也包括对物的价值的支配。当然，实物的支配与价值的支配是不能完全分开的。例如，恢复用益物权人对土地和房产的支配，也就保护了用益物权人对不动产的使用价值的支配。保护担保物权人对实物的支配，实际上也就维护了其对交换价值的支配。当然，物权人对物的支配范围不仅受物本身的性质和效用等的限制，而且要受到物权内容本身的限制。物权人直接支配一定的标的物，必然从支配中享有一定的利益。

（2）对于人身利益的支配。人身利益包括人格利益和身份利益，它一般不直接表现为一定的财产。对人身利益的支配，表现为人格权和身份权。

（3）对于无形财产的支配。无形财产是与有形财产相对应的概念，它一般是指基于创造性的智力成果所获得的权利。但对于无形财产的概念，仍然存在不同的理解。例如，在日本，许多学者认为，无形财产主要是指创造性智力成果，而在法国，则认为无形财产是指特定的财产权利，是一种非物质财富，主要包括知识产权以及对现代社会的商业信息所享有的权利。[1] 对于无形财产的支配主要表现为知识产权。[2]

（二）请求权

1. 请求权的概念

所谓请求权（Anspruch），是指请求他人为一定行为或不为一定行为的权

---

[1]　参见吴汉东、胡开忠：《无形财产权制度研究》，37页，北京，法律出版社，2001。
[2]　参见徐国建：《德国民法总论》，22页，北京，经济科学出版社，1993。

利。请求权人自己不能直接取得作为该权利的内容的利益，必须通过他人的特定行为间接取得。请求权包括债权请求权、物权请求权、人格权请求权、继承法上的请求权、亲属法上的请求权等。请求权的概念最早由德国学说汇纂学派代表人物温德夏特（Windscheid）于 1856 年发表的《从现代法的立场看罗马私法上的诉权》一书中提出，他认为，请求权就是要求他人作为或不作为的权利。此种观点为《德国民法典》所采纳①，并为许多大陆法系国家的民法所运用。② 请求权的特点是：

（1）具有相对性。请求权都是发生在特定的相对人之间的一种权利，不论是基于债权产生的请求权，还是基于物权或其他绝对权利产生的请求权，都要转化为相对人之间的关系。也就是说，请求权只能向特定的义务人提出，要求其履行义务。请求权作为相对权，产生于特定当事人之间具有特定请求内容的关系。

（2）具有非公示性。由于请求权只是产生在特定当事人之间的关系，所以一般说来只有特定当事人之间才能了解，第三人并不知道。非公示性是请求权不同于支配权的一个重要特点。

（3）请求权作为独立的实体权利，连接了实体法和程序法的权利，因为民事诉讼可以分为三种，即确认、给付和变更之诉，这三种诉讼中给付之诉是民事诉讼的核心，而给付之诉的基础就是请求权。只有理解了请求权，才能理解给付之诉的基础。

（4）请求权既可以作为独立的权利，也可以作为实体权利的内容。请求权大多表现为实体权利，例如物权请求权、人格权请求权等。正是因为请求权可以采取独立的形态，因而权利人可以转让、抵销、准许延迟或免除请求权的具体内容。但请求权也可以只是某项权利的内容，比较典型的是，债权请求权只是债权的内容，或者说是债权的主要内容。但债权又不限于请求权。债权除请求权以外，还包括"选择、解除、终止等权能，且债权请求权因时效而消灭时，债权虽减损其力量，但仍然存在，债务人仍为履行之给付者，不得以不知时效为理由，

---

① 参见《德国民法典》第 194 条。
② 参见［日］奥田昌道：《论请求权的概念》，载东京大学《法学论丛》，82 卷，236 页。

请求返还"①。由此可见，请求权只是债权的一种权能。正是从此种意义上，德国学者冯·图尔（von Tuhr）把请求权的概念表述为"作为权能的请求权"②。请求权只是债权的一种手段或作用，它是从作为基本权利的债权中派生出来的一项权能，但不能完全等同于债权。③

在民法上，研究请求权的意义是重大的，表现在：第一，请求权的概念使民法典中有关债权的规定能够适用到其他非债之请求权上。请求权是作为一种民事权利而存在的，它不仅仅存在于债权法中，在物权法、亲属法、继承法等领域都普遍存在。例如，在所有人的财产遭受他人非法侵占的情况下，所有人可以根据物权请求权要求返还，此种请求权并非债权上的请求权。所以，请求权是与支配权、抗辩权、形成权相对应的权利。债权主要是请求权，而其他的各项权利在受到侵害以后也都转化为请求权；通常，要使某人在民法上的义务得以履行，必须赋予权利人相应的请求权，所以，请求权的产生，保障了权利的行使和义务的履行。第二，请求权概念的产生进一步增进了民法的体系性，民法也进一步形成为一个有机的整体。请求权体系理念的发展，为从整体上把握民法，从体系的角度运用民法奠定了基础。例如，根据请求权体系的理论确定各项请求权是否可以并用，以及是否有优先顺序，可以为法官准确适用法律提供理论基础。第三，请求权概念的产生确立了诉讼时效制度适用的范围。从而使诉讼时效和取得时效之间具有明显的区别。一般认为，诉讼时效适用的对象主要为债权请求权。

2. 请求权的分类

请求权根据产生的基础关系，可以分为如下几类：

（1）债权请求权，包括合同履行的请求权、违约损害赔偿请求权、缔约过失请求权、无因管理请求权、侵权请求权、不当得利所产生的返还请求权。但是赔礼道歉、恢复名誉等责任方式，因本质上不是一种给付关系，不应当包括在债权的请求权中。

---

① 王泽鉴：《民法债编·总论》，第1册，17页，台北，自版，1990。
② ［日］北川善太郎：《中国〈合同法〉与模范〈合同法〉》，载《国外法学》，1987（4）。
③ 参见［日］柚木馨：《判例债权法总论》上卷，11页，日本昭和31年。

（2）物权请求权，具体包括返还原物请求权、停止侵害请求权、排除妨碍请求权、妨碍预防请求权。

（3）占有保护请求权，主要包括在占有受到侵害的情况下，而使占有人享有的占有返还请求权、妨碍排除请求权、消除危险请求权。

（4）人格权和身份权法上的请求权。人格权上的请求权，主要是指在人格权受到侵害的情况下，产生的停止侵害、排除妨害、消除危险的请求权。身份权上的请求权主要包括抚养请求权、赡养请求权等。

（5）知识产权法上的请求权，主要是指知识产权受到侵害的情况下，产生的停止侵害、排除妨碍、消除危险请求权等。

根据请求权的独立性和派生性，请求权可以分为两类：一是作为权利本身的内容而存在的请求权，如债权中的请求权，此种请求权以一定的实体法为依据，其存在不受是否有人提出主张的影响，也不受债权人是否知悉其请求权的影响。[1] 体现了权利人所享有的意志和利益，权利人基于此种请求权可以请求义务人为或不为一定行为，无论其权利是否受到侵害，权利人都享有这种权利。由于这种请求权已经包括在权利之中，是作为权能出现的，所以通常对这种请求权一般仅在债法中作为债权权能来考察。据此，奥田先生甚至认为："在债权法领域，请求权是个多余的概念。"[2] 二是在权利受到侵害的情况下，权利人针对义务人所提出的一种请求的权利，有学者将之称为"保护请求力"。梅仲协指出："请求权系权利之表现，而非与权利同其内容也。就绝对权而言，在权利不受侵害时，其请求权则隐不显现，然则一旦遭遇侵害，则随时可以发动，且其发动不限次数，受一次侵害，则可表现一次请求权也。"[3] 这就是说，在权利未受到侵害以前，此种权利是隐而不现的，一旦权利受到侵害，这种权利就表现出其作用。所以，它是实体权利的一种派生的产物，是以权利救济的手段出现的。但这种权利仍然是一种私法上的权利，它表现为在侵害人和受害人之间，受害人完全可以直接向侵

---

① 参见［德］迪特尔·梅迪库斯：《德国民法总论》，邵建东译，67 页，北京，法律出版社，2000。

② ［日］奥田昌道：《请求权概念的产生与发展》，17 页，东京，创文社，1979。

③ 梅仲协：《民法要义》，37 页，北京，中国政法大学出版社，1998。

害人提出请求。学说上通常所说的物权请求权、侵权行为请求权、违约请求权等都属于这种权利，它是民法上请求权研究的主要对象。

3. 请求权与诉权

德国法学家温德夏特创造性地将罗马法上的诉权（actio）演化为现代私法的请求权①，他从对罗马法上的"诉"的本来面目的确认入手，并从中分离出请求权的概念，其目的在于通过"请求权"的媒介作用，把 actio（罗马法诉权）中的实质性内容移入实体法体系，从而摆脱从诉讼的角度把握权利的思维方式。许多学者认为，诉权是请求权在诉讼过程中的体现，请求权在权利与诉权之间起到一个中介作用，同时也在实体法与诉讼法之间起到一个阻断作用。

在我国，请求权与诉权一直并没有严格分开，按照我国民事诉讼法学界大多数学者的观点，所谓诉权，是指当事人请求人民法院行使审判权以保护其民事权益的权利。请求权与诉权在罗马法上是完全统一的，而温德夏特第一次将之区分开。严格地说，请求权是产生诉权的基础，只有存在请求权，才能够产生诉权，但从实体法的角度来看，请求权不能等同于诉权。其原因在于：第一，请求权可以作为独立的实体权利的内容存在，这些权利在没有受到侵害和未进入诉讼程序以前，也是客观存在的。第二，请求权具有可诉性，因此在当事人进入诉讼领域之后，请求权确实将派生出诉权，诉权正是请求权在诉讼上的具体表现。但是，在此种情况下，请求权也未必等于诉权。例如，当事人可能享有实体法上的请求权，但其起诉不符合诉讼法关于起诉条件的要求，其起诉被驳回或不予受理，在此情况下当事人仍然可以基于其请求权向行为人提出请求，所以请求权未必完全等同于诉权。诉权只是当事人向法院提起诉讼的权利，包括起诉权、反诉权和上诉权，但即便当事人抛弃这些权利，也不意味着其请求权就完全消灭。第三，诉权是程序法上的权利，请求权是实体法上的权利。请求权可诉诸法院，请求保护，这时，它表现为诉权。请求权必须是向对方提出请求。例如，代位权必须通过提起诉讼才能行使，因此它又是一种特殊的实体法上的权利，不是严格意义上

① 参见朱岩：《论请求权》，载《判解研究》，2003（4）。

的请求权。

4. 请求权基础与体系

请求权基础，指可以支持一方当事人向他方当事人有所主张的法律规范和其他法律依据。易言之，即谁得向谁依据何种法律主张何种权利。[①]

民法上的请求权是由一系列的请求权所组成的体系。这些请求权包括合同上的请求权、侵权上的请求权、不当得利请求权、无因管理请求权、缔约上过失的请求权等。这些请求权组成了一个有机的整体，成为一个请求权的完整体系。德国学者梅迪库斯认为，请求权是一个完整的体系，它是由合同的请求权、缔约过失请求权、无因管理请求权、物权请求权、不当得利和侵权的请求权所构成的体系。[②] 各种请求权在同一案件中同时并存或发生冲突时，应该确定各项请求权在行使上的先后顺序，以形成一种体系的观念。他认为，请求权的顺序也应当按照上述顺序排列，这种观点是不无道理的。笔者认为，考察任何一个民事案件，必须要分析请求权的体系，原则上，请求权的体系应当按照如下顺序来确定：

第一，考察请求权的先后顺序应将合同上的请求权作为第一顺序的请求权加以考虑，合同作为特定人之间的事先约定的关系，确定了当事人之间的权利义务，只有首先从合同关系着手，才能向其他关系展开，即合同上的请求权与其他的请求权发生密切联系时，应首先考虑使用基于合同上的请求权。[③]

第二，缔约过失请求权。按照梅迪库斯的看法，缔约过失的请求权与合同的请求权是不可分割的，甚至可以包含在合同的请求权之中，因为无论是在合同的缔结过程中还是在合同终止以后，都会涉及缔约过失的请求权。[④] 笔者认为，这两项请求权应当分开。缔约过失的请求权主要适用于双方无有效合同关系的情况，而基于违约的请求权乃是以有效合同的存在为前提的。如果当事人之间存

---

① 参见王泽鉴：《民法总则》，23 页，北京，北京大学出版社，2009。
② Dieter Medicus：Bürgerliches Recht，Carl Heymanns Verlag，1999，SS. 5 - 9.
③ 参见王泽鉴：《民法思维》，59 页，北京，北京大学出版社，2009。
④ Dieter Medicus：Bürgerliches Recht，Carl Heymanns Verlag，1999，S. 6.

在有效合同关系，则一般属于合同责任；若不存在有效合同关系，则可以考虑缔约过失责任。缔约过失请求权仅次于合同请求权而适用，优先于其他请求权。

第三，无因管理请求权。无因管理的请求权与合同关系极为类似，无因管理也常常与合同有密切的联系。但合同上的请求权应优先于无因管理上的请求权加以考虑。因为无因管理之所谓"无因"，是指无法律上的原因，包括无法定的义务或约定的义务为他人管理事务。如果管理人和本人之间事先存在合同关系，管理人是依照约定管理他人的事务，则管理人负有管理的义务，不构成无因管理。所以合同请求权与缔约过失请求权应当优先于无因管理请求权，但由于无因管理本质上是一种合法行为，一旦无因管理请求权能够成立，则不应当适用其他请求权。所以，无因管理请求权应当优先于合同和缔约过失请求权之外的其他请求权。

第四，物权请求权。物权请求权是指基于物权而产生的请求权，也就是说，当物权人在其物被侵害或有可能遭受侵害时，有权请求恢复物权的圆满状态或防止侵害；在物权受到侵害的情况下，首先应当采用物权的请求权对物权进行保护。这是因为物权的请求权具有优先于债权的效力。如在破产程序中，所有人对其物享有取回权，此种取回权实际上是由所有物返还请求权而派生的，当然应优先于一般债权而受到保护。再如，所有物返还请求权一般不受诉讼时效的限制，所以物权请求权较之于侵权请求权更有利于保护受害人，因此，原则上物权请求权应当优先于侵权请求权而适用。

第五，不当得利和侵权的请求权。不当得利和侵权行为都是法律禁止和限制的行为，广义上都属于不合法的行为。按照合法行为成立则排除非法的逻辑，应当优先考虑以其他合法行为为基础的请求权，如果其他请求权不能适用，最后才能适用不当得利和侵权的请求权。因此，不当得利和侵权的请求权应当置于最后的顺序考虑。

正确了解民法的请求权体系对于培养分析和运用法律的体系观念，从体系上把握整个民法的知识、制度和规范，从而正确适用民法规则具有十分重要的

意义。

（三）抗辩权

1. 抗辩权的概念和特点

抗辩权，又称为异议权，是指对抗对方的请求或否认对方的权利主张的权利。"因请求权之所行使权利，义务人有可能拒绝其应给付之权利者，此项权利谓之抗辩权。"① 抗辩权是和请求权相对应的概念，如果将请求权比作矛，抗辩权就是盾。抗辩权的功能就是对抗或延缓请求权的行使，或使请求权归于消灭。所以，抗辩和请求是相辅相成的。例如，《合同法》规定的同时履行抗辩权、不安抗辩权等都是针对履行请求权的权利。

民法中的抗辩和抗辩权并不是同一概念。抗辩所包括的事由极为广泛，任何可以对抗请求权行使的事由都可以称为抗辩事由，因此从广义上说，抗辩权也属于抗辩事由的范畴。但并非所有的抗辩都是抗辩权。抗辩权是由法律明确规定由一方享有的对抗另一方请求权行使的权利。② 在具体的法律关系中，只有在符合法律规定的抗辩权产生的条件的情况下，方可发生抗辩权。一般来说，行使抗辩权的效果都是由法律明确规定的。

抗辩权具有如下特点：

第一，抗辩权是由法律明确规定的权利。抗辩权必须基于法律规定而产生，如果是约定的抗辩事由，仅产生合同的权利，一方行使基于约定的抗辩事由所产生的权利，仍然是行使合同权利。抗辩权本质上是一种私权，关系到当事人自身的利益，而与社会公共利益无关，因而当事人是否行使抗辩权完全由当事人自己决定。如果当事人不主动援引抗辩权，则应当认为其已经主动抛弃了其权利，此时法院不能依职权主动审查是否存在抗辩事由。当然，一方援引抗辩权则必须要证明有抗辩事由的存在，此时法院才应当审查是否存在抗辩事由。③

第二，抗辩权是对抗或否认对方的请求权的权利。抗辩权的行使一般不会导

---

① 洪逊欣：《中国民法总则》，57 页，台北，自版，1992。
② 参见［德］迪特尔·施瓦布：《民法导论》，郑冲译，163 页，北京，法律出版社，2006。
③ 参见王泽鉴：《民法总则》，77 页，北京，北京大学出版社，2009。

致请求权的消灭，而只是具有对抗请求的效力，抗辩权行使的主要目的就是对抗对方所提出的履行或承担违约责任的请求。正如有的学者所指出的，抗辩权"乃对抗请求权之权利也，其作用在于防御，而不在于攻击，因而必待他人之请求，始得对之抗辩。又抗辩权主要虽在对抗请求，但并不以此为限，对于其他权利之行使，亦得抗辩"①。抗辩权的有效成立不仅可以对抗对方的履行请求，而且可以排除违约责任的存在。在此，要区别抗辩与反请求的界限。所谓反请求是指被告依法向原告提出的独立的请求，原告提出的诉讼成为本诉，被告提出的反请求成为反诉。由于反诉与本诉基于同一个法律关系而发生或者以同一事实为根据，且反诉的请求具有对抗性，这就使反诉与抗辩常常发生混淆。笔者认为，区分的根本标准在于：如果仅仅是否认对方的请求，只是证明对方的请求存在或者不存在，则属于抗辩而不属于反请求。而在反请求和反诉中，反请求权提出了独立的请求，而不仅仅是否认对方的请求。例如，甲诉乙拖欠工程款，如果乙只是提出甲因交付房屋迟延已构成根本违约，乙有权拒绝支付工程款，则乙只是提出了抗辩而不是提出了反请求。如果乙提出，因甲迟延交付房屋致使其遭受损害，要求甲赔偿损失，则乙并不是仅仅提出抗辩，而是提出了反请求。

第三，抗辩权的行使必须要以请求权的行使为前提。请求权和抗辩权是矛盾的关系。抗辩权是针对请求权而发挥作用的，因此，只有在一方提出请求之后，另一方才能行使抗辩权。如果没有请求权的行使，抗辩权就没有必要行使。

关于抗辩权是否有一定的期限限制的问题，学者对此有两种不同的观点：一是抗辩权有期限说。此种观点认为，除了一些法定的权利如所有权等以外，任何民事权利的行使都应当有一定的期限限制，抗辩权也不例外。二是抗辩权无期限说。此种观点认为，抗辩权是一种对他人的请求，提出一种对抗，主张维持既有

---

① 洪逊欣：《民法总则》，57页，台北，自版，1992；梅仲协：《民法要义》，38页，北京，中国政法大学出版社，1998。

的消极现状，因此不应当受行使期限的限制，在学理上也称为抗辩权之永久性理论。[1] 笔者赞成第一种观点，抗辩权大多应有期限限制。例如，《合同法》规定的履行抗辩权原则上应当在履行期限内提出。因为请求权是有时效限制的，因而作为与其相对立的抗辩权也应当有期限限制，否则会使已经形成的法律关系处于不确定状态。该期限可能是法定的，也可能法律并没有作出规定，这就必须使其在合理的期限内行使，超过了合理期限，权利将有可能丧失。例如，一方提出请求以后，对方在很长时期内没有提出抗辩，应当视为抗辩权已经消灭。

2. 抗辩权的分类

（1）实体法上的抗辩权和程序法上的抗辩权

实体法上的抗辩权，是实体法所规定的对抗请求权的抗辩权，如《担保法》中规定的先诉抗辩权、《合同法》中规定的同时履行抗辩权、后履行抗辩权、不安抗辩权，以及《民法总则》中规定的时效届满后的抗辩权等，都是民法规定由一方所享有的权利。程序法上的抗辩权是指被告针对原告的诉讼请求从程序上提出异议，例如，对管辖提出异议、对诉讼请求提出异议等。此种抗辩在英国法中称为特殊防御，在美国法中称为积极防御。民事诉讼上的抗辩如果以主张实体法的事项为内容，则应以实体法上的权利为基础，但它又不完全等同于实体法上的抗辩权，因为实体法上的抗辩权毕竟是针对请求权而行使的，它并不限于在诉讼上行使，在诉讼之外也可以行使。

这两种分类的实际意义在于，程序法上的抗辩权可以由法官依职权审查，而实体法上的抗辩权主要由当事人自行决定是否行使，法官不得干预。

（2）消灭的抗辩权和延缓的抗辩权

所谓消灭的抗辩权，是指抗辩具有消灭或否定请求权的效力。如存在合同请求权时，合同履行、代物清偿、提存、抵销、免除、撤销合同、解除合同等构成消灭性抗辩。如果请求权应当在一定的期限内行使而不行使，抗辩权人提出此种

---

① 参见刘得宽：《民法诸问题与新展望》，478页，台北，三民书局，1979。

抗辩，也将导致请求权消灭。由于此种抗辩权可以使请求权的行使永远被排除，故又称为永久的抗辩权。

延缓的抗辩权，是指仅能使对方的请求权在一定期限内不能行使，所以，又称为一时的抗辩权。此种抗辩权的行使，只是使请求权的行使发生障碍，一般并不能导致请求权本身的消灭。① 例如，同时履行抗辩权和不安抗辩权的行使只是使履行的请求权发生障碍，但由于合同本身并没有终止，所以请求权仍然存在，并没有消灭。当请求权的障碍消除或消灭以后，请求权人可以继续行使请求权。

3. 抗辩权行使的效果

抗辩权的行使是正当行使法定权利的表现，抗辩一旦成立将会导致对方的请求权消灭或使其效力延期发生。当然，抗辩权的行使必须严格遵循法律规定的抗辩权行使的条件和程序，不能违反法律规定而行使权利，或滥用抗辩权，否则，不仅不能发生抗辩的效果，而且还可能承担相应的民事责任。

(四) 形成权

1. 形成权的概念与特征

形成权是指当事人一方可以以自己单方的意思表示，使法律关系发生变动的权利，换言之，不需要他方相应地作出某种行为，即可以通过行使此种权利使法律关系发生、变更或者消灭。学理上也称之为能为权、变动权等。一般认为，形成权理论最早源于德国学者齐特尔曼（Zitelmann）首先提出的"法律上能为的权利"（Recht des rechtlichen könnens）概念，在此之后，德国学者黑尔维希（Hellwig）也认为这种权利与形成判决一样，将单独产生权利变动的效果。② 至1903年，德国学者埃米尔·泽克尔（Emil Seckel）正式提出形成权的概念，他在《民法上的形成权》一书中，以其创造性的文字第一次提出了形成权概念，并

---

① 参见［德］迪特尔·施瓦布：《民法导论》，郑冲译，164 页，北京，法律出版社，2006。

② 参见申卫星：《形成权基本理论研究》，载梁慧星主编：《民商法论丛》，第 30 卷，北京，法律出版社，2004。

系统论述了形成权的发生、变更、让与和消灭等问题①，其提出的形成权理论的建立被认为是"法学上的发现"②。形成权的主要特征在于：

（1）它是指权利人根据自己的意思表示，就能够使既存的法律关系发生、变更或消灭的权利。按照德国学者梅迪库斯的看法，形成权是"法律允许权利主体对某项法律关系采取单方面的行动"③。在行使形成权的情况下，权利人直接依据自身的意志，不需要依据他方的同意。例如，权利人享有法定和约定的解除权、抵销权，可以基于自己的意志而解除合同或实行抵销行为。形成权的行使也是一种单方行为，属于单方民事法律行为的范畴。权利人行使形成权，是以其单独行为，使已成立的民事关系的效力发生变化。当然，行使形成权在绝大多数情况下，只需要权利人以自己的意思行使，并不需要向法院提出请求。但是在特殊情况下，形成权的行使需要通过在法院提起诉讼的方式进行。在形成权本身发生争议而提起诉讼，或者基于形成权提起诉讼，此种诉讼称为形成之诉。

（2）它的效力的产生不需要另一方作出某种辅助的行为或共同的行为，因为法律赋予形成权人享有形成权，只需要由其单方的行为就可以发生一定的法律效果。民事权利通常与一定的民事义务相对应而存在，一方享有的权利，即是另一方应当承担的义务。但形成权人享有一定的权利，这种权利没有相对应的义务，如在无权代理的情况下，被代理人享有追认权，善意相对人享有撤销权，这两种权利都是形成权。在一般情况下，权利人根据自己的单方意志就可以行使权利，产生形成权的效果。形成权的实现不需要相对人的介入，只需要他人不妨碍其权利的行使即可。对形成权而言，仅需权利人一方的意思表示，就可以使民事法律关系产生、变更或消灭，因此，为保护当事人的合理信赖，维持法律关系的稳定，当事人在行使形成权时不得附条件或者附期限。

---

① 形成权最早由德国学者 Seckel 于 1903 年提出，Seckel 提出"直接支配客体内容"的权利，以解说"经由一方即可建立、变更或丧失支配权或其他法律关系"的作用。其效力如果将由权利人单方以意思表示形式则立即生效，至于其他相类似的国家作用、形成判决或形成决定加以形式，似乎尚无法立即产生效用。

② 王泽鉴：《民法学说与判例研究》，第 4 册，12 页，北京，中国政法大学出版社，2000。

③ ［德］迪特尔·梅迪库斯：《德国民法总论》，邵建东译，74 页，北京，法律出版社，2000。

（3）它的行使所发生的效力很难因相对人的行为而受到影响。形成权在未行使前，对原来的法律关系没有任何影响，一般也不使他人产生一定义务①，但形成权一旦行使，就可以使具体的法律权利和义务发生、变更或消灭。一旦行使形成权的意思表示发出并到达相对人，就可以使法律关系发生、变更或者消灭。这种特殊的行使方式，使形成权行使所发生的效力很难因相对人的行为而受到影响。有学者认为，形成权的一个重要特点在于其具有不被侵害性，因为"按形成权与其他权利作用比较，其特征在于'行使'"。从形成权的行使方式来看，其没有被侵害的可能。② 笔者认为，形成权也可能受到侵害。例如，在约定的解除条件成就以后，一方阻止其解除合同，在此情况下，也可能构成对解除权的侵害，但问题的关键在于，此种侵害不会影响形成权效果的发生，仅使权利人享有的形成权发生争议，此时权利人可以提起诉讼加以保护。因此，形成权并非不能受到侵害，但此种侵害一般不能阻止形成权的效力。

（4）它不能与其所依附的法律关系相分离。形成权本身是一种独立的权利，但是大多是依据某种实体的权利（如债权等）而产生的，并可能作为该权利的一项权能而存在。例如，抵销权和撤销权就是作为债权的一项权能而发生的。由于形成权大多依附于一定的法律关系才能发挥其作用，因而其不得与原权利分割而单独转让。例如，解除权依附于有效的合同关系而存在，合同终止权依附于特定的合同之债而存在，选择权也依附于特定的选择之债而存在。权利人不可能在保留其基础法律关系的同时而转让其形成权。从这个意义上讲，形成权具有一定的专属性，必须专属于某个特定的权利人。形成权一旦与其基础法律关系相分离，则根本不存在行使的可能。

（5）它通常都具有一定的存续期间。形成权的存续期间在学说上称为除斥期间。权利人应当在该期限内行使权利，超过了该期限，将导致形成权的消灭。除斥期间不能中止、中断和延长。

---

① 参见［德］迪特尔·施瓦布：《民法导论》，郑冲译，144 页，北京，法律出版社，2006。
② 参见林诚二：《论形成权》，载杨与龄主编：《民法总则争议问题研究》，74 页，台北，五南图书出版公司，1998。

形成权和抗辩权都有使法律关系发生变化的作用，所以，广义的形成权也包括抗辩权。例如，时效期间届满的抗辩权一旦提出，也会导致权利人受法院保护的权利消灭，同时法律关系也会发生变更。但二者之间存在明显的区别。表现在：一方面，形成权的行使并不针对请求而主张，即使没有一方提出请求，权利人也仍然可以行使，但是抗辩权是针对一方提出的请求而行使的；另一方面，形成权的作用主要在于改变法律关系的效力，而抗辩权则主要在于对抗权利的主张。

2. 形成权的分类

（1）财产法上的形成权和身份法上的形成权

财产法上的形成权包括以下两种类型：一是债权性形成权。此种形成权主要依附于债权而产生，并与债权不可分离，主要包括：撤销权、撤回权、追认权、解除权、选择权、抵销权、免除权、买回权、减价请求权、租金减少请求权等。① 二是物权性形成权。它是依附于物权并与物权不可分离的权利，主要包括：撤销权、所有权的抛弃、其他物权的抛弃、共有物分割请求权、典物回赎权等。当然，如果权利的抛弃损害公共利益或者他人合法权益时，则不能发生抛弃的法律后果。

身份法上的形成权，主要是指基于身份关系而产生的形成权。它一般都是基于法定而产生的。身份法上的形成权包括两类：一是纯粹身份上的形成权，主要包括婚约撤销权、婚约解除权、婚姻撤销权、婚生子女否认权、子女认领权、监护资格辞去权、遗嘱撤回权等。需要指出的是，有些形成权需要通过诉讼的方式来行使，如撤销收养、终止收养关系之诉等，从广义上来说，也可以认为其性质属于形成权的范畴。二是身份财产上的形成权，主要包括：继承人或者受遗赠人对继承权或受遗赠权的抛弃、遗产分割权等，尽管此种形成权是基于身份而产生

---

① 关于租金减少请求权，有学者认为，我国《合同法》第231条规定的减少租金，并非形成权，而是请求权。也就是说，租金减少需要经过对方当事人同意。但也有学者认为，此处规定的不支付租金属于形成权，而要求减少租金在法律性质上也与此相同，笔者赞成此种观点。

的，但它与财产有着密切的联系。①

（2）法定形成权和约定形成权

形成权依据其产生原因可以分为法定形成权和约定形成权。所谓法定形成权，是指基于法律规定直接产生的形成权，大多数形成权都是法定形成权。所谓约定形成权，是指基于当事人双方的约定而产生的形成权，如双方约定在一定条件下，一方当事人享有合同解除权。无论是法定形成权还是约定形成权，其行使的效力都是由法律直接规定的，只不过在约定的情况下，形成权产生的原因和行使的条件以及行使的期限等是由当事人约定的。

（3）使权利产生的形成权、使权利变更的形成权以及使权利消灭的形成权

形成权依据行使的效力可以将其分为如下三类形成权：一是使权利产生的形成权，如本人对无权代理人的代理行为行使追认权，使无权代理变为有权代理，从而使合同关系生效，债权产生。二是使权利变更的形成权，如选择之债的选择权。三是使权利消灭的形成权，如撤销权、抵销权。如果因权利人一方的意思表示使权利和法律关系因此而产生，此种形成权被称为积极形成权（又称为发生性形成权）。如果依权利人一方的意思表示使权利或法律关系发生消灭，则称为消极形成权（也称为消灭性形成权）。

（4）非通过诉讼而行使的形成权和通过诉讼而行使的形成权

根据形成权行使的方式，形成权可以分为非通过诉讼而行使的形成权和通过诉讼而行使的形成权。所谓非通过诉讼行使的形成权，是指通过权利人单方行为而使法律关系发生变动，一般的形成权都是通过非诉讼的方式而使形成权发生效力。典型的形成权，以当事人单方的意思表示实施就可以发生效力，大多不需要向法院提出请求。此类形成权具体包括：法定代理人的追认权、无权代理情况下本人的追认权、选择之债中的选择权、抵销权、合同解除权等。所谓通过诉讼行使的形成权，是指形成权必须要到法院提起诉讼，经过法院的确认才能发生法律变动的法律效果。例如法定撤销权的行使，必须通过诉讼经过法院的确认，才能

---

① 参见林诚二：《论形成权》，载杨与龄主编：《民法总则争议问题研究》，74 页，台北，五南图书出版公司，1998。

最终使合同撤销，此种形成权是法律规定的形成权的特殊形式。法律之所以规定某些形成权必须通过诉讼的方式行使，一方面是因为这些形成权对第三人意义重大，另一方面是为了避免发生纠纷。

3. 形成权的行使

形成权必须通过行使才能产生效力，所以即使某人依据法律规定和合同约定，已经享有形成权（例如符合法定解除条件而享有法定解除权），但如果权利人不行使权利，法律关系将不产生任何变动，所以形成权的效果是基于行使而产生的。一般来说，形成权都通过权利人自身的行使就可以产生效力。[①] 但在例外情形下，形成权必须通过在法院提起诉讼才能行使，此种形成权是一种特殊的形成权。

由于形成权对于相对人的影响特别重大，因而只有及时行使，才能使法律关系尽快明确，为此需要在法律上为其规定除斥期间。法律规定了一定期限的，该期限就是形成权的存续期限，形成权在一定的期限内不行使，将导致权利消灭。如果没有规定的，则应当在合理期限内行使，否则将发生权利丧失的后果。

形成权的行使必须遵循两项重要规则：一是形成权的行使不得附条件或附期限。形成权的行使目的在于迅速地使法律关系确定，"既然形成权相对人必须接受他人行使形成权的事实，那么不应该再让他面临不确定的状态了"[②]。一旦形成权附条件或期限，必须要等到条件成就或期限到来才能行使，这将使形成权的行使很不确定，也严重影响了相对人的利益。因此一般认为，形成权的行使原则上不得附条件或期限。二是形成权的行使不得撤回（unwiderruflich）。因为形成权一旦有效行使，权利人的意思表示到达相对人，即发生法律关系变动的效果，所以形成权一旦有效行使，就不能撤回该意思表示。[③] 但在到达相对人之前，意思表示并未生效，自然可以撤回。此外，形成权必须合理行使，民法上关于权利不得滥用的一般原理对于形成权的行使也可以适用。

---

① 参见［德］迪特尔·施瓦布：《民法导论》，郑冲译，144页，北京，法律出版社，2006。

② ［德］迪特尔·梅迪库斯：《德国民法总论》，邵建东译，79页，北京，法律出版社，2000。

③ 参见［德］迪特尔·梅迪库斯：《德国民法总论》，邵建东译，79页，北京，法律出版社，2000。

二、绝对权和相对权

根据义务主体是否特定以及权利的特点，权利可以分为绝对权和相对权。

所谓绝对权，是指无须通过义务人实施一定的行为即可以实现，并能对抗不特定人的权利。[①] 绝对权主要包括所有权、人身权、知识产权。因为绝对权的权利人对抗的是除权利人以外的任何人，所以又称为对世权。所谓相对权，是指必须通过义务人实施一定的行为才能实现，权利人只能对抗特定的义务人。最为典型的相对权就是债权。由于相对权的权利人对抗的是具体确定的义务人，因而又称对人权。两者的区别主要表现在：

第一，义务人的范围不同。绝对权是指义务人不确定，权利人无须经义务人实施一定行为即可实现的权利。绝对权也就是绝对法律关系中的权利，在此种关系中，权利人是特定的，但义务人是不特定的，除权利人之外，一切人都负有不得侵害其权利的义务和妨害其行使权利的义务。例如，所有人通过自己对财产的占有、使用、处分行为，就实现了自己的所有权。相对权指义务人也是特定人的权利，在此种关系中，无论是权利人还是义务人都是特定的。

第二，权利义务是否对应不同。在绝对权法律关系中，权利人享有一定的权利，但并没有相对应的义务，反过来义务人对权利人承担一定的义务，但并不因此而享有一定的权利。在相对权关系中，权利义务常常具有相对性。权利人享有权利的同时应当负担相应的义务，而义务人在负担相应义务的同时也享有相应的权利。这种权利的权利人须通过义务人实施一定行为才能实现其权利。[②]

第三，权利是否具有排他性不同。绝对权具有排他性，这种排他性主要表现在权利是否具有对抗第三人的效力上。绝对权在遭受侵害的时候，权利人可以针对任何第三人提出主张和提起诉讼。但相对权只是针对特定人产生效力的权利。

---

① 参见魏振瀛主编：《民法》，37页，北京，北京大学出版社，2000。
② 参见［德］迪特尔·施瓦布：《民法导论》，郑冲译，139页，北京，法律出版社，2006。

第四，是否具有公开性不同。绝对权大多是公开的。对于所有权等权利来说，法律要求当事人必须通过公示的方法向社会公开，使第三人知道，才能够使该权利产生对抗第三人的效力。由于绝对权是公开的，所以它能对权利人之外的一切人产生一种不得侵害他人的义务，从而能够起到行为规则的作用。"私人间追究责任势须从'期待可能性'着眼，只有对加害于人的结果有预见可能者要求其防免，而对未防免者课以责任，才有意义。"[①] 正由于这种原因，绝对权应当受到侵权法的保护。而相对权都是一种不公开的权利，它仅在特定当事人之间具有拘束力。例如，合同债权作为一种相对权，不具有公开性，因而不易为他人所知；他人并不知道某人是否享有合同债权，由于第三人的行为使债务人不能履行债务，使债权人的债权不能实现，只能使债务人为第三人的行为向债权人承担违约责任，债权人一般不得向第三人主张侵权责任。由第三人承担侵权责任，将不适当地限制人们的行为自由。所以，绝对权和相对权的区分有助于确立合同法和侵权法的调整范围，同时也有助于严格侵权法对相对权保护的条件。

第五，两种权利遭受侵害的补救不同。绝对权遭受损害的补救，首先应当考虑恢复原状，尽可能恢复权利人享有权利的状态，在难以恢复原状时或者根据权利的特别要求，可转换为赔偿损失。例如，侵害他人之物，首先应当适用排除妨害和恢复原状的补救方式，如不能采用这两种方式，则适用赔偿损失的救济方式。再如，对名誉权的侵害，应首先采取恢复名誉方式，只有在不能恢复名誉的情况下，才应适用精神损害赔偿。而对相对权的侵害，通常要采用损害赔偿的补救方式，其主要目的在于补偿损失。

当然，对于绝对权与相对权的区分，不能作绝对化的理解。一方面，从义务主体的范围上说，绝对权受到侵害时，也会出现特定的义务主体，在此情况下，将会发生绝对权向相对权的转化。另一方面，即使是相对权，任何第三人也都不得侵害。所以债权在特殊情况下，也可以成为侵权的对象。尤其应当看到，随着

---

① 苏永钦：《走入新世纪的私法自治》，304 页，北京，中国政法大学出版社，2002。

民法的发展，绝对权和相对权出现了一种相互融合的趋势。例如，租赁权的物权化使债权具有对抗第三人的效力，从而使相对权也具有绝对权的一些效力。

三、主权利和从权利

根据民事权利之间的主从关系，民事权利可以划分为主权利和从权利。主权利是指在相互关联的几项民事权利中，不依赖于其他权利就可以独立存在的权利，也称为独存权。从权利则是不能独立存在而从属于主权利的权利。例如，为担保债权的实现而设立的担保物权，相对于主债权是一种从权利，而主债权是主权利。由于从权利不能独立存在，必须依附于主权利才能存在，所以也称为附属权。区分主权利和从权利主要具有以下意义：

第一，主权利和从权利是一种相对的法律概念，只有在具有主从权利的法律关系中，才存在这种划分，换言之，主从权利关系的确定，必须在具有主从地位的法律关系中才具有意义。不能笼统地说，某一类民事权利是主权利，某一类民事权利是从权利，而必须根据某一些具体的法律关系来确定何为主权利，何为从权利。例如，在担保法律关系中可以发生主权利和从权利的区别，但不能笼统地说物权或债权是主权利或从权利。

第二，主权利是从权利的基础和前提，从权利必须要依附于主权利而存在，所以主权利成立和生效，从权利才有可能产生和生效。如果主权利不存在或被宣告无效，那么从权利也应相应地被宣告无效，如果主权利发生转让，从权利也应当依法发生转让。权利人不能在转让主权利的情况下而单独保留从权利，也不能在抛弃主权利的情况下，而单独享有从权利。

第三，从主权利和从权利的区别中，相应地区分主权利法律关系和从权利法律关系，有助于确立不同的法律关系中的义务主体及其内容。例如，在担保法律关系中，与主债权相对应的是主债务人，而在保证合同中，权利人是债权人，而义务人是保证人，两种法律关系中权利所指向的对象是不同的，而义务人也可能是不一样的。

四、既得权与期待权

根据权利成立要件是否全部实现，民事权利可分为既得权与期待权。

既得权是指成立要件已全部实现的权利，一般权利都是既得权。期待权是指成立要件尚未全部实现、将来有实现可能的权利，如附条件民事法律行为设定的权利在条件成就前就是期待权。继承开始前，法定继承人享有的继承权，也属于期待权。

期待权是指权利人依据法律或合同的规定，依法对未来的某种权利享有一种期望或期待的利益。期待权的理论是由德国学者泽特尔曼（Zitelmann）于 1898 年在其出版的一本国际私法的著作中首先提出的，并为后世的德国学者所广泛认同。但何为期待权，学者的看法不完全一致。有人认为，期待权为权利的胚胎；也有人认为，它是权利所投射的影子；还有人认为，期待权为发展中的权利和将来的权利。[①] 王泽鉴先生认为，期待权可以从两方面观察，"从消极意义言，取得权利之过程尚未完成，权利迄未发生；自积极意义言，权利之取得，虽未完成，但已进入完成之过程，当事人已有所期待"[②]。可见，期待权是指在具备取得权利应具备的事实就可以实际取得权利的权利，也就是说，权利人享有期待权，并不能现实地取得某种权利，必须是导致权利产生的某种事实发生以后，才能现实地取得某种权利。不过，尽管期待权体现为一种未来的利益，但这种利益仍然是可以实际取得的，而不是一种臆想的不可能实现的利益。期待权主要包括如下几种类型：

一是在所有权保留买卖中，价金完全支付之前买受人还没有完全取得对标的物的所有权，但是其对所有权的取得具有值得保护的期待利益。这种期待利益主要体现在买受人可以期待在价金完全支付之后完整地取得对标的物的所有权。在价金没有完全支付前，买受人对所有权取得的期待利益较一般的占有具有更多的

---

① 参见王泽鉴：《民法学说与判例研究》，第 1 册，186 页，台北，三民书局，1975。
② 王泽鉴：《民法学说与判例研究》，第 1 册，184 页，台北，三民书局，1975。

法律上的保护，这也就是说，买受人并不享有所有权，但对取得所有权却持有期望，因此有必要保护买受人的期待权。[①]

二是附生效条件和附期限合同中，在条件尚未成就和期限尚未到来之前，尽管合同已经实际成立但未生效，当事人一方只能就合同所产生的债权享有一种期待的利益，还不能现实地享有合同债权，所以，在条件成就和期限届满之前债权人享有的是一种期待权。

三是保险合同中受益人的权利。因为保险合同成立与生效之后，受益人不能实际获得保险赔付，只有在法定的或者约定的保险事故发生之后，受益人才能实际取得保险赔付。当然，保险关系中保险人在保险事故发生之后的赔偿究竟是一种赔偿责任还是一种义务的履行，学界仍然存在不同的争论，可以认为它只是一种义务的履行，所以才产生受益人的期待权。[②]

四是继承人的权利。在继承中有两种情况涉及期待权，其一，在遗嘱成立之后，遗嘱继承人对遗嘱继承的财产享有期待权，但由于遗嘱属于一种死因行为，必须在遗嘱人死亡这一法律事实发生之后才能使继承人实际取得继承权；其二，在遗赠扶养协议成立以后，受遗赠人即便对遗赠人开始履行一些协议规定的义务，也不能对遗赠人用于遗赠的财产享有所有权，而只是享有一种期待权，只有在遗赠人死亡之后，此种期待权才转化为实际的权利。

区分既得权和期待权的意义主要表现在：

第一，权利人是否实际取得某种权利不同。对既得权而言，权利人已经现实地取得了某种权利；但对期待权而言，它不能够现实地取得某种权利，而只是期待将要取得某种权利。例如，遗嘱继承人在遗嘱确立以后，就享有继承遗产的期待权，而这种权利只有在被继承人死亡以后，才能实现。所以，期待权是一种未来的利益。

---

① 参见刘郁武：《所有权保留研究》，载《法学家》，1998（2）。

② 也有学者认为，保险受益人乃至继承人的法律地位不具有期待权所要求的确定性。如保险事故是否发生完全不确定，此种法律地位非常不稳定，根本没有保护的价值。参见王轶：《期待权初探》，载《法律科学》，1996（4）；申卫星：《期待权研究导论》，载《清华法学》，2002（1）。

第二，在某种法律事实是否实际发生上不同。既得权无须某种法律事实的实际发生就已经存在了，然而期待权人必须在某种特定的法律事实实际发生之后才能实际地取得权利，换言之，由于构成要件未具备，所以期待权只是一种未来的利益。从期待权向既得权的转化必须要求法定事实的发生才能完成。

第三，关于权利的可侵害性以及救济的方法不同。既得权显然具有可侵害性。但是对于期待权是否可侵害的问题，理论上存在争论。例如，恶意阻碍条件成就时，法律上视为此种条件已经成就，但这并不意味着期待权已经受到侵害。即便承认期待权能够受到侵害，但由于权利人享有的是一种未来的利益，具有不确定性，因而在确定救济方法时与既得权的救济也存在差别。

需要指出的是，在讨论期待权的时候，需要区分期待利益与期待权。从广义上说，期待权属于期待利益的范畴，但并非所有的期待利益都属于期待权。如债权人对合同享有的期待利益就不属于期待权的范畴，只是一种单纯的期待利益。期待权实际上就是对法律保护的期待利益进行类型化处理，将有必要上升为权利的期待利益归结为期待权。法律确认期待权，对于财产上期待的利益给予法律保护，可以促使当事人深谋远虑，预为长期规划其财产，并合法促使期待权晋升为既得权，有利于资源使用的效率。[①] 但是，在法律上，不可能将期待权作为一般的独立的民事权利来加以规范。因为现有的民法制度中的各种救济方法及请求权基础都已经解决了各类期待权所要解决的问题，在法律上似乎没有必要单独设立一种期待权，并对之进行保护。例如，在附条件的法律行为中，如果因为第三人恶意阻碍条件成就，依照法律规定，应当视为条件已经成就。需要指出的是，如果因此给一方造成损害，则受害人应以何种请求权为基础请求损害赔偿？有学者认为应当设立独立的期待权，使受害人的赔偿请求能够产生合法的依据。笔者认为，在附条件合同中，合同已经成立，只是因为条件尚未成就，而没有实际生效。一方当事人恶意阻碍条件成就，则依据前款规定"视为条件已经成就"，从而合同已经生效，故而已经构成违约；另一方因此遭受损害的，完全可以根据违

---

① 参见谢哲胜：《财产法专题研究》，243 页，台北，三民书局，1995。

约提起诉讼，请求损害赔偿。如果因为第三人的行为恶意阻碍条件的成就，造成受害人损失的，则可以以侵害占有或侵害合法利益来提出请求，而不必通过期待权来加以保护。

第四节　民事权利的取得和变动

一、民事权利的取得

（一）概述

民事权利的取得，是指民事主体依据合法的方式或根据获得民事权利。《民法总则》第 129 条规定："民事权利可以依据民事法律行为、事实行为、法律规定的事件或者法律规定的其他方式取得。"依据这一规定，民事权利的取得可以分为如下几种情形：

第一，依民事法律行为取得。依民事法律行为取得民事权利，主要是指当事人通过买卖合同、赠与合同等方式而取得民事权利。例如，当事人通过合同取得对标的物的所有权。我国《物权法》对基于法律行为的物权变动规则作出了规定，该规则就是依民事法律行为取得物权的规则。从实践来看，依民事法律行为取得民事权利是民事权利最为主要的取得方式。

第二，依事实行为取得。当事人也可以依据事实行为取得物权等权利，我国法律也对此种民事权利取得方式作出了规定。例如，《物权法》第 30 条规定："因合法建造、拆除房屋等事实行为设立或者消灭物权的，自事实行为成就时发生效力。"该条所规定的因合法建造房屋而取得物权就是依事实行为而取得物权。

第三，依法律规定的事件或法律的其他直接规定取得。事件也可以成为民事主体取得民事权利的重要原因。例如，人的死亡可以使继承人取得继承遗产的权利；再如，基于添附而取得相关的民事权利等。除事件外，法律的直接规定也是

民事主体取得民事权利的重要方式。例如，自然人因出生而获得人格权和身份权、财产权等基本的民事权利。

第四，依法院的判决取得。法院的判决也是民事主体取得民事权利的重要方式。例如，《物权法》第 28 条规定："因人民法院、仲裁委员会的法律文书或者人民政府的征收决定等，导致物权设立、变更、转让或者消灭的，自法律文书或者人民政府的征收决定等生效时发生效力。"当然，此种物权变动必须是基于人民法院的生效判决或仲裁机构的生效裁决，且此种判决和裁定必须针对物权变动而作出。

由上可见，民事主体取得民事权利的方式多种多样，但无论采取何种方式，民事权利的取得都必须合法。

（二）原始取得与继受取得

民事权利的合法取得可分为原始取得与继受取得两种方式：

1. 原始取得

原始取得，是指根据法律规定，最初取得民事权利或不依赖于原权利人的意志而取得某项民事权利。在物权法领域，原始取得的根据主要包括：劳动生产、天然孳息和法定孳息、添附、没收、无主财产收归国有等。原始取得一般是基于法律规定取得，当然，在特殊情形下，原始取得也可能基于法律行为取得，如当事人通过加入社团而取得社员权。[①]

2. 继受取得

继受取得，又称传来取得，是指通过某种法律行为从原权利人那里取得某项民事权利。这种方式是以原民事权利人对该项民事权利享有权利作为取得的前提条件的。继受取得的根据主要包括买卖、赠与、继承遗产、接受遗赠、互易等形式。

权利的继受取得还可作如下分类：

（1）单一继受取得，即对单一的权利的继受取得。如甲将公司卖给乙，则甲

---

① 参见朱庆育：《民法总论》，490 页，北京，北京大学出版社，2013。

必须把该公司所属的财产，如土地、设备、专利等逐一转让给乙。单一的继受取得又可以进一步分为移转的继受取得和创设的继受取得。前者指一方移转权利而另一方取得权利；后者是指一方移转权利，并在该权利基础上创设了新的权利。

（2）全部继受取得，即对一系列权利的全部取得。此种取得方式只有在法律允许的情况下，并根据法律的规定才能够进行。财产继承是最常见的，也是最重要的权利全部继受取得的情况。在企业发生整体转让以及分立、合并的情况下，原企业的债权等权利也由新的企业全部继受取得。

民事权利也可以通过法律的直接规定而取得，例如法定的优先权就是直接通过法律的规定而取得的权利，此种情况在学理上称为"依法律的规定而直接取得权利"①。但绝大多数民事权利是要基于法律行为或其他法律事实而取得的。例如，所有权的取得、债权的取得等。但在依法律行为方式取得的权利中，有一些权利必须要法定化，不能由当事人随意创设，如物权。还有一些权利是直接通过当事人的约定而自由创设的，如合同债权。

二、民事权利的变更

民事权利的变更是指民事权利的内容因一定法律事实而发生的变更。导致民事权利变更的事实有：

1. 依法律行为而发生的变更。依法律行为而发生的变更，可以基于各种法律行为，如合同、共同行为、决议等，其中最典型的是基于合同而发生民事权利的变更。如通过合同对当事人之间的债权债务关系予以变更，或通过达成调解协议而使当事人的权利义务关系发生变更。

2. 依法律规定而发生的权利变更。如所有权因添附而变更、因设置留置权而受到限制，因当事人部分履行而使其债务范围缩小。基于法律规定的原因而变更的民事权利，可以分为两种类型：一种是基于法律的规定直接发生权利变更的

---

① 曾世雄：《民法总则之现代与未来》，54 页，北京，中国政法大学出版社，2001。

效果，另一种是虽然出现了一定的法律事实，但还要请求法院，通过诉讼程序来变更民事权利。

3. 依事实行为而发生的权利变更。民事权利也可以基于事实行为而变更，此时，权利变更效果的发生并不取决于当事人的意思。例如，《物权法》第 30 条规定，因合法建造房屋可以取得所有权。

三、民事权利的消灭

民事权利的消灭，其原因可以分为两类：一是绝对消灭，如所有权因标的物的灭失而消灭。二是相对消灭，即权利主体变更，如所有权移转，对原权利人而言即为所有权的消灭。具体来说，民事权利消灭的原因主要包括如下几项：

1. 权利人抛弃权利。按照私法自治原则，民事权利的权利人在行使权利的过程中，只要不损害他人利益和社会公共利益，就可以将其权利予以抛弃。例如，放弃担保物权、免除债务人的债务、抛弃其财产等。抛弃行为完全是一种单方的行为，一旦实施便可以产生法律效果。

2. 转让，即权利人通过与他人订立合同将其权利移转给他人。通过转让使一方丧失了权利，另一方取得了权利。

3. 权利人死亡。权利是由特定权利人所享有的利益。一旦权利主体死亡，则法律上不可能存在无主体的权利，因此权利将发生消灭。当然，财产权可以由其继承人继承。需要指出的是，对于一些特殊的权利而言，尽管权利人已经死亡，但利益仍然应当受到保护。例如，著作权在作者死后仍然应当受到法律保护。

4. 客体灭失。如果权利的客体因为消费、灭失等原因而不存在，权利失去了客体，该权利在一般情况下将不复存在。不过，在特别情况下，则可能发生物上代位，如抵押权的客体灭失，而获有赔偿金，则抵押权人可就该赔偿金优先受偿。

5.超过一定的期限不行使权利，导致权利消灭。这主要指具有除斥期间限制的权利，如撤销权、追认权等形成权。

第五节　民事权利的行使

一、对于民事权利行使进行限制的必要性

民事权利的行使也就是民事权利内容的实现。权利人通过行使权利的行为，可以实现权利所体现的利益，以满足自身的需要。在行使权利的方式上，权利人既可以实施某种事实行为来实现权利；也可以实施某种民事法律行为来实现权利；可以由自己行使权利，也可以依法由他人代理行使权利，或将权利的内容移转给他人享有并行使。权利主体为实现权利之内容而实施一定行为即是行使自己的权利。权利的行使是否存在界限，在理论上曾存在两种不同的观点：

一是外部说，又称为客观说。此种观点认为，权利本身具有不可侵性，权利的行使完全属于权利人的自由，但是权利的行使必须受到公法和民法上的限制，比如诚实信用原则、权利滥用禁止原则及公序良俗原则。也就是说，权利行使的限制来自外在的规定，通常是根据实体法来确定其界限。任何权利的行使即使在法律未作具体限制的情况下，也要受到一些基本法律原则，如诚信原则、公序良俗原则等的限制。①

二是内部说，又称为主观说。此种观点认为，对权利行使的限制来自权利本身，因为权利本身设有界限，权利内容既包括了权利的可行使性，又包含了一定的义务。权利应为社会目的而行使，为实践公益优先原则，必要时应当牺牲个人利益以维护社会公益。所以对权利的可行使性的限制，实际上是对权利本身的

---

① See Robert Alexy, *A Theory of Constitutional Rights*, translated by Julian Rivers, Oxford: Oxford University Press, 2002, pp. 178-179.

限制。这种对权利的内在限制是不可逾越的。①

这两种学说的主要区别表现在：按照外部说，如果一项权利确实构成权利，则权利人可以任意行使，任何行使权利的行为不可能构成违法。所谓滥用权利的概念是自相矛盾的，权利是不可能滥用的；而按照内部说，权利也可能被滥用。而不正当地行使权利也可能构成违法。笔者认为，任何权利都不是绝对不受限制的，民事权利也不例外，所以对权利的限制本身也是一种对权利内容的限制。

权利都是以一定的利益为内容的，权利人为满足自己的需要，要实现该利益，就须行使自己的权利。行使权利是使权利中包含的行为的可能性成为现实性。当事人所实施的行为无非事实行为和民事法律行为两种。因此，权利行使的方式可以分为事实方式和法律方式两种。所谓事实方式是指权利人通过实施某种事实行为来行使权利，如所有人通过使用自己的财产来行使所有权。所谓法律方式是指权利人通过实施某种民事法律行为来行使权利，例如，所有人通过赠与来行使对自己财产的处分权。

任何权利的实现，不仅关涉权利人的利益，而且关涉义务人的利益以及国家和社会的利益。因此，民事主体在行使其民事权利时，应尊重他人的利益，不得滥用民事权利。民事权利人所享有的民事权利并不是绝对的、不受限制的权利，相反，现代民法对于民事权利的内容及其行使已设置了越来越多的限制，不仅民法，而且有关的特别法（如环境保护法、城乡规划法、土地管理法等），尤其是公法（如宪法和行政法）都作出了一系列的限制，从而使民事权利具有了社会化的特点。对民事权利作出必要限制的理由在于：

1. 维护国家利益和社会公共利益。权利主要体现的是一种权利人的私人利益，这是民事权利作为私权的本质所在，但是这种利益有可能和社会公共利益发生冲突。例如，人格权的行使与舆论监督、舆论自由等会发生冲突和矛盾。如果允许权利人享有绝对的人格权，则舆论自由和舆论监督必然会受到妨害。所以，法律从维护社会公共利益考虑，需要对权利人的权利作出必要的限制。对所有权

---

① See Robert Alexy, *A Theory of Constitutional Rights*, translated by Julian Rivers, Oxford：Oxford University Press，2002，pp. 178 - 179.

而言，政府基于社会公共利益的需要，可以依法对私人财产进行征收、征用或者对民事权利的行使进行其他必要的限制。民事权利的行使还应当注重对环境的保护，保障人类的可持续发展。

2. 维护社会生活的和谐有序。因为民事权利常常涉及各种民事主体之间的利益冲突。例如，一方对自己的土地享有使用权，但如果禁止他人通行，就会给他人的利益造成损害，所以法律要设立相邻关系制度，以解决因权利的行使发生的利益冲突。任何人在行使权利时，对他人对其行使权利造成的不便，负有适当容忍的义务。不得以加害他人为主要目的或以限制竞争为目的等方式滥用民事权利，不得滥用其在市场上的优势地位。

3. 节约资源、保护生态环境。权利的行使，应当符合《民法总则》第 9 条规定的绿色原则。例如，建设用地使用权人在一定的期限内不使用土地，造成社会财富的浪费。在此情况下，国家就可以依法收回该使用权。物权人行使物权也应负有保护环境、维护生态的义务。

二、民事权利行使的原则

在我国，有关法律、法规对民事权利的限制较多，但在民法中不可能对这些限制一一列举，而只能作出一些原则性的概括规定。具体来说，民事权利的行使应当符合如下原则：

（一）自愿原则

所谓权利行使的自愿原则，是指民事主体有权按照自己的意愿行使权利，不受他人的非法干涉。《民法总则》第 130 条规定："民事主体按照自己的意愿依法行使民事权利，不受干涉。"权利行使的自愿原则是民法自愿原则的具体体现。依据这一规定，民事主体在行使民事权利时，首先可以选择行使或者不行使某种权利，权利本身就是赋予权利人一种行为自由。"法无禁止皆自由"，权利人有权依法从事某种民事活动和不从事某种民事活动。也就是说，在民事领域中，除了法律另有规定之外，权利人是否行使某种权利，或者不行使某种

权利，从事某种行为或不行为，完全应当由权利人自主决定。只要是在法律规定的范围内，权利人有权自主决定权利行使的内容、方式等。其次，民事主体依法行使权利的行为不受他人的非法干涉。也就是说，"自由止于权利"，权利本身界定了人与人之间行为自由的界限，权利人享有的权利也是他人不得非法逾越的行为边界，任何个人和组织，即便是政府机构，也不得非法干涉他人合法行使权利的行为。

（二）义务必须履行原则

虽然民法本质上是权利法，但我国民法在保障民事权利的同时，也注重义务的履行，从而构建了权利义务一体的法律规则体系。《民法总则》第131条规定："民事主体行使权利时，应当履行法律规定的和当事人约定的义务。"依据这一规定，权利人在行使权利时，必须履行其应尽的义务，具体而言，包括两个方面：

一是履行法律规定的义务。法治是规则之治。法律规则是明确的、普遍的公开规范，是人们行为的指引，是行政执法和司法裁判的依据。法律规则是指经过国家制定或认可的关于人们行为或活动的命令、允许和禁止的规范。所以，在民法上，守法除了要求依法行使权利外，还意味着必须履行法律规定的义务，必须将法定义务内化于心，外化于行。

二是履行当事人约定的义务。契约必须严守是合同法的基本原则，早在罗马法，债即被形象地称为"法锁"，其本意是强调合同必须严守。《法国民法典》第1134条规定："依法成立的契约，在缔结契约的当事人间有相当于法律的效力。"这就确立了契约神圣的原则。我国古代就有"民有私约如律令"的说法，它不仅包含了严守合同、履行允诺的内涵，还将民间私契在当事人之间的效力与官府律令的效力等同起来，反映了契约神圣的观念。重允诺、守信用也是我国优秀传统文化的重要内容。《合同法》第6条规定："当事人行使权利、履行义务应当遵循诚实信用原则。"第8条规定："依法成立的合同，对当事人具有法律约束力。当事人应当按照约定履行自己的义务，不得擅自变更或者解除合同。依法成立的合同，受法律保护。"上述规则都要求当事人在交易过程中严守合同，并且按照诚

实信用原则履行合同，同时，在一方当事人违反合同约定时，对方当事人有权请求其承担违约责任，这也有利于督促当事人严守合同。《民法总则》第 131 条的规定，也是我国立法经验的总结。

（三）禁止权利滥用原则

所谓权利滥用，是指行使权利违背权利设定的目的，损害了他人利益。例如，在"李某、黄某某隐私权纠纷案"中，法院认为，被告在住宅门锁被数次毁坏后，采取在其内门安装摄像监控装置的方式进行防范，其目的在于保障自身住宅安全，具有一定的合理性，但其也负有不妨害他人合法权益的注意义务。公民进出住宅的信息与家庭和财产安全、私人生活习惯等高度关联，应视为具有隐私性质的人格利益，受法律保护。被告在大门安装的摄像监控装置具有自动摄录、存储功能，可以完整获悉相邻住户日常进出的全部信息，持续对相邻住户形成侵扰，影响其正常生活，超出了合理限度，应当构成侵权。[①] 本案中，被告实施的行为虽然是个人行使物权的行为，但侵害了他人的隐私权，构成权利的滥用。我国《宪法》第 51 条规定："中华人民共和国公民在行使自由和权利的时候，不得损害国家的、社会的、集体的利益和其他公民的合法的自由和权利。"《民法总则》依据《宪法》的规定，于第 132 条规定："民事主体不得滥用民事权利损害国家利益、社会公共利益或者他人合法权益。"这就确立了禁止权利滥用的原则。

权利意味着主体的意志自由，但这种自由是有一定的限度的。法律并不允许权利人以任何方式随心所欲地行使自己的权利，民事权利亦不例外。孟德斯鸠在《论法的精神》中宣称："一切有权力的人都容易滥用权力，这是万古不易的一条经验。……从事物的性质来说，要防止滥用权力，就必须以权力约束权力。"虽然这句名言主要适用于对公权力进行规范，但是民事权利同样也存在被滥用的可能，法律也应当对民事权利的行使规定一定的限制，以防止其被滥用，此种规定也是为了从根本上保障权利的正当行使。

从权利行使角度来看，自由止于权利。任何权利的实现不仅关涉权利人的利

---

① 参见广东省高级人民法院（2016）粤民再 464 号民事判决书。

益，而且涉及义务人的利益、国家和社会的利益。因此，各国立法无不对权利的行使规定了这样或那样的限制。在罗马法中，曾经有"凡行使权利者，无论于何人皆非不法"的规定。但近代以来，各国基本都认可了禁止权利滥用的规则。① 例如，《德国民法典》第 226 条规定："权利的行使不得只以加损害于他人为目的。"《日本民法典》中也规定："私权要遵守公共福利，行使权利和履行义务要遵守信义，忠实执行，不允许滥用权利。"这是因为"权利存在于将要实现其作用的范围内。超出这一范围，权利享有人便超出或滥用了这些权利。滥用权利的行为是一种与国家制度和精神不相符合的行为"②。禁止权利滥用是与法律赋予民事主体权利的目的相一致的。我国民法一方面鼓励权利人正当地行使权利，满足个人利益的需要；另一方面又为权利的行使划定了行为界限，禁止权利人超出这些界限侵犯他人的和社会的利益。我国法律、法规不仅通过许多强制性的规范确立了民事权利行使的目的和界限，《民法总则》的上述规定也确立了禁止滥用权利的原则。

在民法上，关于判断滥用权利的标准，各国立法规定和实践做法也是极不统一的，大致可分主观说和客观说两种。主观说以权利人行使权利的主观状态为标准，认为行使权利时有故意滥用的意志，就构成滥用权利。例如，德国对禁止权利滥用采取主观说，一方面是存在独立于善良风俗的《德国民法典》第 226 条，另一方面是为了防止混淆不道德的行为和不法的行为，要求滥用具有主观意思（实际上也有客观标准）。德国的学者和法官认为，如果权利人缺乏正当权益，则可以推定其有加损害于他人的意思，同样构成滥用权利。客观说以权利行使的客观结果为标准，认为只要行使权利时损害了他人和社会的利益，就为滥用权利。例如，《波兰民法典》第 5 条就规定："如果某人以作为或不作为而取得有悖于法典的社会经济目的和社会共同原则的利益，则认为是滥用权利。"

笔者认为，滥用权利实际上是权利人在行使权利中实施的一种违法行为。判断是否滥用权利应当坚持主客观标准的统一。滥用权利这个概念意味着权利主体

---

① 参见［日］我妻荣：《新订民法总则》，于敏译，33 页，北京，中国法制出版社，2008。

② André Tunc, *International Encyclopedia of Comparative Law*，Vol. 4，Torts，Chapter 2，Liability for One's Own Act，J. C. B. Mohr（Paul Siebeck，Tübingen），1975，p. 11.

在行使自己的权利时，损害了他人的或社会的利益。滥用权利，应当具备如下条件：首先，要有权利的存在。滥用权利是以权利的存在为前提的，它是以不正当方式行使权利的行为。尽管滥用的表现形式是多种多样的，但都是违背权利存在的目的的。如果根本就没有权利，也就谈不上"滥用"。其次，须损害了国家利益、社会公共利益或者他人的合法权益。损害他人利益是滥用权利的客观标志。权利的行使虽然是权利人的自由，但权利人应当在法律规定的范围内行使权利，即使对所有权人来说，也只能在法律规定的范围内享有所有权的各项权能。权利的行使必须要有合理的界限，这个界限就是不得损害国家利益、社会公共利益和他人的合法权益。如行使权利造成他人损害，也构成滥用权利。再次，须行为人主观有过错。权利人行使权利中损害他人或社会利益的过错是构成滥用权利的主观标准。主观有过错，并不意味着一定要有损害的恶意，当然，滥用权利的过错在多数情况下表现为故意，但有时候也表现为过失。如实施正当防卫行为时的防卫过当，就不一定都是故意的。

滥用权利本身也是权利人在行使权利中实施的违反其应负的法律义务的行为。因此，滥用权利应当依法承担相应的法律责任。滥用权利是超过法律规定的限度的行为，但超过法律规定限度的行为不都是滥用权利。因为法律对行使民事权利的限制的性质是不同的。一般来说，行使权利不得违背权利的用途、目的，不得违反法律和社会公德，不得扰乱社会经济秩序，超出这一限度当然是违法行为，会构成滥用权利。但如果权利人行使权利并不构成权利滥用，则即便造成他人轻微的损害，受害人也应负有适当的容忍义务。例如，在"白某芬上诉张某君等隐私权纠纷案"中，法院认为，"鉴于贾某成、张某君居住的房屋周边出现过被被人泼尿等不良行为，贾某成、张某君安装摄像头对其居住安全起到一定作用。虽然涉诉的摄像头可拍摄到院内公共区域，考虑到白某芬与贾某成、张某君系不动产相邻方，且涉诉的摄像头并未涉及白某芬的私密空间。因此，白某芬在贾某成、张某君未明显侵害其利益的前提下亦有一定的容忍义务"[1]。

----

[1]　北京市第二中级人民法院（2016）京 02 民终 6654 号民事判决书。

一般而言，滥用权利的行为将发生两方面的后果：一是不能发生行为人预期的法律效果。[①] 例如，当事人利用订约自由，恶意诱使他人订约，则不能发生合同生效的效力。二是滥用权利造成他人损害，将承担法律责任。[②] 滥用权利的行为常常造成他人的损害后果，因而，滥用权利往往同时也构成侵权，行为人主观上具有过错，因此，应当依据《侵权责任法》第 6 条第 1 款的规定承担侵权责任。

（四）民事权利的行使必须符合诚实信用原则

所谓诚实信用原则，是指当事人在从事民事活动时，应诚实守信，以善意的方式行使权利与履行义务，不得滥用权利或规避法律、合同规定的义务。在大陆法系国家，它常常被称为债法中的最高指导原则或"帝王规则"（König Lehrnorm）[③]。我国《民法总则》第 7 条确立了诚实信用原则。因此，其也应该成为民事权利行使的最高指导原则。在民事权利的行使方面，只有严格遵循诚信原则，权利人才能正当地行使民事权利，建立和睦的经济生活秩序，保障财产流转的正常进行。例如，在相邻的不动产所有人和使用人之间，不得在自己的不动产之上存放向对方散发臭气的污物，从而损害邻人的利益；也不得在自己使用的土地上挖洞，影响邻人的房屋安全和通行的安全，否则便构成违反诚信原则、滥用民事权利的行为。

当然，对于民事权利行使的限制首先必须有法律、行政法规的明确规定，在法律、行政法规没有明确规定的情况下，权利人在行使权利的过程中应当遵循诚实信用原则。尽管立法需要对民事权利的享有和行使作出限制，但为了充分保证权利人享有和行使民事权利，保护权利主体的利益，防止行政机关对民事权利的行使作出不正当、不合理的干预，对于民事权利的限制必须由法律或行政法规作出规定。即便是法律、行政法规为公共利益而对民事权利的行使设置限制，也必

---

① 参见［日］我妻荣：《新订民法总则》，于敏译，33 页，北京，中国法制出版社，2008。

② 参见郑玉波：《民法总则》，550 页，北京，中国政法大学出版社，2003。

③ ［日］森田三男：《债权法总论》，28 页，东京，学阳书房，1978。诚实信用，以拉丁文表达为 Bona Fide，在法文中为 Bonne Foi，在英文中为 Good Faith，英文直译为"善意"，在德文中表达"忠诚和相信（Treu und Glauben）"，在日本法中称为"信义诚实"原则。

须有明确充分的理由，并不得违反宪法中对财产权保护的基本精神。对民事权利行使的限制应出于维护公共利益的目的，且对民事权利的限制必须依据《立法法》第 8 条、第 9 条的规定进行，这对保护公民享有的财产权是十分必要的。

需要讨论的是，德国法中存在"失权"（Verwirkung）理论，所谓"失权"是指权利人在特定的期限内不行使权利或者从事某种行为，使相对人有合理的理由信赖其将不行使某种权利，依据诚信原则，应当认定其权利已经丧失的一种制度。例如，如果某人的行为给他人造成了一种他将不行使某项权利（如消灭时效抗辩权）的印象，而对方信任了这一点，并采取了相应的措施，那么这个人就丧失该项终止权或抗辩权，这就是"失权"（Verwirkung）①。其特点在于：第一，权利人在特定期限内没有行使权利，但是也没有超过法律规定的权利行使期限或者法律没有规定期限，抑或权利人从事了一定的行为，表示其具有不主张权利的意思。第二，权利人不行使权利的表现使他人产生了合理的信赖，即可以信赖其已经放弃了某种权利。第三，法官根据"诚实信用"原则，判断和确定该权利人的权利已经丧失。笔者认为，尽管德国司法实践采纳了失权理论，但这一理论在我国尚难以适用。一方面，在我国，民事权利的发生、变更和消灭，都应当有合法的依据，而不能完全委诸法官的自由裁量权，否则将会使法律的安定性受到极大的影响。另一方面，权利人在规定的期限内不行使权利，并不需要另外创设失权制度来解决此类问题，因为通过既有的时效和期限制度便足以解决权利或者利益丧失的问题。

三、民事权利实现的程序

民法是实体法，其规范的对象主要是实体权利，而不是程序权利。但是，在民法上，民事权利的行使也不是任意的，在许多情况下，也要依据法定程序来实现。这是程序正义在实体法上的体现。例如，依据《物权法》第 195 条的规定，

---

① ［德］卡尔·拉伦茨：《德国民法通论》上册，王晓晔等译，310 页，北京，法律出版社，2003。

抵押权的实现要遵循一定的程序。

在许多情况下，民事权利的实现程序都是与行政程序相互衔接的。例如，在我国《物权法》上，物权的变动常常需要办理登记，登记的程序也就是物权变动的程序。另外，在一些情况下，法律还规定，民事权利的实现必须借助司法程序，例如，就合同的撤销，法律规定必须通过司法程序来实现。

第六节　民事权利的保护

民法所确认的权利体现了主体的某种利益，并且是主体为实现某种利益而依法为某种行为或不为某种行为的根据。主体在其权利受到他人侵害时，因有权请求国家机关给予保护，从而使民事权利的实现获得了可靠的保障。正如英国学者彼得·斯坦所指出的："权利的存在和得到保护的程度，只有诉诸民法和刑法的一般规则才能得到保障。"[1] 在民事权利遭受侵害的情况下，通过公权力救济民事权利虽然是必要的，但民事权利主要体现为私人利益，如果当事人不积极主张，公权力往往难以主动介入，这就不利于对权利的保护，因此需要民事主体自身为权利而斗争。权利观念其实就是法律观念，权利意识也往往就是法律意识，充分保障民事权利是构建法治社会的基础，因此，依法为权利而斗争就是为法律的实现而斗争。如果每一个民事主体在权利受到侵害时，都能积极捍卫权利、主张权利，也就更有利于权利乃至法律的实现。而民法对民事权利的保护程度，不仅将为法治的大厦奠定基石，而且将成为衡量我国法治水平的重要标尺。

权利是由法律赋予的，也是受法律保护的，任何权利都必须有可靠的物质保障和法律保障。权利的法律保障的重要内容就是法律确认保护权利的种种措施。民事权利的保护措施按其性质可以分为自我保护和国家保护两种形态。

---

[1]　[英]彼得·斯坦、约翰·香德：《西方社会的法律价值》，王献平译，41页，北京，中国人民公安大学出版社，1989。

一、民事权利的自我保护

(一) 对私力救济的抑制

所谓民事权利的自我保护，是指权利人自己采取各种合法手段来保护自己的权利不受侵犯。例如，依法向侵权行为人提出请求等，这种保护措施由于是由当事人自己采取的，因而又称为私力救济或自我救济。权利主体自己采取一定的方式保护其权利，是法律赋予权利本身所具有的属性。但采取自我保护手段受到法律的严格限制，权利主体只能以法律许可的方式和在法律允许的限度内保护自己的权利。

民事权利的自我保护主要是指当事人通过协商解决争议。一般情况下，由于当事人的根本利益是一致的，没有什么根本性的利害冲突，因而，一旦发生权利被侵犯的情况，出现民事纠纷，当事人往往能够通过自行协商解决，或者在有关人员或单位的调解下通过非诉讼程序解决，侵害他人权益的当事人自动地承担责任，使权利人的保护要求得到满足。但是，这绝不是说，一切民事纠纷，当事人都要自行解决。在任何时候，任何情况下，权利受到侵害的当事人都有权请求人民法院或其他国家机关依法给予保护。

自我保护绝不意味着可以任意实行自力救济。在现代社会，私权一般都要依靠国家予以保护，通过国家的审判机构获得保障，防止当事人通过自力救济而危害社会秩序。[①] 私力救济是指权利受到侵害时，权利人通过自助、自卫等方式排除侵害，自行实现其权利。在任何社会，完全的公力救济是不可能的，且在许多情况下，私力救济具有及时性、直接性、有效性等特点，可以弥补公力救济的不足。但私力救济又具有其明显的缺陷，这主要表现在：一方面，在私力救济中，权利人很难准确把握其行为的尺度，稍有不慎，就可能损害他人的财产权利或人身自由。另一方面，私力救济会鼓励"丛林规则"的适用，引发暴力滋生，最终

---

① 参见［日］四宫和夫：《日本民法总论》，唐晖等译，43页，台北，五南图书出版公司，1995。

有可能会损坏法治，导致社会秩序的混乱。因此，"现代法治文明的一个重要标志就是权利受损失衡时，由私力救济向公力救济的转换，公力救济在很多领域都取代了私力救济"①。在私力救济与公力救济的关系上，现代社会都采纳了推崇公力救济而抑制私力救济的态度。② 例如，行为人在实施自助行为以后，应立即向有关机关申请援助，请求处理，行为人无故迟延移交有关机关的，应立即释放债务人或把扣押的财产归还给债务人，对给债务人造成不应有的损害的，应负赔偿责任。也就是说，采取自助行为之后，有可能仍然必须采取公力救济的方式，法律最终还是鼓励当事人采用一种公力救济的方式保护自身权利。私力救济如果造成他人损害，应当承担赔偿责任。

（二）自我保护的措施

民事权利的自我保护主要包括正当防卫、紧急避险和自助行为，对前两种情形，本书将在民事责任部分予以探讨，下面主要讨论自助行为。所谓自助（selbsthilfe），是指权利人为保证自己的请求权的实现，在情事紧迫而又不能及时请求国家机关予以救助的情况下，对他人的财产或自由施加扣押、拘束或其他相应措施，而为法律或社会公德所认可的行为。例如，旅馆在客人住宿后不付住宿费时，有权扣留客人所携带的行李。自助必须为保护自己的合法权利。自助行为是在本人的权利受到侵害，情况紧急、来不及请求有关国家机关援助的情况下采取的措施。如果行为人是为了保护社会公共利益或他人的合法权益而采取私力救济措施，不构成自助行为。情况紧急意味着权利人若不在当时采取自助措施，则其权利难以实现。如债务人在国内无财产而欲逃往国外，或饭馆用餐的顾客在用餐后不付款而欲逃走，权利人若不采取自助，其合法利益就会受到损害。如果对权利人权利的侵害状况并非十分紧迫、权利人来得及请求有关国家机关的援助，或不实行自助并不影响权利人的请求权的实现，则不能实施自助行为。实行自助必须是为了保证自己的请求权的实现，且必须是请求权可以强制执行的。自助行为不得超过保护请求权所必需的程度。例如，权利人扣押债务人的一项财产就可以

---

① 孙鹏、肖厚国：《担保法律制度研究》，269～270 页，北京，法律出版社，1998。
② 参见黄茂荣：《买卖法》，序言，北京，中国政法大学出版社，2002。

保全其请求权时，不得扣押数项财产；债务人虽有逃走的可能，但扣押其物可以保护权利人的请求权时，不得限制债务人的自由；扣押财产可以达到自助的目的时，不得毁损债务人的财产。因自助超过必要限度，给债务人造成不应有的损害时，行为人应负适当的民事责任。

自助行为与正当防卫、紧急避险行为均属于私力救济，或称为自救行为，它们都是在情况紧急，来不及请求国家机关予以保护时，而迫不得已采取的方法。行为人实施各种私力救济措施，目的在于保护某种合法权益不受侵犯。但是自助所保护的是自己的权益，而正当防卫和紧急避险所保护的权益，包括他人的权利和利益。由于自助行为所保护的权利主要是合同之债的请求权和基于绝对权被侵害所产生的请求权，因而在实施自助行为之前，当事人之间已经形成了一种债的关系；而正当防卫和紧急避险行为在尚未实施以前，行为人与义务人之间并无债权债务关系。

由于在自助的情况下，自助行为人可为了自己的请求权的实现而执行义务人的财产，或者为了实现自己的请求权而拘束义务人，因此，为了防止自助被滥用，必须对自助的适用条件实行严格的限制。在采取自助方式之后，应当及时申请国家有关机关介入。如果行为人在移交国家有关机关方面存在迟延，并给债务人造成不应有的损害的，应当承担赔偿责任。

在我国民法中，目前对自助行为尚无明文规定，但在日常生活中，自助行为是广泛存在的。行为人在情况紧迫、来不及请求公力救济的情况下，采取自助措施以避免或减轻自己的财产或人身权利的侵害，常常受到社会习惯和舆论的认可。例如，对于在餐馆用餐后不付款而欲逃跑的顾客，餐馆有权扣留其随身携带的财物或者将顾客送交有关部门处理，等等。因此，一方面，需要承认某些必要的自助行为的合法性；另一方面，对于自助行为应当严格限制其适用的条件。这对于保护公民和法人的合法权益，督促债务人履行义务，维护正常的社会经济秩序是十分必要的。

二、民事权利的国家保护

所谓民事权利的国家保护，是指权利受到侵犯时，由国家机关给予保护。这

种保护手段是由国家机关采取的，所以又称为公力救济。因此，在权利人的权利受到侵犯时，权利人可以依法请求有关行政机关给予保护，也可以诉请人民法院或仲裁机构予以判决或仲裁。应该指出，任何民事主体在其民事权利受到他人非法侵犯时，都有权向人民法院提起诉讼，请求依法保护。

民法的中心问题是民事权利的确认和保护，因此，保护民事权利是民法的主要任务。各国立法，一般都专门规定了民事权利的保护，只是在立法技术上和规定的保护方法上有所不同。由于民事权利的种类不同，受到侵害的方式不同，当事人提起诉讼请求的目的和要求也不同。一般来说，当事人提起的民事诉讼请求有如下三种类型：

（一）确认之诉

确认之诉，即请求人民法院确认某种法律关系是否存在的诉讼。如果某一财产被他人据为己有或者他人提出产权异议，所有人即可提起确认之诉，请求人民法院确认他的产权。请求确认合同的有效无效、请求确认某种身份的存在与否等，都属于确认之诉。例如，《物权法》第 33 条规定："因物权的归属、内容发生争议的，利害关系人可以请求确认权利。"这就是对确认之诉的规定。

请求确认的权利主要是绝对权，包括物权、知识产权、人身权等。至于相对权发生纠纷，如合同债权纠纷，一般是通过给付之诉来解决。确认之诉的对象也主要是支配权，因为支配权本质上是对权利人特定的财产利益和人身利益的支配，一旦这种支配受到侵害或者在归属上发生争议，权利人就可以请求法院予以确认。各种权利的确认，常常是其他诉讼的前提，因为只有在权利归属明确以后，才能进一步解决侵权或者其他问题。例如，不能够在权利尚未界定时就直接判定某种行为是否构成侵权或应当被宣告无效。

（二）给付之诉

给付之诉，即请求人民法院责令对方履行某种行为，以实现自己的权利，如请求交付财产、偿付违约金和赔偿金等。例如，《合同法》第 107 条规定："当事人一方不履行合同义务或者履行合同义务不符合约定的，应当承担继续履行、采取补救措施或者赔偿损失等违约责任。"这就是对给付之诉的规定。给付之诉针

对的主要是请求权，请求权一般都具有可诉性，可以以诉讼方式行使，形成给付之诉。在这种诉讼中，一方对另一方享有某种请求权，但其权利的实现有赖于另一方作出给付行为。如果另一方没有作出相应的给付行为，权利人可以通过法院请求义务人履行相应的义务，作出给付。给付之诉是保护权利人的给付请求权得以实现的手段，所以其针对的对象主要是请求权。当事人提起给付之诉，必须要以请求权为基础，如不存在合法有效的请求权，就不能提起给付之诉。

（三）形成之诉

形成之诉，即请求人民法院通过判决变更现有的某种民事权利义务关系、形成某种新的民事权利义务关系的诉讼，如因请求分割共有财产、终止合同关系、解除收养关系、申请死亡宣告等而提起的诉讼。例如，《合同法》第54条第2款规定："一方以欺诈、胁迫的手段或者乘人之危，使对方在违背真实意思的情况下订立的合同，受损害方有权请求人民法院或者仲裁机构变更或者撤销。"这就是对形成之诉的规定。形成之诉，主要针对的是形成权，包括解除权、撤销权等。这些权利通过一方的意思表示就可以使法律关系发生、变更和消灭，而义务人并不享有相对的权利，所以只要有形成权存在，通过形成之诉，使形成权实现就可以导致法律关系发生、变更和消灭。

上述各种诉讼形式本来应当属于民事诉讼法的范畴，但由于涉及不同的权利，因而通常也称为民事权利的诉讼保护方式。由于民法贯彻意思自治原则，因而在权利人的权利受到侵害以后，是否提起诉讼，可以由权利人依法自行决定。当然，对于一些涉及国家和社会利益的民事争议，国家有关机关应依法进行干预。

第十一章

民事义务

第一节　民事义务概述

一、民事义务的概念和特征

法律上的义务，是指法律所规定的义务人应该按照权利人的要求从事一定行为或不行为以满足权利人的利益的法律手段。[①]《民法总则》第 131 条规定："民事主体行使权利时，应当履行法律规定的和当事人约定的义务。"依据这一规定，权利人在行使权利时，必须履行其应尽的义务。民事义务是与民事权利相对应的概念，是指义务人为满足权利人的要求而为一定的行为或不为一定的行为的法律负担。尽管民法是以权利为本位的，但义务作为保障权利实现的手段，在民法体系中也具有重要的地位。民事义务的特点主要表现在：

1. 从来源上来看，民事义务可产生于法律规定、当事人的约定以及其他原

[①]　参见孙国华：《法理学教程》，481 页，北京，中国人民大学出版社，1994。

因。法律规定的义务通常都是对权利人所享有权利的限制，或者是对交易行为的约束，法律规定的义务不以当事人的意志为转移，而合同约定的义务是基于当事人的协商而产生的，合同义务一旦确定就对当事人产生拘束力，其实质就是当事人通过自己的行为确定其行为的规则。民事义务的特殊性表现在，根据意思自治原则，大量的民事义务是基于当事人意思而产生的，在此范围内民事义务具有很大的任意性。民事义务还可以基于其他原因产生，如基于诚实信用原则而产生等。义务来源的多样化正是民事义务不同于其他法律义务的特点。

2. 从内容上来看，民事义务表现为义务人应当依据法律的规定或合同的约定，为一定的行为或不为一定的行为。义务体现为一种作为和不作为的拘束，义务的形态具体体现为两个方面：一是按照权利人的要求为一定的行为，例如，依照债权人的要求交付货物。二是按照权利人的要求不从事一定行为，例如所有权关系中的义务人，负有不得侵害所有权的消极义务。民事权利的实现都需要借助义务人的作为或不作为。如果某人负有某种义务，就意味着权利人对该人享有请求的权利。①

义务无论是积极的作为义务，还是消极的不作为义务，本质上都是一种负担和约束。义务没有给义务承担者某种行为的自由，它是义务人不可选择的。权利是为某种行为或不为某种行为的可能性，而义务是为某种行为或不为某种行为的必要性。正是因为义务是对义务人的一种约束，所以义务人可能不履行其义务，这就要求以一定的责任来约束义务人。所以，对义务的违反将导致责任的产生。民事义务是以不利益为内容的，如果说权利体现为利益，那么义务就体现为不利益。② 义务的内容不是无限的，义务人只承担法定的或约定的范围内的义务，而不承担超出这些范围以外的义务。

3. 从目的来看，义务的履行是为了满足权利人的利益，而不是为了直接实现义务人自身的利益。义务通常以满足权利人的需要为目的，而不是为满足义务人自身的目的。当然，民事义务的履行并非与义务人的利益毫无关系，因为许多

---

① 参见［德］迪特尔·施瓦布：《民法导论》，郑冲译，135 页，北京，法律出版社，2006。
② 参见张俊浩主编：《民法学原理》，89 页，北京，中国政法大学出版社，1991。

民事义务与民事权利都是对应的，义务人负有义务的同时常常相应地取得一定权利。虽然此时义务人履行一定的义务是其享有权利的前提，但就履行义务本身而言，义务人并没有直接享有利益。义务是权利实现的手段，例如，债务人履行债务是为了保障债权的实现，法律设定义务的主要目的在于保障权利的实现；权利是第一性的因素，义务是第二性的因素，权利是义务存在的依据和意义。[①]

义务不仅可能是权利享有和实现的前提，也可能是对权利内容和行使的限制。从对权利的限制而言，民事义务可以形成对于权利的限制，许多公法上的义务也可以成为义务的来源，并对民事权利形成限制。

4. 从效力上来看，义务也具有法律的拘束力。无论是法定的义务，还是约定的义务，都具有强制性，这就是说，义务人必须履行其义务，而不能像权利那样可以行使或不行使，或可以抛弃。民事义务是一种受到国家强制力约束的法律义务，如果义务人不履行其义务，将依法承担法律责任。义务的约束性或强制性是法律义务与道德、宗教等义务的根本区别。由此表明，民事义务与民事责任是不同的概念，民事责任是违反民事义务的结果，而不是民事义务本身。

义务虽然具有强制性，但任何一项义务的设定都应当具有现实的可履行性。也就是说，任何一项义务都必须是现实的，是义务主体能够履行的。如果赋予义务主体在任何情况下都不可能履行的义务，就为其设定了一项不可能实现的负担，则没有实际的意义。

在一般情况下，民事权利和民事义务是对立统一、相辅相成、不可分离的，有权利必有义务，有义务也必有权利。尤其是在双务合同关系中，权利和义务具有相对性，即一方享有的权利就是另一方的义务，而另一方在承担义务的同时，也享有相应的权利。但是，民事法律关系的形态非常复杂，在许多情况下，一方享有权利但不承担相应的义务，例如形成权[②]；或者仅承担义务而不享有任何权利，如保证人的义务；还有一些法律关系的当事人既享有一定的权利，又负有一定的义务。所以，民事权利和民事义务也可以在一定情况下发生分离。

---

① 参见张文显：《法哲学范畴研究》，修订版，346～347 页，北京，中国政法大学出版社，2001。
② 参见张俊浩主编：《民法学原理》，91 页，北京，中国政法大学出版社，1991。

尽管民法是以权利为本位构建的，但这并不妨碍对义务可以单独地进行考察，也不意味着义务没有独立存在的价值。随着现代民法的发展，许多学者对于建立在个人主义基础上的权利本位的思想提出质疑，并呼吁注重社会本位和义务本位[①]，此种观点也值得重视。

二、民事义务的分类

民事义务与民事权利是相对应的，因此，民事义务的分类与民事权利的分类有许多相似之处，如可分为主义务与从义务，专属义务与非专属义务等。一般来说，民事义务可作如下分类：

（一）约定义务和法定义务

约定义务，是指合同当事人约定的义务，合同义务主要是约定的义务。法定义务，是指由法律、法规规定的义务，也包括根据诚实信用原则所产生的义务。二者区分的主要意义在于约定义务体现了私法自治原则，完全依据当事人的意愿来决定义务的内容，而法定义务则是由法律法规强制性规定的义务，不允许当事人自己决定义务的内容。

就法定义务而言，还可以分为：与效力相联系的义务和不与效力相联系的义务。与效力相联系的义务，是指违反此种义务将导致民事行为无效；而不与效力相联系的义务，是指违反此种义务并不影响民事行为的效力。

（二）对世义务和对人义务

对世义务又称为绝对义务，是指义务人应当向一切不特定的人承担义务。例如物权关系中的义务人所承担的义务。对人义务又称为相对义务，是特定义务人仅向特定的权利人承担的义务。例如，债务人只对债权人负有的清偿义务。作出此种分类的主要意义是，义务人究竟应当针对何人来承担义务，应当向谁履行义务。

---

① 参见李模：《民法总则之理论与实用》，23页，台北，自版，1992。

（三）主给付义务、从给付义务和附随义务

主给付义务，简称为主义务，是指债的关系所固有、必备的、直接影响到债的目的实现的义务。例如，在买卖合同中，买方交付价款从而获取标的物的义务，卖方交付标的物的义务，都是买卖合同中的主给付义务。主给付义务确定以后，附随义务才能随之而产生。

从给付义务是指辅助实现主给付义务的目的，以确保权利人利益能够得到实现。从给付义务可以基于法律明文规定，可以基于当事人的约定，也可以基于诚实信用原则而产生，从给付义务也可以为权利人依诉讼的方式请求履行。①

附随义务是指合同当事人依据诚实信用原则所产生的，根据合同的性质、目的和交易习惯所应当承担的通知、协助、保密等义务，由于此种义务是附随于主给付义务的，因而称为附随义务。相对于给付义务而言，附随义务只是附随的，但这并不意味着附随义务是不重要的。相反，在很多情况下，违反附随义务将会给另一方造成重大损害，甚至可构成根本违约。如不告知产品的使用方法，使买受人蒙受重大损害。附随义务不是由当事人在合同中明确约定的义务，而是依据诚实信用原则产生的，或者说，是诚信原则的具体体现。

（四）作为义务和不作为义务

作为义务，是指行为人应当按照法律的规定和权利人的要求，通过作出某种积极的行为以满足权利人的利益要求。例如，在作为之债的债权关系中，义务人必须要按照债的规定作出履行，才能使债权得以实现。不作为义务，是指义务人应当按照法律的规定或当事人的约定，不从事某种行为，以保障权利人的权利实现。不作为的义务主要表现为如下情形：一是侵权法所设定的任何人不得侵害他人权利和妨碍他人权利行使的一般的不作为义务。二是在绝对权关系中，除权利人或其他人都是义务人，都负有不得妨碍其权利行使的义务。三是在特定的民事关系中当事人依据法律和合同约定而负有的不作为义务。例如，合伙协议中当事人对竞业禁止的约定。

---

① 参见王泽鉴：《债法原理》，29 页，北京，北京大学出版社，2009。

（五）真正义务和不真正义务

所谓真正义务，是指民事主体所承担的、违反义务应对他人承担责任的义务。民法上大量的义务都是真正义务。而不真正义务，是指法律规定的、并不与一定的责任相对应的义务。行为人违反该义务，并不承担相应的责任，只是要自行承受不利后果。例如，《合同法》第157条规定："买受人收到标的物时应当在约定的检验期间内检验。没有约定检验期间的，应当及时检验"。该规定确立了买受人的及时检验义务，但此种义务的不履行，不导致违约责任的产生，如果买受人未履行此种义务，应当视为标的物的质量合格，由此产生的损失由买受人自己承受。

第二节　民事义务的发展

在现代民法中，民事义务的发展主要表现在合同法义务来源的多样化，侵权法中安全保障义务的出现以及物权法中公法义务的扩张上。

一、合同法中义务的来源多样化

合同义务主要是合同当事人约定的义务，现代合同法发展的一个重要趋势是合同义务来源的多样化。合同义务来源的多样化，导致违约行为概念的改变。按照传统的观点，合同是当事人意思表示一致的产物。合同义务是由当事人所设立的，只有当事人约定的义务才能称为合同义务，违反约定的义务才能称为违约。然而，这一观点因义务来源的多样化而发生变化。义务来源多样化表现在法律规定的义务也可以成为合同的内容。从性质上看，合同法主要是任意性规范，合同本质上就是当事人通过自由协商，决定其相互间权利义务关系，并根据其意志调整他们相互间的关系。只要当事人协商的条款不违背法律的禁止性规定、社会公共利益和公共道德，法律即承认其效力。只有在当事人没有约定或约定不明确的

情况下，才应当适用法律的规定。但除法律的任意性规定以外，也有一些法律及法规规定了合同当事人必须遵守的强行性义务，从而形成了合同法中的法定义务。此外，我国《合同法》中还规定了附随义务。附随义务不仅表现在合同的履行过程中，而且在合同成立以前以及合同终止以后，都会产生附随义务。附随义务的产生实际上是在合同法领域进一步强化了商业道德，并使这种道德以法定的合同义务的形式表现出来。因此，违反了法律规定的义务以及依诚实信用原则产生的附随义务，都可构成违约。

二、侵权责任法中安全保障义务的发展

在现代侵权法中，行为人除了违反一般的不得侵害他人财产和人身的义务之外，还存在一种作为的义务，即行为人应当尽到对特定的受害人的安全保护义务。安全保障义务的概念起源于德国法，据学者考证，在1397年德国的一个案例中就出现了安全保障义务。在1902年10月30日的一个判决中，德意志帝国最高法院通过类推适用《德国民法典》第836条的规定，确立了安全保障义务，这种注意义务以后不仅扩大适用于由物造成的各种损害，而且适用于由人造成的损害的责任。[1] 以后，这种义务通过判例而逐渐形成为民法中的一项重要义务。[2] 在法国法中，存在着违反安全义务的责任，此种责任与德国法中安全保障义务相类似。[3] 在侵权法上，安全保障义务的产生原因，主要是为了扩张行为人的作为义务，并强化对受害人的保护。

在我国，司法实践中的一些案件确认了安全保障义务[4]，《人身损害赔偿司法解释》明确规定了此种义务，《侵权责任法》第37条从民事基本法的角度确认

---

① 参见温世扬、廖焕国：《侵权法中的一般安全注意义务》，载王利明主编：《民法典·侵权责任法研究》，北京，人民法院出版社，2003。
② 参见［德］冯·巴尔：《欧洲比较侵权行为法》上卷，张新宝译，145页，北京，法律出版社，2001。
③ 参见张民安：《现代法国侵权责任制度研究》，33～34页，北京，法律出版社，2003。
④ 参见"王某毅、张某霞诉上海银河宾馆赔偿纠纷案"，载《最高人民法院公报》，2001（2）。

了这一制度。① 在违反安全保障义务的情况下，违反义务的行为可能因行为人直接导致损害的产生，也可能因第三人的直接侵权行为而导致损害的发生。《侵权责任法》第 37 条的规定在适用范围上，限于"场所责任"和"组织者责任"。确立安全保障义务，对于明确相关主体的作为义务、认定其责任，尤其是强化对受害人的保护，都具有十分重要的意义。

三、物权法中公法义务的扩张

在物权法领域，19 世纪的民法受个人主义思潮的影响，过度强调对于私人财产所有权的保护，私人的所有权甚至成为绝对所有权。但自从进入 20 世纪以来，对所有权所采取的公法的限制有了重大的发展。② 许多国家通过制定公法规范，对财产所有权进行限制，例如，有关环境法、公害防治法、规划法对私有物业和财产的限制。这就是温德夏特所说的公法的义务进入私人义务之中，从而产生了财产法上的公法义务。③ 对所有权的公法限制常常被西方学者称为"所有权的社会化""变主观的所有权为社会的功能"④。此种变化表明所有权已不再是罗马法中所称的绝对的不受限制的所有权，而是受限制的、相对的所有权。尤其应当看到，"根据特殊情况，国家可以用废除和没收的方法限制所有者的权利。特

---

①　《侵权责任法》第 37 条第 1 款规定："宾馆、商场、银行、车站、娱乐场所等公共场所的管理人或者群众性活动的组织者，未尽到安全保障义务，造成他人损害的，应当承担侵权责任。"该规定主要是在我国司法解释的基础上发展起来的。根据《人身损害赔偿司法解释》第 6 条的规定："从事住宿、餐饮、娱乐等经营活动或者其他社会活动的自然人、法人、其他组织，未尽合理限度范围内的安全保障义务致使他人遭受人身损害，赔偿权利人请求其承担相应赔偿责任的，人民法院应予支持。"与司法解释相比较，《侵权责任法》的规定在违反安全保障义务责任的范围上作出了更加严格的限制。司法解释中关于"其他社会活动"的规定过于宽泛，而《侵权责任法》仅将安全保障义务限制于两种情况，即场所责任和组织者责任。

②　See F. H. Lawson etc，*International Encyclopedia of Comparative Law*，Volume Ⅵ，Property and Trust：Chapter 2：Structural Variations in Property Law，J. H. Beekhuis 1975，p. 10.

③　参见［德］罗尔夫·克尼佩尔：《法律与历史——论〈德国民法典〉的形成与变迁》，朱岩译，268 页，北京，法律出版社，2003。

④　［苏］弗莱西茨：《为垄断资本主义服务的资产阶级民法》，9 页，北京，中国人民大学出版社，1956。

别是尽管此种限制并未改变私人所有权的归属，但无疑使所有权在内容和行使方式上都受到了法律的诸多限制。可见，所有权理论并非以个人主义为本位，而是以团体主义为本位"①。

　　需要指出的是，尽管从总体上来说，民事义务具有不断扩张的趋势，但这与西方国家在 19 世纪私权过度保障有密切关系。而从我国的情况来看，由于长期实行计划经济体制，注重个人对社会的义务，而对个人的权利尊重不够。在此情况下，应当更多地弘扬权利，而非过多地强调义务。笔者认为，在我国民法中，仍然应当坚持权利本位的观念。尤其是在我们这个历来缺乏权利意识的国家，注重权利本位、减少对权利的不必要的限制，尊重和保障私权，对于发展市场经济、建立民主政治具有重要意义。同时，应当从私法自治出发，应坚持"法无禁止皆自由"的原则减少公法对权利的限制。义务的设定实际上是对民事主体的权益的一种限制，为了充分保护当事人的利益，对于民事权利的限制和民事义务的设定应当有法律依据和正当理由。

---

① ［日］我妻荣：《物权法》，2 页，东京，岩波书店，1995。

第四编

民事法律行为和
代理制度

第十二章

民事法律行为制度概述

第一节　民事法律行为的概念和特征

一、民事法律行为的概念

所谓民事法律行为，是指民事主体通过意思表示设立、变更、终止民事法律关系的行为；换言之，是以意思表示为核心、能够产生当事人预期的法律效果的行为。民事法律行为，是产生、变更和终止民事法律关系的最重要的法律事实。法律行为是以发生私法上效果的意思表示为核心的行为，它是实现私法自治的工具。[①] 作为民法的重要调整手段，法律行为制度通过赋予当事人自由意志以法律效力，使当事人能够自主安排自己的事务，从而实现了民法主要作为任意法的功能。因此，法律行为是民法中最为核心的制度之一。

---

① 参见［德］汉斯·布洛克斯、沃尔夫·迪特里希·瓦尔克：《德国民法总论》，张艳译，64页，北京，中国人民大学出版社，2012。

法律行为（Rechtsgeschaeft）的概念最早是由德国学者古斯塔夫·胡果（Gustav Hugo，1764—1844）在 1805 年出版的《日耳曼普通法》一书中提出的，并为《德国民法典》所采纳。德国学者对法律行为概念通常是从两个角度表述的：一是从法律行为的内涵，即意思表示的角度来概括法律行为的概念。萨维尼曾经在其《当代罗马法体系》中对法律行为作出过一个经典的定义，他认为，"意思表示或法律行为这种法律事实应被如此理解：它不仅是自由行为，并且行为人的意志直接指向法律关系的产生或消灭"①。法律行为以意思表示为核心，法律行为的概念是对总则之下民法各编规定中行为的抽象。大多数德国学者都接受了这种观点。二是从法律行为的功能角度来界定法律行为的概念。例如，温德夏特认为："法律行为是旨在法律效力的创设的私的意思宣告。"弗卢梅认为，法律行为旨在通过个人自治即通过实现私法自治的原则以设定一个调整内容的方式成立、变更或解除一个法律关系。②

我国《民法通则》在规定民事法律行为的概念时，强调其应当具有合法性，该法第 54 条规定："民事法律行为是公民或者法人设立、变更、终止民事权利和民事义务的合法行为。"据学者考证，该定义来源于苏联学者阿加尔柯夫。阿加尔柯夫认为应当将法律行为界定为合法行为，因为法律一词本身就包括了正确、合法、公正的含义。③应当看到，强调法律行为的合法性有一定的道理，一方面，此种观点揭示了法律行为拘束力的部分来源，也突出了国家对法律行为的某种控制。因为当事人的意思表示之所以能够产生法律拘束力，并不完全在于当事人作出了一种旨在引起民事法律关系变更的真实的意思表示，而主要因为当事人作出的意思表示符合国家的意志。另一方面，在法律行为概念中突出合法性内涵，也有利于发挥法律行为制度在实现国家公共政策和维护社会公共利益方面的作用。尽管法律行为是实现意思自治的工具，但意思自治并不意味着，当事人具

---

① Savigny，System des heutigen römisches Rechts，Bd. 3，S. 98.

② Werner Flume，Allgemeiner Teil des Bürgerlichen Recht，zweiten Band：Das Rechtsgeschäft，1975，Springer，S. 23.

③ 参见龙卫球：《民法总论》，478 页，北京，中国法制出版社，2001。

有任意行为的自由，强调法律行为的合法性有利于国家通过法律行为来对民事行为进行必要的控制。但是，过度地强调法律行为的合法性，不仅会人为地限制法律行为制度所调整的社会行为范围，而且将不适当地突出国家对民事主体行为自由的干预，从而限制了私法自治。

《民法总则》并没有作出此种要求，该法第133条规定："民事法律行为是民事主体通过意思表示设立、变更、终止民事法律关系的行为。"由该规定可以看出，《民法总则》从以下两个方面改变了《民法通则》的规定：一是取消了民事法律行为合法性的要求，因为民事法律行为即便违法，也并非当然无效。在许多情况下，即使民事主体实施了欺诈等违法行为，如果受害人未提出撤销该行为，则该行为也应当有效。二是增加了意思表示的概念，即强调民事主体要通过意思表示实施民事法律行为，这就揭示了民事法律行为的本质特征。

二、民事法律行为的特征

（一）民事法律行为是民事主体实施的以设立、变更、终止民事法律关系为目的的行为

民事法律行为作为一种法律事实，是由当事人实施的、能够产生一定法律效果的行为。这就是说，首先，民事法律行为必须是由民事主体实施的行为，非民事主体实施的行为，如法院的判决和仲裁机构的裁决虽然也能够发生法律后果，但不是民事法律行为。

其次，民事法律行为应当产生一定的法律效果，即民事权利义务关系的设立、变更和终止。法律行为不同于戏谑行为之处就在于，行为人具有法效意思，或者说，具有产生法律效果的意思。在萨维尼看来，法律行为不同于其他行为，"尽管一项行为也许不过是其他非法律目的的手段，只要它直接指向法律关系的产生或消灭，这种法律事实就被称为意思表示（Willenserklärungen）或法律行为（Rechtsgeschäfte）"①。因此，法律行为可以产生一定的法律效果。所谓法律

---

① Savigny，System des heutigen römischen Rechts，Bd. 3，S. 5f.

效果，是指法律赋予当事人的意思表示以一定的私法上的效果，发生私法上的权利变动。① 严格地说，法律效果不完全等同于法律后果。因为从广义上看，凡是因行为人的行为导致的法律上的效果以及法律责任等都是法律后果，从这个意义上可以说，法律效果就包括在法律后果之中。从狭义上理解，法律后果仅指因为某种违法行为所导致的法律上的责任，从这个意义上理解的法律后果与法律效果是存在一定的区别的。主要表现在：一方面，法律效果是指某种行为能否产生某种法律效力，换言之，是指当事人的意志能否获得法律上的承认，并由法律赋予一定的拘束力。而法律后果则是指一种法律上的责任。另一方面，法律效果通常都是当事人所主动追求达到的，而法律后果则不尽然，其有可能悖于当事人主观意志所追求的结果。此外，发生法律后果的行为大多是非法的，并可能要承担法律责任。而产生法律效果的法律行为既可能是合法的，也可能是非法的。就法律行为而言，其并不限于合法行为，非法的行为也可能发生法律效果。例如，欺诈行为属于非法行为，但是它可能产生合同被撤销等法律效果，也可能在不损害国家利益的前提下，因当事人自愿接受而使其有效。

（二）民事法律行为是通过意思表示而实施的行为

所谓意思表示（Willenserklaerung），是指向外部表明意欲发生一定私法上效果的意思的行为。② 它是旨在达到某种特定法律效果的意思的表达。意思表示作为一个法律术语，究竟是何人首次提出一直存在争议。③ 但大多数学者认为，该词为 18 世纪沃尔夫在《自然法论》（jus Naturae）一书中所创。④ 意思表示是德国法律行为理论中最为基础的法律概念和制度构造，是法律行为制度的精华所在。⑤ 民事法律行为都是通过意思表示作出的，即表意人将其内心意思表示于外，为他人所知晓。如果民事法律行为能够产生主体预期的后果，按照当事人的意愿安排他们之间的利益关系，当事人必须能够自主作出意思表示，而且这种意

---

① 参见王泽鉴：《民法总则》，201 页，北京，北京大学出版社，2009。
② 参见梁慧星：《民法总论》，189 页，北京，法律出版社，2011。
③ 有学者主张为 Thomasius，也有学者主张为 Christian Wolff。其首次使用在《普鲁士普通邦法》中。
④ 参见沈达明、梁仁杰：《德意志法上的法律行为》，49 页，北京，对外贸易教育出版社，1992。
⑤ 参见龙卫球：《民法总论》，502～503 页，北京，中国法制出版社，2002。

思表示能够依法在当事人之间产生拘束力，这也是法律行为与事实行为的根本区别。在一些事实行为中，虽然当事人也可能对其行为后果有一定的意思，而且也表达于外，但由于其不符合法律行为的本质要求而不能发生相应的法律拘束力，其法律后果是由法律直接规定的，这与法律行为中依据当事人的意思而产生相应的法律效果存在本质区别。事实行为并不以意思表示为要件。当然，意思表示也不能完全等同于法律行为，两者之间也存在一定的区别。意思表示为法律行为不可或缺的构成要素。意思表示是法律行为的核心，如果法律行为能够产生主体预期的后果，按照当事人的自主意愿安排其民事活动，当事人必须要能够自主作出意思表示，而且这种意思表示能够依法在当事人之间产生拘束力。

（三）它是能够产生当事人预期的法律效果的行为

民事法律行为能够产生当事人预期的法律效果，其主要包含以下三个方面的含义：

第一，民事法律行为作为引起法律关系变动的原因，其不仅可以导致民事法律关系的产生，而且可以成为民事法律关系变更和终止的原因。民事法律行为将导致民事权利义务关系的产生、变更和终止。所谓产生民事权利义务关系，是指当事人通过法律行为旨在形成某种法律关系（如买卖关系、租赁关系），从而具体地享有民事权利、承担民事义务。所谓变更民事权利义务关系，是指当事人通过法律行为使原有的民事法律关系在内容上发生变化。变更法律关系通常是在继续保持原法律关系效力的前提下变更其内容。如果变更使原法律关系消灭并产生一个新的法律关系，则不属于变更的范畴。所谓终止民事权利义务关系，是指当事人通过法律行为，旨在消灭原法律关系。无论当事人从事法律行为旨在达到何种目的，只要当事人达成的法律行为依法成立并生效，就会对当事人产生法律效力，当事人也必须依照法律行为的规定享有权利和履行义务。[①] 民事法律行为在性质上属于民事法律事实，其可能导致民事法律关系的产生、变更或者消灭。

第二，民事法律行为并不是可以产生任何法律上的效果，而仅仅是可以产生

---

① 参见王泽鉴：《民法总则》，234 页，北京，北京大学出版社，2009。

私法上的效果。① 我国学者一般认为应采传统民法中法律行为的定义，只是为了将民法中的法律行为与其他法律领域中法律行为的概念区分开来，才冠以"民事"二字。② 我国传统民法一般认为"法律行为是以私人欲发生私法上效果之意思表示为要素，有此表示，故发生法律上效果之法律事实也"③，其所谓私法上之效果，即导致民事法律关系的产生、变更、消灭。

第三，民事法律行为不仅能产生私法上的效果，而且能够产生当事人所预期的法律效果。因为在民法理论中，行为是与事件相对的引起民事法律关系发生、变更、终止的法律事实。能够引起民事法律关系发生、变更、消灭的合法行为很多，例如，拾得遗失物、自助行为等，但它们并不是法律行为。法律行为不同于事实行为在于其能够产生当事人预期的法律效果。法律行为"包含一项或数项意思表示，并且由法秩序承认其作为意欲法律效果得以实现之基础的法律要件"④。正如《德国民法典立法理由书》所指出的，法律行为是指"私人的、旨在引起某种法律效果的意思表示。此种效果之所以得依法产生，皆因行为人希冀其发生。法律行为之本质，在于旨在引起法律效果之意思的实现，在于法律制度以承认该意思方式而于法律世界中实现行为人欲然的法律判断"，简言之，法律行为即旨在引起当事人预期的法律效果的行为。⑤

需要指出的是，在某些特殊情形下，法律行为的效果不限于当事人所追求的法律效果，还可能包括法律强行规定的法效果。⑥ 例如，当事人订立了合法有效的合同，除了发生当事人所追求的效果外，还要适用法律关于附随义务的规定。附随义务便属于法律强行规定的效果。当然，虽然民事法律行为能够产生当事人所预期的法律效果，但如果该行为违法或违反公序良俗，则可能难以产生当事人

① 参见郑玉波：《民法总则》，296 页，北京，中国政法大学出版社，2003。
② 参见梁慧星：《民法总论》，152 页，北京，法律出版社，2011。
③ 胡长清：《中国民法总论》，184 页，北京，中国政法大学出版社，1997。
④ Enneccems/Nipperdey, Allgemeiner Teil des Bürgerlichen Rechts: Ein Lehrbuch, zweiter halbband, 15. Aufl. Mohr Siebeck, 1960, S. 896f.
⑤ 参见［德］迪特尔·梅迪库斯：《德国民法总论》，邵建东译，143 页，北京，法律出版社，2000。
⑥ Reinhard Bork, Allgemeiner Teil des Bürgerlichen Gesetzbuchs, 2. Auf., Rn. 403, S. 157.

所预期的法律效果。

总之，笔者认为，依据《民法总则》第133条的规定，民事法律行为是民事主体实施的、以意思表示为要素、且能够产生当事人所预期的法律效果的行为。这一定义的特点表现在：第一，《民法总则》并未要求法律行为是一种合法行为，当然，这并不是说要放弃强调法律行为的合法性要件，而只是要进一步严格界定法律行为的合法性要件。所以，在法律行为的生效要件中进一步明确法律行为的生效要件之一是"不违反法律、行政法规的强制性规定和公序良俗"。这样，实际上就严格限定了判断法律行为效力的标准。但合法性仅是法律行为的效力判断规则，而非其本质构成。第二，这一定义强调意思表示在法律行为中的重要意义。意思表示乃法律行为之要素，法律行为本质上是意思表示。[①] 法律行为可能是一个意思表示，也可能是两个或多个意思表示相一致，但绝不可没有意思表示。法律行为的概念中必须以意思表示为构成要件。第三，这一定义明确了法律行为是民事主体旨在变动私法关系的行为。"旨在变动"实际上就是强调当事人对其行为效果的预期性。无效的民事行为当事人对此也有一定的预期，但其不能产生当事人预期的效果。所以，民事法律行为并不是当事人随心所欲能够实现其任何目的的行为。如果当事人的意志与国家的意志不符合，那么就不能产生当事人预期的法律效果。民事法律行为制度体现了私法自治的基本精神，即在一般情况下，只要当事人的意思表示符合法定的条件，就可以实现当事人的目的，依法发生当事人所期望的法律后果。

三、法律行为与相关概念

（一）法律行为与情谊行为

所谓情谊行为（Gefaelligkeiten），是指以增进人际关系为意图，善意、无偿为他人提供财产或服务，依法不能产生一定法律效果的行为。[②] 例如，邀请他人

---

① 参见刘清波：《民法概论》，79页，台北，开明书店，1979。
② 参见［德］迪特尔·梅迪库斯：《德国民法总论》，邵建东译，148页，北京，法律出版社，2000。

吃饭而爽约、答应出席社交舞会而缺席。在日常生活中，情谊行为是经常发生的。两者之间存在明显区别：第一，情谊行为是发生在法律之外，可以说已经处于法外空间。而法律行为是法律所调整的行为。第二，情谊行为没有意思表示。行为人实施此种行为，并没有受到法律拘束的意思。虽然当事人有行为的意图，但是，其并不愿意受到法律的拘束。[①] 而法律行为是当事人所意欲从事的行为。第三，是否产生预期的法律效果不同。对于情谊行为而言，当事人没有期待其产生一定的效果。不过情谊行为也可能会产生一定的法律后果，例如，好意同乘行为，也可能因为驾车人的过错发生车祸而导致他人的损害，进而承担侵权责任。[②] 而法律行为一般都是当事人期望达到某种效果的行为。

（二）法律行为与准法律行为

所谓准法律行为（geschäftsähnliche Handlungen），是指当事人将其内心状态表示于外，但法律效果由法律直接规定的行为。它包括三类：一是意思通知，意思通知是指由通知的意思而发生法律规定的效果的行为。例如，依据《合同法》第 47 条，与限制民事行为能力人订立合同的人，可以催告限制民事行为能力人的法定代理人追认。二是观念通知，是指认识事实并通知该事实而发生法律所规定效果的行为。[③] 例如，依据《合同法》第 118 条，合同一方当事人因不可抗力不能履行合同的，应当及时通知对方，因通知到达而产生一定的法律效果。三是情感表示，它是指行为人感情的表示。例如，在夫妻关系中，一方对另一方的过错表示宽恕的，可以产生特定的法律后果。

法律行为和准法律行为都要将一定的心理状态表示于外部，并且都可能发生一定的法律效果。但是，两者也存在明显的区别，主要表现为：一方面，法律行为旨在引起行为人希望的法律后果。[④] 对于准法律行为而言，法律已经就某种意思表示的效果作出规定，只要当事人作出相关的意思表示，就可发生法律规定的

---

① 参见［德］迪特尔·梅迪库斯：《德国民法总论》，邵建东译，153 页，北京，法律出版社，2000。
② 参见王雷：《好意同乘中的车主责任问题》，载《云南大学学报》（法学版），2009（5）。
③ 参见［日］山本敬三：《民法讲义》（I），解亘译，72 页，北京，北京大学出版社，2004。
④ 参见［德］迪特尔·梅迪库斯：《德国民法总论》，邵建东译，160 页，北京，法律出版社，2000。

效果。另一方面，法律后果是否依据当事人的意图而产生。准法律行为的法律后果是直接依据法律规定而产生，不论当事人是否意欲如此。而法律行为的法律后果恰恰是当事人所意欲追求的后果。①

四、民事法律行为的成立

（一）民事法律行为成立的条件

《民法总则》第 134 条第 1 款规定："民事法律行为可以基于双方或者多方的意思表示一致成立，也可以基于单方的意思表示成立。"民事法律行为的成立是指当事人就民事法律关系的产生、变更和消灭作出了一定的意思表示，或意思表示一致。由于民事法律行为的类型不同，其成立条件和成立时间也存在差别。对单方法律行为而言，其成立则要根据是否需要受领作出区分。对需要受领的单方法律行为而言，自到达受领方才能生效，但对不需要受领的单方法律行为而言，只需要当事人作出意思表示即可，其生效不需要对方当事人受领。而双方法律行为则需要双方意思表示一致才能成立。例如，合同就是当事人意思表示一致的产物。双方法律行为的成立时间是当事人意思表示一致形成的时间。多方法律行为的成立需要多方当事人意思表示一致。从多方当事人合意达成时起，多方法律行为才成立。

《民法总则》第 134 条第 2 款规定："法人、非法人组织依照法律或者章程规定的议事方式和表决程序作出决议的，该决议行为成立。"据此，对决议行为而言，其并不要求每个当事人都作出意思表示，而只需要依据法律或者章程规定的议事方式和议事程序作出即可。

（二）民事法律行为成立的效力

民事法律行为一旦成立，即对当事人产生拘束力，任何一方当事人都不得单方面否定该民事法律行为的效力。当然，民事法律行为成立只是其生效的前提，只要当事人主体适格、意思表示真实、内容合法，则民事法律行为一旦成立，除

---

① 参见王泽鉴：《民法总则》，205 页，北京，北京大学出版社，2009。

法律另有规定或者当事人另有约定的外，民事法律行为一经成立即生效。

五、民事法律行为的形式

所谓民事法律行为的形式，又称为民事法律行为的成立方式，即当事人意思表示的外在表现形式。《民法总则》第135条规定："民事法律行为可以采用书面形式、口头形式或者其他形式；法律、行政法规规定或者当事人约定采用特定形式的，应当采用特定形式。"该条对民事法律行为的形式作出了规定。从比较法上看，各国一般都尊重当事人在选择民事法律行为形式方面的意思自由。例如，关于合同的形式，《欧洲民法典草案》在确立合同自由内容时候，就规定了当事人有权选择合同的形式，并且在第2—1：106条明确规定合同当事人不受任何形式的约束。从我国《民法总则》第135条的规定来看，其也规定了多种形式，而且没有要求当事人必须采用某种特定的形式，这实际上也尊重了当事人选择民事法律行为形式的自由。当然，对特殊类型的民事法律行为而言，如果法律、行政法规对其形式有特别的规定和要求，则当事人实施该种民事法律行为应当符合该形式要求。

依据《民法总则》第135条的规定，民事法律行为的形式具体包括：一是书面形式。所谓书面形式，是指以文字等可以再现民事法律行为内容的形式。书面形式主要是指合同书、信件、电报、电传、传真等，还包括微信、QQ等网络通信手段。可见，书面形式的种类十分广泛，只要能够再现当事人意思表示内容的形式，都有可能成为书面形式。民事法律行为的书面形式既可以由法律规定，也可以由当事人约定。书面形式的要求也有利于准确界定当事人之间的权利义务关系，从而有效减少纠纷。此外，书面形式还具有防止欺诈、督促当事人谨慎行为的功能。二是口头形式。口头形式是指当事人通过口头对话的方式实施民事法律行为。在社会生活中，口头形式是最为普遍的民事法律行为形式。例如，通过电话预订房间、购买产品等。口头形式的主要优点在于简便易行、快捷迅速，《民法总则》允许当事人采取口头形式实施民事法律行为，既尊重了当事人的意思自由，也有利于鼓励交易。但口头形式固有的缺点是缺乏文字凭据，一旦发生纠

纷，也可能使当事人面临不能举证的危险。三是其他方式。《民法总则》第135条规定了民事法律行为可以采取"其他形式"，但此处所说的"其他形式"究竟包括哪些方式，存在不同观点。所谓其他形式，是指以书面和口头形式以外的行为方式缔约的形式，主要指默示形式，它是指当事人不是通过语言或者文字的方式来作出意思表示，而是通过一定的行为作出意思表示。默示形式包括的范围也较为广泛，例如，房屋租赁合同期满后，出租人继续接受承租人所交纳的租金。根据这一特定的行为，可以推定当事人有延长房屋租赁合同的意思表示。再如，商店设置自动售货机，顾客将规定的货币投入自动售货机内，买卖合同即告成立，即通过顾客的投币行为就可以推定合同成立。

依据《民法总则》第135条的规定，如果法律、行政法规对民事法律行为的形式作出了要求，当事人应当遵守，但问题在于，如果当事人没有遵守该规定，是否必然导致民事法律行为无效？也就是说，相关法律、行政法规关于民事法律行为形式的规定是否属于效力性规定？笔者认为，如果法律、行政法规对当事人违反有关民事法律行为形式规定的法律后果作出了规定，则应当依据该规定认定民事法律行为的效力。但如果法律、行政法规没有对违反民事法律行为形式的法律后果作出规定，则从鼓励交易、保障当事人私法自治出发，不应当轻易否定当事人民事法律行为的效力。[①]

第二节　法律行为制度的演进

法律行为制度经历了一个发展过程。在罗马法中，并不存在法律行为的概念，但罗马法对契约、遗嘱等具体的法律行为作了较为详尽的规定，从而建立起实质意义上的法律行为制度。虽然这一制度仍带有身份色彩和强烈的形式化特征，但它毕竟是现代法律行为制度的渊源。[②]

[①] 参见石宏主编：《中华人民共和国民法总则条文说明、立法理由及相关规定》，324～325页，北京，北京大学出版社，2017。

[②] 参见董安生：《民事法律行为》，17～19页，北京，中国人民大学出版社，1994。

　　法律行为理论在发展演变的过程中也深受日耳曼法的影响。在日耳曼法中，誓言的约束力来源于人们对神灵的信仰，虽然此种约束力的本质是一种自我的约束与自我的控制，但是，誓言必须信守实际上就反映了当事人的意思应当具有一定的约束力。至中世纪时期，随着新型国家的出现，当事人意思的拘束力不可能单纯地来源于人们的自我信仰与自我约束，而必须依靠国家强制力的保障，只有在当事人的意思与国家的意思相结合的情况下，法律行为才具有完整的拘束力。

　　1804 年的《法国民法典》并没有规定法律行为的概念，但是许多法国学者认为，由于法典中使用了"意思表示"的概念，确认了意思自治的原则，且对法律行为的一般规则作出了规定，因而也可以认为法国法承认了法律行为制度。该法典中还明确规定了表意行为"有效成立的必要条件"，确立了行为能力原则、标的确定原则、内容合法原则、自愿真实原则、公平善意原则等，而且详细规定了"意思表示解释"规则，以及对单方行为与双方行为等同适用的附条件和附期限行为的规则等。[①]《法国民法典》的上述规定为学者研究法律行为理论提供了依据，尽管迄今为止，在法国的法律中尚未正式出现"法律行为（act juridique）"一词，但是法律行为的概念已为学者所广泛运用。[②]

　　"法律行为（Rechtsgeschäft）"一词最初是由德国注释法学派学者所创立的。这些学者通过对罗马法的分析与整理提炼出了一套完整的法律行为理论。不过，就谁最早提出"法律行为"一词，理论界一直存在争论。有学者认为，德国学者古斯塔夫·胡果（Gustav Hugo，1764—1844）在 1805 年出版的《日耳曼普通法》一书中最早提到了"法律行为"，不过胡果在使用"Rechtsgeschaeft"一词时主要是用来解释罗马法中的"适法行为"，其内涵指具有法律意义的一切合法行为。潘德克顿体系的创始人海瑟（Heise）在 1807 年出版的《民法导论——潘德克顿教材》一书中，也提出了法律行为的概念与系统完整的理论。该书第六章以"行为"为题，并在第二节专门讨论了法律行为的一般理论，例如概念、

---

　　① 参见董安生：《民事法律行为》，24～25 页，北京，中国人民大学出版社，1994。格劳秀斯在其名著《战争与和平法》中提出的诺言（promise）概念，类似于今天的意思表示，强调意思表示的法律效力。

　　② 参见尹田：《法国现代合同法》，1 页，北京，法律出版社，1995。

类型、要件等，从而对法律行为作了极为系统完整的论述。以后，萨维尼在其名著《当代罗马法体系》（尤其是第 3 卷）一书中对法律行为理论作了更加深入、细致、详尽的研究，从而极大地的丰富了法律行为理论。[①] 萨维尼强调应当以法律行为的概念代替意思表示，意思表示只是法律行为的构成要素。法律行为理论深受德国自然法学派的影响，是德国学者从交易中抽象出来的概念。[②]

最早在立法中采纳法律行为（Rechtsgeschaeft）概念的是 1863 年《萨克森民法典》（Das Bürgerliche Gesetzbuch für das Königreich Sachsen），该法典将法律行为规定在总则编第四章（关于行为）第三节中规定了法律行为。其中第88～102 条规定了概念和要件，第 103～107 条规定了无效和可撤销，第 108～115 条是其他规定。该法第 88 条规定："如某行为与法律要求相符，旨在设定、废止、变更法律关系的意思表示，即为法律行为"，这是民法典对法律行为这一概念以及制度的首次承认。[③] 1794 年的普鲁士普通邦法第一编第四章规定了"意思表示"、第五章规定了"合同"。例如，该法第 1 条规定："如以行为设定权利，则行为必须自由。"第 3 条规定："如果对财产的处理缺乏自由，则不可从法律上产生约束力。"[④] 普鲁士普通邦法虽然没有使用"法律行为"的概念，但其使用了"意思表示"的概念。普鲁士普通邦法第一编第四章中规定的关于"意思表示"一节，其条文多达 169 条。

第一次系统、完整地规定法律行为制度的应为 1900 年的《德国民法典》，该法典在总则编中用了 59 个条文规定了法律行为的有关问题。该法典不仅规定了法律行为、意思表示、行为能力、法律行为有效成立的条件、法律行为的解释规则，而且肯定了法律行为理论中形成的要式行为与不要式行为、有因行为与无因行为、处

---

① Savigny，Das System des heutigen römisches Rechts，Bd. 3，SS. 5ff.

② Flume，Allgemeiner Teil des Bürgerlichen Rechts，Band 2，Das Rechtsgeschaeft，Springer，1992，S. 30.

③ § 88. Geht bei einer Handlung der Wille darauf, in Uebereinstimmung mit den Gesetzen ein Rechtsverhältniß zu begründen, aufzuheben oder zu ändern, so ist die Handlung ein Rechtsgeschäft.

④ ［德］汉斯·哈腾保尔：《法律行为的概念——产生以及发展》，载《民商法前沿》，第 1 期，138 页。

分行为与负担行为等行为的分类，有些规定就是对意思表示理论研究成果的直接吸收，如意思要素与表示要素、内在缺陷与外在缺陷、行为意思、法效意思等。值得注意是，《德国民法典》中并没有对"法律行为"的概念作出界定。《德国民法典》一稿的起草者有意地回避了有关该概念的规定，但在一稿意见书中却出现如下内容："在本草案意义上，法律行为是旨在引起法律后果的个人意思表示，之所以依据法律规定出现该法律后果，是因为该法律后果是所意愿的。法律行为的本质就在于：发生一个旨在引起法律效力的意志，并且法律规定通过承认此种意志从而实现了该所意愿的法律世界中的法律塑造。"① 由于《德国民法典》没有对法律行为的概念作出明确规定，因而有关法律行为的内涵、与意思表示的关系等问题在学术界一直存在巨大的争论。例如，就法律行为究竟应为"法律上的行为（juristic action）"，还是仅指"法律上的交易（legal transaction）"，在学理上存在不同的看法，甚至英美法学者在如何翻译"法律行为"一词上都有争议。

《德国民法典》中的法律行为制度对后世许多国家的民法典都产生了重大的影响，许多国家都在自己的民法典中采纳了法律行为的概念以及相应的规则，例如《日本民法典》《希腊民法典》等。1922 年的《苏俄民法典》以及 1964 年《苏俄民法典》也采纳了《德国民法典》的经验，规定了较为完备的法律行为制度。

我国最初是从日本民法中引入了法律行为的概念，而日本学者在继受德国法时将"Rechtsgeschaeft"一词直接翻译为"法律行为"。由日本学者帮助起草的 1911 年的《大清民律草案》就直接采纳了法律行为的概念。1925 年的《民国民律草案》以及 1933 年的《中华民国民法》都采纳了法律行为的概念并对法律行为制度作出了较为详细的规定。中华人民共和国成立后，虽然因废除了旧法统而没有采纳民国政府的法律，但是我国民法深受苏联民法的影响。由于 1964 年《苏俄民法典》中采取了法律行为的概念②，该法典对我国 1986 年的《民法通则》

---

① Flume，Allgemeiner Teil des Bürgerlichen Rechts，Band 2，Das Rechtsgeschaeft，Springer，1992，S. 23.（参见《〈德国民法典〉一稿立理由书第一卷》，第 126 节）

② 《苏俄民法典》第 41 条规定：法律行为是"公民和组织旨在设立、变更或终止民事权利和民事义务的行为。"该法第 45 条规定："不遵守法律所要求的形式，只有在法律直接规定无效的情况下，法律行为才认为无效。"

的起草产生了重大的影响。《民法通则》借鉴苏俄民法的经验，规定了民事法律行为制度（第四章第一节），其中包括了民事法律行为的概念、要件、无效的民事行为、可撤销的民事行为等。与德国民法中的法律行为制度相比，我国《民法通则》确立的法律行为制度具有以下特点：首先，法律行为前面有"民事"的限定，且在法律行为概念中并未强调意思表示的内涵，而只是强调了法律行为的效果，即产生、变更、终止民事法律关系。其次，由于我国《民法通则》第 54 条明确规定法律行为必须是合法行为，因而对于那些无效的或者可撤销的法律行为，就无法加以容纳，只能在民事法律行为之上再抽象出一个上位概念，即民事行为，包括法律行为以及无效、可撤销、可变更、效力待定的民事行为。再次，《民法通则》的整个法律行为制度中，更加强调的是国家的意志而非私法自治，例如对于法律行为的概念强调其合法性、将欺诈行为作为无效而非可撤销的行为加以规定，等等。这与当时我国的经济体制改革尚未全面展开，社会生活中国家行政干预色彩浓厚等原因有关。

由于法律行为制度具有其自身独特的功能，且我国《民法通则》颁布后，法律行为制度已经为我国民事司法实践所广泛采纳，《民法总则》在总结我国立法和司法实践经验的基础上，单设第六章，对民事法律行为的一般规定、意思表示、民事法律行为的效力、民事法律行为的附条件和附期限都作了系统、全面的规定，完善了民事法律行为制度。

第三节　法律行为制度的功能和地位

一、法律行为制度是实现私法自治的工具

法律行为被认为是私法的核心部分①，由此也表明了其在民法中的重要地

---

① Eisenhadt，Deutsche Rechtsgeschichte，Beck，Aufl. 3，1999，S. 230.

位。法律行为制度的设立解释了私法自治的基本精神，或者说法律行为制度为意思自治原则提供了基本的空间。法律行为制度作为实现私法自治的工具的作用主要表现为：

首先，法律行为制度的设立解释了私法自治的基本精神。法律行为解释了能够产生、变更和终止法律关系是基于当事人的意愿。对某些行为，法律允许当事人通过其以民事法律关系发生变动为目的的意思表示来引起民事法律关系发生、变更或消灭，只要当事人的意思符合法定的条件，就可以实现当事人的目的，依法发生当事人所期望的法律后果。当事人依其自身意志形成法律关系，所表达的正是私法自治理念。① 私法自治保障个人具有根据自己的意志，通过法律行为构筑其法律关系的可能性。②

其次，法律行为制度为意思自治提供了基本的空间，符合市场经济的内在要求。一方面，法律行为制度进一步解释了为什么民法规范以任意性规范为主要类型。所谓任意性规范，是指可以由当事人通过约定而加以适用或排除的规范。任意性规范的功能在于当事人可以以其约定优先于法律规范而适用，如此可以极大地发挥当事人的积极性与主动性。法律行为在本质上就是允许当事人通过其意思表示决定其相互间的权利义务关系，并由其意思表示变更、消灭其相互关系。这正是市场经济内在要求在法律上的表现。另一方面，民法的私法自治原则必须通过法律行为制度加以落实。"法律行为概念与私法自治原则相呼应"，法律行为是实现私法自治的工具。③ 私法自治原则强调私人相互间的法律关系应取决于个人的自由意思，从而给民事主体提供了一种受法律保护的自由，使民事主体获得自主决定的可能性。而法律行为制度充分体现了民法精神或私法精神，承认个人有独立的人格，承认个人为法的主体，承认个人生活中有一部分是不可干预的，即

---

① Enneccems/Nipperdey，Allgemeiner Teil des Bürgerlichen Rechts：Ein Lehrbuch，zweiter halbband，15. Aufl. Mohr Siebeck，1960，S. 896f.

② 参见［德］迪特尔·梅迪库斯：《德国民法总论》，邵建东译，8 页，北京，法律出版社，2000。

③ Flume，Allgemeiner Teil des Bürgerlichen Rechts，Band 2，Das Rechtsgeschaeft，Springer，1992，S. 23.

使国家在未经个人许可时也不得干预个人生活的这一部分。[1]

再次，法律行为制度为建立有限的、服务型政府奠定了基础。现代市场经济条件下，政府应当是有限的服务型政府，政府的行为应当局限于法律的授权范围内，凡是涉及社会成员私人生活的领域，只要不涉及公共利益、公共道德和他人的利益，都应当交给任意法来处理，即允许社会中私人之间的财产关系、人身关系由私人依法依据其自己的意思加以创设、变更或消灭。这就需要明确强行法的控制范围和任意法的调整范围，对于本属于私人之间的事务应当更多地交给其自行处理。既然意思自治主要体现在法律行为制度中，那么，《民法总则》的法律行为制度充分彰显私法自治精神，合理界定国家干预与意思自治的界限，为实现建立有限政府的行政体制改革目标奠定了坚实的法律基础。

二、法律行为制度促进了民法的体系化

19世纪末，在经过了数十年的法典论战后，《德国民法典》的起草者采纳了由潘德克顿学派所提出的民法典体系，这即是今天所说的五编制的"德国式"模式。作为潘德克顿学派结晶的《德国民法典》，具有概念精密清晰、用语简练明确、体系严谨完整等诸多优点，虽历经百年社会变迁，仍不愧为一部伟大优秀的民法典。"德意志编别法创设总则编之一举，意义甚为重大，当时德国法律学者皆认为，对各种法律关系共同事项，另有谋设一般的共同规定之必要。"[2] 而总则编的形成主要原因是潘德克顿学派通过解释罗马法而形成了法律行为的概念，从而使物权法中的物权行为、合同中的合同行为、遗嘱中的遗嘱行为、婚姻中的婚姻行为等行为都通过法律行为获得了一个共同的规则。法律行为是各种分则中的行为提取公因式形式（von die Klammer zu ziehen）的结果。法律行为的设定也使代理能够作为总则中的规则而存在。也就是说，由于潘德克顿学派设立了完整的法律行为制度，从而构建了一个完整的民法典总则的体系结构。在潘德克顿

---

[1] 参见谢怀栻：《从德国民法百周年说到中国的民法典问题》，载《中外法学》，2001（1）。

[2] 陈棋炎：《亲属、继承法基本问题》，3页，台北，三民书局，1980。

五编制体系中，总则之核心则在法律行为理论。[①] 许多大陆法系国家的民法典都只有人法，而没有总则，这在很大程度上是因为其没有采纳法律行为制度造成的。

民事法律行为制度在总则中具有举足轻重的地位，因为民法总则应当以主体、客体、行为、责任来构建，通过这一体系展示民法的基本逻辑关系，这就必须以法律行为制度为基础。从逻辑体系上看，行为能力确定的是意思能力，而法律行为确立的是意思表示，没有法律行为的概念，难以解释意思能力。代理是指在本人不能作出意思表示时，如何由他人代理进行意思表示。如果民法总则中有代理而无法律行为，就使代理的前提缺乏，也就是说从主体到代理，中间缺乏一个环节。如果没有民事法律行为制度，那么民法的各个部分是散乱的，很难形成民法的总则。正是由于法律行为制度的设立，散见在民法各个部分的杂乱无章的表意行为有了共性的规则，从而形成了一个统一的制度。例如，遗嘱和合同行为存在质的区别：后者为交易行为，前者为单方行为。但两者还是存在许多共同之处，可以将其共同之处抽象出来，形成法律行为制度。所以，民事法律行为制度是民法总则中的不可或缺的内容。

民事法律行为将各种以意思表示为核心的行为作出统一规定，避免了立法的重复，实现了立法的简洁。例如，在法律行为制度中规定了法律行为的生效要件、无效或可撤销的原因、法律行为的解释等，那么在有关单方行为、合同等的规定中就没有必要再重复规定。法律行为制度最典型地体现了提取公因式方式的立法模式的优点。该制度的设立也避免了立法冲突。法律行为制度是高度抽象化的产物，它把合同、遗嘱等抽象化为法律行为制度，并通过法律行为的成立、生效要件，实现了国家对民事主体行为的规范。从审判实践来看，法律行为制度也已经成为民事的裁判规则。法官常常要引用法律行为制度的规定作为判案的依据，如果取消法律行为制度，将使法官缺乏适用的法律规则。

---

① Flume, Allgemeiner Teil des Bürgerlichen Rechts, Band 2, Das Rechtsgeschaeft, Springer, 1992, S. 1.

第四节　民事法律行为的分类

法律行为依据不同的标准可以做不同的分类，而这些分类在法律上都具有一定的意义。

一、单方法律行为、双方法律行为和多方法律行为

《民法总则》第 134 条第 1 款规定："民事法律行为可以基于双方或者多方的意思表示一致成立，也可以基于单方的意思表示成立。"据此，民事法律行为可以分为单方法律行为、双方法律行为、多方法律行为。

所谓单方法律行为，又称一方行为，是指根据一方的意思表示就能够成立的行为。换言之，是指某个人依据其意志而从事的能够发生法律效果的行为。单方法律行为大体上可以分为两种：一是因行使个人权利而实施的单方行为，而该行为仅仅发生个人的权利变动，如无主物先占、抛弃所有权和其他物权等。二是该行为涉及他人权利的发生、变更或消灭等，如授予代理权、授予处分权、立遗嘱和抛弃继承、委托代理的撤销，以及行使合同解除权、选择权、择定权等。①

所谓双方法律行为，是指双方当事人意思表示一致才能成立的法律行为。双方法律行为的典型形式是合同。合同是平等主体的自然人、法人及非法人组织之间设立、变更、终止民事权利义务关系的协议，也就是说，合同是一种发生民法上效果的合意。合同的成立必须要有两个以上的当事人，各方当事人须互相作出意思表示。这就是说，当事人各自从追求自身的利益出发而作出意思表示，双方的意思表示是交互的才能成立合同。

---

① 参见〔德〕迪特尔·梅迪库斯：《德国民法总论》，邵建东译，431 页，北京，法律出版社，2000。

所谓多方法律行为，又称为共同法律行为，是基于两个或两个以上共同的意思表示一致而成立的法律行为，如合伙协议等。我国一些学者认为，法律上有必要区分合同与契约，契约为双方法律行为，而合同为多方法律行为。① 此种观点也旨在区分双方和多方法律行为。多方法律行为和双方法律行为的区别在于：一方面，在实施共同法律行为时，当事人所追求的利益是共同的，而在双方法律行为中，当事人的利益是相对的。② 另一方面，在实施共同法律行为时，共同的意思表示的达成需要多数人的意思表示一致，并遵循一定的程序，而双方法律行为只需要双方意思表示一致即可。例如，订立章程要遵守一些订立章程的规则、程序，这不宜完全适用《合同法》的规定。

二、财产行为与身份行为

此种分类是以法律行为所发生的效果为标准进行的分类。所谓财产行为是指发生财产效果的行为。例如，买卖、租赁等债权合同都属于财产行为。身份行为是发生身份上效果的行为。例如结婚、收养、继承等行为，都属于身份行为。③ 在我国，虽然不承认结婚是一种合同，但也认为其是一种身份行为。④ 两种行为区分的意义在于：

第一，发生的效果不同。财产行为导致财产权在当事人之间发生变动。例如取得、移转、抛弃财产等行为都会导致财产权的转让和消灭。但身份行为则不一定发生财产权变动的效果。

第二，是否适用等价有偿原则不同。财产法律行为大多是双务的有偿行为，当事人之间义务的履行互为对价，并因此构成对待给付关系。在财产法律行为中，大多应适用等价有偿原则。例如，买卖中一方交付价金，另一方则应当移转

---

① 参见汪翰章主编：《法律大辞典》，上海，大东书局，1934。
② 参见郑玉波：《民法总则》，299页，北京，中国政法大学出版社，2003。
③ 参见郑玉波：《民法总则》，297页，北京，中国政法大学出版社，2003。
④ 欧洲普遍认为婚姻是一种契约，但日本并不采纳这一观点。参见［日］大村敦志：《民法总论》，江溯、张立艳译，49页，北京，北京大学出版社，2004。

标的物的所有权。而在身份行为中，并不适用等价有偿原则，其一般也不是有偿行为。

第三，是否适用代理制度不同。财产行为一般都可以委托他人进行代理。而身份行为则一般不允许进行代理。财产行为还可以附条件、附期限；而身份行为则不允许附条件或期限。[①]

第四，两者适用的法律依据不同。财产行为主要适用《民法总则》《合同法》《物权法》等法律；而身份行为主要适用《婚姻法》《收养法》《继承法》等法律。

三、一般民事法律行为与决议行为

《民法总则》第134条第2款规定："法人、非法人组织依照法律或者章程规定的议事方式和表决程序作出决议的，该决议行为成立。"该条对决议行为作出了规定。应当说，决议行为与一般的民事法律行为一样，都是意思表示的产物，不论是民事法律行为，还是决议行为，都需要主体以意思表示的方式作出，因此，有关意思表示的规则，一般也可以适用于决议行为。[②] 例如，有关欺诈、胁迫等意思表示瑕疵规则，也应当可以参照适用于决议行为。决议行为也与共同行为不同，共同行为需要当事人意思表示一致，而决议行为可能实行多数决，并不需要当事人意思表示一致。

然而，《民法总则》专门对决议行为作出规定，表明其与一般的民事法律行为（即《民法总则》第134条第1款所规定的双方和多方法律行为）存在一定的区别，此种区别主要体现为：

第一，主体不同。决议行为是法人和非法人组织及其内部所作出的决议，原则上只适用于法人或者非法人组织的内部决议事项[③]，决议在性质上属于团体行

---

① 参见史尚宽：《民法总论》，319页，北京，中国政法大学出版社，2000。
② 参见石宏主编：《中华人民共和国民法总则条文说明、立法理由及相关规定》，323页，北京，北京大学出版社，2017。
③ 参见李适时主编：《中华人民共和国民法总则释义》，420页，北京，法律出版社，2017。

为，并不适用于单个自然人。决议行为具有对团体自身和其成员的拘束力，它不仅为团体设定权利义务，也为团体成员设定了权利义务。[①] 而一般的民事法律行为既可以是自然人所实施的行为，也可以是法人所实施的行为。

第二，是否需要意思表示一致不同。决议行为是法人、非法人组织依照法律或者章程规定的议事方式和表决程序作出的。因而，只要符合法律和章程规定的程序所作出的决定，即使没有得到所有成员的同意，也能够产生效力，而且不论成员是否参与表决该决议，或者是否同意该决议，都要受到该决议的约束。一旦决议以规定的方式作出，它对未参与表决的成员也具有约束力。而对双方和多方民事法律行为言，必须各个当事人意思表示一致，否则无法成立。

第三，是否需要按照一定的程序表决不同。决议行为需要按照法定或者约定的程序作出。对决议行为而言，其主要实行多数决规则，只要按照程序作出了决定，则成员不论是否参与或者同意该决议，该决议对其都是有效的。而实施一般的民事法律行为一般并不需要遵守某种特定的程序。

决议行为也不同于共同法律行为。应当承认，决议行为和共同行为一样，都可能需要按照一定的程序作出，因此，许多学者认为，决议行为应当包括在共同行为之中。但《民法总则》将决议行为与共同行为分开规定，表明二者并非同一概念。两者的区别主要表现在：第一，是否需要合意不同。依据《民法总则》第134条的规定，共同行为必须多方的意思表示一致才能成立，要求排除异见；而决议行为通常并不需要多方意思表示一致，而主要实行多数决。即便决议时出现了全体一致同意的状况，那也只能是一种偶然，而非决议所要求的意思表示合成规则。[②] 第二，适用对象不同。共同行为主要适用于自然人，而依据《民法总则》第134条第2款的规定，决议行为适用于法人和非法人组织，并不适用于自然人。第三，是否有严格的程序要求不同。共同行为可能并不需要遵循严格

---

①② 参见瞿灵敏：《民法典编纂中的决议：法律属性、类型归属与立法评析》，载《法学论坛》，2017(4)。

的程序，而从《民法总则》第 134 条第 2 款的规定来看，决议行为需要依照法律或者章程规定的议事方式和表决程序作出，程序上的瑕疵可能影响决议行为的效力。

四、有偿法律行为与无偿法律行为

根据当事人是否需要进行互为对价的给付，法律行为可以分为有偿法律行为与无偿法律行为。所谓有偿法律行为，是指一方通过履行法律行为规定的义务而给对方某种利益，对方要得到该利益必须为对待给付的法律行为。有偿法律行为是商品交换最典型的法律形式。在实践中，绝大多数反映交易关系的法律行为都是有偿的。

所谓无偿法律行为，是指一方给付对方某种利益，对方取得该利益时并不需要为对待给付的法律行为。例如，赠与属于典型的无偿法律行为。无偿法律行为并不是反映交易关系的典型形式①，但由于一方无偿地为另一方履行某种义务，或者另一方取得某种财产利益都是根据双方的合意产生的，因而，无偿法律行为也是一种法律行为类型，并应受到法律行为制度的调整。当然，无偿法律行为是等价有偿原则在适用中的例外现象。在无偿法律行为中，一方当事人也要承担义务，如借用人无偿借用他人物品，还负有正当使用和按期返还的义务。

有偿与无偿的区分意义，首先，确定某些法律行为的性质。许多法律行为只能是有偿的，不可能是无偿的。如果要由有偿变为无偿，或者相反，则法律关系在性质上就要发生根本的变化。其次，在无偿法律行为中，单纯给予利益的一方原则上只应承担较低的注意义务，如无偿保管合同中，保管人只在故意或重大过失的情况下，才对保管物毁损灭失承担责任，否则即可免责；而在有偿法律行为中，当事人所承担的注意义务显然要较无偿法律行为中当事人应承担的注意义务为重。② 再次，主体要求不同。实施有偿法律行为的当事人原则上应具备完全

① 参见洪逊欣：《中国民法总则》，修订本，272 页，台北，自版，1958。
② 参见［德］迪特尔·梅迪库斯：《德国民法总论》，邵建东译，172 页，北京，法律出版社，2000。

行为能力，而限制行为能力人非经其法定代理人的同意，不能实施一些较为重大的有偿法律行为；但对于一些纯获法律上利益的无偿法律行为，如接受赠与等，限制行为能力人和无行为能力人即使未取得法定代理人的同意也可以实施。最后，法律的适用不同。仅就合同关系来说，如果当事人订立的合同是无名合同，而该合同在性质上又是有偿法律行为，则依据《合同法》第174条的规定，应当准用买卖合同的有关规定。但如果当事人订立的合同是无偿合同，则不适用这一规定。

五、诺成法律行为与实践法律行为

所谓诺成法律行为，是指当事人一方的意思表示一旦经对方同意即能产生法律效果的法律行为，即"一诺即成"的行为。此种法律行为的特点在于当事人双方意思表示一致法律行为即告成立。所谓实践法律行为，又称要物法律行为，是指除当事人双方意思表示一致以外尚须交付标的物才能成立的法律行为。在这种行为中，仅凭双方当事人的意思表示一致，尚不能产生一定的权利义务关系，还必须有一方实际交付标的物的行为，才能产生法律效果。例如，对小件寄存合同而言，只有寄存人将寄存的物品交付保管人，合同才能成立。在合同法领域，由于绝大多数合同都从双方形成合意时成立，因而诺成合同是合同的一般形式；而实践合同则必须要有法律的特别规定，可见，实践合同是特殊合同。

诺成法律行为与实践法律行为的区别，并不在于一方是否应交付标的物。就大量的诺成法律行为来说，一方当事人根据合同约定也负有交付标的物的义务，例如买卖合同中的出卖人，有向买受人交付标的物的义务。诺成法律行为与实践法律行为的主要区别在于，二者的成立与生效的时间是不同的。诺成法律行为自双方当事人意思表示一致（即达成合意）时起即告成立；而对实践法律行为而言，在当事人达成合意之后，还必须由当事人交付标的物，该法律行为才能成立。诺成法律行为与实践法律行为的确定，通常应根据法律的规定及交易习惯而定。一般认为，买卖、租赁、雇佣、承揽、委托等属于诺成法律行为，而使用借

赁、保管、运输等属于实践法律行为。然而此种分类并非绝对不变。根据《合同法》第 382 条，仓储保管合同自合同成立时生效，因此为诺成合同。在我国《合同法》中，诺成合同是一般的合同，在法律没有特别规定的情况下，合同都为诺成法律行为。

六、要式法律行为与不要式法律行为

根据法律行为是否应以一定的形式为要件，法律行为可分为要式法律行为与不要式法律行为。所谓要式法律行为，是指应当根据法律规定或当事人约定的方式而实施的法律行为。对于一些重要的交易，法律常常要求当事人必须采取特定的方式实施法律行为。例如，中外合资经营企业合同，只有获得批准时，合同方为成立或生效。所谓不要式法律行为，是指当事人实施的法律行为依法并不需要采取特定的形式，当事人可以采取口头方式、书面形式或其他形式。合同除法律、法规有特别规定以外，均为不要式法律行为。根据合同自由原则，当事人有权选择合同的形式，但对于法律有特别的形式要件规定的，当事人必须遵循法律规定。

要式与不要式法律行为的区别在于是否应以一定的形式作为法律行为成立或生效的条件。在古代法中，以要式为原则，以不要式为例外；而在近代法中，则以不要式为原则，以要式为例外。[①] 在我国，除了法律明确要求以要式为要件的以外，一般的法律行为都是不要式行为。关于法律对形式要件的规定属于生效要件还是属于成立要件，学术界曾有不同看法。主要有生效要件说、成立要件说、证据效力说三种观点。笔者认为，在一般情况下，法律对法律行为提出书面形式的要求，是为了强化证据效力而作出的规定，书面形式是证明法律行为存在及其内容的证据。但对某些特殊法律行为而言，法律为避免纠纷的发生、维护交易的安全与秩序，特别规定书面形式是成立或生效的要件。例如对保证合同而言，由

---

① 参见郑玉波：《民法总则》，301 页，北京，中国政法大学出版社，2003。

于保证人只承担义务而不享有权利，如果保证合同不采取书面形式订立，则在债务人不履行债务的情况下，债权人要求保证人承担保证责任，绝大多数保证人可能极力否认和推卸责任，由此将引发社会纠纷，影响交易的安全与秩序。因此，保证合同必须采取书面形式。有关书面形式的效力问题，必须要根据法律对某类书面形式的要求，以及在该要求中所体现的效力规定，来具体确定法律行为的效力。

七、主法律行为与从法律行为

根据法律行为相互间的主从关系，法律行为可以分为主法律行为与从法律行为。所谓主法律行为，是指不需要其他法律行为的存在即可独立存在的法律行为。例如，对于保证合同来说，设立主债务的合同就是主法律行为。所谓从法律行为，是以其他法律行为的存在为存在前提的法律行为。例如，保证合同相对于主债务合同而言即为从法律行为。由于从法律行为要依赖主法律行为的存在而存在，所以从法律行为又被称为"附属法律行为"。从法律行为的主要特点在于其附属性，即它不能独立存在，必须以主法律行为的存在为前提。具体表现在：

第一，发生上的依附性。从法律行为是以主法律行为的存在为前提的，只有在主法律行为有效成立以后，才能成立从法律行为。例如，只有在主债务有效成立的前提下，才有可能存在担保之债。

第二，效力上的从属性。从法律行为是以主法律行为的有效存在为前提的。主法律行为不能成立，从法律行为就不能有效成立；主法律行为被宣告无效或被撤销，从法律行为也将失去效力。

第三，转让上的从属性。这就是说，主法律行为转让，从法律行为也不能单独存在；主法律行为的权利转让，从法律行为的权利必须依附于主法律行为而转让。

第四，消灭上的从属性。从法律行为除了具有自己的消灭原因外，它一般都

是为了加强主法律行为的效力而存在的，所以主法律行为消灭，从法律行为亦应当随之消灭。

当然，法律、法规有特别规定时，从法律行为的效力附随于主法律行为的效力的规则也并不适用。例如，对于设定有抵押权的债权而言，此种抵押权并不因主债权罹于诉讼时效而罹于时效，并成为不可强制执行的抵押权。大陆法系国家一般规定，抵押权在主债权罹于诉讼时效以后的一定时期内，抵押权人仍然可以实现其抵押权。

八、独立法律行为和辅助法律行为

所谓独立法律行为，是指具有独立的、实质内容的法律行为，凡是具有完全民事行为能力的人所实施的民事法律行为，都是独立的法律行为。

所谓辅助法律行为，是指行为人的意思表示本身并没有独立的、实质的内容，只是作为他人法律行为效力完成的条件而存在的法律行为。[1] 例如，法定代理人对于限制民事行为能力人的意思表示所作出的同意表示，就属于辅助法律行为。两者的主要区别在于引发法律关系变动的要件上有所差别，辅助法律行为必须与其所辅助的独立法律行为共同作为引发法律关系变动的原因。

九、有因行为和无因行为

根据法律行为是否以原因的存在为有效要件，法律行为可以区分为有因行为和无因行为。所谓无因行为，又称为不要因行为，是指不以原因行为的存在为有效要件的行为。[2] 例如，票据行为中汇票的出票，不受买卖等基础的法律关系效力的影响，即使基础法律关系被宣告无效，票据行为依然有效。所谓有因行为，是以原因之存在为有效要件之行为。绝大多数法律行为都是有因行为。在此需要

---

[1]　参见史尚宽：《民法总论》，314页，北京，中国政法大学出版社，2000。
[2]　参见王伯琦编著：《民法总则》，127页，台北，"国立"编译馆，1957。

明确法律行为的原因的概念。所谓原因，是指法律行为的目的，例如买卖之原因，在买方系以取得一物之所有权为目的；在卖方则以取得价金为其目的，双方当事人在买卖中所追求的目的，就是买卖行为的原因。[1] 所以，如果原因欠缺或发生错误，则该法律行为的效力也受到影响。

区分有因行为和无因行为的意义主要在于，在法律行为中将无因行为抽象出来，由于无因行为不考虑其交易目的，因而对于保护交易安全具有重要的作用。但有因行为和无因行为的问题，只限于财产法上的行为，身份行为不存在此种区分。[2]

十、负担行为和处分行为

根据法律行为所产生的效果不同，法律行为可以区分为负担行为和处分行为。所谓负担行为（Verpflichtungsgeschaeft），是指以发生债权债务为其内容的法律行为，亦称为债务行为或债权行为。负担行为包括单独行为（如捐助行为）及契约（如买卖、租赁等）。所谓处分行为（Verfuegungsgeschaeft），指直接使某种权利发生、变更或消灭的法律行为。处分行为包括物权行为和准物权行为。[3] 这种分类主要是在承认物权行为理论的德国法系中存在的，我国现行立法没有采纳物权行为的概念，因此此种分类主要具有纯粹学理上的意义。负担行为和处分行为的区别在于：

第一，法律效果不同。负担行为生效只是使当事人负担债务，或者使债权债务发生变更。债权债务的消灭也可以因处分行为而完成。处分行为可以直接导致权利的移转和消灭，例如通过交付导致所有权的转让、通过债权移转发生债权转让、通过免除使债权消灭，这些行为都属于处分行为。[4]

第二，对标的是否特定的要求不同。对于负担行为的生效而言，并不要求标

---

① 参见郑玉波：《民法总则》，222 页，台北，三民书局，1998。
② 参见郑玉波：《民法总则》，223 页，台北，三民书局，1998。
③ 参见王泽鉴：《民法总则》，210 页，北京，北京大学出版社，2009。
④ 参见［德］迪特尔·梅迪库斯：《德国民法总论》，邵建东译，168 页，北京，法律出版社，2000。

的物特定化。但对于处分行为来说，要求必须最迟在处分行为生效之时，处分行为所涉及的具体客体应当确定。因为处分行为的法律效果将导致绝对权的变动，而物权等绝对权必须以客体特定为原则，否则无法确定对抗第三人的支配范围，所以处分行为必须以标的物的确定（Bestimmenheit）为生效要件。[①] 如果无法确定处分行为的效果涉及哪一些具体的客体，也就无法确定要变更哪一项客体的法律状态，从而将导致处分行为也无效。

第三，对行为人是否有处分权的要求不同。从事负担行为时，行为人即使不具有处分权，负担行为也可以有效。在从事处分行为时，处分人必须具有处分权限，处分行为才能生效。所以，处分行为的效力不受负担行为的效力影响。这就是德国法中的物权独立性和无因性理论。

第四，对法律行为是否需要公示的要求不同。对于负担行为来说，一般不要求进行公示。但对于处分行为来说，出于维护交易安全的需要，一般适用公开性原则（Publizitätsprinzip），要求依法公示。[②]

第五，法律行为的性质不同。处分行为具有绝对性和对世性，可以对社会一般人发生效力；而负担行为具有相对性，仅仅拘束当事人。

---

①②　Reinhard Bork，Allgemeiner Teil des Bürgerlichen Gesetzbuchs，2. Auf.，Rn. 452ff，S. 172ff.

第十三章

意思表示

第一节　意思表示的概念和构成要素

一、意思表示的概念和特征

民事法律行为是以意思表示为核心的行为，没有意思表示就没有法律行为，意思表示与法律行为是德意志法系民法的两个基本概念。[①] 现代民法理论认为，意思表示是法律行为的核心。所谓意思表示，是指向外部表明意欲发生一定私法上效果之意思的行为。胡长清先生指出："意思表示者，对于外界表彰法律行为上之意思之行为也。即以具有足以形成法律行为之内容之意思，表示于外部之行为，为意思表示。"[②] "任

---

①　Tuhr，Der Allgemeine Teil des Deutschen Bürgerlichen Rechts，zweiter Band，erste Halfte，Verlag von Duncker&Humblot；Munchen und Leipzig，1914，S. 54.

②　胡长清：《中国民法总论》，223 页，北京，中国政法大学出版社，1997。

何法律行为均要求以意思表示为其根本成分。"[1] 民事法律行为之所以能够产生当事人追求的私法效果，就是因为其作出的意思表示真实、合法，因此，国家赋予该意思表示以法律上的拘束力。正是因为意思表示在民事法律行为中具有重要地位，所以，《民法总则》在"民事法律行为"一章中单设"意思表示"一节，对意思表示的规则作出了详细规定。

意思表示中的"意思"是指设立、变更、终止民事法律关系的内心意图。所谓"表示"，是指将此种内心意图表示于外部的行为。[2] 意思表示具有如下特征：

第一，意思表示的表意人具有旨在使法律关系发生变动的意图，该意图不违反法律强制性规定和公序良俗，因而发生当事人所预期的效力。从这个意义上说，意思表示是实现意思自治的工具，行为人可以依据自己的主观意志与外界发生法律关系，从而塑造与自身有关的私法秩序，形成了民法特殊的调整方法。

第二，意思表示是一个由内到外的意思的形成和表示过程。单纯的停留在内心的主观意思是没有法律意义的，该意思必须表示在外，能够为人所知晓。这就是说，意思表示必须要有外在的表示行为。意思表示就其本质而言是一种表示行为。[3] 当然，该表达出来的意思如何解释，即是否符合表意人的内心真意，或者根据相对人理解的内容来确定，属于意思表示的解释问题。

第三，意思表示依据是否符合生效要件，法律赋予其不同的效力。符合法定生效要件的意思表示可以发生当事人预期的法律效果，不符合法定生效要件的意思表示发生的法律效果可能与当事人的意思不尽一致。意思表示与法律行为关系密切。

意思表示作为法律行为的核心要素，要求内在意思的真实性。判断民事法律行为成立的标准，通常要看表示，但也应该考虑内心意思。萨维尼在其《当代罗马法体系》一书中，首先在法律行为的概念中论述了意思要素，所谓的"意思理

---

① Enneccems/Nipperdey, Allgemeiner Teil des Bürgerlichen Rechts: Ein Lehrbuch, zweiter halbband, 15. Aufl. Mohr Siebeck, 1960, S. 896f.

② 参见胡长清：《中国民法总论》上册，223页，上海，商务印书馆，1935。

③ 参见［日］我妻荣：《新订民法总则》，于敏译，225页，北京，中国法制出版社，2008。

论"从此与萨维尼的名字联系在一起。萨维尼将"法律行为"和"意思表示"视为同义语。通过其倾向于意思要素可以解释得出：萨维尼几乎都使用了"意思表示"的概念。[①] 德国学者大多区分了法律行为与事实行为，"法律行为与事实行为的核心区别在于后者不依赖行为人的意图而产生其法律后果；而前者的法律后果之所以产生恰恰是因为行为人表示了此种意图，即法律使其成为实现行为人意图的工具"[②]。

除《德国民法典》之外，凡是接受法律行为概念的国家的民法典，都将意思表示作为法律行为的必备要素，其本质是行为人设立法律关系意图的外在表现，其效力须依行为人意思表示的内容而发生。而事实行为则不依行为人的主观意图，只依法律规定就能产生民事法律后果。法律行为概念是与民法的意思自治原则联系在一起的。《荷兰民法典》第 33 条规定："法律行为应当具备产生法律效果的意思，该意思应当对外作出表示。"法律行为制度解决当事人意思如何形成、按照社会一般标准如何判断及具备何种效果等问题。法律行为是以意思表示为核心的行为，只要当事人的意思不违反强行法的规定，就可以发生当事人期望实现的目的，法律行为就是要赋予当事人广泛的行为自由，充分体现民法的意思自治。意思自治与法律行为实际结合在一起，法律行为制度为意思自治原则提供了基本的空间。

法律行为必须以意思表示为要素，如果某一民事行为不以意思表示为要素，就不能被认为是法律行为。在此需要讨论所谓"事实上的契约关系"理论。豪普特（Haupt）于 1941 年发表的演说"论事实上的契约关系"，对传统的意思表示理论进行了抨击，震动了整个德国法学界，形成新旧两派观点，争辩至今。豪普特认为，由于强制缔约制度的存在，尤其是一般契约条款的普遍适用，在许多情形下，契约关系之创设，不必采用缔约方式，而可以因事实过程而成立，故当事

---

① Werner Flume：Allgemeiner Teil des Bürgerlichen Rechts, zweiten Band：Das Rechtsgeschäft，1975，Springer，S. 30.

② ［德］茨威格：《比较法导论》，第二卷，2 页。转引自董安生：《民事法律行为》，107 页，北京，中国人民大学出版社，1994。

人之意思如何，可不必考虑。① 如电气、煤气、自来水、公共汽车等现代经济生活不可缺少的给付，它们通常由大企业来经营，这些大企业就使用条件及所产生的权利义务订有详细的规定，相对人缺少选择自由，对企业订立的条款也很难变更，这种情况也属于事实合同。② 德国联邦法院在著名的汉堡停车场案的判决中，援引了豪普特的观点③，认为合同只能通过要约和承诺而成立的观点，已经不适应生活现实；除此之外，还存在以某项"社会的给付义务"为基础的"事实上的合同关系"。在这一理论下，法律行为成立中的自愿因素常常可以为实际行为所完全取代，由此产生的结果是人们可以不必作出意思表示。④ 但笔者认为，按照事实合同理论，合同的成立不需要经过订立阶段，也不必考虑当事人的意思表示是否一致，仅仅根据事实行为就可以成立合同，所以，事实合同理论的核心在于推翻以意思的合意为本质的整个合同法理论，"其威力有如一颗原子弹，足以摧毁忠实于法律的思想方式"⑤。这将从根本上动摇合同法的基本理念和制度。因为合同都必须以双方的意思表示一致为内容，如果没有合意，"合同"在性质上已经不是一种合同了。事实行为如果不能体现为一种意思表示，或不能通过事实行为而使双方意思表示一致，则不能成立合同。即使就豪普特所指出的典型的事实合同如格式合同等，也不是纯粹依事实行为订立的。格式合同虽然在缔结合同的方式上存在特殊性，但它仍然需要完成要约和承诺阶段，相对人具有作出承诺和不承诺的权利，订约双方的意思表示在内容上也必须一致。如果格式合同是事实合同，也排除了相对人对格式合同的不合理条款提出异议的可能性。所以，这一理论无非是承认法律对当事人行为所体现出的意思所作出的推定，是大规模定型化交易快速、便捷要求的客观体现。在这类行为中，意思表示依然存在，只

---

① 参见王泽鉴：《民法学说与判例研究》，第 1 册，105 页，北京，中国政法大学出版社，1998。

② 参见王泽鉴：《民法学说与判例研究》，第 1 册，93～96 页，北京，中国政法大学出版社，1998。

③ 该案件缘起于德国汉堡市将公共广场的一部分改为收费停车场，并标明缴费字样，一驾车人停放汽车，但不承认看管合同成立，并拒绝为此付酬，遂发生纠纷。

④ 参见 ［德］ 罗伯特·霍恩、海因·科茨、汉斯·莱塞：《德国民商法导论》，楚建译，84～85 页，北京，中国大百科全书出版社，1996。

⑤ 王泽鉴：《民法学说与判例研究》，第 1 册，97 页，北京，中国政法大学出版社，1998。

不过是通过当事人的实际行为外在化了。而出于保护交易安全和消费者权利的需要，一般情况下不得通过举证推翻这种推定，但并未否认意思表示在法律行为中的重要性。

二、意思表示与民事法律行为

在德国法中，法律行为就是作为因意思表示而发生法律效果的行为的统称，意思表示与民事法律行为的关系很难区分。《德国民法典》第三章的标题为"法律行为"。但是在第三章中，立法者却不断混用"法律行为"和"意思表示"的概念。例如，第111条规定的是"法律行为的无效"，第125、134条及第138以下诸条都使用的是"法律行为"，而第116到124条使用的是"意思表示"。《〈德国民法典〉的立法理由书》中写道："就常规而言，意思表示与法律行为为同义之表达方式。使用意思表示者，乃侧重于意思表达之本身过程，或者乃由于某项意思表示仅是某项法律行为事实构成之组成部分而已。"据此，有不少学者认为，法律行为与意思表示是不能分开的，意思表示就是法律行为。[①] 即使是多个意思表示组成的法律行为，其本质仍然是意思表示，只是复数的意思表示，没有增加任何意思表示以外的其他因素，因此仍然是意思表示。

应当看到，意思表示与民事法律行为存在密切联系。民事法律行为的核心就是意思表示，而且，民事法律行为的合法性判断和意思表示的合法性判断应该是一致的。另外，民事法律行为的解释和意思表示的解释也基本上可以作等同理解。然而，意思表示与民事法律行为虽有密切的联系，但它们仍然存在明显的区别，主要表现在如下几点：

第一，意思表示只能是一方的意思表示，如果是双方的或多方的意思表示，则构成双方或多方的民事法律行为。这就是说，与意思表示的概念相比较，民事法律行为包含的范围更为广泛。民事法律行为可以仅由一个意思表示构成，这通

---

① Enneccems/Nipperdey, Allgemeiner Teil des Bürgerlichen Rechts: Ein Lehrbuch, zweiter halbband, 15. Aufl. Mohr Siebeck, 1960, S. 896f.

常是指一些单方的行为，如代理权的授予、追认权的行使、设立遗嘱的行为等。也可以由多个意思表示构成，这就是双方或多方的民事法律行为。[①] 如果合同一旦成立，则不仅是意思表示，还是民事法律行为。拉伦茨指出："我们所称的'民事法律行为'并不是指单个的意思表示本身，如买受人和出卖人的意思表示，而是指合同双方当事人之间根据两个意思表示所进行的相互行为。只有通过合同这种一致的行为，才能产生法律后果。合同也不仅仅是两个意思表示的相加之和。由于两个意思表示在内容上相互关联，因此合同是一个有意义的二重行为。"[②] 合同的成立必须具有两个意思表示，即要约、承诺才能成立，其中任何一项意思表示不能成立则民事法律行为不能成立。民事法律行为还可以由多个意思表示构成。例如公司章程行为，它不仅需要各方作出意思表示，还需要遵循有关的表决程序和规则，如要按照少数服从多数原则进行表决。

第二，民事法律行为与意思表示的成立要件是不同的。关于意思表示的一般成立要件，学界通说认为包括当事人、意思表示与标的。这三者构成一个整体，因为既然存在意思表示，则必然有其表意人存在，而意思表示也必然有其欲发生的民事法律行为的标的，因而当事人的意思表示是一个整体，既包括意思表示主体，也包括意思表示的标的。但民事法律行为的成立要件是不同的，除了当事人的意思表示之外，还可能存在法定的或约定的特殊成立要件。例如法律规定必须要订立书面形式或登记、审批，或当事人可特别约定以公证的形式作为民事法律行为的特别成立要件。

第三，民事法律行为与意思表示的成立时间是不同的。就民事法律行为的成立而言，如果是单方民事法律行为，原则上以意思表示的作出或到达为成立，如果为双方或多方行为，则以当事人意思表示的合致为成立。而且，当事人可以自由约定其民事法律行为的成立条件。例如，当事人可以约定以公证为民事法律行为的成立要件。对一些特殊的行为，如要物行为，根据法律的规定，不仅需要意

---

① Tuhr，Der Allgemeine Teil des Deutschen Bürgerlichen Rechts，zweiter Band，erste Halfte，Verlag von Duncker&Humblot：München und Leipzig，1914，S.54.

② ［德］卡尔·拉伦茨：《德国民法通论》下册，王晓晔等译，427页，北京，法律出版社，2003。

思表示的一致，当事人之间还需要完成一定的实际交付行为才能导致民事法律行为成立。[1] 因此，对于这些特殊的民事法律行为来说，其成立时间就是完成特殊的成立要件的时间。而意思表示的成立时间通常以意思表示的发出为准。

第四，民事法律行为与意思表示的生效是不同的。单纯的意思表示可能并不直接构成民事法律行为，不一定能够产生当事人预期的法律效果，但民事法律行为一般要产生当事人预期的效果。例如，要约并非单方民事法律行为，而只是要约人的意思表示，要约的拘束力主要是使承诺人取得承诺的资格，而不能发生要约人所预期的法律效果，即成立合同。即使是承诺，也只是一种意思表示，但不能构成一个完整的民事法律行为，因为承诺发出以后，可能因实质性地变更要约而构成反要约，也可能因承诺迟延等原因而不能导致合同成立。它们尽管是一种意思表示，但由于不能必然产生当事人预期的法律效果，所以不是民事法律行为。[2] 依据我国《民法总则》的规定，单方民事法律行为，一方作出意思表示就能成立。而双方民事法律行为则是从双方意思表示一致时成立。多方民事法律行为从多方当事人合意达成时起成立。但对于意思表示而言，我国《民法总则》区分了以对话方式作出的意思表示与以非对话方式作出的意思表示，以对话方式作出的意思表示自相对人知道时生效，而以非对话方式作出的意思表示则自到达相对人时生效。

可见，意思表示虽然是民事法律行为的核心要素，但二者存在重要区别，正确区分意思表示与民事法律行为，对于准确理解民事法律行为的内涵、意义都具有十分重要的意义。

三、意思表示的构成要素

按照传统民法理论，意思表示的构成要素可以概括为如下五种，即行为意

---

[1] 也有学者认为，要物行为本身难以证成法律行为和意思表示的区分。参见朱庆育：《意思表示与法律行为》，载《比较法研究》，2004（1）。

[2] Reinhard Bork, Allgemeiner Teil des Bürgerlichen Gesetzbuchs, 2. Auf., Rn. 399f., S. 156f.

思、表示意思、目的意思、效果意思、表示行为。

第一，行为意思。所谓行为意思，是指行为人自觉地从事某项行为的意思。① 例如，在路边招呼出租车，行为人的招呼行为所具有的自觉性，表明其具有行为意思。但某人被麻醉而失去知觉，他人将其手指按指纹在文书上，其行为是被人用强力（vis absoluta）所致，不具有行为意思。②

第二，表示意思。所谓表示意思，是指为意思表示之人认识到其行为具有某种法律上的意义。例如，打电话表示订货，对其行为的法律意义具有认知，可认为具有表示意思。但表示意思并不需要以引起某一特定的法律效果为必要，只需要认识到其能产生法律上的效果即可。③ 如果在拍卖场所不知交易规则，向友人举手示意，则因为不具有表示意思而不构成竞买行为。

第三，目的意思。所谓目的意思，又称为基础意思、交易意思和法律行为意思，是指明法律行为具体内容的意思要素，它是意思表示据以成立的基础。目的意思的内容依其法律性质可分为三类：一是要素，它构成某种意思表示或法律行为所必须具备的目的意思内容，如买卖合同中关于标的物、数量的内容；二是常素，它是指行为人从事某种意思表示或法律行为通常应含有的意思要素，如承揽合同中承揽物与原材料风险负担的内容；三是偶素，它是依法律行为性质并非必须具有，仅依行为人特殊意志而确定的意思要素，如买卖合同中占有改定的约定。不具备目的意思，或者目的意思不完整，或者目的意思本身有矛盾的表示行为，不构成意思表示或法律行为，此种表示行为即使含有法效意思，实际上也无法履行。④

第四，效果意思。所谓效果意思，又称为法效意思、效力意思，是指意思表示人欲使其表示内容引起法律上效力的内在意思要素⑤，是当事人所追求的使其发生法律拘束力的意图。在英美法中，效果意思又称为设立法律关系的意图。合

---

① 参见王泽鉴：《民法总则》，267 页，北京，北京大学出版社，2009。
②③ 参见陈卫佐：《德国民法总论》，153 页，北京，法律出版社，2007。
④ 参见史尚宽：《债法总论》，16 页，北京，中国政法大学出版社，2000。
⑤ 参见董安生：《民事法律行为》，227、231 页，北京，中国人民大学出版社，1994。

同法中所称的缔约目的或订立合同的目的，其中也包含了效果意思。它是行为人追求设立、变更、终止民事法律关系的意图，反映了法律行为不同于其他行为如事实行为的特征。在民法上，效果意思与动机有一定的联系，动机是指不具有效果意思的主观意思。① 但这两者之间又存在一定的区别。例如，承租人甲与出租人乙订立租赁合同，在该法律关系中，承租人甲为了方便读书而想在学校附近寻租房屋的意思，应当属于动机，而甲想通过与乙订立租赁合同而取得房屋的使用权的意思，就应当属于效果意思。

目的意思和效果意思是有区别的。一方面，目的意思多指向意思表示的具体内容，即如何确定意思表示中的权利义务关系，在某些国家或地区，理论上其被称为法律行为的标的；许多台湾地区学者把目的意思排除于意思表示的构成要素之外，割裂了目的意思与效果意思的关系，是不妥当的。如果没有目的意思，则意思表示就缺乏目的性，表意人所意欲发生的法律关系变动的效果则难以确定。另一方面，所谓效果意思，是指意思表示人欲使其表示内容引起法律上效力的意志，是当事人所追求的使其发生法律拘束力的意图。例如，就要约而言，目的意思即要约中所包含的未来合同中的主要条款，而效果意思则是指当事人意欲订立合同的意思或者说一经承诺即受合同拘束的意思。可见，目的意思与效果意思不尽相同，前者实质上是对意思表示具体内容的认知，而后者仅要求行为人以追求发生法律上的效果为必要。

第五，表示行为。所谓表示行为，是指表意人将效果意思表现于外部之行为②，或者说，表示行为是指行为人将其内在意思以一定方式表现于外部，并足以为外界所客观理解的行为要素。③ 表意人在将一定的内在主观意思表示于外部时，可以采取不同的行为方式。这些方式主要包括明示方式和默示方式两种类型。所谓明示的表示行为，是指行为人将内在意思明确地表达于外部；默示的表

---

①　参见［日］山本敬三：《民法讲义》（I），解亘译，85 页，北京，北京大学出版社，2004。

②　参见郑玉波：《民法总则》，244 页，台北，三民书局，1959；刘清波：《民法概论》，99 页，台北，开明书店，1979。

③　参见董安生：《民事法律行为》，233 页，北京，中国人民大学出版社，1994。

示行为是指行为人没有作出明确的表示，但是可以根据法律规定进行推知。[1] 而且，如果一方当事人向对方当事人提出订约的要求，对方未用语言或者文字明确表示意见，但其行为表明已接受的，可以认定为默示。通常，意思表示只有在特殊情况下，才可以以默示方式完成。单纯的缄默，只有在法律有明确规定或者当事人事先约定的情况下，才可以作为表示行为的方式。此外，以实施一定的行为，而非以言语形式作出的表示，如点头、举手、起立、拍板等，其是否为意思表示，则必须依据交易习惯或社会一般观念予以确定。

从总体上看，意思表示大致又可分为主观要件和客观要件两个方面，即内在意思和外在表示。具体来说，表现为如下两个要件：

一是主观要件。主观要件主要包括行为意思、表示意思、目的意思和效果意思，之所以要同时具备上述意思，是因为当事人作出意思表示就是为了设立、变更、终止法律关系，因而没有目的意思就无法确定表意人所意欲发生的法律关系变动的内容，而没有效果意思，则不能确定当事人是否具有追求法律关系变动后果的意图。而欠缺行为意思，就无法确立是否为行为人有意识的自觉行为。欠缺表示意思，也无从确定行为人是否意识到其意思能否发生法律上的效果。按照《合同法》第 14 条的规定，要约应当内容具体确定，而且要表明经受要约人承诺，要约人即受该意思表示约束。这两项条件中，内容具体确定按照学者通常的理解即应当包括未来合同的主要条款，显然是对要约这种意思表示中目的意思的要求，而"表明经受要约人承诺，要约人即受该意思表示约束"则为对效果意思的要求。

二是客观要件。客观要件就是指表示行为。所谓表示行为，是指行为人将其内在意思以一定的方式表示于外部，并足以为外界所客观理解的要素。换言之，是指表意人将效果意思表现于外部之行为。[2] 或者说，表示行为是客观上可以认为表意人表达了某种法律效果意思。[3] 表示行为包括两方面的内容，其一，表示行

---

[1] 参见陈卫佐：《德国民法总论》，157 页，北京，法律出版社，2007。

[2] 参见郑玉波：《民法总则》，244 页，台北，三民书局，1959；刘清波：《民法概论》，99 页，台北，开明书店，1979。

[3] 参见王泽鉴：《民法总则》，267 页，北京，北京大学出版社，2009。

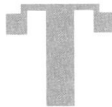

为必须是表意人有意识的自主行为，表示行为是将目的意思和效果意思表示于外部，其前提就应当是表意人具备目的意思和效果意思，因而其是表意人有意识的行为。其二，表示行为必须足以为外界所客观上理解。正如史尚宽先生所言，表示行为"谓将效力意思使外部认识之行为"[①]。如果仅有表意人的发出行为，但并没有到达相对人，且未能为相对人所认识，则不构成完整的意思表示。德国法理论将表示行为具体分为意思表示的发出和意思表示的到达，是不无道理的。

第二节　意思表示的发出和到达

一、意思表示生效概述

以意思表示有无相对人，意思表示可以区分为有相对人的意思表示和无相对人的意思表示。两种类型的意思表示在表现形式、效力等方面存在一定的差别。从实践来看，民事主体所作出的意思表示一般都是有相对人的意思表示，《民法总则》对有相对人的意思表示规则作出规定，对于准确认定相关法律行为的效力具有重要意义。

在确定意思表示生效时，要区分意思表示的发出和到达，意思表示的发出和到达的联系在于：意思表示的发出是到达的前提，或者说是到达的最初阶段；意思表示只有在发出之后，才有可能到达。区分意思表示发出和到达的意义在于：第一，表示行为必须由表意人将其目的意思和效果意思表示于外部，使人能够知道。意思表示的发出就是指表意人完成了其为了使意思表示生效所必要的一切行为；而意思表示的到达是指表意人的意思表示进入相对人可以了解的范围之内。第二，如果意思表示没有相对人，则不存在到达的问题，也不需要相对人受领，意思表示发出时即生效。因此，只有在有相对人时，区分意思表示的发出与到达才有意义。一般来

[①]　史尚宽：《民法总论》，350 页，北京，中国政法大学出版社，2000。

说，只有当意思表示是以非口头形式作出时，此种区分才有意义，因为对口头形式的意思表示而言，意思表示一经发出，即到达相对人，客观上不需要区分意思表示的发出与到达。第三，有相对人的意思表示，其发出和到达的时间是不同的，因此存在撤回的问题。而无相对人的意思表示，则不能撤回。

关于意思表示生效的模式，学说上大致有四种观点。一是表意主义，此种观点认为，意思表示一旦具备外在形态，就视为表达，无须到达。二是发送主义，此种观点认为，意思表示不仅要在外部表现出来，而且还必须要发出。三是到达主义，此种观点认为，意思表示应当在到达相对人后生效。意思表示的到达，是指在有相对人的意思表示的情况下，根据一般的交易观念，已经进入相对人可以了解的范围，至于相对人是否了解则非所问。[①] 到达并不意味着相对人必须亲自收到，只要意思表示已进入受领人的控制领域，并在通常情况下可以期待受领人能够知悉意思表示的内容，就视为已经到达。[②] 四是了解主义，此种观点认为，意思表示不仅要为相对人所受领，而且要为相对人所实际了解。[③] 根据《德国民法典》第 130 条第 1 款的规定，德国法采纳了到达主义。[④]

一般认为，依据我国《民法总则》的规定，对此应区分不同的情况而确定其适用范围。在有特定相对人的意思表示中，意思表示根据对话方式和非对话方式分别采纳了解主义和到达主义。在对话方式中，意思表示必须由相对人了解之后，才发生效力；在非对话方式中，意思表示必须到达相对人，才发生效力。而在无特定相对人的意思表示中，意思表示一旦完成就产生效力，即采表意主义。

二、意思表示生效的具体情形

（一）有相对人的意思表示的生效

所谓有相对人的意思表示，又称为需要受领的意思表示，它是指对相对人发

---

①　参见 ［日］ 四宫和夫：《日本民法总则》，唐晖等译，200 页，台北，五南图书出版公司，1995。
②　参见徐国建：《德国民法总论》，96 页，北京，经济科学出版社，1993。
③　参见 ［德］ 迪特尔·梅迪库斯：《德国民法总论》，邵建东译，209 页，北京，法律出版社，2000。
④　参见 ［德］ 迪特尔·梅迪库斯：《德国民法总论》，邵建东译，210 页，北京，法律出版社，2000。

出的意思表示。例如，甲向乙发出要约，就甲所发出的意思表示而言，乙就是该意思表示特定的相对人。所谓意思表示的发出，是指表意人向对方当事人作出了意思表示，完成了一切为使意思表示生效所必需的行为。[1] 在实践中，有特定相对人的意思表示是最为普遍的形式。[2] 例如，订立合同、行使形成权等，大多属于有特定相对人的意思表示。

根据意思表示作出的方式，又可以将有相对人的意思表示区分为以对话方式作出的意思表示和以非对话方式作出的意思表示，《民法总则》第137条对以对话方式作出的意思表示和以非对话方式作出的意思表示的生效规则分别作出了规定。

1. 以对话方式作出的意思表示的生效

所谓以对话方式作出的意思表示，是指当事人直接以对话的形式发出意思表示。例如，当事人面对面地订立口头买卖合同，或者通过电话交谈的方式订立合同。关于以对话方式作出的意思表示的生效，《民法总则》第137条第1款规定："以对话方式作出的意思表示，相对人知道其内容时生效。"在以对话方式作出的意思表示中，意思表示的发出和相对人受领意思表示是同步进行的。[3] 依据该条规定，对以对话方式作出的意思表示而言，只有在表意人的意思表示被相对人知悉对话的内容时，意思表示才能够生效。如果相对人并不知道意思表示的内容，也无法作出相应的意思表示，此时，应当认定意思表示未生效。因此，从该条规定来看，《民法总则》对以对话方式作出的意思表示生效采取了了解主义。

2. 以非对话方式作出的意思表示的生效

所谓以非对话方式作出的意思表示，是指当事人以对话以外的形式发出意思表示。例如，采用邮件、传真等方式订立合同。关于以非对话方式作出的意思表示的生效，《民法总则》第137条第2款规定："以非对话方式作出的意思表示，

---

[1] 参见［德］迪特尔·梅迪库斯：《德国民法总论》，邵建东译，205页，北京，法律出版社，2000。
[2] MünchKommBGB/ Armbrüster, Vor § 116, Rn. 5.
[3] 参见石宏主编：《中华人民共和国民法总则条文说明、立法理由及相关规定》，328页，北京，北京大学出版社，2017。

到达相对人时生效。"依据这一规定，以非对话方式作出的意思表示，到达相对人时生效，可见，关于以非对话方式作出意思表示的生效，《民法总则》采用了到达主义，即到达相对人时生效。所谓到达，是指根据一般的交易观念，已经进入相对人可以了解的范围。到达并不意味着相对人必须亲自收到，只要意思表示已进入受领人的控制领域，并在通常情况下可以期待受领人能够知悉意思表示的内容，就视为已经到达。① 之所以采用到达主义，是因为到达主义为我国立法和司法实践所采纳，尤其是在合同订立中，对要约、承诺的生效采取的是到达主义。因此，《民法总则》延续了这一立法和司法实践经验。②

3. 以非对话方式作出的采用数据电文形式的意思表示

在互联网时代，采用数据电文形式作出意思表示也是从事民事法律行为的重要方式。《民法总则》第 137 条第 2 款规定："以非对话方式作出的采用数据电文形式的意思表示，相对人指定特定系统接收数据电文的，该数据电文进入该特定系统时生效；未指定特定系统的，相对人知道或者应当知道该数据电文进入其系统时生效。当事人对采用数据电文形式的意思表示的生效时间另有约定的，按照其约定。"由此可见，以数据电文形式作出意思表示，其生效分为两种情形：一是相对人指定了特定的系统接收数据电文的，此时，该意思表示自该数据电文进入该特定系统时生效。二是相对人未指定特定的系统接收数据电文的，则自相对人知道或者应当知道该数据电文进入其系统时生效。依据《合同法》第 16 条的规定，在相对人未指定特定的系统接收数据电文时，则自相关数据电文进入收件人的任何系统的首次时间为到达时间。可见，《民法总则》改变了《合同法》的规则，而采用了更为灵活的生效规则，即相关数据电文到达相对人的任何一个系统，即被推定为相对人知道或应当知道，该数据电文进入其系统时生效，除非相对人举证证明其不应当知道。例如，其所用的邮箱长期不予使用且相对人明知的，则可以认定相对人不应当知道。

---

① 参见徐国建：《德国民法总论》，96 页，北京，经济科学出版社，1993。
② 参见石宏主编：《中华人民共和国民法总则条文说明、立法理由及相关规定》，329 页，北京，北京大学出版社，2017。

（二）无相对人的意思表示的生效

所谓无相对人的意思表示（nicht empfangsbedürftige Willenserklärung），是指没有相对人、也不需要受领的意思表示。例如，设立遗嘱就属于无相对人的意思表示。无相对人的意思表示是一种特殊的例外情形，其在有关意思表示的一般规则中并没有太多适用空间。[①] 此种意思表示在当事人的意思向外表达完成后即产生效力。而且，此种意思表示并不直接和他人相关，而只是涉及表意人自己的事务（如遗嘱）。

《民法总则》第138条规定："无相对人的意思表示，表示完成时生效。法律另有规定的，依照其规定。"依据该条规定，对无相对人的意思表示而言，除法律另有规定外，意思表示完成之时即是其生效之时，因为对于无特定相对人的意思表示，不需要到达相对人，因而其在发出时即已生效。当然，依据《民法总则》第138条的规定，对无相对人的意思表示而言，如果法律对其生效专门作出了规定，则依据该特别规则认定其效力。例如，《继承法》明确规定遗嘱人自死亡时方发生遗产继承的效力。《民法总则》作出此种规定，也为法律将来就无相对人的意思表示生效规则作出特别规定预留了空间。

（三）以公告方式作出意思表示的生效

所谓以公告的方式作出的意思表示，是指对不特定人发布公告所作出的意思表示。《民法总则》第139条对以公告的方式作出的意思表示作出了规定。《民法总则》第139条规定："以公告方式作出的意思表示，公告发布时生效。"无特定相对人的意思表示既包括没有相对人的意思表示，也包括虽然有相对人，但相对人不特定的意思表示，前者如遗嘱，后者如以公告方式所作出的意思表示。《民法总则》第138条与第139条分别对无相对人的意思表示与公告方式的意思表示作出了规定。

公告的方式多种多样，其可以以招贴画张贴，也可以在路牌、橱窗、路灯等处刊载，还可以通过报纸、网络、电台等方式发布。以公告方式作出意思表示最

---

① MünchKommBGB/ Armbrüster, Vor § 116, Rn. 5.

为典型的是悬赏广告。例如债权转让后，债权人应当将转让的事实通知债务人，通知的方式应尽可能采取个别通知的方式，但如果确实不能或不宜采取个别通知方式的，也可以采取登报声明的方式发出意思表示。

虽然以公告方式作出的意思表示也有相对人，但与有特定相对人的意思表示不同，以公告方式作出的意思表示没有特定的相对人，难以判断何时到达相对人，因此，《民法总则》第 139 条规定，对于以公告的方式作出的意思表示而言，该意思表示自公告发布时生效。

三、意思表示的撤回和撤销

所谓意思表示的撤回，就是指意思表示在发出以后，在尚未到达意思表示的受领人之前，表意人将其意思表示撤回。《民法总则》第 141 条规定："行为人可以撤回意思表示。撤回意思表示的通知应当在意思表示到达相对人前或者与意思表示同时到达相对人。"只要撤回的通知先于意思表示到达或者与意思表示同时到达，该撤回就是有效的。意思表示的撤回，只有在有相对人的时候才有意义。

依据《民法总则》第 137 条的规定，非对话方式的意思表示必须到达相对人时才能生效，因此，在其生效之前表意人发出撤回表示，且撤回表示在原意思表示生效之前生效或同时生效的，原意思表示当然不能生效。行为人要撤回意思表示，必须其撤回意思表示的通知先于意思表示到达相对人，或者与意思表示同时到达相对人。如果行为人撤回意思表示的通知晚于意思表示到达相对人，则不产生撤回意思表示的效力。由此可见，意思表示的撤回主要适用于非以数据电文方式作出的意思表示，因为对于以数据电文形式作出的意思表示而言，其瞬间到达相对人，行为人撤回意思表示的通知很难先于意思表示到达相对人或者与意思表示同时到达相对人。

所谓意思表示的撤销，是指意思表示在发出并生效以后，表意人又撤销其意思表示。大陆法系国家的民法一般不允许对已经生效的意思表示进行撤销，以免损害相对人的信赖利益。在此需要区分意思表示的撤回与撤销，意思表示的撤回

是使意思表示不发生效力，而意思表示的撤销则是使已经生效的意思表示失去效力。我国《民法总则》仅规定了意思表示的撤回，而没有规定意思表示的撤销，我国《合同法》对要约的撤销作出了规定。所以，意思表示的撤销仍然在特殊情形下被法律所认可。在意思表示撤销中，应当区分是否有相对人，存在规则上的差异。就无相对人的意思表示的撤销而言，只要在撤销期间内表达撤销的意思即可。[①] 而就有相对人的意思表示的撤销来说，只有撤销的意思到达相对人时，撤销才能发生效力。

第三节　意思表示的形式

一、意思表示可以以明示或者默示方式作出

《民法总则》第 140 条规定："行为人可以明示或者默示作出意思表示。"该条对意思表示的形式作出了规定。依据该条规定，意思表示可以以明示的方式作出，也可以以默示的方式作出，具体而言，包括如下两种：

第一，以明示的方式作出意思表示。所谓以明示的方式作出意思表示，是指行为人将其内在意思明确地表达于外部。明示形式即以作为的方式使相对人能够了解意思表示的内容，表意人可以通过口头或者书面表达的方式作出意思表示，尽管表达的方式存在差异，但表意人都明确向对方当事人作出了意思表示。对以明示方式作出的意思表示而言，当事人之间的法律关系易于证明，这有利于减少纠纷，降低法律风险。在实践中，多数意思表示都是以明示方式作出的意思表示。

第二，以默示的方式作出意思表示。默示的表示行为是指行为人没有作出明确的表示，但是可以根据法律规定进行推知。[②] 如点头、举手、起立、拍板等，都可

---

① BeckOK BGB/ Wendtland，§ 124，Rn. 4.

② 参见陈卫佐：《德国民法总论》，157 页，北京，法律出版社，2007。

以依据交易习惯视为默示的意思表示。而且，如果一方当事人向对方当事人提出订约的要求，对方虽未用语言或者文字明确表示意见，但其行为表明已接受的，可以认定为默示。一般而言，法律上对当事人以默示形式作出意思表示有较为严格的限制。

二、沉默原则上不得作为意思表示的方式

所谓沉默，是指未作出任何意思表示。从两大法系的规定来看，基本上都认为，单纯的沉默或不行动（silence or inactivity）本身不构成意思表示。沉默与默示意思表示不同，在默示的意思表示情形下，表意人仍然作出了一定的表意行为，只不过未以口头或者书面形式明确表达意思表示的内容。而在沉默的情形下，当事人并未作出意思表示。例如，甲向乙、丙同时兜售某块手表，价值100元，甲问乙、丙是否愿意购买，乙沉默不语，未作任何表示，而丙则点头表示同意。乙的行为属于沉默或不作为，而丙的行为则属于默示地作出承诺。《民法总则》第140条第2款规定："沉默只有在有法律规定、当事人约定或者符合当事人之间的交易习惯时，才可以视为意思表示。"据此，沉默原则上不得作为意思表示的方式。但这并不意味着沉默在任何情况下都不能作为意思表示的方式，依据《民法总则》第140条第2款，在如下三种情形下，沉默可以视为意思表示：

第一，法律的特别规定。在法律有特别规定的情形下，沉默也可以产生意思表示的效果。例如，《继承法》第25条规定："继承开始后，继承人放弃继承的，应当在遗产处理前，作出放弃继承的表示。没有表示的，视为接受继承。受遗赠人应当在知道受遗赠后两个月内，作出接受或者放弃受遗赠的表示，到期没有表示的，视为放弃受遗赠。"

第二，当事人的特别约定。例如，当事人双方事先约定，如果一方更改了相关合同条款，对方沉默的，视为同意更改。在此情形下，如果一方当事人更改了合同的条款，对方沉默的，即视为其同意了该更改。

第三，当事人之间存在交易习惯。我国《合同法》中大量采用了交易习惯的概念。交易习惯是一个宽泛的概念，在解释"沉默"的意义时，不能运用一般的

交易习惯，而只能采用当事人之间的交易习惯。如果按照当事人之间特定的交易习惯，沉默可以产生意思表示的效力，则沉默也可以视为意思表示。如果当事人在交易中形成的习惯认可沉默可作为意思表示，则可解释为当事人之间就此已形成了某种合意。《德国民法典》第151条规定，根据交易惯例，承诺无须向要约人表示，或者要约人预先声明承诺无须表示的，即使没有向要约人表示承诺，可认为有承诺的事实时，合同也认为成立。例如，当事人之间长期进行系列交易，通常一方在另一方发出要约后，一定期限内不作表示，就应作为承诺对待。

第四节 意思表示的解释

一、意思表示解释的概念和特征

所谓意思表示的解释，就是指在意思表示不清楚、不明确而发生争议的情况下，法院或仲裁机构对意思表示进行的解释。《法国民法典》首次强调合同的解释不必拘泥于合同文字，而以探求文本背后的真意为目的。[①] 该民法典采取的是以主观主义（意思主义）为主、客观主义（表示主义）为辅的方式。而现代民法在意思表示解释方面，兼采主观主义和客观主义两种方式，以兼顾意思自治和交易安全的保障。《民法总则》第142条对此作出了规定，从其规定来看，实际上也兼顾主观主义和客观主义的立场。[②] 意思表示解释的特点在于：

第一，意思表示解释的主体是法院和仲裁机构，并不是任何机构都可以对意思表示进行解释，意思表示的解释必须是当事人对意思表示发生争议，才有必要进行解释。虽然当事人或第三人也可以对意思表示进行解释，但此种解释没有法律约束力，而且对意思表示内容的确定没有实质性意义。

---

① H. Trofimoff, Les sources doctrinales de l'ordre de présentation des articles 1156 à 1164 du Code civil sur l'interprétation des contrats, Rhdfe, 72 (2) avr. -juin 1994, p. 203 et s.

② 参见石佳友：《我国〈民法总则〉的颁行与民法典合同编的编订》，载《政治与法律》，2017 (7)。

第二，意思表示解释的对象是当事人已经表示出来的意思。也就是说，以当事人已经作出的表示来解释其意思。解释的对象只能是表示出来的、确定的意思，而非深藏于内心的意思，此种意思是无法解释的，因为内在的意思无法作为法律认识的对象。[①] 意思表示解释的对象是意思表示的内容，它既包括目的意思，也包括效果意思。

第三，意思表示是法院和仲裁机构依据一定的规则进行的解释，而非完全主观的任意解释。也就是说，在意思表示过程中，法院或仲裁机构要遵循法定的规则，运用一定的解释方法，否则就会违背当事人的意愿。我国《合同法》第125条对合同解释的规则作出了明确规定，该条确立了意思表示解释的基本规则。

第四，意思表示解释的功能主要有两个方面：一是法律行为的成立要件是否齐备。例如，通过解释来确定，标的物是否特定。二是法律行为的具体法律效果如何。[②] 例如，通过解释来确定当事人的意思，以明确当事人所追求的法律效果。

法律行为的解释与意思表示解释的概念经常等同，因为前者实际上包括了后者，但两者又有一定的区别。一方面，两者的适用范围不完全相同。意思表示不完全是双方的法律行为，它还包括了单方和多方法律行为。意思表示是表意人实现其法律行为意思的一种手段，它不完全是法律行为，还包括单纯意思表示如要约、承诺。所以意思表示解释的对象、范围更为宽泛。另一方面，两者的解释规则不完全相同。法律行为的解释规则不一定能够运用到意思表示的解释中去，例如根据交易习惯的解释就很难运用到其他意思表示的解释中。但由于意思表示是法律行为的核心因素，而法律行为的典型形式就是意思表示，所以，《合同法》第125条规定的解释的规则大多可以运用于意思表示的解释。

二、意思表示解释与法律解释

意思表示解释与法律解释具有诸多共同之处。从解释的主体来看，两者都是

---

① 参见［德］迪特尔·梅迪库斯：《德国民法总论》，邵建东译，232页，北京，法律出版社，2000。
② Reinhard Bork，Allgemeiner Teil des Bürgerlichen Gesetzbuchs，2. Auf.，Rn. 502ff，S. 191f.

法官进行的解释。从解释的规则来看，也存在相似之处。从解释的方法来看，都包括了文义解释、体系解释、目的解释等方法。但是，两者的区别也是非常明显的，主要表现为：

第一，解释的对象不同。法律解释的对象是法律本身。而意思表示解释的对象是意思表示。法律是针对所有的人实施的，而意思表示只是针对一个特定的人发出的，因此，对意思表示进行解释时，应当考虑到受领人独特的受领能力。[①]

第二，解释的方法不完全相同。法律解释所适用的方法显然不同于一般的意思表示解释的方法。例如，法律解释需要探讨立法的目的，因此目的解释是法律解释的重要方法。而在意思表示的解释中，也有目的解释，但此种目的应当理解为双方所追求的目的，其含义与法律解释所包含的目的解释中的目的并不相同。法律解释所采用的一些方法，如限缩解释、扩张解释等是不能在意思表示的解释中采用的。

第三，法官是否可以宣告被解释对象无效方面不同。在法律解释中，法官是否可以宣告特定的法律条文无效，取决于各国不同的司法体制。就我国来看，法官并不享有违宪审查的权力，因此，他不能直接认定特定的法律条文无效。而在意思表示的解释中，法官对于当事人的意思表示，可以依据法律来认定其效力，对于违反法律强制性规定和公序良俗的条款可以直接认定其无效。

第四，在意思表示的漏洞填补和法律漏洞填补方面存在较大的差别。一方面，针对意思表示漏洞的填补，可以直接将当事人的系列交易和习惯纳入意思表示内容之中。因为当事人之间的习惯是其系列交易的总结，即使没有载入意思表示，也可以推定为属于当事人的意思。但是当事人之间的交易惯例不一定能够成为习惯法和法律漏洞填补的依据。另一方面，意思表示漏洞的填补方法和法律漏洞的填补方法也存在区别。在填补意思表示漏洞时，首先由当事人达成补充协议，在不能达成补充协议的情况下，由法官按照意思表示有关条款或者交易习惯来确定；通过上述方法仍然不能填补意思表示漏洞的，再运用法律中的任意性规范来填补。但是，这些规则显然不能适用于法律漏洞的填补。

---

① 参见〔德〕迪特尔·梅迪库斯：《德国民法总论》，邵建东译，232页，北京，法律出版社，2000。

第五，从程序的角度来看，在意思表示的解释中，法官可以要求当事人为该解释提供证据，为意思表示的解释提供证明。而在法律的解释中，法官却不能要求法律的制定者为该法律解释提供证据。因为法律解释纯粹是法官行使审判权的体现，是专属于法官的职权活动。而且，立法者的特殊地位也要求其不应当为法律解释提供证据。

三、意思表示解释的分类

（一）有相对人的意思表示的解释和无相对人的意思表示的解释

意思表示的解释通常分为有相对人的意思表示的解释和无相对人的意思表示的解释，所谓有相对人的意思表示的解释，是指对表意人向特定的相对人发出的意思表示进行的解释。例如，要约是一种意思表示，但要约必须到达于受要约人，因为它属于向特定人发出的意思表示。所谓无相对人的意思表示的解释，是指对不需要相对人的意思表示进行的解释。例如，对不特定人的悬赏广告、订立章程和决议。《民法总则》第 142 条第 1 款规定："有相对人的意思表示的解释，应当按照所使用的词句，结合相关条款、行为的性质和目的、习惯以及诚信原则，确定意思表示的含义。"第 142 条第 2 款规定："无相对人的意思表示的解释，不能完全拘泥于所使用的词句，而应当结合相关条款、行为的性质和目的、习惯以及诚信原则，确定行为人的真实意思。"依据这些规定，区别这两种意思表示的解释的意义在于：

第一，是否要考虑对相对人的合理信赖予以保护不同。对有相对人的意思表示而言，其解释应当考虑相对人对意思表示内容的合理信赖，这就不能完全按照表意人的内心真意来解释。也就是说，应当采表示主义的立场进行解释。如果表意人表达有误，使相对人对意思表示作出了不同于表意人所欲表达的理解，那么，表意人必须承认相对人实际所理解的意义是有效的。[①] 另一方面，对无相对

---

① 参见［德］卡尔·拉伦茨：《德国民法通论》上册，王晓晔等译，453～455 页，北京，法律出版社，2003。

人的意思表示而言，由于不涉及相对人的利益，所以对其解释就不必考虑相对人的信赖以及交易安全问题，而应当探求表意人的真实意思，采意思主义的立场进行解释。例如，对遗嘱的解释应当探求表意人的内心真意。因此，依据《民法总则》第142条的规定，在解释无相对人的意思表示时，因为一般不存在对人的信赖利益保护问题，故不能完全拘泥于意思表示所使用的词句，而应当探求当事人的真意，因此，更应当注重"确定行为人的真实意思"。

第二，是否需要考虑受领人的理解水平不同。对有相对人的意思表示进行解释，此种意思表示的有效性以意思表示的受领人能够感知为必要[1]，法官应当考虑一般的受领人的理解水平。但是对无相对人的意思表示进行解释，则不需要考虑受领人的理解水平。[2] 就无相对人的意思表示，其解释采意思主义，探究表意人的真意，只需要考虑表意人自己的表达[3]，不需要考虑受领人的理解水平，因为此种意思表示本身就没有受领人。

第三，词句在意思表示解释中的作用不同。上述两种意思表示的解释虽然都应当从表意人所使用的词句出发，但表意人所使用的词句在其意思表示解释中的作用并不完全相同。对有相对人的意思表示解释而言，需要从相对人一般情况下如何理解来探求表意人所使用词句的意思。而对无相对人的意思表示而言，表意人所使用的词句只是探求当事人内心真意的依据之一，因此，对此种意思表示的解释"不能完全拘泥于所使用的词句"。

（二）阐明性的解释和补充性的解释

所谓阐明性的解释，就是指在意思表示不明确的情况下，通过对文义的解释使其清楚、明确。例如，合同中规定了"一周后交货"，此处所说的一周应该按照通常理解的 7 天来解释，而不应该按照工作日来理解。所谓补充性的解释，就是指在意思表示不完整、存在漏洞的情况下，通过意思表示的解释来填补意思表示的漏洞。例如，当事人在合同中对产品交货时间没有作出规定，而当事人又不

---

[1]　参见陈卫佐：《德国民法总论》，161 页，北京，法律出版社，2007。
[2]　参见［德］卡尔·拉伦茨：《法学方法论》，陈爱娥译，202 页，台北，五南图书出版公司，1992。
[3]　BeckOK BGB/ Wendtland，§ 133，Rn. 14.

能事后达成补充协议或者按照交易习惯确定，此时就应该根据《合同法》第 62 条的规定作出补充解释，即以当事人提出交货的时间加上合理的准备期限来确定交货期间。两者的主要区别在于：

第一，解释的功能和目的不同。阐明性的解释是因为文义模糊或者文义不清楚而作的解释，解释的目的是澄清文义，使当事人不明确的意思表示明晰起来。而补充性的解释是因为意思表示存在漏洞，解释的目的是补充漏洞，从而使当事人不完整的意思表示完整起来。

第二，解释的依据不同。对于阐明性的解释，一般采用文义解释的方法，但也要通过体系解释来探求当事人真意，还可以根据法律的解释性任意性规范来对当事人的意思表示进行阐明。而补充性的解释可以通过法律上的补充性任意性规范对当事人的意思表示进行漏洞的补充。[①]

第三，对当事人意思表示的介入程度不同。阐明性解释是在当事人已有的意思表示基础上进行的解释，对当事人意思表示的介入程度较低。而补充性的解释不是对意思表示所作的"含义的确定"，而有"含义的带入"的特点，主要针对意思表示的漏洞而采用。当然，补充的漏洞应是意思表示的常素，而不能是要素和偶素。[②]

第四，法官在解释过程中的自由裁量程度不同。在阐明性解释中，主要在当事人已有的意思表示基础上进行，法官享有的自由裁量权较小。而在补充性的解释中，法官具有更大的自由裁量权，因此需要对此种解释作出严格的限定。

（三）单方意思表示的解释和双方意思表示的解释

所谓单方意思表示的解释，就是指对于一方发出的、不管是否具有受领人的意思表示所作的解释，例如对于悬赏广告内容的解释。所谓双方意思表示的解释，就是指对双方达成的合意进行的解释。此种解释包括对意思表示的成立和效力、意思表示的内容所作出的解释，以及对意思表示的漏洞所作出的填补。

---

① 参见王轶：《民法原理与民法学方法》，208～220 页，北京，法律出版社，2009。
② 参见［德］迪特尔·梅迪库斯：《德国民法总论》，邵建东译，258～259 页，北京，法律出版社，2000。

这两种解释常常是密切联系在一起的，如在合同成立过程中，要约是单方意思表示，如果合同成立以后，承诺方提出其对要约的内容发生了误解，那么对该内容进行的解释既是对双方意思表示的解释也是对单方意思表示的解释。再如，对单方错误的意思表示的解释，如果意思表示已经成立，则既可以看成是单方的意思表示的解释，也可以看成是双方意思表示的解释。但两者仍然是有区别的，表现在：一方面，单方意思表示的解释不考虑意思表示是否已经成立，而对双方意思表示的解释首先要确定意思表示是否成立、生效。如果意思表示没有成立、生效，根本不可能进行意思表示的解释。另一方面，适用于双方意思表示解释的方法，不能用于单方意思表示的解释。例如对格式条款起草者作出不利的解释的方法，可以作为解释双方意思表示的方法，而如果用于解释单方意思表示就有困难。再如，《合同法》规定的填补意思表示漏洞的方法，即可以采用《合同法》第 61 条的方式进行填补，但单方意思表示的解释不能采用此种方式。

四、意思表示解释的立场和规则

（一）意思表示解释的立场

意思表示解释的立场，是指在解释意思表示时应秉持的价值和方法。一般认为，意思表示解释的立场有两种：第一，主观解释。它也称为自然解释（näturliche Auslegung），是指在解释时，应当以表意人的内心真实意思为准。第二，客观解释。它也称为规范解释（normative Auslegung），是指在解释时，应当以表意人表达出来的客观意思为准。这两种立场的区别主要表现在：一方面，两者的价值取向不同。主观解释侧重于保护表意人的利益，而客观解释侧重于对交易安全和信赖的保护。[①] 另一方面，按照主观解释的立场，应以表意人的主观、内在的意思来确定意思表示的含义。而在客观解释的立场中，表意人的内心真意和相对人的实际理解并非确定意思表示含义的决定因素。这一点区别于主观解释的立

---

① Larenz/Wolf，Allgemeiner Teil des Bürgerlichen Rechts，9. Aufl.，2004，§ 28，Rn. 94.

场，其是依据客观的外在的意义来确定意思表示的含义，即以相对人在当时的情况下能够和应当的理解为准（客观的观察者处于相对人的位置所为的理解）。[①]

从意思表示解释理论的发展历史来看，其经历了从主观解释向客观解释转变的过程。在 19 世纪，法官注重当事人真实意思的维护，倾向于采纳主观解释的立场。而随着社会的发展，交易安全和信赖保护日益受到重视，法官的解释立场转向客观解释。从《民法总则》的相关规定来看，其虽然区分了有相对人意思表示的解释与无相对人的意思表示解释，前者主要采客观主义的解释方法，而后者则主要采纳了主观主义的解释方法。当然，严格地说，针对有相对人的意思表示，《民法总则》兼采了主观解释与客观解释两种方式，依据《民法总则》第 142 条第 1 款："有相对人的意思表示的解释，应当按照所使用的词句，结合相关条款、行为的性质和目的、习惯以及诚信原则，确定意思表示的含义"其中所谓"按照所使用的词句，结合相关条款、行为的性质和目的"解释，要求意思表示的解释应当探究表意人的主观目的和意图，实际上是主观主义解释方法的体现；而按照"习惯以及诚信原则"解释，则体现了客观主义的解释方法，从这一意义上说，有相对人意思表示的解释实际上是两种解释方法的结合。

（二）意思表示解释的规则

1. 对用语应当按照通常的理解进行解释

所谓对用语应当按照通常的理解进行解释，是指在当事人就意思表示本身的用语发生争议以后，对于有关的用语本身，按照一个普通人的合理理解为标准来进行解释。[②]《民法总则》第 142 条第 1 款规定："有相对人的意思表示的解释，应当按照所使用的词句，结合相关条款、行为的性质和目的、习惯以及诚信原则，确定意思表示的含义。"该条实际上也就是要求对用语按照通常的理解进行解释。对用语应当按照通常的理解进行解释应当是意思表示解释的首要方法。在对意思表示的内容发生争议以后，法官应当考虑一个普通人在此情况下对有争议的意思表示用语所能理解的含义，以此作为解释意思表示的标准，避免荒谬的结

---

① Reinhard Bork, Allgemeiner Teil des Bürgerlichen Gesetzbuchs, 2. Auf., Rn. 525ff, S. 197ff.
② Reinhard Bork, Allgemeiner Teil des Bürgerlichen Gesetzbuchs, 2. Auf., Rn. 545ff, S. 203ff.

论。按照一个普通人的标准来进行解释，法官既不能根据当事人一方的理解来解释意思表示，更不能根据起草的一方对意思表示所作的理解来解释意思表示，而应当以一个合理的人对意思表示用语的理解进行解释。一个普通人既可能是一个社会一般的人，也可能是在一定的地域、行业中从事某种特殊交易的人。如果意思表示当事人本身是后一种类型的人，则法官应当按照在该地域、行业中从事某种特殊交易的合理人的标准来理解该用语的含义。例如，买卖双方对交货的计量标准"车"的含义发生争执，则应当考虑当事人双方是从事何种物品的买卖，并按照从事该种行业的一般人对"车"的理解来进行解释。

2. 整体解释

所谓整体解释，又称为体系解释（systematische Auslegung），是指将表达当事人意思的各项合同条款、信件、文件等作为一个完整的整体，根据各方面的相互关联性、争议的条款与当事人真实意思表示的关系、在意思表示中所处的地位等各方面因素，来确定所争议的意思表示的含义。[①] 在罗马法中，就有"误载不害真意（falsa demonstrio nocet）"和"矛盾行为不予尊重（protestatio declarationi）"的意思表示解释规则[②]，实际上强调的就是整体解释原则。英美法中确立了以下规则，即"一项协议应接受下面这样的解释，即其解释是合乎语言习惯的，最能反映当事人意愿的，集中表现整个协议精神的，而且对当事人明显意愿或意图的注意要甚于对他们可能用以表达其意图的任何特定词句"[③]。大陆法系国家也普遍接受了整体解释的原则。例如，《法国民法典》第 1161 条规定："契约的全部条款得相互解释之，以确定每一条款在全文整体上获得的意义。"我国《民法总则》第 142 条规定要求结合相关条款进行解释，可以认为确立了整体解释原则。所谓相关条款，其实就是将要解释的对象置于整个意思表示之中进行解释。换句话说，在运用意思表示的整体解释方法时，需要将各种意思表示的资料综合考虑，从

---

① Robert Horn, Einführung in die Rechtswissenschaft und Rechtsphilosophie，4. Auflage，2007，Rn. 180f. , S. 123.

② 参见王泽鉴：《债法原理》，第 1 册，239 页，台北，自版，1999。

③ ［英］A. G. 盖斯特：《英国意思表示法与案例》，141 页，北京，中国大百科全书出版社，1998。

整体出发来准确地理解意思表示条款的真实含义，这就确立了体系解释原则。

整体解释原则具体表现在如下几个方面：首先，整体解释要求意思表示解释不能局限于意思表示的字面含义，也不应当仅仅考虑某个意思表示的资料，更不能将意思表示的只言片语作为当事人的真实意图，断章取义，而应当综合考虑各种意思表示的资料。其次，从整个意思表示的全部内容上理解、分析和说明当事人争议的有关意思表示的内容和含义。例如，在合同中如果数个条款相互冲突，应当将这些条款综合在一起，根据合同的性质、订约目的等来考虑当事人的意图，尤其是必须把当事人在合同中所使用的语言文字联系起来考察，不能孤立地探究每一句话或者每一个词的意思。如果合同是由信笺、电报甚至备忘录等构成的，在确定某一条款的意思构成时，应当将这些材料作为一个整体进行解释。最后，当事人使用了多种语言进行同一意思表示，即使当事人没有特别约定各意思表示文本之间的关系，也可以推定各个文本所使用的词句具有相同的含义。根据《合同法》第125条，"合同文本采用两种以上文字订立并约定具有同等效力的，对各文本使用的词句推定具有相同含义"。

在适用整体解释原则时，还应当注意一些特殊规则。例如，如果当事人在合同中增加了特别条款，特别条款的效力可以优先于一般条款的效力。在同一份合同书中，如果印刷条款与手写条款并存，且这些条款彼此间相互矛盾，则应当认为手写条款优先。如果特殊列举词语与不能完全列举的一般概括词语连在一起，概括性词语的外延应视作仅包括与特殊列举事物相类同的事物。如果数量和价格条款中，大写数字与小写数字并存，相互抵触，原则上大写数字的效力应优先于小写数字。如果合同中有多个条款表达同一内容，其中某一条款比另一条款含义更为明确，则含义不够明确的条款可以被删除。

3. 目的解释

所谓目的解释（teleologische Auslegung），是指在对意思表示进行解释时，应当根据当事人作出意思表示所追求的目的，来对有争议的意思表示进行解释。[①]

---

① Robert Horn，Einführung in die Rechtswissenschaft und Rechtsphilosophie，4. Auflage，2007，Rn. 182，S. 124.

《民法总则》第 142 条要求从行为的性质和目的进行解释，这实际上也确立了目的解释规则。按照私法自治原则，民事主体可以在法律规定的范围内，为追求其目的而表达其意思，并通过双方的协议，产生、变更、终止民事法律关系。当事人从事民事行为都要追求一定的目的，意思表示本身也不过是当事人实现其目的的手段。因此，在解释意思表示时，应当充分考虑当事人从事民事法律行为的目的。

按照目的解释原则，如果有关的文本中所使用的文字的含义与当事人所明确表达的目的相违背，而当事人双方对该条文又发生了争议，在此情况下不必完全拘泥于文字，可以按照当事人的目的进行解释。所以，在适用目的解释原则时，法官首先应当探究当事人的目的意思，了解其在作出意思表示时所追求的目的。例如，订立合同时，订约的双方都具有订约目的。当然，当事人双方可能具有不同的意思表示目的，一方订约的目的和另一方订约的目的可能不同，但是从意思表示的内容和订约过程能够确定一方在作出意思表示时，应当意识到另一方所具有的订约目的时，则应当按照该目的来解释意思表示。[1]

如果某一意思表示既可以被解释为有效，也可以被解释为无效，则原则上应当尽可能按照有效来解释。因为当事人作出意思表示，都是为了使交易成立，使意思表示有效。当事人不可能为了使意思表示无效作出意思表示。所以，在此情况下，对于意思表示作无效解释，不符合当事人作出意思表示的目的。[2] 例如，在期房买卖中，出卖人在没有获得期房销售许可的情况下出售期房，买受人购买该期房后，因为房价上涨，出卖人以该意思表示不符合形式要件为由，请求确认意思表示无效。笔者认为，对于在期房买卖中出卖人没有获得出售许可证的，虽然可以宣告该意思表示无效，但也可以从鼓励交易、实现买受人的缔约目的考虑，责令出卖人在一定期限内补办许可手续；如不能补办，则可以宣告该合同无效。

4. 习惯解释

所谓习惯解释，是指在意思表示发生争议以后，应当根据当事人所知悉或实践的生活和交易习惯来对意思表示进行解释。[3]《民法总则》第 142 条规定了意思

---

① See Farnsworth, *Contracts*, Second Edition, Little, Brown and Company, 1990, p. 513.
② 参见张广兴等：《意思表示法总则（下）》，246 页，北京，法律出版社，1999。
③ MünchKomm/Busche, § 157, Rn. 16ff.

表示的解释应当考虑习惯，这就确立了习惯解释的原则。习惯包括生活习惯和交易习惯两大类。一般来说，在合同中主要采用交易习惯对有争议的合同条款进行解释，这主要是因为合同本质上是一种交易，所以在合同法中如果就合同条款发生争议，通常应当按照交易习惯填补漏洞和解释意思表示。这一规则被许多国家法律所确认。例如，《美国统一商法典》第 1—205 条第 2 项规定："行业惯例指进行交易的任何做法或方法，只要该做法或方法在一个地区、一个行业或一类贸易中已得到经常遵守，以至于使人有理由相信它在现行业中也会得到遵守。此种惯例是否存在及其适用范围，应作为事实问题加以证明。如果可以证明此种惯例已载入成文的贸易规范或类似的书面文件中，该规范或书面文件应由法院解释。"我国《合同法》第 125 条规定：当事人对合同条款的理解有争议的，应当按照"交易习惯"确定该条款的真实意思，这就确立了习惯解释规则。

不过，运用交易习惯填补意思表示漏洞，对各种交易习惯的存在以及内容应当由当事人双方举证证明，在当事人未举证证明交易习惯的情况下，法官也可以根据自己对交易习惯的理解选择某种习惯来填补意思表示的漏洞。交易习惯不仅可以用于填补意思表示漏洞，而且可以用来解释合同条款的含义。例如，双方订立一份租赁合同，乙方承租甲方 1 000 平方米的房屋，但该房屋究竟是以建筑面积还是使用面积计算，双方发生了争议，乙方提出当地的习惯都是按照使用面积来计算租赁房屋的面积。所以，在解释面积条款时，可以以交易习惯作为解释的依据。

5. 依据诚实信用原则解释

所谓依据诚信原则进行解释，是指在意思表示发生争议以后，应当根据诚实信用原则来填补有关意思表示的漏洞，对有争议的意思表示进行解释。[①] 正是因为诚实信用原则在解释意思表示方面的作用，该原则常常被称为"解释法"。《民法总则》第 142 条规定了意思表示的解释应当按照诚信原则进行解释，因此，依据诚实信用原则解释也是意思表示解释的重要方法。

依据诚信原则进行解释，实际上是要求法官将自己作为一个诚实守信的当事人来判断、理解意思表示的内容和条款的含义。正因为这一原因，依诚信原则进

---

① 　MünchKomm/Busche，§ 157，Rn. 4ff.

行解释已经使意思表示的解释出现了一种社会化的倾向。法官依诚信原则解释意思表示，就会将商业道德和公共道德运用到意思表示的解释之中，并对意思自治施加必要的限制。在解释意思表示方面，诚信原则的功能表现在两个方面：一是解释有争议的意思表示。法官在依据诚信原则解释意思表示时，需要平衡当事人双方的利益，公平合理地确定意思表示内容。例如，对于无偿合同应按对债务人义务较轻的含义解释，对有偿合同则应按对双方都较为公平的含义解释。二是填补意思表示漏洞。在此情形下，法官要考虑一个合理的、诚实守信的人在面对此情形时应如何作出履行，或者说应当如何作出意思表示，以此来填补意思表示的漏洞。例如，原、被告双方在意思表示中对交付货物的计量单位"车"一词没有作出约定，法官应当考虑的是，作为一个诚实守信的人在这种情况下对"车"的含义的理解，并依据该标准加以解释。

　　诚信原则虽然重要，但该原则一般是在上述其他原则难以适用的情况下才采用的。其主要原因在于：一方面，诚信原则比较抽象，它主要依据某种道德的、公平的观念来解释意思表示，从而在一定程度上给予了法官一定的自由裁量权，而不如其他原则那样在适用的过程中必须要考虑到各种客观的因素，如缔约目的、交易习惯等来作出判断。所以，如果能够依据其他原则来解释意思表示，探求当事人的真实意图，就不宜由法官直接依据诚信原则来解释意思表示或填补漏洞。另一方面，从适用的范围来看，诚信原则主要适用于合同存在漏洞的情况，依据其他原则难以确定合同内容和合同条款的含义，需要依据诚信原则来填补合同漏洞。如果当事人在订立合同时所使用的文字词句有所不当，未能将其真实意思表达清楚，或合同未能明确各自的权利义务关系，使合同难以正确履行，从而发生纠纷，此时，法院或仲裁机构主要应当依据除诚实信用以外的其他规则，考虑各种因素（如合同的性质和目的、合同签订地的习惯等）以探求当事人的真实意思，并正确地解释意思表示，从而判明是非，确定责任。尤其应当看到，依据诚实信用原则来解释意思表示过于抽象，容易被个别法官滥用。所以，笔者认为，我国《民法总则》第142条在确立合同解释的规则时，将诚信原则放在最后，也表明了立法者的意图在于诚信原则只能是在其他规则不能适用时，才能加以运用。

第十四章

民事法律行为的效力

第一节　民事法律行为生效的概念和特征

一、法律行为生效的概念

所谓法律行为的生效，是指已经成立的法律行为因符合法定的生效要件，从而能产生法律上的约束力。《民法总则》第 136 条第 1 款规定："民事法律行为自成立时生效，但是法律另有规定或者当事人另有约定的除外。"该条对民事法律行为的生效规则作出了规定，此处所说的法律拘束力，首先是指私法上的效力，而不应当包括法律行为生效以后所可能引起的公法上的效果。其次，是指法律行为发生了行为人所意欲发生的法律效果，这种效果因法律行为形态的不同而有异。就单方法律行为而言，在大多数情况下，主要是对表意人产生法律拘束力。当然，在某些情况下，单方行为也可能对第三人产生法律拘束力，例如，遗嘱行为可能会对继承人产生效力。就双方法律行为而言，一旦合意达成，就对双方当事人产生了拘束力，即双方必须依据合同的规定享有权利、承担义务乃至承担违

约责任。

民事法律行为的效力可以分为对内的效力和对外的效力。所谓对内的效力，是指法律行为对当事人产生的法律拘束力。《民法总则》第136条第2款规定："行为人非依法律规定或者未经对方同意，不得擅自变更或者解除民事法律行为。"例如，当事人在订立合同后，即应当受到合同的严格拘束，必须严格履行合同，否则应当承担违约责任。所谓对外的效力，是指法律行为对当事人以外的人产生的法律拘束力。例如，合同一旦生效，也可能会对合同当事人以外的第三人产生效力。这主要表现在为第三人利益的合同、债权保全制度、租赁权物权化、债权不可侵害性等方面。

民事法律行为能够产生法律拘束力，从表面上看是当事人的意思自治的结果，或者说是当事人自愿选择的结果，但从实质上看，法律行为的法律约束力或法律行为的效力，不仅来源于当事人的意志，而且来源于法律的赋予。也就是说，由于当事人的意志符合国家的意志和社会利益，因而国家赋予当事人的意志以拘束力，并且使当事人实施的法律行为能够产生其预期的效果。具体来说，法律行为一旦生效，就可能产生如下拘束力：

一是在合同法中，合同一旦生效就要对合同当事人产生一定的拘束力。依据我国《合同法》第8条的规定："依法成立的合同，对当事人具有法律拘束力。当事人应当按照约定履行自己的义务，不得擅自变更或者解除合同。"

二是在物权法中，我国现行立法虽然不承认物权行为理论，交付行为只是合同的履行行为，并不产生独立的物权行为的效果，但物权法中一些法律行为的实施可产生物权变动的效果。例如，依据《物权法》第127条的规定，当事人所订立的土地承包经营权合同生效后，土地承包经营权即可设立。

三是在继承关系中，遗嘱和遗赠抚养协议，都是法律行为，但其生效的方式不同。遗嘱是单方法律行为，不以遗嘱继承人的同意为成立前提。遗嘱从依照法定形式订立之日起，就已经成立，但在被继承人死亡时，才发生效力。遗赠抚养协议是双方法律行为，从双方达成协议之日起成立并生效。

四是在身份关系中，我国民法承认协议监护，以及收养协议等的效力。收养协议必须从双方达成协议并办理登记时生效。

五是在人格关系中，存在一些人格利益的转让协议，这些协议必须从双方达成协议之日起生效。

所以，法律行为的效力必须根据各种具体的法律行为的形态而确定，因为其效力在不同形态中是不同的，在生效的时间上不同，对当事人的拘束力的表现形态等方面也存在较大差别，有的是对行为人单方面产生拘束力，有的是对当事人双方产生拘束力，有的则对第三人也产生拘束力。

法律行为的生效，是指法律行为产生了法律拘束力，意味着当事人所追求的目的得到实现，并发生了行为人预期的法律效果。在此有必要区分法律行为和事实行为的效力的差异。一般来说，法律行为的效力主要是发生了当事人所预期的法律效果，而事实行为只是发生了法律规定的效果，而不是当事人所预期的法律效果。例如，对于侵权行为而言，行为人从事不法侵害他人财产和人身的侵权行为以后，应当承担相应的侵权责任，但这种责任是法律规定的效果，而不是侵权行为人主观上意欲达到的效果。对于事实行为来说，不存在当事人预期的意思的效力的问题，只要行为人的行为（如侵权行为）符合法律规定的要件，依法即在当事人之间形成规定的权利义务关系。[1] 当然，法律行为的效果，也可能是法律所规定的。例如，合同生效对当事人所产生的拘束力，以及违反合同所产生的责任，也要由《合同法》加以确认，但本质上，合同的法律效果是当事人所预期要实现的法律效果。根据是否是当事人意欲追求的法律效果，法律事实可以区分为事实行为和法律行为。例如，对无权代理的追认行为，有人认为是法律行为，也有人认为是事实行为。笔者认为，尽管对无权代理的追认行为所产生的效果在法律已经有明确规定，但是这种效果是本人意欲追求的效果。正是从这个意义上说，追认行为是一种单方法律行为而不是事实行为。

---

[1]　参见董安生：《民事法律行为》，111 页，北京，中国人民大学出版社，1994。

二、法律行为的成立与生效

法律行为的成立与生效常常是密切联系在一起的，因为当事人从事某一法律行为，旨在产生一定的法律关系变动的效果。罗马法曾规定了"同时成立原则"（prinaipder simuitanitotod simuedume enrshung），认为法律行为的成立与其效力同时发生。[①] 不过，在德国或法国继受罗马法时，已根本改变了这一原则。根据我国台湾地区学者王伯琦先生的解释，作出这种更改的原因在于罗马法十分强调法律行为的方式，而忽视了当事人的意思。一旦法律行为的方式得到遵守，行为自然有效，因此不必要区分法律行为的成立与生效问题。而自文艺复兴以后，个人主义思潮在欧洲勃兴，意思主义在民法中占据主要地位，法律行为的方式逐渐退居次要地位，这就必须区分法律行为的成立与生效、不成立与无效问题。[②] 尽管如此，仍有许多国家和地区的民法并没有严格区分法律行为的成立与生效问题。

所谓法律行为的成立是指法律行为在客观上已经存在。具体而言，就无相对人的单方法律行为来说，是指意思表示已经作出；就有相对人的单方法律行为来说，是指表意人发出的意思表示已经到达相对人；就双方或多方法律行为而言，是指各方当事人意思表示合致。法律行为成立并不一定产生一定的法律效力，要产生法律效力，则必须要符合法定的生效要件。

如上所述，在绝大多数情况下，民事法律行为一旦依法成立，便会产生效力，因此，《民法总则》第 136 条规定："民事法律行为自成立时生效。"但在某些情况下，法律行为成立并不一定产生一定的法律效力，要产生法律效力，则必须要符合法定的生效要件。因此，有必要区分法律行为的成立与生效，两者的区别主要表现在：

---

① 参见郑玉波主编：《民法债编论文选辑》中册，892 页，台北，五南图书出版公司，1984。

② 参见王伯琦：《法律行为之无效与不成立》，载郑玉波主编：《民法债编论文选辑》中册，727～729 页，台北，五南图书出版公司，1984。

第一，从性质上看，法律行为成立仅涉及当事人个人意思以及意思表示的问题，而法律行为的生效则意味着法律采取一定标准对意思表示作出评价或干预。所以，符合法律行为生效标准的行为，就能够生效，产生当事人预期的效果。如果不符合该标准，将分别为无效、被撤销或效力待定。即使法律行为已经成立，如果不符合法律规定的生效要件，仍然不能产生法律效力。合法法律行为从法律行为成立时起具有法律效力，而违法的法律行为虽然成立也可能不会产生当事人预期的法律效果。由此可见，法律行为成立后并不是当然生效的，法律行为若要生效，则取决于其是否符合国家的意志和社会公共利益。法律行为生效制度体现了国家对法律行为关系的肯定或否定的评价，反映了国家对法律行为的干预。

第二，在时间上，两者所处的阶段不同。尽管在许多情况下，法律行为成立与生效在时间上是很难区别的，但它们毕竟处于两个不同阶段，所以，"近代民法学说，多将法律行为之成立及生效分为两个阶段"[①]。法律行为的成立是当事人作出了单方意思表示或者意思表示达成合意，而法律行为生效则是指法律行为对当事人产生实质法律拘束力。从法律评价标准来看，法律行为的生效实际上是在已经成立的基础上所作的价值判断，因此，法律行为生效的时间可能要晚于法律行为成立的时间。例如，对需要政府审批的合同而言，其成立后需要经过政府审批才能生效。当然，一般情况下，只要法律行为的内容和形式合法，法律行为成立后即生效。

第三，两者的构成要件不同。法律行为的成立要件包括当事人、当事人作出意思表示、当事人就意思表示达成合致。而依据《民法总则》第143条的规定，民事法律行为的生效则需要具备下列条件：一是行为人具有相应的民事行为能力；二是意思表示真实；三是不违反法律、行政法规的强制性规定，不违背公序良俗。

第四，两者体现的国家干预的程度不同。法律行为的成立是当事人作出意思表示或意思表示达成合意。因此，它主要表现了当事人的意思，但该意思是否是

[①]　王伯琦：《法律行为之无效与不成立》，载郑玉波主编：《民法债编论文选辑》中册，723页，台北，五南图书出版公司，1984。

当事人真实意思的表达，在成立要件中很难判断，而只有在生效要件中才能加以判断，至于法律行为的内容中是否存在欺诈、胁迫和其他违法的因素，则不是法律行为的成立制度而是法律行为生效制度调整的范围。[1] 而法律行为的生效是指国家对已经成立的法律行为予以认可，如果当事人的合意符合国家的意志，将被赋予法律拘束力。对意思表示是否真实的判断，则应当考虑对信赖利益的保护等问题。也就是说，在生效要件中，要掺杂对交易安全等的价值评价。如果当事人的合意违背了国家意志，不仅不能产生法律约束力，而且将要承担法律行为被撤销或者被宣告无效的后果。由此可见，法律行为生效制度体现了国家对法律关系的肯定或否定的评价，反映了国家对民事法律行为的规范。[2]

第五，从逻辑体系来看，如果区分成立和生效，则将进一步区分法律行为的不成立、被撤销和无效。长期以来，在我国司法实践中，由于未区分法律行为的不成立和法律行为的无效概念，从而将大量的法律行为不成立的问题，作为无效法律行为对待，混淆了当事人在法律行为无效后的责任和法律行为不成立时的责任。尤其因未区分法律行为的成立和生效问题，将一些已经成立但不具备生效要件的法律行为，都作为无效法律行为对待，将许多已经成立但合同的条款不齐备或不明确的情况都作为无效法律行为对待，从而扩大了无效法律行为的范围，导致大量的本来可以成立的法律行为成为无效法律行为，消灭了本来不应该被消灭的交易。从法律后果上看，法律行为的不成立和无效产生的法律后果是不同的。[3] 如果法律行为一旦被宣告不成立，那么有过失的一方当事人则应根据缔约过失责任制度，赔偿另一方所遭受的信赖利益的损失，如果当事人已经作出履行，则应当各自向对方返还其已接受的履行。因法律行为成立主要涉及当事人的合意问题，因而法律行为不成立只产生民事责任而不产生其他的法律责任。但对于无效法律行为来说，因为它在性质上根本违反了国家意志，所以无效法律行为不仅要产生民事责任（如缔约过失责任、返还不当得利责任），而且将可能引起

---

① 参见陈安主编：《涉外经济合同的理论与实务》，102 页，北京，中国政法大学出版社，1994。

② 参见陈安主编：《涉外经济合同的理论与实务》，103 页，北京，中国政法大学出版社，1994。

③ 参见王家福主编：《民法债权》，315 页，北京，法律出版社，1991。

行政责任甚至刑事责任。

第二节　民事法律行为的生效要件

由于法律行为一旦生效，即发生行为人所意欲发生的法律效果，所以，法律要设立一定的标准对法律行为的合法性进行考察，这些标准即法律行为的生效要件。已经成立的法律行为，必须具备一定的生效要件，才能产生法律拘束力。《民法总则》第143条规定："具备下列条件的民事法律行为有效：（一）行为人具有相应的民事行为能力；（二）意思表示真实；（三）不违反法律、行政法规的强制性规定，不违背公序良俗。"这是法律关于民事法律行为一般生效要件的规定。

一、行为人具有相应的民事行为能力

行为人具有相应的民事行为能力的要件，在学理上又被称为有行为能力原则或主体合格原则。任何法律行为都以当事人的意思表示为基础，并且以产生一定的法律效果为目的，所以，行为人必须具备正确理解自己的行为性质和后果、独立地表达自己的意思的能力，也就是说，必须具备与从事某项法律行为相应的民事行为能力。不具备相应的民事行为能力，就不能独立地进行意思表示，因而也难以从事民事法律行为。各国民法大都将行为人有行为能力作为法律行为的生效要件。

我国《民法总则》将自然人分为三类，即完全民事行为能力人、限制民事行为能力人和无民事行为能力人。除法律有特别规定外（如《婚姻法》对结婚年龄的规定），完全民事行为能力人可以独立实施所有民事法律行为。

由于限制民事行为能力人具有一定的判断和理解能力，因而，其可以独立实施一定的民事法律行为，但与完全民事行为能力人相比，其民事行为能力又是受

到限制的，其只能从事与其年龄、智力、精神健康状况相适应的民事法律行为。《民法总则》第145条第1款规定："限制民事行为能力人实施的纯获利益的民事法律行为或者与其年龄、智力、精神健康状况相适应的民事法律行为有效；实施的其他民事法律行为经法定代理人同意或者追认后有效。"据此，限制民事行为能力人只能独立从事两种类型的民事法律行为：一是纯获利益的民事法律行为，即仅仅获得法律上的利益，而不会负担法律义务或减损其既有民事权利。二是与其年龄、智力、精神健康状况相适应的民事法律行为。依据《民法通则意见》第3条的规定，对此，要从行为与本人生活相关联的程度、本人的智力能否理解其行为，并预见相应的行为后果，以及行为标的数额等方面认定。

无民事行为能力人不具有独立作出意思表示的能力，因此，其不能独立实施民事法律行为，依据我国《民法总则》第144条的规定："无民事行为能力人实施的民事法律行为无效。"无民事行为能力人只能通过其法定代理人代理其实施民事法律行为。值得探讨的是，无民事行为能力人是否不能独立实施任何民事法律行为？例如，其能否独立实施纯获利益的民事法律行为，我国《民法总则》没有对此作出规定。《民法通则意见》第6条规定："无民事行为能力人、限制民事行为能力人接受奖励、赠与、报酬，他人不得以行为人无民事行为能力、限制民事行为能力为由，主张以上行为无效。"笔者认为，这一规定具有一定的合理性，鉴于《民法通则》并没有被废止，因而该规定应当继续有效。

《民法总则》第143条所规定的行为人具有相应的民事行为能力，也包括法人实施民事行为应当具有相应的民事行为能力。当然，要求法人实施一定的民事行为应当具有行为能力，并不意味着企业法人超越其经营范围而行为，该行为便应当被当然宣告无效。从两大法系立法和判例的发展趋势来看，总的来说，各国立法在对法人的能力受其目的范围限制方面已呈现出不断放宽的趋势。也就是说，法人不断地突破其目的范围的限制，从而使其能力更为广泛。可见，法人的能力也在不断地扩张。在我国，对于法人在从事民事行为时是否要求其具有相应的民事行为能力，学理上曾经有不同的看法。我国《民法总则》第57条规定：

"法人是具有民事权利能力和行为能力，依法独立享有民事权利和承担民事义务的组织。"《民法通则》第 42 条规定："企业法人应在核准登记的范围内从事经营"。据此可见，我国法律仍然要求企业法人在核准的经营范围内从事经营，但要求法人实施一定的民事行为应当具有行为能力，并不意味着企业法人超越其经营范围而行为，该行为便应当被当然宣告无效。从现行立法规定来看，对此并未有明确规定。《民法通则》虽然要求企业法人应在核准登记的范围内从事经营，且将行为人应具有相应的民事行为能力确认为民事法律行为的有效要件之一，但该法在关于无效民事行为类型的规定中，仅仅只是规定了无民事行为能力人实施的民事行为和限制行为能力人依法不能独立实施的民事行为无效，而并未规定超越经营范围的行为无效。最高人民法院于 1999 年 12 月 1 日颁布的《合同法司法解释一》第 10 条规定："当事人超越经营范围订立合同，人民法院不因此认定合同无效。但违反国家限制经营、特许经营以及法律、行政法规禁止经营规定的除外。"但对于违反国家限制经营、特许经营以及法律、行政法规禁止经营的规定而超越经营范围的，因为不仅仅是保护第三人利益和维护交易安全的问题，还涉及国家对经济的法律规制和社会公共秩序，因而作为例外，可以将这种超越经营范围的法律行为认定为无效。当然，在以违反国家限制经营、特许经营以及法律、行政法规禁止经营规定为由主张法律行为无效时，还可以以《合同法》第 52 条第 5 项"违反法律、行政法规的强制性规定"为由宣告法律行为无效。

二、意思表示真实

意思表示是指行为人将其设立、变更、终止民事权利、义务的内在意思表示于外部的行为。所谓意思表示真实，是指表意人的表示行为应当真实地反映其内心的效果意思。也就是说，意思表示真实要求表示行为应当与效果意思相一致。由于法律行为在本质上乃是当事人的意志，此种意志符合法律规定，依法即可以产生法律拘束力；而当事人的意思表示能否产生此种拘束力，则取决于此种意思

表示是否同行为人的真实意思相符合，也就是说意思表示是否真实。因此，意思表示真实是法律行为生效的重要构成要件。

在大多数情况下，行为人表示于外部的意思同其内心真实意思是一致的。但有时行为人作出的意思表示与其真实意思不相符合，此种情况称为"非真实的意思表示""意思缺乏"或"意思表示不真实"。行为人的意思表示不真实包括两个方面：一是行为人的意思表示不自由。行为人的意思表示不自由主要是指行为人因受到欺诈、胁迫等外在原因导致其处于意志不自由的状态，因而其表达的意思不符合其真实意思。这种情况属于典型的意思表示不真实的情况。根据意思表示构成要件的通说见解，欠缺行为意思（Handlungswille），意思表示不成立。① 行为人欠缺行为意思主要表现为行为人处于睡梦中、处于神志不清状态中、处于受欺诈或者受胁迫等类似情形。针对此种情况，我国《民法总则》明确规定欺诈、胁迫、重大误解、显失公平等行为将导致民事法律行为无效或者被撤销。二是行为人的意思表示不真实，即行为人外部表达的意思不符合其内心的真实意思。在大陆法系国家民法中，大多规定了三种意思表示不真实的情况：（1）真意保留（geheimer Vorbehalt）。所谓真意保留，又称单独虚伪表示，就是指行为人故意隐瞒其真意，而表示其他意思的意思表示。（2）双方虚伪表示（Scheingeschäft）。所谓双方虚伪表示，又称伪装表示，是指行为人与相对人通谋而为虚假的意思表示。例如，甲为了逃避强制执行，与乙通谋，以赠与为名，将其房产移转给乙。在此情况下，甲、乙之间的赠与行为构成通谋的虚伪表示，应当认定为无效。（3）隐藏行为（verdecktes/dissimuliertes Geschäft），是指行为人将其真意隐藏在虚假的意思表示中。例如，某人与他人订了一个名为借用，实为租赁的合同，该行为实际上是以一种行为掩盖了另一种行为。

在意思表示不真实的情况下，如何确定行为人所作出的不真实的意思表示的效力，对此各国立法和学说有如下三种不同的观点：一是意思主义。此种观点认为，应以行为人的内在意思为准。内心意思是意思表示的来源，如果没有内在的

---

① Helmut Koehler, BGB Allgemeiner Teil, 34. Auflage, Beck, Muenchen, 2010, S. 64.

意思，外在的表示是没有根据的，因而应使外在表示无效，以保护表意人的意志和利益。二是表示主义。此种观点认为，应以行为人外部表示为准，因为行为人的内心意思如何，并不是局外人所能知道的，因而应维护行为人的表示所创设的外部状态的效力，即由外部状态可推知表意人的表示意思及效果意思的存在，并赋予其法律上的效力，以保护相对人的信赖及交易安全。三是折中主义。此种观点认为，在意思表示不真实的情况下，应根据具体情况，既考虑行为人的内心意思，也要考虑其外部表示，兼顾表意人和相对人的利益。这种观点认为，应当以意思说为原则，而以表示说为例外，或者以表示说为原则，以意思说为例外。调和表意人与相对人的利益，并维护交易的安全。[①] 笔者认为，在意思表示不真实的情况下，首先应当以法律规定作为认定意思表示效力的依据，在法律没有规定的情况下，应依据具体情形认定其效力：一方面，不能仅以行为人表示于外部的意思为根据，而不考虑行为人的内心意思。例如，行为人在受胁迫、受欺诈的情况下作出的意思表示，与其真意完全不符。如果不考虑行为人的真实意志，而使其外部的意思表示有效，并认为欺诈、胁迫等法律行为有效，则不利于维护行为人的真实意思，也会纵容一些胁迫、欺诈等违法行为，而且会破坏法律秩序。另一方面，也不能仅以行为人的内心意思为依据，而不考虑行为人的外部表示。因为行为人的内心意思往往难以确定，仅以行为人内心意思作为认定其意思表示法律效力的依据，可能使法律行为的效力随时受到影响，使对方当事人的利益受到损害。因而，在认定意思表示的效力时，应当兼顾当事人的内心意思与外部表示。

《民法总则》强调意思表示必须真实，才能发生相应的法律效力，主要是为了保障当事人的自主、自愿，充分实现私法自治，同时，否定意思表示不真实情况下民事法律行为的效力，有利于保护处于弱势地位一方当事人的利益，也有利于维护交易安全。《民法总则》明确规定双方虚伪表示行为无效，对隐藏行为则规定依照有关法律规定处理，而没有一概否定其效力。

---

① 参见王泽鉴：《民法总则》，280 页，北京，北京大学出版社，2009。

三、不违反法律、行政法规的强制性规定和公序良俗

（一）不违反法律、行政法规的强制性规定

从法律上看，法律行为之所以能产生法律效力，就在于当事人的意思表示符合法律的规定。对合法的法律行为，法律赋予其法律上的拘束力，而不合法的法律行为显然不能受到法律保护，也不能产生当事人预期的法律效果。法律行为不得违反法律、法规的强制性规定，否则可能导致法律行为被确认为无效。依据《民法总则》第143条的规定，民事法律行为不得违反法律、行政法规的强制性规定，对该规定可以从两方面进行理解：

一方面，不得违反法律、行政法规的规定。因为违法概念的范围十分宽泛，可以把各种违反规范性法律文件的行为都纳入违法的范畴，但其过于宽泛。如果只要当事人的民事法律行为违反规范性法律文件，就被认定无效，则会不当干预当事人的私法自治，过度妨碍当事人的行为自由。所以，有必要将其限定在违反法律、行政法规的强制性规定的范围内。此处的法律是指全国人大及其常委会制定的法律，行政法规是指国务院制定的行政法规。违反其他规范性文件，并不当然导致民事法律行为无效。

另一方面，不违反法律、行政法规的强制性规定。法律规范可以分为任意性规范和强制性规范。所谓强制性规范，是指这些规定必须由当事人遵守，不得通过其协议加以改变。所谓任意性规范，是指当事人可以通过协议加以改变的规定。任意性规范通常以"可以"做什么来表示，它不要求当事人必须执行，而只是提供了行为的一种标准；而强行性规范通常以"必须""不得"等词语表示，它要求当事人必须严格遵守而不得通过协商加以改变。依据《民法总则》第143条的规定，只有违反法律、行政法规的强制性规范时，民事法律行为才无效，民事法律行为违反法律、行政法规的任意性规范，并不当然导致该民事法律行为无效。

法律行为必须合法，不仅包括内容合法，而且包括法律行为的形式合法。我

国《民法总则》第 135 条规定："民事法律行为可以采用书面形式、口头形式或者其他形式；法律、行政法规规定或者当事人约定采用特定形式的，应当采用特定形式。"可见，我国法律承认当事人可以依法选择法律行为的方式。但是，如果法律对法律行为的方式作出了特殊规定，当事人必须遵守法律规定。不过违反法定的形式要件，并不当然导致法律行为的无效。因为法律作出的某些形式要件的要求可能是效力规范，但大量的有关形式要件的规定并不是效力规范。如果当事人没有满足法定形式要件，依据法律规定允许当事人补办的，当事人可以补办。[1] 因此，对于未履行法定形式要件，即当事人尚未办理批准或登记手续的合同，不能一概否认其效力。

（二）不违反公序良俗

民事法律行为不仅应符合法律规定，而且在内容上不得违背公序良俗。公序良俗包括公共秩序与善良风俗，是一个国家经济社会发展所必需的一般道德。公共秩序和善良风俗主要是指社会公共利益和社会公共道德。[2] 社会公共利益体现了全体社会成员的最高利益，公序良俗有助于发挥道德在调整社会生活中的作用，从而维护社会公共利益。[3] 这一原则最早起源于罗马法，并为大陆法系国家的立法所借鉴。例如，《法国民法典》第 6 条规定："个人不得以特别约定违反有关公共秩序和善良风俗的法律。"《德国民法典》第 138 条规定，"违反善良风俗的行为无效。"《民法总则》第 153 条第 2 款规定："违背公序良俗的民事法律行为无效。"据此，公序良俗也是评价民事法律行为效力的重要标准。

我国《民法总则》将不违背公序良俗作为法律行为的生效要件，极大地弥补了法律规定的不足。毕竟法律的规定是有限的，不能通过法律、行政法

---

① 最高人民法院《合同法司法解释一》第 9 条规定："依照合同法第四十四条第二款的规定，法律、行政法规规定合同应当办理批准手续，或者办理批准、登记等手续才生效，在一审法庭辩论终结前当事人仍未办理批准手续的，或者仍未办理批准、登记等手续的，人民法院应当认定该合同未生效；法律、行政法规规定合同应当办理登记手续，但未规定登记后生效的，当事人未办理登记手续不影响合同的效力，合同标的物所有权及其他物权不能转移。"

② 参见史尚宽：《民法总论》，334～335 页，北京，中国政法大学出版社，2000。

③ 参见许中缘：《民法强行性规范研究》，104～105 页，北京，法律出版社，2010。

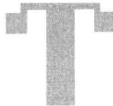

规的强制性规定涵盖所有的社会公共利益和公共道德，因此，有必要在法律、行政法规强制性规定之外，通过公序良俗对法律行为的效力进行必要的控制。尤其是对于那些表面上虽未违反现行立法的禁止性规定，但实质上损害了全体人民的共同利益，破坏了社会经济生活秩序和善良风俗的行为，都应认为是无效的，从而有利于维护社会公共秩序和社会公共道德。

第三节　效力待定的法律行为

一、效力待定的民事法律行为的概念和特征

所谓效力待定的法律行为，是指法律行为成立之后，是否能发生效力尚不能确定，有待于其他行为或事实使之确定的法律行为。效力待定的法律行为具有如下特点：

1. 效力待定法律行为已经成立，但法律行为因缺乏处分权或缺乏行为能力而效力并不齐备。效力待定的法律行为本身表明了法律行为的成立和生效是有区别的。对一般法律行为来说，只要当事人的合意符合法定的实质和形式要件，就当然有效成立。但是对效力待定的法律行为而言，在法律行为成立以后，法律行为并不当然发生拘束力。一方面，此类法律行为因当事人意思表示一致已经宣告成立，如果在此类法律行为中存在意思表示不真实的情况，如欺诈、胁迫等，那么就可能转化为一个可撤销的法律行为。另一方面，此类法律行为虽然已经成立，但因为主体缺乏缔约能力和处分能力，因而不完全符合法律行为的有效条件，其效力是不齐备的。不过，尽管效力不齐备，它也不是当然无效的。

2. 效力待定法律行为的效力既非完全无效，也非完全有效，而是处于一种效力不确定的中间状态。其原因在于：一方面，效力待定法律行为即使在追认之前对当事人并非当然无效，只是处于一种不确定的状态，否则就与无效的法律行

为难以区别。另一方面，在追认之前它亦非完全有效，也不同于可撤销的法律行为，可撤销的法律行为在未被撤销之前是有效的。从这个角度而言，效力待定的法律行为处于一种中间状态，既非有效，也非无效。

3. 效力待定法律行为是否已经发生效力尚不能确定，有待于其他行为或事件使之确定。效力待定法律行为本身是一种效力不齐备的法律行为，但它并没有违反强行法的规定和公序良俗，因而法律对这种法律行为并不实行国家干预，强行使其无效，而是把选择法律行为是否有效的权利赋予当事人和真正权利人，在这一点上，也充分体现了法律行为自由和私法自治的精神，并贯彻了鼓励交易的原则。毕竟效力待定的法律行为体现的是当事人的利益，法律行为是否有效应由当事人根据自己的利益自主判断，也只有当事人是自己利益的最佳判断者和维护者。如果完全由立法者对法律行为的效力作出判断，未必符合当事人的意志和利益，甚至会与当事人的利益发生根本的冲突。例如，未成年人在其房屋漏雨时请人修缮房屋，是符合本人和其法定代理人利益的，对此类法律行为的效力应由法定代理人行使追认权予以确认，如果法律规定了此类法律行为一概无效，则根本违反了未成年人及其法定代理人的利益。

效力待定的法律行为不同于无效的法律行为。从法律上来看，效力待定和无效存在严格区别，主要表现在：一方面，无效法律行为是当然无效、自始无效。但效力待定的法律行为只是效力处于不确定的状态。另一方面，对无效法律行为来说，法律将确认无效的权力赋予法院和仲裁机构，使其可以主动地审查法律行为的效力。但对效力待定的法律行为来说，法院没有权力主动审查其效力，确定其有效与否。法律规定这类法律行为的目的就是把法律行为效力的确认权赋予当事人，从而排除法院干预的权力。由权利人的追认使效力待定法律行为有效，消除法律行为存在的瑕疵，这既尊重了真正权利人的意志和利益，也有利于维护相对人的利益。因为相对人与缺乏缔约能力的人、无代理权人、无处分权人从事法律行为，大都希望使法律行为有效，并通过有效法律行为的履行使自己获得期待的利益。还要看到，效力待定从无效中分离出来，目的也是鼓励交易，促成更多的交易，这不仅有利于节省交易费用，也有利于社会财富的增长。

法律行为效力待定与法律行为的可撤销是不同的。主要体现于以下两个方面：一方面，法律行为的可撤销主要是因为意思表示不真实，效力待定并不是因为意思表示不真实，当事人并没有发生内心意思和外部表示不一致的现象，相反，行为人的内心意思与外部表示是一致的，只是因为欠缺行为能力或处分权而导致法律行为效力不齐备。另一方面，可撤销的法律行为在未被撤销以前，法律行为是有效的，但对效力待定的法律行为而言，其效力能否发生尚未确定，须经有权人予以追认才能生效。

二、效力待定的民事法律行为的类型

效力待定的民事法律行为主要有如下几种类型：

1. 限制民事行为能力人从事的依法不能独立实施的法律行为

《民法总则》第145条第1款规定，限制民事行为能力人"实施的其他民事法律行为经法定代理人同意或者追认后有效"。据此可见，《民法总则》将此类行为规定为效力待定的民事法律行为，必须要经限制民事行为能力人的法定代理人同意或者追认后才能生效。

2. 无代理权人因无权代理而从事的法律行为

《民法总则》第171条第1款规定："行为人没有代理权、超越代理权或者代理权终止后，仍然实施代理行为，未经被代理人追认的，对被代理人不发生效力。"因此，无权代理行为也是效力待定的民事法律行为。只有经过被代理人的追认，该民事行为才能生效。当然，无权代理行为如构成表见代理，则为有效的法律行为。

3. 无处分权人因无权处分而从事的法律行为

我国《民法总则》没有对无权处分行为作出规定，但《合同法》第51条规定："无处分权的人处分他人财产，经权利人追认或者无处分权的人订立合同后取得处分权的，该合同有效。"据此可见，无处分权的人处分他人之物或权利，应由该当事人事后取得有处分权人的追认或取得处分权，该民事行为方可生效。

但是，行为人实施无权处分行为时，受让人是善意的且无过失，构成动产善意取得的要件，该无权处分行为也可以成为有效的法律行为。也就是说，善意取得可以补正无权处分行为权源上的瑕疵。

三、效力待定的民事法律行为效力的确定

（一）法定代理人、被代理人或真正权利人行使追认权

《民法总则》第 145 条第 1 款和第 171 条第 1 款，效力待定的民事法律行为必须经过追认才能生效。所谓追认，是指权利人对无缔约能力人、无代理权人、无处分权人与他人从事的有关法律行为的事后承认，如法定代理人对限制民事行为能力人订立的合同的追认、本人对无权代理人订立的合同的追认。追认是一种单方意思表示，无须相对人的同意即可发生法律效力。追认权归属于真正的权利人，权利人的追认与否决定着效力待定的民事法律行为的效力。在权利人尚未追认以前，效力待定的民事法律行为虽然已经实施，但并没有实际生效。所以，当事人双方都不应作出实际履行。

《民法总则》第 145 条第 2 款规定："相对人可以催告法定代理人自收到通知之日起一个月内予以追认。法定代理人未作表示的，视为拒绝追认。"第 171 条第 2 款规定："相对人可以催告被代理人自收到通知之日起一个月内予以追认。被代理人未作表示的，视为拒绝追认。"依据上述规定，一是赋予相对人催告权，也就是说，相对人有权催告法定代理人或者被代理人追认。此种催告的权利为善意相对人所享有。[1] 二是明确了追认期限，依据上述规定，在相对人催告法定代理人或者被代理人是否追认时，法定代理人或者被代理人可以在收到催告通知之日起一个月内决定是否追认。三是明确了期限届满的效力。依据上述规定，法定代理人或者被代理人未作表示时，视为拒绝追认。法律作出此种规定是合理的，因为如果法定代理人或者被代理人未作表示时视为同意，则无异于强制法定代理

---

[1]　参见郑玉波：《民法总则》，325 页，北京，中国政法大学出版社，2003。

人或者被代理人必须作出不予追认的意思，这显然是不合理的。

（二）善意相对人行使撤销权

对效力待定的民事法律行为而言，如果善意相对人行使撤销权，则可以使该民事法律行为归于无效。在效力待定的民事法律行为中，与限制民事行为能力人、无代理权人、无处分权人从事法律行为的另一方当事人，如果在从事法律行为时出于善意，即对对方无相应民事行为能力、代理权、处分权的事实处于不知或不应知的状态，那么其在法律行为成立以后，依法享有撤销该法律行为的权利。一旦其行使撤销权，该法律行为归于无效。

《民法总则》第145条第2款规定："民事法律行为被追认前，善意相对人有撤销的权利。撤销应当以通知的方式作出。"第171条第2款规定："行为人实施的行为被追认前，善意相对人有撤销的权利。撤销应当以通知的方式作出。"上述规定完善了善意相对人的撤销权制度。具体而言：一是赋予善意相对人撤销民事法律行为的权利。如果与限制民事行为能力人、无权代理人进行交易的相对人对对方无相应民事行为能力或者代理权的情况不知情，则为保护交易安全，应当允许其撤销民事法律行为。二是明确了相对人行使撤销权的时间。依据上述规定，相对人行使撤销权的时间是民事法律行为被追认前，如果民事法律行为已经被追认，则属于有效的民事法律行为，相对人不得再主张撤销。从上述规定来看，其并没有对相对人撤销权的行使时间设置其他限制条件，因此，即便善意的相对人已经对法定代理人或者被代理人作出了催告，其仍然有权主张撤销合同。三是规定了相对人行使撤销权的方式。依据上述规定，相对人撤销权的行使以通知的方式作出，而不需要以诉讼的方式作出，通知可以是书面形式，也可以是口头形式。

第四节　无效民事法律行为

一、无效民事法律行为的概念和特征

无效民事法律行为，是指虽然已经成立，但因其在内容上违反了法律、行政

法规的强制性规定和公序良俗而应当被宣告无效的民事行为。例如，无效合同、无效遗嘱等都属于无效的民事法律行为。无效民事法律行为具有如下几个特点：

1. 无效民事法律行为具有违法性

无效民事法律行为种类很多，但都具有违法性。所谓违法性，包括两方面内容，一是违反了法律和行政法规的强制性规定。判断无效的标准，也应当以法律（即全国人大及其常委会制定的法律）和行政法规的规定为依据。在强制性规范中，有必要进一步区分效力强制性规定与管理强制性规定。前者是指法律法规明确规定违反禁止性规定将导致合同无效或不成立的规范。后者是指该规定虽属强制性规定，但违反该规定并不一定导致法律行为无效。二是指违反了公序良俗。例如，当事人订立进口"洋垃圾"的合同，即使其内容并未违反现行法律和行政法规的强制性规定，但因其内容违背了公序良俗，所以也是无效的。无效民事行为的违法性表明此类法律行为根本不符合国家意志，因此不能使此类法律行为发生效力。

2. 对无效民事法律行为实行国家干预

由于无效民事法律行为具有违法性，因而对此类民事法律行为应实行国家干预。这种干预主要体现在：法院和仲裁机构不待当事人请求确认法律行为无效，便可以主动审查法律行为是否具有无效的因素，如发现法律行为属于无效民事行为，便应主动地确认民事行为无效。正是从这个意义上说，无效民事法律行为是当然无效的。对无效民事法律行为的国家干预还表现在，有关国家行政机关可以对一些无效法律行为予以查处，追究有关无效法律行为当事人的行政责任。由于无效民事法律行为具有违法性，法院有权予以干预，因而法院在当事人不主张民事法律行为无效的情况下，可以依职权进行审查。例如，一方当事人主张违约，或要求变更、解除法律行为，而法官经过审查，认为民事法律行为具有违法性应当被宣告无效，则法院可以不经当事人请求而主动宣告该民事法律行为无效，并要求恢复原状、赔偿损失，而不必要求当事人另行变更诉讼请求。因为主动审查法律行为的效力是法律赋予法官的权限，也是法院裁判权的范围。当然，法院依职权作出裁判必须要符合法律规定的情形和程序。

笔者认为，在一般情况下，无效民事法律行为是绝对无效、当然无效的，任何人都不能主张该行为对其有效，法院也可以依职权审查，主动宣告无效。但某些特殊的民事法律行为虽然具有违法性，但只是涉及特定第三人的利益，如果允许任何第三人主张民事法律行为无效，则未必妥当。因为一方面，合同关系都具有相对性和封闭性，它的内容通常并不被第三人所知悉。而且，此种民事法律行为是否损害第三人利益，只有第三人知道，其他人未必了解，而允许其他人越俎代庖，未必符合第三人的利益和意志。在民事法律行为因侵害特定第三人利益而违法的情况下，特定的第三人是具体的利害关系人，是自身利益的最佳判断者和维护者，由其主张侵害其利益的法律行为无效最为合适。另一方面，在与第三人利益无关的情况下，如果第三人也可以随意地向法院主张合同无效，就可能会为一些人无端地干预别人的合同关系、无故地将别人拖入无止无休的诉讼中提供机会，不仅扰乱正常的交易秩序和法律行为自由，而且会损害他人利益，影响正常的生产生活秩序。因此，绝对无效并不意味着任何一个人均可以在法院提起合同无效之诉，如果只涉及特定第三人的利益，只有特定的第三人才可以主张合同无效。例如，《合同法》第52条规定"当事人恶意串通损害第三人利益"的情形，此时，受害的第三人可以在法院提起诉讼，其他人不能据此在法院提起确认合同无效之诉。

3. 无效民事法律行为具有不得履行性

所谓无效民事法律行为的不得履行性，是指当事人在实施无效民事法律行为以后，不得依据该行为实际履行（如要求履行合同），也不承担不履行的法律责任。即使当事人在实施民事法律行为时不知该民事法律行为的内容违法（如不知法律行为标的物为法律禁止流转的标的物），当事人也不得履行该无效民事法律行为。若允许履行该行为，则意味着允许当事人实施不法行为。对于无效民事法律行为而言，尽管当事人不能实际履行无效民事法律行为，但当事人可以依据法律的规定，对民事法律行为予以修正，剔除违法的部分，使法律行为的内容完全合法。如果经过修正使法律行为在内容上符合法律的规定，则该法律行为已转化为有效法律行为。

4. 无效民事法律行为自始无效

由于无效民事法律行为从本质上违反了法律规定，因而国家不承认此类民事法律行为的法律效力。民事法律行为一旦被确认无效，就将产生溯及力，使该行为自实施之时起就不具有法律效力，以后也不能转化为有效法律行为。对已经履行的，应当通过返还财产、赔偿损失等方式使当事人的财产恢复到法律行为实施之前的状态。当然，之所以确认无效民事法律行为自始无效，是因为当事人一方或双方在实施法律行为时违反了法律的强制性规定或社会公共利益。

二、无效民事法律行为的类型

（一）无民事行为能力人实施的民事法律行为

《民法总则》第 144 条规定："无民事行为能力人实施的民事法律行为无效。"依据该条规定，凡是无民事行为能力人实施的民事法律行为均无效，无民事行为能力人包括 8 周岁以下的未成年人，以及不能辨认自己行为的人。法律作出这种规定的原因，主要是为了保护无民事行为能力人的利益，防止其受到欺诈等，因为无民事行为能力人不能够判断自己行为的性质，理解自己行为的后果，很容易遭受他人的欺骗。当然，即便规定无民事行为能力人实施的法律行为无效，也不妨碍无民事行为能力人的行为可由其法定代理人代为实施。[1] 从比较法来看，有些国家和地区的法律也作出了相似规定。[2] 值得探讨的是，在实践中，对于与无民事行为能人年龄、智力相适应的民事法律行为，以及纯获利益的民事法律行为，不宜一概宣告无效。《民法通则意见》第 6 条规定："无民事行为能力人、限制民事行为能力人接受奖励、赠与、报酬，他人不得以行为人无民事行为能力、限制民事行为能力为由，主张以上行为无效。"该条规定实际上也允许无民事行为能力人从事一些法律行为，这对于保护无民事行为能力人的利益、维护交易安全也是有利的。

---

① 参见李适时主编：《中华人民共和国民法总则释义》，450 页，北京，法律出版社，2017。
② 参见《德国民法典》第 105 条，我国台湾地区"民法"第 75 条。

（二）虚假的民事法律行为

1. 虚假民事法律行为的概念和特征

《民法总则》第146条第1款规定："行为人与相对人以虚假的意思表示实施的民事法律行为无效。"该条规定了虚假的民事法律行为的无效。所谓虚假的民事法律行为，又称伪装表示或通谋虚伪表示，是指行为人与相对人共同实施了虚假的民事法律行为。[①] 例如，为逃避债务而虚假赠与财产、为逃避房地产收费而虚构离婚、为了规避房屋限购政策而虚假离婚，虚构建筑物施工合同中的债权以达到行使法定优先权的目的，等等。在比较法上，《德国民法典》第117条[②]、《日本民法典》第94条、《韩国民法典》第108条，以及我国台湾地区"民法"第87条都有类似规定。

通常，一方实施虚假民事法律行为后，如果对方毫不知情，则不应当构成《民法总则》第146条第1款所规定的无效民事法律行为。我国台湾地区"民法"第86条规定，"表意人无欲为其意思表示所拘束之意，而为意思表示者，其意思表示，不因之无效。但其情形为相对人所明知者，不在此限"。也就是说，单方虚伪意思表示原则上是有效的，但如果相对人明知，则无效。但如果相对人并不知情，则并不导致该民事法律行为无效。多方法律行为和决议行为同样如此。例如，某个董事伪造另一个董事的授权召开董事会，并作出决议，该决议损害该被伪造董事的利益，但参加会议的其他董事并不知道该授权是伪造的，则不宜认定该决议为虚假的民事法律行为。

之所以在法律上要宣告此类行为无效，一方面，是因为此类行为并非当事人的真实意思表示，违反了诚信原则。在虚伪表示的情况下，由于当事人没有受其表示拘束的意思，或者说，没有法效意思（Rechtsbindungswille），所以虚伪表示无效。[③] 另一方面，是因为此类行为可能规避了法律的规定，从而违反了某种

---

① 参见郑玉波：《民法总则》，339页，北京，中国政法大学出版社，2003。

② 该条为"虚伪行为"，规定："（1）须以他人为相对人而作出的意思表示，系与相对人通谋而只是虚伪地作出的，无效。（2）另一法律行为被虚伪行为所隐藏的，适用关于被隐藏的法律行为的规定。"

③ MünchKomm/ Kramer，§ 117，Rn. 1.

法律秩序。例如，限购是政府有意追求的一种调控秩序，是法律所维护的社会秩序。如果随意被虚假的民事法律行为所规避，那么这些法律所维护的社会秩序就会被破坏殆尽，对此类规避行为如不及时宣告无效，甚至可能诱发连锁效应，极不利于交易安全和交易秩序的保护。

2. 虚假民事法律行为与相关概念的区别

虚假的民事法律行为不同于真意保留，后者是在双方作出意思表示时，一方对自己的意思表示有所保留，但对方当事人对此并不知晓，即相对人并不知晓行为人表示的是虚假意思。我国《民法总则》对此类行为并没有作出规定，一般认为，在真意保留的情形下，该意思表示仍然有效，但如果相对人明知该表意人为虚伪意思表示，则该意思表示无效。[1] 例如，甲到其朋友乙家中做客，见乙有一珍贵古玩，爱不释手，乙随意表示，"如喜爱可以相赠"，在场者都知道，乙的意思表示并非真意，因此，甲不得以乙作出了赠与的意思表示而取走该古玩。[2] 在单独的虚伪表示中，表意人所表示出来的意思与自己内心的意思不一致，但为了保护相对人的合理信赖，不能完全按照表意人的内心真意确定该行为的效力，因此，不能认定该行为无效。[3] 而虚假的民事法律行为，是指双方共同实施了虚假的民事法律行为，因此，依法应当认定无效。

虚假的民事法律行为也不同于恶意串通损害第三人的行为。虽然两者都是意思表示不真实，而且都可能存在通谋，但两者毕竟存在区别，表现在：第一，恶意串通是以损害第三人的利益为目的，而通谋虚伪表示往往不以损害第三人利益为目的。例如，为了规避房屋限购政策而虚假离婚，虽然损害的是一种法律秩序，但不一定损害到某个具体第三人的利益。而恶意串通则损害了具体第三人的利益。正是因为这一原因，对于恶意串通，通常要由第三人主张无效，而不是任何人都可以主张无效。第二，虚假的民事法律行为的重点在于意思表示的虚假，而不在于串通。而恶意串通的重点在于，双方串通从事损害第三人利益。所以在

---

① 参见王泽鉴：《民法总则》，336 页，北京，北京大学出版社，2009。
② 参见郑玉波：《民法总则》，339 页，北京，中国政法大学出版社，2003。
③ 参见申海恩：《〈民法总则〉关于"民事法律行为"规定的释评》，载《法律适用》，2017（9）。

虚假的民事法律行为中，法律并不要求证明当事人之间有通谋存在，而在恶意串通的情形，第三人必须证明当事人之间有故意串通存在。①

从比较法上来看，一些国家和地区的民法规定，对行为人与相对人基于通谋虚伪意思表示而作出的民事法律行为无效，但当事人不得以其对抗善意第三人。② 例如，甲将房屋出卖给乙，但为规避房产税，而名义上将房屋赠与给乙，但如果乙将此房产转让给善意第三人丙，依上述国家和地区法律规定，甲、乙不得以其赠与行为无效对抗丙，丙可以依据善意取得制度取得该房产的所有权。法律作出此种规定的主要目的在于维护交易安全，虚伪表示的当事人不得以其无效对抗善意第三人。③ 但笔者认为，《民法总则》规定通谋虚伪意思表示的民事法律行为无效，但没有规定不得对抗善意第三人，这一规定是合理的，原因主要在于：一方面，"不得对抗"的含义本身不清晰，如果允许第三人主张有效，则可能使《民法总则》关于通谋虚伪意思表示无效的法律规则目的落空。另一方面，如果第三人确实是善意的，则善意取得制度完全可以对其提供保护，第三人不需要主张当事人基于通谋虚伪意思表示而作出的民事法律行为有效。

3. 隐藏的民事法律行为

隐藏的民事法律行为通常是以一种行为掩盖另一种行为，就所实施的虚假民事法律行为而言，应当被认定为无效，但就被隐藏的民事法律行为而言，其效力则应当依据具体情形加以判断。关于隐藏的民事法律行为的效力，《民法总则》第 146 条第 2 款规定："以虚假的意思表示隐藏的民事法律行为的效力，依照有关法律规定处理。"这就对隐藏的民事法律行为作出了规定。

所谓隐藏的民事法律行为，是指被虚假的意思表示所隐藏的民事法律行为。④ 例如，为了逃税，当事人订立了"黑白合同"，其中的"白合同"就是虚假的意思表示，而"黑合同"就是隐藏的民事法律行为。我国《民法通则》

---

① 参见石宏主编：《中华人民共和国民法总则条文说明、立法理由及相关规定》，367 页，北京，北京大学出版社，2017。

② 参见《日本民法典》第 94 条，《韩国民法典》第 108 条，我国台湾地区"民法"第 87 条第 1 款。

③ 参见梅仲协：《民法要义》，109 页，北京，中国政法大学出版社，1998。

④ 参见郑玉波：《民法总则》，341 页，北京，中国政法大学出版社，2003。

第 58 条和《合同法》第 52 条都将"以合法形式掩盖非法目的"作为认定民事法律行为无效的原因。但这一规定确实存在不足，一方面，"非法目的"的表述容易引发争议，因为它是当事人的主观意图，很难判定。另一方面，即便当事人的目的非法，但是，其实施的民事法律行为本身是否要被宣告无效，需要具体分析。从实践来看，隐藏的民事法律行为可能是合法的，也可能是非法的，不能一概地认定为无效，必须依据相关法律规定来认定。例如，在"黑白合同"中，"黑合同"是被隐藏的，但是，"黑合同"也可能是合法的。所以，对此要依据具体情形判断。依据《民法总则》第 146 条第 2 款的规定，对于被隐藏的民事法律行为并没有宣告其无效，而是要求依据具体情形判断。如果被隐藏的民事法律行为是合法的，则该隐藏行为是有效的；如果被隐藏的民事法律行为是非法的，则该民事法律行为则是无效的。此种规定较之于原来的规定更为合理。

（三）违反法律、行政法规的强制性规定的民事法律行为

《民法总则》第 153 条规定："违反法律、行政法规的强制性规定的民事法律行为无效，但是该强制性规定不导致该民事法律行为无效的除外。"依据这一规定，违反法律、行政法规强制性规定的民事法律行为无效。该条规定不仅确立了一种无效民事法律行为的类型，而且确立了判断民事法律行为无效的标准。《民法总则》第 143 条规定了民事法律行为的有效要件，其第 3 项规定，民事法律行为不得违反法律、行政法规的强制性规定，不得违背公序良俗。这是从正面对民事法律行为的合法性作出了规定，但是，也需要从反面明确违法的民事法律行为的效力，从而形成对民事法律行为效力的周延判断。依据该规定，因违法而无效的民事法律行为，必须具备如下条件：

第一，必须违反了法律或行政法规。如前所述，违法性的概念比较宽泛，不仅包括违反法律、行政法规，还包括违反其他规范性法律文件。但是，从民事法律行为的角度来看，违法性的判断应当受到限制，这有利于维护交易安全。对此，《民法总则》将其限定为法律和行政法规。具体而言，前者是指全国人大及其常委会制定的法律，后者是指国务院制定的行政法规。只有违反了法律、行政法规的规定，才有可能导致合同的无效。事实上，《合同法》就曾把判断合同效

力的依据限制在法律和行政法规上，从而严格限制了无效合同的范围。《合同法司法解释一》第 4 条规定："合同法实施以后，人民法院确认合同无效，应当以全国人大及其常委会制定的法律和国务院制定的行政法规为依据，不得以地方性法规、行政规章为依据。"《民法总则》正是在总结我国立法和司法实践经验的基础上，作出了上述规定。

第二，必须是违反了法律和行政法规的强制性规定。法律规范大体可分为两种，即任意性规范和强行性规范。所谓任意性规范，是指当事人可以通过其约定排除其适用的规范，也就是说，任意性规范赋予了当事人一定的意思自治，允许当事人在法律规定的范围内自由作出约定，对任意性规范由当事人通过约定加以排除是合法的。不少法律条文都规定，"当事人另有约定的除外"，这就允许当事人作出不同的约定以排除任意性规定的适用。所谓强行性规范，是指当事人不得约定进行排除的规范。① 因此，依据《民法总则》的上述规定，如果民事法律行为违反了法律和行政法规的强制性规定，则民事法律行为无效。这里所说的"强制性规定"可以理解为强行性规范。

需要指出的是，对于违反法律和行政法规的强制性规定的行为，是否有必要进一步区分为管理性强制性规定和效力性强制性规定？《合同法司法解释二》第 14 条规定："合同法第五十二条第（五）项规定的'强制性规定'，是指效力性强制性规定。"这一规定实际上将违反法律和行政法规的强制性规定的行为，进一步区分为管理性强制性规定和效力性强制性规定。所谓效力性强制性规定，是指不仅要取缔违反的行为，对违反者加以制裁，而且对其行为在私法上的效力也加以否认。违反该规定，会导致法律行为归于无效。② 例如《合同法》第 52 条关于合同无效情形的规定就属于效力性强制性规定。所谓管理性强制性规定，是指为了实现行政管理的目标而要求当事人应当遵守的规定，违反此类规定并不必

---

① 参见许中缘：《民法强行性规范研究》，20～25 页，北京，法律出版社，2010。

② 也有学者认为其可以包括五种类型：(1) 训示规定，若不具备并非无效，仅有提示作用者；(2) 效力规定，若未按规定为之，则无效；(3) 证据规定；(4) 取缔规定，违反之所签合同依然有效；(5) 转换规定，本应为无效，但法律另有转换成某一效果的规定。参见林诚二：《民法总则讲义》（下），15 页，台北，瑞兴图书股份有限公司，1995。

然导致行为在私法上的无效。一般的强制性规定大多属于此种类型。通过对这两类规定的区分，可以尽可能地限制合同无效的范围，保障私法自治的实现，并促进和鼓励交易的发展。

关于两种规定的区分标准，在学界存在争议，笔者认为，可以采取以下标准进行区分：第一，法律法规明确规定违反禁止性规定将导致合同无效或不成立的，该规定属于效力性规定。第二，法律法规虽没有明确规定违反禁止性规定将导致合同无效或不成立的，但违反该规定以后若使合同继续有效将损害国家利益和社会公共利益，也应当认为该规定属于效力性规定。第三，法律法规虽没有明确规定违反禁止性规定将导致合同无效或不成立的，违反该规定以后若使合同继续有效并不损害国家利益和社会公共利益，而只是损害当事人的利益，在此情况下该规定就不应属于效力性规定，而是管理性规定。例如，关于预售商品房的登记主要关系当事人的利益，法律设立该制度的目的是保护买受人的利益。所以要求办理预售登记的规定，应属于管理性规定，非效力性规定。没有办理登记不应导致合同无效。第四，在两者之间根据上述标准难以判断其具体类型时，根据鼓励交易的原则，不应当然认定其为效力性规定，否则会对当事人的私法自治进行过多的干预。

从表面上看，《民法总则》第 153 条并没有明确区分效力性和管理性规定，不过该规定中指出"但是该强制性规定不导致该民事法律行为无效的除外"。据此，也可以认为《民法总则》的上述规定其实包含了进一步区分管理性强制性规定和效力性强制性规定的含义。所谓"不导致该民事法律行为无效"，是指该规定并不属于效力性强制性规定，而是管理性强制性规定，违反该规定并不导致民事法律行为无效。

应当指出，《民法总则》第 153 条在性质上也属于引致性条款，为公法规范的适用提供了渠道，这就是说，法官可以依据该条规定选择适用某个公法规范，以认定法律行为违反公法规范行为的效力。[①] 但法官在具体援引公法规范确定民

---

① 参见申海恩：《〈民法总则〉关于"民事法律行为"规定的释评》，载《法律适用》，2017（9）。

事法律行为的效力时，仍有必要探求该公法规范究竟是效力性强制性规定还是管理性强制性规定。

（四）违反公序良俗的民事法律行为

《民法总则》第 153 条第 2 款规定："违背公序良俗的民事法律行为无效。"在比较法上，许多国家都确认了违反公序良俗的民事法律行为无效的原则。《民法总则》也借鉴了这一经验。依据上述规定，违反公序良俗的民事法律行为包括两类行为：

第一，违背公共秩序的民事法律行为。对公共秩序的维护，在法律上大都有明确的规定，危害公共秩序的行为通常也就是违反法律、行政法规的强制性规定的行为。但有时，法律规定并不可能涵盖无余，因此，《民法总则》第 153 条第 2 款可以发挥兜底性的作用。只要民事法律行为危害了公共秩序，即使没有现行的法律规定，也应当被宣告无效。例如，购买"洋垃圾"、规避课税的合同等，即使现行法律没有明确作出规定，也应当认为是无效的。可见，有关禁止危害公共秩序的规定，实际上有助于弥补法律的强制性规定的不足。但如果损害公共秩序的行为违反现行法律规定，如以走私军火、买卖枪支和毒品、以从事犯罪或帮助犯罪行为作为内容的法律行为等，应当以违反了法律或行政法规的强制性规定为由宣告该法律行为无效。

第二，违背善良风俗的民事法律行为。善良风俗，也称为社会公共道德，它是指由社会全体成员所普遍认许、遵循的道德准则。各国立法禁止实施违背善良风俗的行为，因为"人们不得通过法律行为，使不道德的行为变成法律上可强制要求履行的行为"①。从实践来看，违背善良风俗的民事法律行为主要包括如下几种情况：一是危害婚姻法、损害正常的家庭关系秩序的法律行为。例如，双方离婚后约定禁止一方当事人生育，约定断绝亲子关系，夫妻在离婚时约定禁止任何一方在离婚后再婚等。二是违反有关收养关系的法律行为。例如，收养人和送养人在达成收养协议时约定送养人收取一定的报酬，或禁止收养的子女的姓氏随

① ［德］迪特尔·梅迪库斯：《德国民法总论》，邵建东译，511 页，北京，法律出版社，2000。

送养人。三是违反性道德的法律行为，如有偿性服务合同等。四是以赌债偿还为内容的法律行为。五是贬损人格尊严和限制人身自由的法律行为。例如，双方订立合同，约定一方帮另一方还债以后，另一方以身相许。再如，在雇佣合同中规定不准雇员外出，或规定离开商场、工作场地，需要搜身等。六是限制职业选择自由的法律行为。例如，在合同中规定不准另一方选择任何合法的职业。七是违反公平竞争的法律行为。例如，在拍卖或招标中的串通行为①，数个企业互相约定共同哄抬价格、操纵市场等。八是违反劳动者保护的法律行为。目前我国一些私人企业的雇主在与雇员订立合同时对工伤事故订立所谓生死合同条款，即只要发生工伤事故雇主概不承担责任。这些约定不仅违反了强制法的规定，也是违反公序良俗的。九是诱使债务人违约的法律行为。例如，双方在合同中约定，一方违反其与他人之间订立的合同，另一方将为其支付一定的费用作为报酬。十是禁止投诉的法律行为。例如，在合同中约定，禁止一方投诉另一方的某种违法行为。

（五）恶意串通的民事法律行为

恶意串通的民事法律行为是指双方当事人非法串通在一起，进行某种民事法律行为，造成国家、集体或第三人利益的损害。例如，企业的委托人与托管人恶意串通，借企业托管经营故意损害企业利益。《民法总则》第 154 条规定："行为人与相对人恶意串通，损害他人合法权益的民事法律行为无效。"法律上作出此种规定的原因在于，在恶意串通的民事法律行为中，行为人的行为具有明显的不法性。概括而言，此类民事法律行为具有如下特点：

第一，当事人出于恶意。恶意是指当事人明知其所实施的民事法律行为将造成对国家、集体或者第三人的损害而故意为之。所谓"恶意"，在民法上有两种含义：一是明知。此种情形在理论上也称为"观念主义的恶意"，也就是说，行为人对其行为的相关客观情况是明知的，至于其主观上是否有加害他人的故意，则不予考虑。二是明知且具有损害他人的意图。此种恶意在理论上又称为"意思

---

① 参见梁慧星：《市场经济与公序良俗原则》，载梁慧星主编：《民商法论丛》第 1 卷，57～58 页，北京，法律出版社，1994。

主义的恶意"，它是指行为人不仅明知相关的客观事实，而且在实施行为时主观上有侵害他人的故意。此种恶意以损害他人利益为目的，侧重于行为人主观意志上的应受谴责性。恶意串通中的恶意应当属于第二种意义上的恶意，即行为人具有加害他人的不良动机，且主观上具有损害第三人合法权益的故意。双方当事人或一方当事人不知且不应知道其行为的损害后果，不构成恶意。

第二，当事人之间互相串通。所谓互相串通，首先是指当事人之间存在意思联络或沟通，都希望通过实施某种行为而损害他人的合法权益。共同的目的可以表现为当事人事先达成一致的协议，也可以是一方作出意思表示，而对方或其他当事人明知实施该行为所要达到的目的非法，而用默示的方式表示接受。其次，当事人在客观上互相配合或者共同实施了该非法的法律行为。例如，为了逃避侵权责任的承担，侵权责任人与其近亲属签订合同，以极低的价格出售其不动产。

从司法实践来看，受害人要以法律行为的当事人双方恶意串通损害其利益为由而主张无效，常常会在举证方面遇到很大的障碍。因为受害人不仅要证明双方主观上都具有加害债权人的意图，而且要证明双方必须有相互串通的行为，这种举证对原告来说是十分困难的。在司法实践中，以恶意串通而被宣告法律行为无效的案件较少，其主要原因也在于此。

第三，损害他人合法权益。此处所说的他人合法权益，包括国家、集体或第三人的合法权益。例如，数个投标人恶意串通，压低投标价格，这种行为构成不正当竞争，严重的甚至构成刑事犯罪，但如果当事人实施恶意串通行为以后，并没有损害他人，这种行为不属于应当宣告法律行为无效的恶意串通行为。

需要指出的是，损害第三人利益的情形应当区分为是损害特定的第三人还是不特定的第三人，如果损害的是不特定的第三人的利益，实质上损害的是公共利益，应当依据《民法总则》第153条第2款认定该法律行为绝对无效。而如果损害的是特定的第三人的利益，则应当适用《民法总则》第154条，认定其属于相对无效的民事法律行为，只能由该受害的第三人主张无效。

三、无效民事法律行为的部分无效

无效的民事法律行为可以分为全部无效的民事法律行为和部分无效的民事法律行为。所谓全部无效，是指整个法律行为的内容应当被宣告无效。所谓部分无效，仅指法律行为的部分内容应当被宣告无效。《民法总则》第 156 条规定："民事法律行为部分无效，不影响其他部分效力的，其他部分仍然有效。"依据这一规定，要考虑无效的原因是否及于民事法律行为的全部，如果无效的原因及于全部，则全部无效；如果无效的原因只是及于民事法律行为的部分内容，且不影响其他部分效力的，则该部分民事法律行为无效后，其他部分仍然有效。当然，如果部分无效的民事法律行为会影响其他部分效力的，则其他部分也归于无效。

一般而言，认定法律行为部分无效，必须以该法律行为在内容上具有可分性为前提。所谓可分性，是指无效法律行为部分分离出来后，并不影响其他部分的效力。[①] 例如，合同中的格式条款因为剥夺了消费者的主要权利而无效，如果该格式条款可以与一般条款分开，则成立部分无效。但是，如果无效部分与有效部分有牵连关系，确认部分内容无效将影响有效部分的效力，或者根据行为的目的、交易的习惯以及诚实信用和公平原则，决定剩余的部分有效对于当事人已无意义或非公平合理，则该行为应被全部确认为无效。

第五节　可撤销的民事法律行为

一、可撤销的民事法律行为的概念

所谓可撤销的民事法律行为，是指当事人在从事民事法律行为时，因意思表

---

① 参见［德］迪特尔·梅迪库斯：《德国民法总论》，邵建东译，384 页，北京，法律出版社，2000。

示不真实，法律允许撤销权人通过行使撤销权而使该已经生效的法律行为归于无效。例如，因重大误解而订立的合同，误解的一方有权请求法院撤销该法律行为。《民法总则》从第147条至第152条确认了可撤销民事法律行为。可撤销法律行为具有以下特点：

第一，可撤销法律行为主要是意思表示不真实的法律行为。在德国法中，可撤销的法律行为主要指意思表示不真实的行为，撤销权人可以请求法院宣告法律行为无效。[1] 其他许多大陆法系国家也通常将意思表示不真实的法律行为归入可撤销法律行为的范畴。我国《合同法》将欺诈、胁迫、乘人之危等法律行为归入可撤销的法律行为范围，这就实际上将撤销的对象主要限定为意思表示不真实的行为。从广义上来说，意思表示不真实也不符合法定的生效要件，也是违法的，但从狭义上来说，意思表示不真实毕竟不同于违反法律的强制性规定及公序良俗。在这一点上，可撤销法律行为与无效法律行为是有区别的。

可撤销的对象之所以是意思表示不真实的行为，主要是因为法律行为作为实现意思自治的工具，其主要目的是实现当事人的自由意志，从而发生当事人预期的法律效果。如果意思表示有瑕疵，则法律行为的此种功能将不能实现，因为此时的意思表示并不是当事人的真实意志。尤其应当指出的是，意思表示是否真实往往只有表意人或意思表示受领人才能知道，而局外人无从了解，这就需要由当事人撤销不真实的意思表示。况且，即使意思表示不真实，表意人不愿意撤销，按照私法自治的原则，法律也不应当对此进行干预。因此，将意思表示不真实的法律行为作为可撤销的行为，才能充分体现私法自治的原则。

第二，可撤销法律行为须由撤销权人主动行使撤销权。由于可撤销法律行为主要涉及当事人意思表示不真实的问题，而当事人的意思表示是否真实，局外人通常难以判断，即使局外人已得知一方当事人因意思表示不真实而受到损害，如果当事人不主动提出撤销而自愿承担损害的后果，法律也应允许这种行为有效。所以，法律要将是否主张撤销的权利留给撤销权人，由其决定是否撤销法律行

---

[1] 参见沈达明、梁仁洁：《德意志法上的法律行为》，185页，北京，对外贸易教育出版社，1992。

为。撤销权人原则上应为基于具有撤销原因的行为而直接取得法律效果的人，因此撤销权人通常系意思表示不真实的表意人本人①，如因欺诈、胁迫等而作出意思表示的人。对此类法律行为的撤销问题，法院应采取不告不理的态度，如果当事人不主张提出撤销，法院不能主动地撤销该法律行为。这一点也与无效民事行为不同。由于无效民事行为在内容上具有明显的违法性，因而对无效民事行为的效力的确认，不能由当事人选择，即使当事人不主张无效民事行为无效，司法机关和仲裁机构也应当主动干预，宣告该民事行为无效。

撤销权在性质上为一种形成权，权利人通过单方的意思表示行使撤销权，可导致可撤销的法律行为的效力溯及既往地消灭。撤销权也是一种专属的权利，撤销权人通常是意思表示不真实、不自由、意思与表示不一致的一方当事人，或者是可撤销法律行为的受害人。依据法律规定，在许多情况下，当事人必须通过诉讼等特定方式方能行使撤销权，例如法律关于欺诈、胁迫等合同可撤销的规定。可见，撤销权的行使可以采取两种方式，一是撤销权人通过其意思表示直接行使撤销权。例如，无权代理人从事无权代理以后，善意相对人在本人追认前，享有撤销合同的权利。② 这就是说，善意相对人只需要向本人作出撤销的意思表示，就可以撤销该合同。二是通过提起撤销之诉行使撤销权。最典型的表现为可撤销的合同。严格地说，可撤销合同并不是指享有撤销权的一方可以在符合法律规定的撤销条件的情况下，单方面通过行使撤销权而撤销合同。可撤销合同的含义是指享有撤销权的人必须要通过提起撤销之诉而请求法院撤销合同。在大陆法系国家，对于可撤销法律行为是否必须通过撤销之诉来行使，存在不同规定。根据《德国民法典》，意思有瑕疵的一方可以诉讼之外的表示予以撤销。③ 因此，在德国法中，撤销权是形成权，权利人通过行使此项权利，能够以溯及既往的效力消灭其可撤销的意思表示。④ 再如在日本法上，撤销没必要以诉讼方式进行，只要

---

① 参见洪逊欣：《中国民法总论》，531 页，台北，自版，1992。
② 参见《民法总则》第 171 条第 2 款。
③ 参见沈达明、梁仁洁：《德意志法上的法律行为》，135 页，北京，对外贸易教育出版社，1992。
④ 参见［德］迪特尔·梅迪库斯：《德国民法总论》，邵建东译，550 页，北京，法律出版社，2000。

表意人能推测出相对人不受该行为的约束这一意思，撤销就可以成立。① 不过，有一些国家要求必须通过撤销之诉来解决。笔者认为，一般而言，法律都会对撤销权的行使方式作出规定，当然，如果法律没有明确规定必须通过提起撤销之诉的方式来行使，则权利人也应当可以通过意思表示的方式来行使。

撤销权是一种受期限限制的权利，撤销权必须在规定的期限内行使，超过一定的期限，则撤销权归于消灭。由于撤销权在本质上是一种实体权利，可以由当事人予以放弃，因而一旦撤销权人放弃撤销权，则撤销权也发生消灭。

第三，可撤销法律行为在未被撤销以前仍然是有效的。在未被撤销前，此种法律行为既非效力待定，亦非当然无效，可被认为自成立之时起已经生效，这是此类法律行为不同于无效与效力待定法律行为的区别。由于撤销的是已经生效的法律行为，所以它与意思表示的撤回有所不同。因为在撤回的情况下，只是对尚未生效的意思表示予以撤回，阻止其效力的发生。如果撤销权人未在规定的期限内行使撤销权，或者撤销权人仅仅要求变更法律行为的条款，并不要求撤销法律行为，则可撤销法律行为仍然有效，当事人仍应依法律行为规定履行义务，任何一方不得以法律行为具有可撤销的因素为由而拒不履行其义务。但无效法律行为则不同，无效法律行为是当然无效的，对无效民事法律行为不得要求当事人实际履行。

二、可撤销的民事法律行为的类型

（一）基于重大误解实施的民事法律行为

《民法总则》第 147 条规定："基于重大误解实施的民事法律行为，行为人有权请求人民法院或者仲裁机构予以撤销。"所谓重大误解的民事法律行为，是指一方因自己的过错而对民事法律行为的内容等发生误解而从事的某种民事法律行为。误解直接影响到当事人所应享有的权利和承担的义务。误解既可以是单方面

---

① 参见［日］四宫和夫：《日本民法总则》，唐晖等译，228 页，台北，五南图书出版公司，1995。

的误解（如出卖人误将某一标的物当作另一物），也可以是双方的误解（如买卖双方误将本为复制品的油画当成真品买卖）。

从比较法的角度来看，"重大误解"并非传统的民法概念。例如，在大陆法国家，都以错误作为合同可撤销或无效的原因。而在英美法国家，也采取了类似的做法。普通法中区分了双方错误（mutual mistake）和单方错误（unilateral mistake），在共同错误的情况下，即双方当事人具有意思表示一致的要件，当错误导致双方当事人之间根本没有形成真正的合意时，才能使合同被撤销。但单方的错误，并不能导致合同被撤销。[①]《国际商事合同通则》第 3.4 条规定："错误是指在合同订立时对已存在的事实或法律所做的不正确的假设。"但并非在任何情况下，错误都能导致合同被撤销。必须是在重大错误的情况下才可以导致合同的解除。

依据我国《民法总则》的规定，因重大误解实施的民事法律行为的成立需要具备如下条件：

1. 表意人对民事法律行为的内容等发生了重大误解

当事人在实施民事法律行为时，可能因多种原因对民事法律行为的内容等发生误解，但从维护交易安全出发，并非所有误解都会导致该民事法律行为被撤销。一方面，必须表意人对民事法律行为的内容发生了误解。只有在表意人对民事法律行为的内容等发生重大误解时，才能导致该民事法律行为成为可撤销的民事法律行为。《民法通则意见》第 71 条规定："行为人因对行为的性质、对方当事人、标的物的品种、质量、规格和数量等的错误认识，使行为的后果与自己的意思相悖，并造成较大损失的，可以认定为重大误解。"当然，从该规定来看，其列举的事项仍然十分宽泛。笔者认为，在判断表意人是否构成重大误解时，应当结合个案进行具体判断，而不宜一概认定构成重大误解。例如，当事人对标的物数量的误解如果不会对其利益产生重大影响，则从鼓励交易、维护交易安全出发，不应当认定其构成重大误解。另一方面，误解必须是重大的，也就是说，该

---

① See Tadas Klimas：*Comparative Contract Law*，*A Transystemic Approach with an Emphasis on the Continental Law Cases*，*Text and Materials*，Carolina Academic Press 2006，p. 130.

误解在客观上实质性地影响了当事人的权利义务关系。例如，就合同关系而言，必须是对合同主要内容发生了误解，而且该误解对当事人的权利义务关系会有重大影响。

2. 表意人因为误解作出了意思表示

构成因重大误解而实施的民事法律行为，不仅要求表意人内心出现了重大误解，而且还要求表意人因为该误解作出了意思表示。一方面，表意人要将其意思表示表达出来，否则无从评价其是否存在误解问题。在此需要区分误解与表示错误。所谓表示错误，是指表意人因某种原因未能准确地表达其内心意思，或表达出来的意思与其内心意思不相符合。例如，误将 100 元写成 1 000 元。在表示错误的情况下，当事人的内心意思本身并没有缺陷，只是表示发生错误；而在误解的情况下，当事人的外部表示是符合其内心的真实意思的，只是其内心真实意思发生了缺陷。另一方面，表意人作出的意思表示必须是因为误解所造成的，也就是说，表意人的错误认识与其作出意思表示之间具有因果关系。

3. 误解是由误解方自己的过错造成的

误解是由误解方自己的过错造成的，而不是因为受他人的欺骗或不正当影响造成的。在通常情况下，误解都是由表意人的过错造成的，即因其不注意、不谨慎造成的。误解完全是由误解一方自己的行为所造成的，在这一点上，它与误传是不同的。在误传的情况下，表意人所作出的意思表示是真实的，只是由于传达人或传达机关在传达过程中的失误造成了错误。而误解完全是由自己的原因造成的。

需要指出的是，依据《民法通则意见》第 71 条的规定，只有造成表意人重大损失，才能成立重大误解。但《民法总则》第 147 条并没有作出此种要求，因此可以认为，《民法总则》已经修改了《民法通则意见》第 71 条的规定，即构成重大误解并不以表意人遭受重大损失为成立条件。

（二）因欺诈实施的民事法律行为

1. 欺诈的概念和构成要件

《民法总则》第 148 条规定："一方以欺诈手段，使对方在违背真实意思的情

况下实施的民事法律行为，受欺诈方有权请求人民法院或者仲裁机构予以撤销。"欺诈（dolus, dolo, betrug, fraud, deceit），乃是一种故意违法行为。根据最高人民法院的解释，欺诈是指"一方当事人故意告知对方虚假情况，或者故意隐瞒真实情况，诱使对方当事人作出错误意思表示"的行为[①]，因欺诈而从事的民事法律行为，是在受欺诈人因欺诈行为发生错误而作出意思表示的基础上产生的。它是欺诈行为的结果，但其本身与欺诈行为是有区别的。因欺诈而实施的民事法律行为"谓依他人之欺骗行为陷入错误而为之意思表示"[②]，它是在意思表示不真实的情况下实施的民事法律行为。应被撤销的因欺诈行为而实施的民事法律行为须具备以下条件：

第一，欺诈方具有欺诈的故意。所谓欺诈的故意，是指欺诈的一方明知自己告知虚假情况或隐瞒真实情况会使被欺诈人陷入错误认识，而希望或放任这种结果的发生。可见，欺诈方实际上是有恶意的。欺诈方告知虚假情况或隐瞒真实情况，不论是否使自己或第三人牟利，均不妨碍恶意的构成。如果欺诈方意识到自己的欺诈行为会使自己或第三人牟利、使对方当事人遭受损害而恶意为之，则可认为欺诈者具有较大的恶意。

如果一方向他方陈述某种事实时，对于其陈述的事实的真伪不能作出准确的判断，却仍向他人作出陈述，以至于因陈述事实的虚假性而导致他方陷入错误，行为人主观上是否具有欺诈的故意，值得研究。例如，某人不能确定其出售的商品具有某种功能而向他人吹嘘该产品具有该种功能，此种情况也可认为陈述的一方具有欺诈的故意，因为陈述人不能判定其陈述的事实是否真实，也就不能告诉他人该事实是真实的。在陈述时，其应当知道该事实若属虚假，会使他人陷入错误认识，而陈述人却作为真实的事实向他人陈述，显然可认定陈述人具有欺诈他人的故意。

第二，欺诈方实施欺诈行为。所谓欺诈行为，是指欺诈方将其欺诈故意表示于外部的行为。在实践中，大都表现为故意陈述虚假事实或故意隐瞒真实情况使

---

① 参见最高人民法院《民法通则意见》第 68 条。
② 史尚宽：《民法总论》，381 页，台北，自版，1980。

他人陷入错误。所谓故意告知虚假情况，也就是指虚假陈述；所谓故意隐瞒真实情况，是指行为人有义务向他方如实告知某种真实的情况而故意不告知。根据诚实信用原则，当事人应当如实地向对方告知产品的使用方法、性能、隐蔽瑕疵等重要情况，这是当事人应承担的附随义务。违反此种义务，有可能构成欺诈行为。

第三，被欺诈的一方因欺诈而陷入错误。一方面，欺诈人告知虚假情况或隐瞒真实情况与民事法律行为的内容有密切关系；如果与该内容并无联系，不能认为欺诈行为与认识错误之间有因果联系。另一方面，受害人基于虚假的信息而对法律行为的内容发生了错误认识，如因误信对方的假药宣传而将假药当成了真药。此种错误并不是因为被欺诈人自己的过失造成的，而是因受欺诈的结果。如果欺诈人实施欺诈行为以后，受欺诈人未陷入错误或者发生的错误认识并不是欺诈造成的，则不构成欺诈。

第四，被欺诈人因错误而作出了意思表示。被欺诈人在因欺诈发生了错误认识以后，基于错误的认识作出了意思表示并实施了民事法律行为。这就表明，欺诈行为与受害人的不真实的意思表示之间具有因果联系。如果被欺诈人虽因欺诈行为陷入错误，但并未作出意思表示，则不能认为构成欺诈。

2. 因第三人欺诈而实施的民事法律行为

所谓因第三人欺诈而实施的民事法律行为，是指因第三人实施欺诈行为而使当事人一方在违背真实意思的情况下实施的民事法律行为。例如，生产者从事虚假广告宣传，导致消费者上当受骗，由于合同关系是在消费者和销售者之间订立的，而生产者是第三人，因而此类情形构成第三人欺诈。《民法总则》第149条规定："第三人实施欺诈行为，使一方在违背真实意思的情况下实施的民事法律行为，对方知道或者应当知道该欺诈行为的，受欺诈方有权请求人民法院或者仲裁机构予以撤销。"法律作出此种规定，是借鉴了比较法的经验①，该规定有利于保护受欺诈方，同时，以"对方知道或者应当知道该欺诈行为"作为撤销民事

---

① 参见《德国民法典》第123条第2款，《瑞士债法典》第28条和第29条，《奥地利民法典》第875条。

法律行为的条件，也有利于保护善意相对人，维护交易安全。①

因第三人欺诈构成可撤销的民事法律行为应当符合如下条件：

第一，必须是第三人实施欺诈行为。第三人欺诈中的"第三人"应当是当事人以外的第三人，如果是当事人之间实施欺诈行为，则不构成第三人欺诈。德国法院曾经将第三人解释为除了意思表示相对人之外的任何人。② 晚近的判例和学说限缩第三人的范围，认为其是指任何可以视为处于意思表示相对人地位的人以及与意思表示相对人关系密切的人之外的人。③ 如相对人的经纪人和中介人就不能认为是第三人。笔者认为，第三人是指法律行为当事人、代理人、法定代表人以外的任何人。如果当事人的代理人或法定代表人实施了欺诈行为，应当构成当事人一方实施欺诈行为，而不成立第三人欺诈。

第二，受欺诈方因为第三人的欺诈行为而实施民事法律行为。在第三人实施了欺诈行为后，受欺诈方因该欺诈而作出了意思表示。例如，在前例中，消费者因为生产者的虚假广告宣传而上当受骗，并据此与销售者订立合同。如果受欺诈方实施民事法律行为与第三人欺诈之间没有因果关系，则当事人不得依据该条规定主张撤销民事法律行为。

第三，相对人知道或者应当知道该欺诈行为。在第三人实施欺诈行为的情形下，为了保护交易安全，不应当一概允许受欺诈方主张撤销民事法律行为。在比较法上，在第三人欺诈的情形下，要主张法律行为的撤销，还要求相对人知道或者应当知道该欺诈行为。在德国法中，所谓知道或应当知道就是指当事人存在主观过错，所谓应当知道是指当事人因为过失而不知道（fahrlässige Unkenntnis），在这个意义上，当事人可以是任何程度的过失。④ 我国《民法总则》第149条也将相对人知道或者应当知道该欺诈行为作为受欺诈方撤销法律行为的条件。"知道"就是知情。例如，销售者对生产者的虚假广告宣传并不知情，则消费者不得

---

① 参见［日］我妻荣：《新订民法总则》，于敏译，291页，北京，中国法制出版社，2008。
② MünchKommBGB/ Armbrüster，§123，Rn. 63.
③ MünchKommBGB/ Armbrüster，§123，Rn. 64.
④ MünchKommBGB/ Armbrüster，§123，Rn. 71.

主张撤销合同。至于此处所说的"应当知道"，则应当是指因为当事人的重大过失而不知情。如果法律行为当事人无论尽到何种注意义务都不可能知情，也被认定为"应当知道"，则对其过于苛刻，也不利于维护交易安全。

（三）因受胁迫而实施的民事法律行为

《民法总则》第150条规定："一方或者第三人以胁迫手段，使对方在违背真实意思的情况下实施的民事法律行为，受胁迫方有权请求人民法院或者仲裁机构予以撤销。"胁迫是以将来要发生的损害或以直接施加损害相威胁，使对方产生恐惧并因此而作出的行为。依据这一规定，因受胁迫而作出的民事法律行为包括了一方或者第三人实施胁迫，受胁迫方因此所实施的民事法律行为属于可撤销的民事法律行为。自《民法通则》颁行以来，我国相关法律法规仅规定了当事人一方实施胁迫行为，而没有对第三人实施胁迫行为作出规定。所谓第三人实施胁迫，是指当事人以外的人实施了胁迫行为。例如，出租人要求承租人退租，但一直没有协商成功，后来出租人找到第三人，第三人通过暴力胁迫的方式，强迫承租人退租，此种情形就属于因受第三人胁迫而实施的民事法律行为。比较法上普遍认可了第三人胁迫可以成为民事法律行为的撤销事由。[①]我国《民法总则》借鉴比较法的经验，第一次在法律上对第三人胁迫的规则作出了规定。

因胁迫而实施的民事法律行为，构成可撤销的民事法律行为应当符合如下条件：

第一，一方或者第三人实施了胁迫行为。胁迫行为包括两种情况：一是以将要发生的损害相威胁。所谓将要发生的损害，是指涉及生命、身体、财产、名誉、自由、健康、信用等方面的损害。二是胁迫者以直接面临的损害相威胁。也就是说，胁迫者通过实施某种不法行为，形成对对方当事人及其亲友人身的损害和财产的损害，而迫使对方作出民事法律行为。如对对方施行暴力（殴打、肉体折磨、拘禁等），或散布谣言、毁人名誉、毁损房屋等。当然，将来发生的损害必须是受胁迫者可以相信将要发生的情况，并足以使受胁迫者感到恐惧、害怕。

---

① 参见《法国民法典》第1111条，《国际商事合同通则》第3.2.8条。

如果一方所实施的将要造成损害的威胁是毫无根据、根本不可能发生的，受胁迫者根本不相信，也就不会使受胁迫者感到恐惧，从而不构成胁迫。但只要受胁迫者在当时情况下相信损害将要发生，就可以构成胁迫。

第二，胁迫人具有胁迫的故意。胁迫都是基于故意而实施的，所谓胁迫的故意，首先，胁迫者意识到自己的行为将造成受胁迫者心理上的恐惧而故意进行威胁。其次，胁迫者希望通过胁迫行为使受胁迫者作出某种意思表示。正是因为胁迫人都是基于故意实施的胁迫行为，而且对表意人的意思自由影响较大，所以，不论是对方当事人实施胁迫行为，还是第三人实施胁迫行为，受胁迫方都有权撤销民事法律行为。

第三，受胁迫方因胁迫而实施了民事法律行为。受胁迫方实施民事法律行为必须与胁迫行为之间具有因果关系。也就是说，表意人因为受到胁迫而产生恐惧心理，并在此种心理状态的支配下实施了民事法律行为。如果行为人的胁迫行为并没有使表意人产生恐惧心理，或者虽然产生了恐惧心理，但并没有因此作出相应的意思表示，则表意人无法依据该规则主张撤销该民事法律行为。

第四，胁迫行为是非法的。胁迫行为给对方施加了一种强制和威胁，此种威胁必须是非法的、没有法律依据的。如果一方有合法的根据对另一方施加某种压力，则不构成胁迫。另外，合同订立以后，一方拒不履行合同，另一方以将要提起诉讼等合法手段向对方施加压力，要求其履行合同，也不构成胁迫。

胁迫并不一定以危害是否重大为要件。只要一方将要施加的危害或者正在施加的危害足以使对方感到恐惧，就可以构成胁迫行为。需要指出的是，因胁迫行为是针对特定的当事人实施的，所以确定胁迫行为是否构成，应当以特定的受害人而不是一般人在当时的情况下是否感到恐惧为标准来加以判断。即使一般人不感到恐惧，而受害人感到恐惧，亦可构成胁迫。

还需要指出的是，我国《民法总则》关于第三人胁迫的规定，与第三人欺诈有所不同。在第三人欺诈的情形下，要求当事人"知道或者应当知道"该欺诈行为，受欺诈人才可以主张撤销。而在第三人胁迫的情形，无论当事人是否知道胁迫的存在，受胁迫人都可以主张撤销。从比较法上来看，存在统一模式和区分模

式。统一模式认为，应当对第三人欺诈和第三人胁迫统一作出规定，一概采取当事人知道或者应当知道标准。[①] 而区分模式认为，这两种情形要分别规定，不必要件一致。[②] 我国《民法总则》的上述规定采取了区分模式，笔者认为，这一做法具有一定的合理性。因为在欺诈的情况下，受害人本身也可能是有过错的，所以，要求其证明"对方知道或者应当知道该欺诈行为"是有必要的。但是，在胁迫的情形下，胁迫人的恶意更大，受害人的自由意志受到的侵害更为严重，很难说受害人存在过错，所以，受害人应当得到更充分的保护，法律上不要求其证明对方当事人知道或者应当知道胁迫行为的存在，这是合理的。

（四）显失公平的民事法律行为

所谓显失公平的民事法律行为，是指一方在从事某种民事法律行为时因情况紧迫或缺乏经验而作出了明显对自己有重大不利的行为。《民法总则》第 151 条规定："一方利用对方处于危困状态、缺乏判断能力等情形，致使民事法律行为成立时显失公平的，受损害方有权请求人民法院或者仲裁机构予以撤销。"可见，《民法总则》将显失公平的民事法律行为规定为可撤销的民事法律行为，其效力有无取决于当事人的主张与否，这一点与我国台湾地区的立法例相似。梅仲协先生认为，对显失公平行为（德国法上称为暴利行为），德国民法认为无效，瑞士债务法准许声明作废，并请求返还给付，对经济上弱者之保护，均较仅允许撤销或变更，更加周密。[③] 但笔者认为，我国《民法总则》将显失公平规定为可撤销的法律行为是妥当的，因为毕竟此类法律行为是意思表示不真实的法律行为，损害的是当事人的私人利益，因而允许当事人自由选择对其更为有利，一旦当事人行使撤销权，其效果与无效并无不同，如受害人愿意接受该法律行为的后果，则国家没有强行干预的必要。

显失公平主要适用于双务、有偿的民事法律行为，对无偿民事法律行为，因不存在对价问题，所以不存在双方利益的不平衡和显失公平。显失公平规则是民

---

① 参见《欧洲合同法原则》第 4：111 条，《国际商事合同通则》第 3.2.8 条。
② 参见《德国民法典》第 123 条第 2 款，《法国民法典》第 1138 条第 1 款。
③ 参见梅仲协：《民法要义》，120～121 页，北京，中国政法大学出版社，1998。

法公平原则的具体体现，法律规定显失公平的民事法律行为可撤销，有利于保障交易的公平合理，维护正常的交易秩序。

依据《民法总则》第 151 条的规定，显失公平的构成要件，应包括客观和主观两个方面。

1. 客观要件

客观要件是指当事人在给付与对待给付之间失衡或造成利益不平衡。依据《民法总则》第 151 条的规定，只有民事法律行为成立时显失公平，表意人才能依据本条主张撤销该民事法律行为。具体来说，包括两个方面：

第一，双方当事人的利益明显失衡。也就是说，交易的结果造成双方的利益明显不平衡，即一方得到的给付明显多于另一方得到的给付。例如，双方订立的合同价款比市场价格高出了数倍，对一方当事人明显不公平。早在罗马法时期，就确立了"短少逾半规则"作为判断利益明显失衡的标准，《法国民法典》第 1674 条采纳了这一观点。当然，有关利益平衡或不平衡问题，应根据各种交易关系的具体情况加以认定，特别是要通过考虑供求关系、价格的涨落、交易习惯等各种因素而决定。客观上经济利益的不平衡，是以利益能够依一定的价格、收费标准等加以确定为前提的，对于那些特定物、特殊的服务等，因很难计算其实际价值，一般也不适用显失公平制度。需要指出的是，在市场经济条件下，要求各种交易中给付和对待给付都达到完全的对等是不可能的，做生意总会有赔有赚。如果当事人因某个交易不成功，就以显失公平为由要求撤销合同，显然违背了显失公平制度所设立的目的。但是，如果交易明显不公平，也会影响交易的正常秩序，因此，需要通过显失公平制度对此种极不公平的交易予以纠正。显失公平制度并不是为了消除当事人应承担的交易风险，而是禁止或限制一方当事人获得超过法律允许的利益。

第二，必须是民事法律行为成立时显失公平。也就是说，这种利益的失衡发生于民事法律行为成立时，如果在民事法律行为成立时不构成显失公平，而在履行阶段显失公平，则表意人不得依据《民法总则》第 151 条主张撤销民事法律行为。例如，在合同订立以后，因市场行情变化使价格发生涨落等，除非出现了情

势变更的情况，否则当事人不能以显失公平为由而要求撤销合同。

2. 主观要件

主观要件是指在订立合同时一方具有利用优势或利用对方轻率、无经验等而与对方订立显失公平合同的故意。此种主观状态已表明行为人背离了诚实信用原则的要求。在法律上之所以要求考虑主观条件，其目的在于保障交易的公平和公正，维护商业道德，保护处于弱者地位的消费者的利益。具体来说，主观要件分为如下几种情况：

第一，利用危困状态。一般是指利用某人因陷入某种暂时性的急迫困境，从而急需金钱或有其他急需的状态。例如，某人家人突患重病，急需交付医药费、住院费等，如果有人利用这种急需要求其低价出售房屋，则有可能构成显失公平。[①]

第二，利用对方缺乏判断能力。所谓缺乏判断能力，主要是指欠缺一般的生活经验或交易经验。例如，金融机构的从业人员向判断能力较弱的老年人高价兜售收益率较低的金融理财产品，即可以认定为利用了老年人缺乏判断能力。[②] 一般认为，欠缺经验仅限于欠缺一般的生活经验或交易经验，而不包括欠缺特殊的经验。也就是说，当事人在进行特殊交易时，应当了解相关的特殊交易规则，而不得以自己缺乏交易经验为由主张撤销相关的民事法律行为。例如，当事人在进行期货交易时，应当了解期货交易的相关规则，事后不得以自己缺乏期货交易经验为由主张撤销合同。

除上述情形外，该条使用了"等"字这一表述，表明除了利用对方处于危困状态、缺乏判断能力等情形外，如果存在其他类似影响当事人意思自由的情形，表意人也应当有权主张撤销民事法律行为。实践中出现的利用优势地位的行为即属于此种情形。所谓利用优势地位，是指一方利用经济上的地位，而使对方难以拒绝对其明显不利的合同条件。例如，大企业利用其经济上的优势地位拟定不公平的格式条款，或者提出苛刻的条件，迫使消费者予以接受。当然，如果受损失

---

① ② 参见李适时主编：《中华人民共和国民法总则释义》，474页，北京，法律出版社，2017。

的一方仅能证明对方利用供求关系中的优势，而提出不合理的价格条件，则不构成显失公平的主观要件。因为在竞争的条件下，供求关系本身是不断变化的，此种变化是一种交易风险，很难说是哪一方利用了优势。

只有符合上述主、客观两方面的要件，才能构成显失公平。从法律规定来看，我国《民法总则》实际上是将原《民法通则》中的乘人之危和显失公平合并，确立了新的显失公平制度。我国《民法通则》和《合同法》都采取将这两者分开的模式，即分立模式①，而《民法总则》采取合并模式。合并模式的合理性主要表现在：一方面，在分立模式下，显失公平不包括主观要件，这就可能为当事人规避交易风险提供了借口，也导致交易安全受到极大威胁。因此，将主、客观要件合并，也是为了限制显失公平规则的适用。② 当然，对于利用对方没有经验或轻率的情况，应作严格限定。受害人应当举证证明对方有利用行为，而不能仅证明自己在订约时无经验或轻率。另一方面，从乘人之危行为来看，其通常都造成了显失公平的客观结果，否则，当事人也不会提起撤销诉讼。所以，乘人之危完全可以被吸纳到显失公平之中。正是因为这一原因，我国《民法总则》采取的合并模式具有合理性。

三、撤销权的行使

撤销权通常由因意思表示不真实而受损害的一方当事人享有，如重大误解中的误解人、显失公平中的遭受重大不利的一方。撤销权是一种专属的权利，不得与法律行为相分离而单独转让。依据我国《民法总则》的规定，撤销权的行使具有如下几个特点：

---

① 参见《民法通则意见》第 70 条、第 72 条，《合同法》第 54 条。

② 有学者认为，我国法上乘人之危和显失公平乃是德国法上暴利行为一拆为二的结果。故此，《民法总则》第 151 条以"利用对方处于危困状态、缺乏判断能力等情形，致使民事法律行为成立时显失公平"将二者一举合并，使其回复其暴利行为规则本来面目。申海恩：《〈民法总则〉关于"民事法律行为"规定的释评》，载《法律适用》，2017（9）。其实，《民法总则》将主、客观要件合并，也并非要解决暴利问题，而主要是为了限制显失公平的适用。

第一，撤销权的主体。撤销权应当由因意思表示不真实而受损害的一方当事人享有，如重大误解中的误解人、显失公平中遭受重大不利的一方。关于实施欺诈、胁迫等行为的人是否可以主张撤销，虽然学界存在争议，但一般认为，其不能享有撤销权。如果欺诈、胁迫行为人也享有撤销权，可能会鼓励其从事违法行为，也违反诚信原则。

第二，撤销权是一种专属的权利，不得与法律行为相分离而单独转让。也就是说，权利人不能在转让合同时保留撤销权，或者在转让撤销权时保留合同债权。

第三，撤销权的行使必须采取诉讼或仲裁的方式。《民法总则》的多个条款都明确规定，受害人有权请求人民法院和仲裁机构予以撤销。这表明，撤销权的行使应当通过诉讼或仲裁的方式。一般来说，如果撤销权人向对方作出撤销的意思表示，而对方未表示异议，则可以直接发生撤销法律行为的后果；如果双方对撤销问题发生争议，则必须提起诉讼或仲裁，要求人民法院或仲裁机构予以裁决。

第四，撤销权并不包括变更权。依据我国《合同法》第54条的规定，在因欺诈、胁迫、重大误解等导致意思表示不真实的情形，受害人可以主张变更或撤销合同。但《民法总则》并没有规定变更权，而只是规定了撤销权。立法者认为，在欺诈等情形，法院或仲裁机构进行变更，并不一定符合当事人的内心意思，反而容易形成公权力对私人权利领域的不当干扰，甚至导致自由裁量权的滥用。[①] 因此，可以理解为，《民法总则》已经修改了《合同法》的相关规定。在意思表示不真实的情况下，如果要提起撤销，就不能主张变更。

应当看到，《民法总则》取消变更权具有一定的合理性，可以更充分地尊重当事人的意愿。因为在法律行为可撤销的情形，如果一方愿意变更而另一方不愿意，则不宜变更。但是，在合同之中，取消变更权也不利于鼓励交易。因为在意思表示不真实的情况下，允许法官变更合同，可以在不撤销合同的情况下弥补合

---

① 参见石宏主编：《中华人民共和国民法总则条文说明、立法理由及相关规定》，352页，北京，北京大学出版社，2017。

同的瑕疵，从而更符合鼓励交易原则。相反，如果仅仅可以撤销合同，则将使交易被消灭。从我国司法实践来看，在意思表示不真实的情况下，鼓励当事人提出变更合同的请求，这对于维护合同效力，避免因合同撤销而发生财富的损失和浪费具有积极意义。因此，笔者认为，在未来民法典合同编之中，仍然有必要保留变更权。

第五，撤销权必须在法定期限内行使。因为撤销权是形成权，其应当适用除斥期间。尤其是撤销权具有强大的效力，会导致法律行为被消灭，当事人之间发生恢复原状的后果。如果没有期限限制，可能导致法律行为的效力悬而未决，这就极不利于维护当事人的利益，也不利于保障交易安全。

四、撤销权的行使期限

依据《民法总则》第 152 条，撤销权的行使期限包括如下几种情形：

第一，当事人自知道或者应当知道撤销事由之日起 1 年内、重大误解的当事人自知道或者应当知道撤销事由之日起 3 个月内没有行使撤销权。该期限在性质上属于除斥期间，属于法定的不变期间，不存在中止、中断、延长的情形。该期限从权利人知道或应当知道撤销事由（如知道或应当知道其受到欺诈）之日起开始计算。如果超过 1 年不行使权利，或者在知道具有撤销事由后明确表示或者以行为的方式放弃撤销权（如在明知受欺诈以后主动要求欺诈行为人交付货物），撤销权最终归于消灭，则可撤销合同成为有效合同。

但是，对于重大误解的当事人而言，自其知道或者应当知道撤销事由之日起 3 个月内没有行使撤销权，该权利消灭。该条规定显然是受到《德国民法典》第 121 条第 1 款的影响[①]，这既是考虑到当事人对于误解很可能存在过错，也是为了尽快结束法律关系的不确定状态。这就是说，因重大误解而撤销法律行为的，撤销权行使期限较短。因为在重大误解的情形下，撤销权人通常都具有过

---

① 《德国民法典》第 121 条第 1 款规定："在第 119 条、第 120 条的情形下，撤销必须在撤销权人知悉原因后，在没有有过错的迟延的情况下（不迟延地）为之……"

错，而相对人毫无可归责性，所以，不应当使误解人享有与其他情形下的撤销权人相同的除斥期间。①

第二，当事人受胁迫，自胁迫行为终止之日起1年内没有行使撤销权。与欺诈、重大误解等行为不同，胁迫行为也具有特殊性，胁迫不终止，被胁迫人不可能自由提起撤销诉讼。因此，只能在胁迫终止后的一定期限内行使撤销权。

第三，当事人知道撤销事由后明确表示或者以自己的行为表明放弃撤销权。撤销权仍然属于私权的范畴，按照私法自治原则，权利人可以放弃其权利。如果撤销权人知道撤销事由存在，但放弃了其权利，法律自然不必干涉。这里所说的明确表示，可以采取书面形式、口头形式或其他形式。另外，放弃撤销权，也可以以默示的方式，即以自己的行为表明放弃撤销权。例如，合同当事人明知撤销事由的存在，仍然履行其合同义务，这就是以默示的方式放弃了其撤销权。

上述期限规定，都采用主观计算方法，即从撤销权人知道或应当知道撤销事由之日起算。此种计算方法的缺点在于，如果撤销权人长期不知道或不应当知道撤销事由，可能导致法律关系长期不确定。因此，还需要借助于客观计算方法，限制主观计算方法的适用。据此，《民法总则》第152条第2款规定："当事人自民事法律行为发生之日起五年内没有行使撤销权的，撤销权消灭。"该规定是撤销权行使的最长期限，也就是说，一旦相关的民事法律行为实施超过5年，不论当事人是否知道相关的情况，只要其没有行使撤销权，该撤销权都消灭。此种计算方法的优点在于，时间确定、便于计算，有利于法律关系的尽快稳定。但是，其缺点在于，即便撤销权人不知道撤销事由，也可以导致撤销权消灭。可见，《民法总则》采取了主观计算和客观计算结合的方式。

撤销权一旦行使，经法院确认，将使法律行为的效力溯及既往地消灭。法律行为一经撤销，发生等同于无效的效果，当事人应当依法互相返还财产、恢复原状。

---

① 参见石宏主编：《中华人民共和国民法总则条文说明、立法理由及相关规定》，362页，北京，北京大学出版社，2017。

五、民事法律行为被宣告无效或者被撤销的法律后果

《民法总则》第155条规定："无效的或者被撤销的民事法律行为自始没有法律约束力。"据此可见，被确认无效和被撤销的民事法律行为自始无效，而不是从确认无效之时起无效。尤其是对无效民事法律行为来说，因其在内容上具有不法性，当事人即使在事后追认，也不能使这些民事法律行为生效。一旦民事法律行为被确认无效和被撤销，原民事法律行为对当事人不再具有任何拘束力，当事人也不得基于原民事法律行为而主张任何权利或享受任何利益。例如，合同被撤销后，当事人不得请求实际履行或要求另一方承担违约责任。

民事法律行为被确认无效或被撤销以后，虽不能产生当事人所预期的法律效果，但并不是不产生任何法律后果。无效民事法律行为的违法性，决定了法律不仅要使这些行为无效并使当事人负返还财产、赔偿损失的民事责任，而且当事人订立无效民事法律行为侵害了为法律所保护的社会秩序和社会公共利益，当事人还可能承担其他法律责任。对于可撤销的民事法律行为来说，当事人虽然可能不会承担无效民事法律行为的某些后果（如承担行政责任），但民事法律行为被撤销后，当事人之间也会产生返还财产和赔偿损失的民事责任。《民法总则》第157条规定："民事法律行为无效、被撤销或者确定不发生效力后，行为人因该行为取得的财产，应当予以返还；不能返还或者没有必要返还的，应当折价补偿。有过错的一方应当赔偿对方由此所受到的损失；各方都有过错的，应当各自承担相应的责任。法律另有规定的，依照其规定。"依据这一规定，无效、被撤销或者确定不发生效力后，将产生如下法律后果。

（一）返还财产

所谓返还财产，是指一方当事人在民事法律行为被确认无效或被撤销以后，对其已交付给对方的财产享有返还请求权，而已经接受对方交付的财产的一方当事人则负有返还对方财产的义务。财产返还涉及如下问题：

第一，从返还财产的目的来看，返还财产旨在使财产关系恢复到民事法律行

为成立以前的状态。也就是说，在民事法律行为被撤销后，当事人应当将其依据民事法律行为所取得的财产返还给对方，从而使当事人之间的利益状态恢复到民事法律行为成立以前的状态。因此，民事法律行为成立前的状态与当事人现有的财产状况之间的差距，就是当事人所应返还的范围。

第二，返还财产的对象仅限于原物及原物所产生的孳息。如果当事人接受的财产是实物或货币，原则上应返还原物或货币，不能以货币代替实物或以实物代替货币。如果当事人接受的财产是利益，则应以当时国家规定的价格或市场价格折合成钱款予以返还。如果原物已遭到毁损、灭失，返还财产在客观上已不可能，应当如何处理呢？所谓不能返还包括事实上不能返还和法律上不能返还两种情况。事实上不能返还主要是指标的物发生变形、毁损等质的变化，而客观上不能返还。例如，木材已经制成家具，建筑材料已经建成大楼等。法律上不能返还主要是指财产已经转让给善意的第三人，善意第三人已取得该财产的所有权。当出现不能返还的情况时，接受履行的一方应负损害赔偿的责任。如果返还财产虽有可能，但在经济上极不合理（例如，机器已经被安装，如果要返还则要拆卸，因此将造成极大的损失），依据《民法总则》第157条的规定，当事人可以通过折价补偿的方式代替返还财产。

第三，一方行使返还财产的请求权原则上不应当考虑对方是否具有过错。这就是说，如果另一方接受了一方交付的财产，只要该财产仍然存在或能够返还，便应当负有返还责任，而不考虑其在主观上是否具有过错。当然，如果当事人对民事法律行为被撤销有过错，则依据《民法总则》第157条，有过错的一方应当赔偿对方由此所受到的损失。

在民事法律行为被撤销后，当事人返还财产义务的基础是不当得利返还请求权，抑或物权请求权？从比较法上来看，在采纳物权行为理论的国家，认为返还财产属于不当得利请求权的范畴。[1] 但我国《物权法》并没有采纳物权行为理论，因此，在民事法律行为被撤销后，受领标的物的一方当事人无法取得标的物

---

[1]　MünchKomm/Baldus，Vor § 985，Rn. 27.

的所有权，作出履行的一方可以基于物权请求权向对方当事人提出请求；同时，因为接受履行的一方占有该物，也构成不当得利，从而构成了不当得利返还请求权与物权请求权的竞合。

（二）赔偿损失

民事法律行为被确认无效或被撤销以后，也将产生损害赔偿的责任。《民法总则》第 157 条规定："民事法律行为无效、被撤销或者确定不发生效力后……有过错的一方应当赔偿对方由此所受到的损失；各方都有过错的，应当各自承担相应的责任。法律另有规定的，依照其规定。"但民事法律行为无效后的损害赔偿责任的构成，须具备如下要件：

第一，损害事实的存在。所谓损害事实的存在，是指当事人确因民事法律行为被撤销而遭受了损害。损害必须是实际发生的且可以确定的，而不是当事人主观臆测和设想的。当事人一方要主张损害赔偿，必须要证明损害的实际存在。因民事法律行为被撤销所造成的损失主要是当事人在实施民事法律行为过程中所遭受的损失。

第二，赔偿义务人具有过错。根据《民法总则》第 157 条的规定，民事法律行为无效或者被撤销后，有过错的一方应当赔偿对方因此所受到的损失，各方都有过错的，应当各自承担相应的责任。可见，过错是民事法律行为被撤销后赔偿损失责任的构成要件。过错的表现形式有多种，如违反了法律规定、采取了欺诈和胁迫手段、乘人之危等。依据《民法总则》第 157 条，如果是单方过错，则由有过错的一方向非过错的一方承担因其过错而给对方造成的损失。如果各方均有过错，则应当各自承担相应的责任。

第三，过错与损失之间的因果关系。所谓因果关系，是指一方或双方的过错与另一方或双方遭受的损失之间的前因后果联系。如果不存在因果关系，则即使一方具有过错，也不能赔偿另一方的损失。例如，一方违反现行法律规定出售货物给对方，另一方接受货物后因保管不善使货物遭受毁损，尽管该合同被确认无效，但另一方遭受的损失是因其自身保管不善造成的，而非合同无效所致，因此，受害人的损失与对方的过错之间没有因果联系。

在民事法律行为被确认无效或被撤销以后，非过错方提出赔偿的请求权的根据是什么？笔者认为，请求权的根据在于其因对方的过错而遭受了信赖利益的损失，也就是说，其因信赖民事法律行为的有效而支付了各种订约和履行费用，而因民事法律行为无效使这些费用未能得到补偿，故有权要求过错方予以赔偿。其赔偿范围主要限于因信赖民事法律行为将有效而支付的各种订约和履行费用，而不应当包括民事法律行为在有效的情况下所能获得的期待利益的损失（如未能获得标的物及利润的损失等），通过此种赔偿，可使当事人恢复到民事法律行为成立前的状态。

第六节　民事法律行为的附条件和附期限

一、附条件的民事法律行为

（一）附条件的民事法律行为的概念和意义

所谓附条件的民事法律行为，是指当事人在民事法律行为中特别规定一定的条件，以条件的是否成就来决定民事法律行为效力的发生或消灭的法律行为。《民法总则》第158规定："民事法律行为可以附条件，但是按照其性质不得附条件的除外。附生效条件的民事法律行为，自条件成就时生效。附解除条件的民事法律行为，自条件成就时失效。"附条件法律行为的意义主要在于：

第一，充分尊重当事人的意思，使法律行为的实施更好地满足当事人的需要。附条件的法律行为通常是通过附条件，把当事人的动机等主观需求反映到法律行为中，使其具有法律的意义。例如，甲、乙双方约定，待甲将某项产品试验成功以后，乙即向甲赠送一套设备。在这里，产品试验成功便是乙向甲赠送设备的条件，在该条件实现时，赠送设备的法律行为即产生效力。这里的条件就反映了当事人的动机。一般的法律行为只反映当事人的订约目的（如赠送设备），而并不反映当事人的动机（即为什么要赠送设备），而附条件的法律行为则能够将

当事人的动机等主观需求表现在法律行为中，从而能充分尊重当事人的意志，满足当事人的各种不同需要。

第二，预防未来的风险，有效安排社会交往。当事人在实施法律行为时，基于对现实状况的了解以及对未来的合理预期所作出的判断，认为立即实施某种法律行为还不成熟或不欲使法律行为发生永久的效力，认为未来情况的发展和从事法律行为时的预期可能会发生矛盾，从而可能出现不可预知的危险，为了防范这种不可预知的风险，就需要通过法律对法律行为效力的限制来控制此种危险。[①]例如，甲向乙供货，担心乙不能支付货款，要求乙于账户上存一定金钱，买卖合同才能生效。这实际上就是通过附条件的方式控制未来的风险。

第三，发挥行为引导的作用。当事人将一定的条件附加到法律行为之中，就可以引导当事人主动实施特定的行为，从而使法律行为发生效力或失去效力。附条件的民事法律行为通过将当事人的动机表现在法律行为中，从而能充分尊重当事人的意志，满足当事人的各种不同需要。

附条件的民事法律行为适用的范围是极为广泛的，可适用于各种类型的法律行为，原则上除了法律法规禁止和限制的行为之外，都可以设定附条件的民事法律行为。《民法总则》第 158 规定："民事法律行为可以附条件，但是按照其性质不得附条件的除外。"依据该条规定，民事法律行为依其性质不得附条件的，其主要包括两种情形：一是就婚姻、收养、离婚、认领等身份行为而言，在性质上是不得附条件的，如果允许对此类行为附条件，可能有违公序良俗。[②] 因此，许多身份法上的行为大多不允许附条件。二是一些民事法律行为在性质上要求即时地、确定地发生效力，不得使其效力处于不确定状态，此类行为也不得附条件，例如，抵销、解除、追认、撤销等行为。[③]

附条件的法律行为一旦成立，就已经产生了一种形式上的拘束力，任何一方

---

①　参见王泽鉴：《民法总则》，331 页，北京，北京大学出版社，2009。

②　参见王泽鉴：《民法总则》，426 页，北京，北京大学出版社，2009。

③　参见石宏主编：《中华人民共和国民法总则条文说明、立法理由及相关规定》，376 页，北京，北京大学出版社，2017。

当事人都不得反悔。如果是合同行为，则一旦成立，合同即产生形式上的拘束力，只不过该合同不发生履行的效力，其获得实质的拘束力必须等到条件成就。所以，附条件的法律行为一旦成立，行为人就应当受到该法律行为的拘束，对一方和双方来说，因条件还未能成就，此时其实质上的拘束力还没有产生。

（二）附条件的民事法律行为中的条件

"条件"是指决定民事法律行为的效力产生和消灭的未来不确定的事实。附条件法律行为中的条件，与法律行为中的负担是不同的。负担是指法律行为生效以后履行的非对待给付的义务，如一方赠与书籍给对方，同时要求对方出借房屋。在我国民法学中，这种负担也时常被称为"附条件"，但附负担与附条件是不同的。在附负担的民事法律行为中，一方不履行义务，通常将构成违约行为，并且这种法律行为一经成立即发生效力。而在附条件的民事法律行为中，条件只是一种事实而不是义务，条件的成就与否与违反法律行为的规定无关。在附条件的民事法律行为中，条件具有限制法律行为效力的作用。民事法律行为中所附的条件，必须具备如下要求：

1. 条件必须是将来发生的事实

能够作为附条件的民事法律行为中的条件的，必须是当事人从事民事法律行为时尚未发生的事实，过去的、已经发生的事实不能作为条件。以过去的、已经发生的事实作为条件时，该种条件称为"即成条件"或"即定条件"。例如，乙明知甲的新产品已经试验成功，仍将这一事实作为条件则是毫无意义的。当事人把已知的已经发生的事实作为条件，如果该条件决定着民事法律行为效力的产生，则视为该法律行为未附任何条件。如果该条件决定着法律行为效力的消灭，则视为当事人并不希望从事该法律行为，因而该法律行为应宣告无效。当事人不知作为条件的事实已经发生，而将这一事实作为条件的，如果当事人知道该事实已经发生后就不会从事法律行为，该民事法律行为无效；如果当事人知道该事实已经发生后仍希望从事该民事法律行为，则应按已知的情况处理。

2. 条件必须是不确定（Ungewissheit）的事实

条件的本质特征在于，法律行为发生效力所依据的情况具有不确定性，该不

确定性同时也是条件区别于期限的原因。① 条件必须是不确定的事实。这就是说，条件在将来是否发生，当事人是不能肯定的。如果在法律行为成立时，当事人已经确定作为条件的事实必然发生，则实际上应当解释为当事人在法律行为中附期限，而不是在法律行为中附条件。自然人的死亡不可能是条件，因为人的死亡是确定无疑的；所以，死亡只能构成期限（如居住权人的期限以权利人的有生之年为准），而不是条件。不过，如果约定以某个人在特定时间内死亡或者不死亡为标准，即可构成一个条件。②

3. 条件成就必须可能

条件成就必须为可能，如果作为民事法律行为所附的条件是根本不可能发生的（如甲向乙表示"如果地球停止转动，则借钱给你"），则视为当事人根本不希望实施该民事法律行为。如果当事人将不可能发生的事实作为民事法律行为失效的条件，视为根本未附条件。

4. 条件必须是由当事人意定的而不是法定的

附条件民事法律行为中的条件是当事人所附加的条件，也称为"附款"，这是当事人的意思表示的一部分。关于条件究竟为意思表示的一部分，还是为另一个意思表示，有两种学说：一是"二元论"，此种观点认为，附条件的民事法律行为有两种意思表示，一种是欲发生法律行为效力的意思表示，另一种是限制法律行为效力的意思表示。二是"一元论"，此种观点认为，附条件的民事法律行为只是一个意思表示，限制法律行为效力的意思表示不过是欲发生法律行为效力的意思表示的一部分。条件不包括法定的条件，因为法定条件直接源于法秩序的具体要求，且法律行为的效力要件不属于当事人意思自治的范畴③，更何况，法定条件并不存在基于意思表示的悬而未决状态。④ 作为条件的事实必须是当事人自己选定的，是当事人意思表示一致的结果，而不是法律规定的条件（如法律规

---

①② 参见［德］迪特尔·梅迪库斯：《德国民法总论》，邵建东译，627 页，北京，法律出版社，2000。

③ Larenz/Wolf, Allgemeiner Teil des Bürgerlichen Rechts, 9. Aufl., 2004, § 50, Rn. 19.

④ MünchKomm/Westermann, § 158, Rn. 54.

定，继承的发生以被继承人的死亡为条件）。如果法律行为中附有法定条件，则视为未附条件。

5. 条件必须合法

附条件民事法律行为中的条件，必须符合法律的规定和公序良俗。以违法或违背公序良俗的事实作为民事法律行为的条件，称为不法条件。在法律行为附有不法条件的情况下，有学者认为该法律行为应当然无效；也有学者认为，该条件无效，但法律行为仍然有效。笔者认为，原则上说，条件必须合法，附违法条件的民事法律行为一般应当宣告无效。但在特殊情况下，如果单独宣告条件无效，而法律行为不具有违法性，为了保护相对人的利益，该民事法律行为仍为有效。例如，某雇主与雇员约定，以雇员怀孕为解除条件订立劳动合同，则该条件因违法应当被宣告无效，而该劳动合同仍然有效。

6. 条件不得与民事法律行为的主要内容相矛盾

因附条件而使民事法律行为全体内容陷于矛盾的条件，谓之矛盾条件。[①] 在附条件民事法律行为中，条件是用以限定当事人预期的法律效果发生或不发生的，属于当事人效果意思的一个组成部分，当事人意思表示的内容不能自相矛盾。因此，与法律行为的主要内容相矛盾的事实不能作为条件。例如，甲向乙表示，"若将此屋卖给丙，则租给丁"。在这里，房屋的出卖条件和出租的内容是互相矛盾的。因为甲将房屋出卖给丙，就不能再出租给丁。对于以与法律行为的主要内容相矛盾的事实作为法律行为条件的，在法律上应如何处理，学者有两种不同的看法。一种观点认为，若"条件"与主要内容相矛盾，则该法律行为本身无效。另一种观点认为，如果该"条件"属于停止条件，决定着法律行为效力的发生，则法律行为无效；如果该"条件"属于解除条件，决定着法律行为效力的消灭，则视为未附条件。笔者认为，条件不得与法律行为的主要内容相矛盾，如果相互矛盾，应认为行为人的效果意思有矛盾，可以解释为该行为人不欲作出该民事法律行为，不具有真正的效果意思，因而该民事法律行为无效。

---

① 参见史尚宽：《债法总论》，484 页，北京，中国政法大学出版社，2000。

(三) 附条件的民事法律行为的分类

在民法上，可以对法律行为的条件作出如下区分：

1. 生效条件和解除条件

根据条件对于民事法律行为本身所起的作用，条件可分为生效条件和解除条件。

生效条件又称为停止条件或延缓条件，它是指限制民事法律行为效力发生的条件。《民法总则》第 158 规定："附生效条件的民事法律行为，自条件成就时生效。"在附停止条件的民事法律行为中，民事法律行为虽然已经成立，但暂时停止发生效力。此时，权利人不能行使权利，义务人也不必履行其义务。只有在生效条件成就以后，权利人才可以请求义务人履行义务，义务人也必须履行义务。

解除条件又称为消灭条件，是限制民事法律行为效力消灭的条件。《民法总则》第 158 规定："附解除条件的民事法律行为，自条件成就时失效。"在附解除条件的民事法律行为中，民事法律行为所确定的权利、义务已经发生了效力，在条件成就以后，民事法律行为所确定的权利义务消灭，恢复到以前的法律状态，但在解除条件成就时，民事法律行为也不发生溯及既往的效力；而在条件未成就以前，继续有效，如果条件确定不成就，则该民事法律行为一直有效。

2. 积极条件和消极条件

根据条件的成就是否会发生某种事实，条件可分为积极条件和消极条件。

积极条件是指以某种事实的发生为内容的条件。在附积极条件的民事法律行为中，作为条件的事实未发生，视为条件未成就；作为条件的事实已经发生，则视为条件已成就，民事法律行为生效。

消极条件是指以某种事实的不发生为内容的条件。如甲对乙说："如果明天不下雨，则卖给你雨伞。""明天不下雨"即为消极条件。在附消极条件的民事法律行为中，作为条件的事实不发生，视为条件成就，法律行为生效；作为条件的事实已发生，则视为条件未成就，民事法律行为不生效。

3. 偶成条件、随意条件和混合条件

根据条件成就的原因，条件可分为三类：一是偶成条件，它是指条件的成就

与当事人的意思无关，纯粹由偶然性的客观事实决定。二是随意条件，它是指条件的成就由一方当事人的意思决定。随意条件分为纯粹随意条件和非纯粹随意条件，前者是指条件成就与否完全凭借当事人意思决定的条件；后者是指条件成就与否取决于当事人的行为的条件，如通过一项特定考试，或者履行特定的捐赠义务。[①] 如果当事人约定的条件是纯粹随意条件，因为其条件的内容极不确定，所以，应当解释为没有附条件。三是混合条件，它是指条件的成就与否依赖于当事人与第三人的意思。

（四）附条件的民事法律行为的效力

《民法总则》第 158 规定："附生效条件的民事法律行为，自条件成就时生效。附解除条件的民事法律行为，自条件成就时失效。"这里所说的"自条件成就时生效"以及"自条件成就时失效"，是指条件的成就与不成就，决定着民事法律行为的效力发生或消灭。附条件的民事法律行为成立以后，就已经在当事人之间产生了法律拘束力。此种附条件的民事法律行为的拘束力表现在：

1. 民事法律行为已经产生形式上的拘束力。任何一方当事人都不得单方予以撤回或单方随意变更，此种效力也称为法律行为的形式上的拘束力。[②] 例如，对于附条件的合同而言，如果任何一方单方面地终止合同，则构成违约。此外，在附条件的民事法律行为成立以后，即便当事人已经丧失行为能力、丧失对标的物的处分权等，该附条件民事法律行为的效力也不受影响，仍因条件的成就使民事法律行为的效力发生或消灭。

2. 在附条件的民事法律行为成立以后，在条件未成就以前，当事人均不得为了自己的利益，以不正当的行为促成或阻止条件的成就，而只能听任作为条件的事实自然发生。这里所说的不正当行为是指行为人违反法律、道德和诚实信用的原则，以作为或不作为的方式促成或阻止条件的成就。例如，甲、乙双方在租赁合同中规定，如果甲之子从外地回来，乙应搬出另租房屋，该条件属于解除条件。乙不得采取任何不正当的方式阻止甲之子从外地回来。《民法总则》第 159

---

① 参见王泽鉴：《民法总则》，336 页，北京，北京大学出版社，2009。
② 参见王泽鉴：《民法总则》，433 页，北京，北京大学出版社，2009。

规定："附条件的民事法律行为，当事人为自己的利益不正当地阻止条件成就的，视为条件已成就；不正当地促成条件成就的，视为条件不成就。"这一规定确立了不正当阻止条件成就的效果。此处所说的不正当行为是指行为人违反法律、道德和诚实信用的原则，以作为或不作为的方式促成或阻止条件的成就。具体来说，包括如下两种情形：一是当事人不得恶意阻止条件成就。例如，上举租赁合同，该条件属于解除条件。乙不得采取任何不正当的方式阻止甲之子从外地回来，否则，将视为条件已成就。二是当事人不得恶意促成条件成就。当事人不正当地促成条件成就的，则视为条件不成就。例如，甲、乙订立合同时约定，如甲子从外地回来，甲就将房屋出卖给乙，如果乙恶意诱骗甲子回来，则属于恶意促成条件成就，依据《民法总则》第159条的规定，视为条件不成就。法律作出此种规定的目的在于制裁不法行为人，保护善意当事人的合法权益。

3. 期待权的保护。在条件成就或者不成就之前，附条件的法律行为处于效力不确定的状态。此期间在民法上称为"未决期间"，在未决期间之内，虽然法律行为尚未确定生效，但法律行为对当事人仍然具有一定的拘束力。这种因具备取得某种权利之部分要件而受法律保护的期待地位，称为期待权。[①] 期待权的理论是由德国学者泽特尔曼（Zitelmann）于1898年在其出版的一本国际私法的著作中首先提出的，并为后世的德国学者所广泛认同。但何为期待权，期待权是否能够成为一种独立的民事权利存在，各国学者看法并不完全相同，主要有物权说、债权说、混合权利说等不同的观点。[②] 笔者认为，期待权可以作为一种与既得权相对应的概念，在法律上确有存在的必要。如果将民事权利划分为既得权和期待权，那么期待权就是一种类型的民事权利。在不采用此种分类时，期待权则应依附于物权、债权等基本权利而存在，其性质也应当依据权利人未来取得的权利性质决定。如果未来可取得的权利是物权，其性质就属于物权；如果未来可取得的权利是债权，其性质就属于债权。

期待权可以依据附条件的民事法律行为的类型而分为如下两种：一是附生效

---

① 参见王泽鉴：《民法总则》，344页，北京，北京大学出版社，2009。

② 参见申卫星：《期待权基本理论研究》，185页，北京，中国人民大学出版社，2006。

条件的民事法律行为中的期待权。在此类附生效条件的民事法律行为中，对于一方或双方来说，因条件的成就而可能使其享有权利，或获得一定的利益，这种可能的或有希望获得的权利或利益，在不同的附条件法律行为中各不相同。在附停止条件的法律行为中，一方或双方都希望在条件成就时取得权利，有的学者将这种权利称为"希望权"，这种希望权也属于权利的一种，并应受法律的保护。二是附解除条件的民事法律行为中的期待权。附解除条件的法律行为中，因为条件的成就使法律行为失效，权利将复归于原权利人，故学者将其称为"复归权"。这两种权利都是对将来的权利或利益的期待，学者又将这两种权利统称为"期待权"①。由于这种权利因条件的成就，将从不确定的权利变为确定的权利，并将给当事人带来利益，因而法律保护当事人的"期待权"，禁止他人侵害。

对期待权的侵害，可表现为如下情况：一是附条件法律行为的当事人一方对相对人的期待权的侵害。其侵害类型可分为通过事实行为和法律行为侵害：前者指行为人基于过错导致法律行为标的物的毁损、灭失。附条件法律行为的一方于条件成就前实施事实行为（如毁损标的物），则在条件成就后，相对人可以请求其承担损害赔偿责任。后者指附条件法律行为的一方于条件成就前，处分该附条件法律行为的标的物而侵害相对人的期待权。该侵害期待权的处分行为应属无效，但不得对抗善意第三人。二是第三人对当事人期待权的侵害。期待权是否属于侵权责任保护的客体，在学理上一直存在争议。一般认为，如果侵害期待权导致绝对权遭受侵害，则符合侵权责任的构成要件，应负损害赔偿责任。②但如果期待权指涉的是一项债权，则期待权无法获得侵权责任法的保护。通说认为，侵害期待权的损害赔偿请求权的行使，必须待条件成就之后，方可主张。但在条件成就之前，权利人可就其侵害行使排除妨害请求权、预防妨害请求权，以保护期待权。

在附条件的法律行为中，当事人一方为自己的利益不正当地促成或阻止条件

---

① 陈铉雄：《民法总则新论》，605 页，台北，自版，1984。
② 参见［德］鲍尔、施蒂尔纳：《德国物权法》下册，张双根译，699 页，北京，法律出版社，2004。Larenz/Wolf, Allgemeiner Teil des Bürgerlichen Rechts, 9. Aufl., 2004, § 15, Rn. 97.

成就的，侵害另一方的期待权，另一方不能就其期待权遭受侵害，单独提起诉讼，而只能视为条件未成就或条件已成就。

二、附期限的民事法律行为

（一）附期限的民事法律行为的概念

所谓期限，是指当事人以将来客观确定到来的事实，作为决定法律行为效力的附款。① 所谓附期限的民事法律行为，是指当事人在法律行为中设定一定的期限，并将期限的到来作为法律行为效力发生或消灭根据的民事法律行为。例如，当事人双方在合同中约定自 2015 年 10 月 1 日起，甲方将租赁乙方的房屋，为期两年。此类民事法律行为便属于附期限的民事法律行为。我国《民法通则》并没有对附期限的民事法律行为作出规定。《民法总则》第 160 规定："民事法律行为可以附期限，但是按照其性质不得附期限的除外。附生效期限的民事法律行为，自期限届至时生效。附终止期限的民事法律行为，自期限届满时失效。"这就对附期限的民事法律行为专门作出了规定。

期限具有如下特点：第一，期限是民事法律行为的一种附款。它与民事法律行为的其他内容一起共同构成了附期限的民事法律行为。由于它是一种附款，也就是说，期限是法律行为的组成部分，因而，原则上应当由法律行为的当事人自由约定。至于法律所规定的法定期限，如行使撤销权的期限等，不属于附期限的法律行为所称的期限。② 第二，期限是限制法律行为效力的附款。如果民事法律行为约定了生效期限和终止期限，则民事法律行为的效力在时间上受到限制。有的期限直接决定着民事法律行为效力的发生，有的决定民事法律行为效力的消灭。第三，期限是以将来确定事实的到来为内容的附款。因为期限是必然到来的，所以期限到来时，民事法律行为必然生效或终止。

附期限的法律行为和附条件的法律行为一样，都是为了控制未来的风险而采

---

① 参见梁慧星：《民法总论》，179 页，北京，法律出版社，2011。
② 参见施启扬：《民法总则》，270 页，北京，中国法制出版社，2010。

取的限制法律行为效力的做法。所附的条件和期限实际上都是对法律行为的特别生效要件的约定。因为"当事人如不附以条件或期限，其法律行为本来之效力应即发生，自此方面而言，亦非法律行为效力发生之一般效力要件，故在附条件或附期限之法律行为，为其行为效力之发生须有条件之成就或期限届至"①。

期限和条件一样都是法律行为的附款，但期限以将来确定的事实为内容。法律行为中所附的期限与法律行为中所附的条件一样，都能够直接限制法律行为效力的发生或消失，但两者是有区别的。条件与期限的主要区别在于将来的事实是否确定。对此，王泽鉴教授区分了四种情况分别进行了探讨：一是时期不确定，到来亦不确定，此为条件；二是时期确定，到来不确定，此为条件；三是时期不确定，到来确定，此为期限；四是时期确定，到来亦确定，此为期限。② 此种分类确有一定道理，该分类的主要依据在于到来的确定与否。作为条件的事实是否发生是不确定的，而期限的到来却具有必然性。条件的成就与不成就是当事人所不可预知的，条件可能成就，也可能不成就，因此，条件是不确定的事实。而期限的到来是必然发生的，能够为当事人所预知的，所以期限是确定的事实。当事人在从事法律行为时，对于确定的事实只需在法律行为中附期限，而不必附条件。期限以一定时间或期间的到来对法律行为的效力起限制作用，因此只有尚未到来且必然到来的时间和期间才能作为附期限的法律行为中的期限。

附期限的法律行为中的期限与法律行为中的履行期限是不同的。所谓履行期限，是指双方当事人约定的履行法律行为所确定的义务的时间，在履行期限到来之前，当事人双方不需要实际履行义务，债权人也不能请求债务人实际履行债务，否则债务人有权拒绝。例如，合同约定 5 月 1 日交货、10 月 1 日付款、6 月底交付房屋等，都属于有履行期限的法律行为。但履行期限都只是对实际履行义务的规定，而并不是对法律行为效力的规定。在履行期限到来之前法律行为已经发生效力，当事人的权利义务已经发生，双方都应当受到法律行为的拘束。然而，在生效期限尚未到来时，法律行为根本没有生效，当事人也不能享有权利并

---

① 史尚宽：《民法总论》，425 页，台北，正大印书馆，1980。
② 参见王泽鉴：《民法总则》，332 页，北京，北京大学出版社，2009。

承担义务。换言之，债权债务并没有产生。

（二）法律行为所附期限的分类

1. 生效期限与终止期限。生效期限又称为延缓期限或始期，是指决定民事法律行为的效力发生的期限。附生效期限的民事法律行为，在期限到来以前，民事法律行为已经成立，但其效力仍然处于停止状态，待期限到来时，效力才发生。这就是我国《合同法》第46条所称的"自期限届至时生效"。例如，合同中规定，"本合同自某年某月某日生效"，该期限即为始期，至该期限到来后，当事人才能实际享有权利和承担义务。终止期限也称为解除期限或终期，是指决定民事法律行为的效力消灭的期限。附终止期限的民事法律行为，在期限到来以前，法律行为继续有效，而在期限到来时，法律行为效力消灭。这就是我国《合同法》第46条所称的"自期限届满时失效"。例如，当事人在合同中约定，"本合同至某年某月某日终止"，该期限即为终止期限。

2. 确定期限与不确定期限。所谓不确定期限，是指作为期限内容的事实到来时间不完全确定；所谓确定期限，是指作为期限内容的事实能够准确地确定到来。例如，双方约定甲方自10月1日起租赁乙方的房屋，这种期限就属于确定期限。而双方约定某人死亡之日即为将房屋出售给乙方之日。虽然人必有一死，但在订约时对死亡的时间不可能确定，所以这种期限属于不确定期限。

（三）附期限民事法律行为的效力

期限约定的效力，在于使民事法律行为的效力在时间上受到限制。所以，附生效期限的民事法律行为，当期限到来时，民事法律行为发生效力；附终止期限的民事法律行为，当期限到来时，民事法律行为丧失效力。在期限到来之前，当事人虽然未实际取得一定的权利或者使一定的权利回复，但存在取得权利或回复权利的可能性，因此与附条件的民事法律行为一样，当事人享有期待权，这种权利也应受到法律保护。[1] 如果期待权受到侵害，受害人享有请求损害赔偿的权利。

---

[1] 参见梁慧星：《民法总论》，179页，北京，法律出版社，2011。

第十五章

代理制度概述

第一节　代理概述

一、代理的概念和特征

代理是指代理人以被代理人名义实施的、其法律效果直接归属于被代理人的行为。《民法总则》第 161 条第 1 款规定："民事主体可以通过代理人实施民事法律行为。"据此，从行为角度观察，代理是一种行为，即代理人在代理权限内，以被代理人的名义同第三人所实施的法律行为。该行为的法律效果直接归属于被代理人。从法律关系角度考虑，代理也是一种法律关系。在代理关系中，被代理人又称为本人，代理他人从事民事法律行为的人称为代理人，与代理人实施民事法律行为的人称为相对人（第三人）。代理的主要法律特征在于：

1. 代理涉及三方法律关系。代理必须存在三方主体，即代理人、本人和相对人，缺少任何一方，都不可能形成代理。如果进一步分析代理关系，代理包括三种法律关系：一是被代理人和代理人之间的授权关系。代理权的授权关系与被

代理人、代理人之间的基础关系不同，被代理人对代理人的授权既可以根据被代理人的授权产生，也可以基于法律的直接规定产生。二是代理人和相对人之间的关系，即代理人依据代理权实施代理行为，以被代理人的名义向相对人为意思表示或接受意思表示，也有学者将此种关系称为"代理行为表示关系"①。三是效果承担关系，即代理人在代理权限内，以被代理人的名义同第三人所实施的行为，其法律效果由被代理人完全承担。② 代理实际上是这三种关系的结合。③ 所以代理是一种复合的法律关系，这是代理与委任等关系的重要区别。

2. 代理人必须以被代理人的名义在授权范围内行为。《民法总则》第162条规定："代理人在代理权限内，以被代理人名义实施的民事法律行为，对被代理人发生效力。"可见，我国《民法总则》规定的直接代理仅指显名代理，即代理人在对外从事民事活动时必须表明是以被代理人的名义从事一定行为。代理人以被代理人的名义从事的行为，才可能使行为的法律效果归属于被代理人。代理人以自己的名义从事一定的民事法律行为，如果不构成间接代理或者行纪，只能认为是代理人自己的行为，由此产生的法律效果应当由其自己承担。在大陆法中，代理一般都是指直接代理④，间接代理只是特殊的代理，或者是商法上的代理。根据许多国家的法律规定，如果代理人所为的意思表示不能辨明是以他人的名义作出的，应认为是代理人以自己名义所为的意思表示。⑤ 所以，代理人必须以被代理人的名义行为是代理的重要特征。代理人不仅要以被代理人的名义，而且其行为不得超过被代理人的授权范围。代理人只有在授权范围内所从事的行为，才符合被代理人的利益，因此，代理人从事法律行为的后果才能由被代理人承受。

3. 代理人可以独立作出意思表示。尽管代理人必须在代理权限内行为，但代理人的行为仍具有一定的相对独立性。代理的事项包括法律行为和准法律行为，代理人与传达本人意思的使者不同，其需要独立作出意思表示。也就是说，

---

① 江帆：《代理法律制度研究》，13页，北京，中国法制出版社，2000。
② 参见史尚宽：《民法总论》，514～515页，北京，中国政法大学出版社，2000。
③ 参见徐海燕：《英美代理法研究》，5页，北京，法律出版社，2000。
④ 参见郑自文：《国际代理法研究》，3页，北京，法律出版社，1998。
⑤ 例如《德国民法典》第164条第2款。

代理人实施代理行为并不是机械地执行被代理人的意志，而是在授权范围内独立作出意思表示。[①] 在授权范围内，其仍然有选择行为的自由。只有允许代理人在授权范围内独立地进行意思表示，而不是机械地执行本人的意志，其才能够充分地维护被代理人的利益，圆满地完成被代理人委托的事项。正是因为这一原因，代理与传达被区分开来。当然，代理人独立进行意思表示并不是为了自身的利益，而仍然是为了被代理人的利益。

4. 代理的法律效果由被代理人承担。代理人以被代理人的名义与第三人从事民事法律行为，由此产生的法律效果完全归属于被代理人。本人和第三人之间的关系，又称为"法律效果归属关系"[②]。这就是说，一方面，代理人与第三人发生法律上的交往时，只要代理人是在代理权限内独立发出或接受意思表示，则代理人不应当成为合同当事人，而应当由本人成为合同当事人。另一方面，法律效果由本人承担，不仅意味着代理行为所形成的权利义务应当由本人承受，而且意味着由此引起的民事责任也要由本人而不是代理人承担。当然，如果代理人从事无权代理而又不构成表见代理，或者代理行为违法的，所产生的法律后果不应当完全由被代理人承担。

在现代社会，代理既是交易的工具，也是人们从事社会交往所不可缺少的手段。代理的功能主要体现在：一是辅助功能。辅助功能主要体现在法定代理中，这就是说，通过代理以弥补被代理人行为能力的欠缺，从而保护限制行为能力人或无行为能力人的利益。法定代理的唯一目的是代理那些无行为能力人或限制行为能力人以实现他们的利益。由于这些人不具有以意思表示实现私法自治的能力，因而，法定代理的产生，弥补了被代理人行为能力的欠缺。所以，从这个意义上说，代理制度是私法自治的补充。[③] 二是延伸功能。在现代社会，由于社会分工的发展，人们不可能事必躬亲，而且有些专业领域的事项，由自己亲自办理

---

① 参见郑玉波：《民法总则》，401页，北京，中国政法大学出版社，2003。
② 徐海燕：《英美代理法研究》，5页，北京，法律出版社，2000。
③ 参见郑玉波：《民法总则》，397页，北京，中国政法大学出版社，2003；王泽鉴：《民法总则》，348页以下，北京，北京大学出版社，2009。

的效果并不如请专业人士办理的效果更佳。所谓人各有异，术有专攻，代理的广泛运用既避免了"事必躬亲"的麻烦，又解决了交易者因社会分工、能力的限制而产生的从事交易的困难，为交易提供了更广阔的天地，因此，代理使被代理人的能力得以延伸。① 代理的广泛运用避免了必须因人因事直接交易的麻烦，事实上，任何人都不可能包办一切事务，必然要假手他人，才能取长补短、互助合作。通过代理，可以弥补被代理人在时间、空间和专业技能上的缺陷，鼓励交易，促进经济的发展，也有利于满足人们的各种需要。②

我国《民法通则》将代理和民事法律行为放在一起规定，而《民法总则》将代理和民事法律行为区别开，单独作出规定，改变了传统大陆法系国家将两者合并规定的模式。这主要是考虑到代理本身已经自成体系，形成了自身完整的规则，且在实践中，其适用范围较为广泛，所以，有必要与民事法律行为分开规定。

二、不得代理的情形

代理的适用范围虽然极为宽泛，但并非所有的法律行为和准法律行为都可以代理。《民法总则》第 161 条第 2 款规定："依照法律规定、当事人约定或者民事法律行为的性质，应当由本人亲自实施的民事法律行为，不得代理。"依据这一规定，以下几种情形不得代理：

第一，依据法律规定不得代理的情形。代理人从事的行为主要是法律行为，因此代理事项即法律行为的标的应当是合法的，代理事项是法律允许代理的行为。基于种种法政策考虑，法律规定了一些行为不允许代理，在此情形，该事项不得代理，只能由本人亲自实施。例如，依据《婚姻法》第 8 条的规定，"要求结婚的男女双方必须亲自到婚姻登记机关进行结婚登记"。据此，结婚行为必须由本人亲自实施，而不得由他人代理。

---

①② 参见［德］卡尔·拉伦茨：《德国民法通论》下册，王晓晔等译，815 页，北京，法律出版社，2003。

第二，依据约定不得代理的情形。如果当事人基于某种明确约定，必须由本人亲自实施某种行为，则该行为也不得代理。例如，在提供服务的合同中，当事人可能明确约定，必须由当事人亲自提供服务，此时，债务人就不得委托代理人实施该行为。

第三，按照民事法律行为的性质不得代理的情形。此类行为主要是指一些具有人身性质的法律行为，如收养行为，这些情形通常已经有法律作出了规定，但也可能法律尚未明确规定，而依照其性质不得代理。

此外，关于违法行为是否可以代理，存在争议。笔者认为，代理事项本身不得违反法律的效力性强制性规定和公序良俗①，否则，该代理行为将因标的违法而被宣告无效。此处所言的违法是指违反了法律的强制性规定，该行为无论何人实施都应当被确认为违法的事项，如委托代理人购买毒品或者其他非法物品。

《民法总则》第167条规定："代理人知道或者应当知道代理事项违法仍然实施代理行为，或者被代理人知道或者应当知道代理人的代理行为违法未作反对表示的，被代理人和代理人应当承担连带责任。"依据这一规定，被代理人和代理人承担连带责任应当具备如下条件：第一，代理事项违法。此处所说的"违法"，既包括代理事项本身违法（如委托代理人购买毒品等行为），也包括代理事项本身不违法但代理人实施的行为却构成违法（如委托他人出售某产品，而代理人贴上假商标，冒充他人的产品）。在这两种情形下，都构成代理事项违法。② 第二，代理人和被代理人知道或者应当知道代理事项违法。所谓"知道"，是指代理人和被代理人对代理行为违法是知情的；所谓"应当知道"，是指按照通常情形，代理人和被代理人应当知道代理行为违法，但其因过失而不知道。第三，代理人知道或者应当知道代理事项违法仍然实施代理行为，或者被代理人知道代理人的代理行为违法未作反对表示。例如，代理人知道其代理购买的是非法物品（如枪支），但仍然实施代理行为。再如，被代理人知道代理人在购买商品时，故意购

---

① 参见《最高人民法院关于未取得无船承运业务经营资格的经营者与托运人订立的海上货物运输合同或签发的提单是否有效的请示的复函》，〔2007〕民四他字第19号。

② 参见李适时主编：《中华人民共和国民法总则释义》，519页，北京，法律出版社，2017。

买侵犯他人专利权的商品。符合上述要件，被代理人和代理人均存在过错，应当承担连带责任。

第二节 代理与相关概念的区别

一、代理与委托合同

代理（特别是委托代理）与委托合同关系十分密切。委托合同又称委任合同，它是指双方当事人约定一方以他方的名义和费用为他方处理事务的合同。在委托合同关系中，委托他人为自己处理事务的人称委托人，接受委托的人称受托人。委托合同的内容是由受托人用委托人的名义和费用处理或管理委托人的事务。委托合同是一种典型的提供劳务的合同。代理与委托的联系表现在：一方面，在代理中，代理人在代理权范围内，以被代理人的名义从事行为，由此所产生的法律效果，由被代理人承担。同样，在委托合同中，受托人依委托合同的授权，与第三人之间进行的民事活动，其后果不是由受托人，而是由委托人承担。另一方面，在委托代理中，委托合同常常是授权行为的基础。通过委托关系，民事主体以代理、行纪和居间等法律形式借助他人之手帮助进行民事活动。[①] 还要看到，根据《民法通则》第 69 条的规定，被代理人取消委托或者代理人辞去委托，将导致代理关系终止。可见，两者之间关系十分密切。但是代理和委托仍然是两种不同的法律关系，其区别在于：

第一，委托仅仅是发生在委托人和受托人之间的内部合同关系，它是双方关系。而代理涉及代理人与第三人和被代理人的关系，它是三方关系。委托合同是代理关系发生的基础，但并不等于代理关系。区分代理关系和引发代理关系的基础关系，十分必要。

----

① 参见李开国：《民法基本问题研究》，198 页，北京，法律出版社，1997。

第二，代理权的产生基础是多样的，委托合同只是代理权产生的主要的基础关系。代理赖以产生的基础关系，除了委托合同之外，还包括职务关系、劳动合同、合伙协议、身份关系等。即使在委托代理中，代理权授予的基础还包括其他的形式（如合伙等）。代理权产生的直接原因是代理权授予行为，而委托合同的成立和生效，仅产生事务处理权，由此使直接产生代理关系的代理权授予行为具有了法律基础，但委托合同本身并不当然地产生代理权，只有在委托人作出授予代理权的单方行为后，受托人才享有代理权。[①]

第三，在代理关系中，代理人必须以被代理人的名义从事活动，否则不能构成直接代理。而委托合同的受托人，既可以以委托人的名义，也可以以受托人自身的名义进行活动。受托人是否以委托人名义处理事务，并不影响委托合同的性质。

第四，代理必须要求代理人作出或接受意思表示。代理的事务主要是法律行为和准法律行为，代理人从事的代理行为必须是具有法律意义的意思表示。而委托合同中的受托人既可以根据委托合同实施法律行为，也可以根据委托合同实施事实行为。例如，代为缴纳各种税费等，就是事实行为。[②]

二、代理与代表

代理与代表一样，都可能发生行为效果的归属问题。依据《民法总则》的规定，所谓代表，是指依照法律或者章程的规定，代表法人或者非法人组织从事民事活动。在实践中，经常将一些法定代表人的行为视为代理行为，将两者混淆。从法律上看，两者之间存在一定的区别，主要表现在：

第一，代理需要被代理人对代理人进行专门的授权。一般认为，代表人与被代表人同属一个人格，代表人与第三人的关系属于被代表者与第三人的关系；而代理人与被代理人分属两个人格，代理人与第三人的行为是代理人自己的行为，

---

① 参见郭明瑞、王轶：《合同法分则·新论》，303 页，北京，中国政法大学出版社，1997。
② 参见陈甦编著：《委托合同　行纪合同　居间合同》，11 页，北京，法律出版社，1999。

只是其后果须由被代理人承担。① 因此，在代理中，代理人独立作出意思表示，但其法律效果归属于被代理人，而代表人的行为就直接被视为主体自身的行为，不需要发生法律效果的归属过程。例如，在司法实践中，通常认为，公司的法定代表人以公司名义对外签订的合同，就直接视为公司的行为，不需要进行效果的归属和转化。②

第二，代表不需要专门的授权，因为相关的法律或章程已经对代表人的职权作出了规定，只不过，对公司法定代表人而言，需要进行登记。例如，《公司法》第 13 条规定："公司法定代表人依照公司章程的规定，由董事长、执行董事或者经理担任，并依法登记。"而代理则需要专门授权，代理人一般也不需要登记。

第三，在无权代理和无权代表的情形下，分别适用不同的规则。在无权代理的情形下，原则上对被代理人不发生效力，在被代理人追认等例外情形下对被代理人发生效力。而在无权代表的情形下，代表人的行为原则上对法人或者非法人组织发生效力，在相对人明知代表人无权代表等例外情形下对法人或者非法人组织不发生效力。

三、代理和居间

代理和居间也有一定的联系。根据《合同法》第 424 条的规定，所谓居间是指居间人向委托人报告订立合同的机会，或者提供订立合同的媒介服务，委托人支付报酬的合同。居间与代理有一定的相似性，一方面，居间也需要取得委托人的授权；另一方面，居间人与代理人一样并不成为委托人与相对人之间的合同的当事人。但在特殊情况下，居间人也可能成为一方甚至双方的代理人。例如，居间人接受双方的委托，全权代表双方缔约。但是，代理和居间也存在明显的区别，表现为：

---

① 参见郑玉波：《民法总则》，191 页，北京，中国政法大学出版社，2003。
② 参见"北京公达房地产有限责任公司诉北京市祥和三峡房地产开发公司房地产开发合同纠纷案"，最高人民法院（2009）民提字第 76 号民事判决书。

第一，居间人并没有获得代理权，其义务不是代理或独立完成某种法律行为，只是为委托人提供某种商业机会供其选择，或者撮合双方当事人订立合同。但代理人要以被代理人的名义从事法律行为，必须要获得代理权。

第二，居间人不需要对相对人独立作出意思表示或接受意思表示，其活动仅限于提供信息和媒介。"居间行为之结果既不使委托人与第三人产生合同关系，也不使居间人与第三人产生合同关系。"[1] 至于委托人与相对人之间能否订立合同，完全由其双方决定，而不能由居间人决定。而代理人需要独立作出意思表示，而且，代理人应当有独立的意思决定空间，否则，就不是代理人而成为传达人。

第三，居间人无须完全按照委托人的指示开展工作，而要保持工作上的独立性。[2] 而代理人必须在代理权限内进行代理活动，超越代理权限，原则上不能发生代理的效果。

第四，居间行为本身并不产生一定的法律效果，至少不能产生使委托人承受的效果。居间人只是提供服务，但其不能决定是否与第三人订立合同，因此，居间人不对相对人独立承担合同上的责任，这显然与代理是完全不同的。

四、代理与使者

使者是表示本人已决定的意思或转达本人的意思表示的人，使者又称为传达人。使者和代理人都要接受本人的委托，但两者之间存在明显的区别，表现在：

第一，使者不需要获得代理权独立进行意思表示，而是替委托人传送意思表示。使者只是转达委托人的意思，实施的是一种事实上的协作，所以使者无须具有相应的意思能力，仅仅需要传达意思的能力；而代理人需要在授权范围内独立发出或接受意思表示，因此，代理人需要具有相应的意思能力。

---

① 高富平、王连国：《委托合同·行纪合同·居间合同》，178 页，北京，中国法制出版社，1999。

② Philippe Malaurie, Lauren Aynès, Pierre-Yves Gautier, Droit civil, Les Contrats spéciaux, Defrénois，2003，pp. 327 - 328.

　　第二，使者本身不需要与第三人之间发生交易行为，也不需要参与缔约活动。如果一旦使者自以为拥有自主决定的权限，超越了使者的权限，那么就属于无权代理。而代理人要直接与相对人发生关系，直接参与谈判、缔约。

　　第三，使者违反委托人指示的，则可能需要对委托人承担违约责任，但无须对相对人承担责任。但代理人超越代理权或从事违法代理行为，有可能要向相对人承担责任。[①]

第三节　代理制度的历史沿革

一、代理制度的产生和发展

　　在古罗马时代，并不存在代理制度。[②] 霍尔姆斯认为，罗马法从来没有发展出一套统一的代理法。[③] 这主要是因为罗马社会仍然是一个简单商品经济社会，代理行为并不发达，尤其是因为罗马社会实行宗法制度，家子并不具有独立从事行为的能力，其所为的一切活动的效果均归于家长。家子和奴隶为家长和主人取得权利[④]，所以，在罗马法中虽然已经产生了委任契约的概念，但没有形成代理制度。[⑤] 当然，在一定程度上，罗马法中也存在间接代理和委托授权[⑥]

　　中世纪时期也没有形成代理制度。尽管前期注释法学派代表 Martinus Gosia 提出，依据公平正义应当允许一个人为他人行为，但是这一论断因为违反罗马法

---

　　① Heinz Hübner, Allgemeiner Teil des bürgerlichen Gesetzbuches, 2. Auflage, Walter de Gruyter, 1995, S. 488f.

　　② Werner Flume, Allgemeiner Teil des Bürgerlichen Rechts, Bd Ⅱ, Das Rechtsgeschäft, 4. Aufl., 1992, § 43, 2, S. 751；Kaser/Knütel, Römisches Privatrecht, 19. Aufl., 2008, § 11 I.

　　③ Holmes, *Agency*（1890）4 HLR 345 at p. 351.

　　④ Kaser/Knütel, Römisches Privatrecht, 19. Aufl., 2008, § 11 Ⅱ 1 a.

　　⑤ 参见［意］彼德罗·彭梵得：《罗马法教科书》，黄风译，382页，北京，中国政法大学出版社，1992。

　　⑥ Kaser/Knütel, Römisches Privatrecht, 19. Aufl., 2008, § 11 Ⅰ Rn 2.

而未获得承认。① 据学者考证，直到格劳秀斯时代，大陆法上才开始出现代理的理论。② 19 世纪一些注释法学家在研究罗马法的过程中，为弥补罗马法的缺陷，而逐渐创立了代理学说。在大陆法系国家，最早由自然法学派的法学家提出了代理的概念，格劳秀斯（Hugo Grotius）在其名著《和平与战争法》中认为，代理人的权利直接源于本人的授权，可以作出"以接受某物的人的名义"的允诺，在此情形下，所有权立即转归"以其名义"作出取得所有权交易的人。③ 每个人均应依据其自由和理性的意思来决定，让第三人帮助其缔结法律行为，如果禁止他利用他人来缔结法律行为，将会违反自我负责主体的自由。从而，这一理解开始偏离传统罗马法上任何人不得为他人缔约的规则。④ 尽管《法国民法典》中没有专门规定代理制度，但自然法学家提出的关于代理必须显名的主张，被《法国民法典》所采纳⑤，该法第 1984 条规定："委任或代理是指，一人委托授权另一人以委托人的名义，为委托人完成某种事务的行为。"该法典第 1988 条进一步规定："如所涉及的是让与财产或抵押财产事务或者其他有关所有权的行为，委托应明示为之。"可见，《法国民法典》中的代理实际上就是一种显名代理或委托，即代理人必须以本人的名义对外行为。

需要指出的是，尽管在法国法中已经提出了直接代理的概念和规则，但并没有严格区分代理和委托。甚至可以说，在 19 世纪初期，理论上一直没有区分代理授权和委托，从而引发了后来的学术争论。⑥ 德国学者耶林最先指出，必须区分基础合同与作为代理人行事的授权，但他仍然认为代理权授予与委托是同一事物的两个方面。⑦ 以后，德国著名法学家拉邦德在其 1866 年发表的一篇论文中提

---

① Staudinger/Schilken, Vorbemerkung zu §§ 164 ff, Rn. 6.

② 参见［英］施米托夫：《国际贸易法文选》，369、370 页，北京，中国大百科全书出版社，1993。

③ 《和平与战争法》第 2 卷第 11 章第 18 节，转引自［英］施米托夫：《国际贸易法文选》，370 页，北京，中国大百科全书出版社，1993。

④ Nicole Hofmann, Missbrauch von Formalvollmachten, Diss. Uni Wien, 2008, S. 9ff.

⑤ 自然法时代的法典编撰，如《普鲁士普通邦法》第 1 编第 13 章，《奥地利民法典》第 1002 条以下，也规定了代理。

⑥ Nicole Hofmann, Missbrauch von Formalvollmachten, Diss. Uni Wien, 2008, S. 10.

⑦ 王泽鉴：《民法学说与判例研究》，第 4 册，5 页，台北，自版，1991。

出，代理和委托是完全不同的概念，必须将授权的范围和期间等问题与代理人代理被代理人与第三人订立合同区分开来。前者是代理人与被代理人之间的内部关系，后者是一种外部关系。① 代理权与委托契约的区别不仅在概念上，而且还体现在法律效果方面。拉邦德的观点曾被多勒誉为"法律上的发现"之一。这种"区别论"的观点完全被《德国民法典》所采纳。该法典将代理和代理权的概念和内容规定在总则编，委任则作为一种"债的关系"放在债编。根据该法典的规定，代理的内部关系（委任契约）与代理的外部关系，以及委托授权的单方法律行为与代理人、委托人之间的契约行为应当区别开来。德国学者普遍认为，授权行为具有独立性，并且与物权行为的独立性和无因性相类似。②

《德国民法典》所确认的代理纯粹是直接代理，该法典第 164 条规定："（1）代理人在其代理权限内，以本人的名义所作的意思表示，直接为本人和对本人发生效力。无论是明确表示以本人的名义所作的意思表示，还是根据情况可以断定是以本人的名义所作的意思表示，均无区别。（2）事先不能明辨以他人名义行事的意愿的，即使欠缺以自己名义行事的意愿，对此欠缺也不予考虑。"可见，德国法上的代理以显名主义为原则，强调代理行为的效果直接归于本人。

显名代理奠定了大陆法系代理制度的基础，并由此导致了直接代理和间接代理的区别。显名主义要求代理人必须以被代理人的名义行事，显名的结果才是本人与第三人之间创设直接的合同关系。《德国民法典》的显名主义对大陆法系国家的民法产生了重大影响。绝大多数国家的民法典，如《奥地利民法典》《瑞士债法典》《荷兰民法典》《瑞典合同法》《希腊民法典》《波兰民法典》《匈牙利民法典》《南斯拉夫债法》等，都采纳了这种做法。以德国法为代表的大陆法系民法之所以采纳显名代理，根本原因在于其与大陆法系的法律行为制度联系在一起。基于法律行为的意思自治原则，代理人在代理本人从事法律行为时必须要表明行为主体的身份，即表明本人的身份。"如果将一种并没有表达出来的意思表示作为成立广义代理的基础，则整个大陆法最辉煌的成就——民事法律行为制度

---

① 参见王泽鉴：《民法学说与判例研究》，第 4 册，6 页，台北，自版，1991。
② 参见江帆：《代理法律制度研究》，44 页，北京，中国法制出版社，2000。

就将坍塌瓦解。"①

尤其需要指出的是，一些大陆法系国家采纳了民商分立模式，因而形成了民法中的代理和商法中的代理这两种不同的代理制度。尽管民法中原则上不承认间接代理，但间接代理在商法中却得到了确认。民法中的代理要求必须显名，但在商事代理中并不要求必须显名。"商行为的代理人，在行使代理行为时，不必对他方表示其行为系对本人之代理，其代理行为仍对本人有效（《日本商法典》第504条及判例）。"② 根据《德国商法典》第84条："代理商是指作为独立的经营人受托为另一企业主（企业主）媒介交易或以其名义成立交易的人。独立的人是指基本上可以自由形成其活动和决定其工作时间的人。"在德国商法中，代理的外延十分广泛，其中包括了代理人以自己的名义从事法律行为的间接代理。《德国商法典》在行纪中也规定了间接代理。例如，该法典第392条规定："（1）对于因经纪人所成立的行为而发生的债权，委托人只有在让与后才可以向债务人主张。（2）但即使此种债权未行让与，其在委托人和行纪人或其债权人之间的关系上，仍视为委托人的债权。"因此，根据行纪人与第三人所缔结的合同，本人可以从该合同直接取得对于合同标的物的所有权，或合同请求权，而无须与其他债权人在代理人破产时分割破产财产，即本人享有优先于普通债权人的权利。

20世纪以来，随着市场经济的发展和经济全球化的影响，代理制度也不断发展，在国际经济贸易中，代理制度的作用日益突出，为此，需要不断推进代理制度的统一。有关国家和国际机构也开始作代理制度统一化的尝试。例如，1961年，国际统一私法协会起草了《代理统一法公约》和《代理合同统一公约》，在该协会的努力下，《国际货物销售代理公约》于1983年公布。目前，由于加入《国际货物销售代理公约》的国家极为有限，其尚未生效，但该公约毕竟在代理法的统一方面迈出了一步。尤其需要注意的是，该公约借鉴了英美法的间接代理，从而使英美法的代理经验得到了进一步的推广。在欧洲，欧共体理事会于1986年通过了《关于协调成员国间有关代理商法律的指令》，以使其成员国的商

---

① 刘宏华：《从外贸代理制看民事代理制度若干问题》，载《现代法学》，1997（5）。
② 江帆：《代理法律制度研究》，210页，北京，中国法制出版社，2000。

事代理制度最大限度地获得统一，该指令已于 1990 年 1 月 1 日起实施。

二、我国民法中的代理制度

我国清朝末年的《大清民律草案》中规定了代理制度，国民政府于 1931 年颁布的民法典总则和债法总则中设有专门的代理规定。中华人民共和国成立以后，代理制度一直未能在我国法律上确认，1981 年制定的《经济合同法》涉及了有关代理的规定，但代理制度在立法上正式确立始于 1986 年的《民法通则》。《民法通则》采纳了传统大陆法的体系，规定了直接代理，对一些特殊行业的代理关系（如国际贸易的代理），则由有关的行政规章和法规予以规定。尽管《民法通则》关于代理的规定比较简略，但对代理的基本规则，如代理的类型、委托授权、无权代理、转委托、代理关系的终止等都作出了专门规定，因而建立了有关代理的基本规则。1999 年颁布的《合同法》进一步规定了无权代理（第 48 条）、表见代理（第 49 条）、间接代理（第 402、403 条），从而进一步弥补了《民法通则》的欠缺。

我国《民法总则》以专章（第七章）的形式对代理制度作出了规定，从而完善了我国的代理制度。考虑到代理制度可以自成体系，《民法总则》专设一章予以规定。概括而言，该法中有关代理制度的完善主要表现为如下几点：第一，明确了共同代理的规则（第 166 条），为实践中数人同时作为代理人时如何行使代理权确立了规则。第二，首次确立了禁止自己代理和双方代理的规则（第 168 条），不仅有助于避免代理中的利益冲突，而且为司法实践提供了明确的裁判标准。第三，增设了职务代理制度（第 170 条），有助于解决实践中法人或非法人组织工作人员在其职权范围内实施法律行为的后果归属问题。第四，确认了善意相对人请求行为人履行债务或请求行为人赔偿的权利。《民法总则》第 171 条第 3 款规定："行为人实施的行为未被追认的，善意相对人有权请求行为人履行债务或者就其受到的损害请求行为人赔偿，但是赔偿的范围不得超过被代理人追认时相对人所能获得的利益。"第五，增加了恶意相对人和行为人的分担责任。《民法

总则》第 171 条第 4 款规定："相对人知道或者应当知道行为人无权代理的，相对人和行为人按照各自的过错承担责任。"第六，增加了表见代理的规则。《民法总则》第 172 条关于表见代理的规则实际上总结了《合同法》的立法经验，将表见代理的适用范围扩张到所有的法律行为，也使代理制度的体系更为完整。

但是，《民法总则》中的代理制度仍有需要完善之处，例如，该法没有就代理权授予行为是否无因表明立场，也没有规定法定代理中的共同代理规则，这有待于未来立法予以进一步完善。

第四节　代理的分类

一、委托代理、法定代理

《民法总则》第 163 条第 1 款规定："代理包括委托代理和法定代理。"据此，代理可以分为委托代理、法定代理。需要指出的是，《民法通则》第 64 条除了规定上述两种代理之外，还规定了指定代理，该条规定："指定代理人按照人民法院或者指定单位的指定行使代理权。"但《民法总则》没有采纳这一规定，因为按照立法者的观点，指定代理只是法定代理的一种特殊形式，而不属于独立的代理类型，法定代理和指定代理都是基于法律的直接规定而产生的代理权，在指定代理的情形只不过多了一个指定程序而已，并不影响其法定代理的性质。[①] 虽然我国监护制度中存在指定代理，但此种代理权也是基于法律规定产生的，应当属于法定代理的一种。因此，代理仅包括委托代理和法定代理。

（一）委托代理

所谓委托代理，是指基于被代理人的委托授权而产生代理权的代理。在委托代理中，代理人所享有的代理权是由被代理人授予的，因此，此种代理又称为授

---

① 参见李适时主编：《中华人民共和国民法总则释义》，509 页，北京，法律出版社，2017。

权代理。由于委托授权行为是基于被代理人的意志而进行的，本人的意思是发生委托代理的前提条件，所以，委托代理又称为意定代理。[1] 当然，也有学者认为，意定代理与委托代理之间存在一定的区别。[2] 笔者认为，委托代理的概念也有其合理性，因为此种代理主要是基于委托授权而产生的，揭示了代理权产生的根本原因，所以，使用委托代理的概念更为确切。且经过我国长期的司法实践，该概念已经约定俗成，因此我们应当继续沿用此概念。

委托代理产生的基础在于委托授权，但这并不意味着委托合同是委托代理唯一的基础关系，在实践中，除了委托合同之外，基于合伙合同、雇佣合同等基础关系也能产生委托代理。委托代理的基础关系主要包括委托合同、雇佣或者劳动关系等。

《民法总则》第163条第2款规定："委托代理人按照被代理人的委托行使代理权。"依据该条规定，在委托代理中，代理人是按照被代理人的委托行使代理权，委托合同是代理权赖以产生的基础关系。依据上述规定，代理制度虽然是法律规定的，但在委托代理的情况下，代理人都是基于授权而取得代理权的，代理人应当依据代理权授予而实施代理行为。在实践中，除了委托合同之外，还有如下几种基础关系都可以产生委托代理：

一是职务关系，即当事人在法人或非法人组织之中承担特定的职务（如副总经理、销售部经理等在职权范围内对外签订销售合同），并可以依据此种职务对外代理法人或非法人组织行为。所谓职务代理，是指根据代理人所担任的职务而产生的代理[3]，即法人或非法人组织的成员以及主要工作人员就其职权范围内的事项从事的法律行为，无须法人或非法人组织的特别授权，其法律效果应当由法人或非法人组织承担。由于产生职务代理的关系是基于当事人的意思而发生的，因而，其在性质上也应当属于委托代理的范畴。也正是因为这一原因，《民法总则》将职务代理规定在"委托代理"一节中。

---

① 参见柳经纬：《民法总论》，223页，厦门，厦门大学出版社，2000。

② 参见张俊浩主编：《民法学原理》，276页，北京，中国政法大学出版社，1997。

③ 参见江平、张佩霖：《民法教程》，95页，北京，中国政法大学出版社，1986。

二是劳动合同。当事人之间订立了劳动合同之后，劳动者就有可能被授权从事代理行为。因而在劳动合同中就可能包括授权条款。

三是雇佣合同。例如，自然人与其雇用的家庭保姆之间，存在雇佣合同。该保姆就可能被授权从事特定的行为（如代理购买家庭用品）。

需要指出的是，虽然委托合同是代理权产生的基础，但并非所有的委托合同都能产生代理权，在某些情况下，虽然当事人订立了委托合同，但受托人只是以自己的名义从事法律行为，此时也不构成代理。

（二）法定代理

法定代理是指依据法律规定而产生代理权的代理，其主要功能在于弥补被代理人行为能力的不足，从而发挥一种保护被代理人的功能（Schutzfunktion）。[①]《民法总则》第 163 条第 2 款规定，"法定代理人依照法律的规定行使代理权"，法定代理权的发生不需要依赖于任何授权行为，而直接来源于法律的规定。法定代理主要是为无行为能力人和限制行为能力人设定的代理，由于无行为能力人和限制行为能力人本身欠缺相应的行为能力，需要由他人代理其行为，而其自身又不能为自己委托代理人，因而在法律上有必要为其设定法定代理人。取得法定代理的资格不需要当事人作出意思表示，一般也不需要取得被代理人的同意。同时，由于法定代理人是基于法律的规定而享有代理权，而不是根据代理权授予行为而享有代理权，因而，代理人只能在法律规定的权限范围内行使代理权。[②]

法定代理人的类型包括如下几种情形：

第一，监护人。监护人可以由法律直接规定，也可以由有权机关指定，还可以基于被监护人的父母通过遗嘱指定。父母是子女第一顺序的监护人，当然地享有法定代理权，同时，父母之外的监护人对被监护人也享有法定代理权。无论基于何种原因产生，监护人都是无行为能力人和限制行为能力人的法定代理人。《民法总则》第 23 条明确规定："无民事行为能力人、限制民事行为能力人的监护人是其法定代理人。"

---

① Helmut Köhler，BGB Allgemeiner Teil，34. Auflage，Beck，2010，S. 143.
② 参见郑玉波：《民法总则》，408 页，北京，中国政法大学出版社，2003。

第二，配偶。夫妻之间由于其特殊的人身关系，可以产生特殊的法定代理权。此种法定代理权也称为日常家事代理（Schlüsselgewalt），它是指依据法律规定，夫妻双方在日常家庭事务中，享有相互代理的权利。笔者认为，日常家事代理也属于法定代理的范畴，因为此种代理权是基于法律直接规定而享有的，只不过，在处理家庭事务时并不必须"显名"。学理上有观点认为，既然夫妻双方均无须以配偶的名义从事交易，一方代理另一方的效果当然自动地及于夫妻双方，因而此种代理不属于法定代理。① 笔者认为，法定代理的构成并不以是否显名为必要，关键在于夫妻之间由于其特殊的人身关系，基于法律的规定，夫妻之间可以产生特殊的法定代理权。在实践中，一方以另一方或双方共同的名义对外从事民事活动时，基于配偶关系可产生一定的权利外观，为了保护善意相对人的信赖，由法律直接规定对于日常家事，夫妻可互为代理人。所谓日常家事，指夫妻及未成年子女共同生活所必需的事项，如购买食物、缴纳水电费等。② 夫妻双方可以就家庭日常事务互为代理人，但是并不意味着对于所有的家庭事务都可以适用家事代理，对特别重大的事项不得适用家事代理，例如不动产的转让、数额巨大的家庭财产的赠与及其他重大事务。夫妻双方对家事代理权限的限制不得对抗善意第三人。

第三，失踪人的财产代管人。《民法总则》第 42 条规定："失踪人的财产由其配偶、成年子女、父母或者其他愿意担任财产代管人的人代管。代管有争议，没有前款规定的人，或者前款规定的人无代管能力的，由人民法院指定的人代管。"因此，对于失踪人，应当设定财产代管人。失踪人的财产代管人可依法代理失踪人实施民事法律行为。

第四，基于紧急状态法律特别授权的代理人。例如，在某种紧急的特殊情况下，船长、承运人、保管人依据法律规定的紧急代理权，可以作为货主的代理人。③ 此种代理权是因法律规定而产生，也属于广义上的法定代理。

---

① Reinhard Bork, Allgemeiner Teil des Bürgerlichen Gesetzbuchs, 2. Auf., Rn. 1430, S. 541.
② 参见王泽鉴：《民法总则》，363 页，北京，北京大学出版社，2009。
③ 参见梁慧星：《民法总论》，221 页，北京，法律出版社，2011。

二、直接代理（direkte/unmittelbare Vertretung）和间接代理（indirekte/mittelbare Vertretung）

直接代理是指代理人以被代理人的名义在授权范围内从事代理行为，代理的效果直接由被代理人承担。我国学者一般认为，直接代理就是显名代理，或被称为显名主义。① 所谓间接代理是指代理人以自己的名义从事法律行为，为了本人利益而实施的代理行为。大陆法系国家民法一般将间接代理称为行纪，如德国民法学界就将间接代理适用于《德国商法典》第 383 条以下的行纪（Kommissionär）。② 但我国《合同法》承认符合间接代理要件的属于传统民法的行纪行为可构成间接代理，此种代理也为代理的一种。例如《合同法》第 402 条和第 403 条都规定"第三人在订立合同时知道受托人与委托人之间的代理关系的"，"第三人不知道受托人与委托人之间的代理关系的"，并确认此种符合间接代理要件的行纪行为为代理。《民法总则》没有规定此种代理，立法者认为，间接代理属于代理的特殊情形，应当由特别法调整。③

间接代理和直接代理具有一些共同性，这主要表现在：一方面，它们都需要通过委托和授权才能产生，这种委托和授权构成了代理人和被代理人之间的内部关系，而代理人以被代理人的名义或以自己的名义对外发生联系，形成真正的代理关系。但代理人必须在授权的范围内从事代理行为。正如英国学者 Dowrick 指出的："代理人的行为拘束着本人，而本人的授权也限制着代理人。"④ 代理人只有根据委托授权行为，该行为的后果才能对委托人产生拘束力。即使在间接代理的情况下，也要求代理人必须在授权范围内行为。否则，当第三人要求委托人承担责任时，委托人可以以受托人超越了代理权限为由提出抗辩，主张该行为的后

---

① 参见史尚宽：《民法总论》，469～474 页，台北，正大印书馆，1980。

② Helmut Köhler, BGB Allgemeiner Teil, 34. Auflage, Beck, 2010, S. 149.

③ 参见李适时主编：《中华人民共和国民法总则释义》，508 页，北京，法律出版社，2017。

④ Dowrick, "The Relationship of Principle and Agent", (1954) 17 *MLR* 24 at 36.

果应当由代理人自己承担。另一方面，在直接代理的情况下，由于代理人是直接以被代理人的名义对外行为的，因而代理直接对被代理人产生效力。也就是说，代理行为所产生的权利和义务，应直接由被代理人享有和承担。而在符合间接代理要件的情况下，如果第三人行使了选择权，则间接代理也会发生和直接代理一样的效力。此外，在两种代理中，代理人都是为了本人利益服务，间接代理人本人受到拘束，但是这种经济上的效果最终为了本人利益而发生。

尽管直接代理和间接代理有一定的相似性，但二者也存在明显区别，具体表现在：

第一，从事法律行为的名义不同。以被代理人的名义还是以自己的名义对外从事代理行为，是直接代理和间接代理的主要区别。直接代理是指代理人以被代理人的名义并为了被代理人的利益同第三人为法律行为。直接代理也可以称为显名代理（offene Vertretung），此处所说的显名不仅要求代理人与第三人发生交易时，要向第三人披露被代理人的姓名并要以被代理人的名义行为，而且还包括代理人在订立合同时，必须以本人的名义订约。这就是说，要贯彻完全的公开性原则（the publicity principle）。然而，间接代理则是指代理人以自己的名义但是为被代理人的利益与第三人为法律行为。在间接代理中，由于代理人是以自己的名义对外行为的，所以，按照大陆法系国家民法关于代理必须显名的要求，此种代理在性质上不属于真正的代理。对于间接代理，大陆法传统上称为行纪，而不称为代理。① 也有学者将其称为类似代理的制度。②

第二，代理的效果是否能直接对被代理人产生效力方面不同。在直接代理的情况下，只要代理人是在授权的范围内行为，或者即使代理人没有代理权或超越代理权，但符合表见代理的构成要件，都会使代理行为直接对被代理人产生效力，被代理人应当承受合同的权利和义务。然而，在间接代理的情况下，由于代理人是以自己的名义对外行为的，在法律上仍然是代理人和第三人之间发生的合同关系，所以只有在符合《合同法》第402条规定的间接代理的条件或者按照

---

① 参见郑自文：《国际代理法研究》，3页，北京，法律出版社，1998。

② 参见史尚宽：《民法总论》，465页，台北，正大印书馆，1980。

《合同法》第 403 条的规定，因本人行使介入权和第三人行使选择权，才可能使被代理人承受代理行为的效果。

第三，法律依据不同。我国《民法总则》对直接代理的一般规则作出了规定，而间接代理是指符合《合同法》第 402、403 条规定的要件的代理。据此可见，并不是所有受托人以自己的名义所从事的行为都应当作为间接代理看待，只有那些符合《合同法》第 402、403 条规定的要件的行为才属于间接代理。

无论是直接代理还是间接代理，都构成了我国民法的代理制度的内容。但是，两种代理在代理制度中的地位应该是有区别的。笔者认为，在我国民法中，直接代理制度应当适用于一般情况，而间接代理只适用于一些特殊的情况。从这个意义上说，直接代理规则仍然是一般的规则，而间接代理规则只是一些例外的规则。

三、显名代理和隐名代理

所谓显名代理，是指代理人所进行的代理行为，必须以被代理人的名义进行。所谓隐名代理，即代理人虽未以被代理人之名义为法律行为，而实际上有代理的意思，且相对人明知或可得而知者，也发生代理的效果。[①] 隐名代理是指代理人尽管没有以被代理人的名义与第三人订约，但根据客观情况可以合理地认定其是为被代理人的利益而订约的情况。例如，商场的售货员在柜台内向顾客出售物品，虽未明确告知是为谁出售物品，但从订约时的情况可以推定其是作为商场的代理人在从事法律行为。[②] 隐名代理也是代理的一种类型，应由法律作出规定，但是，在《民法总则》制定过程中，立法者认为其属于代理的特殊形式，不宜在总则中予以规定，将来可以在民法典合同法编加以规定。[③]

隐名代理人和显名代理人都不是以自己的名义为法律行为，在这一点上，它

[①] 参见王泽鉴：《民法总则》，451 页，北京，北京大学出版社，2009。
[②] 参见王泽鉴：《债法原理》，第 1 册，307 页，台北，三民书局，1999。
[③] 参见李适时主编：《中华人民共和国民法总则释义》，508 页，北京，法律出版社，2017。

们都不同于间接代理人。也有学者将隐名代理和显名代理都称为直接代理。但是，隐名代理和显名代理仍然存在区别。例如，关于是否明示以被代理人的名义为法律行为是不同的。显名代理人公开以被代理人的名义作出法律行为，这种公开可能是口头形式或书面形式。而隐名代理人往往并未公开以被代理人的名义作出法律行为，但交易相对人明知或者可得而知隐名代理人具有代理的意思。显名代理具有较强的公示作用，即代理人明确以被代理人的名义对外从事民事法律行为。隐名代理则一般指第三人知道代理人是为某个特定的被代理人的利益并根据该被代理人的意志从事行为。

四、单独代理和共同代理

所谓单独代理（Einzelvertretung），是指代理权属于一人的代理。所谓共同代理，是指代理权由数人共同行使的代理。法定代理中父母的代理权原则上应由父母共同行使。在委托代理中，如果被代理人选定了数个代理人，其代理权也应当共同行使。可见，一旦代理人为数人且共同行使代理权，便构成共同代理。[①]如果数人分别行使代理权，也属于单独代理。《民法总则》第 166 条规定："数人为同一代理事项的代理人的，应当共同行使代理权，但是当事人另有约定的除外。"这就在法律上承认了共同代理。

从《民法总则》的规定来看，其将共同代理规定在委托代理之中，表明其适用于委托代理。但严格地说，共同代理和单独代理一样，既可以适用于委托代理，也可以适用于法定代理。例如，父母双方作为其子女的法定代理人，属于共同代理。但共同代理和单独代理存在一些明显的区别，主要表现在：

第一，在共同代理的情况下，代理权作为一个整体由数人共同享有。例如，公司授权两个员工，共同作为代理人采购一台设备。此时数个代理人享有一个代理权，该权利应当由数人共同行使。如果数个代理人有数个代理权，属于集合代

---

① 参见郑玉波：《民法总则》，410 页，北京，中国政法大学出版社，2003。

理，而不是共同代理。① 但是，在单独代理的情况下，只存在一个代理人，代理权仅由一人享有。

第二，在共同代理的情形下，必须由数个代理人共同行使代理权。如果由一人从事代理行为，将构成无权代理，非经被代理人或其他数个代理人的承认，将不发生代理效果。不过，在解释上，共同行使代理权，应当限于共同作出意思表示，任何一个代理人都应有权接受相对人作出的意思表示。代理人中的一人或者数人未与其他代理人协商，所实施的行为侵害被代理人权益的，由实施行为的代理人承担民事责任。但是，在单独代理的情形，只能由一人行使代理权，也不涉及与其他代理人的权利冲突问题。

第三，在共同代理的情况下，某一代理人知道代理事项违法，其他人知道或应当知道这一情形时，应当停止代理行为，如果其继续实施代理行为，则应当对由此造成的损害后果承担连带责任。而在单独代理的情况下，则不涉及这一问题。

需要指出的是，《民法总则》第166条虽然将共同代理规定在委托代理中，但其并不应仅仅适用于委托代理，其也可以适用于法定代理。当然，法定代理通常采用单独代理的方式，即法定代理人可以单独代理被代理人实施民事法律行为。

五、积极代理（aktive Vertretung）和消极代理（passive Vertretung）

根据代理人是作出还是接受意思表示，代理可以分为积极代理和消极代理。积极代理，也称为能动代理，是指代理人对第三人作出意思表示的代理。消极代理，又称受动代理，是指代理人接受第三人所为意思表示的代理。②

无论是积极代理还是消极代理，代理人都要满足代理的构成要件，而且应当

---

① 参见石宏主编：《中华人民共和国民法总则条文说明、立法理由及相关规定》，392 页，北京，北京大学出版社，2017。

② Helmut Köhler, BGB Allgemeiner Teil, 34. Auflage, Beck, 2010, S. 143.

在授权范围内行为。但是，两者也存在一定的区别，主要表现在：第一，在积极代理的情形，代理人必须明确地取得可以作出某种意思表示的代理权；而在消极代理的情形，代理人接受意思表示可能并不需要特别的授权。第二，在共同代理的情形，积极代理的代理人要共同作出意思表示，而消极代理的代理人中任何一人接受意思表示，都可以对被代理人发生效力。

第五节 代理权

一、代理权的性质

代理权的概念，系由德国学者拉邦德（Laband）所创，他在其论文《代理权授予与其基础关系之区别》中，分析了代理权授予行为与委托合同的区别，提出了代理权的概念，被誉为法学上的一大发现。[①] 但拉邦德所说的代理权限于意定代理权（Vollmacht）。代理权是实施代理行为的权利，也称为"就特定的法律行为代理他人作出一些或一切法律行为的法律权限（Rechtsmacht）"[②]。但代理权究竟是一种权利还是法律地位，对此有各种不同的观点。

1. 民事权利说。此种观点认为，代理权是一种独立的民事权利，在性质上与一般的民事权利并无差异。代理权在性质上为民事权利的原因在于：一是代理权的产生基于当事人意思自治，根据意思自治原则，当事人可以在不违反法律的前提下，根据自己的需要随意创设权利。二是代理权的行使不仅在本人与代理人之间产生权利义务关系，而且在本人与第三人之间产生了权利义务关系，从而形成了一种具有三方民事主体的民事代理关系。[③]

---

① 参见王泽鉴：《民法学说与判例研究》，第 4 册，7 页，北京，中国政法大学出版社，1998。
② ［德］卡尔·拉伦茨：《德国民法通论》上册，王晓晔等译，817 页，北京，法律出版社，2003。
③ 参见江帆：《代理法律制度研究》，73 页，北京，中国法制出版社，2000。

2. 资格说。此种观点认为，代理权是代理人以本人的名义为法律行为的资格或地位（Fähigkeit），代理权源于行为能力或者与其同质。[①] "代理权者乃基于法律规定或者本人之授予而生之一种资格权也。代理权虽亦名为'权'，但与其他权利不同，盖其他权利皆以利益为依归而代理权对于代理人并无利益可言（效果直接归属本人），故代理权仅为一种资格或地位。"[②] 代理权是一种法律地位[③]，它之所以不是权利，是因为代理权的授予并不是为了代理人，而是为了被代理人，而代理人只起着辅助作用。具体来说，就是行为人可以以他人名义独立为意思表示，并使其法律效果归属于他人的一种法律地位。[④]

3. 权力说。此种观点认为，代理权（Vertretungsmacht）乃是一种法律上之力（Rechtsmacht）[⑤]，透过法律行为将其效果直接归属于本人身上。从内容上看，代理权是代理人的一种合法化事由（Legitimation），从而以他人的名义使有效的法律行为对他人发生效力，代理人由此获得了一项衍生的或者次位的权限（ab-geleitete oder sekundäre Zuständigkeit）。[⑥] 代理权在性质上属于一种因授权行为或法律规定所产生的，可以直接改变本人与第三人之间法律关系的权力。其法律效力已超过民法上的其他"权"[⑦]。

笔者认为，代理权本质上是一种法律地位，即为一种从事代理行为的资格和地位。这种资格和地位是代理人可以以被代理人的名义，而向第三人为意思表示

---

① Vgl. Staudinger/Schilken, Vorbemerkung zu §§ 164 ff, Rn. 16；Wolfram Müller-Freienfels, Die Vertretung beim Rechtsgeschäft, Mohr Siebeck, 1955, S. 34ff.

② 郑玉波：《民法总则》，修订10版，292页，台北，三民书局，1997。

③ Werner Flume：Augemeiner Teil des Bürgerlichen Recht, zweiten Band：Das Rechtsgeschäft, 1975, Springer, ch. 45, sec. 2.

④ 参见佟柔主编：《中国民法》，199页，北京，法律出版社，1990。

⑤ Larenz/Wolf, Allgemeiner Teil des Bürgerlichen Rechts, 9. Aufl., 2004, § 46, Rn. 11；Flume, Allgemeiner Teil des Bürgerlichen Rechts, Bd II, Das Rechtsgeschäft, 4. Aufl., 1992, § 45 2 1.

⑥ Staudinger/Schilken, Vorbemerkung zu §§ 164 ff, Rn. 17；MünchKomm/Schramm, § 164, Rn. 68.

⑦ 梁慧星：《民法总论》，223页，北京，法律出版社，2011。

或接受意思表示。①《民法总则》第 163 条第 2 款规定："委托代理人按照被代理人的委托行使代理权。法定代理人依照法律的规定行使代理权。"虽然此处规定的是代理权，但是，其与一般的民事权利是有区别的。代理权在内容上包括了权利，尤其是在代理人和相对人的关系上，代理权体现为代理人可以为一定意思表示或者接受一定意思表示的权利。而从代理人和本人的关系角度讲，代理主要体现为本人对代理人所授予的代理权限。从引发民事法律关系变动原因的角度看，代理则属于一项引发法律关系变动的法律制度。

代理权在性质上不是一种权利，因为一方面，权利在内容上必须体现为一种利益，但代理人行使代理权不是为了代理人的利益，而是为了被代理人的利益。代理行为的效果直接归属于本人。对于代理人来说，谈不上利益或不利益的问题。② 另一方面，代理权在内容上包含了一定的义务，但这种义务和纯粹的民事义务不完全相同，一般更多地称其为一种职责。这种职责主要体现在：第一，代理人在行使代理权的过程中，必须要履行一定的义务，例如，必须履行诚信、勤勉的义务等。第二，行使代理权本身也是一种职责而不是代理人的权利，不能说代理人在任何情况下可以行使也可以不行使代理权。例如，在法定代理的情况下，法定代理人不能不行使其代理权。即便是意定代理，代理权的行使也不是任意的行为。因为在基础关系如委托合同、雇佣合同等产生以后，被代理人授予代理人代理权，代理人行使代理权常常有可能成为基础关系中的义务的组成部分，如果代理人不从事代理行为，有可能构成对基础关系中的义务的违反。在许多情况下，行使意定代理权也应当是代理人的义务。正是从这个意义上说，代理权不是一种权利，而是一种资格和地位。

代理权作为资格和地位，具体表现在：第一，代理人取得代理权以后，实际上就是取得了一种能够从事代理行为的资格，换言之，享有代理权就是取得了代

---

① 参见佟柔主编：《中国民法学·民法总则》，278～289 页，北京，中国人民公安大学出版社，1990。
② 参见梁慧星：《民法总论》，221 页，北京，法律出版社，2011。

理人的资格。此种资格不是行为能力，而只是赋予其行为的自由。[1] 第二，此种资格是基于授权行为而产生的。代理人从事此种代理行为，具有一定的行为自由，但不得为了自身利益从事代理行为，而应当为了被代理人利益的最大化而从事代理行为。代理权的存在是为了弥补、扩张民事主体的民事行为能力。第三，代理人行使代理权必须负有一定的义务。《民法总则》第164条第1款规定："代理人不履行或者不完全履行职责，造成被代理人损害的，应当承担民事责任。"代理权本身作为一种资格不得擅自转让，也不得继承。在许多情况下，特别是在法定代理和指定代理的情况下，代理人不得抛弃其代理权。

需要指出，尽管代理权是一种资格，且代理权的产生在一定程度上弥补了被代理人行为能力的欠缺，但代理权本身不是民事行为能力的组成部分。两者的区别主要表现在：一方面，行为能力是法定的，不能根据意定而产生，而代理权大多是根据被代理人的意志而产生的。另一方面，行为能力只是享有代理权的基础和前提，只有在代理人享有行为能力之后才能获得代理权。具有了行为能力实际上也就具有了从事代理行为的能力。将代理权解释为行为能力或资格，忽视了代理权更本质的东西，即代理权所具有的法律效力。[2] 尤其应当看到，无论是权利能力还是行为能力都是不可转让的，而代理权可以授予，也可以发生复代理，所以其与行为能力不同。

二、代理权产生的根据

由于代理可以分为法定代理、委托代理，所以，代理权产生的根据包括法律的规定和被代理人的授权。有一些学者认为，代理权也可以基于"外表授权"而发生。所谓"外表授权"是指具有授权行为的外表和假象，而无实际授权的事

---

[1] 参见李锡鹤：《民事代理理论的几个问题》，载梁慧星主编：《民商法论丛》，第10卷，78页，北京，法律出版社，1998。

[2] 参见梁慧星：《民法总论》，222页，北京，法律出版社，2011。

实。① 比较典型的就是基于表见代理而产生的"授权"。但是笔者认为，代理权的产生只能是前面所说的两种情况，而不能包括外表授权。因为一方面，表见代理主要是因为法律为了保护善意第三人的信赖利益而特别规定产生类似于有权代理的法律后果，这种法律后果的发生是基于法律的特别规定，而并不意味着使无权代理人从开始时就获得了代理权。另一方面，从我国法律规定来看，表见代理是以无权代理为前提的，如果认为代理人可以基于外表授权而发生，则其又成了有权代理，在逻辑上造成了不必要的混乱。此外，在表见代理的情况下，善意相对人享有选择权，善意相对人完全可以不基于表见代理而主张合同有效，而按照无权代理主张合同无效，这就表明"代理人"从开始时，就没有获得授权；如果主张外表授权，就意味着要否认相对人的选择权。

法定代理由于在产生时是基于法律的规定，所以，在代理权产生的时候，代理权限一般均较明确，实践中问题不多。在民事活动中，代理权的产生主要是根据被代理人的授权行为产生的。在委托代理中，授权行为是以发生代理权为目的的单方行为。通过授权，一方使另一方获得代理权，而因代理权的行使才能形成代理法律关系。委托授权的表现形式是多样的，它既可以是书面的，也可以是口头的，通常书面形式主要是代理证书。

代理证书，又称为授权委托书，它是证明代理人有代理权的书面文件。代理证书和委托代理合同是不同的。两者的区别表现在：第一，代理证书是授权行为这一单方法律行为的表现形式，而非合同关系存在的凭证，因此，只需要本人签名即可而无须双方的签字。而委托合同是授权行为的基础关系，在性质上是双方法律行为，委托合同书是委托代理合同的凭证，委托合同书需要双方当事人的签字。第二，代理证书一旦颁发，就产生授权的效力，而不需考虑代理人是否同意，如果代理人不愿意接受代理权，应当请求本人撤回授权，或明确表示拒绝接受授权，在此之前，代理授权仍然有效。但是，委托代理合同必须要由双方达成合意方能生效。第三，代理证书可以直接证明代理权的存在，从法律上讲，无论

---

① 参见梁慧星：《民法总论》，224 页，北京，法律出版社，2011。

是否存在基础关系，如果某人持有代理证书，就可以证明其享有代理权，而对善意第三人而言，只要知道代理人具有代理证书，就可以对代理人具有代理权产生合理的信赖。[1] 即使在代理人和被代理人之间的内部关系中，委托合同已终止、无效或被撤销等，只要代理证书没有收回，相对人基于对代理证书的信赖，与代理人进行的法律行为仍然应当受到保护。但委托合同的存在并不能证明有代理权的存在。

代理证书应当载明代理人的姓名或者名称、代理事项、权限和期间，并由被代理人签名或者盖章。根据代理的事项不同代理可以区分为一般代理和特别代理。一般代理是指对代理权限没有特别限定的代理。这种代理的特点在于，它属于一种概括授权。最高人民法院《民事诉讼法司法解释》第 89 条明确规定："……授权委托书仅写'全权代理'而无具体授权的，诉讼代理人无权代为承认、放弃、变更诉讼请求，进行和解，提起反诉或者上诉。"此处所说的全权代理，实质上就是指一般代理。所谓特别代理，即代理权限定于某一特定法律行为的代理。[2] 在授予代理权限时应当注明是一般代理还是特别代理，如果是特别代理，应当准确地说明代理的具体事项。如果要代理特定事项，则不得采用"全权代理""总委托"之类的表述，而应当具体明确代理的具体事项。在日本法实务上，有所谓委任事项空白不具的"白纸委任状"，我国则有与之类似的"介绍信"以及盖有本人印章的空白合同书。[3] 对于此种情况，笔者认为应当属于授权不明；如果符合表见代理的构成要件，可以按照表见代理处理。在代理证书中还必须明确代理的期限，因为代理权限和代理期限有密切的关系，任何代理权不能是无期限的，如果不规定具体的期限，将使代理人的代理权不够明确，并产生交易上的不安全。

应当指出，尽管《民法总则》并没有要求授权行为必须采用书面形式，但考虑到以口头形式授权极易发生纠纷，因此采用口头授权的，被代理人应承担此种

---

① 参见"郭某忠诉天泰公司、蓝星公司买卖合同纠纷案"，载《最高人民法院公报》，2006（4）。
② 参见李双元主编：《比较民法学》，196 页，武汉，武汉大学出版社，1998。
③ 参见张俊浩主编：《民法学原理》，283 页，北京，中国政法大学出版社，1991。

形式所产生的风险。

意定代理都存在代理权的授予行为，此种行为属于法律行为。如果授权行为存在意思表示瑕疵，则可以依法予以撤销。撤销授权行为的根据应当是重大误解、欺诈和胁迫。在代理人尚未实施代理行为的情形，被代理人撤销其授权行为是允许的，因为此时不涉及交易相对人的保护问题；而在代理人已经实施代理行为的情形，因为涉及对第三人的保护，是否可以撤销授权行为，理论上存在两种观点：一是否定说，此种观点认为代理人实施代理行为以后，如果被代理人撤销授权行为的，代理就成为无权代理，交易相对人的利益无法得到保护，所以，应当不允许被代理人撤销其授权行为。[①] 二是肯定说，此种观点认为代理人实施代理行为以后，被代理人仍然可以撤销授权行为，只不过，被代理人要对遭受损害的交易相对人承担损害赔偿责任。[②] 笔者赞同肯定说，此种理论实现了被代理人和交易相对人之间的利益平衡，能够有效兼顾对交易安全的保护。

三、授权行为

(一) 授权行为的特点

在委托代理中，代理权主要是根据被代理人的授权行为产生的，授权行为具有如下特点：

1. 单方性

所谓授权行为的单方性，是指代理权授予是一种单方行为，只要被代理人作出单方意思表示即可产生效力。[③] 关于授权行为的性质，大陆法上出现过三种学

---

① Brox/Walker, Allgemeiner Teil des BGB, 32. Aufl., Carl Heymanns Verlag, 2008, Rn. 574, S. 226.

② Werner Flume, Allgemeiner Teil des Bürgerlichen Rechts, Bd II, Das Rechtsgeschäft, 4. Aufl., 1992, § 52 5 c.

③ 关于授权行为的性质，大陆法上出现过三种学说：一是委托合同说。此说认为代理权的产生是委托合同的对外效力，本人与代理人之间的委托合同直接产生代理人的代理权。二是无名合同说。此说认为代理权虽非产生于委托合同本身，但它是附随于债权合同的一种无名合同。三是单方法律行为说。此说认为，代理权之授予由本人向代理人或为代理行为之第三人以意思表示为之，即可发生效力。

说：一是委任契约说。此说认为在委任契约之外，无所谓代理权授予的行为，本人与代理人的委任契约将直接产生代理人的代理权。二是无名契约说。此说认为代理权虽非产生于委任契约本身，但它是附随债权契约的一种无名契约。三是单方法律行为说（ein selbständiges einseitiges Rechtsgeschäft）。此说认为，委托代理权是通过单方的需要相对人的意思表示授予的，无须被授权人的接受或者同意。此说源于《德国民法典》第167条关于代理权授予之规定，该条认为代理权之授予由本人向代理人或其为代理行为之第三人以意思表示为之，即可发生效力。在德国民法中，如果被授权人不愿意作为代理人，可以准用《德国民法典》第333条的规定拒绝此项授权，或者直接放弃此项代理权。①

比较上述各种观点，笔者认为应当采取单方行为说，即授权行为在性质上是一种单方法律行为，仅有一方的意思表示就可以成立，不需要代理人和被代理人就代理权的授予达成协议。其主要理由在于：第一，将授权行为视为双方法律行为既不符合授权的性质，也混淆了基础行为和授权行为之间的关系，因为基础关系大多是合同关系，当事人不可能在基础关系成立以后再订立一个关于授权行为的合同。第二，授权行为在很大程度上是为了让相对人知晓被代理人的授权，使代理人的代理权能够产生公示效力。代理人与被代理人的权利义务关系已经在基础关系中得到了解决。所以，授权行为只需有被代理人的单方意思表示即可，无须代理人的同意。第三，如果将授权行为定义为双方行为，则对于无权代理的追认、承认等行为将很难发生，尤其在被代理人向第三人表示其作出授权，而代理人也从事了代理行为的情况下，代理人和被代理人根本没有合意，也仍然应当承认代理的效力。总之，确定代理行为的单方性对于保证代理关系的稳定性，保护交易安全和善意第三人利益都有相当的意义。

授权行为作为单方行为，也具有相对人，但该相对人既可以是代理人也可以是其他人。因为，授权的意思表示既可以向代理人作出，也可以向本人意欲与之进行交易的相对人作出。向代理人作出的授权，称为内部授权，向相对人作出的

---

① MünchKomm/Schramm，§ 167，Rn. 4 ff；Larenz/Wolf，Allgemeiner Teil des Bürgerlichen Rechts，9. Aufl.，2004，§ 47，Rn. 15ff.

授权，称为外部授权。在法律上区分内部授权和外部授权具有重要意义。在外部授权的情形，因为涉及交易相对人，因而，意思表示的解释应当采客观解释的立场，以保护交易相对人的合理信赖。而在内部授权的情形，因为不涉及第三人，所以，解释上主要采主观解释的立场，尊重被代理人的意愿。对外部授权而言，不仅明确的口头授权可以使第三人相信无权代理人具有代理权，而且本人对无权代理人从事的无权代理行为的容忍，也可以使第三人相信无权代理人享有代理权。另外，如果外部授权是对社会公众发出意思的，或者以公告方式发出授权的，则仅依据客观标准和交往上通常意义即可理解授权行为表彰的代理权范围。①

在本人以明示的方法对特定的或不特定的第三人告知其对代理人授权以后，本人又撤销了对代理人的授权，此种撤销能否对第三人产生效力？笔者认为，在本人作出内部授权的情况下，代理人没有与第三人从事法律行为之前，本人向第三人作出撤销代理权的意思表示，可以认为本人自始没有授予代理权。由于代理人尚未与第三人发生联系，第三人不应当相信其有代理权。所以，一旦作出撤销的表示，代理权就已经终止。但是，本人在作出限制和撤销代理权的意思表示以后，并没有及时收回代理证书及其他授权文件，无权代理人继续从事代理行为的，也有可能使第三人相信其有代理权。在此情况下，仍然可能发生表见代理的效果。如果本人在对代理人的代理权作出限制和撤销以后，又向第三人作出授权的表示或者容忍无权代理人从事无权代理行为，其内部撤销的意思表示与其外部的授权意思之间产生了矛盾，在此情况下也应当产生有权代理的效果。

2. 独立性

授权通常在一定基础关系之上产生，基础关系可以是多种合同关系，包括委托合同、劳动合同等。在绝大多数情况下，授权行为以基础关系的存在为前提。但是，授权行为也可以脱离基础关系而存在，或者与基础关系相分离。② 授权行为与基础法律关系的分离可以有三种情况：第一，有授权行为但没有基础关系。在默示授权的情况下，通常没有基础关系，但发生了代理权的授予。在实践中，

---

① MünchKomm/Schramm，§ 167，Rn. 81.
② 参见王泽鉴：《民法总则》，435 页，北京，北京大学出版社，2009。

有时本人和代理人虽然无基础关系，但本人向第三人明确告知其已经授予代理人从事某种事务的代理权，而代理人也以本人名义从事了该种事务，也可以视为授权，成立有权代理，由本人承担相应的法律后果。第二，有基础关系但没有授权行为。这主要表现在，双方订有委托、雇佣合同，但一方并没有向另一方作出明确的授权，也没有向第三人告知其作出某种授权。在有基础关系而没有授权行为的情况下，也有可能构成无权代理。第三，在基础关系发生时，尽管没有授权，但代理人从事了代理行为以后，被代理人可以补充授予代理权。或者在代理人从事了某种代理行为以后，由本人追认其行为的效力。从以上情况来看，授权行为和基础关系是可以分离的。

正是因为授权行为可以独立于基础关系而存在，授权行为才具有独立性。明确授权行为的独立性的意义在于：第一，确定是否产生代理法律关系或是否产生代理后果，可以将基础关系作为一个重要的因素加以考虑，但更重要的要看是否存在授权行为，有之则产生代理，无之则不产生代理。如果没有授权行为，即便存在基础关系，也不能产生代理关系。[1] 第二，因为授权行为的独立性，决定了基础关系发生变动并不当然影响代理关系的效力。即使基础关系已经终止，如果没有收回代理证明，代理行为可能仍然是有效的。如果基础关系发生变动，但没有变更授权内容的，代理行为仍然有效。

3. 无因性

授权行为不仅是独立的而且是无因的。关于授权行为的有因无因，在学理上有两种观点。一是有因说。此种观点认为，授权行为必须基于基础关系而存在，并且与基础关系同其命运。如果基础关系无效、撤销或者终止，则授权行为也将不产生效力。例如，委托合同被宣告无效，授权行为自然不产生任何效力。二是无因说。此种观点认为，授权行为独立于基础法律关系而存在，所以基础法律关系不成立、无效、被撤销或者终止，授权行为的效力不受影响，代理关系可以继续有效。[2]

---

[1] 参见邓海峰：《代理授权行为法律地位辨析》，载《法学》，2002（8）。
[2] Reinhard Bork, Allgemeiner Teil des Bürgerlichen Gesetzbuchs, 2. Auf., Rn. 1487, S. 560.

　　笔者认为，这两种观点各有优劣。有因说可以使法律关系简化，在实务中操作起来较为简便。但是有因说最大的缺陷在于，不利于对善意第三人的保护，不利于维护交易安全。因为基础关系毕竟只是代理人和被代理人之间的内部关系，对此种内部关系，第三人往往并不了解。如果因内部关系存在效力瑕疵而被宣告无效或撤销，或因为被代理人和代理人之间的原因而终止了合同，第三人对此情况并不知晓，仍与代理人从事代理行为，最终因为基础关系无效、被撤销或终止导致代理行为无效，善意第三人的利益很难得到保障。甚至即便第三人在与代理人从事交易行为之前，也没有办法了解代理人和被代理人之间的内部关系是否具有瑕疵，并无法预料基础关系是否将被终止，善意第三人的利益如果不能受到保护，将使其承担极大的交易风险，会阻碍交易活动的进行。在司法实践中，一些审判人员在确定代理行为的效力时，要求代理人提供其与本人的委托合同，一旦委托合同无效，便宣告代理行为无效，其产生的危害甚为严重。[①]

　　笔者认为，在授权行为方面，在涉及代理人和第三人的外部关系时，原则上应当采取无因说。所谓授权行为的无因性主要表现在两个方面：一方面，代理行为的效力不以代理人与被代理人为基础合同关系的有效性为前提。代理行为一般以一定的基础关系为其存在的前提，例如双方订立委托合同，基于该合同，委托人向受托人作出了授权。但基础关系不成立、无效或被撤销，不影响授权行为的效力。例如，委托人与受托人的委托合同已经终止，但授权证书未收回，此时授权行为仍然有效，构成有权代理。另一方面，尽管授权行为的无因性有利于保护相对人的利益和交易安全，但是如果第三人在与代理人从事民事行为时明知基础关系具有无效的因素，或者明知基础关系已经终止，仍然与其进行交易行为，此时第三人不应当受到保护。采纳无因说的主要理由在于：一是保护善意第三人的利益，维护交易安全。无因说的最大优点在于，不管内部关系是否变动，只要善意的第三人不知情，就不应当影响到代理行为的效力。这对于保护善意第三人的利益十分重要。[②] 二是有利于督促本人在基础关系解除、终止、被撤销以后，及

---

①　参见蓝承烈：《民法专题研究》，118 页，哈尔滨，黑龙江人民出版社，1999。
②　参见马俊驹、余延满：《民法原论》，2 版，231 页，北京，法律出版社，2005。

时通知第三人，或者及时收回代理证书，从而防止有关代理的纠纷的发生，减少财产的损失和浪费。三是有利于保障代理权的正常行使，尽可能地减少和避免无权代理的发生。因为授权行为具有公开性，相对人在与代理人进行交易时容易考察，而基础关系是代理人和本人的内部关系，相对人的考察成本较高。所以，使授权行为具有独立性和无因性，可以降低相对人的交易成本，节约社会资源。

应当指出，在本人和代理人的内部关系上，出于保障本人意思的实现，还是应该采取授权行为有因说。采取此种做法的主要原因在于代理制度的功能就是为了保障或者拓展本人的能力、实现本人的意志。代理行为有因性主要体现在，一方面，代理权的产生需要以本人的委托授权、法律规定、法院指定等方式产生。另一方面，当代理行为终止时，代理人应当及时交回代理证书等资料，若代理人拒绝交回代理证书等资料，则本人可以通过发布公告等形式宣布代理关系的终止。

关于无因性和表见代理的关系也值得探讨。应当看到，这两种制度都旨在保护善意第三人的利益，维护交易安全。但这二者是有区别的，不能以表见代理制度来替代无因性规则。主要原因在于：第一，二者适用的范围各不相同。无因性解决的是在基础关系与代理权授予行为不明确、不一致的情况下，代理权有效与否的问题，或者该代理行为属于有权代理还是无权代理的问题。而表见代理则解决的是在无权代理情况下，代理行为的效力问题。表见代理属于广义的无权代理的一种类型，它只是在代理人无代理权、超越代理权和代理权终止以后所发生的。如果授权行为因内容和形式违法而无效，不能适用无因性规则，但代理人从事了一定的无权代理行为，也可能符合表见代理的构成要件。第二，如果代理人已经获得授权并从事了一定的代理行为，即使本人事后撤销授权，该行为仍构成有权代理而非表见代理。如果本人和代理人之间形成某种基础关系，因为基础关系被宣告无效或被撤销或本人解除了该基础关系，授权行为依然发生效力。在此情况下，根据无因性规则，代理人所从事的代理行为仍然有效。此种情况，不能通过适用表见代理而使代理有效。因为表见代理以无权代理为前提，而在上述情况下，代理人有权实施该代理行为。第三，如果本人在授权以后，发现授权范围

超越了基础关系所确定的委托范围，故又对代理权依照基础关系确定的范围进行了限制，则根据无因性规则，在限制以前所发生的代理行为都可以称为有权代理，在限制以后超越该限制所实施的行为构成无权代理，而表见代理只是在无权代理的情况下才能构成。

（二）委托授权的表现形式

我国《民法总则》第 165 条规定："委托代理授权采用书面形式的，授权委托书应当载明代理人的姓名或者名称、代理事项、权限和期间，并由被代理人签名或者盖章。"依据这一规定，委托授权的表现形式是多样的，既可以是书面的，也可以是口头的，只要法律、行政法规没有明确要求，代理权的授予可以采取任何方式。① 但书面形式的内容在法律上有特定的要求。

1. 书面形式

书面形式，也称为授权委托书、代理证书，它是证明代理人有代理权的书面文件。书面形式是实践中经常采用的方式，尤其是在代理事项较为重要、内容较为复杂的情形，为了避免纠纷，应当尽可能采用书面形式。需要指出的是，授权委托书和委托代理合同是不同的。两者的区别表现在：第一，代理证书是授权行为这一单方法律行为的表现形式，而非合同关系存在的凭证，因此，只需要被代理人签名即可而无须双方的签字。第二，代理证书一旦颁发，就产生授权的效力，而无须考虑代理人是否同意，但是，委托代理合同必须要由双方达成合意方能生效。第三，代理证书可以直接证明代理权的存在，即使在代理人和被代理人之间的内部关系中，委托合同已终止、无效或被撤销等，只要代理证书没有收回，相对人基于对代理证书的信赖，与代理人进行的法律行为仍然应当受到保护。

《民法总则》第 165 条规定："委托代理授权采用书面形式的，授权委托书应当载明代理人的姓名或者名称、代理事项、权限和期间，并由被代理人签名或者盖章。"因此，授权委托书应当包括如下内容：一是代理人的姓名或者名称。如

---

① 参见李适时主编：《中华人民共和国民法总则释义》，516 页，北京，法律出版社，2017。

果代理人是自然人，应当记载其姓名；如果代理人是法人或非法人组织，则应当记载其名称。二是代理事项。根据代理的事项不同，代理可以区分为一般代理和特别代理。一般代理是指对代理权限没有特别限定的代理。一般代理在性质上属于概括授权。所谓特别代理，即代理权限定于某一特定法律行为的代理。[①] 不论是一般代理，还是特别代理，都应当在授权委托书中写明代理事项。三是代理权限。代理权限是代理权授予的核心内容，代理证书应当载明代理人的姓名或者名称、代理事项、权限和期间，并由被代理人签名或者盖章。在授予代理权限时应当注明是一般代理还是特别代理，如果是特别代理，应当准确地说明代理的具体事项；如果要代理特定事项，则不得采用"全权代理""总委托"之类的表述，而应当明确代理的具体事项。四是期间。此处所说的期间，是指代理权的存续期间。为了保护交易安全，授权委托书应当载明代理期间。如果授权委托书没有载明代理期间，而只是记载了代理事项，则应当解释为，代理期间截止到代理事项完成之时。五是被代理人签名或者盖章。授权委托书只有被代理人签字或者盖章，才能正式生效。

2. 口头形式

虽然委托代理授权大多采取书面形式，但这并不意味着，授权必须采取书面形式。因为口头形式具有简便易行的特点，尤其是对于日常的、小额的交易事项而言，没有必要都采用书面形式。即使是对于重要的交易，在作出书面授权之后，也可能因情况紧急等原因，而作出口头授权。

（三）默示授权（stillschweigende Bevollmächtigung）

代理权可以以默示的方式授予。所谓默示的方式，是指根据本人的行为，在特殊情况下推定本人具有授权的意思。换言之，本人仍然具有授予代理权的意思表示，此项意思表示通过各种具体的情事可以推知。默示授权的范围也是通过具体的情况来推定的。[②] 默示授权实际上是以默示的方式向第三人表示代理人具有代理权。在默示授权的情况下，通常没有基础关系，但发生了代理权的授予。这

---

① 参见李双元、温世扬主编：《比较民法学》，196 页，武汉，武汉大学出版社，1998。
② MünchKomm/Schramm，§ 167，Rn. 37.

是此种代理和其他代理的重要区别。在德国民法上，最典型的例子是保险公司的职员签发保单，可认为是公司默示授权。默示授权不同于表见代理，两者的区别主要表现在：一方面，在表见代理的情况下，本人可能不知道表见代理人从事的无权代理行为；但是在默示授权的情况下，本人知道代理人从事的是无权代理行为。另一方面，在表见代理情况下，不管本人是否愿意，均可产生有权代理的后果；但是，在默示授权的情况下，本人完全知道代理人的行为，其主观上是愿意接受代理人行为的后果的。

与默示授予代理权相类似的概念是容忍授权。我国《民法通则》第66条第1款规定，"本人知道他人以自己名义实施民事行为而不作否认表示的，视为同意"。此种情况在民法理论上称为"容忍授权"①，它是指被代理人没有向代理人明确授予代理权，但是他却知道后者以代理人的身份行事，并且听任其作为代理人行事，此时，被代理人基于权利外观的事实就代理人的行为对善意的相对人负责（Rechtsscheinhaftung，权利外观责任）。② 其特点在于，第一，被代理人并没有明确的授权表示，更没有颁发代理授权证书。第二，代理人以被代理人名义实施代理行为，被代理人知道这种情况，而未做任何否认的意思表示，表明其已经愿意承认某人为其代理人，愿意承受该代理行为所产生的法律后果。当相对人有确凿证据证明本人已经知道无权代理人以本人名义行为而不作否认表示，则可以认为本人已经默认了无权代理行为。或者说，本人已经对代理人作出了默认的授权，相对人据此有正当理由相信代理人具有代理权。至于代理人的行为是否为本人带来了利益不予考虑。

关于默示授权与容忍授权的关系，存在不同观点：一种观点认为，二者属于同一概念。例如，Flume认为，如果本人有意识地听任他人在以自己的代理人身份活动，即表明本人承认了其为他的代理人，从而，这就属于依法律行为授予的

---

① ［德］迪特尔·施瓦布：《民法导论》，郑冲译，55页，北京，法律出版社，2006。
② 参见［德］卡尔·拉伦茨：《德国民法通论》下册，王晓晔等译，887页，北京，法律出版社，2003。

代理权，也就是说，以可推知的行为授予了代理权。① 有学者认为，本人容忍他人以自己的名义从事代理行为，也是"表见代理权"的一种，或称为"容忍代理权"（Duldungsvollmacht）②。另一种观点认为，默示授权与容忍授权不同，默示授权不等于缄默不作为，因为在默示授权中，本人仍然有一定的行为。③ 笔者认为，默示授权与容忍授权不同，在默示授权的情形下，本人虽然没有明确以口头或者书面形式授予代理人代理权，但按照其行为可以认定其已经作出了授权，因此，在默示授权的情形下，可以认定本人已经作出了授权。而在容忍授权的情形下，本人只是消极容忍他人以其代理人身份行为，其可能体现为单纯的缄默，很难据此认定其具有授权的意思，法律课以本人承担相应的法律后果，主要是为了保护交易安全。因此，《民法通则》第66条第1款使用了"视为同意"这一表述，而没有规定本人已经作出了授权。

然而，《民法总则》删除了《民法通则》第66条所规定的容忍授权的规定。之所以删除这一规定，是因为在立法者看来，容忍授权的情形可以包括在《民法总则》第172条关于表见代理的规定中，从《民法总则》第172条的规定来看，表见代理规定的要件是比较宽泛的，在无权代理的情形下，只要相对人有理由相信行为人有代理权，该代理行为就有效。而在容忍代理的情形下，行为人其实就是以本人名义行为，而相对人又知道本人容忍该行为，在此情形下，应当构成表见代理。由于我国《民法总则》所规定的表见代理范围较为广泛，因而可以涵盖容忍代理。不过，需要指出的是，表见代理与容忍代理之间仍然存在一定的区别，表现在：一方面，相对人的主观心态不同。对表见代理而言，相对人并不知道代理人没有代理权，其有合理理由相信代理人有代理权，而在容忍代理的情形

---

① Werner Flume, Allgemeiner Teil des Bürgerlichen Rechts, Bd II, Das Rechtsgeschäft, 4. Aufl., 1992, § 49 3, S. 828.

② 从表面上看，《合同法》第48条第2款与《民法通则》第66条第1款存在一定冲突。即无权代理发生以后，相对人催告被代理人予以追认的，被代理人沉默未作表示的，按照《民法通则》第66条第1款第2句的规定，本人没有否认表示的，视为同意，但是按照合同法的规定，本人没有表示，视为拒绝追认。因此，笔者认为《合同法》已经修改了《民法通则》的规定。

③ 参见［德］迪特尔·梅迪库斯：《德国民法总论》，邵建东译，732页，北京，法律出版社，2000。

下，相对人则明知代理人没有代理权。另一方面，被代理人是否知情不同。在表见代理的情形下，被代理人对代理人实施无权代理行为是不知情的，而在容忍代理的情形下，被代理人对代理人实施代理行为是知情的。

（四）授权不明及其责任

所谓授权不明主要指代理的范围、期限、代理人等内容不明确。具体包括：一是代理的范围不明确，即代理人所代理的事务或其权限不明确。二是代理期限不明确，即代理人究竟可在多长时间内行使代理权未作出规定。三是代理人究竟是一人还是多人，职责如何界定，不够明确。在授权不明的情况下，虽然代理人从事代理行为没有完全的合法依据，但毕竟存在着授权，所以不同于完全的无权代理行为。另外，在授权不明的情形，也涉及意思表示的解释，如果通过解释可以明确被代理人的授权，则应当直接适用代理制度的一般规则。[①]

从比较法上看，在授权不明的情形下，代理人仍然可以实施一定的行为。例如，依据《日本民法典》第 103 条的规定，在授权不明的情形下，代理人可实施与代理有关的附属行为，对一些财产可以实施必要的保管。我国《民法总则》并未对授权不明问题作出规定，笔者认为，在授权不明的情形下，虽然代理人的代理权限不明确，但本人毕竟有授权的意愿，代理人应当有权实施必要的保管等行为。

空白授权是否属于授权不明，值得探讨。所谓空白授权，是指本人向代理人出具了授权委托书，并已经在授权书中签字或盖章，但在授权书中没有填写任何具体的授权内容。对空白授权究竟是全部授权还是完全未授权或者授权不明，在学理上有几种不同的看法。笔者认为，此时应当采用授权不明的认定，因为本人尽管在授权书上签字，但并不能认为本人的意思就是允许代理人从事任何行为，毕竟本人签字可能是因为误解或疏忽等造成的，但在本人没有具体填写代理事项或期限等内容时，代理人也有义务要求本人予以明确。在仅有空白授权书的情形

---

① 例如，在授权不明的情况下，应当对本人的意思进行解释。解释时应当考察代理人应当和能够如何理解此项意思表示的含义，以及与授权行为有关的各种情事。如果能够通过解释查明本人的意思，就属于一般的代理。MünchKomm/Schramm，§ 167，Rn. 79.

下，要求本人对代理人所从事的任何行为都承担责任，则对本人风险过大，对本人也是不公平的。至于本人在授权书中没有填写这些条款，虽然不符合《民法总则》的规定，但该规定并非强制性规定，不能认为不符合该规定就导致授权无效。尤其是代理人在授权书上填写了有关内容之后，第三人并不了解是代理人还是本人填写的内容，因此第三人是善意的。如果认为此种情况应当导致授权无效，则极不利于对善意第三人利益和交易安全的保护。所以，笔者认为，对空白授权作为授权不明处理，是比较妥当的。

如果被代理人向代理人作出的口头授权是清晰的，而代理人对此发生误解，此种情况是否属于授权不明，对此存在两种观点。一种观点认为，被代理人既可以向代理人授权也可以向第三人表示，只要代理的意思到达对方，授权就是明确的，如果代理人对此发生误解，超越权限进行行为，就应当按照越权行为处理。另一种观点认为，此种情况属于授权不明。因为尽管被代理人向代理人作出的授权是明确的，但对第三人而言是不明确的，也属于授权不明。笔者认为，出现此种情况应该理解为授权不明，依照授权不明的规则来处理，主要理由在于：第一，代理人和被代理人之间的关系属于一种内部关系，他们之间是否发生误解，第三人是很难知道的，而且没有理由知道，如果因代理人对被代理人的口头授权发生误解，应当由被代理人和代理人负责。但如果将代理人因对授权发生误解所从事的行为认定为越权行为，且不构成表见代理，将导致代理行为无效，这必然会使不知情的交易第三人蒙受损害，其结果是使第三人承担因内部授权的问题而导致的不利后果，这显然有失公允。第二，从责任自负等民法基本原理来看，代理人和被代理人之间发生误解应该由他们自己承担责任，如果此种后果由第三人承担，就会纵容被代理人实施有违诚实守信的行为。例如，被代理人要代理人购买某种物品，双方都没有发生任何误解。但是当代理人购买了该物品以后，如果被代理人不需要此物品，他就可能会以代理人对授权发生了误解、他需要购买的是彼物而非此物等为借口，使代理人和第三人都处于一种不利的境地。第三，尽管我国民法允许授权行为可以采取口头和书面的形式，但立法仍应鼓励当事人采取书面的形式。如果被代理人一定要采取口头形式进行授权，他就必须承担因此

而产生的风险。毕竟如果被代理人采取书面的形式授权，也可能不会产生此种误解。因此，应当将此种情形认定为授权不明。

在授权不明的情况下，虽然代理人从事代理行为没有完全的合法依据，但毕竟存在授权，所以不同于完全的无权代理行为。从法律上看，在授权不明的情况下，应当由被代理人承担责任。因为授权行为是一种单方行为，被代理人应当为自己的单方的意思表示承担法律后果，如果发生授权不明的情况，说明其本身是有过错的，其应当承担相应的责任。[①] 但问题在于，根据《民法通则》第 65 条的规定，在授权不明的情况下，代理人应当与被代理人承担连带责任，此种规定曾引发争议。笔者认为，这种规定未尽妥当：一方面，授权不明的主要原因来自被代理人，相对而言，被代理人的过错程度更重。如果要采用连带责任，最终可能使代理人承担全部责任，这对代理人是不公平的。另一方面，尽管发生了授权不明，但仍然存在授权，在授权不明的情况下实施代理和完全在无权代理行为下实施的行为在性质上是有区别的。如果要代理人承担完全责任，实质上是宣告代理行为无效，根本不符合授权不明行为的性质和特点，也可能妨碍交易的安全和秩序。正是因为这一原因，《民法总则》删除了关于授权不明情况下代理人与被代理人共同承担责任的规定。

问题在于，在出现授权不明以后，如何确定责任？笔者认为，首先应当确定代理行为的效力，如果构成有权代理或者表见代理，则应当由被代理人承担代理行为的法律后果；如果构成狭义的无权代理，则应当由代理人对相对人承担责任。

四、职务代理

（一）职务代理的概念和特征

所谓职务代理，是指根据代理人所担任的职务而产生的代理[②]，即法人或非

[①]　参见孙鹏主编：《交易安全与中国民商法》，147～148 页，北京，中国政法大学出版社，1997。

[②]　参见江平、张佩霖：《民法教程》，95 页，北京，中国政法大学出版社，1986。

法人组织的成员以及主要工作人员在其职权范围内所从事的民事法律行为，无须法人或非法人组织的特别授权，其法律效果应当由法人或非法人组织承担。例如，某公司主管销售的经理代理公司对外订立合同。《民法总则》第170条第1款规定："执行法人或者非法人组织工作任务的人员，就其职权范围内的事项，以法人或者非法人组织的名义实施民事法律行为，对法人或者非法人组织发生效力。"该条规定承认了职务代理。在法律上承认职务代理的意义主要在于：一方面，它使我国法上委托代理的代理权来源多元化。产生委托代理的合同不仅包括委托合同，而且包括劳动合同、合伙协议等。① 另一方面，有利于维护交易安全，保护善意第三人的利益。因为法人或者非法人组织需要对外从事各种交易活动，而法人或非法人组织的法定代表人又不可能对所有交易活动亲力亲为，因而，职务代理在一定程度上弥补了法定代表人制度的不足。因此，当法人或者非法人组织授权、委派某位工作人员对外从事活动（如主管销售的副总经理对外订立合同），足以使第三人相信其有权对外签署经销协议，这就发生有权代理的效果。依据《民法总则》第170条，执行法人或非法人组织工作任务的人，在职权范围内行为，都构成有权代理，法律后果应由法人或非法人组织承担，但超越了职权范围实施的行为，则可能构成无权代理。

职务代理行为不同于一般的代理行为，对一般的代理行为而言，代理人要有明确的授权，代理人也只应当在该授权范围内实施代理行为，相对人在与代理人交易时，也应当查明代理人的代理权。而对职务代理行为而言，代理人的代理权产生于其职务关系，相对人一般只需要审核该工作人员的身份即可，并不需要对其享有的具体代理权限进行审核，因此，只要其有相关的职务证明，相对人对其有代理权的信赖就是合理的。

职务代理的特征主要表现在：

第一，被代理人必须是法人或非法人组织。这就是说，职务代理只可能是法人或非法人组织的工作人员在其职务范围内实施的行为。所以，其被代理人只能

---

① 参见尹飞：《体系化视角下的意定代理权来源》，载《法学研究》，2016（6）。

是法人或非法人组织，而不可能是自然人。

第二，代理人必须是法人或非法人组织的法定代表人以外的其他工作人员。职务代理是法人或者非法人组织内部的人员在其职务范围内所为的行为。职务代理与代表行为的区别在于，代表行为是由法定代表人在其职务范围内的行为，而职务代理是法定代表人以外的其他工作人员在其职务范围内的行为。在一定程度上，职务代理可以弥补法定代表人制度的不足，因法定代表人所实施的代表行为相对有限，大量的事务需要通过职务代理来实施。

第三，代理权的来源是法人或非法人组织内的特定职权范围。就职务代理而言，并不需要代理权的授予行为，职务代理中，代理人是被代理人的工作人员，其担任一定的职务所具有的职权范围就是其获得的代理权权限。[①] 法人或者非法人组织工作人员执行职务时的代理权是法律和章程概括授予的。因此，职务代理人在其职务范围内所为的行为，法律后果都应由法人和非法人组织承担，而且此种代理无须特别授权。该职权范围一般没有期限或特定事项的限制，但可以依据法律、行政法规的规定、交易习惯、相对人知悉的法人章程或合伙协议，以及法人或非法人组织的规定来确定。

第四，相对人对该职权行为具有合理信赖。这就是说，相对人对职权代理人在其职权范围内的行为的信赖是合理的，而不需要进一步审查其职权范围。例如，相对人能够合理相信主管销售的经理可对外代表公司签订销售合同，但如果其对外代表公司订立房屋修缮合同，则相对人就应当进一步审核其职权范围，否则其信赖就不是合理的。

职务代理不同于法定代表人的代表行为，表现在：一方面，职务代理的代理人并不是法人的法定代表人，不得实施代表行为。另一方面，法定代表人通常在任何情况下都可以代表法人签约，且可以代表法人签订各种类型的合同，而实施职务代理行为的代理人则只能在其职务范围内实施代理行为，所以主管销售的经理就不能代理法人订立房屋修缮合同、建设施工合同等合同，因为代理订立这些

---

① 参见魏振瀛主编：《民法》，4 版，174 页，北京，北京大学出版社、高等教育出版社，2010。

合同显然已经超出了其职务范围。

总体上说，职务代理属于广义的委托代理的一部分。正是因为这一原因，我国《民法总则》将职务代理规定在"委托代理"之中。但职务代理与委托代理也存在区别，表现在：职务代理中代理人是本人的工作人员，其担任一定的职务即获得一定的授权，其代理权一般依赖于其在法人或者非法人组织中的职务等。[①]法人或非法人组织的成员以及主要工作人员的职权范围，一般没有期限或特定事项的限制，但可以依据法律、行政法规的规定、交易习惯、相对人知悉的法人章程或合伙协议以及法人或非法人组织的规定来确定。当然，法人或非法人组织对其成员以及主要工作人员职权范围的限制，不得对抗善意第三人。对职务代理而言，代理人的代理权限与其职务范围相关，通常无须单位的特别授权。而对委托代理而言，代理人的代理权来源于被代理人的委托授权，相对人在与代理人交易时，应当具体审核代理权的内容和范围。在职务代理中，关键在于职权范围的判断，这是其代理权的基础，也是其与一般委托代理的区别所在。

（二）职务代理的内部限制不得对抗善意相对人

《民法总则》第 170 条第 2 款规定："法人或者非法人组织对执行其工作任务的人员职权范围的限制，不得对抗善意相对人。"该条从维护交易安全、保护善意相对人利益考虑，明确规定了法人或者非法人组织内部对员工的职权范围限制不得对抗善意相对人。

在法人、非法人组织的章程或其他文件对其工作人员的权限作出了限制的情形下，该限制不得对抗善意相对人。例如，公司内部对其销售部经理的权限作出限定，要求其不得订立 10 万元以上的销售合同。但是，该内容的权限限制，相对人并不知道。后来，该销售部经理以公司名义与相对人订立了 20 万元的合同，虽然超出了内部的权限限制，但由于相对人是善意的，所以，该合同仍然有效。对执行职务权限的限制包括公司章程、董事会决议、合伙协议、合伙人的共同决定等对工作人员代理权限的限制。因为善意相对人并不可能知道法人或非法人组

[①]　参见魏振瀛主编：《民法》，175 页，北京，北京大学出版社，2010。

织内部对其工作人员职权范围的限制，如果事后法人或者非法人组织可以以内部存在职权范围限制而不承认工作人员的代理行为，那么相对人的交易安全就得不到保护，这一规定也有利于对相对人和交易安全的保护。

在此需要界定善意相对人的范围，此处所说的善意，是指不知情。如果相对人明知或者应当知道此种限制而仍然与无权代理人订立合同，则该合同构成无权代理，该相对人并不属于善意相对人。在相对人主张其为善意时，如果法人、非法人组织要否定相关代理行为的效力，则应当对相对人的知情负举证责任。

五、复代理

（一）复代理的概念和特征

复代理是相对于本代理而言的。所谓本代理，是指由被代理人选任代理人或者直接依据法律规定产生代理人的代理，一般的代理都是本代理。所谓复代理，又称为再代理，是指代理人为了实施其代理权限内的行为，以自己的名义选定他人担任被代理人的代理人的代理。我国《民法总则》第169条对此作出了规定，复代理的特点主要表现在：

第一，代理人以自己的名义为被代理人选定复代理人。这就是说，复代理人是直接由代理人选定的，而不是由被代理人选定的，如果是由被代理人直接选定并授予其代理权，则属于本代理。代理人选定复代理人，仍然是为了被代理人的利益，而不是为了代理人的利益。就代理人授予复代理权而言，他可以授予较自己本代理权范围小一些的复代理权，也可以授予与自己本代理权权限范围一致的复代理权，并且可以撤回复代理。① 在复代理关系形成以后，代理人并没有完全退出代理关系，但是其代理的主要权限已经转移给复代理人，由复代理人行使，其产生的代理后果直接归属于被代理人。②

在此需要指出的是，在设定复代理之后，代理人有可能不再从事代理事务，

---

① Helmut Köhler, BGB Allgemeiner Teil, 34. Auflage, Beck, 2010, S. 166.
② 参见郑玉波：《民法总则》，412页，北京，中国政法大学出版社，2003。

由复代理人直接对本人负责，接受本人的指示。但是笔者认为，这并不意味着代理人就完全退出了代理关系。从《合同法》对转委托的规定来看，在转委托之后，"受托人仅就第三人的选任及其对第三人的指示承担责任"，由此表明次受托人仍然要对受托人负责，受托人仍然要对委托人负责，只不过"受托人仅就第三人的选任及其对第三人的指示承担责任"。这一规则在复代理中也可参照适用，申言之，一方面，代理人对复代理人的选任应当承担责任，对选任不当要承担责任。另一方面，代理人要对其向复代理人发出的指示承担责任。也就是说，即便在有了复代理人之后，代理人虽然可能不再行使代理权，但是如果其向复代理人作出了指示，则其仍然要对该指示负责。

另外，复代理人和代理人并不是被代理人的共同代理人。因为一方面，代理人因为时间、精力、能力等方面的原因而无法完成被代理人的事项，所以才由代理人委任新的复代理人从事该代理行为，由复代理人从事委托事项并直接对被代理人负责。而共同代理则是被代理人同时委托两个或两个以上的人作为其代理人，并从事共同代理行为，其行为的后果由被代理人负责。因此，复代理与共同代理产生的基础不同。另一方面，在复代理关系产生以后，代理人的代理权基本移转给了复代理人，其不再从事代理事务，这与共同代理中双方要共同行使代理权是不同的。

第二，复代理人是被代理人的代理人，而不是代理人的代理人。如果复代理人是代理人的代理人，则实际上是一般的代理，而不是复代理。由于复代理人是被代理人的代理人，因而，尽管复代理人是代理人选定的，但其仍然要以被代理人的名义行为。尤其是复代理人也享有一定的代理权限，其本身并不是代理人的辅助人，而是独立的代理人，其在代理的权限范围内仍然可以独立地作出或接受意思表示。复代理人从事代理行为所产生的一切法律效果，也应当由被代理人承担。复代理人对本人负责，以本人的名义从事法律行为，如果复代理人希望其代理能够对本人发生效力，那么本代理和复代理的授权都必须有效。[①] 不过，由于

---

① Helmut Köhler, *BGB Allgemeiner Teil*, 34. Auflage, Beck, 2010, S. 166.

复代理人是因为转代理而取得代理权，其权限不得超出代理人的代理权限。

第三，复代理人是代理人基于复任权而选任的。复任权，是指代理人选择他人作为复代理人的权利。复代理人因为代理人行使复任权而成为复代理人，其代理权限直接来源于代理人所享有的代理权，因此，复代理人的权利不能超过代理人的权限，尽管代理人因选定复代理人而不再行使代理权，但由于复代理人是代理人选定的，所以代理人对复代理人的行为享有监督的权利，并有权直接解除复代理人的代理权。如果因为选任的过失，造成了被代理人的损害，代理人应当承担选任上的过错责任。

关于复代理权的产生，应当区分法定代理和委托代理。我国《民法总则》将复代理规定在"委托代理"部分，表明复代理主要适用于委托代理。但是，在法定代理中，是否可以适用复代理，值得探讨。笔者认为，复代理原则上不适用于法定代理，法定代理是基于法律规定而产生的，法定代理人的职责也是由法律规定的，其原则上应当亲自履行法定代理职责，而不得为被代理人选择代理人。当然，在法定代理的情形，也可能出现紧急情况，需要委托他人实施代理职责。例如，某个法定代理人因出国或患病等，无法实施代理行为，此时，其可以临时委托他人进行代理，但不能完全免除法定代理人的责任。还应当看到，在复代理中，代理人在为被代理人选择复代理人时，其应当有复任权，而在法定代理中，被代理人通常无法对代理人进行授权。因此，复代理一般不适用于法定代理。

（二）复代理生效的条件

在委托代理中，复代理的产生必须符合如下条件：第一，委托代理人为被代理人的利益需要转托他人代理，只有在代理人因为种种原因，不能够亲自执行代理事务，完成预定代理任务的情况下，为了被代理人的利益，才有必要实行转委托。所以，转委托也是完成代理事务的一种特殊方式。第二，如果为了被代理人的利益确实需要转委托，要取得被代理人的同意[①]，即使代理人为了被代理人利益考虑，有必要将委托的事务全部或部分地委托他人，也必须要事

---

① 参见王泽鉴：《民法总则》，425 页，北京，北京大学出版社，2009。

先取得被代理人的同意。在一般的委托代理中，代理是基于一定的人身信任关系而产生的，而代理权在性质上是一种资格，因此不得由代理人转让给他人行使。但是在征得被代理人同意的情况下，可以由代理人将代理事务转托他人。如果没有经过被代理人的同意，代理人不得擅自转委托。因此，《民法总则》第169条第1款规定："代理人需要转委托第三人代理的，应当取得被代理人的同意或者追认。"依据这一规定，代理人要将其代理事项转委托给第三人代理的，应当取得被代理人的事先同意或者事后追认。如果没有取得被代理人的同意，代理人擅自将代理事项委托他人行使，也可以在代理人和第三人之间形成代理关系，但并不是复代理关系。在此情况下，应当由代理人向被代理人承担责任。第三，出现紧急情况而不需要取得被代理人的同意。《民法总则》第169条第3款规定："转委托代理未经被代理人同意或者追认的，代理人应当对转委托的第三人的行为承担责任，但是在紧急情况下代理人为了维护被代理人的利益需要转委托第三人代理的除外。"依据这一规定，转委托代理未经被代理人同意或者追认的，在法律上存在一个例外，即存在紧急情况，可以不需要征得被代理人的同意。最高人民法院《民法通则意见》第80条规定：由于急病、通信联络中断等特殊原因，委托代理人自己不能办理代理事项，又不能与被代理人及时取得联系，如不及时转托他人代理，会给被代理人的利益造成损失或者扩大损失的，属于《民法通则》第68条中的"紧急情况"。只有出现了紧急情况，代理人才能选定复代理人，而不需要取得被代理人的同意。

转委托代理未经被代理人同意或者追认的，则代理人应当对转委托的第三人的行为承担责任，因为在代理人未取得复任权的情形下，其擅自转委托代理的行为违背了被代理人的授权意愿，被代理人也不需要承受该第三人的行为的法律后果，被代理人因此遭受损失的，有权请求代理人赔偿。

此外，因委托代理人转托不明给第三人造成损失的，如何承担责任，《民法总则》并没有规定。依据最高人民法院《民法通则意见》第81条的规定，委托代理人转托他人代理的，比照《民法通则》第65条规定的条件办理转托手续。

因委托代理人转托不明，给第三人造成损失的，第三人可以直接要求被代理人赔偿损失，被代理人承担民事责任后，可以要求委托代理人赔偿损失，转托代理人有过错的，应当负连带责任。

（三）复代理的法律效果

在复代理关系产生以后，对于原代理人而言，其并没有退出代理关系，作为代理人，其可以基于自己的判断，指示复代理人实施民事法律行为。只要是在代理的权限范围内，原代理人即可以要求复代理人从事一定的行为。正是因为这一原因，复代理人既要接受原代理人的指示，也要接受被代理人的指示。当然，在两者的意见不一致时，复代理人仍然应当听从被代理人的指示，因为毕竟复代理人是被代理人的代理人。[①] 如果因为复代理人的原因造成被代理人的损害，如何确定原代理人的责任？依据《民法总则》第 169 条第 2 款规定："转委托代理经被代理人同意或者追认的，被代理人可以就代理事务直接指示转委托的第三人，代理人仅就第三人的选任以及对第三人的指示承担责任"。因此，在转委托代理经被代理人同意或者追认的情形下，原代理人只应在两种情形下要对被代理人承担责任：一是就第三人的选任负责。如果原代理人在第三人的选任方面存在过错，因此导致被代理人的损失的，应当由原代理人负责。二是就其对第三人的指示负责。从该款规定来看，被代理人"可以"直接指示转委托的第三人，在此情形下，代理人可能不会指示转委托的第三人，此时，被代理人就需要对第三人的指示负责。但在被代理人没有直接指示第三人，而由代理人作出指示，或者虽然被代理人进行了直接指示，而代理人仍然指示复代理人，此时，代理人应当对其指示行为负责。[②] 也就是说，如果原代理人所下的指示存在错误，复代理人据此行为而导致被代理人损失的，应当由原代理人负责。

---

① 参见李适时主编：《中华人民共和国民法总则释义》，526 页，北京，法律出版社，2017。
② 参见方新军：《〈民法总则〉第七章"代理"制度的成功与不足》，载《华东政法大学学报》，2017（3）。

对于复代理人而言，一旦转委托代理经过被代理人同意或者追认，复代理关系成立。由此可见，我国《民法总则》对复代理关系成立的认定是十分严格的，即只有被代理人事先同意或者事后追认，才能成立复代理，否则将成立无权代理。当然，如果被代理人在授权时授予代理人选任复代理人的权限，此时应当认为被代理人已经同意了代理人选任复代理人，成立复代理。《民法总则》第169条第2款规定，"转委托代理经被代理人同意或者追认的，被代理人可以就代理事务直接指示转委托的第三人"。法律作出此种规定，是因为复代理人已经成为被代理人的代理人，因此，被代理人可以就代理事务直接指示复代理人，复代理人应该严格按照被代理人的指示而不是代理人的指示行为。复代理人在代理权限内所从事代理行为的效果都应当由被代理人承担，如果因为超越代理权限从事代理行为，则构成了无权代理。如果无权代理的行为符合表见代理的构成要件，也应当由被代理人承担责任。但是，如果转委托代理未经被代理人同意或者追认的，则复代理人实施的行为构成无权代理。

对于被代理人而言，在复代理关系生效之后，复代理人成为被代理人的代理人，复代理人所实施的行为的法律后果直接归属于被代理人。

第六节　代理权的行使

一、一般原则

代理权的行使，是指代理人在代理权限内，以被代理人的名义实施的代理行为。因代理人在代理权限内所从事的代理行为而产生的法律效果，都应当由被代理人承担。但代理人在行使代理权的过程中，应当遵守一定的原则，这些原则包括：

1. 代理人必须在代理权限内从事代理行为。这就是说，代理人必须严格按照授权的规定行为，具体包括：一是代理人应当在代理权限的范围内行为。代理

权既是代理人从事代理行为的根据，也划定了其行为的范围。代理人只能在代理权规定的代理事项、代理权限的范围内行使代理权。这是对代理人最基本的要求。二是代理人未经被代理人的同意，不得擅自扩大和变更代理权限。如果代理人在从事代理活动过程中，发现代理的事务因客观原因的变化应当加以改变，例如市场行情发生变化，使继续按照代理权的规定购买某种货物而可能对被代理人不利，此时情况虽然紧急，但代理人也不能擅自改变被代理人的事务，而应当及时与被代理人联系，征求被代理人的意见。另外，除非符合法定的转代理的条件，否则，不能擅自从事转代理行为。三是代理期限一旦届满，就应当及时告知被代理人，如果被代理人不延长期限，代理人应当停止代理活动。四是如果授权不明，代理人应当及时向被代理人提出，尽快明确授权的范围。

2. 代理人必须亲自从事代理行为。代理关系具有浓厚的人身信赖色彩，被代理人常常是基于对代理人的知识、技能、信用等的信赖而委托代理人的。既然代理基于高度信任关系而产生，则代理人必须亲自从事代理行为，才符合被代理人的意志和利益。代理人在从事代理活动中，为被代理人的利益需要转托他人代理的，应当事先取得被代理人的同意。只有在紧急情况下，为了保护被代理人的利益才可不经被代理人同意而转托他人代理。但转委托应当符合法律关于转委托的规定和当事人的约定，并尽可能维护被代理人的利益，非经被代理人同意，或者有紧急情况，不得将代理事务转委托他人。代理人在实施代理行为时可以使用辅助人，但不得让他人替代自己实施代理行为。基于代理关系的人身信赖性质，代理权一般不得转让。

3. 代理人必须依据诚信原则从事代理行为。诚信原则是从事任何民事活动所应当遵循的一般原则，代理行为也不例外。因为被代理人在作出授权时，可能就代理权的范围规定得并不具体明确，而且因为客观情况的变化，代理事务也可能要作出某种改变。因此，代理人完全依据授权进行代理行为也可能不利于被代理人。在此情况下，依据诚信原则从事代理行为十分重要。代理人依据诚信原则行为主要表现在：第一，代理人必须努力尽到勤勉和谨慎的义务，充分维护被代理人的利益。如果客观情况发生变化需要改变委托事务，代理人应当及时向被代

理人报告。代理人作出的报告应当是真实的，不应当出现虚伪不实等可能使被代理人陷入错误的陈述。第二，代理人在代理活动中，除当事人另有特别约定外，应当对被代理人的财产和各种代理事务尽到善良管理人的注意。例如，对被代理人的财产应当妥善保管，如果确实有必要，也应当从事一些必要的对财产的保存、利用和改良行为。① 从事这些行为，应当及时报告被代理人。另外，从事改良行为，应当以不变更物和权利的性质为限。第三，代理人应专为被代理人而非自己、第三人的利益进行代理行为，原则上不得将自己置于使被代理人利益与自己利益相冲突的地位。代理人应当从维护被代理人的利益出发，争取获得对被代理人最有利的结果。第四，代理人在从事代理活动中，应当尽到及时报告的义务，使被代理人及时了解有关情况。第五，在代理关系终止以后，代理人必须要按照诚信原则履行报告、保密、结算等义务，并应当及时交还代理证书及有关资料。

如果依据授权行为和依据诚信原则行为之间发生矛盾，应当如何处理？例如，代理人明知被代理人授权从事某种行为有误，按此实施代理行为对被代理人明显不利，此时是否可以变更授权的规定？笔者认为，按照授权行为是第一原则，按照诚信行为是第二原则。代理行为从根本上讲是要将代理的效果归属于本人，某种代理行为产生的特定效果是否有利于本人，原则上应当按照本人的意思来确定，因为任何人都是自己利益的最佳判断者，即使客观上有利于被代理人的利益，然而被代理人也可能认为对其并非有利。所以，代理人固然应当按照被代理人利益最大化而从事代理行为，但如果代理事务规定得非常明确，代理人不得以谋求被代理人利益最大化为由来改变对代理事务的授权。因此，诚信原则只是为了弥补授权行为的不足而产生的原则。

4. 代理人必须正当行使代理权。代理人在从事代理行为时，应当依据法律规定和诚信原则正当行使其代理权，不得滥用代理权，从事自己代理、双方代理等损害被代理人利益的行为。《民法总则》第 164 条第 1 款规定："代理人不履行或者不完全履行职责，造成被代理人损害的，应当承担民事责任。"德国学界也

---

① 参见魏振瀛主编：《民法》，4 版，180 页，北京，北京大学出版社、高等教育出版社，2010。

持类似的见解，代理人与相对人串通实施代理行为，损害本人利益的，代理行为依据《德国民法典》第138条第1款无效，从而代理人和相对人对本人所受的损害依据该法第826条规定承担侵权损害赔偿责任。[1]

二、代理权滥用的禁止

（一）自己代理（selbstkontrahieren）

所谓自己代理，是指代理人以被代理人的名义与自己从事法律行为。自己代理存在两种情况：一种情况是代理人以自己的名义向被代理人发出要约且代理人以被代理人的名义予以承诺；另一种情况是代理人以被代理人的名义向自己发出要约且以自己的名义进行承诺。法律上之所以禁止自己代理，原因在于：尽管代理人代理本人行为时，获得了本人的授权，但其应当为本人寻找相对人进行交易，但在自己代理的场合，代理人未寻找相对人，却由自己与本人发生法律关系，这种行为违反了代理人应当负有的忠实义务。按照忠实义务，代理人必须为本人的利益而行为，而不能为了自己的利益而行为，因此，此种行为属于滥用代理权的行为，在法律上应当予以禁止。[2] 此外，在自己代理的情况下，有可能会发生利益冲突，损害被代理人的利益。[3]《民法总则》第168条第1款规定："代理人不得以被代理人的名义与自己实施民事法律行为，但是被代理人同意或者追认的除外。"这就明确了代理人不得从事自己代理行为。

关于自己代理的效力，比较法上有如下观点：一是无效说。此种观点认为，在自己代理的情形下，本人可宣告该行为无效。[4] 二是可撤销的代理行为说。例如，《意大利民法典》第1394条规定："由代理人缔结的、与被代理人利益相冲突的契约，在第三人知道或者可知道的情况下，得根据被代理人的请求而撤销。"

---

[1]　Helmut Köhler, BGB Allgemeiner Teil, 34. Auflage, Beck, 2010, S. 168.

[2]　参见［日］四宫和夫：《日本民法总则》，唐晖等译，250页，台北，五南图书出版公司，1995。

[3]　Helmut Köhler, BGB Allgemeiner Teil, 34. Auflage, Beck, 2010, S. 169.

[4]　参见《国际商事合同通则》第2.2.7条。

从我国《民法总则》第 168 条第 1 款规定来看，该条实际上是将自己代理作为无权代理对待。也就是说，在代理人实施自己代理行为时，只有在两种情况下才能发生效力：一是被代理人的事先同意。自己代理经过被代理人的同意也可以有效。如果自己代理对被代理人并无不利，并不发生利益的冲突，被代理人也会事先同意代理人的行为。二是被代理人的事后追认。这就是说，在代理人实施了自己代理行为之后，被代理人也可以自愿追认这一行为，从而使这一无权代理转化为有权代理。

笔者认为，虽然自己代理和双方代理都需要经被代理人同意和追认才能有效，从这个意义上可以说，其与无权代理并无差异。但实际上，它们和无权代理并不完全相同，表现在：第一，在无权代理的情况下，代理人并没有相关的代理权，而在自己代理和双方代理的情形下，代理人是有相关的代理权的，只是其构成了代理权的滥用。第二，对自己代理和双方代理而言，法律上之所以禁止此类行为，很大程度上是因为其存在利益冲突，会导致对被代理人的损害，但如果能够消除相关的利益冲突，则应当肯定其效力。因此，就自己代理而言，在如下两种情形，即使没有取得本人的同意，自己代理因对本人有利也应当认定为有效：一是被代理人纯获利益的行为。例如，父母与未成年子女之间订立房屋赠与合同，对于未成年人子女来说，其纯获利益，所以，应当认为是有效的[1]，因为禁止代理权滥用的目的在于防止代理人对本人的利益造成损害，对于纯获利益的行为，其不会造成被代理人的损害，也就没有必要宣告此种行为无效。[2] 二是专门履行债务的行为。如果自己代理在内容上仅仅限于履行对被代理人的债务，对被代理人并无不利，此时并不发生利益的冲突，虽然未经被代理人同意，也应当有效。[3] 例如，被代理人甲授权代理人乙，专门解决其与相对人丙之间的债务，而丙则将其债务移转给乙，使乙一方面为本人的代理人，另一方面又为其相对人。

---

① MünchKomm/Schramm，§ 181，Rn. 15；Larenz/Wolf，Allgemeiner Teil des Bürgerlichen Rechts，9. Aufl.，2004，§ 46，Rn. 129f.

② 参见汪渊智：《代理法论》，235 页，北京，北京大学出版社，2015。

③ Larenz/Wolf，Allgemeiner Teil des Bürgerlichen Rechts，9. Aufl.，2004，§ 46，Rn. 124f.

在此情况下，因为清偿债务的行为不会给被代理人的利益造成损害，应当认为代理行为有效。同样，如果自己代理在内容上限于代被代理人履行债务，由于不存在利益冲突，也应当有效。①

（二）双方代理（Mehrvertretung）

双方代理是指同时代理被代理人和相对人为同一法律行为。此种代理因为有可能存在利益冲突、损害被代理人利益，所以，法律上对其采取原则上予以禁止的态度。② 其特点是：第一，代理人获得了被代理人和相对人的授权，如果仅有一方的授权，不构成双方代理。第二，双方授权的内容是相同的，如果双方都对同一个代理人作出了授权，但授权的内容、代理事项不同，也不构成双方代理。第三，代理人同时代理双方为同一法律行为。例如，双方都共同委托某人代为交税或办理登记手续等，并非代理双方作出同一法律行为，不可能形成利益的冲突，也不构成双方代理。

《民法总则》第 168 条第 2 款规定："代理人不得以被代理人的名义与自己同时代理的其他人实施民事法律行为，但是被代理的双方同意或者追认的除外。"由此可见，我国《民法总则》原则上禁止此种代理。法律之所以禁止此种代理，主要是基于如下两种理由：一是代理人在实施代理行为时，需要独立地作出意思表示，与相对人进行交易，而在双方代理的情形下，因为一人操办两家，就使得应有的交易中的磋商、协商过程不复存在，很难同时保障双方的利益得到实现。③ 二是在双方代理的情形下，由于交易双方的利益难免冲突，一人操纵包办，不免顾此失彼，并且名为双方协议，实际上却毫无协商余地，因而很容易损害被代理人的利益。此外，同自己代理一样，在双方代理中，也没有第三人实际参加进来，与代理关系的概念有所不符，并可能会损害被代理人的利益。④

---

① 当然，如果债务履行行为需要订立代物清偿协议，则应当认定存在一定的利益冲突，需要经被代理人同意或追认。参见王泽鉴：《民法总则》，442 页，北京，北京大学出版社，2009。

② Helmut Köhler, *BGB Allgemeiner Teil*, 34. Auflage, Beck, 2010, S. 169.

③ 参见郑玉波：《民法总则》，418 页，北京，中国政法大学出版社，2003。

④ 参见佟柔主编：《中国民法》，208 页，北京，法律出版社，1990。

依据《民法总则》的上述规定，双方代理属于效力待定的行为，只有在如下情形下才能生效：

一是双方被代理人都事先同意双方代理行为。例如，两个被代理人，都提出了买进和卖出的价格范围，那么，在价款规定的范围内，代理人代理双方从事的交易行为，只要标的、质量完全符合双方的指示，价款也没有超出指定的范围，在此情况下，代理人的双方代理可以认为是双方已经事先授权。既然委托人明知而未表示反对，这实际上就表明双方对代理人有高度的信任，尽管代理双方会产生一定的利益冲突，但双方都相信代理人完全能够尽到谨慎、勤勉的义务，能够充分顾及双方的利益。在此情况下也没有必要宣告该行为无效。即便发生了一定的利益冲突，甚至某一方因此受到了损害，这也是当事人所自愿接受的，法律没有必要加以干预。从现代商法的发展趋势来看，许多国家的商法对双方代理行为大多并未禁止，表明这种行为对当事人仍然是有利的。①

二是双方被代理人都事后追认。需要指出的是，虽然双方代理类似于无权代理，但是，其与无权代理仍然存在一定的区别。无权代理属于没有代理权、超越代理权或者代理权终止后的行为，而自己代理和双方代理中，代理人属于滥用代理权，违反了代理人应当具有的忠实、勤勉义务，从而可能导致利益冲突，但其通常属于有权代理。

此外，双方代理在如下情况下也可以发生效力，即如果代理人实施双方代理是代理被代理人履行债务的行为，也应当肯定其效力，这包括两种情况：一是代理一方被代理人履行对另一方被代理人的债务，二是代理双方被代理人履行对对方的债务。② 关于专门解决债务履行的纠纷，例如甲、乙双方都委托丙解决其债务纠纷，甲欠乙的债务，乙也欠甲的债务，代理人代理双方将债务抵销或清偿。这既符合双方的指示，也符合双方的意志，所以代理人从事此种代理应当是合法有效的。

---

① 参见江帆：《代理法律制度研究》，196 页，北京，中国法制出版社，2000。
② 参见杨与龄主编：《民法总则争议问题研究》，311 页，台北，五南图书出版公司，1998。

（三）代理人与相对人恶意串通，损害被代理人的利益

《民法总则》第 164 条第 2 款规定，"代理人和相对人恶意串通，损害被代理人合法权益的，代理人和相对人应当承担连带责任"。本条适用于代理人和相对人恶意串通损害被代理人利益的情形，该条的适用应当满足两项条件：

第一，代理人和相对人恶意串通。例如，代理人和相对人串通，约定为被代理人高价购买一台设备，相对人给付代理人一定的回扣。所谓"恶意"，是相对于"善意"而言的，即明知或应知某种行为将造成对被代理人的损害而故意为之。恶意串通指双方当事人非法串通在一起，共同实施某种行为致被代理人损害。在互相串通的情形下，当事人在主观上都具有共同的意思联络、沟通，都希望通过实施某种行为而损害被代理人的利益。如果仅有一方的损害被代理人利益的行为，而另一方并不知悉，则不能认定为恶意串通。

第二，损害被代理人的合法权益。《民法总则》第 164 条第 2 款规定的适用，应当以被代理人遭受了实际的损害为前提。因为在互相串通的情况下，代理人与相对人应当负连带责任，赔偿被代理人因此所受的损失。因而被代理人必须实际遭受了损害，被代理人也应对此负举证责任。

在上述情形下，此种代理行为因为违背公序良俗原则而无效。由于此种行为已造成被代理人的损害，因而，代理人和相对人还应当对被代理人承担连带责任。从责任性质上看，此种责任应当属于因共同侵权而承担的连带责任。

第七节 代理行为及其效果

一、代理行为的性质

关于代理行为的性质，存在三种不同的学说：

一是本人行为说（Geschäftsherrntheorie），此种观点为德国学者萨维尼倡导。萨维尼认为，代理人只是一个法律上器官（juristisches Organ），负载着本

人的意思，因此，代理行为的效力和代理人从事法律行为的要件需要依据本人而定。① 从而，代理人自己的意思形成并没有任何意义，本人才是合同的当事人。② 代理人表达的意思必须是本人的意思，代理人实际上也是在替代本人发出或者接受意思表示，所以代理的效果应当由本人承担。

二是代理人行为说（Repräsentationstheorie），此种观点为德国学者 Brinz 和 Windscheid 所倡导。该学说认为，代理行为中的意思是代理人的意思，只是该意思的效果仅发生于本人身上。代理权是这一意思对他人发生效果的要件，代理行为的要件则依据代理人而定。③ 代理人在从事代理行为时应当独立作出意思表示。虽然代理行为的效果应当归属于本人，但并不意味着就应当将代理人与本人混同。④

三是折中说（Vermittlungstheorie）。此种观点为德国学者 Mitteis、Dernburg、Coing 等人所主张。该说认为，代理效果经由代理人和本人共同通过代理行为的缔结和委托授权发生。⑤ 应当将代理行为看作是代理人与本人的共同行为，因此行为的要件应当部分以代理人为准、部分以本人为准。⑥

笔者认为，从总体上看，采纳折中说比较合理，即不能将其单纯地看作是代理人的行为，也不能简单地看作是被代理人的行为，更不宜看作是共同行为，因为共同行为是共同行为人独立意思的结合。一方面，代理人都是具有相应民事行为能力的自然人，只要在授权范围内便可以自己的意思独立从事民事法律行为；尤其是授权行为不可能十分具体，而只能由代理人根据具体情况来作出判断。例如，被代理人授权代理人购买某一个标的物，则就该标的物的质量等情况要由代理人根据具体情况判断，并选择一个特定的标的物进行购买。因此，允许代理人独立地进行意思表示，既符合代理的本质要求，也能够使代理人圆满地完成被代

---

① Staudinger/Schilken，Vorbemerkung zu §§ 164 ff，Rn. 11.
② Nicole Hofmann，Missbrauch von Formalvollmachten，Diss. Uni. Wien，2008，S. 12.
③ Staudinger/Schilken，Vorbemerkung zu §§ 164 ff，Rn. 11.
④ 参见郑玉波：《民法总则》，404 页，北京，中国政法大学出版社，2003。
⑤ Staudinger/Schilken，Vorbemerkung zu §§ 164 ff，Rn. 11.
⑥ 参见龙卫球：《民法总论》，64～66 页，北京，中国法制出版社，2001。

理人委托的事项。另一方面，代理人实施代理行为也要体现被代理人的意志。代理之所以在最终的法律效果上要归属于被代理人，根本原因在于代理人是基于被代理人的意思从事代理行为。当然，代理人要按照被代理人的意志行为，主要是指代理人应当在授权范围内按照诚信原则的要求从事代理行为，而在具体的民事法律行为中，代理人又应当独立地作出或者接受意思表示。所以，代理人实施代理行为可以说是代理人和被代理人意志的共同产物。

二、代理行为的生效要件

（一）代理人应当具有相应的行为能力

代理人通常应当具有完全民事行为能力，但是，在委托代理中，被代理人以限制民事行为能力人作为其代理人，也是法律允许的。依据《民法总则》的规定，限制民事行为能力人可以独立实施与其年龄、智力以及精神健康状况相适应的民事法律行为，其当然也可以代理实施此类民事法律行为，而且即便相关民事法律行为超出了其行为能力限度，由于在委托代理中，代理的法律效果归属于被代理人而非代理人，一般并不会损害代理人的利益，因而，其应当也可以代理实施一定的民事法律行为。

不过，代理人不应当是无民事行为能力人。因为代理与使者的区别在于代理人需要独立作出或者接受意思表示，因而代理人需要具有意思能力，从而能够独立进行意思表示，无民事行为能力人不具备此种能力。

（二）代理事项应当合法

代理事项即法律行为的标的应当是合法、有效的，不能违反法律的强制性规定和公序良俗，否则，该代理行为将因标的违法而被宣告无效。所谓代理事项违法，主要包括两种情况：一是被代理人将违法的代理事项委托给代理人实施，或者代理事项合法，但代理人实施的行为违法。例如，被代理人委托代理人购买毒品或者其他非法物品。二是代理事项本身并无违法性，但该事项不得代理，只能由被代理人亲自实施，如果由代理人实施，也构成违法。例如，结婚行为不能由

他人代理。[1]《民法总则》第 167 条规定："代理人知道或者应当知道代理事项违法仍然实施代理行为，或者被代理人知道或者应当知道代理人的代理行为违法未作反对表示的，被代理人和代理人应当承担连带责任。"据此，如果被代理人知道或者应当知道代理行为违法，但未作反对表示的，则被代理人应当与代理人对损害后果承担连带责任。

（三）代理人应在代理权限内从事代理行为

代理人从事代理行为必须在代理权限内进行，该行为方能合法有效。在确定代理权限时，应当考虑代理权的产生原因，即是法定代理、委托代理还是指定代理。在法定代理和指定代理的情形，代理权是依据法律规定产生的，代理权范围就依据法律规定而定。在委托代理的情形，代理权范围依据授权行为来确定。代理人实施代理行为的，必须在代理权限范围内行使代理权，否则构成无权代理。当然，这并不意味着任何无权代理行为都将导致代理行为无效，如果无权代理行为事后得到本人的追认，或者其符合表见代理的构成要件，该行为也是有效的。代理人在作出意思表示时必须有代理权，且在意思表示生效时仍然必须有代理权。[2]

（四）代理行为不存在效力瑕疵

所谓代理行为不存在效力瑕疵，是指代理人与相对人之间实施的行为，不存在意思表示瑕疵、违反公序良俗等影响合同效力的因素。[3] 代理人获得代理权限后，其代理事项可能是合法的，但代理人从事这些事项过程中可能存在意思表示不真实等影响合同效力的因素。例如，代理人因实施欺诈行为而与相对人订立合同，则该合同可以被撤销。具体来说，代理行为无瑕疵主要包括两个方面：一是代理行为不违反代理法上的强制性规定。代理法关于自己代理和双方代理的规定，都属于强制性规定，违反该规定将可能导致代理行为无效。二是代理行为不

---

[1] 参见石宏主编：《中华人民共和国民法总则条文说明、立法理由及相关规定》，392 页，北京，北京大学出版社，2017。

[2] Larenz/Wolf, Allgemeiner Teil des Bürgerlichen Rechts, 9. Aufl., 2004, § 46, Rn. 17.

[3] 参见［日］四宫和夫：《日本民法总则》，唐晖等译，257 页，台北，五南图书出版公司，1995。

存在法律行为制度上的其他无效或可撤销原因。例如，代理行为因违反法律、行政法规的强制性规定或善良风俗而无效。

三、代理行为的法律效果

代理行为的法律效果是指代理人从事代理行为后产生的法律效果。从效果归属上来说，只要授权行为是合法有效的，或者符合表见代理的要件，代理行为的法律效果应当归属于被代理人，具体而言：

第一，代理人在代理权限内以被代理人的名义作出或接受意思表示，直接对被代理人发生效力[①]，所以代理的效果应当归属于被代理人。如果在实施无权代理行为后获得被代理人的追认，由此产生的一切权利义务关系也应当由被代理人承担。

第二，如果授权行为合法有效，但代理人代理被代理人与第三人订立的合同不成立、被宣告无效或者被撤销，原则上应当由被代理人向第三人承担责任，因为代理人并非该合同的当事人，但法律规定代理人应当承担责任的情况除外。

第三，如果代理人从事无权代理行为构成表见代理，代理的效果应由被代理人承担。

第四，因代理行为违法导致他人损害时，原则上应当根据过错原则来确定被代理人的责任，即应当根据其过错程度确定其应负的责任。

四、代理人的责任

代理人依法从事代理行为，在代理行为完成后，代理人将退出被代理人和相对人之间的法律关系，对于代理行为的法律后果不应承担责任。但是，代理人在接受委托或者从事代理行为过程中，可能会存在过错，在此种情况下，代理人应

---

① 参见《德国民法典》第 164 条，《日本民法典》第 99 条。

当依法承担相应的民事责任。代理人的责任包括两种：一是对被代理人的责任，二是对相对人的责任。

（一）代理人对被代理人的责任

《民法总则》第 164 条第 1 款规定："代理人不履行或者不完全履行职责，造成被代理人损害的，应当承担民事责任。"代理人行使代理权本来是为了被代理人的利益，因此，代理人履行职责应当依据法律规定或委托授权的权限从事代理行为，履行应尽的职责。如果代理人应当履行其职责，而没有履行或者没有完全履行，就应当承担责任。例如，本来应当及时购买某产品，贻误了时机，只能在价格上涨后购买，导致被代理人遭受了损害。此时，代理人就应当对被代理人负责。同时，代理人也不得滥用代理权，从事自己代理、双方代理以及其他有损被代理人利益的行为。此外，代理人不得实施违法行为，损害被代理人利益。例如，代理人本应受托购买某项技术，但未购买该技术，而实施侵害他人知识产权的行为，最终造成被代理人的损害。上述行为都表明，代理人未尽其职责，造成被代理人损害的，应当承担相应的民事责任。

（二）代理人对相对人的责任

代理人在从事代理行为时，也应当兼顾相对人利益。如果因代理人的过错导致相对人损害的，应当承担民事责任。具体来说，包括如下几种情形：

第一，代理人从事无权代理行为，未获得被代理人追认，而又未构成表见代理的。此时，代理行为应被认定无效，代理人应当对相对人承担责任。

第二，代理人明知代理事项违法，而仍然从事代理事务，则在造成第三人损害的情况下，由于代理人和被代理人对代理事项违法存在意思联络，应当由代理人和被代理人共同承担连带责任。

第三，代理人对相对人单独从事侵权行为，代理人应承担相应的法律责任。[①] 例如，代理人在从事代理行为过程中故意实施殴打相对人的行为，造成相对人损害，则其应当单独承担损害赔偿责任。当然，如果符合用工责任的构成要

---

① 参见郑玉波：《民法总则》，424 页，北京，中国政法大学出版社，2003。

件，则被代理人也应当承担相应的责任。

需要讨论的是，代理人对被代理人所承担的责任是否包括违约责任？《民法总则》第 164 条第 1 款对此的规定并不明确。笔者认为，代理人是否要承担违约责任，要考虑代理人和被代理人之间是否存在合同关系，以及代理人是否违反了合同义务。如果当事人之间存在委托合同或其他合同，代理人行使代理权的行为违反了合同义务，则被代理人应当有权请求代理人承担违约责任。

第八节 代理权的消灭

代理权的消灭，又称为代理权的终止，是指代理人与被代理人之间的代理关系消灭。我国《民法总则》第七章第三节对委托代理和法定代理终止的原因都有明确规定。

一、委托代理终止的原因

根据《民法总则》第 173 条，委托代理因下列原因而终止：

一是代理期间届满或者代理事务完成。代理期间是被代理人授权代理人行使代理权的期间，代理人只能在代理期间内行使代理权。超过该期限，如果本人没有继续授权，则不应当再行使代理权。在代理事务完成以后，代理关系就不具有继续存在的理由，在此情况下，代理人应当停止以本人的名义从事代理活动。被代理人在授权代理人从事某项事务时，其可能没有授予明确的代理期间，此时，在代理事务完成时，委托代理也应随之终止。当然，在实践中，被代理人所授予的代理期间可能不明确，或者代理事务范围不清楚，一般认为，在此情况下，被代理人有权随时以其单方意思表示确定代理人的代理权限。①

---

① 参见佟柔主编：《中国民法》，216 页，北京，法律出版社，1990。

二是被代理人取消委托或者代理人辞去委托。取消委托实质上就是被代理人撤销代理权，而辞去委托就是代理人放弃代理权，在性质上都是一种单方行为，只需要以单方意思传达于对方。原则上，被代理人可以任意撤销代理权①，但基础关系或授权行为另有约定的除外。代理关系是基于代理人和本人之间的相互信任关系产生的，一旦双方之间的这种信任关系不复存在，应当允许双方解除委托关系。被代理人取消委托是指完全终止代理，但被代理人仅限制和缩小了代理权限，只能导致代理权的部分消灭。② 所以，除当事人另有约定外，被代理人有权随时取消委托，代理人也可以随时辞去委托。当然，在被代理人是基于委托合同而授予代理权的情形下，如果被代理人取消委托或者代理人单方辞去委托构成违约，则对方当事人有权请求其承担违约责任。

需要讨论的是，如果被代理人取消了委托，而第三人并不知道，或者不是全部取消委托，而是对代理权限进行了限制，第三人也对此不知情，在此情形下，第三人是善意、无过失的，此时，代理权的取消或者限制对第三人是否发生效力？一般认为，此种情形下，代理人的消灭和变更不得对抗善意第三人。③

三是代理人丧失民事行为能力。代理人必须要具有行为能力，因为代理活动主要从事的是一种法律行为，代理人要代理被代理人作出意思表示和接受意思表示。如果代理人本身不具有行为能力，则被代理人的利益根本不能得到保障。代理人在代理权授予时具有行为能力，但后来代理人因各种原因而不具有行为能力的，将导致代理权终止。但依照诚信原则，如果被代理人自愿选择一个限制民事行为能力人作为代理人代理其事务，则被代理人不得主张代理人的代理行为无效。即使被代理人在选择代理人时，并不知道其不具有完全的民事行为能力，也

---

① 《中国人民银行关于保险公司是否有权单方终止与保险代理人委托代理关系的答复》银条法〔1997〕17 号中指出："根据《中华人民共和国民法通则》第 69 条的规定，被代理人有权单方取消对委托代理人的授权委托。因此，根据你行请示所述，中国太平洋保险公司重庆分公司在对其授权委托的保险代理人进行资格审查清理中，有权单方面取消对保险代理人的授权委托，终止与保险代理人的委托代理关系。"

② 参见张俊浩主编：《民法学原理》，287 页，北京，中国政法大学出版社，2000。

③ 参见郑玉波：《民法总则》，428 页，北京，中国政法大学出版社，2003。

应承担由此造成的后果。当然，如果代理人并非完全丧失民事行为能力，实际成为限制民事行为能力人，而且不因此影响其实施代理行为的，则代理关系并不当然因此终止。

四是代理人或者被代理人死亡。代理关系具有严格的人身属性，因此代理权必须由代理人亲自行使。代理人死亡以后，代理关系自然终止，代理权不能发生继承。被代理人死亡的，通常也会导致代理行为的意义不复存在，因此代理关系也应当随之终止。当然，如果出现《民法总则》第 174 条第 1 款所规定的情形，则即便被代理人已经死亡，代理人所实施的代理行为仍继续有效，具体而言：（1）代理人不知道且不应当知道被代理人已经死亡的。为了保障代理人的利益，如果其不知道且不应当知道被代理人已经死亡的，则代理关系不终止。（2）被代理人的继承人予以承认。被代理人死亡后，如果被代理人的继承人知道代理人的身份，并对代理人实施代理行为予以承认的，则代理关系也不终止。（3）授权中明确代理权在代理事务完成时终止。如果被代理人在授权时没有明确委托代理的期间，而是规定必须完成代理事务，此时，为尊重当事人的意思自治，即便被代理人死亡，委托代理也不终止。[①]（4）被代理人死亡前已经实施，为了被代理人的继承人的利益继续代理。也就是说，在被代理人死亡前，代理人已经实施了一定的行为，如果继续实施代理行为对被代理人的继承人是有利的，则代理关系不终止。当然，即便维持代理关系对被代理人的继承人有利，如果继承人提出异议，也应当允许其终止代理关系。

五是作为代理人或者被代理人的法人、非法人组织终止。如果法人是被代理人或代理人，法人因各种原因终止的，其民事主体资格不复存在，代理关系因为缺乏一方主体，也不应当继续存在。但是，法人被吊销营业执照，其主体资格并没有立即消灭，不能认为法人已经终止。在清算期间，法律允许清算法人从事必要的事务，如果已经成立代理关系，则应当继续有效。[②]

---

① 参见石宏主编：《中华人民共和国民法总则条文说明、立法理由及相关规定》，408 页，北京，北京大学出版社，2017。

② 参见佟柔主编：《中国民法》，217 页，北京，法律出版社，1990。

需要指出的是，《民法总则》第 174 条第 2 款规定："作为被代理人的法人、非法人组织终止的，参照适用前款规定。"依据该条规定，如果作为被代理人的法人或者非法人组织终止时，代理人不知道并且不应当知道被代理人终止，被代理人的继受者予以承认，授权中明确代理权在代理事务完成时终止，被代理人终止前已经实施，为了被代理人的继受者的利益需要继续代理，则代理关系也例外地不终止。

二、法定代理的终止原因

《民法总则》第 175 条规定："有下列情形之一的，法定代理终止：（一）被代理人取得或者恢复完全民事行为能力；（二）代理人丧失民事行为能力；（三）代理人或者被代理人死亡；（四）法律规定的其他情形。"依据这一规定，法定代理因下列原因而终止：

1. 被代理人取得或者恢复完全民事行为能力。法定代理产生的原因是被代理人不具有或不完全具有民事行为能力，但如果被代理人取得或恢复民事行为能力（例如，未成年人年满 18 周岁，或者精神病人恢复精神健康等），法定代理的原因不复存在，应导致代理权终止。

2. 代理人丧失民事行为能力。在法定代理中，代理人需要代理被代理人实施民事法律行为，其应当具有完全民事行为能力。因此，在代理人丧失民事行为能力时，其将无法有效履行代理职责，代理关系也应当随之终止。

3. 代理人或者被代理人死亡。在法定代理中，如果代理人或者被代理人死亡，法定代理关系存在的意义也将不复存在。此处的所说的"死亡"不限于自然死亡，还包括宣告死亡。[①]

4. 法律规定的其他情形。例如，收养关系的解除，收养人和被收养人之间的监护关系消灭，则收养人的代理资格丧失。[②]

---

① 参见郑玉波：《民法总则》，429 页，北京，中国政法大学出版社，2003。

② 参见魏振瀛主编：《民法》，4 版，184 页，北京，北京大学出版社、高等教育出版社，2010。

三、代理关系终止的效力

在代理关系终止以后，代理权归于消灭，代理人不得再以被代理人的名义从事代理活动，否则构成无权代理。代理关系一旦终止，代理人应当依据法律规定和诚实信用原则履行如下义务：

一是及时报告代理事宜和移交财产的义务。代理人应当及时向被代理人以及其继承人、清算人等就有关代理的事务和财产事宜，及时报告和移交，妥善处理善后事宜。

二是及时交回代理证书的义务。代理证书本来是代理权的证明，在代理终止后，如果其仍然保留在代理人手中，则会危及交易安全，也会损害本人和相对人的利益。因此，在代理关系终止后，被代理人有权要求代理人交还证书。[①] 如果代理人在代理权终止以后，仍然保留代理证书，以被代理人的名义继续行为，将构成无权代理。

三是履行忠实、保护等附随义务。代理人应当按照诚信原则履行后契约义务，即忠实、保密等义务。代理人不得向他人泄露有关被代理人的秘密，不得利用被代理人的有关文件从事不正当行为等。

代理关系终止以后，第三人可能并不知道代理终止的事由的发生，如果代理人继续从事代理行为，善意第三人仍与代理人从事民事行为，且符合表见代理的构成要件，此种代理行为依然有效。

---

① 参见郑玉波：《民法总则》，429页，北京，中国政法大学出版社，2003。

第十六章

无权代理和表见代理

第一节　无权代理概述

一、无权代理的概念与特征

所谓无权代理，顾名思义，是指代理人在从事代理行为时未获得代理权。代理权是代理行为发生的基础和前提，代理人只有基于代理权才能从事有效的代理行为。而在没有代理权的情况下所实施的任何行为，都构成无权代理。无权代理是指代理人无代理权、超越代理权或在代理权终止以后所从事的代理行为。《民法总则》第 171 条第 1 款规定："行为人没有代理权、超越代理权或者代理权终止后，仍然实施代理行为，未经被代理人追认的，对被代理人不发生效力。"该条对无权代理作出了规定。

具体来说，无权代理从形态上包括四种类型：

第一，代理人根本无代理权的代理。这就是说，代理人在未得到任何授权情

况下，便以被代理人的名义从事代理行为，或者根本不是法定代理人而以法定代理人名义从事代理活动。至于无权代理人利用他人的废、假支票进行诈骗或者伪造他人的公章、营业执照、名章、合同书文本、介绍信等从事欺诈行为，则属于典型的无权代理行为。

第二，超越代理权的无权代理，即代理人虽享有一定的代理权，但其实施代理行为超越了代理权的范围或对代理权的限制。[①] 超越代理权可分为量的超越和质的超越，如超过规定的数量而购买某种产品，称为量的超越，而本应购买某种商品而购买其他商品则属于质的超越，这两种情况都构成超越代理权限制范围而从事代理行为。[②]

第三，代理权终止以后的无权代理。代理权可能因被代理人撤销委托、代理期限届满等原因而终止，在代理权终止以后，代理人明知其无代理权而仍然以被代理人名义从事代理活动，或者因过失而不知道其代理权已丧失而继续进行代理活动，都会发生无权代理。在被代理人向代理人作出限制和撤回授权的通知以后，代理人超越授权的范围而行为，也构成无权代理。

第四，在授权的意思表示未到达代理人时，代理人以被代理人的名义从事了代理行为，也构成无权代理。因为在此情况下，被代理人的授权意思表示根本没有到达代理人，授权的意思表示并未生效，因此该授权行为不能成立，代理人实施的代理行为构成无权代理。

还需要指出的是，代理事项违法是否会导致授权行为无效，并进而导致代理人的行为构成无权代理呢？例如，A 委托 B 为其购买一支手枪，并授予其代理权，该授权行为因违法而无效，但代理人已经实际从事了代理行为的情况下，应当按照代理行为无效还是无权代理处理，对此存在两种不同的观点：一种观点认为，代理事项违法虽导致代理行为无效，但是，代理权自始存在，只是相关当事人要承担法律责任。另一种观点认为，代理事项违法导致授权行为无效，则根本

[①] 参见"李某娇诉张某辉委托代理纠纷案"，载《最高人民法院公报》，1993（1）。
[②] 参见章戈：《表见代理及其适用》，载《法学研究》，1987（6）。

没有代理权，所以，应当属于无权代理。笔者认为，在代理事项违法的情形下，授权行为本身是无效的，因此，代理人的行为也应构成无权代理。

尽管无权代理行为不符合被代理人的意志，但该行为并非当然无效，因被代理人的追认可使该行为有效。如果代理人从事无权代理，但善意相对人客观上有理由相信代理人有代理权，法律为了保护交易安全和秩序，仍然承认此种代理发生有权代理的效力，此时无权代理将转化成为表见代理。

二、无权代理的分类

无权代理可以分为两类，即狭义的无权代理和表见代理。从狭义上说，无权代理则仅指除表见代理以外的无权代理。狭义的无权代理与表见代理具有一定的联系，表现在：一方面，表见代理主要是因为无权代理行为而产生的，它是指行为人没有代理权、超越代理权或者代理权终止后所从事的代理行为，仍然属于广义上的无权代理。所以在实践中，许多无权代理行为既可能符合表见代理的构成要件，也可能仅属于狭义无权代理的范畴。另一方面，无论是狭义的无权代理，还是表见代理，无权代理人从事的无权代理行为都可能给被代理人造成损害，无权代理人应当向被代理人承担损害赔偿责任，不能因为狭义的无权代理已转化为表见代理而免除无权代理人应承担的损害赔偿责任。

从目的上说，尽管表见代理属于广义的无权代理范畴，但其与狭义的无权代理在性质上仍然存在明显的差别。我国民法采纳表见代理制度的根本原因在于保护相对人的利益，维护交易安全。而狭义的无权代理制度设立的目的主要在于保护被代理人的利益。因为在行为人实施无权代理行为以后，是否承认这种行为的效力，完全由被代理人决定，在被代理人拒绝承认该行为以后，应当由无权代理人承担责任。

第二节　表见代理

一、表见代理的概念

所谓表见代理，是指行为人没有代理权、超越代理权或者代理权终止后，以被代理人名义实施民事法律行为，相对人有理由相信行为人有代理权的，该代理行为有效。《民法总则》第172条规定："行为人没有代理权、超越代理权或者代理权终止后，仍然实施代理行为，相对人有理由相信行为人有代理权的，代理行为有效。"这就在法律上确立了表见代理制度。我国民法采纳表见代理制度的根本原因在于维护交易安全。因为要求第三人在任何情况下都必须详细考察被代理人的意思，不仅要花费很大的成本，而且是很难做到的。只要第三人对表面上的权利状态形成了合理信赖，即使实际情况相反，也应保护这种信赖的利益，从而维护交易的安全。

从广义上说，表见代理属于无权代理的一种。代理权是代理行为发生的基础和前提，代理人只有基于代理权才能从事有效的代理行为。而在没有代理权、逾越代理权限的情况下所实施的任何行为，都构成无权代理。尽管无权代理行为从根本上违反了被代理人的意志，但该行为并非当然无效。相对人只要有合理的理由相信无权代理人具有代理权，法律应当对于此种信赖利益予以保护，使表见代理行为有效。[①] 在此情况下，不论被代理人是否愿意，该无权代理行为所产生的法律效果都要由被代理人承担。

关于表见代理是否可以发生有权代理的效力，或者说，在法律上是否应当认可表见代理制度，理论上存在一定的争议。德国著名的民法学家拉伦茨（Larenz）认为，如果本人对无权代理的事实并不知情，本人并没有形成权利外观，因

---

① 参见史尚宽：《民法总论》，547页，北京，中国政法大学出版社，2000。

此，从过错责任原则出发也不应当使本人承担责任；如果本人确因违反注意义务，而造成代理权存在的权利外观，此种义务的违反最多只能产生损害赔偿的责任，而不应当使本人负表见代理的后果。① 德国学者 Flume 教授认为，表见代理实际上违反了公认的法原则，依据表见代理理论，代理效果发生实际上源于本人没有履行特定的注意义务，但是，不履行特定的注意义务实际上并不能够导致法律行为有效成立，而是导致信赖损害赔偿责任的承担，司法实践中也没有承认所谓的表见代理的需要。② 在我国，通说认为，表见代理是应当认可的、可以发生有权代理效果的制度。

我国《合同法》第 49 条在法律上第一次确认了表见代理的概念，《民法总则》第 172 条在此基础上对表见代理制度作出了规定。我国民法采纳表见代理制度的根本原因在于保护交易安全。整个民法制度要保护的就是两种安全：即静的安全与动的安全。③ 所谓静的安全，主要是指所有权人以及他物权人对财产的安全所享有的利益，而动的安全即交易的安全。这两种安全的利益在某些情况下可能会发生一定的冲突。如果单纯注重保护静的安全，第三人在从事任何法律行为时就必须详细了解真正权利人的意思，以确定权利的形式与实质是否完全符合，然后才能从事交易。如果没有了解真正权利人的意思，则要由第三人承担风险。然而，这样一来必然会给交易的安全造成妨碍，也不利于促进交易的迅速达成。因为要求第三人在任何情况下都必须详细考察真正权利人的意思，不仅要花费很大的成本，而且是很难做到的。因此，只要第三人对无权代理人具有代理权状态形成了合理信赖，即使实际情况相反，也应保护这种信赖的利益。表见代理制度的根本目的是维护交易安全与交易秩序等社会公共利益。④ 因为交易安全和交易秩序较之于个别被代理人利益而言更为重要，所以法律为了强化交易安全的保护，从而确立了表见代理制度。

---

① K. Larenz, Allgemeiner Teil des deutschen Bürgerlichen Rechts, 1983, § 33, S. 622.
② Werner Flume, Allgemeiner Teil des Bürgerlichen Rechts, Bd II, Das Rechtsgeschäft, 4. Aufl., 1992, § 49 4, S. 834.
③ 参见郑玉波：《民商法问题研究（一）》，415 页，台北，三民书局，1991。
④ 参见李开国：《民法基本问题研究》，254 页，北京，法律出版社，1997。

表见代理不同于默示授权，尽管在这两种情形下代理人都没有获得明确的授权，但是，两者之间也存在较大的区别，主要表现在：第一，在默示授权中，被代理人有授予代理权的意愿，只不过，此种意愿是通过具体情况推定出来的。[①]而在表见代理中，被代理人不仅没有授予代理人以代理权，而且没有可推知的授予代理权的意愿。第二，在默示授权中，被代理人知道代理人以自己的名义从事交易；而在表见代理中，被代理人不知道他人以自己的名义从事交易，但是他如果尽到相应的注意义务，本来是可以知道并阻止代理人的行为的。第三，在默示授权的情形，被代理人对代理行为负责的原因是存在代理权；而在表见代理的情形，被代理人对表见代理人的行为负责是基于信赖保护的原理。

二、表见代理的构成要件

(一) 无权代理人并没有获得被代理人的授权

表见代理属于广义的无权代理，因此，只能在代理人无代理权而从事代理行为的情形下发生。如果代理人具有代理权或者本人曾经向第三人表示其已向代理人授权，则代理人的行为也应当构成有权代理，而非无权代理。

从表见代理的适用范围来看，其并非适用于所有的交易行为。因为表见代理制度的设立目的旨在保护信赖利益，维护交易秩序，所以，表见代理通过降低交易相对人审核代理权的经济成本，以适当牺牲本人利益来换取交易秩序的快速便捷安全。但对于某些社会上不常见的、本身性质特殊的交易，以及重要又不迫切且需要全面准备的交易，交易相对人本身应尽到更加谨慎的注意，因而不应当适用表见代理制度。[②]

构成表见代理，还要求无权代理人与相对人从事的法律行为本身并不具有无效和应被撤销的内容。如果具有上述因素，显然应按无效和可撤销的规定处理。在法律行为具有无效因素的情况下，相对人不能主张该法律行为有效。如果具有

---

① MünchKomm/Schramm，§ 167，Rn. 37.
② MünchKomm/Schramm，§ 167，Rn. 69.

可撤销的因素，则应当由撤销权人行使撤销权。

（二）第三人有合理的理由相信——权利外观

权利外观是指已经在外部形成了一种表象——被代理人的授权行为，即能够使第三人有合理的理由相信无权代理人已经获得了授权。[①] 表见代理是权利外观责任理论（Rechtsscheinhaftung）在代理法中的运用，其目的在于保护善意的相对人。根据我国《民法总则》第 172 条的规定，构成权利外观必须符合三个条件：第一，相对人而不是其他人相信无权代理人有代理权。第二，相对人必须有合理的理由相信无权代理人具有代理权。如果在从事交易时，相对人不会或不应当相信无权代理人具有代理权，则不构成权利外观。对于何为"合理的理由"，我国民法理论通常认为，构成表见代理必须客观上存在使第三人相信无权代理人拥有代理权的理由。[②] 这实际上是指相对人具有正当理由相信代理人具有代理权。所谓一般人都会相信其有代理权，通常是指根据与代理行为有关的各种事实，依据通常的交易观念，其他处于相同情形的民事主体也会相信其有代理权。例如，本人给予代理人以类似代理权证书之名称，便能成为肯定正当理由之重要事由。有关是否存在合理理由的问题，应当由相对人举证。第三，确定一种权利的外观是否存在，不能仅仅从被代理人事后否认的表示来确定，关键要从第三人是否相信或者应当相信的角度来考虑。只有第三人已经而且应当相信无权代理人具有代理权的情况下，才能构成权利外观。我国司法实践通常认为，在表见代理中判断是否存在权利外观，"要考虑合同的缔结时间、以谁的名义签字、是否盖有相关印章及印章真伪、标的物的交付方式与地点、购买的材料、租赁的器材、所借款项的用途、建筑单位是否知道项目经理的行为、是否参与合同履行等各种因素，作出综合分析判断"[③]。如果第三人已经而且应当相信无权代理人具有代理权，就可能构成权利外观。

[①] 参见王泽鉴：《债法原理》，第 1 册，358 页，台北，三民书局，1999。

[②] 参见奚晓明：《论表见代理》，载《中外法学》，1996（4）。

[③] 最高人民法院《关于当前形势下审理民商事合同纠纷案件若干问题的指导意见》，法发〔2009〕40 号第 14 条。

具体判断是否构成权利外观可以从如下几个方面加以考量：

1. 特定的场所。这就是说，无权代理行为是否是在本人的场所实施的，从而使他人相信无权代理人已经获得了本人的授权。例如，如果某人在公司或企业特定的营业场所以该公司雇员的身份与相对人实施了交易行为，则应当认为相对人有合理的理由相信该人具有代表该公司或企业从事交易的代理权。

2. 无权代理人与被代理人的关系。因为特殊的关系的存在会使他人相信，无权代理人会获得被代理人的特别授权，或当然具有代理人的身份。例如，如果代理人与被代理人之间存在夫妻关系、父母子女关系、雇佣关系等特定关系，都可以依据具体的交易情况来认定相对人具有正当理由信赖无权代理人具有代理权。① 如果无权代理人与本人并不存在某种特殊的关系，则第三人不应有合理的理由相信无权代理人具有代理权。例如，相对人到本人处还款，未见到本人而只遇到某个声称其与本人有亲属关系的人在那里，相对人相信该人可以将偿还的钱款交给本人，便留下钱款给该人，后该人携款潜逃下落不明。本案中相对人即使有证据证明该人与本人具有亲属关系，也不能据此认为其具有代理权。

3. 无权代理人的行为是否与其职责相关。例如，如果无权代理人是被代理人的高级管理人员，其对外以被代理人的名义与相对人从事了与其职责相关的民事活动，就可能使相对人有理由相信其具有代理权。

4. 被代理人对无权代理行为的发生所起的作用。例如，被代理人是否容忍无权代理人从事的无权代理行为、被代理人是否在代理权终止后收回代理证书及授权委托书。

5. 无权代理人在与相对人缔约时宣称其有代理权的根据。一般来说，无权代理人如具有以下文书或物件时，可以认为第三人有理由相信其拥有代理权：一是代理证书。这种证明是直接证明代理人有代理权的文件，代理证书通常应当记载明确的代理期限和内容。代理证书主要有下列表现形式：用以证明代理人身份并明确代理权范围的授权委托书、委托书或介绍信等。如果这些证书中没有明确

---

① 参见章戈：《表见代理及其适用》，载《法学研究》，1987（6）。

规定代理的期限和内容，而无权代理人持有这些证书并与第三人订约，第三人有理由相信其具有代理权。二是单位的印章。如果无权代理人持有单位印章，只要不是伪造的，第三人都有合理的理由相信其有代理权。三是单位的介绍信。有时，单位介绍信已经包含了授权的内容，据此可以使相对人相信代理人具有代理权。如果介绍信中没有包含授权内容，则仅凭单位介绍信不能认为其具有代理权。这一点与一般意义上的授权委托书授权不明有所不同，因为单位介绍信通常不包括授权内容，它只是起到证明某人身份的作用。四是盖有被代理人合同专用章或者公章的空白合同书。被代理人将其此种合同书交付给行为人，实际上表明了其授权意思，此时合同书具有代理证书的作用。五是其他证明材料。例如，如果代理人持有委任状、不动产交易时所用的权利证书、金钱借款关系中的借据，应认为代理人持有的物具有代理权的象征。[①]

（三）相对人主观上是善意的

所谓主观上的善意，是指相对人不知道或不应当知道无权代理人实际上没有代理权。确定相对人是否具有善意时，一方面，必须要确定相对人不知无权代理人未获得授权。所谓不知，是指相对人根本不知道无权代理人未获得授权；所谓不应当知道，是指在当时的情形之下，由于权利外观的形成使相对人根本不可能怀疑其未获得授权，如果相对人与无权代理人或者被代理人先前有过接触，了解到他们的实际情况，知道无权代理人不可能获得授权，或者根据一个合理的谨慎的人在当时的情形下，应当知道当时不应信赖无权代理人有代理权，则不构成善意。另一方面，必须要确定相对人不应当知道无权代理人未获得授权。例如，在代理终止之后本人已经发出了公告或者在公章被盗之后已经公告了该公章作废，相对人并没有阅读有关的报刊，则可以推定相对人主观上应当知道代理人不具有代理权。当然，相对人的公告必须是在指定的报刊上采用了合理的方式作出的，能够为相对人所了解。

还应当指出，相对人必须是在与无权代理人从事交易时有理由相信，而不是

---

① 参见［日］四宫和夫：《日本民法总则》，唐晖等译，278页，台北，五南图书出版公司，1995。

从事交易以后才有理由相信。总之，权利外观是一种外部表象，它使第三人相信代理人享有代理权。

（四）相对人必须是无过失的

如果要将相对人的善意作为表见代理的构成要件，还应当强调相对人的无过失。对于在善意的情况下，是否要考虑行为人的过失问题，学界有几种不同的观点。第一，单纯善意说。此种观点认为，第三人对于外观的信赖只要出于善意就足够了，不考虑过失是否存在。只要第三人是善意的，即使有重大过失也要保护。如误认为某人是代理人，也有过失，但要看是否为善意。第二，无重大过失说。此种观点认为，如果相对人有重大过失，则等同于故意，自然不应当受到保护。第三，无过失说。此种观点认为，第三人不能仅仅只是善意的，还必须是无过失的。保护正当的信赖，不能保护缺乏客观基础的信赖，有过失则不应当受保护。[①] 我国学者通常采纳此种观点。所谓无过失，是指相对人不知道行为人没有代理权并非因疏忽大意或懈怠造成的。如果相对人明知行为人无代理权，或者应当知道行为人无代理权，却因过失而不知，则他对无权代理行为亦负有责任，因此在法律上没有必要对其进行保护。

笔者认为，相对人的善意与相对人的无过失在很多情况下是密切联系在一起的，例如，相对人不应当相信代理人具有代理权却产生了误信，这既表明相对人是非善意的，也表明其是有过失的。相对人不知或者不应当知道无权代理人是没有代理权的，由此也表明相对人是没有过失的。但相对人的过失问题与相对人善意也不完全相同，因为相对人有无过失主要涉及相对人对无权代理人的权利外观是否产生误信，以及是否需要核实无权代理人的身份。所谓相对人无过失，实际上是指相对人对于代理人无代理权的不知情并非因其疏忽大意或懈怠所造成，即相对人主观上是没有过错的。一般来说，相对人对代理人的身份及权限并没有必要与本人进行核对，但应当对代理人出示的各种证明具有特定代理权的文件进行认真审核。如不予审核或审核不严，轻率地相信代理人具有代理权，则可以认为

---

① 参见李井杓：《韩国商法上的表见责任制度之研究》，载王保树主编：《商事法论集》，第 3 卷，470~471 页，北京，法律出版社，1999。

相对人有过失。

严格地说，相对人无过失是指无重大或一般的过失，也就是说，是指相对人的不知情不是因为其疏忽大意所造成的。如果仅仅只是具有轻微的过失则不应当否定表见代理的构成。因权利外观的存在，而使相对人产生合理的信赖，在这个过程中相对人也可能存在轻微的过失。例如，表见代理人持本人的介绍信与第三人订约，相对人尽管对此产生了合理的信赖，但是如果进一步地向本人核实，也可能不会与无权代理人订约，从这种意义上说，相对人也具有轻微过失，但由于表见代理制度保护的是相对人的信赖利益和交易安全，因而，轻微的过失在确定表见代理构成时不予考虑。但如果相对人确实存在重大和一般的过失，就不应当构成表见代理。当然，所谓相对人的过失并不产生损害赔偿的责任，而只是使相对人产生一种不能主张合同有效的后果。

将相对人无过失作为表见代理的构成要件的主要意义在于，确定相对人在特殊情况下的审核义务。虽然在无权代理人构成权利外观的情形下，交易相对人并不负有一般性的审核义务（allgemeine Prüfungsobliegenheit）。[①] 但笔者认为，不能笼统地说相对人不负有任何核实的义务。因为认定权利外观存在的事实在不同的情况下是不同的，能够使相对人达到信赖的程度在不同情况下也有所不同。例如，无权代理人手持空白介绍信与手持本人的公章的事实对相对人所造成的信赖是不一样的，对前者可能需要进一步核实，而后者则不需要进一步核实。再如，本人曾经当面向相对人表示对无权代理人授权与相对人仅仅持有本人的空白介绍信也是有区别的。为了防止因为无权代理人假冒他人的名义从事代理行为，尽量减少这种行为造成的行为后果，应当赋予相对人一定的审核义务。此外，只有相对人有能力从事这种审核行为。本人在很多情况下很难审查，特别是对那些私刻他人公章，伪造他人的文件等行为，更是防不胜防，而相对人直接与无权代理人打交道，因此可以在完成交易之前审核。且相对人履行这种审核义务，通常并不需要付出较高的代价就可以大大减少因无权代理行为造成的严重后果，这从经济

---

① MünchKomm/Schramm，§ 167，Rn. 70.

上讲也是有效率的。但如果要本人去采取各种防范措施，则除了那些本人对无权代理的发生具有过错的以外，本人即使投入巨大的人力、物力也是很难防范的。即使本人对无权代理的发生具有某种过错，但如果相对人从事适当的审核行为，也可以阻止某些表见代理的后果的发生，而相对人不从事任何审核行为，本人仅具有轻微的过错，也要接受表见代理的后果，使其承受惨重的损失，这从经济上讲也是低效率的。

笔者认为，在如下情况下，即使形成了权利外观，相对人也应当负有进一步审核的义务：第一，合同标的数额较大或者对本人和相对人的利益影响较大。在此情况下，相对人不能简单地、轻率地与代理人缔约。特别是对一些标的额较大的交易，如果相对人仅仅凭借无权代理人手持的空白介绍信、合同书就匆匆与其定约，未免过于草率，由此也表明相对人可能具有某些过失。在信用低下、欺诈频繁的今天，相对人更应当三思而后行。当然，如果相对人的核实需要支付高昂的费用或者交易额不大时，要求相对人核实代理人的身份也是没有必要的。第二，相对人以前从未与无权代理人订立过合同，对无权代理人的个人情况毫不知情。此外，在不同的场合和时间，权利外观也是不一样的，例如，在需要谈判协商的交易中，相对人在大多数情况下需要进一步核实代理人身份，但是在标的数额不大的情况下，可以不进行核实，如果标的数额较大时，则需要进一步核实代理人的身份与代理权限。所以，不能笼统地认为，只要具有权利外观就构成表见代理，而应当根据具体情况分析相对人在特殊的情况下是否具有进一步核实的义务。如果存在这种义务，相对人没有进一步核实，则相对人具有过失。第三，相对人需要交付一定的定金或者预付款。在此情况下，相对人为了防止欺诈，也应当进一步核实代理人的身份与代理权限。第四，相对人进一步审核的成本很低。如同在一个城市内，打电话或直接派人询问均非常方便，则相对人应当进一步审核。在现代社会，通信工具的发达为当事人的核实提供了方便，要求其进一步核实，并没有过分加重其经济上的负担。

（五）无权代理行为的发生与被代理人有关

在确定是否存在权利外观的情况下，应当考虑该权利外观是否是基于本人的

意志而形成，也就是说，表见代理应当以本人具有可归责性为基础。[①] 但是，对于"可归责性"如何理解存在两种不同的观点。一是过错说。此种观点认为，此项归责基础乃是一种过错，即本人基于过失导致权利外观出现，而本人如果尽到了交往通常应尽的适当注意是可以认识到并予以避免的。[②] 二是不真正义务违反说。此种观点认为，此处的归责基础并非过错，而是不真正义务的违反，即本人应当尽到适当注意，并非一项法定的注意义务（Pflicht），而是一项不真正义务（Obliegenheit），从而，归责并非源于过错，而是源于对自己风险领域的控制。[③] 本人可以不履行此种注意，但是不履行此种注意可能会对其造成不利后果。依据德国民法学界通说，此项归责基础乃是一种过错，即本人基于过失导致权利外观出现，而本人如果尽到了交往通常应尽的适当注意是可以认识到并予以避免的。[④] 三是"本人与因"的理论，也有人称为"惹起"理论，此种观点认为，权利外观的产生要求本人必须有过错，但应当与本人之间存在关联。权利外观的形成是本人引起的（Veranlassungsprinzip，诱因原则）[⑤]，两者之间存在因果关系。表见代理的成立需要本人对权利表象的成立具有一定的原因，本人与无权代理的产生应当具有一定的关联性。

诚然，表见代理的产生可能与本人的过错有关。例如，因本人管理制度的混乱，导致其公章、介绍信被他人借用或者冒用而订立了合同。如果与本人没有任何关联，则不应当成立表见代理。例如，行为人私刻公章，本人完全不知道，此时，与本人的行为没有任何因果关系，不应当由本人承担代理行为的后果。但如果将本人没有过错作为表见代理的构成要件，则表见代理很难成立。实际上，无

---

① MünchKomm/Schramm，§ 167，Rn. 59ff.

② Larenz/Wolf，Allgemeiner Teil des Bürgerlichen Rechts，9. Aufl.，2004，§ 48，Rn. 28ff；Brox/Walker，Allgemeiner Teil des BGB，32. Aufl.，Carl Heymanns Verlag，2008，Rn. 566，S. 224；MünchKomm/Schramm，§ 167，Rn. 59；Palandt/Heinrichs，§ 173，Rn. 14.

③ Reinhard Bork，Allgemeiner Teil des Bürgerlichen Gesetzbuchs，2. Auf.，Rn. 1564，S. 589.

④ Larenz/Wolf，Allgemeiner Teil des Bürgerlichen Rechts，9. Aufl.，2004，§ 48，Rn. 28ff；Brox/Walker，Allgemeiner Teil des BGB，32. Aufl.，Carl Heymanns Verlag，2008，Rn. 566，S. 224；MünchKomm/Schramm，§ 167，Rn. 59；Palandt/Heinrichs，§ 173，Rn. 14.

⑤ Reinhard Bork，Allgemeiner Teil des Bürgerlichen Gesetzbuchs，2. Auf.，Rn. 1542，S. 581.

权代理人所从事的无权代理行为，大多是违背本人的利益和意志的。本人在无权代理行为发生后，在绝大多数情况下，都会拒绝承认该行为对自己产生效力。如果将本人有过错作为表见代理的构成要件，本人就可能千方百计地证明自己对无权代理行为的发生没有过错，如说明本人不知情，不允许他人以自己的名义行为，等等，甚至在公章等丢失的情况下，也会主张自己已经尽到了注意义务或采取了各种合理的措施从而表明自己没有过错。一旦本人证明自己没有过错就可以否定表见代理的构成，这就会使许多表见代理不能形成，尤其是在相对人已经具有合理信赖的情况下，也因为本人没有过错而不能根据表见代理请求本人承担责任，这显然会使设立表见代理制度的宗旨和目的落空。

从大陆法的许多判例和一些学说来看，只要本人的行为与权利外观的形成具有一定的联系，无论本人是否具有过错，本人都应承受表见代理的责任。例如，在德国法中，对归责事由的内容，权利外观学说形成时期的学者们认为，只要权利外观因当事人而形成，本人即应当承担责任。这就是关于归责性标准的所谓"诱因原则"。据此，引发法律外观的形成的人应承担责任。[1] 笔者认为，认定表见代理有必要采纳"本人与因"说，即只要本人的行为与权利外观的形成具有一定的牵连性，本人就应当承受表见代理的后果[2]，反之，如果本人的行为与权利外观的形成并不具有牵连性，或者说权利外观的形成与本人毫无关系，则本人不应当承受表见代理的后果。

至于如何确定与本人有关联，应该就个案的具体情况来判断。从实践来看，主要有下列情形：第一，无权代理人假冒他人的名义与第三人订约，尤其是私刻本人的公章、伪造本人的营业执照或合同书等，本人对此毫不知情也无法加以防范。例如，无权代理人伪造某个企业的名称并私刻该企业的公章与第三人订约，该无权代理人自己也不知道是否有这样一个企业存在，但实际上确有该企业，如果第三人相信无权代理人具有代理权，则此种权利外观与该企业没有任何关联。

---

① 参见李井杓：《韩国商法上的表见责任制度之研究》，载王保树主编：《商事法论集》，第3卷，466页，北京，法律出版社，1999。

② MünchKomm/Schramm，§ 167，Rn. 63.

第二，在债的关系终止后，或者在本人的印章、支票、营业执照复印件、合同书等丢失或被盗以后，本人已经在指定的报刊上以合理的方式作出了公告，但无权代理人仍然以这些证明或文件与第三人订约，第三人因未见到这些公告而相信无权代理人具有代理权。

笔者认为，在确定表见代理的构成要件时，尽管本人是否具有过错不被列入其中，但仍应适度地考虑本人的行为是否与无权代理有关，如果无权代理行为与本人无关，则该行为的后果不应当由本人承担。例如，本人即便尽到高度的注意义务，也难免发生公章等被伪造的情况，因此，认为本人对公章的伪造应当负责的观点在法律上是难以成立的。因为如果本人尽到高度的防范义务可以防止公章等被盗，尤其当本人的物件被盗以后相当长的一段时期没有发现，或者在发现以后没有及时公告，也表明其是具有过错的。然而，在公章等被伪造的情况下，本人即使尽到高度的防范义务，也不能防止公章被伪造，甚至不知道伪造的是何人或采用何种方法伪造。由此仍要本人承担表见代理的责任，对本人而言，无异于祸从天降，使之蒙受无法预测的意外损失。

毫无疑问，表见代理制度是为了保护善意的第三人的信赖，维护交易的安全。那么保护第三人，是否就不考虑本人的利益，是值得研究的。笔者认为，维护第三人的信赖利益与维护本人的利益之间不应当发生尖锐的冲突。我国民事立法和司法实践在善意取得制度方面，保护了善意第三人的利益，但是在维护第三人的信赖利益的同时，也兼顾对所有人的利益的维护，因此对赃物等不适用善意取得。这一规则实际上也可以适用表见代理制度。诚然，表见代理制度不必考虑本人的过错以及本人的意志问题，但也不能对本人强加责任，罪及无辜。在上述情况下，无权代理人既没有体现本人的意愿，也不能推定其具有这种意愿，在此情况下要求本人承担表见代理的后果，实际上将一个本人从未希望订立的合同强加给本人，要求其受此合同的拘束，这和民法的公平原则、自愿原则也是相矛盾的。

总之，笔者认为，在确定表见代理的构成要件时应当考虑权利外观的形成是否与本人具有一定的关联，如果不符合该要件则不应该产生表见代理的效果，本

人不应当承担表见代理的后果。

三、表见代理的法律效果

《民法总则》第172条规定："行为人没有代理权、超越代理权或者代理权终止后，仍然实施代理行为，相对人有理由相信行为人有代理权的，代理行为有效。"因此，在符合表见代理的情形下，该代理行为有效。如何理解本条所规定的"代理行为有效"？笔者认为，它是指表见代理人所从事的代理行为应直接归属于被代理人，即被代理人应受到表见代理人与相对人之间实施的民事法律行为的约束，直接享有权利、承担义务。在这一点上，表见代理与一般的有权代理是完全相同的。被代理人不得以其未授予代理人以代理权、代理行为违背自己的意志和利益等为由，而要求确认表见代理行为无效或拒绝接受代理行为的拘束。

有关表见代理的效力问题，有如下几点值得探讨：

1. 在表见代理的情况下，代理人是否也应当向相对人承担责任？毫无疑问，在表见代理情况下，代理人通常是有过错的，甚至往往具有欺诈的意图，代理人如无过错，可能很难形成表见代理。不过，尽管表见代理人也有过错，并应对自己的过错负责，但既然表见代理要发生有权代理的效果，相对人就不能直接与表见代理人形成法律关系，而只能与本人发生法律关系。因此，表见代理人不能直接对相对人负责，而只能在本人向相对人承担责任以后，由本人向代理人追偿，代理人应依据其过错向本人承担责任。尤其应当看到，设置表见代理制度的主要目的在于维护交易安全，保护善意第三人的利益。要实现这一功能就应当允许第三人直接要求本人承担责任，本人也应对表见代理行为的后果负全部责任。

当然，在例外情况下，尽管表见代理已经发生效力，但如果相对人无法直接要求本人履行合同，例如本人移居国外、下落不明等，则考虑到表见代理保护善意相对人的立法目的，应当允许相对人向代理人提出请求。[①]

---

① 参见王泽鉴：《债法原理》，第1册，356页，台北，三民书局，1999。

2. 本人无权否认表见代理的效果，但本人是否应享有追认权？有观点认为，"在本人认为表见代理的结果对自己有利时，则可首先行使这种追认权，以此对抗相对人的撤销权，确保表见代理的结果在其自愿的情况下归属自己，而不至于被相对人撤销。"[1] 这就是说，在代理人实施表见代理行为以后，本人如果认为该行为对自己有利，可追认该行为的后果。

笔者认为，表见代理不同于狭义的无权代理之处在于本人不得享有追认权，也就是说，只要相对人已证明表见代理的要件符合、主张表见代理的效力时，根本不考虑本人是否追认的问题。本人即使不追认，也不影响表见代理的构成。因为一旦认为本人享有追认权，就意味着本人享有不予追认的权利。这样，就必须承认本人的否认权，从而将否定了表见代理的效力，表见代理与狭义无权代理也将发生混淆。当然，在相对人主张表见代理之前，本人当然可以就无权代理行为进行追认。

3. 相对人是否具有撤销权。一般来说，即使在符合表见代理的情况下，相对人也不能在行使催告权以后，又主张表见代理。因为一旦行使催告权，实际上该行为已经转化为狭义的无权代理。那么，相对人是否可以行使撤销权？我国《民法总则》第 171 条第 2 款在规定无权代理的责任时也规定了相对人的撤销权，即"相对人可以催告被代理人自收到通知之日起一个月内予以追认。被代理人未作表示的，视为拒绝追认。行为人实施的行为被追认前，善意相对人有撤销的权利。撤销应当以通知的方式作出。"该规定是否适用于表见代理，对此在民法理论上存在几种不同的观点。一种观点认为，如果允许第三人享有撤销权，而第三人主张表见代理后，发现对自己并无利益而对本人有利，第三人往往会行使撤销权，或发现主张表见代理有利时不行使撤销权，这实际上是将第三人从事交易所应承担的风险全部转嫁给本人或代理人，显然不符合表见代理制度所应兼顾交易安全和本人利益的功能。[2] 另一种观点认为，应允许相对人享有撤销权，因为在

---

① 奚晓明：《论表见代理》，载《中外法学》，1996 (4)。
② 参见汪泽：《表见代理若干问题研究》，载梁慧星主编：《民商法论丛》，第 8 卷，19 页，北京，法律出版社，1997。

表见代理的情况下，首先是保护第三人，其次才是保护被代理人，在表见代理的效力尚未确定之前，撤销对表见代理的主张而转向狭义的无权代理，非但免去了被代理人的授权人的责任，对代理人也无加重负担之嫌，因为这种责任本来就是应该由代理人最终承担的，即使现在不承担，将来被代理人也可以向其追偿。[①]笔者赞成后一种观点，因为法律上规定表见代理制度主要是为了保护相对人的信赖利益，这种信赖主要表现在相对人信赖表见代理人具有代理权，并与其订约。所以，为保护相对人的信赖利益，法律承认无权代理人与相对人订立的合同对本人具有约束力，但是如果相对人认为合同的成立和生效对其并没有意义，愿意行使撤销权，使该合同不发生效力，表明相对人已经放弃了其信赖利益，法律应当尊重当事人的这种选择。况且这种选择并没有损害本人的利益，因为本人在根本上是不愿意受该合同效力的拘束的。因此，在相对人主张了表见代理的效果以后，其也可以行使撤销权，放弃表见代理的请求，不再要求本人承担合同责任，而只是要求无权代理人承担损害赔偿责任，这种选择也是完全合理的。

如果相对人行使撤销权，此时表见代理将转化为狭义的无权代理。在表见代理的情况下，如果相对人没有行使撤销权，相对人只能请求本人承担责任，而不应请求无权代理人承担责任。因为一方面，既然代理已经发生效力，合同已经生效，合同的当事人只能是本人和相对人，相对人不能请求代理人承担合同责任。另一方面，即使是就损害赔偿而言，相对人也只能基于合同向本人提出请求，在本人承担责任以后，由本人向无权代理人提出损害赔偿的请求，而不能由相对人向无权代理人提出损害赔偿请求。当然，在相对人行使了撤销权以后，由于无权代理行为已经不发生效力，相对人不能请求本人承担合同责任，在此情况下，相对人有权要求无权代理人承担因其过错而给相对人造成的损失。

4. 无权代理人是否应当向本人承担责任。尽管表见代理产生了有权代理的效果，但是这种代理并不完全符合被代理人的意志，而主要是法律为维护相对人的利益和交易的安全而设置的，由于表见代理的效果要由本人承受，如要由本人

---

① 参见孔祥俊：《合同法教程》，194 页，北京，中国人民公安大学出版社，1999。

承担合同责任，可能会给本人造成损害，因而应允许本人向无权代理人提出损害赔偿请求，因为假如没有无权代理人的行为，就不会发生表见代理的后果，本人也就无须向第三人承担合同责任，从而不会蒙受损害。由于这种损害主要是无权代理人的过错造成的，所以本人向无权代理人主张赔偿是合理的。

问题在于，这种赔偿的请求权依据是什么？首先，本人与无权代理人之间大多并没有合同关系，即使他们先前存在合同关系，但是合同也往往已经终止或者被撤销，所以在一般情况下，无权代理人所从事的无权代理行为，不构成违约，本人也不得要求其承担违约责任。当然，在例外情况下，无权代理人和本人具有委托合同关系，而无权代理人所从事的无权代理行为也可能构成违约。其次，该请求权也非缔约过失责任。在无权代理人从事无权代理行为时，本人和无权代理人在一般情况下并没有发生缔约上的关系，即使他们先前从事过订立委托代理合同的行为，但是在无权代理人从事无权代理行为时，双方并没有发生缔约行为，更不可能产生一种信赖关系，所以本人不得基于缔约过失要求无权代理人赔偿损失。笔者认为，本人向无权代理人主张损害赔偿的根据在于：因无权代理人的过错使本人遭受损失，无权代理人已经构成侵权，本人可以基于侵权责任要求无权代理人赔偿。当然，在本人向无权代理人主张赔偿以后，应当考虑无权代理人的过错程度以及是否存在混合过错的情况，从而确定赔偿责任的范围。例如，无权代理人在从事无权代理行为时，本人明知而不表示反对，由此表明本人对无权代理的发生也有过错的，所以本人也应当承担相应的责任。

第三节 狭义的无权代理

一、狭义的无权代理的概念

所谓狭义的无权代理，是指行为人既没有被代理人的实际授权，也没有足以使第三人善意误信其有代理权外观的代理。简单地讲，是指表见代理以外的欠缺

代理权的代理。① 由于在行为人实施了狭义的无权代理行为以后，该行为将可能损害被代理人或第三人的利益，所以，法律有必要设立无权代理制度，确定在狭义无权代理情况下的行为的效力及无权代理人的责任等问题。狭义的无权代理具有如下特点：

1. 它是指表见代理以外的无权代理。民法上通常将无权代理区分为两类，即狭义的无权代理和表见代理，在这两种情况下，代理人都不具有代理权，但就法律效果而言，表见代理和狭义无权代理是不同的。在狭义无权代理情况下，代理人完全不具有代理权，而在其实施代理行为时第三人又不可能相信其具有代理权，因此不能强制本人承担责任，只能由本人基于自身利益的考虑决定是否承认该行为的效果。可见，表见代理与狭义的无权代理在性质上是根本不同的。

2. 它是指代理人未获得相应的代理权而实施的代理行为。狭义的无权代理与滥用代理权不同，在代理权滥用的情形下，代理人仍然享有代理权。而狭义无权代理仅指欠缺代理权，并不包括无权代理人与相对人所实施的行为违反法律、法规的强制性规定以及公序良俗，也不包括代理人与相对人的行为涉及欺诈、胁迫等意思表示不真实的因素，否则只涉及合同的无效和可撤销问题，而不涉及狭义无权代理的效果问题。在无权代理的情况下，代理人通常具有完全的民事行为能力。

3. 狭义的无权代理是一种效力待定的行为。所谓效力待定是指这种行为成立以后，并不能立即发生符合当事人意思表示的效力。其效力能否发生，尚未确定，一般须经有权人表示承认才能生效。我国法律认为，狭义的无权代理是一种效力待定的行为。《民法总则》第171条第1款规定："行为人没有代理权、超越代理权或者代理权终止后，仍然实施代理行为，未经被代理人追认的，对被代理人不发生效力。"该条对狭义无权代理作出了规定，依据这一规定，基于狭义无权代理所实施的民事法律行为属于效力待定的民事法律行为。该条之所以作出此种规定，一方面是因为无权代理行为具有代理的某些特征。由于无权代理行为并

---

① 参见江帆：《代理法律制度研究》，163页，北京，中国法制出版社，2004。

不是当然都对被代理人不利，所以法律应当给予本人一种追认权，由本人根据自己的利益和意志来决定是否承认这种行为的效力，经过追认可以消除民事法律行为存在的瑕疵。由此也充分表明了我国法律对当事人利益和意志的尊重。另一方面，因本人的追认而使无权代理行为有效，并不违反法律和社会公共利益，相反，经过追认而有效，既有利于促成更多的交易，也有利于维护本人和相对人的利益。通过本人的追认使效力待定的民事法律行为有效，而不是简单地宣告其为无效民事法律行为，是符合当事人的意志和利益的。

二、狭义的无权代理与相关概念的区别

（一）狭义的无权代理与无权代表行为

法人的法定代表人及其他负责人（如董事等）在以法人的名义从事经营活动时，不需要获得法人的特别授权，因为其有资格代表法人行为，其职务行为的后果均应由法人承担。法定代表人依法代表法人行为时，其本身是法人的组成部分，法定代表人的行为就是法人的行为。因此，法定代表人执行职务行为所产生的一切法律后果都应由法人承担。除法定代表人以外，企业的其他负责人，如企业分支机构的负责人、公司的总经理等，也能够代表企业对外订立合同。他们在代表企业从事职务行为时无须专门的授权，行为的后果也应由企业承担。法定代表人以法人的名义对外行为，必然使第三人产生一种合理的信赖，即相信其具有代表权。即使法人内部对法定代表人的职权作出了限制，法定代表人超越该权限行为，在相对人善意时，该行为所产生的后果也应由法人承担。所以，《民法总则》第61条第3款规定："法人章程或者法人权力机构对法定代表人代表权的限制，不得对抗善意相对人。"需要指出的是，无权代表的法律规定仅适用于法人或者非法人组织的法定代表人、负责人超越代表权限所实施的代表行为，除此之外的其他工作人员不能构成无权代表，不适用此处的规定。根据《民法通则》第43条的规定，即"企业法人对它的法定代表人和其他工作人员的经营活动，承担民事责任"。此处所说的其他工作人员承担的民事责任属

于无权代理中的责任。

(二) 狭义的无权代理与无因管理行为

所谓无因管理，是指无法定或约定的义务，为避免他人遭受损失而自愿管理他人事务。无权代理与无因管理行为也可能会发生一定的联系。无论是无权代理还是无因管理，都可以因权利人的事后追认而有效。在某些情况下，两者有可能会形成适用上的交叉。例如，某人发现他人在阳台上搁置了一些名贵的花，大雨即将来临，有可能使这些花遭受损害，因而主动将这些花搬至室内。虽其事先未得到本人的委托授权，而发现本人的事务迫切需要管理，为了维护本人的利益，而主动帮助本人代为管理某些事务或从事一定的法律行为。管理人从事的这些事实行为或法律行为，事先并没有获得本人授权，是否构成无权代理呢？笔者认为，此时，若符合无因管理的构成要件，就会构成无因管理，而非无权代理。

两者的主要区别在于：第一，适用范围不同。无因管理的对象主要是事实行为，在例外情况下，也可能是法律行为。而无权代理的对象限于法律行为，包括准法律行为。第二，是否存在授权不同。在无因管理情况下，管理人并未获得本人的授权。但是，在无权代理的情况下，代理人有可能获得了授权，只不过，代理人可能超越了授权范围，或者授权行为因违法而无效。第三，法律对该行为的态度不同。在无因管理情况下，管理人确未获得本人的授权，但其提供的管理行为是为了避免本人的损失。此种行为是有利于本人的，因而无因管理是一种助人为乐的合法行为，法律不仅不会禁止，而且应鼓励公民实施此种行为。而狭义无权代理行为是一种不合法的代理行为，它在很多情况下都会给本人造成损害，因而本人若拒绝狭义无权代理行为，无权代理人将向相对人承担民事责任。因此，在出现某人未获得本人的授权而代理本人行为的情况下，也应当注重分析代理人的行为是否符合无因管理的构成要件，如构成无因管理，则因其和狭义无权代理行为存在性质上的区别，因而不应适用无权代理。

(三) 狭义的无权代理与无权处分行为

狭义的无权代理与无权处分行为都是指未获得授权而从事某种行为，都属于效力待定的行为。但两者是有区别的，表现在：一方面，无权代理是指无权代理

人以本人的名义实施民事行为，而无权处分则是指无权处分人以自己的名义实施民事行为。例如，甲在未获得授权的情况下，出卖乙的物品给丙，如果甲是以乙的名义出卖的，构成狭义无权代理；如果甲是以自己的名义出卖的，则构成无权处分。也就是说，无权代理人、无权处分人在与相对人所订立的合同中的地位是不同的。另一方面，相对人的善意对行为的后果所造成的影响是不完全相同的。在无权代理的情况下，如果相对人是善意的，则要进一步考虑是否符合表见代理的构成要件。如果确已构成表见代理，则此种无权代理行为将直接对本人发生效力，但是相对人的善意只是表见代理的一个构成要件，而不是全部的要件。在处分人无权处分他人的动产时，如果受让人取得该动产时出于善意，则可以根据善意取得制度依法取得该动产的权利。在适用善意取得制度时，相对人是否具有善意是决定该制度是否能够适用的决定性要件。

三、狭义无权代理与表见代理

从狭义上说，无权代理仅指除表见代理以外的无权代理。狭义的无权代理与表见代理具有一定的联系，表现在：一方面，表见代理主要是因为无权代理行为而产生的，它是指行为人没有代理权、超越代理权或者代理权终止后所从事的代理行为，表见代理仍然属于广义上的无权代理。所以在实践中，许多无权代理行为既可能符合表现代理的构成要件，也可能仅属于狭义无权代理的范畴。例如，本企业人员利用本单位对过去的介绍信、合同专用章和盖有公章的空白合同书等管理不严之机，窃取上述材料，与他人签订合同进行欺诈；窃取他人私章，或者捡到他人遗失的公章拒不归还，并以之与第三人签订合同。[①] 如果相对人在订约时是恶意的，则不能构成表见代理，而属于狭义的无权代理。另一方面，无论是狭义的无权代理还是表见代理，无权代理人从事的无权代理行为都可能给本人造成损害，无权代理人应当向本人承担损害赔偿责任，不能因为狭义的无权代理已

---

①　参见王玉信：《警惕合同欺诈陷阱：对当前新型合同欺诈的调查分析》，载《检察日报》，2000－05－02，第3版。

转化为表见代理就免除无权代理人应承担的损害赔偿责任。

从目的上说，尽管表见代理属于广义的无权代理范畴，它和狭义的无权代理在性质上仍然存在明显的差别。我国民法采纳表见代理制度的根本原因在于保护相对人的利益，维护交易安全。然而狭义的无权代理制度设立的根本目的不是保护相对人，而是保护本人的利益。因为在行为人实施这种行为以后，是否承认这种行为的效力，完全由本人决定，也就是说，本人如果认为这种行为对其有利，则可以承认这种行为的效力。如果本人认为这种行为对其不利，则不必承认该行为。在本人拒绝承认该行为以后，应当由无权代理人承担责任。从这个意义上说，狭义的无权代理制度主要是为了保护本人的利益。

狭义无权代理与表见代理的主要区别表现在：

第一，构成要件不同。尽管表见代理属于广义的无权代理，但其构成要件不同于狭义的无权代理。狭义的无权代理是指代理人根本无代理权而从事代理行为，且其无权代理行为也不可能使相对人信赖其有代理权。因此，狭义无权代理也可以称为"纯粹的无权代理"。而在表见代理的情况下，无权代理人所从事的无权代理行为，使善意相对人有正当理由相信其有代理权。

第二，法律效果不同。在狭义无权代理的情况下，本人享有追认权。狭义无权代理行为必须经过本人追认，才能对本人产生效力；如未经本人追认，本人对该无权代理行为不承担责任。因此，无权代理行为能否发生效力从根本上取决于本人是否追认。在本人没有正式追认之前，无权代理行为处于一种效力待定的状态。正是在这个意义上，狭义无权代理行为在性质上属于效力待定的行为。而在表见代理的情况下，一经相对人主张，无权代理行为无须经过本人的追认就可以直接对本人发生效力。因此，一旦无权代理行为符合表见代理的要件，经相对人主张，则本人便不享有追认权，即便该无权代理行为违反了本人的意志或利益，本人也不能否认该行为对其产生的拘束力，必须对之承担责任。因此，表见代理不属于"效力待定的行为"。

第三，本人是否有权否认无权代理的效果方面不同。笔者认为，表见代理不同于狭义的无权代理之处在于本人不得享有追认权，也就是说，只要相对人在提

出表见代理的要件具备、主张表见代理的效力时，根本不考虑本人是否追认的问题。即使本人不追认，也不影响表见代理的构成。

在表见代理的情形，关于相对人是否可以选择主张表见代理，或者主张狭义的无权代理，理论上存在不同的观点。一是否定说。此种观点认为，如果赋予交易相对人选择权，允许其在表见代理和狭义无权代理之间选择对其最有利的法律效果，那么，表见代理中的交易相对人会比有权代理权中的交易相对人处于更优越的地位，从而逾越了信赖保护的必要限度。[①] 二是肯定说。此种观点认为，表见代理只是保护交易相对人，却并没有损害其基于无权代理应该享有的权利，所以，应当允许交易相对人享有选择权。另外，从诉讼的角度考虑，也应当允许其享有选择权。因为对于交易相对人而言，尤其完全判断是否构成表见代理，是很困难的。如果其首先起诉本人，则可能因为无法证明权利外观而败诉；如果其首先起诉代理人，则可能因为表见代理存在而败诉。[②]

笔者赞成肯定说，即在表见代理的情况下，应当赋予相对人以选择权，即相对人可以主张狭义的无权代理或表见代理。但相对人在主张狭义的无权代理之后，则不能再主张表见代理。因为相对人主张狭义无权代理，则意味着其在行为开始时即认为代理人没有代理权，表明其主观上并不是善意的，法律上没有必要予以特殊保护。例如，某人持他人的公章或介绍信订立合同，相对人对其是否有代理权表示怀疑，但并没有向本人主张表见代理的效果，而是向其发出催告，要求本人答复是否承认代理的效果。这种情况表明相对人已经对代理人的代理权产生了怀疑，因此，相对人在主观上不是善意的，不能按照表见代理处理。但是，如果相对人直接向本人主张代理的后果，即使事后有关证据表明并不符合表见代理的构成要件，相对人也可以继续向本人催告要求其表明是否承认这种行为的效力。

如果表见代理成立，将直接对本人发生效力，所以相对人只能请求本人承担

---

① MünchKomm/Schramm，§ 167，Rn. 75.

② Larenz/Wolf, Allgemeiner Teil des Bürgerlichen Rechts, 9. Aufl., 2004, § 48, Rn. 33; Canaris Die Vertrauenshaftung im deutschen Privatrecht, München 1971, S. 518.

责任，而不应请求无权代理人承担责任。但如果相对人不请求本人承担责任，而请求无权代理人承担责任，则可以认为相对人已经放弃表见代理的请求，而愿意主张狭义的无权代理。因为一方面，既然表见代理已经发生效力，合同已经生效，合同的当事人只能是本人和相对人，那么，相对人就不能请求代理人承担合同责任。另一方面，即使是就损害赔偿而言，相对人也只能基于合同向本人提出请求，在本人承担责任以后，由本人向无权代理人提出损害赔偿的请求，而不能由相对人向无权代理人提出损害赔偿请求。当然，在相对人行使了撤销权以后，由于无权代理行为已经不发生效力，相对人不能请求本人承担合同责任，在此情况下，相对人有权要求无权代理人承担因其过错而给其造成的损失。

四、狭义无权代理的效力

(一) 本人的追认权和否认权

如前所述，狭义无权代理在性质上属于效力待定的行为。《民法总则》第171 条第 1 款规定："行为人没有代理权、超越代理权或者代理权终止后，仍然实施代理行为，未经被代理人追认的，对被代理人不发生效力。"因此，无权代理行为未经被代理人追认，对被代理人不发生效力。

所谓追认，是指被代理人对无权代理行为在事后予以承认的一种单方意思表示。其特点在于：第一，追认的意思表示应当以明示方式向相对人作出。如果仅向无权代理人作出此种表示，则必须使相对人知晓才能产生承认的效果。第二，追认是一种单方意思表示，无须相对人的同意即可发生法律效力。第三，一旦作出追认，在性质上视为补授代理权，从而使无权代理具有与有权代理一样的法律效果，因此，追认具有溯及既往的效力。如果本人明确表示拒绝追认，则无权代理行为自始无效，因无权代理所订立的合同不能对本人产生法律效力。

在无权代理的情况下，被代理人享有否认权。所谓否认权，是指拒绝承认无权代理行为的效力的权利。虽然《民法总则》上述规定没有对该权利予以明确，但是，从该条中可以解释出，被代理人享有此种权利。否认的意思必须要向相对

人明确表示或者在相对人催告以后未作表示。也就是说，被代理人可以以两种方式行使否认权：一是被代理人发现无权代理人以被代理人名义从事无权代理行为的，在相对人催告之前，便可以直接向相对人表示否认该无权代理行为。如果被代理人只是向无权代理人作出否认的表示，而没有向相对人作出，则不能当然发生使无权代理行为无效的后果。二是被代理人在相对人作出催告以后，既可以向相对人明确表示拒绝承认无权代理的效果，也可以针对相对人的催告拒绝作出答复。

（二）相对人的催告权和撤销权

《民法总则》第 171 条第 2 款规定："相对人可以催告被代理人自收到通知之日起一个月内予以追认。被代理人未作表示的，视为拒绝追认。行为人实施的行为被追认前，善意相对人有撤销的权利。撤销应当以通知的方式作出。"可见，在无权代理的情况下，相对人应当享有催告权和撤销权。

第一，相对人的催告权。所谓催告，是指相对人催促被代理人自收到通知之日起一个月内明确答复是否追认无权代理行为。此处所说的通知，是指催告通知。被代理人是否收到通知以及收到通知的时间，应当由相对人举证。通常情况下，追认权的行使必须以催告权的行使为前提。催告权的行使应具备如下要件：一是无权代理对相对人是否发生效力尚未确定，才有必要由相对人提出催告。如果本人已经承认该行为的效力，或者该行为符合表见代理的构成要件，也就没有必要提出催告。二是要求被代理人在一个月内作出答复。如果本人在一个月内拒不作出答复，则视为拒绝追认。但关于催告权的行使期限，该条并没有作出规定。一般认为，催告权应当在合理期限内行使，如果超出合理期限，也不应当产生催告的效力。三是催告的意思必须明确地向被代理人作出。

第二，善意相对人的撤销权。法律为保护相对人的利益，除规定相对人享有催告权以外，还应当允许其行使撤销权。所谓撤销权，是指善意的相对人在被代理人未承认无权代理行为之前，可撤销其与无权代理人之间实施的法律行为。撤销权的行使必须具备如下要件：一是必须在本人没有作出追认之前撤销。如果本人已经作出了追认，那么无权代理行为已经发生了有权代理的效力，自然也就不

能撤销。二是撤销权只能由善意的相对人行使。如果相对人在订约时主观上是恶意的，即明知代理人无代理权，而仍与其订立合同，则表明相对人具有恶意，法律自无必要对其进行保护而允许其享有撤销权。

（三）无权代理订立的合同因被代理人拒绝追认而对被代理人不发生效力

依据《民法总则》第 171 条第 1 款的规定，如果无权代理未经被代理人追认，则"对被代理人不发生效力"。在不适用表见代理，亦无本人追认的情况下，无权代理行为自始不产生法律效力，双方所订立的合同无效；已经履行的，应当负返还财产、恢复原状的义务。如果相对人是善意的（即不知道且不应当知道代理人无代理权），无权代理人应对其无权代理行为向善意相对人承担履行债务或赔偿责任。如果相对人知道或者应当知道行为人无权代理的，相对人和行为人按照各自的过错承担责任；如果无权代理人与相对人恶意串通，损害被代理人利益，则应适用《民法总则》第 164 条第 2 款规定的恶意串通情况下的责任。

（四）善意相对人对无权代理人的请求权

为了强化对善意相对人的保护，《民法总则》新增了善意相对人对无权代理人的请求权。《民法总则》第 171 条第 3 款规定："行为人实施的行为未被追认的，善意相对人有权请求行为人履行债务或者就其受到的损害请求行为人赔偿，但是赔偿的范围不得超过被代理人追认时相对人所能获得的利益。"依据这一规定，代理人实施了无权代理行为之后，如果该行为未被追认的，善意相对人对无权代理人享有如下两项请求权：

1. 请求无权代理人履行债务

在无权代理的情形，代理行为没有得到被代理人的追认，因此不能拘束被代理人，但是，其并非不能拘束代理人。如果未获追认，因无权代理订立的合同虽然对被代理人不发生效力，但依据《民法总则》上述规定，相对人有权请求代理人履行债务，合同不能约束被代理人，但可以约束代理人。这就意味着，在此种情况下，当事人就发生了变化，即由原来的被代理人和第三人，转化为无权代理人和第三人。诚然，代理人实施法律行为时，是以被代理人的名义，而并非以代理人自己的名义。但是，法律从保护善意第三人出发，使第三人可以根据自己的

实际情况，确定采取请求债务人履行债务的方式保护自己的利益。[1] 据此，《民法总则》第 171 条第 3 款的规定主要是借鉴了德国法的经验，《德国民法典》第179 条第 1 款规定："作为代理人订立合同的人不证明其代理人的，有义务依另一方的选择，或者向另一方履行，或者赔偿损害，但以被代理人拒绝追认合同为限。"另外，该规定也是对我国司法实践经验的总结，在我国司法实践中，有的法院认为，在无权代理未被本人追认的情形下，相对人有权请求无权代理人承担继续履行的责任。例如，在"广东省煤炭建设（集团）有限公司与李某某等租赁合同纠纷案"中，法院认为，在无权代理行为未被本人追认的情形下，无权代理人应当向相对人支付建筑材料租金。[2]

但问题在于，在无权代理未被追认的情形下，赋予善意相对人请求行为人履行债务是否妥当？善意相对人和无权代理人是否存在合同关系？从私法自治的角度看，无权代理人只是代理被代理人实施代理行为，其本人并没有与相对人订立合同的意愿，而且相对人也只是有与被代理人订立合同的意愿，而没有与代理人订立合同的意愿，能否直接推定在无权代理人和相对人之间成立合同关系，值得进一步探讨。笔者认为，从代理人作出意思表示的角度加以解释，代理行为不仅体现被代理人的意志，也体现了代理人的意志。在无权代理的情形下，如果被代理人没有追认，那么，此时就完全代表代理人自己的意思。因此，法律推定在代理人和相对人之间可以形成合同关系，基于此种关系，善意相对人有权请求无权代理人履行债务，因而，在此种情况下，合同当事人就发生了变化。在法律上可以认定，在无权代理人和相对人之间成立合同关系，善意相对人有权请求无权代理人履行债务。尤其是这种规定有利于保护善意相对人，免除了善意相对人就无权代理所造成的损害的举证负担。[3] 善意相对人请求无权代理人履行债务，也有利于更好地实现善意相对人的订约目的。

---

① 参见石宏主编：《中华人民共和国民法总则条文说明、立法理由及相关规定》，403 页，北京，北京大学出版社，2017。

② 广东省广州市中级人民法院（2006）穗中法民二终字第 1322 号民事判决书。

③ 参见迟颖：《〈民法总则〉无权代理法律责任体系研究》，载《清华法学》，2017（3）。

值得探讨的是，既然相对人是善意的，有合理的理由相信无权代理人是有代理权的，那么，有可能符合表见代理的构成要件，为什么相对人不依据表见代理的规则请求被代理人履行债务，而选择请求无权代理人履行债务？笔者认为，在此情形下，虽然相对人是善意的，但其并不一定符合表见代理的构成要件。例如，被代理人对无权代理的发生并没有过错，此时，相对人只能请求无权代理人承担责任，而不能请求被代理人承担责任。当然，在符合表见代理的构成要件时，相对人应当有权选择依据表见代理或狭义无权代理的规则提出请求。在相对人选择依据表见代理规则提出请求时，其有权请求被代理人履行债务；在相对人选择依据狭义无权代理提出请求时，其有权依据《民法总则》第 171 条第 3 款请求无权代理人履行债务或者赔偿损失。

2. 请求无权代理人赔偿损失

《民法总则》第 171 条第 3 款规定："行为人实施的行为未被追认的，善意相对人有权请求行为人履行债务或者就其受到的损害请求行为人赔偿，但是赔偿的范围不得超过被代理人追认时相对人所能获得的利益。"依据这一规定，在无权代理的情况下，因无权代理造成的损害，善意相对人可以请求赔偿。关于无权代理情形下善意相对人损害赔偿请求权的性质，有如下几种观点：

第一，侵权责任说。在 19 世纪中期，萨维尼等人便主张在确定狭义无权代理人责任时，可以适用关于对恶意（dolus）与过失（culpa）的契约外责任这一古罗马法原则，换言之，即认为无权代理人对于善意相对人所为之无权代理行为，系属于侵权行为，因而对相对人应负基于侵权行为的损害赔偿责任。[①] 然而因侵权行为强调过错责任，行为人可以较容易通过举证证明自己无过错而免责，因而这一理论不能有效保护善意第三人的利益。

第二，合同责任说。该说认为，无权代理可以发生合同履行的效果，即当本人拒绝追认时，由无权代理人作为合同当事人，履行合同义务或承担合同损害赔偿。此种观点认为，契约责任是一种法定责任，其合理性在于，相对人要求无权

---

① 参见刘春堂：《民商法论集（一）》，43 页，台北，辅仁大学，1985。

代理人履行债务也好、赔偿损失也好，都只是使相对人回复到应有原状的手段而已，并不是非要在立法上确认契约在相对人与无权代理人之间有效成立。如果解释为缔约上过失责任，则无权代理人因没有过失，就有可能被免责，这对善意相对人是极不公平的。①

第三，缔约过失责任说。该说是由德国学者耶林提出缔约过失理论之后所发展起来的一种学说，认为狭义无权代理行为可适用缔约上过失责任，因为无权代理人在与第三人订立合同时便具有某种过失。这一观点曾受到当时许多学者的支持，但也有许多学者认为缔约上的过失责任要求无权代理人具有过失，容易导致其免责。②

第四，默示担保契约说。德国学者巴赫等人提出了所谓默示的担保契约说，认为无权代理人从事代理行为时，除有明示反对的意思表示外，其与相对人间，常有担保相对人不因此而受到损害的默示契约。默示契约是从契约，而无权代理人责任乃是违反了该从契约的责任。③

第五，法律特别责任说。该说认为，无权代理人对第三人负责的根据是由法律规定而产生的，是法律所规定的一种特别责任，我国大多数学者采纳这种观点。

笔者认为，上述各种观点都不无道理。首先，默示的担保契约虽不无道理，但一方面，此种合同属于法律拟制的产物，不完全符合当事人的真实意志。另一方面，在无权代理行为因本人不予追认而被宣告无效后，所谓的默示担保契约作为从契约，也应当随着主契约宣告无效而无效，不可能在主契约被宣告无效以后还存在一个独立的从契约。其次，法律特别责任说也未解释此种责任的具体法律根据，例如，法律责任的概念仍然十分宽泛，尚需说明究竟属于何种性质的法律责任，因此此种观点也不尽妥当。再次，无权代理责任既不是侵权责任，也不是合同责任。一方面，无权代理人实施无权代理行为，通常是要与相对人订立合

---

① Historisch-kritischer Kommentar zur BGB, Band I, § 179.
② Historisch-kritischer Kommentar zur BGB, Band I, § 179.
③ 参见刘春堂：《民商法论集（一）》，45页，台北，辅仁大学，1985。

同，而不是单方面实施侵权行为造成相对人的损害，所以在这一点上，显然不符合侵权责任的特点；另一方面，当本人拒绝承认无权代理行为以后，无权代理人与相对人订立的合同将被宣告无效，在合同已被宣告无效的情况下，仍然认为无权代理人应负合同责任，显然是欠缺充足理由的。

笔者认为，应根据缔约上过失责任解释无权代理人对相对人的责任更为合理，这就是说，在善意相对人选择请求无权代理人赔偿损失时，其不再是基于有效的合同请求损害赔偿，而是因为合同未被被代理人追认导致合同无效而遭受的损失，此种损害赔偿的依据是缔约过失责任。因为一方面，由于本人拒绝追认无权代理行为，因而无权代理人所订立的合同被宣告无效，而此种无效也是由无权代理人在订约过程中造成的。当然，在订立合同时，无权代理人是以本人名义而不是以自身名义出现的，但是，既然本人不予追认则表明其实施的行为并不符合本人的意志和利益，而只是其自身行为，所以，他应当对其过错行为负责。另一方面，无权代理人在从事无权代理行为时，知道或者应当知道其无代理权，仍然以本人名义从事代理行为，已违背了诚实信用原则所产生的忠实、诚实等附随义务，并已给相对人造成损失。无权代理人显然是有过失的，因而应对其过失行为负责。正是因为损害赔偿的依据是缔约过失，所以，就赔偿范围而言，这一赔偿应当属于信赖利益赔偿，即善意相对人因为信赖无权代理人为有权代理而遭受的损害。[①] 所以，这一赔偿的范围不得超过履行利益，即法律行为被追认时相对人所能获得的利益。

3. 相对人也可在履行债务和请求赔偿之间作出选择

依据上述规定，相对人也可在履行债务和请求赔偿之间作出选择，如果请求赔偿，则赔偿范围不得超过履行利益。严格地说，如果允许相对人请求无权代理人履行合同，则相对人应当有权请求无权代理人赔偿履行利益损失，但如果相对人不主张无权代理人履行合同，而主张赔偿损失，此时，该合同应当是无效合同，相对人原则上只能请求信赖利益损失赔偿，而且从《民法总则》第 171 条第

---

① 参见迟颖：《〈民法总则〉无权代理法律责任体系研究》，载《清华法学》，2017（3）。

3款的规定来看，"赔偿的范围不得超过被代理人追认时相对人所能获得的利益"，实际上也是将其限定为信赖利益损失赔偿。这就表明，在无权代理没有被追认时，对相对人最为有利的方式是请求无权代理人履行债务，但如果相对人不愿请求无权代理人履行债务，此时，相对人只能请求损害赔偿，但赔偿的范围不能超过履行利益。

需要指出的是，《民法总则》第171条的规定注重保护善意相对人的利益，也就是说，只要相对人是善意的，一律可以请求无权代理人承担实际履行或损害赔偿责任，这有利于保护交易安全。但该规定可能不利于保护无权代理人的利益，因为在无权代理的情形下，无权代理人可能并没有过错。例如，无权代理是因为授权不明而产生的，或者授权期限已经终止但无权代理人并不知情，此时，一概课以无权代理人承担继续履行或者损害赔偿的责任，则对其过于严苛。在这方面，《德国民法典》第179条区分了无权代理人是否有过错而分别确定其责任，依据该条规定，在无权代理的情形下，相对人有权请求无权代理人履行债务，但在代理人不知道其无代理权的情形下，其仅有义务赔偿对方因信赖该代理权而遭受的损害，这一做法有一定的合理性。笔者认为，这一经验值得借鉴，即在认定无权代理的效力时，既要区分相对人的善意与恶意，也应当区分无权代理人的善意与恶意，以妥当认定其责任。

（五）恶意相对人的责任

《民法总则》第171条第4款规定："相对人知道或者应当知道行为人无权代理的，相对人和行为人按照各自的过错承担责任。"依据这一规定，相对人知道或者应当知道行为人无权代理，仍然与代理人实施民事法律行为，此时，如果代理行为没有被追认，相对人不能请求被代理人履行债务，也不能依据本条第3款的规定请求代理人赔偿。但是，相对人和无权代理人可能都遭受一定的损害，由于代理人和相对人对损害的发生都有一定的过错，因而应当按照各自的过错承担责任。依据该款规定，在相对人为恶意的情形下，该合同既不能约束被代理人，也不能约束代理人，该合同应当属于无效合同，代理人与相对人对损害的分担应当是对因合同无效而给当事人造成损害的分担，应当属于信赖利益损失的分担的

问题。与《民法总则》第171条第3款的规定相比，法律对恶意相对人的保护相对较弱。

应当指出的是，该条规定不同于代理人和相对人恶意串通的责任，关于该责任，《民法总则》第164条第2款规定："代理人和相对人恶意串通，损害被代理人合法权益的，代理人和相对人应当承担连带责任。"代理人和相对人恶意串通与《民法总则》第171条第4款所规定的情形可能发生混淆，但笔者认为，二者属于不同的情形，其区别在于：第一，代理人和相对人是否存在串通不同。前者是代理人和相对人恶意串通，具有损害被代理人的恶意，而在后者，相对人只是知道代理人没有代理权，其并没有与代理人恶意串通损害被代理人的利益。第二，代理行为的效力不同。在恶意串通的情形下，依据《民法总则》第154条的规定，该代理行为应当属于无效民事法律行为，而在第二种情形下，该无权代理行为应当属于效力待定的民事法律行为。第三，在代理人和相对人恶意串通的情形下，代理人可能有代理权，其只是滥用了代理权，而对《民法总则》第171条第4款所规定的情形而言，代理人并没有代理权，属于无权代理。第四，责任不同。在相对人与代理人恶意串通的情形下，从《民法总则》第164条第2款的规定来看，代理人和相对人需要对被代理人承担连带责任。而在第二种情形下，则是指相对人与无权代理人按照其各自过错分担损失。

法

第五编

民事责任

第十七章

民事责任的基本原理

第一节　民事责任概述

一、民事责任的概念和特征

民事责任是指当事人不履行民事义务所应承担的民法上的后果。例如，违约责任是违反合同约定而应当承担的责任，侵权责任是侵害他人权益而应当承担的赔偿等责任。民法对民事权利的保障最终需要民事责任予以落实，所以，随着市场经济和民主政治的发展，民事责任作为保障民事权利的手段，日益显示出其在民法中的重要位置。民事责任"乃是现代民法之生命力所在"，民事立法的进步与完善，其着重点不在于规定人民可以享受民事权利之多寡，而在于制定尽量完善的民事责任制度。[①]

关于责任的概念，学说上有一些不同的观点：

[①]　参见梁慧星：《民法学说判例与立法研究》，255 页，北京，中国政法大学出版社，1993。

1. 制裁说。哈特指出："当法律规则要求人们作出一定的行为或抑制一定的行为时，（根据另一些规则）违法者因其行为应受到惩罚，或强迫对受害人赔偿。在很多情况下，他既受到惩罚又被迫赔偿。在这种意义上，某人在法律上应对某事（行为或伤害）负责，等于某人因其行为或伤害在法律上应受到惩罚或被迫赔偿。"[①] 制裁是由法律秩序所规定以促使实现立法者认为要有的一定的人的行为。[②] 凯尔森也认为："法律责任是与法律义务相关联的概念。一个人在法律上要对一定行为负责，或者他为此承担法律责任，意思就是他作相反行为时，他应受制裁。"

2. 后果说。法律责任专指对自己实施的违法行为所承担的责任[③]，换言之，"因违法行为或其他法律规定的事实的出现，一定主体应当承担的不利后果"[④]。民事责任是指民事主体违反合同义务或法定民事义务而应承担的法律后果。[⑤] 法律责任之所以是行为人的不利后果，是因为它是行为人所不情愿的，也是与行为人的目的相悖的。

3. 义务说。《布莱克法律词典》解释说，法律责任指"因某种行为而产生的受惩罚的义务及对引起的损害予以赔偿或用别的方法予以补偿的义务"[⑥]。法律责任是由于故意违反或疏于履行法定的第一性义务而派生出来的第二性义务，是对否定义务的行为的否定，即所谓"责任者，不履行义务在法律上所处之状态也"[⑦]。

我国《民法总则》第176条规定："民事主体依照法律规定和当事人约定，履行民事义务，承担民事责任。"该条强调了权利、义务和责任的一致性。我国《民法总则》在《民法通则》第六章的基础上，以专章（第八章）的形式规定了

---

① ［英］哈特：《责任》，转引自张文显：《法学基本范畴研究》，185 页，北京，中国政法大学出版社，1993。

② 参见［奥］凯尔森：《法与国家的一般理论》，沈宗灵等译，54 页，北京，中国大百科全书出版社，1996。

③ 参见孙国华主编：《法理学教程》，509 页，北京，中国人民大学出版社，1994。

④ 公丕祥主编：《法理学》，464 页，上海，复旦大学出版社，2001。

⑤ 参见魏振瀛：《民法》，4 版，41 页，北京，高等教育出版社、北京大学出版社，2010。

⑥ 《布莱克法律词典》，1197 页，美国西部出版公司，1983。

⑦ 张文显：《法学基本范畴研究》，188 页，北京，中国政法大学出版社，1993。

民事责任的一般规则，这也是对我国立法和司法经验的总结，该章规定的意义主要在于：一方面，总则中规定一般民事责任的概念可将各类责任抽象出来确定为一般的规则，从而使其普遍适用于各类民事责任，确定了民事责任的普遍性。另一方面，总则在规定了法律关系的主体、客体以及简单列举了各种民事权利之后规定民事责任，也是顺理成章的。

笔者认为，民事责任是指当事人不履行民事义务所应承担的民法上的后果。民事责任具有如下特点：

第一，它是民事主体违反民事义务而承担的不利后果。从性质上看，民事义务是指义务人依据法律规定或当事人约定应当为一定行为或者不为一定行为。大陆法系国家民法常常用给付义务来概括债务人应承担的义务。诚然，责任以义务的存在为前提，但是，责任本身并不是义务，而是义务人违反义务所应承担的后果。可见，责任与义务具有不同性质。具体来说，义务与责任具有如下区别：一方面，责任是为确保义务履行而设置的措施，它以义务的存在为前提，以督促义务人履行义务并保障权利人的权利为宗旨。正是因为责任制度的存在，权利才获得了一种"法律上之力"[1]。另一方面，责任是在义务人不履行义务时，由国家强制义务人履行义务或承担法律责任的表现，即一旦义务人不履行义务，义务在性质上转化为一种强制履行的责任。强制履行已不仅是对义务人的责任，而且是对国家应承担的责任。由此可见，责任与义务相比较，包含了一种国家的强制性。[2] 先有民事义务，而后才能产生民事责任。义务在性质上属于法之"当为"，具有法律上的拘束力，因此，违反民事义务将会承担法律上的不利后果，即民事责任。[3]

第二，它在本质上既是对国家的一种责任，也是对当事人的一种补偿责任。一方面，民事责任体现了国家对当事人之间关系的干预，表现了国家的强制力对违法行为的追究。从这个意义上说，承担民事责任是对国家所承担的责任。另一方面，与行政责任和刑事责任不同，民事责任也是违法行为人对受害人所应当承

---

[1] 梁慧星：《民法学说判例与立法研究》，253 页，北京，中国政法大学出版社，1993。
[2] 参见崔建远：《合同责任研究》，4 页，长春，吉林人民出版社，1992。
[3] 参见［德］迪特尔·施瓦布：《民法导论》，郑冲译，168 页，北京，法律出版社，2006。

担的责任。民事责任的功能在于对受害人提供补救，使受害人遭受的全部损失得到恢复。在一般情况下，民事责任必须要以受害人实际遭受损害为前提。冯·巴尔指出，以损害赔偿为特性的"民事责任法是每一个欧洲国家法律制度的一部分；没有一套对在发生损害之前当事人之间没有任何关系之情形的损失予以赔偿的规则，任何人都无法生存"①。行为人应当对受害人遭受的损害承担损害赔偿责任。而行政责任和刑事责任则不完全是对当事人的责任，而主要是对国家的责任。

第三，它具有强制性和一定程度的任意性。法律责任都具有强制性，民事责任也不例外。法律责任的认定和归结是国家权力运行的具体体现，是国家对责任者的财产或人身自由的强制限制或剥夺。②法律责任是对行为人所施加的一种不利后果，它不是行为人愿意承担的，因此，责任的承担必然具有强制性。但是民事责任的强制性不同于其他法律责任（如行政责任、刑事责任）的地方在于，民事责任兼具任意性与强制性的特点。民事责任的任意性体现在，受害人免除行为人应承担的民事责任，可以与行为人通过协商的方式确定民事责任的承担。当事人可以在法律规定的范围内，对违约责任作出事先的安排。民事责任在确定以后，受害人可以与行为人达成和解协议处分其权利。但民事责任也具有强制性，这种强制性表现在，民事责任最终必须依赖国家强制力作保障，必须由法院最终确定责任的承担。如果受害人请求责任人承担责任，而责任人拒绝承担，受害人有权请求法院运用国家公权力强制执行。同时，为了保障当事人设定的民事责任条款的公平合理，法律也要对当事人之间有关责任的约定予以干预。如果约定不符合法律要求，也将会被宣告无效或撤销，从而适用法定的民事责任。

第四，它主要是财产责任。民事责任曾经历了一个从人身责任向财产责任（主要是损害赔偿责任）的发展过程。现代民法普遍承认，民事责任主要是财产责任，并禁止对责任人实行人身强制，由此体现了法律文明的发展。我国现行立法规定了损害赔偿、支付违约金等责任方式，基本上都可以财产、货币来计算，

---

① ［德］冯·巴尔：《欧洲比较侵权行为法》上卷，张新宝译，1～2页，北京，法律出版社，2001。
② 参见张文显：《法学基本范畴研究》，186页，北京，中国政法大学出版社，1998。

因而都属于财产责任范畴。但民事责任也不限于财产责任，例如恢复名誉、赔礼道歉、消除影响等就不完全是财产责任。

二、民事责任与其他性质责任的区别

民事责任是不同于行政责任与刑事责任的一种法律责任。民事责任和刑事责任、行政责任相比，具有如下区别：

1. 责任产生的根据不同。民事责任是违反民事义务所产生的法律责任，而行政责任与刑事责任是违反了行政法和刑法上的强制性规定而产生的法律责任，它们所产生的法律依据是不同的。

2. 适用的对象不同。侵害公民和法人的合法权益的行为，只有在情节严重并构成犯罪的情况下，才应受到刑罚的制裁。然而现实中，大量的侵权及违约行为是不可能进入刑事责任调整的领域的，这些行为只能由民事责任调整。民事责任作为规定侵权责任及违约责任的法律，更注重补偿而不是惩罚和制裁。而刑事责任作为规定犯罪和刑罚的法律制度，主要调整罪刑关系。所以，只有那些触犯刑律、具备了刑事责任规定的犯罪要件的行为，才应受刑事责任调整。而对于尚未构成犯罪却造成对他人损害的不法行为，一般应受民事责任调整。行政责任适用的对象是各种行政违法行为，行政违法行为是未构成犯罪的行为，它也以违反行政法规及其他规范性文件为前提。

3. 适用的目的不同。民事责任制度适用的目的，主要是补偿受害人因民事违约行为所受的损害，通过赔偿的办法使已经遭受侵害的财产关系和人身关系得到恢复和补救。当然，民事责任的适用，在一定程度上也具有教育不法行为人，达到预防违法行为的一般目的。而刑事责任的主要目的是惩罚犯罪行为人，并教育和警戒犯罪行为人与社会上可能犯罪的人，以达到预防犯罪的目的。行政责任通过制裁各种行政违法行为，保障行政机关依法行政，从而保护公民、法人的合法权益。

4. 责任性质不同。民事责任中的侵权责任，虽不取决于行为人主观上是否

愿意，但侵权损害赔偿仍具有一定程度的任意性，即受害人有权决定是否要求行为人赔偿、就赔偿问题可由当事人协商、受害人可以要求行为人仅负部分赔偿责任。至于违约责任，则具有更强的任意性，允许当事人事先约定免责条款和违约金条款。而在刑事责任和行政责任的规范中，体现了明显的强制性。其一，刑事责任除少数自诉案件以外，不得由受害人自由免除，刑事责任的承担也不能由受害人决定。此种责任的强制性是由犯罪行为在本质上侵害了为法律所保护的国家利益和社会公共利益所决定的。其二，行政责任作为公法上的责任，也不允许通过协商确定责任的内容、免除等问题。

三、民事责任的优先适用

《民法总则》第 187 条规定："民事主体因同一行为应当承担民事责任、行政责任和刑事责任的，承担行政责任或者刑事责任不影响承担民事责任；民事主体的财产不足以支付的，优先用于承担民事责任。"该条确立了民事责任优先性的规则。这就是说，在因同一行为而产生了民事责任、行政责任和刑事责任时，行为人的财产应当优先用于承担民事责任。

在法律上确立民事责任优先性的规则，一方面是为了强化对受害人的救济。因为从法律上看，刑事责任和行政责任是对国家的责任，而民事责任主要是对受害人的责任，从强化受害人保护的角度考虑，确立民事责任优先性规则是必要的。如果行为人的财产有限，优先执行刑事或行政责任而导致民事责任不能履行，就可能使受害人的损害无法得到救济，甚至使其陷入困境，不能体现法律对受害人的关怀。[1] 另一方面，考虑到我国保险和社会救助制度的不完善，在受害人遭受损害之后，特别是遭受人身损害之后，难以通过保险或社会救助等制度获得救济，从而也有必要使责任人优先承担民事责任。在承担刑事责任和行政责任的情况下，其主要是对国家的责任，虽然对不法行为人具有制裁的作用，但是，

---

[1]　参见王胜明主编：《〈中华人民共和国侵权责任法〉解读》，48 页，北京，中国法制出版社，2010。

如果其财产不足以承担所有的责任，优先赔偿受害人的损失，也体现了国家对个人利益的维护。

但在适用优先性规则时，必须明确责任主体应当是同一主体，即无论是行为主体还是责任主体，在确定其责任时，就要考虑其财产是否足以承担所有的责任。如果责任人承担了其他的责任，不足以承担民事责任，就应当优先承担民事责任。因此，如果各类责任的承担主体不同，就不存在该规则适用的前提。例如，被用工者因实施犯罪行为而承担刑事责任，此时，由被用工者承担刑事责任，而民事责任则由用工者承担，由于责任主体不是同一主体，因而不适用民事责任优先性规则。

四、民事责任与债务

罗马法中并没有区分债务和责任的概念，债务和责任都被称为"法锁"（Juris Vinculum），并用 Obligatio 一词加以表示。[①] 法锁的含义是指债权债务应能对当事人产生拘束力。德国普通法时代也基本上沿袭了罗马法的观念，没有将债务与责任的概念加以区别。一般认为，最早将债务和责任作出区别的学者是德国人布林兹（Brinz），他于 1874 年根据古罗马时代的各种琐碎资料，提出了债务和责任的区别。他认为，债权需有责任才能产生，更因为存在有诉权的责任，才产生了债权的观念。[②] 以后，一些研究日耳曼法的学者在分析日耳曼法时，也提出了债务和责任的区别。这些学者认为，在古日耳曼法中，债务和责任的概念是分开的，债务称为 Schuld，含有"法的当为（rechtliches Sollen）"，而不具有"法的强制（rechtliches Müssen）"的观念。[③] 这就是说，债务是指债务人应当履行其给付的义务，它丝毫不受到他人的强制，而出于债务人的自愿，一旦给付，不得任意请求返还。债权人没有强制债务人给付的权利，若要有此权利，则必须另

---

① 参见梁慧星：《民法学说判例与立法研究》，246 页，北京，中国政法大学出版社，1993。
② 参见林诚二：《民法理论与问题研究》，207 页，北京，中国政法大学出版社，2000。
③ 参见郑玉波：《民法债编总论》，11 页，台北，三民书局，1986。

有责任关系的存在。而在日耳曼法中，责任是指"替代"（ersetzen）的关系，也就是指债务人应当为给付而未为给付或不完全给付时，应服从债权人的强制取得（Zugriffsmacht）的关系。① 由于此种强制取得的责任关系附加于债务关系之上，债务关系才具有拘束力。因而，为实现债的目的，责任具有担保的作用，这种担保作用只有在债务不履行时才能表现出来。② 由此可见，债务与责任是可以分离的。

从法律上将债务与责任作出区分是日耳曼法对现代法的重大贡献；不过，日耳曼法并没有揭示出责任以国家强制力为背景的特点。③ 此外，根据日耳曼法，在债务人不履行债务时，债权人可以把债务人当做奴隶使用或卖与他人；债务人不履行清偿债务的判决，可以被处以人格剥夺（Friedlosigkeit）的重刑，债务人的身体得由他人任意杀害，所有财产除一部分交付给债权人外，也概被没收。④ 这种野蛮的人身责任在现代社会已被废除。

我国法律对债务与责任的概念作出了严格的区分，《民法通则》对债务和责任问题是分别作出规定的。根据该法第 84 条和第 106 条的规定，债务是按照合同的约定或依照法律的规定而在当事人之间产生的义务；而责任则是指违反民事义务而应承担的民事责任。我国《民法总则》区分了义务与责任的概念，并设置了不同的规则。

应当承认，在民法上，确有一些责任实际上是债务，如不当得利返还责任实际就是不当得利之债。而无因管理的费用返还责任实际上也是指无因管理之债。另外，学理上也大多将有限责任、无限责任、担保责任、按份责任、连带责任作为民事责任的形式对待，这些责任都是一种债务，在民法上之所以难以区分第一性的义务和因义务的违反而产生的第二性的义务即责任，很大程度上乃是因为许多责任本身和债务是密不可分的。例如，物上担保责任，虽名为责任但实为义

① 参见林诚二：《民法理论与问题研究》，208 页，北京，中国政法大学出版社，2000。

② 参见李宜琛：《日耳曼法概说》，74 页，上海，商务印书馆，1944；林诚二：《论债之本质与责任》，载《中兴法学》，第 19 期。

③ 李宜琛指出："日耳曼法之所谓责任，既为束缚、保证之意，故无论人物，皆得负担责任。"可见，责任并不完全具有国家强制性。

④ 参见李宜琛：《日耳曼法概说》，78 页，上海，商务印书馆，1944。

务，担保权人实现其权利无须通过诉讼，而可以将担保物直接拍卖变卖。还有一些债务既可以是债务，也可以是责任，如因当事人的约定而产生的连带债务，实际上是债务，但因为共同侵权产生的连带责任，则在性质上是因为不法行为产生的责任。

不过，这并不意味着义务和责任是不可分离的。从性质上看，义务是法律和合同规定的义务，它是义务人应当履行的行为。《民法总则》第131条规定，"民事主体行使权利时，应当履行法律规定的和当事人约定的义务"，表明义务必须履行。责任以义务的存在为前提，但责任本身并不是义务，而是义务人违反义务所应承担的后果。具体来说，义务与责任具有如下区别：

第一，责任是为确保义务履行而设置的措施，它以义务的存在为前提，以督促义务人履行义务并保障权利人的权利为宗旨。正是因为责任制度的存在，才使债权获得了一种"法律上之力"[①]。也就是说，责任制度的存在，使债权人在债务人不为给付时，可以凭借法律上之力，强制义务人履行义务或承担其他责任，以确保其权利的实现。

第二，责任是在义务人不履行债务时所应承担的法律上的后果。例如，一旦债务人不履行债务，则债务在性质上转化为一种强制履行的责任。强制履行从表面上看，仍然是继续履行原债务，但实际上已不同于原债务。因为强制履行已不仅是对债权人的责任，而且是对国家应承担的责任。由此可见，责任与债务相比，包含了一种国家的强制性。[②] 就债务本身来说，虽然也具有一定的拘束力，但是债的效力必须借助于体现了浓厚的国家强制性的责任制度，才能得到实现。单纯的债务本身并不具有责任制度所体现的国家强制力。例如，自然债务因其无责任保障，所以在不履行时，不发生责任问题。

第三，责任是与诉权联系在一起的。民事责任之所以能成为保障民事权利的有效措施，乃是因为民事责任是与诉权联系在一起的，从而使其成为连接民事权

[①] 梁慧星：《民法学说与立法研究》，253页，北京，中国政法大学出版社，1993。
[②] 参见崔建远：《合同责任研究》，4页，长春，吉林人民出版社，1992。

利与国家公权力之中介。① 债权本身并没有赋予债权人对债务人的人身、给付行为及给付标的享有直接的支配权，换言之，要通过诉权作为中介和桥梁，才能最终使债务不履行行为转化为责任。从这个意义上说，将债务完全等同于责任，实际上就忽视了公力救济对权利实现的必要性。德国学者 Esser 认为，债务的中心内容是行为的指令，债务必须再加上责任，方可称为一个完整之债务。② 在债务不履行的情况下，债权人必须通过诉讼方式对债务人强制执行，才能使债权人的诉讼请求得到满足。正如我国台湾地区学者林诚二所指出的："各债权人之给付受领权复受责任关系所保护，但责任关系之具体体现，则在于诉权之行使，因是，责任乃债权与诉权之中间桥梁。"③

第四，债本质上不仅是一种请求关系，而且其是以财产给付为内容的请求关系。因为债权本质上是反映交易的法律形式，它要以财产给付为内容，非财产给付的请求不应包括在债的范畴里。由于恢复名誉、停止侵害、赔礼道歉等责任形式在本质上不是以财产给付为内容的，所以不属于债的关系。在侵权行为领域，行为人违反法定义务时，行为人应当承担的就是法律责任，而很难被理解为债务。完全以债务来取代责任也不能为一般人所理解。

第五，从存续状态来看，责任的存续和义务的存续不同。义务随着义务人的死亡而消灭，而对责任而言，即便当事人已经死亡，如果其财产被他人继承，则责任应当追及该财产而实现。责任的这一特点是与近代以来的财产责任原则相联系的。

五、民事责任的承担方式

所谓民事责任的承担方式，是指行为人承担民事责任的具体方法。④ 换言之，它是指行为人具体承担法律上不利后果的方式，或者说是民事责任的具体体

---

① 参见梁慧星：《民法学说判例与立法研究》，254 页，北京，中国政法大学出版社，1993。
② 参见黄茂荣：《债法总论》，第 1 册，62 页，北京，中国政法大学出版社，2003。
③ 林诚二：《论债之本质与责任》，载《中兴法学》，第 13 期，54 页。
④ 参见张新宝：《侵权责任法》，332 页，北京，中国人民大学出版社，2006。

现。因而责任方式不确定，责任也无法最终实现，受害人也无法获得救济，因此，责任方式是落实民事责任的必要前提。《民法总则》第 179 条第 1 款规定："承担民事责任的方式主要有：（一）停止侵害；（二）排除妨碍；（三）消除危险；（四）返还财产；（五）恢复原状；（六）修理、重作、更换；（七）继续履行；（八）赔偿损失；（九）支付违约金；（十）消除影响、恢复名誉；（十一）赔礼道歉。"该条规定了多元的民事责任承担方式，一方面，这有利于受害人基于利益最大化选择对其最有利的方式，从而更好地保护自身的权利；另一方面，强化了对受害人的救济，这些责任方式可以单独使用，也可以合并使用，从而形成了对受害人的全面保护。

《民法总则》第 179 条所规定的民事责任承担方式可以分为救济性的责任方式、预防性的责任方式和惩罚性的责任方式。所谓救济性的责任方式，是指以救济受害人为目的的侵权责任方式。最典型的责任方式是赔偿损失，其也是适用最为广泛的责任方式。所谓预防性的责任方式，是指以预防损害的实际发生为目的的民事责任方式，如停止侵害、排除妨碍、消除危险等。当然，这些责任方式也具有一定的救济功能，但是其是以预防性为主。所谓惩罚性的责任方式，是指以惩罚侵权人为目的的民事责任方式。依据《民法总则》第 179 条的规定，如果法律规定了惩罚性赔偿的，则依照其规定认定行为人的责任。例如，《侵权责任法》第 47 条所规定的惩罚性赔偿，即属于惩罚性的责任方式。上述三种责任方式的区别主要表现在：

第一，功能不同。救济性的责任方式是为了实现对受害人的完全赔偿，使其恢复到如同损害没有发生的状态。预防性的责任方式是为了预防损害的实际发生。而惩罚性的责任方式是为了惩罚侵权人，尤其是具有重大过错的行为人。

第二，适用范围不同。救济性的责任方式适用范围广泛，几乎适用于所有的民事案件。预防性的责任方式适用于行为人危及他人人身、财产安全的情形。惩罚性的责任方式仅适用于法律特别规定的例外情形。

第三，构成要件不同。对于预防性的责任承担方式而言，如停止侵害、排除

妨碍、消除危险等责任承担方式，其适用并不要求行为人具有过错，也不要求损害结果实际发生。而救济性的责任方式一般要求损害结果发生，如适用过错责任，则一般要求行为人具有过错。

第四，具体内容不同。救济性的责任方式包括恢复原状、赔偿损失、赔礼道歉、消除影响、恢复名誉。预防性的责任方式包括停止侵害、排除妨碍、消除危险。而惩罚性的责任方式就是指惩罚性赔偿。

《民法总则》第179条第3款规定："本条规定的承担民事责任的方式，可以单独适用，也可以合并适用。"上述各种民事责任方式可以单独适用，也可以同时并用。法律上确立各种责任方式都是对受害人进行全面救济和保护的措施，侵权或违约行为发生后，按照私法自治原则，只要受害人作出的选择不违背民法的诚实信用和公序良俗原则，就可以选择以何种方式向行为人提出请求，而且只有在受害人提出请求的基础上才能确定责任的承担方式。例如，受害人只有提出了赔礼道歉的请求，法官才能考虑是否采用赔礼道歉方式，受害人没有提出，法官不能直接判决。同时，法官只能在受害人提出请求的范围内确定最终的责任承担方式。如果受害人提出了多种请求，法官可以在其中选择或采用多种责任方式，但不能在此之外来选择。法官应当尊重当事人的处分权，受害人放弃某种请求时，法院也应当予以尊重。如果受害人坚持提出某项请求，只要该请求权合法、正当，没有给行为人强加不适当的责任，就应当予以支持。①

需要指出的是，我国《民法通则》第134条第3款规定："人民法院审理民事案件，除适用上述规定外，还可以予以训诫、责令具结悔过、收缴进行非法活动的财物和非法所得，并可以依照法律规定处以罚款、拘留。"这是对民事制裁措施的规定，但《民法总则》没有规定民事制裁，从立法者的本意来看，可认为已废除了民事制裁制度。废除民事制裁措施的主要原因在于：一方面，民法是平等主体之间的法律，在当事人之间不应当有所谓的"制裁"。另一方面，民事责任主要是具有补偿性质的，旨在实现对受害人的救济，制裁的问题应当由其他法

---

① 参见全国人大常委会法制工作委员会民法室编：《中华人民共和国侵权责任法条文说明、立法理由及相关规定》，56页，北京，北京大学出版社，2010。

律解决，如行政法、刑法等。例如，在当事人从事违法行为所获得的利益，应当通过行政责任等予以收缴。还要看到，民事制裁制度给予了法官过大的自由裁量权，可能导致民事主体的权益受到侵害。当然，在一些特别法（如知识产权法）中，仍有民事制裁的规定，将来如何处理，还有待进一步研究。

第二节　民事责任的分类

一、违约责任和侵权责任

违约责任是指合同当事人违反法律、合同规定的义务而应当承担的责任。侵权责任是指行为人因其过错侵害他人财产、人身，依法应当承担的责任，以及没有过错，在造成损害以后，依法应当承担的责任。违约责任和侵权责任的分离是因合同法与侵权法的分离而产生的，这种分离在早期罗马法中就有体现，晚期更为盖尤斯的《法学阶梯》所明确肯定。从现代各国的立法实践来看，尽管两大法系在合同诉讼与侵权诉讼上存在一些明显的区别，但都在法律上接受了所谓的"盖尤斯分类法"。这两类责任的区别主要表现在：

第一，从两类责任的保护范围来看，两法保护利益的范围受制于两法自身的性质特征。合同法以保护合同债权为核心，而侵权法以保护合同外的其他民事权利为目的，由此决定了其必然以绝对权为其主要的保护对象。这种模式已为我国《侵权责任法》第2条所确认。该条在详细列举其保护的18项权利中，有意省去合同债权，表明合同债权主要受合同法保护，而侵权法则保护合同债权之外的其他权利。这就在保护范围上大体界定了两法的关系。①

第二，从违反义务的性质来看，违约责任是因为违反了合同义务（主要是约定义务）而产生的责任，侵权责任是行为人违反法定义务即侵权行为法所设定的

---

① 参见王胜明主编：《〈中华人民共和国侵权责任法〉解读》，11页，北京，中国法制出版社，2010。

任何人不得侵害他人财产和人身的普遍性的义务以及其他法定义务所产生的责任。

第三，从事先是否存在合同关系来看，在一般情况下，当侵权行为发生时，行为人与受害人之间不存在某种法律关系，而只是因为侵权行为的发生双方才发生了损害赔偿之债的关系；对违约行为来说，当事人双方事先必然存在合同关系，因为违约行为的发生是以当事人之间存在合同权利、义务为前提的。

第四，从是否以过错为要件来看，违约责任原则上适用严格责任，从合同法的发展趋势来看，其正朝着严格责任的方向发展，可以说，严格责任代表了先进的立法经验。[①] 我国《合同法》第 107 条规定，"当事人一方不履行合同义务或者履行合同义务不符合约定的，应当承担继续履行、采取补救措施或者赔偿损失等违约责任"。该规定显然是对严格责任的规定，而没有考虑主观过错。但是，在侵权责任中，虽然采用了多重归责原则，但依据我国《侵权责任法》第 6 条第 1 款，过错责任仍然是一般的归责原则。

第五，从侵害的后果来看，违约损害赔偿仅限于财产损失赔偿，而且因为违约造成的损失并非都应当由违约方赔偿，只有那些违约方在订约时能够合理预见到的损失才应由违约方赔偿。而违约造成人身的伤亡和精神损害，一般不应当根据《合同法》提供补救。侵权损害赔偿，则既包括财产损失，也包括人身伤害和精神伤害，只要是因为侵权所造成的各种损失，无论是直接损失还是间接损失，都应当由侵权行为人赔偿。

区分违约责任和侵权责任的主要意义在于：二者在归责原则、举证责任、义务内容、诉讼时效、责任构成要件、免责事由、责任形式、责任范围、对第三人责任以及诉讼管辖等方面都存在重大的区别，正是这些区别决定了受害人选择主张何种责任，对其利益具有重大的影响，因此，侵权责任和违约责任的竞合就具有现实意义。

[①]　参见［德］冯·巴尔等主编：《欧洲合同法与侵权法及财产法的互动》，吴越等译，47 页，北京，法律出版社，2007。

二、过错责任、过错推定责任和严格责任

过错责任（fault liability），是指在一方违反民事义务并致他人损害时，应以过错作为确定责任的要件和确定责任范围的依据的责任。如果当事人没有过错（如加害行为是因不可抗力造成的），则虽有损害发生，行为人也不负责任。在确定责任范围时应当确定受害人是否具有过错，受害人存在过错的事实也可能导致加害人被减轻和免除责任。通常，在法律没有特别规定的情形下，应承担过错责任。

所谓过错推定（presumption of fault，présomption de faute）责任，也称为过失推定责任，是指行为人因过错侵害他人民事权益，依据法律的规定，推定行为人具有过错，如行为人不能证明自己没有过错的，应当承担侵权责任。推定，是指根据已知的事实，对未知的事实进行推断和确定，过错推定，就是要从已知的基础事实出发，依据法律的规定，对行为人有无过错进行推定。我国《侵权责任法》第6条第2款规定："根据法律规定推定行为人有过错，行为人不能证明自己没有过错的，应当承担侵权责任。"《侵权责任法》在特殊侵权编章中大量采用了过错推定规则。此种责任的特点在于：它是根据法定的基础事实，推定行为人有过错。在推定过程中，需要采取举证责任倒置的证明方式。这就是说，受害人在遭受损害以后，其不必证明加害人具有过错。就行为人是否有过错的问题，受害人不负举证责任，而将此证明负担倒置给行为人。[①] 如果行为人不能证明存在法定的免责事由，就要承担相应的责任。不过，过错推定本质上仍然是以过错为基础的责任，因此，凡是法律规定了特定的能够表明其没有过错的事由，行为人能够证明这些特定的事由的存在，就可以推翻对其过错的认定。

严格责任（strict liability），是指依据法律的特别规定，通过加重行为人的举证责任的方式，而使行为人承担较一般过错责任更重的责任。在严格责任中，

---

① 参见程啸：《侵权责任法总论》，367页，北京，中国人民大学出版社，2008。

受害人并不需要就加害人的过错举证，而由行为人就其没有过错的事由予以反证，并且法律对行为人的免责事由作出严格的限制。严格责任主要适用于违约责任和特殊的侵权责任中，具体而言：

一是《合同法》中的严格责任。我国《合同法》在违约责任的一般规定中没有规定过错的要件，因此一般认为，我国违约责任采取严格责任的归责原则。这就是说，在违约责任发生后，违约方只有在能够证明违约行为是发生在不可抗力和存在特约的免责条款的条件下，才能被免除责任。在严格责任情况下，不可抗力和债权人的违约可以作为债务人的抗辩事由。抗辩事由的存在虽表明被告的行为与结果之间无因果关系，但也可以表明被告无过错。

二是特殊侵权行为中的严格责任。按照我国学者的一般解释，在某些特殊的侵权行为中，法律规定行为人要推翻对其过错的推定，必须证明有法定的抗辩事由的存在，以表明自己是无过错的，才能对损害后果不负责任。在严格责任的情况下，责任尽管严格，但并非不考虑过错。各国立法例多承认加害人得提出特定抗辩或免责事由。① 因此，严格责任与侵权法中绝对不考虑过错的无过错责任是不同的。

三、财产责任与非财产责任

财产责任是指以一定的财产为内容的责任，典型的形式就是损害赔偿、支付违约金、返还财产。非财产责任主要是指不法行为人承担的主要不具有财产内容的责任形式②，例如，消除影响、赔礼道歉。财产责任主要是对受害人的财产上的损害给予的救济，而非财产责任主要是对受害人精神利益上的损害给予救济。财产责任与非财产责任的划分也体现了民法的同质补偿原则。财产责任大多表现为一种债务，例如不当得利返还责任、无因管理责任，可以适用债法总则的一般规定，但是，非财产责任则一般不适用债法的规定。

---

① 参见王泽鉴：《民法学说与判例研究》，第 2 册，161～162 页，北京，中国政法大学出版社，1998。
② 参见魏振瀛主编：《民法》，43 页，北京，北京大学出版社，2000。

四、单独责任与多数人责任

所谓单独责任，是指单个责任人应当直接对受害人承担责任。多数人责任，是指与单独责任相对应，责任主体具有两个或者两个以上人的责任形态。在多数人责任中，根据责任主体之间责任分担方式的不同又包括按份责任、连带责任、不真正连带责任、补充责任等。在这些多数人责任形态中，有的责任形态对责任人限制较大，有的责任形态内部分担比较复杂，所以除按份责任之外，其他的多数人责任形态都应当以法律明确规定为前提。

单独责任和多数人责任的区别主要有两点：一是责任主体数量的不同，单独责任的责任主体仅有一人，而多数人责任的主体则有两个或者两个以上的人。二是是否存在责任的分担不同，单独责任的主体仅有一人，也就不存在责任的分担问题；多数人责任中则存在数个责任主体之间的责任分担问题。

五、按份责任、连带责任、不真正连带责任

按照数个责任人对受害人承担责任的方式不同，多数人责任可以分为按份责任、连带责任、不真正连带责任。

（一）按份责任

所谓按份责任，是指多数当事人按照法律的规定或者合同的约定，各自承担一定份额的责任。如果法律没有规定或者当事人没有明确约定份额时，应当推定责任人承担均等的责任份额。《民法总则》第 177 条规定："二人以上依法承担按份责任，能够确定责任大小的，各自承担相应的责任；难以确定责任大小的，平均承担责任。"该条对按份责任作出了规定，依据这一规定，按份责任具有如下特征：一是按份责任属于多数人责任，责任人必须是二人以上。二是按份责任产生的依据是法律规定或者当事人约定。从该条规定来看，当事人应当"依法"承担按份责任，但事实上，按份责任的产生并不仅仅是依据法律规定产生，当事人

可以约定其责任承担份额，因此产生按份责任。三是按份责任对外按照一定的份额承担责任。与连带责任不同，对按份责任而言，各责任人并不承担所有的责任，而是按照一定的份额承担责任。在债权人请求债务人承担超过其份额的责任时，债务人有权拒绝。

依据《民法总则》第177条的规定，对按份责任而言，如果能够确定各个债务人责任大小的，则各债务人应按照各自的责任份额承担责任。当然，如果无法确定各个债务人的责任份额，则各债务人应当平均承担责任。

（二）连带责任

所谓连带责任，是指当事人按照法律的规定或者合同的约定，连带地向权利人承担责任。《民法总则》第178条规定："二人以上依法承担连带责任的，权利人有权请求部分或者全部连带责任人承担责任。连带责任人的责任份额根据各自责任大小确定；难以确定责任大小的，平均承担责任。实际承担责任超过自己责任份额的连带责任人，有权向其他连带责任人追偿。连带责任，由法律规定或者当事人约定。"该条对连带责任作出了规定，依据这一规定，连带责任具有如下特点：一是它属于多数人责任。连带责任的责任人是"二人以上"，即多数人。当然，连带责任主要是指责任人是多数人，并不要求权利人是多数人。二是它产生的依据是法律规定或者当事人约定。与单独责任相比，连带责任在性质上属于一种加重责任，其产生必须有法律的明确规定或者当事人的约定，否则原则上应当属于按份责任。三是权利人有权要求责任人中的任何一个人承担全部的或者部分的责任，每个连带责任人也都负有清偿全部债务的义务，任何一个债务人在全部债务清偿前都不能免除清偿的责任。由于连带债务的各债务人的全部财产担保着债权人的债权，因而连带债务具有确保债权实现的目的和作用。根据债权人不同的请求，每一个债务人可以清偿全部的或部分的债务。四是任何一个连带债务人对于债权人作出全部的清偿，都将导致连带责任消灭。

虽然各个连带责任人对外负担连带责任，但在各连带责任人内部，其可能有一定的责任份额分担。依据《民法总则》第178条的规定，连带责任人的责任份额根据各自责任大小确定，如果难以确定各连带责任人的责任大小的，则各责任

人应当平均承担责任。同时，依据《民法总则》第 178 条的规定，如果某一债务人实际承担的责任超过了自己的责任份额，则其有权向其他连带责任人追偿。

（三）不真正连带责任

所谓不真正连带责任，是指数个责任人基于不同的原因而依法对同一被侵权人承担全部的赔偿责任，某一责任人在承担责任之后，有权向终局责任人要求全部追偿。我国《民法总则》没有对不真正连带责任作出规定，但有关的民事法律对此种责任作出了规定。例如，我国《侵权责任法》第 43 条关于产品的生产者和销售者之间的连带责任、第 59 条关于医疗领域产品责任的连带责任等都属于关于不真正连带责任的规定。不真正连带责任的特点在于：一是数个责任人应依法承担责任；二是每个责任人对被侵权人承担的都是全部赔偿责任；三是被侵权人享有选择权，可以要求任何一个人承担责任；四是此种责任形态中非终局责任人在承担全部赔偿责任后有权向终局责任人追偿。

第三节　民事责任竞合和聚合

一、民事责任竞合

（一）民事责任竞合概述

民事责任竞合，是指同一事实符合数个责任的构成要件，同时产生数个责任。从请求权的角度来看，它也称为请求权竞合，是指同一法律事实产生后发生多项请求权。什么是竞合？从词义上说，竞者，争也；合者，符合、该当也。竞争就是指争相符合，或同时该当之意。[①] 从民法上看，竞合是指由于某种法律事实的出现而导致两种或两种以上的请求权产生，并使这些权利之间发生并存、冲突的现象。责任竞合作为法律上竞合的一种类型，它既可能发生在同一法律部门

---

① 参见陈兴良等：《法条竞合论》，22 页，上海，复旦大学出版社，1993。

内部（如违约责任和侵权责任的竞合），亦可发生在不同的法律部门之间（如侵权责任与刑事责任、行政责任的竞合）。在民法上，请求权竞合现象时有发生。从权利人行使权利的角度观察，它被称为请求权竞合；从义务人承担责任的角度观察，它被称为责任竞合。所以，请求权竞合和责任竞合是同一问题的两个不同的方面。

在请求权竞合中，实际上又可以进一步分为两种情形：

1. 选择性竞合（alternative Konkurrenz）。所谓选择性竞合，是指同一法律事实产生后发生多项请求权，当事人只能选择其中一项行使，即使一项请求权行使后，不能使受害人得到充分补救，受害人也不能再选择另外一个请求权。[①] 在诉讼中，请求权人不能就各种请求权分别起诉；如果其一项起诉被驳回，则不能再就另一个请求权起诉。拉伦茨指出："有时，法律也规定某人享有两个或多个请求权，或者享有一个请求权和一个形成权，对此，权利人可以有选择地行使，最后权利人实际上只能使一种请求权得以实现，或者只能行使形成权，但权利人可以自己选择。"[②] 在德国判例和学说中，这种情况被称为"替代竞合"或者"选择竞合"，从请求权的角度，则被称为多种或替代性请求权。我国《合同法》第122条规定："因当事人一方的违约行为，侵害对方人身、财产权益的，受损害方有权选择依照本法要求其承担违约责任或者依照其他法律要求其承担侵权责任。"这实际上是采纳了选择性竞合的做法。

2. 非选择性竞合。在德国法中，这也称为法条竞合（Gesetzkonkurrenz），是指其中某项请求权因具有特殊性而排斥其他请求权的适用。[③] 在同一法律事实发生以后，可以适用多种法律规范，但因为其中一种法律规范属于特别法，按照特别法优于一般法的法律适用规则，违反特别法规范的请求权排除其他请求权而优先适用。例如，国家公务员侵权，应当适用国家赔偿法而不应适用《民法通

---

① 参见王泽鉴：《民法思维》，130页，北京，北京大学出版社，2009。
② ［德］卡尔·拉伦茨：《德国民法通论》上册，王晓晔等译，349页，北京，法律出版社，2003。
③ 参见王泽鉴：《民法思维》，130页，北京，北京大学出版社，2009。

则》中的一般侵权条款。在我国，此种竞合通常作为法律适用的问题，而不是作为责任竞合的问题解决。不过，笔者认为，该问题应在狭义的责任竞合中加以解决。

在理论上，非选择性竞合和法律规范冲突之间存在密切联系。所谓法律规范冲突，又称规范矛盾，是指对于同一法律事实有两个以上法律规范加以规定，并赋予不同的法律后果的现象，它具体又可分为"可化解的规范矛盾"和"不可化解的规范矛盾"（即"碰撞式矛盾"），前者可根据上述的法条竞合规则解决，而后者则需要借助于漏洞补充方法加以解决。所以，非选择性竞合应当是法律规范冲突的一种具体类型。

（二）违约责任和侵权责任的竞合

所谓违约责任和侵权责任的竞合，是指当事人实施的违法行为，既符合违约责任的构成要件又符合侵权责任的构成要件，受害人可以选择主张违约责任或侵权责任。从权利人（受害人）的角度来看，因不法行为人的行为的多种性，使其具有因多种性质的违法行为而产生的多重请求权，此种现象称为请求权竞合，当事人可以选择一项请求权行使。[①]《民法总则》第 186 条规定："因当事人一方的违约行为，损害对方人身权益、财产权益的，受损害方有权选择请求其承担违约责任或者侵权责任。"这就在法律上确认了违约责任与侵权责任的竞合。违约责任与侵权责任的竞合成为我国司法实践中责任竞合的主要形态，此种责任竞合具有如下特点：

第一，行为人违反了合同约定，同时也侵害了他人的合法权益。行为人的某一行为既违反了合同的约定，同时也构成对他人权益的侵害，这是产生违约责任与侵权责任竞合的前提。如果行为人某一行为虽然构成违约，但并不构成侵权行为。此时，就不能按照违约责任与侵权责任的竞合处理。

第二，行为人的行为同时符合违约责任和侵权责任的构成要件。这就是说，行为人虽然仅实施了一种行为，但该行为同时违反了数个法律规定，并符合法律

---

① 参见王泽鉴：《民法思维》，131 页，北京，北京大学出版社，2009。

关于数个责任构成要件的规定，由此使行为人承担一种责任还是数种责任的问题，需要在法律上确定。从司法实践来看，一种行为符合数个责任构成要件，既可能是因为行为本身的复杂性所致，亦可能是因为法律规定本身的交叉所引起的，不论出于何种原因，此种现象完全不同于行为人实施数个行为而造成不同损害的情况。

第三，数个责任之间相互冲突。这里所说的相互冲突，一方面是指行为人承担不同的法律责任，在后果上是不同的；另一方面，相互冲突意味着数个责任既不能相互吸收，也不应同时并存。所谓相互吸收，是指一种责任可以包容另一种责任，例如，在某些情况下，适用补偿性违约金可以包容损害赔偿责任。所谓同时并存，是指行为人依法应承担某种责任方式（如返还原物）之后，不足以弥补受害人的损失的，还应要求不法行为人承担损害赔偿责任。若数种责任是可以相互包容或同时并存的，则行为人所应承担的责任已经确定，不发生责任竞合的问题。

第四，受害人依法只能选择一项请求权行使。即便其选择的请求权不足以对受害人所遭受的损害提供充分的补救，受害人也不能选择另一种请求权行使。在诉讼过程中，受害人只能针对一项请求权提起诉讼，如果该项诉讼请求被驳回，受害人不能再根据另外一种请求权提起诉讼。

《民法总则》第186条允许权利人在竞合的情况下，就违约责任和侵权责任中的一种作出选择，这充分体现了私法自治和合同自由的本质精神，有利于充分保护受害人利益。因为在绝大多数情况下，受害人选择一种对其最为有利的方式提起诉讼，是能够使其损失得到充分的补救的。而由法官代替当事人作出选择，不一定能够真正实现当事人的利益。首先，违约责任和侵权责任在适用中常常具有较大的差异，适用哪一种责任对当事人将会产生不同的影响。违约责任与侵权责任在归责原则、举证责任、义务内容、诉讼时效、构成要件和免责条件、责任形式、责任范围、诉讼管辖及对第三人责任等多方面有着明显的不同。[①] 每一方

---

① 详细内容参见王利明：《违约责任论》，第七章"违约责任与侵权责任的竞合"，北京，中国政法大学出版社，1996。

面的差别都将对当事人的权益的保护造成不同程度的影响。因此，对违约责任还是侵权责任的不同选择将极大地影响到当事人的权利和义务，产生截然不同的法律后果。其次，在涉及当事人的重大利益之时，只有当事人本人才是其自身利益的最好判断者，任何越俎代庖的行为都可能对当事人的利益造成损害。在民事生活领域奉行的应该是意思自治原则，也就是说，当事人可以自由决定其行为，确定参与市民生活的交往方式，而不受任何非法的干涉。① 因此，作为民法重要制度的责任竞合制度应充分体现意思自治的内容和精神。最后，就我国的司法实践来说，允许当事人自由选择请求权能有效解决长期以来司法实践中不尊重当事人的选择权，完全由法官决定法律适用而产生的问题。因为，在竞合情况下的选择权实际上是对民事权利进行处分的问题，主要体现的是当事人的利益，法官代替当事人选择是对当事人处分权的一种不合理的限制，与市场经济所要求的私法自治原则是不相符的。所以，《民法总则》第 186 条允许受害人有权选择责任方式的规定充分尊重了当事人的自主自愿，有利于对当事人的利益提供全面保护。

二、民事责任聚合

（一）民事责任聚合概述

责任聚合（Anspruchshäufung），是指同一法律事实基于法律的规定以及损害后果的多重性，而应当使责任人向权利人承担多种法律责任的形态。从权利人的角度来看，责任聚合表现为请求权的聚合，即同一法律事实产生多项请求权，当事人对于数种以不同的给付为内容的请求权，可以同时主张。② 在请求权聚合的情况下，各种请求权都是有效的，如果请求权可以转让，权利人也可以将各个请求权单独转让，或者就各个请求权单独起诉，也可以合并起诉。③ 如果权利人

---

① 参见苏号朋：《民法文化——一个初步的理论解析》，载《比较法研究》，1997（3）。
② 参见王泽鉴：《法律思维与民法实例·请求权基础理论体系》，199 页，台北，三民书局，1999。
③ 参见［德］卡尔·拉伦茨：《德国民法通论》上册，王晓晔等译，350 页，北京，法律出版社，2003。

同时提起诉讼，各项请求权可以同时实现。例如，房屋租赁期届满后，承租人拒不返还房屋并将其非法出租，可根据违约责任请求赔偿损失，并可根据不当得利请求返还租金。民事责任聚合的特征表现为：

第一，它是由于同一法律事实而产生的。在实践中，其通常表现为一种违法行为违反了多种民事义务，造成了多种损害后果，从而产生了多种责任方式。如果是多个行为分别产生的多个责任，则不构成责任聚合。例如，不法行为人实施某一种违法行为，侵害了受害人的人身和财产，造成了多种损害结果，从而应承担多种责任。

第二，它是基于法律的规定或者损害结果的多重性而产生的，通常是指一个行为造成了多种责任后果，或行为人承担了多种责任方式。因不法行为造成受害人的人身伤亡和精神损害的，当事人之间虽然存在合同关系，也应按侵权责任而不能按违约责任处理。因为违约责任并不能对受害人所造成的人身伤亡、精神损害提供补救，而只能通过侵权损害赔偿对受害人提供补救。

第三，它是一个行为人对一个受害人的责任，而不是一个行为人对多个受害人的责任，或多个行为人对一个受害人的责任。例如，出租人因未尽到修缮义务而致使房屋的瓦片掉落，致承租人与前来拜访承租人的朋友遭受损害，这里承租人与其朋友，针对出租人行使的都是侵权损害赔偿请求权，但它们属于分别的责任，而不属于责任的聚合。再如，甲与乙共谋对丙实施侵害将丙打伤，这里涉及的是共同侵权的问题，甲与乙承担的是连带赔偿责任，而非责任聚合的情形。

责任聚合不同于责任竞合，尽管责任聚合与责任竞合一样，都是同一事实产生了多重请求权，但在责任聚合的情形下，受害人同时享有多种请求权，在责任竞合中，受害人一般是择一行使相关请求权；同时，在责任竞合时，一般由受害人自由选择依据何种请求权提出请求。而在责任聚合的情形下，各种请求权是否成立，则主要由法官裁量决定。在责任聚合情况下，行为人可能承担多种法律责任方式。例如，某人的行为构成对他人的名誉权的侵害，行为人应承担消除影响、恢复名誉、赔礼道歉、赔偿损失等多种责任方式。这是法律为保护受害人的利益、制裁不法行为人而特别作出的规定；承担多种责任方式，是行为人实施不

法行为的结果。当然，如果不同的责任方式之间是相互排斥、不能并存的，则不能适用责任聚合。如行为人不法占有他人的财产后造成财产的毁损灭失，是应使行为人以替代的实物返还财产，还是应以金钱作出全部赔偿，此时，因为两种责任是相互排斥的，所以，应按责任竞合处理，由权利人选择其一而行使。

（二）责任聚合的原因

责任聚合产生的原因包括两种情况：

一是同一非法行为产生后，法律规定了多种法律责任方式，这些责任方式可以并存。例如侵害名誉权，导致损害赔偿、恢复名誉、赔礼道歉等责任聚合。

二是因为一种违法行为造成了多个损害后果。损害事实作为确定责任的一个因素，是民事责任构成的前提。由于侵权责任的主要功能在于对受害人进行补偿，因而它应以损害赔偿为主要形式，而此种形式的适用是以损害的确定为前提的。损害赔偿在特殊情况下可以不以过错为要件，但必须遵循"无损害、无赔偿"的准则，以损害事实的存在为基础。损害赔偿责任的根本功能就在于对受害人的损害提供救济。有多个损害就有多个责任，从而产生责任聚合。在发生了多个损害后果后，通过一种责任对多个损害进行补救，则不能对当事人提供全面的救济。损害是决定责任和救济的根本要素，一个行为造成一个损害后果，给予其一个法律上的救济，能够或基本能够对其受到损害的权益提供补救。而如果受害人遭受了多种损害，就有必要给予其多个救济，使其受到的损害得到恢复。在前者可能产生责任竞合，而在后者则需要适用责任聚合。

上述两种情况，在许多场合都是一致的，因为法律规定的多种救济方式也是基于损害的多样性而产生的，但在某些情形下，这两者也可能发生分离。例如，在侵害名誉权的案件中，不法行为人对他人的侮辱行为既造成了他人的精神损害，又可能同时造成他人的财产损害，因此法律基于多重损害后果而赋予受害人享有恢复名誉的请求权以及赔偿损失的请求权，但从请求权的性质上说，这两种请求权都属于侵权法上的请求权。在某人因某一违法行为造成多种损害的情形下，法律可能并没有规定承担多重责任，但是从损害后果的多样性角度考虑仍有必要使侵害人承担多重责任。

责任聚合之所以不同于责任竞合，在于受害人选择一种请求权可能不足以对受害人提供全面的补救，而只能对某一种损害提供补救，这就有必要实行责任聚合的方式。损害结果的多重性之所以是产生聚合的原因，首先，是因为民事责任的目的在于对全部损害进行补救，而采用竞合的方式只能选择一种请求权，这就很难实现补偿全部损害的目的。其次，随着民法的发展，民事责任的方式日渐多样化，而每种责任方式往往只能针对某一特定的损害进行补救，而不存在囊括所有损害的普遍的责任形式，因此，除非将各种责任方式并用，否则很难实现民事责任全面补偿的功能。

责任聚合也不同于规范竞合。所谓规范竞合，是指同一法律事实的出现引起两种以上的法律关系的产生，并符合数个法律规范的要件，致使该数个规范皆可适用的现象。规范竞合包括两种情况：一是发生在不同的法律部门之间的规范竞合，例如，伤害、盗窃、诈骗、毁损财物等行为，既可以构成侵权又可构成犯罪；二是发生在同一法律部门内部的规范竞合。一般来说，责任聚合和规范竞合有相似之处，它们是从不同的角度来研究竞合现象的，两者都是由于同一行为所产生的数种关系的错综交织、法律关于责任的规定的重合和交叉所产生的，责任聚合实质上是因为同一行为违反了数个法条的规定，符合多种责任构成要件，导致了多种责任并存，所以，责任聚合也是规范竞合的一种特殊表现形态，因而也被拉伦茨先生称为"累积的规范竞合"[①]。不过，二者也有区别：同一行为违反了数个法条的规定，导致多种责任的并存，如果这些责任是相互包容、可以同时并用的，则构成责任聚合；而狭义的规范竞合是指所适用的数个规范其效果不能并存，择一优先适用，即所谓"同一事实，合于数个法规所定之法律要件，其中一法规应先适用时，谓之法规竞合"[②]。从这个意义上说，二者多被归为两种不同的竞合现象。

---

① ［德］卡尔·拉伦茨：《德国民法通论》上册，王晓晔等译，350页，北京，法律出版社，2003。
② 史尚宽：《民法总论》，30页，北京，中国政法大学出版社，2000。

第四节　民事责任的减轻和免除

一、民事责任的减轻和免除概述

免责事由是指减轻或免除行为人责任的理由，也称为抗辩事由。免责事由可以有广义和狭义两种含义。从广义上来说，免责事由既包括免除行为人责任的事由，也包括减轻行为人责任的事由。但从狭义上理解，免责事由仅限于免除责任的事由。我国《民法总则》第180~184条所规定的免责事由既包括免除责任的事由，也包括减轻责任的事由。《民法总则》所规定的免责事由具有普遍适用性，有利于法官在实践中准确认定行为人的民事责任。同时，免责事由的适用也有利于为人们的行为提供指引，从而保障个人的行为，预防损害的发生。

免责事由主要具有以下特点：

第一，免责事由是减轻或免除责任的事由。免责是指符合了民事责任构成要件，但又具备了法定的免责事由，从而导致责任的被免除。免责事由决定着责任的成立问题，也就是说，一旦免责事由成立，责任人就不应当承担责任。但《民法总则》规定的免责事由不一定都导致免责，如正当防卫超过必要限度的，行为人仍然需要承担适当的责任，因此，其可能只是导致责任的减轻。

第二，免责事由主要由法律规定。免责事由可分为法定的或约定的免责事由。在合同中，当事人也可以约定免责条款，但此处所说的免责事由是由法律规定的事由，其具有法定性。法律规定的免责事由具有法定的适用条件，必须符合该法定条件，才能依法减轻或者免除行为人的责任。

第三，免责事由一旦成立，就导致责任人的责任被减轻或免除。免责事由既可以由被告提出，也可能由法院依职权调查确定。只要能够确定免责事由的存在，就可以发生相应的法律效果，即导致责任的减轻或免除。免责事由是否存在是事实问题，但因为其一旦成立就产生相应的法律效果，因而其也是法律问题。

二、不可抗力

所谓不可抗力，是指独立于人的行为之外，并且不受当事人的意志所支配的现象，它包括某些自然现象（如地震、台风、洪水、海啸等）和某些社会现象（如战争等）。我国《民法总则》第 180 条第 2 款规定："不可抗力是指不能预见、不能避免且不能克服的客观情况。"该条对不可抗力作出了规定，在法律上，不可抗力通常属于法定的免责事由，将导致行为人被免责。不可抗力具有如下特征：

第一，不可抗力是不可预见的客观情况。它一般是指根据现有的技术水平，一般人对某种事件的发生不可预见。[①] 一方面，预见性取决于人们的预见能力，人们的预见能力的提高会影响到预见的能力和范围。某种现象过去不能预见，现在却可以预见；现在不能预见，将来也可能预见，因此，应以现代的技术水平来确定预见能力。另一方面，预见性往往因人而异，某人可以预见，而他人却可能无法预见，反之亦然。因此，必须以一般人的预见能力而不是特定当事人的预见能力为标准，来判断对某种现象是否可以预见。例如，突如其来的台风造成损害，对当地的一般人是不可预见的，但某人在获得台风消息后冒险出航而遭到损害，就不能认为台风是不可预见的。

第二，不可抗力是不可避免并不能克服的情况。也就是说，在发生不可抗力的情况下，当事人已尽到最大努力和采取一切可以采取的措施，仍然不能避免某种事件的发生并克服事件造成的损害后果。不可避免和不能克服表明事件的发生和事件造成损害具有必然性，超出了当事人的控制能力范围。应当指出的是，某种事件是否属于不能避免并不能克服，也要依据具体情况来决定。

第三，不可抗力是一种客观情况。这就是说，不可抗力具有外在于人的行为的特点。不可抗力作为独立于人的行为之外的事件，不包括单个人的行为。例

---

① See Pierre Catala and John Antony Weir, "Delict And Torts: A Study in Parallel", *Tolane Law Rev*, June, 1963, p. 776.

如，第三人的行为对被告来说是不可预见并不能避免的，但第三人的行为并不具有外在于人的行为的客观性的特点，因此，第三人的行为不能作为不可抗力对待。当然，现代民法的发展趋势表明，不可抗力的抗辩已逐渐具有弹性。① 因此，不可抗力虽具有客观性，但也要依据具体案情来判定，它因时间、地点、环境的变化而有区别。

关于不可抗力的效力，《民法总则》第 180 条第 1 款规定："因不可抗力不能履行民事义务的，不承担民事责任。法律另有规定的，依照其规定。"依据该条规定，除法律另有规定外，原则上，不可抗力都可以作为免责事由。但是，如果法律有特别规定，则即使发生不可抗力，也不能完全免责，而应当依据法律规定认定当事人的责任。例如，《侵权责任法》第 71 条规定："民用航空器造成他人损害的，民用航空器的经营者应当承担侵权责任，但能够证明损害是因受害人故意造成的，不承担责任。"该条并没有列举不可抗力，这实际上是表明，不可抗力不应作为民用航空器事故责任的免责事由。

当然，因不可抗力造成损害，当事人一般不承担民事责任，但不可抗力导致免责，必须是不可抗力成为损害发生的唯一原因。因此，在发生不可抗力以后，应当查清不可抗力与造成的损害后果之间的关系，并确定当事人的活动在发生不可抗力的条件下对与其所造成的损害后果的作用。如果当事人对损害的发生也有过错（例如，洪水来到时，未及时将堆放于低处的货物转移而造成货物毁损），或者在不可抗力造成损害以后，因当事人的过错致使损害扩大，则不能完全免除当事人的责任。

三、正当防卫

正当防卫是指当公共利益、他人或本人的人身或其他利益受到不法侵害时，行为人所采取的一种防卫措施。我国《民法总则》第 181 条规定："因正当防卫

---

① See Pierre Catala and John Antony Weir, "Delict And Torts: A Study in Parallel", *Tolane Law Rev*, June, 1963, p. 777.

造成损害的，不承担民事责任。正当防卫超过必要的限度，造成不应有的损害的，正当防卫人应当承担适当的民事责任。"依据该条规定，因正当防卫造成他人损害的，可导致正当防卫人被免除或减轻责任，这是因为，正当防卫是一种合法的、受法律鼓励的行为，它在性质上虽然不是履行某种公务，但属于行使法律赋予的自卫权利，以维护其合法权益不受侵害。

正当防卫的成立必须符合如下条件：

第一，防卫以不法侵害行为的存在为前提。也就是说，只有在不法侵害实际发生的情况下，才能实行正当防卫。不法侵害既可能是对财产的侵害，也可能是对人身的侵害。不过，侵害必须是实际存在的，而不是尚未发生或已经结束的。在不法侵害已经完毕以后实行的防卫，性质上属于报复侵害，构成侵权行为。

第二，防卫具有必要性和紧迫性，即防卫必须是针对非法的、非进行防卫而不能排除的侵害行为实施的。防卫行为不能针对合法行为实施，而且防卫是不得已的，也就是说，对有条件和有能力通过非防卫的合法方式而制止的侵害行为，不得实施正当防卫。

第三，正当防卫必须针对不法侵害者本人实行。正当防卫的目的在于排除和制止不法侵害，故只能对不法行为人本人进行，不能针对第三人实行。

第四，正当防卫具有保护合法权益的目的性，即防卫意识。这就意味着防卫人不仅应意识到不法侵害的现实存在，而且意识到其防卫行为是为了保护本人或他人的合法权益以及社会利益[1]，而不能以侵害他人合法权益为目的。防卫的目的性是正当防卫作为民法上的免责事由的根据，也是正当防卫权利存在的基础。

正当防卫不得超过必要限度。依据《民法总则》第181条的规定，"正当防卫超过必要的限度，造成不应有的损害的，正当防卫人应当承担适当的民事责任"。所谓必要的限度，也称为必需限度，是指为了制止不法侵害，正当防卫必须具有足以有效制止侵害行为的应有强度。只要是为了制止侵害所必需的，就不能认为是超过了正当防卫的必要限度。[2] 如果正当防卫超过了必要限度，本身已构成侵权行

---

[1] 参见陈兴良：《正当防卫论》，121页，北京，中国人民大学出版社，1987。

[2] 参见刘云峰：《正当防卫的理解和运用》，载《中国法制报》，1983-11-04。

为，因此，防卫人应当承担适当的责任。所谓适当的责任，意味着损害赔偿既要与过当的损害后果相一致，同时也要根据案件的具体情况，如防卫人当时所处的境遇、意志状态、行为的合理性、保护的利益和侵害的利益之间的比例性、损害的严重程度等，来确定防卫行为是否过当。例如，在"王某某与林某某防卫过当损害责任纠纷案"中，原告林某某殴打被告王某某，后被告从原告手中夺过斧头后抢砍原告头部，将原告打倒在地，又用脚踩原告头、面部，致使原告当场昏迷、神志不清。法院认为，被告的行为构成防卫过当，应当承担民事责任。①

四、紧急避险

(一) 紧急避险的概念和构成要件

紧急避险是指为了使公共利益、本人或他人的合法权益免受现实和紧急的损害危险，不得已而采取的致他人和本人损害的行为。我国《民法总则》第 182 条规定："因紧急避险造成损害的，由引起险情发生的人承担民事责任。危险由自然原因引起的，紧急避险人不承担民事责任，可以给予适当补偿。紧急避险采取措施不当或者超过必要的限度，造成不应有的损害的，紧急避险人应当承担适当的民事责任。"该条对紧急避险作出了规定。

紧急避险和正当防卫一样，都可以作为免责事由，而且都旨在排除损害的合法行为。但两者之间存在一定的区别，表现在：一方面，在正当防卫的情况下，危害来源于人的行为，而在紧急避险的情况下，危险既可能来源于人的行为，也可能来源于自然原因；另一方面，正当防卫只能针对实施不法侵害的行为人实施，而不能针对未从事侵害行为的人实施，但紧急避险行为一般只是对第三人或紧急避险人造成损害，而不会损害非法侵害者本人。例如，为了避免迎面开来的大型货车，某人跳入路边小商贩的货摊，造成小商贩的财产损失。此外，紧急避险与正当防卫相比，行为人"容于

---

① 参见新疆生产建设兵团第十师中级人民法院（2014）兵十民终字第 42 号民事判决书。

思考的时间往往较长些，危险也稍轻"①，但紧急避险人是为了使公共利益、本人或他人的人身或其他合法权利免受正在发生的危险，不得已而采取的一种损害行为。因此，在比较法上，紧急避险人一般要比正当防卫人承担更重的责任。

紧急避险的构成必须符合一定的条件，具体而言：

第一，必须是合法权益面临紧急的危险。只有在存在现实的紧急危险时，才能实施紧急避险行为，如果危险已经消除或尚未发生，或者已经发生但并不会造成对合法利益的侵害，则不得采取紧急避险。如果基于对危险状况的误解、臆想或错误判断而采取避险措施，并致他人损害，应向他人负赔偿责任。

第二，必须是在不得已的情况下采取避险措施。所谓不得已的情况，是指不采取避险措施，就不能保全更大的法益。不得已是指必须采取避险措施，而不是说避险人只能采取某一种而不能采取另一种避险措施。如果紧急避险人能够立即获得公权力提供的救济，从而消除危险，也不能采取紧急避险。②

第三，避险行为不得超过必要的限度。所谓不超过必要的限度，是指在面临紧急危险时，避险人应采取适当的措施，以尽可能小的损害保全较大的法益，也就是说，紧急避险行为所引起的损害应轻于所避免的损害。若避险行为不仅没有减少损害，反而使造成的损害大于或等于可能发生的损害，那么，避险行为就超过了必要的限度。

（二）紧急避险的法律效果

依据《民法总则》第 182 条的规定，紧急避险将产生如下法律效力：

第一，由引起险情的人承担责任。这就是说，在紧急避险的情况下，首先要确定险情发生的原因，险情由谁引起，原则上就应当由谁负责。所谓引起险情的发生，是指因实施一定的行为危及公共利益或他人利益。引起险情发生的人可以是避险人、受益人、受害人，也可以是其他人，其在主观上既可能出于过失，也

---

① Jean Limpens, *International Encyclopedia of Comparative Law*, Torts, Vol. XI Chapter 2, Liability for One's Act, International Association of Legal Science（1983），p. 92.

② 参见欧洲侵权法小组编著：《欧洲侵权法原则：文本与评注》，于敏、谢鸿飞译，178 页，北京，法律出版社，2009。

可能是故意的。至于某个所有人或管理人因故意或过失致使其所有的或管理的动物、物件构成危险，亦应视为所有人或管理人引起险情的发生。

第二，如果危险是因自然原因引起的，紧急避险人不承担民事责任，但可以给予适当补偿。所谓自然原因引起的，是指该危险不是因人的行为而引起的，而是因非人力所能控制的自然原因引起的，所以，不存在应当承担责任的行为人。例如，台风来临，行为人为了尽快躲避台风，骑摩托车穿过某公司的足球场，造成该公司足球场的损坏。在此情况下，法律规定要产生两种效果：一是免责。因为在某些情况下，如果危险的发生非常紧急，给行为人带来极大的危险，而行为人选择了以给他人造成较小损失的方式来避险。此时，行为人就不承担责任。二是适当补偿。这就是说，避险人为了自己的利益而避险，毕竟给他人造成了损害，可以进行适当补偿。适当补偿在性质上属于公平责任，法院在衡量补偿数额时所应考虑的因素主要包括：避险人和受害人的经济状况、受害人所蒙受的损失等。在某些情况下，紧急避险人实施避险行为，可能会使受害人受益，如果受害人也从中有所获益，则其应当承担相应的损失，从而符合损益相抵的公平原则。

第三，紧急避险采取措施不当或超过必要限度的责任。如前所述，紧急避险的成立要求避险行为适当，且不能超过必要限度，否则，将无法产生免责的效力。依据《民法总则》第182条第3款的规定，紧急避险采取措施不当或者超过必要限度、造成不应有的损害的，紧急避险人应当承担适当的责任。所谓采取措施不当，主要是指在当时的情况下能够采取其他可能减少或避免损害的措施而未采取，或所采取的措施并非为排除险情所必需。所谓"超过必要限度"，是指因紧急避险所造成的损害大于被保全的利益。未采取适当的措施避险，表明避险人没有像一个合理的、谨慎的人那样行为，因而是有过错的。因此，依据《民法总则》上述规定，紧急避险人应当承担适当的责任，此处的适当的责任是指紧急避险人所承担的责任应当与其过错程度相适应。

五、因见义勇为使自己遭受损害

《民法总则》第183条规定："因保护他人民事权益使自己受到损害的，由侵

权人承担民事责任，受益人可以给予适当补偿。没有侵权人、侵权人逃逸或者无力承担民事责任，受害人请求补偿的，受益人应当给予适当补偿。"该条对见义勇为情形下受益人的补偿义务作出了规定，也是对我国立法和司法经验的总结。例如，在"樊某某等与马某等身体权、生命权、健康权纠纷案"中，受害人因为帮助被告清理地下室积水而触电身亡，法院认为，实际受益人应对原告进行适当补偿。[①] 通过规定补偿义务，有利于鼓励人们实施见义勇为的行为、弘扬社会正气、淳化道德风尚。

受益人补偿义务的构成要件包括如下几项：

第一，受害人必须实施了防止、制止他人民事权益被侵害的行为。根据《民法总则》第 183 条的规定，受益人的补偿义务履行的前提是，被侵权人实施了保护他人民事权益的行为，此种行为大多是"见义勇为"的行为。此处所说的他人，不仅指自然人，也包括法人；不仅指个人，还包括国家、集体。任何人从事的维护国家、集体或者他人的合法权益的行为，都是法律上应当鼓励的见义勇为行为。如果行为人实施某种行为时，主观上并没有为他人谋利的意思，但客观上有利于他人，也可以适用该规定。

第二，必须是被侵权人因保护他人民事权益而使自己遭受了损害。这就是说，一方面，受害人必须实施了保护他人民事权益的行为；另一方面，受害人必须因此种行为而使自己遭受了损害，实施见义勇为行为和受害人遭受损害之间应当具有因果联系。如果受害人虽然从事了某种见义勇为的行为，但损害并非因为此种见义勇为的行为所致，而是因其他原因造成的，或者完全是因自身的过错造成的，也不能请求受益人予以补偿。

第三，没有侵权人、侵权人逃逸或者无力承担责任。这就是说，对被侵权人遭受的损害而言，首先应当由侵权人承担赔偿责任，毕竟侵害人是直接不法行为人，因此，从责任承担的顺序来看，受害人应当首先向侵权人请求赔偿。但出现了下述情况，则受害人无法请求侵权人赔偿：一是没有侵权人。没有侵权人主要

---

① 参见山西省高级人民法院（2014）晋民申字第 964 号民事裁定书。

是指因自然原因等导致受益人处于危险状况，受害人因见义勇为而遭受损害。例如，因刮台风使受益人的房屋处于危险状况，受害人为加固该房屋而被倒塌的房屋砸伤，此种情况就属于没有侵权人的情形。二是侵权人逃逸。这就是说，侵权人在实施侵权行为以后，无法被找到。所谓逃逸，是指侵权人为躲避责任而逃离，不知去向。[1] 在某些情况下，也可能是不能确定侵权人。例如，为制止针对他人的犯罪行为遭受伤害，未能找到犯罪行为人。三是侵权人无力承担民事责任。这就是说，侵权人虽然能够找到，但是，其没有足够的赔偿能力或者完全没有能力赔偿。在以上情形下，受害人有权请求受益人在受益范围内对受害人的损害予以适当补偿。侵权人逃逸或者无力承担责任的举证责任，应当由被侵权人负担。总之，只有在受害人不能向侵权人请求赔偿时，才能要求受益人给予适当补偿。

第四，受害人向受益人请求补偿。受益人承担补偿责任的前提是，被侵权人向其提出了请求，因为在发生补偿责任的情况下，受益人本身是第二位的责任人。被侵权人遭受了损害以后，其首先应当向侵权人请求损害赔偿。只有在侵权人逃逸或者无力赔偿时，才能请求受益人补偿。当然，即使在被侵权人没有向受益人请求补偿的前提下，受益人自愿给予补偿，法律也并不禁止。

根据《民法总则》第183条，在因见义勇为使自己遭受损害的情形下，受益人应当给予适当补偿，其在性质上属于公平责任。这就是说，该条给予了法官一定的自由裁量权，允许其根据具体案情来确定补偿的数额。补偿多少是"适当"，要根据个案来判断。一般来说，判断补偿是否适当主要应当考虑如下因素：一是被侵权人遭受的损失。一般而言，被侵权人的损失越重，就越应当增加补偿的数额。特殊情况下，即使受益人受益不多，但是受害人遭受的损害重大，也应当在受益的范围内适当增加补偿数额。二是当事人双方的经济状况。作为一种公平责任，其仍然应当考虑双方的经济状况，尤其是受益人的经济状况。三是受益人的受益范围。一般来说，受益人获得的利益越多，其给予的补偿也应相应增加。

---

[1] 参见奚晓明主编：《〈中华人民共和国侵权责任法〉条文理解与适用》，178页，北京，人民法院出版社，2010。

六、紧急救助造成损害的责任豁免

《民法总则》第 184 条规定："因自愿实施紧急救助行为造成受助人损害的，救助人不承担民事责任。"该条确认了紧急救助可以作为免责事由，该条也称为"好人条款"，也就是说，在自愿实施紧急救助行为的情形下，即便造成了受助人损害，救助人也无须承担民事责任，因而紧急救助行为人享有责任豁免权。法律作出此种规定的目的在于鼓励自愿的救助行为。当前，我国社会从农业社会向工业社会转化，这一社会转型过程既增加了人与人之间的距离，也增加了人们相互间的不信任感，主要表现在对他人事务的冷漠。尤其是在市场经济大潮的冲击下，许多人在选择过程中往往夹带着利益的判断，甚至普遍存在明哲保身、少管闲事的心态。因此，《民法总则》规定紧急救助人的豁免权，对于鼓励人们见义勇为、弘扬社会主义核心价值观具有重要意义。

从《民法总则》第 184 条的规定来看，自愿实施紧急救助作为免责事由应当具备如下条件：

第一，救助人实施了紧急救助行为。救助他人的行为必须是在紧急情况下实施的，因为在紧急情况下，救助人可能来不及考虑采用致害最小的救助措施。且因为情况紧急，来不及请求有关国家机关予以救助，所以不得已只能实施紧急救助行为。因此，在紧急救助的情形下，即便因救助行为造成被救助人损害，救助人也无须承担民事责任。

第二，救助人必须是自愿实施救助行为。我国立法目前未规定民事主体在任何情况下都负有法定的救助义务。与此相应，该条所规定的施救者，必须是自愿施救者，如果救助人负有法定或者约定的救助义务，则不享有本条所规定的豁免权。例如，《执业医师法》第 24 条规定："对急危患者，医师应当采取紧急措施进行诊治；不得拒绝急救处置。"因此，医师对患者的紧急救助，不适用《民法总则》第 184 条所规定的紧急救助豁免权。再如，救生员抢救游泳馆的溺水者，履行的是约定义务，也不适用该条规定。

第三，救助人实施了无偿救助行为。通常情形下，有偿救助都是在当事人有约定的情形，无法适用该条规定。如果救助人在实施救助行为之前明确提出支付报酬的要求，则已经不再属于见义勇为，如果对此类行为也适用豁免权，则将违反该条的规范目的。因此，该条所规定的救助行为应当是无偿救助行为。

需要指出的是，从《民法总则》第184条的规定来看，只要行为人主观上有自愿实施救助的意愿，且客观上实施了救助行为即可，但问题在于，虽然行为人主观上有自愿救助的意愿，但该救助行为并没有达到救助效果，反而可能导致被救助人损害，此时，能否适用该条规定？笔者认为，该条所规定的自愿救助行为并没有要求必须达到防止或减少被救助人人身、财产损害的效果。即使未达到救助效果，亦可适用该条规定。

当然，在紧急救助的情形下，《民法总则》第184条的规定一概免除紧急救助人的赔偿责任，可能不利于防止过度救助造成明显不必要的损害的行为。法律一方面要鼓励见义勇为，另一方面也要防止其被滥用。因此，救助人在实施救助行为时，不能任意而为。从比较法上来看，各国都不主张救助过度行为，过度行为都是要承担责任的。因此，救助人在进行紧急救助时，不能任意而为，在救助过程中，也应当尽到必要的注意义务。

第五节　侵害英雄烈士等人格利益的民事责任

一、侵害英雄烈士等人格利益的民事责任概述

《民法总则》颁行前，我国司法实践中出现了一些侵害英雄、烈士人格利益的纠纷，如"邱少云案"[①]、"狼牙山五壮士案"[②]，此种行为不仅损害了广大人民

---

① "邱少华与孙杰等一般人格权纠纷案"，北京市大兴区人民法院（2015）大民初字第10012号民事判决书。

② "洪振快诉葛长生名誉权纠纷案"，北京市第二中级人民法院（2016）京02民终6272号民事判决书。

群众的民族情感，也不利于凝聚民族精神。[1] 为了有效规范此类行为，保护英雄烈士等的人格利益，《民法总则》第 185 条规定："侵害英雄烈士等的姓名、肖像、名誉、荣誉，损害社会公共利益的，应当承担民事责任。"该条对侵害英雄烈士等人格利益的民事责任作出了规定，具有重要的现实意义。因为英雄、烈士是一个国家和民族精神的重要体现，是引领社会风尚的标杆，是人们行为的榜样。该条强化对英雄、烈士姓名、名誉、荣誉等的法律保护，对于维护民族精神、弘扬社会公共道德、有效保护英雄烈士人格利益、弘扬社会主义核心价值观，具有重要意义。[2]

有观点认为，《民法总则》第 185 条属于死者人格利益保护条款。[3] 笔者认为，从该条规定来看，其保护的主体范围限于"英雄烈士等"，而且以"损害社会公共利益"作为行为人承担民事责任的条件，因此，该条在性质上并不属于专门的死者人格利益保护条款。笔者认为，该条的规范目的在于保护社会公共利益，即通过保护英雄烈士等人格权益的方式，间接起到弘扬社会公共道德、淳化社会风气等保护社会公共利益的目的。

二、侵害英雄烈士等人格利益民事责任的构成要件

(一) 侵害了英雄烈士等的人格利益

依据《民法总则》第 185 条的规定，行为人承担民事责任必须是侵害了英雄烈士等的人格利益。关于烈士的范围，我国专门颁行了《烈士褒扬条例》和《军人抚恤优待条例》，分别对公民被评定为烈士的条件和现役军人被批准为烈士的条件作出了规定。[4] 但关于本条中"英雄"的内涵，学界存在一定的争议：一种

---

① 参见陈甦主编：《民法总则评注》下册，1324 页，北京，法律出版社，2017。

② 参见石宏主编：《中华人民共和国民法总则条文说明、立法理由及相关规定》，440 页，北京，北京大学出版社，2017。

③ 参见杨立新主编：《中华人民共和国民法总则要义与案例解读》，687 页，北京，中国法制出版社，2017。

④ 参见《烈士褒扬条例》第 8 条、《军人抚恤优待条例》第 8 条。

观点认为，此处的"英雄"在性质上属于形容词，应当将该条的"英雄烈士"解释为"具有英雄品质的烈士"[①]。另一种观点认为，该条中的"英雄"属于名词，其属于与烈士并列的人，而且此处的"英雄"应当指已经去世的英雄人物。[②] 笔者认为，本条中的"英雄"应当属于名词，即属于与"烈士"并列的人，当然，从该条规定来看，其并没有要求"英雄"必须已经牺牲，因此，其既可以是已经牺牲的英雄，也可以是未牺牲的英雄。所以，该条并不限于保护已经故去的英雄、烈士，还包括仍然健在的英雄等主体。

关于本条中"等"字的理解，有观点认为，本条中的"等"字有特定的指向，即指"在我国近现代历史上，为争取民族独立和人民自由幸福、国家繁荣富强作出了突出贡献的楷模""只要是能够作为民族精神的代表、民族文化的旗帜的人"，都属于本条中"等"字的范畴。[③] 笔者认为，该条使用"英雄烈士等"这一表述，表明本条的保护范围不限于英雄、烈士，也包括其他人，因此，属于开放式列举，但"等"字所涉及的范围是有限的，按照同类解释（Eiusdem Generis）规则[④]，"等"所包括的人应当是与英雄、烈士类似的人[⑤]，而不是包括所有的人。

（二）侵害了姓名、肖像、名誉、名誉四项人格利益

从法律规定来看，其在列举保护的人格利益的范围时采取了具体列举的模式，即仅限于姓名、肖像、名誉、荣誉这几种人格利益。从实践来看，侵害英雄烈士等人格权益的行为主要也是侵害姓名、肖像、名誉、荣誉的行为。当然，该条采用封闭式列举的方式确定所保护的人格权益的范围，也存在一定的问题。因为除上述人格权益外，行为人侵害英雄烈士等的其他人格权益，同样可能损害社会公共利益，如侵害英雄、烈士等的隐私权，此类行为应当受到何种法律规制

---

① 张新宝：《〈中华人民共和国民法总则〉释义》，400页，北京，中国人民大学出版社，2017。
② 参见杨立新主编：《中华人民共和国民法总则要义与案例解读》，688页，北京，中国法制出版社，2017。
③ 参见张新宝：《〈中华人民共和国民法总则〉释义》，402页，北京，中国人民大学出版社，2017。
④ 同类解释规则是指如果法律上列举了具体的人或物，然后将其归属于"一般性的类别"，那么，这个一般性的类别就应当与具体列举的人或物属于同一类型。
⑤ 参见李适时主编：《中华人民共和国民法总则释义》，580页，北京，法律出版社，2017。

呢？对此存在三种观点：一种观点认为，应当类推适用《民法总则》第 185 条的规定规范此类行为，追究行为人的民事责任。另一种观点认为，应当适用《民法总则》第 126 条关于民事权益保护的规则规范上述行为。还有一种观点认为，应当适用《民法总则》第 109 条关于一般人格权保护的规定规范上述行为。

笔者认为，由于第 185 条涉及社会公共利益问题，而个人信息、隐私等一般不涉及社会公共利益，因而立法者将其排除在外，在此情况下，类推适用第 185 条的规定并不妥当。但其毕竟属于一种人格利益，因此应当受到法律保护。关于究竟应当适用第 109 条还是第 126 条，笔者认为，《民法总则》第 126 条的保护范围十分宽泛，其适用于所有的人格权益的保护，与《民法总则》第 126 条的规定相比，《民法总则》第 109 条关于一般人格权的规定更具有针对性，因此，应当适用《民法总则》第 109 条的规定规范侵害英雄烈士等隐私、个人信息的行为。

（三）损害社会公共利益

依据该条规定，行为人的行为必须损害了社会公共利益。行为人所侵害的社会公共利益其实是一种反射利益，也就是说，是因为侵害了英雄烈士等姓名、肖像、名誉、荣誉而引发的一种间接损害。由于英雄烈士的人格利益常常会与社会公共利益联系在一起，因而需要特别保护。英烈的事迹成为社会公众追随的榜样，其与我国的社会共识和主流价值观密切关联，在某种程度上已经成为中华民族共同记忆和民族感情的重要组成部分，正是从这个意义上说，侵害英雄烈士等的人格利益，同时也会伤害社会公众的民族感情，损害社会公共利益。因此，侵害英雄烈士等人格利益的案件也可以作为公益诉讼案件，在受害人及其近亲属未提起诉讼的情形下，检察机关以及有关公益组织也应有权提起诉讼，请求行为人承担相应的民事责任。

关于侵害英雄烈士等人格权益的请求权主体，《民法总则》第 185 条并没有对此作出明确规定。笔者认为，由于该条的规范目的在于保护社会公共利益，而

非保护英雄烈士近亲属的利益，因而应当由国家公权力机关提起诉讼①，同时，在符合本条规定的情形下，相关的公益组织也应当有权向行为人提出请求。当然，在行为人的行为损害英雄等本人或者英雄烈士等近亲属的利益，导致其精神损害的情形下，本人或者其近亲属也应当有权向行为人提出请求。但是在国家有关机关提起公益诉讼的情形下，如果受害人本人或者其近亲属没有提出赔偿请求，则法院不应课以行为人对受害人本人或者其近亲属赔偿责任，行为人仅需要承担因侵害英雄烈士等人格权益而损害社会公共利益的责任。②

① 参见张新宝：《〈中华人民共和国民法总则〉释义》，403 页，北京，中国人民大学出版社，2017。
② 参见王叶刚：《论侵害英雄烈士等人格权益的民事责任》，载《中国人民大学学报》，2017（4）。

法

第六编

时效和期间

第十八章

时效制度概述

第一节　时效的概念和功能

一、时效制度的概念

顾名思义，时效就是时间经过所产生的法律效果。[①] 所谓"时"，就是指时间的经过，所谓"效"，即为法律效果，它来源于法律的规定。[②] 时效是指一定的事实状态在法定期间内持续存在，从而产生与该事实状态相适应的法律效力的法律制度。[③] 大千世界，星移斗转，而时间的经过也会产生一定的法律效果。时效制度就是对一定的时间经过所产生的法律效力的确认，是各国所普遍承认的法

[①]　有学者考证，我国民法上的"时效"概念源于日本民法，而日本民法的"ji-ko（时效）"又源于法国民法（effet du temps）。参见朱岩：《消灭时效制度中的基本问题》，载《中外法学》，2005（2）。

[②]　参见冯恺：《诉讼时效制度研究》，9 页，山东，山东人民出版社，2007。

[③]　参见魏振瀛主编：《民法》，190 页，北京，北京大学出版社，2010；梁慧星：《民法总论》，244 页，北京，法律出版社，2011。

律制度。一般而言，时效制度分为取得时效（prescription acquisitive，usucaption）和消灭时效（prescription extinctive，bou libératoire）。两种时效制度在构成要件、法律效果方面均存在明显的区别。但它们均具有如下几个特点：

第一，时效是以一定的事实状态的存在和持续为前提的。法律之所以赋予时效以一定的法律效果，是因为一定的事实状态持续进行，不论其与真实权利关系是否一致，民事主体都已经习惯在这种社会状态下正常生活，并且具有一定的社会稳定性。因此，需要在法律上对这种事实状态予以一定的规制，从而产生了时效制度。① 在时效制度中，占有他人的财产的事实状态持续相当的时间，占有人可以被视为真实权利人，这就是取得时效所产生的法律后果；如果不行使权利的事实状态持续相当的时间，可以认为未予行使的某种权利已经消灭，这就是消灭时效产生的法律效果。②

第二，时效系以一定期间之经过为要素。时间是影响法律关系产生、消灭、变更的一个重要要素。任何法律关系都可能受到时间的影响，而时效是时间对法律关系产生影响的最直接的体现。在取得时效中，一定时间的经过，将使无权占有人取得一定的法律上的权利。在消灭时效中，一定时间的经过，将使权利人丧失一定的法律上的权利。时效是以经过一定的期间为构成要素的法律事实，通常是指在一定期间始终存在某种影响权利的产生、变更和终止的事实状态。它的效果必须是导致某一权利发生、变更或消灭。

第三，时效为法律事实。时效究竟属于事件还是属于自然事实中的状态，学者对此有不同的看法。有人认为，时效是自然事实中的状态③，也有人认为："时效之效果，为因一定事实状态在一定期间之继续而当然发生，不以当事人之精神作用为要素，故为事件。"④ 因而时效属于事件。⑤ 笔者认为，不论时效的构成要件属于事件，还是自然事实，它作为一定事实状态经过一定期间的事实是客

---

① 参见洪逊欣：《中国民法总则》，554页，台北，三民书局，1992。
② 参见［日］四宫和夫：《日本民法总则》，唐晖等译，299页，台北，五南图书出版公司，1995。
③ 参见梁慧星：《民法总则》，244页，北京，法律出版社，2011。
④ 史尚宽：《民法总论》，623页，北京，中国政法大学出版社，2000。
⑤ 参见龙卫球：《民法总论》，693页，北京，中国法制出版社，2001。

观存在的状态，它与当事人的有意志的行为在性质上是不同的，应当将其归入行为之外的法律事实。因为时效的要件是权利不行使的状态持续一段时间，因而不属于事件，而应属于一种事实状态。

一定的事实状态的经过固然可以依法导致取得某种权利或者丧失某种权利，但时效的完成不能导致起诉权的消灭。起诉权（向法院提出请求的权利）是在任何时候都不会丧失的，因为任何人都可以请求法院保护他被侵犯的权利，这种请求权是不能被剥夺的。① 在时效届满以后，有关当事人可以到法院提起诉讼主张，法院仍然应当受理，法院不得以时效届满为由驳回起诉。但对方当事人可以以时效利益主张权利或提出抗辩，即主张依取得时效而取得一定权利，或主张因诉讼时效届满致使对方权利消灭。

二、时效制度的功能

严格地说，取得时效和消灭时效的功能是有一定的区别的，但是，它们作为时效制度的组成部分均有一些共同的功能。如果权利人在相当长的时间内不行使权利，财产的占有人就可能因为事实上的占有而形成某种事实上的财产秩序，并获得某种利益。义务人有可能因为权利人不主张请求权而使其给付义务长时间处于停止状态，从而获得某种利益。一定的事实状态持续相当时期，便使他人产生信赖利益。所以，从维护交易安全、稳定正常的财产秩序和生活秩序出发，需要对事实状态予以保护，产生一些民事权利上的变更。时效制度的功能主要体现在如下三个方面：

第一，督促权利人及时行使权利。时效制度的一个重要内容就是：如果权利人享有权利但不积极地行使权利，将产生权利消灭或效力减损的法律后果。时效本身就体现了"法律保护勤勉者，不保护懒惰者"的原则。财产的权利人虽然享有权利，但其长期"睡眠于权利之上"，不主动行使权利，则不利于物尽其用。

---

① 参见［苏］诺维茨基：《法律行为诉讼时效》，康宝田译，155 页，北京，中国人民大学出版社，1956。

无论是诉讼时效还是取得时效都具有促使权利人积极行使权利，从而提高物的使用效率的功能。法律并不保护"睡眠于权利之上者"，而只保护积极行使权利的人，这就是时效制度的立法宗旨之所在。[1]

第二，维护既定的法律秩序的稳定。在社会生活中，一定的事实状态的继续必然会产生相应的法律秩序。例如，占有人占有某项财产经过了一定合理的时间，占有人以该财产为标的租赁、买卖、设定各种法律关系和权利，从而形成一定的财产秩序。在交易中，如果请求权人长期不向义务人主张权利，义务人也认为权利人已经放弃其请求权，当事人已习惯在这种法律关系状态下生活，这就在社会中形成一定的秩序。所以法律要通过时效制度来维护既定的财产秩序和交易秩序，如果经过相当长的时间，权利人行使权利将推翻既定的社会秩序，则不利于法律秩序的稳定。[2]

第三，有利于证据的收集和判断，并及时解决纠纷。"时效法欲保护的应该是被告免受由很久以前的事件引起的陈年旧账般的权利主张的困扰。"[3]《德国民法典》关于规定消灭时效的立法理由在于："乃使人勿去纠缠陈年旧账之请求权。有些事实可能已年代久远，一方亦已长期缄口不提；而今一方却以此类事实为据，向对方主张权利，这是民事交往难以容受的。"[4] 因为民事案件证据的收集通常较为复杂，年代越久，诉累越重，如无时间的限制，对原权利人举证负担沉重，现在的权利人也会不堪其扰，法院也会增加审判的负担。如果要求当事人举证和法官查证，则往往在花费了大量的人力物力以后，未必能够找到具有一定证明价值的证据。所以，法律规定诉讼时效制度，有利于证据的收集和判断，并及时解决纠纷。[5]

---

[1] 参见王泽鉴：《民法总则》，492 页，北京，北京大学出版社，2009。

[2] 但也有学者认为，认可时效并不要求以该事实为基础有新的生活关系积极地建立，第三人的信赖也不是要件，即使没有第三人信赖，时效也当然发生。参见［日］山本敬三：《民法讲义 I—总则》，347 页，北京，北京大学出版社，2004。

[3] David Oughton, John Lowery, Robert Merkin, *Limitation of Actions*, LLP1998, p. 4.

[4] ［德］迪特尔·梅迪库斯：《德国民法总论》，邵建东译，91 页，北京，法律出版社，2000。

[5] 参见王泽鉴：《民法总则》，492 页，北京，北京大学出版社，2009。

在上述三种功能中，诉讼时效制度最主要的功能是维持既定的社会秩序，维护社会公共利益。请求权人长期不行使权利，会呈现出一种该权利不存在的状态，这就会对不特定第三人产生一种信赖利益，而此种信赖利益成为民事交往的基础和前提，又是社会公共利益的重要体现。[①]

第二节　时效的类型

时效分为两种类型，即取得时效和诉讼时效。

取得时效，又称为占有时效，是指占有他人的动产、不动产或者其他财产权的事实状态经过一定的期间以后，将取得该动产和不动产的所有权和其他财产权。诉讼时效，又称为消灭时效，是指权利人于一定期间内不行使请求权即导致义务人有权提出拒绝履行的抗辩权。

一般认为，完整的时效制度包括取得时效和诉讼时效两部分。各国对时效制度的立法体例存在两种模式：一是统一主义，即将取得时效与消灭时效统一规定。中世纪的注释法学家着眼于取得时效与消灭时效有共同的法律本质，而主张两者为统一的法律制度。18 世纪制定法国民法典时，法国学者波蒂埃等人就主张此种观点，其认为时间流转可使权利取得或权利丧失，因此应当将两种时效统一规定。该观点被《法国民法典》所采纳。[②]《日本民法典》也采取了此种主张。二是分别主义，即将两种时效分别规定。以德国历史法学派创始人萨维尼（Savigny）为代表的学者主张，取得时效与消灭时效是两种不同的法律制度。[③] 两者在适用条件、法律效果等方面存在很大区别，因此应当在民法典的不同编章中分

---

① 参见王轶：《民法原理与民法学方法》，71～72 页，北京，法律出版社，2009。

② 参见朱岩：《消灭时效制度中的基本问题》，载《中外法学》，2005（2）。事实上，当代法国民法学者已经不再支持法国民法典中统一规定消灭时效和取得时效的做法。

③ Savigny, System des heutigen römischen Rechts, Bd. 5, Berlin, 1841, SS. 273ff.；Zimmermann, *Comparative Foundations of a European Law of Set-off and Prescription*, Cambridge University Press, 2002, p. 69.

别规定。《德国民法典》采取了此种主张，在总则中设立消灭时效，而在第三编物权中规定取得时效。我国《民法通则》已经确认了诉讼时效，相当于国外立法中的消灭时效，但并没有规定取得时效。

诉讼时效与取得时效虽然同为时效制度，都是指一定的事实状态持续一定的期间，均要产生一定的法律后果，但二者是两种不同的制度，其原因在于：

第一，二者的法律后果不同。诉讼时效期间届满后，将导致抗辩权的发生，权利人仍然享有权利，但如果其请求法院强制义务人履行义务，债务人有权基于诉讼时效期间届满的事实而提出抗辩。义务人虽然可以提出拒绝履行抗辩，却不能因此而获得该项实体权利。如果财物已经由债务人占有，法院也不能以诉讼时效届满为由，确认债务人对该财物享有所有权。所以诉讼时效并不具有确认产权归属的功能，甚至其与权利取得本身并无直接的关系。而依取得时效制度，占有人长期、合法、善意并且不中断地占有他人之物，经过一定的期间，可以取得所有权或其他物权。

第二，二者的制度功能不同。诉讼时效制度设计的功能主要在于督促权利人及时行使权利。取得时效的功能主要在于对权利归属的确认，并维护交易安全和秩序。在取得时效届满后，基于占有人长期、合法、善意并且不中断地占有他人之物的事实，已使第三人产生信赖，且因第三人信赖该占有而形成一定的财产秩序，因此法律为稳定社会关系，需要确认取得时效制度。[1] 取得时效的设定，解决了诉讼时效未能解决的财产归属的不确定性问题，消除了在诉讼时效届满后出现的财产权利与其具体权能相分离的状态。

第三，二者的适用对象不同。诉讼时效主要适用于请求权，具体包括基于合同债权的请求权、基于侵权行为的请求权、基于无因管理的请求权、基于不当得利的请求权以及其他债权请求权。[2] 但所有物返还请求权原则上不应适用诉讼时效。而取得时效的适用对象主要是物权。一般认为，人格权、知识产权等权利不适用取得时效。

---

① 参见朱岩：《消灭时效制度中的基本问题》，载《中外法学》，2005（2）。
② 参见王泽鉴：《民法总则》，411页，北京，北京大学出版社，2009。

第四，适用的条件不同。诉讼时效是指权利人在一定期限内不行使权利，致使其权利的效力减弱。其适用的条件是权利人不积极行使权利并经过了法定期限。而取得时效是指以自己所有的意思，公开、和平、持续地占有他人的动产或不动产，达到一定的期限，从而可以依法取得所有权和他物权。由于前者的后果为丧失权利，后者则为取得权利，因而两者在条件上是不同的。

第三节　时效制度的历史发展

关于时效最初的起源，有学者认为，消灭时效起源于德国普通法上的除权制度①，但大多数学者认为时效制度起源于长期取得时效（longi temporis prae-scriptio）。② 早在公元前 451 年至公元前 450 年制定的《十二表法》就确认了取得时效。《十二表法》第六章第三条规定："凡占有土地（包括）房屋二年，其他物品一年的，即因时效取得所有权。"这一时效制度称为最古时效，意思是该时效为时效中最古老的规定。③ 罗马法先有取得时效后有消灭时效。消灭时效的产生时间晚于取得时效。罗马法上的消灭时效制度，是由裁判官法所确立的。最初在罗马法中，诉讼是没有期限限制的，但"随着裁判官管辖权的发展，出现了'无期限诉讼（actio perpetuate，又称永久诉讼）和时效诉讼（actio temporalis，又称法定期限诉讼）'之分"④。在有期限诉讼中，其起诉期间为一年，债权人如果在一年内不起诉，他的诉权和债权都消灭。期限诉讼是消灭时效的起源。而永久诉讼是市民法上的诉讼，这种诉讼的诉权永远都不会消灭。至罗马帝国时代，狄奥多世二世（Theodosius）曾经对消灭时效作出了概括的规定，将消灭时效扩展适用于一切"对人之诉""对物之诉"之中。超过了消灭时效期间的债务，在

---

① 参见郑玉波主编：《民法总则论文选辑（下）》，784 页，台北，五南图书出版公司，1984。

② See Zimmermann, *Comparative Foundations of a European Law of Set-off and Prescription*, Cambridge University Press, 2002, p. 69.

③ 参见陈朝璧：《罗马法原理》，322 页，台北，"商务印书馆"，1965。

④ ［意］彼德罗·彭梵得：《罗马法教科书》，黄风译，107 页，北京，中国政法大学出版社，1992。

罗马法上称为自然债务，自此，消灭时效作为民法上的一项重要制度得以正式确立，并被后世大陆法系国家所采纳。[①]

在欧洲中世纪，由于教会法主张债务人应当履行债务，因而教会法对时效持一种排斥的态度。认为，"不论实际立法如何变动，凡是一种权利，纵使经过长期的忽视，在实际上是不可毁灭的"[②]。中世纪的学派倡导"对于不得为诉讼之人时效不进行"的说法。这种说法为寺院法所支持，凡法律上或事实上不能提起诉讼，或者诉讼的提起有困难的，都是时效停止的事由。[③] 11 世纪以后随着注释法学家的兴起，罗马法开始复兴，时效制度的理论逐渐传播开来。

1804 年的《法国民法典》借鉴了罗马法的时效制度。在制定民法典时，法国学者大都认为，取得时效和消灭时效具有共同的法律本质，应当将其作为一个整体规定在一个专章中。因此，《法国民法典》将其规定在第三编"取得财产的各种方法"中。法国民法认为，取得时效和消灭时效在性质上是相同的，只是取得时效为取得权利的方法，而消灭时效为免除义务的方法。法国民法规定取得时效与消灭时效都必须经当事人援引，法官才能依此作出裁判。[④] 关于消灭时效的效力，法国学者看法不一。通说采取诉权消灭观点。[⑤] 消灭时效完成后，权利人的权利成为无诉权的权利，债务成为自然债务。此种模式对以后的大陆法系国家产生了重大影响，例如，日本民法也设置了统一时效制度，将取得时效和消灭时效一并规定在民法总则中。

《德国民法典》制定时，其时效制度在继受罗马法的同时，也受到日耳曼法的影响。法典的制定者认为，取得时效和消灭时效在起源方面不同、构成要件不同、效果上也不同。取得时效只是导致权利的取得，而消灭时效只是导致抗辩权发生，两者是截然不同的。因此应将两者作为不同的制度分别规定在民法典中的不同部分。此种观点对《德国民法典》时效制度的设置产生了重大影响。因此，

---

①　参见李富莹：《诉讼时效有关法律制度研究》，北京大学 2001 年博士研究生学位论文，6 页。

②　［英］梅因：《古代法》，沈景一译，162 页，北京，商务印书馆，1996。

③　参见［英］梅因：《古代法》，沈景一译，162 页，北京，商务印书馆，1996。

④⑤　参见《法国民法典》第 2262 条。

其将取得时效规定在物权编中，而将消灭时效规定在总则编中。德国学者常常认为，时效从狭义上理解，即指消灭时效。《德国民法典》中的消灭时效，是按照"权利将归于消灭，请求权罹于时效"的指导原则而制定的，因此，消灭时效的适用对象是请求权，故而又被称为"请求权时效"[①]。德国民法关于消灭时效的效力采纳的是所谓的抗辩权发生主义，即时效届满在效力上导致抗辩权发生。时效和除斥期间在法律上也是被严格区分的。

在英国普通法上，根据古老的习惯，在任何情况下都是没有取得实效的立锥之地的。[②] 但从《1540 年时效法》（Limitation of Prescription Act 1540）开始，通过制定法的方式开始形成时效制度，并且确定了时效期限。1623 年英国通过《诉讼时效和防止法律诉讼法》（Act for Limitation of Actions and for Avoiding of Suits in Law），规定了基于普通法的诉讼，必须自诉因发生之日起 6 年内提起诉讼。不过，该制度只适用于基于普通法提起的诉讼，并不适用于基于衡平法而提起的诉讼。[③] 1980 年，英国也通过了《诉讼时效法》（Limitation Act 1980），主要规定的是对各种违反法律的行为提起诉讼的时效期间。例如，一般侵权行为的诉讼时效是 6 年，造成人身损害的诉讼时效是 3 年，因侵害消费者而造成人身损害或财产损害而提起诉讼的，诉讼时效为 3 年。[④] 英国学者 Terence Prime 等认为，时效法的规定构成了英格兰及威尔士法的重要部分，并必然地影响着那些寻求法律意见的当事人的权利与诉讼请求。[⑤] 不过，在英国法中，时效作为诉讼限制手段，其本身并不影响诉争的实体权利，其仅仅影响到权利人通过程序性的诉讼手段在法庭上主张和实现自己的权利。[⑥]

1921 年的《苏俄民法典》尽管受到德国法的诸多影响，但在时效制度方面，

[①] 蔡章麟：《简介德国民法消灭时效制度》，载郑玉波主编：《民法总则论文选辑（下）》，台北，五南图书出版公司，1984。

[②] See David Johnston, *Prescription and Limitation of Actions*, W. Green, 1999, p. 349.

[③] 参见葛成书：《民法时效》，11 页，北京，法律出版社，2007。

[④] See Limitation Act 1980, s. 2. s. 11 (4).

[⑤] See Ewoud H. Hondius edited, *Extinctive Prescription on the Limitation of Actions*, Kluwer Law International，1995，p. 171.

[⑥] 参见朱岩：《消灭时效制度中的基本问题》，载《中外法学》，2005 (2)。

苏联则抛弃了传统民法中取得时效的概念，仅在民法中规定了诉讼时效。苏联民法理论认为，社会主义国家是反对不劳而获的，因此不承认取得时效。而对于传统上的"消灭时效"的称谓，认为改为"诉讼时效"为好。诉讼时效届满，权利人并没有丧失起诉权，只是消灭了胜诉权。但诉讼时效的适用范围仍然受到了严格限制，例如，国家专有财产不受诉讼时效的限制，国家机关向非法占有人索还国家所有财产不受诉讼时效限制。① 此种模式对我国《民法通则》产生了重大影响。

就我国而言，无论取得时效或消灭时效，在我国古代法律中均无系统的规定。中国固有的"欠债还钱""父债子还"观念，实际上也体现了对时效制度的强烈排斥。唐宋以下，仅在极少情况下，因事实上的需要，有某些类似的规定。例如，《宋刑统》中记载唐长庆四年规定："百姓所经台府州县论理远年债负事，在三十年以前，而主保经逃亡无证据，空有契书者，一切不须为理。"② 清朝末年所编制的大清民律草案，首次采纳日本民法统一主义的做法，在总则中设立了时效一章。其后，北洋政府时期修订《民国民律草案》，该民律草案中则采纳了德国民法分立主义的做法，在总则编中规定了消灭时效，在物权编中规定了取得时效制度。国民政府制定的民法则继续沿袭了这种立法例。这是我国近代民事立法史上首次在法律上正式确立时效制度。

我国《民法通则》受苏联民法理论的影响，并没有采纳取得时效制度，其主要理由在于，立法者认为取得时效承认非所有权人可以基于占有取得他人的所有权，从而与社会主义国家提倡的"拾金不昧""公物还家"等传统美德不符，因此《民法通则》未采纳该制度③，而专设第七章规定了诉讼时效，从而规定了时效的基本制度。《民法通则》关于诉讼时效的规定，区分了普通诉讼时效和特殊诉讼时效，并规定了时效的中止、中断和延长。除《民法通则》规定之外，我国

---

① 参见［苏］诺维茨基：《法律行为 诉讼时效》，康宝田译，174 页，北京，中国人民大学出版社，1956。

② 《宋刑统》，414 页，北京，中华书局，1984。

③ 参见佟柔主编：《中国民法》，603 页，北京，法律出版社，1990。

民事立法在《合同法》《继承法》《海商法》等也分别规定了特别诉讼时效。2008年8月11日最高人民法院颁行的《诉讼时效司法解释》，对诉讼时效的适用范围、时效的计算、中止、中断等问题都作出了详细规定，从而完善了我国诉讼时效制度。《民法总则》在总结我国民事立法和司法解释关于诉讼时效规定的基础上，借鉴比较法上的经验，对诉讼时效制度作了系统、全面的规定；同时，修改了《民法通则》中的相关规定，构建了统一的诉讼时效制度。

第十九章

诉讼时效

第一节　诉讼时效概述

一、诉讼时效的概念

所谓诉讼时效，是指权利人在法定期间内不行使权利即导致义务人有权提出拒绝履行的抗辩权的法律制度。从比较法上看，各国的立法例各不相同。瑞士、俄罗斯、埃塞俄比亚等国家采取的是诉讼时效的概念；德国、日本、意大利等国家采取的是消灭时效的概念。① 在我国民法中，究竟应该采取诉讼时效还是消灭时效的概念，存在不同的观点。我国《民法通则》采纳了诉讼时效的概念。《民

---

① 对德国民法上"Verjahrung"一词，学者间有不同的译法。郑冲、贾红梅译《德国民法典》时译为"时效"；邵建东译《德国民法总论》时译为"消灭时效"。梅仲协先生指出，"Verjahrung"在德国法上原指"时效"，用以指称法定期间经过后，义务人取得抗辩权，得拒绝履行其给付义务的制度，但权利并不因此而消灭，唯请求权减损其力量而已，因此称消灭时效不妥。梅仲协：《民法要义》，154页，北京，中国政法大学出版社，1998。

法总则》沿用了《民法通则》的经验，采纳的是"诉讼时效"的概念。

笔者认为，采纳消灭时效虽有一定的道理，但也有弊病，主要原因在于该概念有可能会使人误以为，消灭时效届满将导致实体权利消灭，但依多数国家通例，时效届满并不发生请求权的消灭，而只是使义务人获得时效抗辩权。消灭时效强调消灭某种权利，但这和时效的本质不完全吻合。梅仲协先生指出，"Ver-jahrung"在德国法上原指"时效"，用以指称法定期间经过后，义务人取得抗辩权，但"消灭时效之完成，仅促使义务人取得时效抗辩权，得拒绝其应为之给付，而同时权利人之请求权即减损其力量……定为'消灭时效'，殊属未妥"①。应当承认，诉讼时效的概念也有其缺陷，因为时效并不仅仅在诉讼中采用，在仲裁和执行程序中也常被采用。但比较而言，笔者认为，采纳诉讼时效的概念更为妥当，理由在于：一方面，虽然对于仲裁、诉讼外的请求都可以适用诉讼时效制度，但国家通过法院保护权利人请求权的实现是现代社会的通例。民法上许多规定虽主要针对诉讼活动而设立，但也可适用于仲裁，诉讼时效也不例外。时效既是对权利人行使请求权所作的限制，当然也是对权利人通过法院主张权利之限制，因此，对一方诉请对方履行义务的限制，称作诉讼时效是恰当的。② 另一方面，既然以诉讼的方式行使权利都要受到时效的限制，则对于以诉讼以外的方式行使请求权就更应当受到时效的限制，举重以明轻，在法理上也并无障碍。此外，就我国的立法实际而言，一直采用的是诉讼时效的概念，从法的延续性的角度而言，仍然应该继续采用这一概念，从而有利于保持法律的稳定性和民众对法律的一贯理解。

诉讼时效是民法总则的一项重要制度。该制度适用于各种类型的债权请求权，我国《民法总则》以专章（第九章）的形式对"诉讼时效"制度作出了规定，包括诉讼时效的适用范围、诉讼时效届满的法律后果、法院应否主动援引诉讼时效的规定以及诉讼时效的中止、中断、延长等问题。

---

① 梅仲协：《民法要义》，154 页，北京，中国政法大学出版社，1998。
② 参见佟柔主编：《中国民法学·民法总则》，314 页，北京，中国人民公安大学出版社，1990。

二、诉讼时效的特征

诉讼时效是关于权利行使期限的规定，它直接表现为一定的期间。在民法上，期间类型很多，因为民事法律关系的产生、变更和消灭，常常和期间联系在一起，诉讼时效不过是期间的一种类型。但和其他的期间相比较，诉讼时效期间具有如下特点：

1. 具有法定性。诉讼时效期间是权利人请求人民法院保护其民事权利的法定期限。超过该期限以后，当事人的民事权利的效力就会受到一定的影响。[①] 诉讼时效期间不是当事人约定的期间，而是由法律直接规定的期间。不行使权利的事实，经过该法定的期间，将产生时效届满的后果。当然，与除斥期间以及其他期间相比较，诉讼时效的期间并不是固定不变的，在符合法律规定的条件下，可以中止、中断和延长。

2. 具有强制性。诉讼时效的强制性包括四个方面的内容：第一，禁止当事人通过约定排斥时效规范的适用。强行性规范本身的含义是指当事人不能通过约定排除其适用。法律规范在遇有其所规定的条件具备时将自然适用，不能由当事人通过约定予以排斥适用。[②] 第二，禁止当事人违反时效的规定约定延长或缩短诉讼时效期间。[③] 在比较法上，有些国家和地区允许当事人通过约定延长或缩短诉讼时效期间；也有些国家和地区禁止当事人作出此种约定。《民法总则》第197条对诉讼时效的强制性作出了规定，明确禁止当事人通过约定延长或缩短诉讼时效期间。第三，禁止当事人就诉讼时效的计算方法作出约定。此处所说的计算方法，主要是指诉讼时效自何时开始起算。如果允许当事人就时效的计算方法进行约定，实际上等同于允许其延长或缩短诉讼时效期间。第四，禁止当事人就

---

① 当然，各国对于超过诉讼时效期间的法律效果有不同的规定，有抗辩权发生说、实体权消灭说、胜诉权消灭说等各种立法例。

② 参见佟柔主编：《中国民法》，600页，北京，法律出版社，1990。

③ 参见"梁某喜等与梁某翠物权保护纠纷上诉案"，湖北省宜昌市（2010）宜中民一终字第487号民事判决书。

诉讼时效中止、中断的事由作出约定。诉讼时效中止或中断的事由必须由法律规定，因为它们对于时效期间的确定具有重要意义，如果允许当事人任意约定，时效的强制性将受到很大的影响。

3. 体现了义务人的时效利益。所谓时效利益，是指诉讼时效期间届满以后，权利人丧失了请求法院依诉讼程序强制义务人履行义务的权利，义务人因此可以不履行义务，继而获得其本来不应该获得的利益。在时效期间届满以后，义务人所享有的时效利益受到法律的保护。当然，诉讼时效期间届满后，义务人所享有的时效利益本质上是当事人的私益，其有权予以抛弃。但是，考虑到债务人利益的保护，《民法总则》第192条第2款禁止诉讼时效利益的预先抛弃。

三、诉讼时效期间的强制性

（一）诉讼时效期间强制性概述

从我国民事立法发展来看，《民法通则》并没有对诉讼时效期间的强制性作出规定，但当时学者一般认为，诉讼时效期间应当具有强制性，当事人不能随意变更。[①] 最高人民法院《诉讼时效司法解释》第2条规定："当事人违反法律规定，约定延长或者缩短诉讼时效期间、预先放弃诉讼时效利益的，人民法院不予认可。"该条对诉讼时效期间的强制性作出了规定，从该规定来看，其既不允许当事人约定延长或者缩短诉讼时效期间，也不允许当事人约定预先放弃诉讼时效利益，但当事人能否约定诉讼时效中止、中断、延长的事由，该司法解释并没有作出规定。

《民法总则》在此基础上于第197条进一步明确了诉讼时效期间的强制性，与《诉讼时效司法解释》相比，《民法总则》在诉讼时效期间的强制性方面增加了诉讼时效期间的强制性、诉讼时效计算方法的强制性以及诉讼时效中止、中断事由的强制性等内容，进一步凸显了诉讼时效期间的强制性。

[①]　参见佟柔主编：《中国民法学·民法总则》，修订版，231页，北京，人民法院出版社，2008。

诉讼时效期间之所以具有强制性，主要是因为一方面，诉讼时效期间关系到法律秩序的稳定，其规范目的具有社会公益性质。[①] 虽然诉讼时效期间届满与否表面上只是关系到当事人的私益，但如果权利人长时间不主张权利，义务人以及交易第三人可能基于这一情形而从事一定的交易，如果权利人突然主张权利，则可能会破坏后来所形成的交易关系和交易秩序。因此，诉讼时效期间不仅要保护当事人的时效利益，而且要维护法律秩序的稳定和交易安全，从这个意义上讲，其关系到社会公共利益，不能将时效视为私法自治的领域。如果允许当事人通过约定排除或限制诉讼时效的规则，则会背离该制度的公益性质。例如，如果允许当事人约定延长诉讼时效期间，则不利于督促权利人及时行使权利；如果允许当事人约定缩短诉讼时效期间，则权利人可能没有充足的时间行使权利。[②] 另一方面，诉讼时效期间的强制性也有利于保护义务人。因为义务人有可能处于弱势地位，如果不规定时效的强制性，权利人就有可能要求义务人事先放弃或限制其时效利益，通过强化时效期间的强制性，有利于避免义务人的时效利益被剥夺或限制。[③]

（二）当事人不得约定改变诉讼时效的强制性规定

诉讼时效期间等规则的强制性首先体现为当事人不得通过约定改变诉讼时效的强制性规定，对此，《民法总则》第 197 条第 1 款规定："诉讼时效的期间、计算方法以及中止、中断的事由由法律规定，当事人约定无效。"诉讼时效是权利主体遭受损害后在法定期间内向司法机关寻求救济的制度，无论是时效期间的长短、计算方法，还是时效期间中止、中断的事由都是由法律强制规定的，任何人都不得通过约定排除或限制其适用。尤其应当看到，强调诉讼时效期间等规则的强制性也有利于维护诉讼时效规则的统一性，因为如果允许当事人约定诉讼时效

---

① 参见最高人民法院民二庭编：《最高人民法院关于民事案件诉讼时效司法解释理解与适用》，2 版，60 页，北京，人民法院出版社，2015。

② 参见石宏主编：《中华人民共和国民法总则条文说明、立法理由及相关规定》，474 页，北京，北京大学出版社，2017。

③ 参见最高人民法院民二庭编：《最高人民法院关于民事案件诉讼时效司法解释理解与适用》，2 版，60 页，北京，人民法院出版社，2015。

期间等规则，可能需要法官对每项约定是否合理作出具体判断，可能影响司法裁判的统一性，也不合理地增加了司法成本。具体而言：

第一，当事人不得通过约定改变法律规定的诉讼时效的期间。诉讼时效期间的强制性主要是指当事人不得通过约定缩短或者延长诉讼时效期间。关于当事人能否约定缩短或延长时效期间，理论和立法上存在不同的立场。一是肯定说。此种观点认为，应当允许当事人通过约定延长或缩短诉讼时效期间。[①] 当然，持此种观点的学者往往认为，对于诉讼时效的延长或缩短应当有一定的限制。例如，对于时效的延长设置一个上限，从而保证诉讼时效不会沦为具文。二是否定说。此种观点认为，时效规范属于强行法，不允许当事人通过协议延长或缩短时效期间。[②] 从《民法总则》第 197 条的规定来看，其采否定说的立场，强调了诉讼时效的期间具有强制性，当事人约定无效，这就意味着，当事人不得通过约定缩短或者延长诉讼时效期间。

第二，当事人不得约定改变诉讼时效期间的计算方法。依据《民法总则》第197 条的规定，诉讼时效期间的计算方法也具有强制性，当事人不得通过约定予以改变。诉讼时效期间计算方法的强制性是诉讼时效期间强制性的当然要求，如果不规定诉讼时效计算方法的强制性，当事人可能通过约定诉讼时效计算方法的方式变相改变诉讼时效期间，这可能使时效期间的强制性规则沦为具文。因此，诉讼时效期间的计算方法也应当具有强制性，不应当允许当事人通过约定改变。

第三，当事人不得约定改变诉讼时效中止、中断的事由。依据《民法总则》第 197 条的规定，诉讼时效中止、中断的事由具有法定性，当事人不得通过约定加以改变。法律明确规定诉讼时效中止、中断的事由，主要是为了维持诉讼时效期间的确定性，允许当事人约定诉讼时效期间中止、中断的事由，可能使诉讼时效期间失去其确定性。[③] 如果允许当事人通过约定增加诉讼时效中止、中断的事

---

① Larenz/Wolf, Allgemeiner Teil des Bürgerlichen Rechts, 9. Aufl., 2004, § 17, Rn. 9.
② 参见魏振瀛主编：《民法》，196 页，北京，北京大学出版社，2000。
③ 参见石宏主编：《中华人民共和国民法总则条文说明、立法理由及相关规定》，474 页，北京，北京大学出版社，2017。

由，等于变相允许当事人通过约定延长诉讼时效期间。反之，如果允许当事人通过约定排除某些诉讼时效中止、中断事由的适用，则可能导致诉讼时效期间被变相缩短。因此，诉讼时效中止、中断的事由应当具有法定性，不允许当事人通过约定予以变更。

在此需要讨论的是，当事人能否通过约定对诉讼时效中止、中断的效力作出约定？《民法总则》第197条只是规定了当事人不得通过约定改变诉讼时效中止和中断的事由，但并没有规定当事人能否通过约定改变诉讼时效中止、中断的效力。因为诉讼时效中止、中断的效力，涉及时效期间长短的确定，如果允许当事人任意约定，则可能导致当事人通过约定变相缩短或者延长诉讼时效期间。[1] 结合《民法总则》第197条的立法目的，可以通过目的性扩张的方式明确，当事人也不得通过约定改变诉讼时效中止、中断的法律效力。

（三）当事人对时效利益的预先放弃无效

《民法总则》第197条第2款规定："当事人对诉讼时效利益的预先放弃无效。"该条延续了《诉讼时效司法解释》第2条的内容。依据该条规定，当事人不得通过约定预先放弃诉讼时效届满后义务人所享有的时效利益。也就是说，权利人不得放弃其尚未取得的诉讼时效利益。[2]

在此需要区分时效利益的预先放弃和事后放弃，法律仅仅禁止时效利益的预先放弃，换言之，当事人无论是通过口头或者书面形式，只要其在时效届满之前放弃诉讼时效利益，都是无效的。但在时效期间届满以后，当事人仍然可以放弃其时效利益，这也是私法自治的应有之义。法律上禁止当事人预先放弃时效利益的主要原因在于，允许当事人预先放弃时效利益可能使当事人利用自己经济上的强势地位损害对方当事人的利益。尤其是通过格式条款的方式使当事人预先放弃时效利益，从而损害对方当事人的利益。另外，如果允许当事人预先放弃，将与法律设定时效的目的不符，因为时效制度在很大程度上是为了债务人的利益而设置的。

---

① 参见陈甦主编：《民法总则评注》下册，1427页，北京，法律出版社，2017。
② 参见陈甦主编：《民法总则评注》下册，1428页，北京，法律出版社，2017。

四、诉讼时效与仲裁时效

诉讼与仲裁均为纠纷的解决方式。仲裁时效与诉讼时效对应，它是指权利人向仲裁机构请求保护其权利的期限。从我国立法来看，有的法律对仲裁的时效问题作出了特别规定，例如，《合同法》第 129 条规定："因国际货物买卖合同和技术进出口合同争议提起诉讼或者申请仲裁的期限为四年，自当事人知道或者应当知道其权利受到侵害之日起计算。因其他合同争议提起诉讼或者申请仲裁的期限，依照有关法律的规定。"

严格地说，诉讼时效和仲裁时效在性质上是有区别的，但两者又有一定的联系，因此，《仲裁法》第 74 条规定："法律对仲裁时效有规定的，适用该规定。法律对仲裁时效没有规定的，适用诉讼时效的规定。"《民法总则》借鉴了该规则，于第 198 条规定："法律对仲裁时效有规定的，依照其规定；没有规定的，适用诉讼时效的规定。"依据该条规定，如果法律对仲裁的时效作出了特别规定（如《劳动争议调解仲裁法》《农村土地承包经营纠纷调解仲裁法》），则适用该特别规定。例如，《农村土地承包经营纠纷调解仲裁法》第 18 条规定，其仲裁时效期间为 2 年，因此，就应当适用这一规定，而不能适用《民法总则》规定的 3 年时效期间。如果法律未对仲裁时效作出规定，则适用《民法总则》关于诉讼时效的规则。例如，《农村土地承包经营纠纷调解仲裁法》没有对仲裁员是否可以主动援引时效规则作出规定，此时就应当适用《民法总则》第 193 条的规定，不允许仲裁员主动适用仲裁时效的规定。

第二节　诉讼时效的适用范围

一、诉讼时效主要适用于债权请求权

诉讼时效的适用范围也称诉讼时效的客体。在德国法中，消灭时效的适用对

象仅限于请求权，所以消灭时效又称为请求权的消灭时效。[1] 在我国，《民法总则》第 188 条第 1 款规定："向人民法院请求保护民事权利的诉讼时效期间为三年。法律另有规定的，依照其规定。"该条对诉讼时效作出了规定，但其只是使用了"民事权利"这一表述，而没有对诉讼时效的适用范围作出明确界定。而《民法总则》第 196 条关于不适用诉讼时效的请求权的情形，主要针对的是物权请求权，由此可见，诉讼时效应当主要适用于债权请求权。另外，《诉讼时效司法解释》第 1 条规定，"当事人可以对债权请求权提出诉讼时效抗辩"。该条实际上明确了，诉讼时效的适用范围原则上限于债权请求权。

债权请求权是特定的债权人请求债务人为一定的行为或不为一定行为的权利。从原则上说，债权的请求权都可以适用诉讼时效。如合同之债、侵权之债、无因管理之债、不当得利之债等，均可以适用诉讼时效。[2] 诉讼时效之所以适用于请求权，原因在于：一方面，请求权在内容上是请求他人为一定的行为或不为一定的行为的权利，请求权的实现有赖于义务人履行一定的给付义务，但这种给付义务实际上对义务人来说是一种负担，相反，这种负担应当在一定的期限内存在，而不能无期限地持续下去。否则，义务人长期负担某项给付义务，不利于社会经济关系的稳定。这也决定了请求权不同于支配权，它不能无期限地长期存在下去，也就是说，它一定要受到诉讼时效期限的限制。另一方面，请求权虽有赖于义务人履行义务才能实现，但如果义务人不履行义务，权利人有权请求法院保护其权利的实现。但这种请求保护的权利，也要有时间的限制，否则可能因年代久远而出现举证困难等问题，使当事人的合法权益难以受到法院的保护。所以，从诉讼保护的需要出发，也应使请求权受到诉讼时效的限制。还要看到，时效发生的效果就是产生抗辩权，抗辩权正是与请求权相对应的、针对请求权进行防御的权利。从这个角度而言，时效抗辩权只能针对请求权适用。

继承请求权，又称继承回复请求权或遗产回复请求权，包括确认继承人资格的请求权和对遗产的返还请求权。我国民法历来承认继承请求权可以适用诉讼时

---

① 参见郑玉波主编：《民法总则论文选辑（下）》，786 页，台北，五南图书出版公司，1984。

② 参见王泽鉴：《民法总则》，522 页，北京，北京大学出版社，2009。

效。继承人只有在诉讼时效期间内行使其继承回复请求权，法院才保护其权利，否则，人民法院不予以保护。①《继承法》第 8 条规定："继承权纠纷……自继承开始之日起超过二十年的，不得再提起诉讼。"

从《诉讼时效司法解释》第 1 条的规定来看，物权请求权不适用诉讼时效。所谓物权请求权，是指基于物权而产生的请求权，也就是说，物权人在其物被侵害或有可能遭受侵害时，有权请求恢复物权的圆满状态或防止侵害。物权请求权是基于物权而产生的与物权不可分离的一种独立的请求权。关于物权请求权是否适用诉讼时效，一直存在争议。一般认为，物权请求权原则上不适用诉讼时效的规定，主要理由在于：一方面，物权请求权是物权效力的具体体现，是包含在物权权能之中的，只要物权存在，物权请求权就应该存在。由于物权本身作为支配权，不适用诉讼时效的规定，因而作为物权的一部分的物权请求权，也不应当因时效届满而消灭。另一方面，物权请求权的主要功能是保证对物的圆满支配，它是保护物权的一种特有方法，如果物权请求权因时效届满而消灭，但是物权继续存在，将使物权成为一种空洞的权利。因而取得时效与消灭时效的时间差将导致所有权名实错位的混乱现象，出现权利真空。② 此外，对排除妨害、消除危险等物权请求权而言，还存在如何确定诉讼时效的起算点的困难。因为物权请求权通常适用于各种继续性的侵害行为。所谓继续性的侵害行为是指这类侵害和妨害行为通常是持续不断进行的，例如在他人的房屋边挖洞，只要该洞继续存在就会威胁到他人房屋的安全。在此情况下，如何确定诉讼时效的起算点，比较困难。

《物权法》第 245 条第 2 款规定，"占有人返还原物的请求权，自侵占发生之日起一年内未行使的，该请求权消灭"。这就是说，在侵害占有的情况下，占有人行使占有返还请求权也不适用诉讼时效制度，而应适用《物权法》的上述规定。但如果权利人基于侵权行为而主张权利，则仍然可以作为债权请求权，适用诉讼时效。

---

① 参见郭明瑞、房绍坤：《继承法》，87 页，北京，法律出版社，1996。
② 参见史尚宽：《民法总论》，569 页，北京，中国政法大学出版社，2000；黄立：《民法总则》，463 页，北京，中国政法大学出版社，2002。

二、不适用诉讼时效的请求权

并不是所有的请求权都可以适用诉讼时效，《民法总则》第196条规定："下列请求权不适用诉讼时效的规定：（一）请求停止侵害、排除妨碍、消除危险；（二）不动产物权和登记的动产物权的权利人请求返还财产；（三）请求支付抚养费、赡养费或者扶养费；（四）依法不适用诉讼时效的其他请求权。"据此可见，以下几种请求权并不适用诉讼时效。

（一）请求停止侵害、排除妨碍、消除危险

这三种情形都是绝对权受侵害的情形，不应当适用诉讼时效，主要理由在于：一方面，上述三种请求都涉及绝对权的保护问题。如前所述，学理上一般认为，物权请求权一般不适用诉讼时效。[①] 例如，某人在他人的房屋旁边挖洞，影响他人房屋安全，行为人一直未将该危险消除，此时，受害人请求消除危险不能认为诉讼时效已经届满。此外，在请求停止侵害、排除妨碍、消除危险的情形下，由于行为人的侵权行为一直处于持续状态，诉讼时效无法确定起算点，因而不应当适用诉讼时效。需要指出的是，无论是侵害物权，还是侵害人格权、知识产权，都可以适用停止侵害，从而都不适用诉讼时效。

（二）不动产物权和登记的动产物权的权利人请求返还财产

依据《民法总则》第196条的规定，不动产物权和登记的动产物权的权利人请求返还财产的权利不适用诉讼时效，具体而言：

一是不动产物权。我国对不动产物权采用登记要件主义，不动产物权的设立、变更、消灭都要办理登记，登记簿本身能够产生一定的公信力。只要登记记载中显示出了不动产的权属状态，第三人就应当相信登记记载的权利人是真实的权利人。交易第三人因信赖登记簿而进行交易的，相关的交易关系也受到法律保护。因此，就已经登记的不动产物权而言，因为不动产登记簿本身是由国家公权

---

① 参见王泽鉴：《民法总则》，497页，北京，北京大学出版社，2009。

力机关制作的，其表明了不动产的权属关系，在此情况下，单纯占有不动产本身并不能使第三人产生信赖，也不必通过时效制度来保护此种信赖。且在第三人进行不动产交易时，其也负有查询登记簿的义务。

由于不动产物权的保护不应当受到诉讼时效的限制，权利人可以随时请求返还财产。在不动产已经登记的情形下，如果已登记的不动产仍然适用诉讼时效，不动产物权超过一定期限后，权利人不能请求返还财产，就会导致登记制度和时效制度产生冲突和矛盾。[①] 当然，该条并没有要求必须是已经登记的不动产，因此，对不动产物权而言，即便没有登记，也不能适用诉讼时效。例如，农村的房屋基本都没有进行登记，如果某个农民外出打工，其房屋被他人占有，不能认为经过 3 年，就不能请求返还。

二是登记的动产物权。登记的动产物权是指依据我国法律规定进行登记的动产。例如，《物权法》第 24 条规定："船舶、航空器和机动车等物权的设立、变更、转让和消灭，未经登记，不得对抗善意第三人。"虽然我国物权法对特殊动产的登记采登记对抗主义，但对已经登记的动产，和不动产登记一样，也会产生一定的公信力，第三人信赖该登记而与其发生交易，该信赖应当受到法律保护。[②] 因此，这些动产的占有人不能因其占有而获得特殊的保护，也就不能主张适用诉讼时效。

需要指出的是，对于未登记的动产物权，是否都适用诉讼时效也值得研究。例如，甲外出打工数年，其家传古董被他人侵占，依据《民法总则》第 196 条第 2 项的规定，其返还请求权可能会受到诉讼时效的限制，这显然是不合理的，也不符合人们的惯行观念。笔者认为，在权利人请求行为人承担侵权损害赔偿责任时，其权利应当适用诉讼时效，但如果行为人行使物权请求权，则其权利不应当受到诉讼时效的限制。另外，该条还涉及与取得时效的关系。假如未登记动产的返还请求权适用诉讼时效，在时效届满后，能否产生与取得时效相同的效果呢？

---

① 参见李适时主编：《中华人民共和国民法总则释义》，624 页，北京，法律出版社，2017。
② 参见石宏主编：《中华人民共和国民法总则条文说明、立法理由及相关规定》，473 页，北京，北京大学出版社，2017。

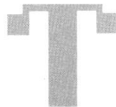

笔者认为，诉讼时效与取得时效的功能与效力不同，即便诉讼时效期间届满，也不能产生与取得时效相同的效力，因为诉讼时效届满只是使义务人产生抗辩权，权利人的权利并不因此消灭，而取得时效则能够产生消灭权利的效力，由新的权利人取得权利。因此，二者不可相互替代。即使认为依据《民法总则》第 196 条第 2 款的规定，未登记的动产物权可以适用诉讼时效，诉讼时效期间届满后，义务人也不能取得该动产物权，该动产的物权仍归属于原权利人，只是在权利人主张权利时占有人享有抗辩权而已。

（三）请求支付抚养费、赡养费或者扶养费

依据《民法总则》第 196 条第 3 项的规定，请求支付抚养费、赡养费或者扶养费的权利不受诉讼时效的限制。抚养费、赡养费或者扶养费，是因广义的扶养义务的履行而支付的费用。① 其中，长辈对晚辈支付的费用称为抚养费；晚辈对长辈支付的费用称为赡养费，相同辈分的人之间支付的费用称为扶养费。

法律之所以作出此种规定，是因为一方面，支付抚养费、赡养费或者扶养费的权利关系到权利人的基本生活保障，如果受到诉讼时效的限制，则可能影响权利人的基本生活。要构建和谐的家庭关系，对于家庭生活中的弱者不能完全按照交易规则处理，而必须对其进行倾斜性保护。尤其是为了维护家庭的和谐，提升家庭的凝聚力，应鼓励义务人支付此种费用。如果适用诉讼时效，反而与此种立法目的相背离。另一方面，从诉讼时效的功能来看，其主要是维持相关的财产秩序、保护当事人对相关财产秩序的合理信赖，但就支付抚养费、赡养费或者扶养费的权利而言，其并不涉及维持财产秩序、保护交易当事人合理信赖的问题。因此，上述请求权不应当受到诉讼时效的限制。此外，法律上规定此种请求权不适用诉讼时效，也是基于特殊的法政策考虑，尤其是弘扬社会主义核心价值观的考量而作出的规定。

（四）依法不适用诉讼时效的其他请求权

依据《民法总则》第 196 条的规定，如果法律规定某种请求权不适用诉讼时

---

① 狭义的扶养义务，是指相同辈分的人之间的扶养义务。

效，则适用该规定。例如，《诉讼时效司法解释》第 1 条对不适用诉讼时效的请求权作出了规定，该条规定："当事人可以对债权请求权提出诉讼时效抗辩，但对下列债权请求权提出诉讼时效抗辩的，人民法院不予支持：（一）支付存款本金及利息请求权；（二）兑付国债、金融债券以及向不特定对象发行的企业债券本息请求权；（三）基于投资关系产生的缴付出资请求权；（四）其他依法不适用诉讼时效规定的债权请求权。"该条对不适用诉讼时效制度的债权请求权作出了规定，依据该条规定，除《民法总则》第 196 条规定的情形下，如下请求权也不适用诉讼时效制度：

1. 支付存款本金及利息请求权。支付存款本金及利息请求权，虽然属于债权请求权的范畴，但是，它不适用诉讼时效。因为，一方面，居民存款的目的是将钱款进行储备，以备以后使用，并不一定在短期内行使这种债权。公民基于对银行的信赖，将其货币存在银行，即使经过 3 年没有支取，银行也不能以时效届满为由而不再返还本金和利益，否则，会严重侵害公民的财产权。另一方面，公民将钱款储蓄在银行，其本身是行使其所有权的表现。此外，相对于银行而言，储户属于弱者，基于对储户特殊保护的要求，不应将支付存款本金及利息请求权纳入诉讼时效的适用范围。因此，许多国家法律规定，基于储蓄关系发生的请求权，不适用诉讼时效，以保护储户的特殊利益。[①]

2. 兑付国债、金融债券以及向不特定对象发行的企业债券本息请求权。国债即国家债券，它是国家为筹措资金而向投资者出具的、承诺在一定的时期内按期支付利息和到期归还本金的借款凭证。国债是以国家的信誉作担保的，投资者对此种债权的清偿有高度的信赖。诉讼时效的根本目的在于防止权利人怠于行使权利，而如果经过很长时间后再行使权利，会给债务人的既有安排带来重大干扰。就国债而言，发行机关作为专司金融活动的机构，偿还债务是一项正常业务活动，不会因为债权人超过特定时间不行使权利而受影响，因此，没有适用诉讼时效之必要。所谓金融债券，是指银行及非银行金融机构依照法定程序发行并约

[①] 例如，《俄罗斯联邦民法典》第 208 条明确规定："存款人要银行支付存款的请求不适用诉讼时效。"

定在一定期限内还本付息的有价证券。所谓企业债券，通常又称为公司债券，是指企业依照法定程序发行，约定在一定期限内还本付息的债券。对于金融债券和向不特定对象发行的企业债券来说，法律为了保护投资者的利益，对于其本息的请求权给予了特别保护，从而不应当适用诉讼时效制度。

3. 基于投资关系产生的缴付出资请求权。基于投资关系产生的请求权也不应适用时效规定。其原因在于投资关系与储蓄关系一样，形成的都是继续性的法律关系，只要这种关系存续，其派生的请求权也因之存续，不应受时效限制。换言之，只要公司存在，公司就可以向其请求，而不能开始诉讼时效期间的起算。投资人将其财产投资于某个企业，从事经营活动，而经营活动是长期存在的，那么投资人的利益也应当相应存在，如果投资的请求权受到诉讼时效的限制，则不利于保护长期投资。不过，尽管股东的利益分配请求权是基于投资人的地位而享有的，固然不应适用时效，但公司的利益分配方案一经股东大会议决后，公司和股东之间就形成了关于股息、红利等的债权债务关系，这种债权也受时效限制。因为前者是股权，而后者是股东的债权性权利，两者在性质上有所区别。

4. 其他依法不适用诉讼时效规定的债权请求权。例如，《民法通则意见》第170条规定："未授权给公民、法人经营、管理的国家财产受到侵害的，不受诉讼时效期间的限制。"对于国家未授权给自然人、法人或者其他组织经营、管理的国家财产，不是交易财产，没有进入市场流通，倘若将这部分财产作为交易财产对待则不符合这些财产的属性，这部分财产在受到侵害后，如果采用时效限制，不利于对国有财产的保护。但已经进入经济流通领域的国家财产受到侵害，则仍然要适用诉讼时效。

此外，形成权和抗辩权不适用诉讼时效。一方面，由于形成权可以权利人单方的意志或单方行为，而使法律关系产生、变更和消灭，不需要对方当事人的配合。在权利人行使其权利之前，当事人之间的法律关系的内容始终处于不确定状态，所以，形成权的行使要及时确定，不能够像诉讼时效那样可以中止、中断和延长，否则将使法律关系不稳定。正是因为这一原因，法律规定了一个固定不变

的期限，即除斥期间，此期限相对于诉讼时效期间而言，一般较短。另一方面，抗辩权不适用诉讼时效。① 抗辩权是对抗请求权的权利，与请求权相伴而生，当对方行使请求权时，权利人即可以以抗辩权相对抗，而当对方不行使请求权时，权利人自然无须行使抗辩权。假如请求权因时效届满而受影响，则与其相对的抗辩权也应受到影响。因此，法律无须特别规定诉讼时效来规范抗辩权的行使。正如史尚宽先生所指出的，抗辩权（检索抗辩权及同时履行抗辩权）附随于请求权，于请求权存续之期间，不因时效而消灭。② 当然，如果一方已经向另一方提出了请求，另一方行使抗辩权应当有期限限制，不能长时间地不主张抗辩权。总之，诉讼时效真正适用的对象是请求权。

第三节　诉讼时效期间的分类

诉讼时效期间，又称时效期间，是指权利人请求人民法院保护其民事权利的法定期间。通常其可以分为如下三种：

一、普通诉讼时效期间

所谓普通诉讼时效期间，是指由民事基本法规定的普遍适用于应当适用时效的各种法律关系的时效期间。《民法总则》第 188 条第 1 款规定："向人民法院请求保护民事权利的诉讼时效期间为三年。法律另有规定的，依照其规定。"依据该条规定，普通诉讼时效期间为 3 年，该条改变了《民法通则》所规定的 2 年普通诉讼时效期间，更有利于保护权利人的利益。

从当代民法的发展来看，存在一种消灭时效期间逐渐缩短的趋势，正如胡长

---

① 参见［德］迪特尔·梅迪库斯：《德国民法总论》，邵建东译，90 页，北京，法律出版社，2000。
② 参见史尚宽：《民法总论》，633 页，北京，中国政法大学出版社，2000。

清先生曾指出的，"现代立法趋势，消灭时效颇有短缩之倾向"①。今天也有学者注意到了"消灭时效期间有日渐缩短的趋势"②，时效期间的历史就是时效期间不断缩短的历史。③ 例如，罗马法中，普通时效期间（包括消灭时效和取得时效）为30年，《法国民法典》继受了罗马法中的普通时效期间（参见该法第2262条），确定为30年。在2002年《德国债法现代化》颁布之前，《德国民法典》规定普通时效期间也是30年，而仅仅对一些特殊的请求权实行2年或4年的期间④，因此有必要予以缩短。但其他大陆法系国家则都相应地缩短了普通诉讼时效期间。例如，1911年修改的《瑞士债法典》在其第127条规定普通时效期间为10年；1940年编制完成、1946年生效的《希腊民法典》第249条规定普通时效期间为20年。近几十年来，一些国家制定的民法典中大多规定了更短的诉讼时效期间。可见，从比较法上看，各国法律所规定诉讼时效期间本来较长，因此有必要予以缩短。但我国《民法通则》规定的2年时效确实过短，虽然这种规定有利于促进民事流转和交易的迅速发展，促使当事人尽快行使权利，但确实对权利人的保护是不利的，且不符合社会一般人关于债务必须履行的观念，因此，《民法总则》将普通诉讼时效的期间延长为3年。

二、特别诉讼时效期间

所谓特别诉讼时效期间，是指由民事基本法或特别法针对某些民事法律关系规定的时效期间。按照特别法优先于普通法的一般规则，如果符合特别诉讼时效规定的情况的，应当适用特别诉讼时效，而不应当适用普通诉讼时效。在我国现

---

① 胡长清：《中国民法总论》上册，356页，上海，商务印书馆，1935。

② 林新生等：《论我国诉讼时效制度的价值取向》，载《甘肃政法成人教育学院学报》，2001（1）。

③ Frank Peters/Reinhard Zimmermann, Verjährungsfristen. Der Einfluß von Fristen auf Schuldverhältnisse. Möglichkeiten der Vereinheitlichung von Verjährungsfristen, in Bundesminister der Justiz (Hrsg.), Gutachten und Vorschläge zur Überarbeitung des Schuldrechts，Bd. I. 1981，S. 115ff.

④ 参见《德国民法典》第195、196、197条。但2002年的《德国债法现代化法》在诉讼时效上进行了重大改革，该法第195条将普通诉讼时效期间定为3年。

行民事立法中，有关特别诉讼时效的规定散见于《民法通则》和民事单行法，主要包括如下几种：

（一）《民法通则》规定的短期诉讼时效

在《民法总则》颁行之后，关于《民法通则》第136条所规定的短期时效是否仍然适用，存在两种观点。一种观点认为，既然《民法总则》没有规定短期时效，表明其不再认可这些短期时效，因而不应再适用。另一种观点认为，虽然《民法总则》没有规定上述短期时效，但是，上述短期时效的规则也应当有效。笔者认为，既然《民法通则》仍然有效，则上述短期时效的规定并没有被废止，但在立法机关意思不明确的情况下，应当结合短期时效规则的制度目的和实际价值来决定是否可仍然适用。根据《民法通则》第136条的规定，下列诉讼时效期间为1年：

1. 身体受到伤害要求赔偿的。在身体受到侵害的情况下，伤势容易发生变化，如果适用3年的诉讼时效，取证将会非常困难，也不利于对于侵害行为与侵害结果之间因果关系的判断。需要指出的是，身体受到的伤害所要求的赔偿还包括因身体受到伤害所造成的精神损害赔偿。

2. 出售质量不合格的商品未声明的。在买卖合同中，如果交付的物不合格，买受人应当及时验收，并在合理期限内提出异议。如果经过较长时间不提出异议，且已经对该产品进行了使用，这就会使质量纠纷的取证更为困难。所以《民法通则》第136条对出售质量不合格的产品单独规定了短期诉讼时效。需要指出的是，如果因为产品缺陷造成了瑕疵产品以外的人身和财产损害，则按照《产品质量法》第45条的有关规定，适用2年的诉讼时效的规定。因此，可以认为，《产品质量法》的规定已经修改了《民法通则》的上述规定。

3. 延付或者拒付租金的。租赁合同在实践中大量存在，而且当事人经常因为延付或拒付租金发生纠纷。这些纠纷比较单一，事实较为清楚，应当及时予以解决，如果时间太长，就不利于取证，所以对此类合同，法律规定应适用短期诉讼时效。

4. 寄存财物被丢失或者损毁的。在保管合同中，会发生寄存财物被丢失或者毁损的情况。这种纠纷法律关系比较清楚，不宜久拖不决，否则不利于社会关系的稳定。另外，对于此类纠纷还需要及时进行证据的提取和保存，因而也应当

适用短期诉讼时效。

（二）《民法总则》之外的其他法律规定

在《民法总则》之外，《合同法》《继承法》《海商法》《票据法》等也都规定了特殊的诉讼时效。这些特殊时效有的比一般诉讼时效期间要短，例如，《海商法》第 257 条规定："就海上货物运输向承运人要求赔偿的请求权，时效期间为一年，自承运人交付或者应当交付货物之日起计算；在时效期间内或者时效期间届满后，被认定为负有责任的人向第三人提起追偿请求的，时效期间为九十日，自追偿请求人解决原赔偿请求之日起或者收到受理对其本人提起诉讼的法院的起诉副本之日起计算。"也有的比一般诉讼时效期间更长。例如，《合同法》第 129 条规定："因国际货物买卖合同和技术进出口合同争议提起诉讼或者申请仲裁的期限为四年，自当事人知道或者应当知道其权利受到侵害之日起计算。因其他合同争议提起诉讼或者申请仲裁的期限，依照有关法律的规定。"法律设定特别诉讼时效的目的，主要是根据不同纠纷的法律特点来适用不同的诉讼时效期间，如果证据比较清楚，法律关系比较单一，则一般要求当事人尽快地行使权利。但是对于纠纷比较复杂，且在相当长的一段时间内，证据不会丢失的，就可以适用更长一些的诉讼时效。由于《民法总则》颁布之时，没有就特殊时效作出规定，依据该法第 11 条的规定，特别法的规定应当优先适用，因此，特别法上的特殊时效规则仍然应当予以适用。

但是，需要指出的是，特别法上的一些规定确实比较短，而《民法总则》之所以将普通诉讼时效期间从 2 年变更为 3 年，就是为了强化对债权人的保护。因此，特别法上的比较短的时效应当通过修法的方式予以变更，从而与《民法总则》在立法政策上保持一致。

三、最长诉讼时效期间

所谓最长诉讼时效期间，学说上又称绝对时效期间，是指不适用诉讼时效中止、中断规定的时效期间。《民法总则》第 188 条第 2 款规定，"……自权利受到

损害之日起超过二十年的，人民法院不予保护；有特殊情况的，人民法院可以根据权利人的申请决定延长。"依据该条规定，最长诉讼时效期间为 20 年，从该条规定来看，最长诉讼时效期间具有如下特点：

第一，具有固定性。最长诉讼时效设立的宗旨就是要对民事权利的保护设立一个最长的固定期间，超过该最长的期间，则对该民事权利不予保护。所以，该期间不适用诉讼时效中止、中断的规定。因为一旦可以适用诉讼时效中止、中断的规定，最长诉讼时效就成为可变期间，与一般的普通诉讼时效没有实质性的差别，这也会使设立 20 年最长时效期间的立法目的难以实现。①

第二，它从权利产生之日起计算，而不采用主观主义的计算方法，即不是从权利人知道或者应当知道权利遭受侵害之日起计算。既然最长诉讼时效设立的目的就是对权利的保护设立一个最长期限，所以就应当对其起算点设定一个统一固定的标准，只有这样，20 年的期限才能得以固定。另外，最长诉讼时效期间的设立本身就是为了避免因时效起算中主观标准的运用而导致时效期间过长，所以，其只能以客观标准确定起算点。

第三，它原则上不适用诉讼时效延长的规定。从设立最长诉讼时效制度的目的来看，其主要是为了给权利的行使设立一个固定的期限，或者说设立一个最长的保护期限，如果最长的期限仍然可以延长，且对延长的上限没有限制，这就造成最长诉讼时效成为可变期间，也会使最长诉讼时效的功能不复存在。毕竟诉讼时效具有稳定既有法律秩序的功能，如果该最长诉讼时效还可以继续延长，可能影响诉讼时效稳定社会秩序功能的发挥。且 20 年之后还可以延长，也给了法官过大的自由裁量权。因此，《民法总则》第 188 条第 2 款所规定的诉讼时效延长原则上并不适用于最长诉讼时效。

问题在于，依据《民法总则》第 188 条第 2 款，"自权利受到损害之日起超过二十年的，人民法院不予保护"，此处所说的"人民法院不予保护"应当如何理解？笔者认为，20 年的最长诉讼时效期间在性质上仍然属于诉讼时效，而非

---

① 参见李适时主编：《中华人民共和国民法总则释义》，594 页，北京，法律出版社，2017。

除斥期间，因此，此处所说的"人民法院不予保护"并不是说权利人的实体权利消灭，而只是使义务人产生抗辩权，故而 20 年期间届满后，如果义务人自愿作出履行，则权利人仍有权保有该给付利益，而不构成不当得利。

第四节　诉讼时效期间的起算

一、诉讼时效期间起算的主观标准和客观标准

所谓诉讼时效期间的起算，是指诉讼时效期间开始计算的时点，换言之，是从何时开始计算诉讼时效期间。目前关于诉讼时效期间起算，各国主要采纳了两种标准。

1. 主观标准，即从受害人知道其权利受侵害的时间开始起算。在比较法上，不少国家和地区采取主观标准。例如，《俄罗斯联邦民法典》第 200 条规定，"诉讼时效期限自当事人获悉或应该获悉自己的权利被侵犯之日起计算"。《葡萄牙民法典》第 498 条规定，"损害赔偿请求权，从受害人知道属于自己的权利时起因 3 年间的时效消灭"。《德国民法典》第 199 条规定，普通时效开始于请求权形成之年的结束，且债权人知道或者在无重大过失的情况下应当知道成立该请求权情况和债务人之时。[①]

2. 客观标准，即从权利受侵害时或请求权发生之时开始计算。客观标准具体可以分为两种：一是以请求权产生之时作为标准。《德国民法典》过去采此种主张。二是以请求权可以行使之时为标准。此种做法是大陆法系各国普遍采用的立法主义，如《日本民法典》第 166 条、《意大利民法典》第 2935 条、我国台湾

---

① 根据解释，严重忽视交易中必要的注意、没有审慎考虑或者就问题置于不顾等情况下即存在重大过失。参见朱岩编译：《德国新债法条文及官方解释》，24 页，北京，法律出版社，2003。

地区"民法"第 128 条等。^① 这两种做法在起算点上是大体相同的，主要的区别在于，在某些情况下受害人的权利已经遭受侵害，其请求权已经产生，但因为不知道侵害人，从而使请求权不能行使。

上述两种方式各有利弊。就客观标准而言，在实际操作中较为简单，举证相对容易，但存在的主要的问题在于：权利人的权利受到侵害时，权利人本身可能并不知道。如果因权利人不知道权利遭受侵害而使诉讼时效经过，显然违背了诉讼时效制度的设立宗旨，即督促权利人尽快行使权利，防止在权利上睡眠。

主观标准的合理性在于，有利于对权利人的保护。因为权利人只有知道其权利遭受损害，才能向义务人主张权利，或提起诉讼。例如，就合同债权而言，只有债权人的债权受到侵害（如迟延履行），债权人才能向债务人主张权利。因此，采用主观标准实际上就是按照权利人的主观感受来确立起算点，这对权利人是有利的。在权利人还不知道其权利遭受侵害，也不知道自己享有请求权时，时效就开始起算，则无法实现督促权利人及时行使权利的制度目的。然而，主观标准在适用中也存在一定困难，主要表现为，如何证明权利人已经知道或应当知道有时较为困难。

由于主客观标准各有利弊，所以各国立法大多采用综合的方式，即以主观标准为主，以客观标准为辅，或以客观标准为主，以主观标准为辅。^② 正是从这个意义上，世界各国立法都采纳的是综合说，即综合运用主观标准和客观标准，以平衡债务人和债权人的利益。^③ 问题在于，依据《民法总则》第 188 条第 2 款，"自权利受到损害之日起超过二十年的，人民法院不予保护"，此处所说的"人民法院不予保护"应当如何理解？笔者认为，20 年的最长诉讼时效期间在性质上

---

①　例如，《意大利民法典》第 2935 条规定："消灭时效自权利得主张之日起开始。"我国台湾地区"民法"第 128 条规定："消灭时效，自请求权可行使时起算。以不作为为目的之请求权，自为行为时起算。"

②　如原《德国民法典》第 198 条规定"时效自请求权产生之日起开始计算……"（另见《日本民法典》第 166 条、《澳门民法典》第 299 条），而其原第 852 条第 1 款规定，"因侵权行为所生损害的赔偿请求权，自受害人知悉损害事实或者赔偿义务人之时起，因 3 年内不行使而消灭，在不知的情况下，自加害行为发生之时起 30 年内不行使而消灭"（另见《日本民法典》第 724 条、《澳门民法典》第 491 条）。

③　参见朱岩：《消灭时效制度中的基本问题》，载《中外法学》，2005（2）。

仍然属于诉讼时效，而非除斥期间，因此，此处所说的"人民法院不予保护"并不是说权利人的实体权利消灭，而只是使义务人产生抗辩权，故而 20 年期间届满后，如果义务人自愿作出履行，则权利人仍有权保有该给付利益，而不构成不当得利。

二、《民法总则》关于诉讼时效期间起算的规定

我国《民法总则》第 188 条第 2 款规定："诉讼时效期间自权利人知道或者应当知道权利受到损害以及义务人之日起计算。法律另有规定的，依照其规定。但是自权利受到损害之日起超过二十年的，人民法院不予保护；有特殊情况的，人民法院可以根据权利人的申请决定延长。"该条对诉讼时效期间起算的一般规则作出了规定，即诉讼时效期间自权利人知道或者应当知道权利受到损害及义务人之日起计算。具体而言，必须满足如下三项条件，诉讼时效才开始起算：

第一，必须是权利在客观上遭受侵害。在确定起算点时，法官应当确认权利是否遭受侵害的事实，权利遭受侵害是诉讼时效适用的前提。权利遭受侵害的时间应当区分不同情形分别予以认定。以合同为例，在当事人明确约定了合同履行期限时，该期限届满，债务人未履行债务，即可认定债权人的债权遭受了侵害；但在未定履行期限的合同中，需要债权人请求后一定时间经过，债务人才应履行义务，因此，只有在该期限经过后，才可认定债权人的权利遭受了侵害。

第二，权利人知道或应当知道其权利遭受侵害。这是一种主观主义的计算方法。所谓知道，是指权利人已经事实上了解其权利遭受侵害的事实。所谓应当知道，是指按照一个合理的人的标准来判断，权利人作为一个合理的人在当时的情况下应当知道其权利受到侵害的事实。[①] 例如，合同明确规定了债务履行期限，期限届满之后，债权人就应当主张权利，在时效届满以后，即使债权人表明其不知道时效已经开始，但是，履行期限本身表明，其应当知道权利

---

① 参见李适时主编：《中华人民共和国民法总则释义》，593 页，北京，法律出版社，2017。

遭受了侵害。一方在履行期到来后不履行，就应当视为另一方知道其已经违约。在诉讼中，义务人应当就权利人知道或者应当知道其权利受到侵害的时间点进行举证。

第三，权利人知道或应当知道具体的义务人。法谚云："时效于无法行动者不得经过（contra non valentem agere non currit prescriptio）。"比较法上也大多要求权利人知道或应当知道具体的义务人。例如，《德国民法典》第199条第1款要求债权人必须知道债务人本人。再如，《欧洲示范民法典草案》第Ⅲ—7：301条也规定权利人必须知道具体的债务人。所谓知道或者应当知道，并不限于知道权利受到侵害的事实，还应包括知道具体的义务人，也就是说，不仅知道权利的存在，而且知道何人侵害了其权利。如果权利人知道权利被侵害，但不知明确的侵害人，则因为权利人不能提出请求，时效也不能开始计算。如果仅知道被告，但不知被告的下落，则可以通过向法院提起诉讼的方式而导致时效的中断。该条规定权利人必须知道义务人才能起算诉讼时效，实际上是确立了主观主义的诉讼时效起算方式，即从权利人能够主张权利时起开始计算诉讼时效。要求权利人必须知道具体的义务人才开始起算诉讼时效，也有利于保护权利人的利益，因为在权利遭受侵害后，权利人对其权利遭受侵害的事实是知情的，但如果其不知道具体的义务人，则无法行使请求权，此时，如果开始起算诉讼时效期间，显然无法保护权利人的利益。

三、诉讼时效起算的各种特殊情形

《民法总则》第188条第2款对诉讼时效期间起算的一般规则作出了规定。在实践中，诉讼时效起算的各种情形非常复杂，法律很难作出一般性的规定。但是，在某些情况下，对于权利人是否知道其权利遭受损害，义务人很难举证，或者因为特定事由的存在，权利人需要受到特殊保护，因此，法律需要对各种特殊情形的时效起算作出规定。因此，《民法总则》专门规定了若干特殊情况下诉讼时效的起算，以便于法官的操作。同时，该条明确了"法律另有规

定的，依照其规定"。也就是说，如果法律对诉讼时效的起算另有规定，则依照其规定。

（一）分期履行债务中的诉讼时效的起算

在同一债务分期履行的情形，诉讼时效如何起算？对此，学界一直存在两种不同的观点：一种观点认为，分期履行的情形下，整个债务是一体的，因此主张合同的权利是对整体合同主张，必须在整体债务的履行期间届满后提出主张，并从主张之时计算诉讼时效。另一种观点认为，分期履行之债的情形下，各个债务是分离的。因此，债务人的每一次违约都可以导致诉讼时效的开始计算。[①]《欧洲示范民法典草案》第14：203条针对持续性债务（a continuing obligation to do or refrain from doing something）的债权时效期间起算方式作出了规定。持续性债之关系下的债务人负有为或不为义务的，普通时效期间始于每次违反债之关系之时。这显然是采取了第二种观点。

我国《民法总则》第189条规定："当事人约定同一债务分期履行的，诉讼时效期间自最后一期履行期限届满之日起计算。"该规则是我国司法实践经验的总结，《诉讼时效司法解释》第5条规定："当事人约定同一债务分期履行的，诉讼时效期间从最后一期履行期限届满之日起计算。"所谓同一债务分期履行，是指在同一债务项下，债务是分数次履行的，且数次履行并不影响该债务的同一性。通常，判断是同一债务还是数个债务，先应当看合同是否约定了债务的总数，如果当事人预定借款100万元，分三次支付，或者约定3年租金，总计30万元，每年支付10万元，都属于同一债务的分期履行。这些债务的诉讼时效应当自最后一期债务履行期限届满时起算。分期支付债务自最后一期履行期限届满之日起计算的原因在于：

第一，这是由同一债务的特殊性所决定的。该条所规定的"同一债务"，是分期、分批履行债务中的概念，其与定期履行的债务不同，定期履行的债务如定期支付租金、工资等，其本质上属于多个债务，而分期履行债务本质上属于一个

---

① 参见刘贵祥：《诉讼时效若干理论与实务问题研究》，载《法律适用》，2004（2）。

债务，只是在履行方式上分多次履行。[1] 例如，实践中的分期付款、金钱借款中的分期履行等，当事人之间仅存在一个债务，只是在履行方式上分多次。对分期履行债务而言，虽然每期债务都有一定的独立性，其履行时间和地点可能都不相同，但其本质上都是同一债务的组成部分。因此，作为具有整体性的同一债务，其诉讼时效应当自最后一期履行期限届满之日起计算。

第二，有利于保护债权人的权利。一方面，对分期履行的同一债务而言，自最后一期债务履行期限届满之日起计算诉讼时效，有利于简化诉讼时效的计算规则，便于债权人主张权利。如果对此类债务分别起算时效会割裂合同的整体性，并损害债权人利益。[2] 例如，甲向乙借款 1 000 万元，分三期履行，虽然第一次交付 200 万元已经迟延，但是，其后两笔都按照约定如期、足额支付。此时，诉讼时效应当从最后一笔债务到期之日起算。另一方面，从最后一期债务履行期届满开始计算诉讼时效，也可以从整体上推迟每一期债务的诉讼时效起算时间，更有利于保护债权人的权利。

第三，有利于减少纠纷。对分期履行的同一债务而言，如果每一期履行的债务都单独计算，可能导致法律关系过于复杂。因此，对分期履行的同一债务而言，不应当单独计算每期履行的债务，而应当自最后一期债务履行期限届满之日起计算时效期间。

需要注意的是，同一债务的分期履行不同于定期重复给付的债务。所谓定期重复给付的债务，是指基于同一债权原因，经常发生重复给付的债务。[3] 例如，当事人订立长期供货合同，当事人的每次给付都具有相对独立性。对定期重复给付的债务而言，每次给付都具有相对独立性，其诉讼时效应当分别地独立计算，不应当适用《民法总则》第 189 条的规定；而对同一债务的分期履行而言，虽然债务人的履行行为有多次，但其本质上是同一债务，因此，诉讼时效应当在最后

---

① 参见李适时主编：《中华人民共和国民法总则释义》，595 页，北京，法律出版社，2017。
② 参见冯恺：《诉讼时效制度研究》，160 页，济南，山东人民出版社，2007。
③ 参见朱晓喆：《诉讼时效制度的价值基础与规范表达——〈民法总则〉第九章评释》，载《中外法学》，2017（3）。

一期履行期届至时开始计算。例如，在"秦皇岛华侨大酒店与秦皇岛市海港区工商行政管理局租赁合同纠纷案"中，最高人民法院认为："如果租赁合同双方当事人约定分期支付租金的，那么各期租金的支付具备一定的独立性，但该独立性不足以否认租金债务的整体性。如果诉讼时效从每一期租金债务履行期限届满之日分别计算，将会割裂同一租赁合同的整体性，还将导致债权人频繁地主张权利，动摇双方之间的互信。因此，为充分保护债权人，维护双方之间的互信，存在长期房屋租赁合同关系的双方当事人因租金支付发生纠纷的，诉讼时效应从最后一期租金履行期限届满之日起开始计算。"① 在该案中，当事人负担的分期支付租金的债务在性质上应属于同一债务的分期履行，其诉讼时效应从最后一期租金履行期限届满之日起开始计算。

（二）无民事行为能力人或者限制民事行为能力人对其法定代理人的请求权

《民法总则》第 190 条规定："无民事行为能力人或者限制民事行为能力人对其法定代理人的请求权的诉讼时效期间，自该法定代理终止之日起计算。"该条借鉴了国外的有益经验。② 法律之所以作出此种规定，主要是为了保护无民事行为能力人和限制民事行为能力人的利益。因为一方面，无民事行为能力人、限制民事行为能力人的法定代理关系通常都是基于亲属关系产生的。在代理期间，若法定代理人滥用代理权侵害被代理人利益，而被代理人由于民事行为能力的欠缺，难以判断其利益是否受到了侵害。另一方面，法定代理人和被代理人之间存在照管关系和信赖关系，被代理人即使知道其权利遭受了侵害，在该法定代理关系终止前，也难以主张权利。此外，无民事行为能力人或者限制民事行为能力人与其法定代理人之间具有密切的感情关联，如果其通过诉讼主张，则可能会损害其与法定代理人之间的信赖或者情感关系，导致当事人之间的关系处于紧张状

---

① 最高人民法院（2011）民提字第 304 号民事判决书。

② 参见《法国民法典》第 2252 条、《德国民法典》第 207 条、《日本民法典》第 158 条第 2 款。不过，我国的规定与比较法上的规定并非完全一致。例如，依据《德国民法典》第 207 条的规定，就子女与其父母之间的请求权以及类似的请求权而言，诉讼时效发生停止。

态，法定代理人更不会认真履行职责，其结果反而不利于保护被代理人。[①]

《民法总则》第 190 条的适用应当具备如下条件：一是适用对象是无民事行为能力人或限制民事行为能力人。由于该条是针对法定代理人所提出的请求权，因而，其适用对象仅限于无民事行为能力人和限制民事行为能力人。二是针对法定代理人提出请求。该规则适用于无民事行为能力人或者限制民事行为能力人针对法定代理人提出请求的情形，例如，法定代理人不履行代理职责，甚至滥用代理权导致被代理人利益受损，被代理人有权请求代理人承担赔偿责任。

另外，《民法总则》第 190 条并不能解决无民事行为能力人或者限制民事行为能力人对其法定代理人的请求权的诉讼时效期间确定的问题。例如，在当事人之间存在一定请求权的前提下，如果诉讼时效已经开始起算，之后在当事人之间成立了法定代理关系，此时，很难说当事人之间的诉讼时效期间尚未开始计算。笔者认为，此时可以认定为，存在《民法总则》第 194 条第 1 款第 5 项中"其他导致权利人不能行使请求权的障碍"，从而导致诉讼时效的中止。

（三）未成年人遭受性侵害的损害赔偿请求权

《民法总则》第 191 条规定："未成年人遭受性侵害的损害赔偿请求权的诉讼时效期间，自受害人年满十八周岁之日起计算。"该条借鉴了《德国民法典》第 208 条的规定，后者规定："到债权人满 21 岁时为止，因侵害性的自主决定而发生的请求权的消灭时效停止……"但我国《民法总则》与《德国民法典》的上述规定也存在一定差别，《德国民法典》规定的是受害人成年前诉讼时效停止，而我国《民法总则》规定此种请求权的诉讼时效在受害人成年前不开始起算，而自其成年时计算。

《民法总则》第 191 条的规定主要是为了保护受害人的利益。因为一方面，在受害人成年前，难以判断其损害的具体程度，甚至不知道自己遭受了侵害；那么，在成年之后，其仍应当有权请求行为人承担责任。就赔偿范围而言，受害人不仅有权请求行为人承担财产损害赔偿责任，在符合精神损害赔偿的条件时，不

---

① 参见石宏主编：《中华人民共和国民法总则条文说明、立法理由及相关规定》，512 页，北京，北京大学出版社，2017。

论行为人的行为属于治安违法行为，还是犯罪行为，受害人均应当有权请求行为人承担精神损害赔偿责任。[①] 另一方面，在受害人成年前，应当由其法定代理人代为行使请求权，如果受害人在年满 18 周岁以后，对其法定代理人的处理不满意，可以再次主张其请求权。[②] 因此，该条规定此种请求权的诉讼时效自受害人年满 18 周岁起计算。

在我国，就未成年人遭受性侵害的损害赔偿请求权，并没有规定特殊的诉讼时效期间，其应当适用《民法总则》第 188 条规定的普通诉讼时效期间，即 3 年。因此，自受害人年满 18 周岁之日起，计算 3 年，时效届满。符合中止、中断的情形的，也可以发生中止、中断的效力。

第五节　诉讼时效期间的中断、中止和延长

一、诉讼时效期间的中断

（一）诉讼时效期间中断的概念

所谓诉讼时效期间的中断，是指诉讼时效进行中因法定事由的发生，推翻了诉讼时效存在的基础，因此使已进行的期间全部归于无效，诉讼时效重新计算。[③]《民法总则》第 195 条规定："有下列情形之一的，诉讼时效中断，从中断、有关程序终结时起，诉讼时效期间重新计算：（一）权利人向义务人提出履行请求；（二）义务人同意履行义务；（三）权利人提起诉讼或者申请仲裁；（四）与提起诉讼或者申请仲裁具有同等效力的其他情形。"该条对诉讼时效的中断作出了规定。诉讼时效的中断具有如下特点：第一，时效的中断发生在时效的进行之

[①] 参见杨丽珍：《〈民法总则〉第 191 条之解释论》，载《西北大学学报》（哲学社会科学版），2017（4）。

[②] 参见石宏主编：《中华人民共和国民法总则条文说明、立法理由及相关规定》，455 页，北京，北京大学出版社，2017。

[③] 参见王泽鉴：《民法总则》，533 页，北京，北京大学出版社，2009。

中，如果时效尚未开始计算，或时效已经届满，则不适用诉讼时效中断。第二，发生了一定的法定事由导致时效存在的基础被推翻。诉讼时效设立的根本目的是制裁怠于行使权利的权利人，但如果出现了权利人行使权利的事实，仍然使权利人的权利继续受到时效的约束，这就与诉讼时效的目的相违背。[①] 第三，时效的中断在效力上使已经进行的时效从法定事由发生之日起重新计算。

（二）诉讼时效期间中断的事由

导致时效期间中断的法定事由是由法律明确规定的，且是在时效进行过程中发生的。法律规定这些事由的依据在于，这些事由都表明权利人在积极地行使权利，从而导致诉讼时效适用的基础丧失。由于时效中断会障碍时效期间的完成，对于当事人的利益影响甚大，所以，必须由法律作出明确规定。在实践中，权利人必须举证证明中断事由的存在，法院不能主动援引中断的规定而使时效中断。[②] 根据《民法总则》第195条的规定，中断的事由包括如下几种：

1. 权利人向义务人提出履行请求

权利人向义务人提出履行请求，此种情形就是民事主体的权利行使。权利人既可以向义务人主张权利，也可以向其代理人主张权利。一旦提出"履行请求"，就表明权利人积极行使了权利，从而应当导致时效的中断。[③]《民法总则》第195条所说的"提出履行请求"的认定，必须满足两个条件：

一是必须向义务人提出请求。请求可以采取书面、口头等各种形式，请求的内容必须是要求义务人履行义务。请求向义务人作出，包括向义务人的代理人、财产代管人等提出，但请求不能向第三人提出。

二是权利人请求的意思表示必须到达义务人。如果意思表示不能到达，义务人并不知道权利人是否提出了请求，此时，不能认为权利人已经行使了权利，至于请求的理由是否充分则不必考虑。所以，中断应该从请求到达义务人之日起计

① 参见施启扬：《民法总则》，修订8版，354页，北京，中国法制出版社，2010。
② 参见陈甦主编：《民法总则评注》下册，1405页，北京，法律出版社，2017。
③ 参见郑玉波：《民法总则》，508页，北京，中国政法大学出版社，2003。

算。《诉讼时效司法解释》第 10 条对到达的具体情形作出了规定①，依据该规定，当事人一方下落不明，对方当事人在国家级或者下落不明的当事人一方住所地的省级有影响的媒体上刊登具有主张权利内容的公告的，也可以认定为权利人请求的意思表示已经到达义务人。关于权利人提出请求的事实应当由权利人举证。诉讼时效应该自请求到达义务人之日起中断。②

2. 义务人同意履行义务

比较法上普遍规定，义务人的认诺就足以构成诉讼时效的中断。所谓"认诺"，是指义务人对权利人表示承认其权利的存在，只要承认义务的存在，无须义务人同意履行即可导致时效中断。③ 但我国《民法总则》第 195 条要求，义务人必须同意履行义务才能导致时效中断，这与比较法上的做法有所不同。之所以作出如此规定，是因为义务人可能承认义务的存在，但拒绝履行义务，如此还不应当导致时效的中断。

义务人同意履行义务，既可以是明示的，也可以是默示的。④ 义务人对权利人同意履行义务可以采取各种方式，按照《诉讼时效司法解释》第 16 条的规定，"义务人作出分期履行、部分履行、提供担保、请求延期履行、制定清偿债务计划等承诺或者行为的"，都可以认定为义务人同意履行义务。因为这些行为都表明义务人对权利人的权利存在予以认可，从而使双方的法律关系重新趋于稳定，在此情况下，时效适用的理由不复存在，因此应当导致时效的中断。学理上将其也称为"与起诉具有同一效力的事项"⑤。

---

① 依据该条规定，请求到达包括如下：当事人一方直接向对方当事人送交主张权利文书，对方当事人在文书上签字、盖章或者虽未签字、盖章但能够以其他方式证明该文书到达对方当事人的；当事人一方以发送信件或者数据电文方式主张权利，信件或者数据电文到达或者应当到达对方当事人的；当事人一方为金融机构，依照法律规定或者当事人约定从对方当事人账户中扣收欠款本息的；当事人一方下落不明，对方当事人在国家级或者下落不明的当事人一方住所地的省级有影响的媒体上刊登具有主张权利内容的公告的，但法律和司法解释另有特别规定的，适用其规定。
② 关于到达对方当事人的确定问题，参见《诉讼时效司法解释》第 10 条的规定。
③ 参见杨巍：《民法时效制度的理论反思与案例研究》，367 页，北京，北京大学出版社，2015。
④ 参见王泽鉴：《民法总则》，508 页，北京，北京大学出版社，2009。
⑤ 王泽鉴：《民法总则》，534 页，北京，北京大学出版社，2009。

3. 权利人提起诉讼或者申请仲裁

第一，权利人提起诉讼。它是指权利人在人民法院提起诉讼，请求法院强制义务人履行义务。此处所说的诉，是指民事诉讼，无论是本诉、反诉还是刑事附带民事的诉讼，均为行使权利的行为。一旦提起诉讼，即导致时效中断。根据学界一般观点，申请仲裁、申请送达支付令、申请调解等事项也可以导致时效中断。《诉讼时效司法解释》第12条规定："当事人一方向人民法院提交起诉状或者口头起诉的，诉讼时效从提交起诉状或者口头起诉之日起中断。"据此可见，一旦提起诉讼，便发生时效的中断，但由于诉讼本身有一个过程，时效中断以后，诉讼过程都应当视为权利人行使权利的持续状态。因而，因起诉引起时效中断，新的时效应从该诉讼过程结束时起再重新计算。[①]

根据《诉讼时效司法解释》第12条的规定，起诉不符合条件未予受理或被驳回，虽然不构成法律上的起诉，但未必就不能导致时效的中断。因为权利人提起诉讼表明其已经主张了权利，或者说已经有确凿的证据证明其已经向义务人主张了权利。起诉本身就表明权利人已经在积极行使权利，至于是否受理只是表明权利行使的方式是否正确的问题，因此，即使起诉不符合条件未予受理或被驳回，仍然可以构成中断的理由。

需要讨论的是，如果权利人起诉以后又撤诉，是否导致诉讼时效的中断？在"广西融海房地产开发有限公司与广西壮族自治区德保县糖厂借款担保合同纠纷案"中，最高人民法院认为，撤诉也可以导致时效的中断。[②] 笔者认为，当事人起诉后又撤诉的，不应导致诉讼时效中断，但如果起诉状已经送达义务人的，可以解释为因为"权利人向义务人提出履行请求"而导致时效中断。

第二，提起仲裁。它是指权利人在仲裁机构申请就争议进行仲裁。只要权利人的仲裁申请符合法律规定，就可以发生时效中断的效力。因为仲裁与诉讼类似，都是权利人行使其权利的重要途径，权利人提起仲裁也表明了其积极地行使了其权利。

---

① 参见魏振瀛主编：《民法》，4版，209页，北京，北京大学出版社、高等教育出版社，2010。

② 参见《民事审判指导与参考》，2011年第3辑。

4. 与提起诉讼或者申请仲裁具有同等效力的其他情形

如果出现了与提起诉讼或者申请仲裁具有同等效力的其他情形（例如，权利人向有关机关提出保护自己权利的请求），也足以表明权利人已经积极行使了其权利，理应导致诉讼时效的中断。严格地说，引起诉讼时效中断的事由并非仅仅限于权利人的起诉，实际上，任何开启司法程序的行为都可导致诉讼时效的中断，因而，除了起诉之外，提起调解、仲裁及其他司法程序也同样应引起时效中断。①《民法总则》第 195 条中"与提起诉讼或者申请仲裁具有同等效力的其他情形"的理解，可以结合《诉讼时效司法解释》的规定进行，其主要包括两种情况：

一是权利人向人民调解委员会以及其他依法有权解决相关民事纠纷的机构提出请求。《诉讼时效司法解释》第 14 条规定："权利人向人民调解委员会以及其他依法有权解决相关民事纠纷的国家机关、事业单位、社会团体等社会组织提出保护相应民事权利的请求，诉讼时效从提出请求之日起中断。"依据该条规定，权利人向人民调解委员会以及其他依法有权解决相关民事纠纷的机构提出请求也可以导致诉讼时效中断，如果经调处达不成协议的，诉讼时效期间即重新起算；如果调处达成协议，义务人未按协议所定期限履行义务的，诉讼时效期间应从该期限届满时重新起算。

二是权利人向公安机关、人民检察院、人民法院报案或者控告。《诉讼时效司法解释》第 15 条规定："权利人向公安机关、人民检察院、人民法院报案或者控告，请求保护其民事权利的，诉讼时效从其报案或者控告之日起中断。上述机关决定不立案、撤销案件、不起诉的，诉讼时效期间从权利人知道或者应当知道不立案、撤销案件或者不起诉之日起重新计算；刑事案件进入审理阶段，诉讼时效期间从刑事裁判文书生效之日起重新计算。"依据该条规定，只要权利人向公安机关、人民检察院、人民法院报案或者控告，不论上述机关是否立案、是否撤销案件或者决定不起诉，都将产生诉讼时效中断的效果。

---

① 朱岩：《消灭时效制度中的基本问题》，载《中外法学》，2005（2）。

（三）诉讼时效中断的特殊规定

1. 连带债务中的时效中断

所谓连带之债，是指债权人或者债务人一方为二人以上，依照法律的规定或者当事人的约定，享有连带权利的每个债权人，都有权要求债务人履行义务；负有连带义务的每个债务人，都负有清偿全部债务的义务。[①] 若债权人一方为多数且有连带关系，则为连带债权；若债务人一方为多数且有连带关系，则为连带债务。

在连带债权中，连带债权人中一人的行为，如果有利于其他债权人的，就应当对所有的债权人发生效力。因此，《诉讼时效司法解释》第 17 条第 1 款规定："对于连带债权人中的一人发生诉讼时效中断效力的事由，应当认定对其他连带债权人也发生诉讼时效中断的效力。"这就明确了时效中断事由属于绝对效力事项。在连带债权中，每个债权人都有权请求各个债务人履行全部的义务，也可以向全部债务人请求履行全部债务。这种请求权可以针对一个债务人行使，也可以针对全部债务人行使。债务只要全部清偿，不论为债务人中一人或数人清偿，还是因债务人全体清偿，各债务人的债务均消灭，均不再对债权人负清偿义务。如果连带债权人中的一人提起诉讼、主张权利等，也会对其他债权人发生时效中断的效果。例如，甲、乙两人共同继承房屋一套，但尚未分割，邻居丙改造房屋时造成该房屋的损害，因此，甲、乙都对丙享有债权。甲、乙中任何一人起诉丙，都导致诉讼时效中断。

在连带债务中，出于保护债权人利益考虑，对于连带债务人一人发生中断的事由，也应当导致对其他债务人的时效中断。《诉讼时效司法解释》第 17 条第 2 款规定："对于连带债务人中的一人发生诉讼时效中断效力的事由，应当认定对其他连带债务人也发生诉讼时效中断的效力。"例如，甲、乙二人共同将丙打伤，甲和丙达成和解协议，这同时也可导致乙和丙之间债权的诉讼时效中断。

2. 代位权诉讼中的时效中断

所谓债权人的代位权是指因债务人怠于行使其到期债权，对债权人造成损害

---

① 参见《民法总则》第 178 条。

的，债权人可以向人民法院请求以自己的名义代位行使债务人的债权。在代位权诉讼的情况下，债权人虽然是代位债务人向次债务人主张权利，但是，代位诉讼的提起已经表明，债权人向债务人积极行使权利，因此，就债权人所享有的债权而言，其应当发生诉讼时效中断的效果。另外，债权人一旦行使代位权，也将在债权人和次债务人之间发生代位诉讼关系，次债务人应作为被告参与诉讼，不得以其与债权人之间无合同关系为由，拒绝参与诉讼或以此为由提出抗辩。这就意味着，债务人所享有的债权也已经被积极地行使，就债务人所享有的对次债务人的债权而言，也应当导致诉讼时效的中断。基于上述原因，《诉讼时效司法解释》第 18 条规定："债权人提起代位权诉讼的，应当认定对债权人的债权和债务人的债权均发生诉讼时效中断的效力。"

3. 债权移转中的时效中断

债权移转包括债权让与和债务承担。按照《诉讼时效司法解释》第 19 条第 1 款的规定："债权转让的，应当认定诉讼时效从债权转让通知到达债务人之日起中断。"因为按照我国现行的法律规定，债权的转让是债权人对自己权利的处分，是权利人行使自己权利的行为，而且债权转让以通知债务人为要件，通知债务人本身意味着当事人在对债务人行使自己的债权，包含了请求的意思，应该可以引起时效的中断。

《诉讼时效司法解释》第 19 条第 2 款规定："债务承担情形下，构成原债务人对债务承认的，应当认定诉讼时效从债务承担意思表示到达债权人之日起中断。"该条作出此种规定的原因在于：在债务承担的情况下，债务移转本身即包含了请求的意思，因而也可以引起中断。因为债务的移转必须征得债权人的同意，而债权人如果表示同意，其实也是表明债权人在行使自己的权利，因此，债务的承担也应该引起诉讼时效的中断。当然，该时效中断应当从债务承担意思表示到达债权人之日起算。

4. 权利人就部分债权主张权利的时效中断

通常来说，权利人主张权利，都是就同一债权的全部提出。但是，在例外情况下，权利人可能仅仅就该债权中的部分主张。《诉讼时效司法解释》第 11 条规

定："权利人对同一债权中的部分债权主张权利，诉讼时效中断的效力及于剩余债权，但权利人明确表示放弃剩余债权的情形除外。"依据这一规定，一方面，权利人对同一债权中的部分债权主张权利，诉讼时效中断的效力及于剩余债权。权利人对同一债权中部分债权主张权利的情形比较多，例如，在合同履行中，债权人仅主张了部分履行，或者仅主张了部分价款的支付。无论权利人主张的范围大小，只要权利人主张了权利，就推定其就整个债权行使权利，因此，应当导致诉讼时效的中断。另一方面，权利人明确表示放弃剩余债权的，该部分债权因抛弃而丧失，因此，其不应再适用诉讼时效，也不可能发生诉讼时效的中断。

（四）诉讼时效中断的效果

诉讼时效一旦中断，将发生如下效果：

第一，已经经过的时效统归无效。已经计算的时效只要尚未届满都可以因为中断事由的出现而失去效力。例如，在诉讼时效因权利人提出请求而中断时，则在权利人请求的通知到达义务人时，诉讼时效开始中断。[①] 原来的时效经过不会产生任何的法律效力。

第二，中断事由消除以后，时效期间重新计算。诉讼时效中断后，已经经过的诉讼时效将归于无效，诉讼时效将重新计算。诉讼时效中断后，重新计算的时效期间究竟应当有多长呢？笔者认为，既然法律根据不同的情况适用普通时效和特别时效，那么在中断以后仍然应当适用原来的时效期间重新计算。这就是说，原来是普通时效的，中断后仍然适用普通时效的期间；原来是特别时效的，中断后应当按照特别时效期间重新计算。

第三，在时效中断以后，可能会发生时效再次中断的效果。依据《民法通则意见》第173条的规定，"诉讼时效因权利人主张权利或者义务人同意履行义务而中断后，权利人在新的诉讼时效期间内，再次主张权利或者义务人再次同意履行义务的，可以认定为诉讼时效再次中断"。因此，诉讼时效中断后，如果再次出现诉讼时效中断的事由，仍然可以发生诉讼时效中断的效力，法律上并没有限

[①] 参见郑玉波：《民法总则》，520页，北京，中国政法大学出版社，2003。

制中断的次数。

二、诉讼时效期间的中止

(一) 诉讼时效期间中止的概念

所谓诉讼时效期间的中止，是指在诉讼时效期间进行中，因发生一定的法定事由使权利人不能行使请求权，从而暂时停止计算诉讼时效期间。广义的中止还包括时效的不完成，即在时效即将完成之际，因一定的事由的存在，而使已应完成的时效于该事由消灭后的法定期间内，暂缓完成。我国现行民法仅仅承认时效的中止，而未承认时效的不完成。[①]《民法总则》第 194 条第 1 款规定："在诉讼时效期间的最后六个月内，因下列障碍，不能行使请求权的，诉讼时效中止：（一）不可抗力；（二）无民事行为能力人或者限制民事行为能力人没有法定代理人，或者法定代理人死亡、丧失民事行为能力、丧失代理权；（三）继承开始后未确定继承人或者遗产管理人；（四）权利人被义务人或者其他人控制；（五）其他导致权利人不能行使请求权的障碍。"该条对诉讼时效的中止作出了规定。

法律之所以规定诉讼时效中止，主要是为了保证权利人具有积极行使其权利的足够时间，不至于因为权利人不可控制的原因而发生诉讼时效届满的效果，因此，在出现特定事由的情形下，为保护权利人利益，阻止诉讼时效在最后阶段继续进行，避免在阻碍事由存续期间内完成时效。[②] 同时，规定诉讼时效中止制度也符合设立诉讼时效制度的宗旨。诉讼时效制度主要是通过使权利人失去一定利益以敦促权利人及时行使其权利，避免权利人"睡眠于权利之上"，但在因不可抗力等客观原因造成权利人不能行使请求权的情况时，权利人主观上并没有行使权利的懈怠，如果令其承担时效届满的后果，则违背了时效制度设定的宗旨。

依据《民法总则》第 194 条的规定，诉讼时效中止的事由应当发生在诉讼时效期间的最后 6 个月。关于诉讼时效何时发生中止，有三种立法例：一是认为时

---

① 也有学者认为，《民法总则》第 194 条在性质上属于诉讼时效的不完成。
② 参见施启扬：《民法总则》，修订 8 版，366 页，北京，中国法制出版社，2010。

效期间中止只能发生在时效期间完成的最后阶段。二是认为在时效期间，中止可以发生在时效进行中的任何时间，只要有法定事由存在，就应中止时效期间。三是认为应当区分不同的情况，分别规定时效期间的停止和时效期间的不完成。[①]《民法总则》第194条第1款规定："在诉讼时效期间的最后六个月内，因下列障碍，不能行使请求权的，诉讼时效中止。"可见，该规定采纳了第一种主张，即诉讼时效的期间只能在最后6个月内发生中止。

诉讼时效中止不同于诉讼时效中断，二者的区别主要表现在：第一，发生的时间不同。时效中止发生在时效期间届满前6个月，而时效中断可以发生在时效进行中的任何一个阶段。第二，发生的事由不同。中止的法律事由通常是当事人主观意志所不能控制的事由，如不可抗力。而中断的法定事由一般都是当事人主观意志所能够左右的。例如，提出请求或提起诉讼，都是当事人主观上能控制的。导致诉讼时效中止的事由一般是自然事件，而导致诉讼时效中断的事由一般是人的行为。第三，法律效果不同。中止的法律效果在于使中止事由发生的时间不计入时效期间，或者说将该期间从时效期间内排除，中止事由发生前经过的时效期间仍然有效，诉讼时效期间中止的事由消除后，诉讼时效期间仍有6个月才届满。而诉讼时效中断的法律效果是在中断事由发生以后，已经经过的时效期间全部归于无效，重新开始计算时效期间。[②]

（二）诉讼时效期间的中止事由

依据《民法总则》第194条的规定，诉讼时效期间中止的事由有如下几种：

1. 不可抗力。不可抗力是指不能预见、不能避免并不能克服的客观情况[③]，如战争、地震等。不可抗力是导致时效中止的主要事由，在发生不可抗力的情形下，权利人因为其意志以外的原因而无法主张权利，如果时效不中止，将导致不公平的后果。当然，不可抗力也并不当然产生诉讼时效中止的效力，也就是说，即使有不可抗力事由的发生，如果并没有影响到权利人行使权利的，也不能产生

---

① 参见史尚宽：《民法总论》，685～686页，北京，中国政法大学出版社，2000。
② 参见王泽鉴：《民法总则》，540页，北京，北京大学出版社，2009。
③ 参见《民法通则》第153条。

时效中止的效果。①

2. 无民事行为能力人或者限制民事行为能力人没有法定代理人，或者法定代理人死亡、丧失民事行为能力、丧失代理权。该项规定属于欠缺法定代理人时的时效中止。② 在诉讼时效期间的最后 6 个月内，如果权利人是无行为能力人或限制行为能力人，但没有法定代理人，或者法定代理人死亡、丧失代理权，或者法定代理人本人丧失行为能力的③，则其在客观上将无法主张权利，此时，依据《民法总则》第 194 条的规定，诉讼时效将中止，从而为权利人预留必要的权利行使期间，以更好地保护无行为能力人和限制行为能力人的权利。当然，依据《民法总则》第 194 条第 2 款的规定，自无行为能力人或限制行为能力人成为完全民事行为能力人或者重新设有法定代理人之日起，诉讼时效仍有 6 个月才届满。

3. 继承开始后未确定继承人或者遗产管理人。在继承开始后，继承人尚未确定或非因继承人的原因导致遗产管理人不明确，如果此种情况正好发生在时效期间的最后 6 个月内，也将导致继承人或遗产管理人不能行使权利，如果时效仍然继续，对于继承人或遗产管理人是不公平的。此时，将产生诉讼时效中止的效力。在继承人或者遗产管理人确定后，诉讼时效期间仍有 6 个月才届满。

4. 权利人被义务人或者其他人控制。如果权利人被义务人或者其他人控制，也将导致权利人客观上无法行使权利。此处所说的"控制"，一般理解为权利人被限制人身自由。例如，权利人因被义务人扣押、拘禁而丧失行为自由，客观上无法主张权利，此时，可以导致诉讼时效的中止。

5. 其他导致权利人不能行使请求权的障碍。依据《民法总则》第 194 条的规定，如果出现了其他导致权利人不能行使请求权的障碍，也将产生诉讼时效中止的效力。该规定实际上是对诉讼时效中止的事由作出了兜底规定，法律上设置这一兜底条款是必要的。因为一方面，权利行使障碍的事由比较复杂，在发生权

---

① 参见李适时主编：《中华人民共和国民法总则释义》，615 页，北京，法律出版社，2017。
② 参见陈甦主编：《民法总则评注》下册，1398 页，北京，法律出版社，2017。
③ 参见最高人民法院《民法通则意见》第 172 条。

利人无法行使权利的障碍时，应当允许人民法院根据实际情况裁定时效的中止。毕竟中止不同于中断，中断将导致已进行的期间归于无效，而中止只是使时效期间不进行，即便设置兜底条款也不会导致时效期间的不确定。另一方面，如果中止事由中没有兜底条款，则会对权利的行使限制得过死，从而不利于对权利人的权利进行保障。例如，夫妻之间的家庭暴力，导致损害赔偿请求权，我国现行立法对此没有规定。但许多学者认为，从我国"亲亲相隐"的法律传统考虑，应当将其作为诉讼时效中止的理由。[①] 此种观点有一定的道理。

（三）诉讼时效期间中止的效果

各国立法一般都承认在中止事由发生以后，中止事由发生前的时效期间仍然有效。因中止事由的发生而使时效期间的计算暂时停止，等到中止事由消灭以后，时效期间继续计算。但对中止事由消灭后的时效期间如何计算，各国立法各不相同。一种规定是在中止事由消除以后，时效期间继续计算。我国《民法通则》采取此种做法。另一种规定是中止事由消除以后的时效期间由法律特别规定。例如，《俄罗斯联邦民法典》规定，剩余期限如果不足 6 个月，则延长至 6 个月。依据我国《民法总则》第 194 条的规定，诉讼时效期间中止将产生如下效力：

1. 诉讼时效期间停止计算

依据《民法总则》第 194 条第 1 款的规定，一旦出现诉讼时效中止的事由，诉讼时效期间即停止计算，中止事由消除之前的期间将不计入诉讼时效期间。

2. 中止事由发生前的时效期间仍然有效

诉讼时效中止不同于诉讼时效中断。诉讼时效期间一旦中断，其已经经过的时效期间将归于无效，诉讼时效期间重新起算。而在诉讼时效中止的情形下，已经经过的时效期间仍然有效。各国立法一般都承认在中止事由发生以后，中止事由发生前的时效期间仍然有效。

3. 中止事由消除后诉讼时效期间再计算 6 个月

中止的事由一旦消除，诉讼时效期间将再计算 6 个月。依据《民法总则》第

---

① 参见魏振瀛主编：《民法》，4 版，199 页，北京，北京大学出版社、高等教育出版社，2010。

194 条第 2 款规定,"自中止时效的原因消除之日起满六个月,诉讼时效期间届满"。这就是说,不论诉讼时效期间中止前诉讼时效期间还剩余多少,在中止事由消灭后,剩余的诉讼时效期间都为 6 个月。从比较法上来看,该条规定实际上是借鉴了比较法上的诉讼时效不完成制度,改造了我国了诉讼时效中止制度。所谓诉讼时效不完成,是指在诉讼时效期间将近终止之时,因出现了请求权无法或者不便行使的事由,使应当完成的诉讼时效在该事由终止后的一定期间内暂缓完成,从而使权利人可以在该期间内行使权利,以中断时效的制度。[①] 我国《民法总则》虽然借鉴了比较法上的诉讼时效不完成制度,但又不完全等同于时效的不完成,两者的区别主要表现在:一是发生时间不同。诉讼时效不完成可以发生在诉讼时效期间的任何阶段,而诉讼时效的中止则发生在诉讼时效期间届满前的 6 个月内。二是事由不同。从比较法上看,诉讼时效不完成包括的事由是多种类型的,但诉讼时效中止的事由一般是当事人因客观原因无法主张权利。三是效果不同。诉讼时效中止的效果是诉讼时效暂停计算,待诉讼时效期间中止的事由消除后,再计算 6 个月;而诉讼时效不完成的效果是在特定事由消除前不完成。因此,我国法上的时效中止虽然具有特殊性,但仍然属于时效中止。例如,在甲的请求权的诉讼时效期间还剩余 2 个月的情形下发生了诉讼时效期间中止的事由,则在中止事由消除之日起满 6 个月,其请求权的诉讼时效期间才届满。法律作出此种规定,有利于在诉讼时效期间中止的情形下简化诉讼时效期间的计算方法,从而减少相关的纠纷。

三、诉讼时效期间的延长

所谓诉讼时效的延长,是指在诉讼时效期间届满以后,权利人基于某种正当理由,而要求人民法院根据具体情况延长时效期间,经人民法院依职权决定延长的制度。《民法总则》第 188 条第 2 款规定,"但是自权利受到损害之日起超过二

[①] 参见王泽鉴:《民法总则》,510 页,北京,北京大学出版社,2009。

十年的，人民法院不予保护；有特殊情况的，人民法院可以根据权利人的申请决定延长。"该条对诉讼时效的延长作出了规定，笔者认为，该条所规定的诉讼时效的延长主要适用于普通诉讼时效期间，而不适用于最长权利保护期间，法律规定最长诉讼时效制度的主要目的是给权利行使设定一个固定的期限，如果允许该期限延长，就会使该最长期限变为可变期限，法律设置该最长期限的目的也将不复存在。

第六节　诉讼时效期间届满的效果

一、关于诉讼时效届满的效果的立法主义

诉讼时效届满的效果，是指在诉讼时效期间经过以后，在法律上发生何种效果。关于诉讼时效的效力，主要有四种不同的观点：

1. 实体权消灭主义。此种观点认为，时效期间一旦完成将直接消灭权利人的实体权利。该种观点最初由德国学者温德夏特所主张[1]，日本采纳了此种主张，如《日本民法典》第167条规定，债权因10年间不行使而消灭；债权或所有权以外的财产权，因20年间不行使而消灭。

2. 诉权消灭主义。此种观点认为，诉讼时效完成后，实体权利本身仍然存在，仅诉权归于消灭。实体权利因而转为自然权利。此种观点最初为德国学者萨维尼所主张[2]，《法国民法典》采纳了这一观点。如《法国民法典》第2262条规定，一切物权或债权的诉权，均经30年的时效而消灭。1922年《苏俄民法典》第44条规定，起诉权逾法律规定之期间而消灭。

3. 抗辩权发生主义。此种观点认为，时效完成后，只是发生抗辩权产生的

---

① See Zimmermann, *Comparative Foundations of a European Law of Set-off and Prescription*, Cambridge University Press, 2002, p. 72.

② Savigny, System des heutigen römischen Rechts, Bd. 5, Berlin, 1841, SS. 265ff.

效果，即义务人仅取得拒绝履行的抗辩权，权利人的实体权利与诉权均不消灭。此种观点为德国学者欧特曼（Oertmann）所主张。德国学者拉伦茨指出："请求权的时效完成后，义务人有权拒绝给付，但时效并不是请求权消灭的原因，只是给义务人提供了抗辩权。"① 《德国民法典》采纳了这一观点。如《德国民法典》第214条第1款规定，消灭时效完成后，义务人有权拒绝给付。1964年《苏俄民法典》第87条规定，诉讼时效在起诉前过期是拒绝应诉的理由。

4. 胜诉权消灭主义。此种观点认为，时效完成后，只是发生胜诉权消灭的效果。胜诉权概念源于苏联法学家顾尔维奇的二元诉权论，该理论将诉权分为程序意义上的诉权，即"起诉权"和实体意义上的诉权，即"胜诉权"。此种观点主要在苏联被采用，诉权可以分为实体意义上的诉权和程序意义上的诉权，实体意义上的诉权就是胜诉权。胜诉权的消灭并不导致实体权利本身的消灭，只是使权利人请求人民法院保护的权利丧失。正如诺维茨基所指出的："因诉讼时效而消灭的是要求权，即是指程序意义上的诉权，而不是要求权所由产生并借以为根据的实体（实质上的）民事权利本身。"②

长期以来，我国民法理论受苏联影响较大，尤其在诉讼时效领域，不仅诉讼时效的概念来自于苏联，而且在时效届满的效果方面也采纳了苏联的民法理论，认为时效届满后权利人的权利本身并不消灭，而只是丧失了胜诉权。③ 胜诉权是实体法范畴的权利，而不是程序法上的诉权，在时效届满以后，权利人仍然有权提起诉讼。同时，时效届满后，权利人的权利本身并不消灭。我国《民法通则》第138条规定，超过诉讼时效，当事人自愿履行的，不受诉讼时效限制。尽管该条没有明确表明时效届满后的法律后果，而只是将诉讼时效届满的后果表述为"向人民法院请求保护民事权利"的权利因诉讼时效届满而消灭，但按照一般的解释，其所采纳的是胜诉权消灭主义。

---

① ［德］卡尔·拉伦茨：《德国民法通论》上册，王晓晔等译，345～347页，北京，法律出版社，2003。

② ［苏］诺维茨基：《法律行为 诉讼时效》，康宝田译，249页，北京，中国人民大学出版社，1956。

③ 参见寇志新：《民法总论》，270页，北京，中国政法大学出版社，2000。

应当承认，胜诉权概念有助于解释诉讼时效届满不能导致权利本身消灭，尤其是不能导致诉权消灭的后果的现象，但此种观点存在明显的缺陷。主要表现在：第一，在逻辑上，胜诉权产生于诉讼行为之前，但胜诉权的有无必须在诉讼程序开始以后，在审理过程中方能真正查明。① 将诉权区分为实体法上的诉权和程序法上的诉权在实践中也很难把握。② 第二，"胜诉权"并不是一个严谨的法学概念。因为胜诉与否是审判活动的结果，很难说它是一项制度上的权利。胜诉本身是诉讼过程中司法裁决的一个后果，胜诉的原因也是比较复杂的，不仅仅是一个时效的问题。第三，在非诉和执行中都存在诉讼时效的问题，胜诉权的概念不能解释执行程序中以及非诉案件中也存在诉讼时效的适用问题。即便没有提起诉讼，如果时效届满，权利人向义务人提出请求，义务人也有权拒绝。第四，如果诉讼时效制度采胜诉权消灭理论，则胜诉权消灭意味着实体意义上的诉权消失，在诉讼中法院对此情形应当依职权查明，这样一来，就与时效不得由法院主动援引的精神相背离。

针对上述缺陷，《诉讼时效司法解释》第3条规定，当事人未提出诉讼时效抗辩，人民法院不应对诉讼时效问题进行释明及主动适用诉讼时效的规定进行裁判。根据该规定，诉讼时效届满之后并不当然导致权利的减损，还需要以相对人援引诉讼时效提出抗辩作为前提，法官也不能主动适用诉讼时效，这实际上已经采取了抗辩权发生说。

我国《民法总则》第192条第1款延续了《诉讼时效司法解释》的立场，仍然采抗辩权发生主义，具有其合理性，也是借鉴比较法的有益经验、总结我国司法实践经验的结果。明确义务人享有抗辩权的主要理由在于：一是符合诉讼时效制度的目的。从时效制度设立的目的来看，主要是督促当事人及时行使权利，惩罚权利的"睡眠者"，因此，只需要阻止权利的实现即可达成，而无须将权利从

---

① 参见柴发邦：《中国民事诉讼法学》，280页，北京，中国人民公安大学出版社，1992。
② 参见顾培东：《法学与经济学的探索》，227页，北京，中国人民公安大学出版社，1994。

根本上加以消灭。所以诉讼时效完成，只是使义务人获得抗辩权。[①] 二是体现了私法自治的精神。抗辩权的行使必须由抗辩权人针对权利人的请求提出，而不能由他人代替行使。尤其是对法院而言，必须在义务人针对权利人的请求提出抗辩以后，才能对诉讼时效是否届满的事实进行审查，并认定诉讼时效是否届满。时效利益不涉及第三人权益，不关涉社会公益，属于当事人自治的范畴，法院没有理由越俎代庖。三是对于诉讼时效届满以后义务人自愿履行债务的行为进行了合理的解释。诉讼时效届满之后，权利人的请求权并没有消失，只是使义务人享有了抗辩权。抗辩权本质上仍然是一种民事权利，体现的是义务人的特定利益。在诉讼时效期间届满之后，义务人如果行使时效的抗辩权，则可以拒绝履行其义务；义务人如果不行使抗辩权，则可以理解为其抛弃了时效利益。

二、诉讼时效届满的效果

时效届满的效果应当区分时效发生的直接效果和时效抗辩援引后的效果：前者称为直接效果，后者称为本体效果。[②] 具体而言：

（一）义务人产生抗辩权

《民法总则》第192条第1款规定："诉讼时效期间届满的，义务人可以提出不履行义务的抗辩。"这就是说，时效届满的主要效果是使义务人产生拒绝履行的抗辩权。具体来说，包括两个方面：

第一，从义务人的角度来说，在时效届满之后，其享有拒绝履行的抗辩权。也就是说，如果权利人提出请求，义务人有权拒绝，法院也不得强制义务人必须履行其义务。但义务人仅取得拒绝履行的抗辩权，权利人的实体权利与诉权均不消灭。对于义务人来说，其援引时效抗辩权，将导致其义务转化为自然债务，从

[①] 参见［德］卡尔·拉伦茨：《德国民法通论》上册，王晓晔等译，345页，北京，法律出版社，2003。

[②] 参见［日］四宫和夫：《日本民法总则》，唐晖等译，332页以下，台北，五南图书出版公司，1995。

而产生时效利益，这种利益本质上也是一种民事权益，应当依据私法自治原则由当事人自愿行使。

第二，对权利人的效果。对于权利人来说，时效届满以后，权利人的实体权利和诉权均不发生消灭。具体来说，对权利人而言，时效届满的法律效果包括两个方面：一是时效期间届满并不导致权利本身的消灭，其实体权利仍然存在，只是会使其权利的效力减弱，权利人的权利已经转化为一种自然权利，即只要义务人援引时效抗辩权，债权人的权利将难以实现。当然，在时效届满以后，债权的受领权能并没有减弱。因此，债权人仍然可以受领债务人的给付，债务人不得以债权人构成不当得利为由请求返还。二是时效届满不导致诉权的消灭。权利人仍然可以基于其程序意义上的诉权向法院提起诉讼，只要符合起诉的条件，法院就应当受理，而不得直接以时效期间届满为由驳回起诉或不予受理。因为诉权本身作为一种国家赋予当事人为保护其合法权利向法院提起诉讼的权利，是一种公权利，不能因时效届满而丧失。

《诉讼时效司法解释》第4条规定："当事人在一审期间未提出诉讼时效抗辩，在二审期间提出的，人民法院不予支持，但其基于新的证据能够证明对方当事人的请求权已过诉讼时效期间的情形除外。当事人未按照前款规定提出诉讼时效抗辩，以诉讼时效期间届满为由申请再审或者提出再审抗辩的，人民法院不予支持。"据此，当事人提出时效利益的抗辩，原则上限于一审程序。如果当事人在一审没有提出，在二审和再审期间就不得提出时效的抗辩。当然，在二审期间基于新的证据能够证明对方当事人的请求权已过诉讼时效期间的情形除外。这就是说，除非当事人在二审期间发现了新的证据，且该证据足以证明诉讼时效届满，否则，其不得在二审期间提出时效的抗辩。

需要指出的是，在保证债务的情况下，基于保证人权益保障的需要，保证人也享有主债务人的诉讼时效抗辩权。按照《诉讼时效司法解释》第21条第1款的规定，"主债务诉讼时效期间届满，保证人享有主债务人的诉讼时效抗辩权"。如果保证人没有主张主债务人的时效抗辩，其应当承担不利的法律后果。《诉讼时效司法解释》第21条第2款规定，"保证人未主张前述诉讼时效抗辩权，承担

保证责任后向主债务人行使追偿权的，人民法院不予支持，但主债务人同意给付的情形除外"。

（二）义务人同意履行的和自愿履行的效果

《民法总则》第192条第2款规定："诉讼时效期间届满后，义务人同意履行的，不得以诉讼时效期间届满为由抗辩；义务人已自愿履行的，不得请求返还。"本条的规定包含两方面的内容：

一是诉讼时效届满后，义务人已经同意履行的，不得再提出抗辩。这实际上意味着，义务人同意履行，就等同于默示地放弃了其抗辩权，因此，义务人不得再提出抗辩，否则，也违背了诚信原则。当然，义务人同意履行的，不能只同意履行一部分，而不同意履行其他部分，因为这两者是不能分割的。

二是诉讼时效届满后，义务人已经自愿履行的，不得请求返还。此时义务人不得请求返还的原因在于，权利人的受领权并没有受到减损，所以，义务人不能请求返还。从某种意义上说，义务人的自愿履行也可以认定为默示地抛弃了其时效利益。

（三）法院不得主动适用诉讼时效的规定

诉讼时效届满以后，尽管义务人享有时效利益，但是该利益的实现应由当事人主动提出，还是应由法官依职权主动审查呢？在司法实践中，就此问题有两种观点：一是职权主义说。此种观点认为，诉讼时效届满的事实应由法院依职权审查，一旦发现时效完成即应依职权驳回原告的诉讼请求。我国民法中有关时效的规定，无论当事人自己是否主张，人民法院或仲裁机构均可主动予以适用。① 由于民法上关于诉讼时效的规定属于强制性规范，因而应当允许人民法院或仲裁机构主动予以适用。而且对诉讼时效"不告不理"，则有违公平原则。二是当事人主义说。此种观点认为，时效利益是否抛弃，纯属义务人的利益，按照意思自治的原则，完全应由义务人自行决断。时效完成只是使义务人获得抗辩权，至于是否提出抗辩应由当事人自行决定，人民法院主动援用诉讼时效，是对

---

① 参见李显冬：《民法概要》，193页，太原，山西人民出版社，2001。

当事人处分权的过分干涉。① 该观点为大陆法系国家所普遍采纳，体现了私法自治精神，应为我国立法所采纳。② 据此，《民法总则》第 193 条规定："人民法院不得主动适用诉讼时效的规定。"这一规定明确了时效利益实现上的当事人主义，这就是说，时效利益纯属义务人的利益，按照意思自治的原则，完全应由义务人自行决断是否抛弃。③ 这一规定与前述时效届满效果方面的抗辩权发生主义具有内在的一致性。

依据《民法总则》第 193 条的规定，时效届满以后，法院不应当主动依据职权审查时效是否已经届满，无论是在起诉阶段，还是在诉讼过程中，法院都不能主动援引时效规定。但一旦义务人提出时效的抗辩，则无论是在正式答辩中提出，还是在法庭辩论中提出，法院都有义务审查时效届满与否的情况。如果当事人没有提出诉讼时效的抗辩，应当认为其抛弃了时效利益。④

需要探讨的是，当事人未提出时效抗辩，法院能否向当事人释明？在德国判例学说上，对法官是否有义务对此进行释明也存在两种不同的观点。一种观点认为，法官有义务进行释明。另一种观点认为，法官的释明将使法官有失偏颇。⑤我国《诉讼时效司法解释》第 3 条规定："当事人未提出诉讼时效抗辩，人民法院不应对诉讼时效问题进行释明及主动适用诉讼时效的规定进行裁判。"这就是说，在民事诉讼中，如果一方当事人没有提出时效的抗辩，法院不应当行使释明权，向一方当事人告知其享有诉讼时效利益，或要求其提出诉讼时效抗辩。笔者认为，《民法总则》虽然没有明确法官能否释明，但是，该法第 193 条中"不得主动适用"的规定，应当理解为包含了不得主动释明。如果法院主动释明，将使法院丧失其独立和中立地位，意味着法院本身将主动维护一方的利益，其结果是

---

① 参见夏利民：《民法基本问题研究》，257 页，北京，中国人民公安大学出版社，2001。

② 参见梁慧星：《民法总论》，270 页，北京，法律出版社，2001。

③ 参见王宇华：《法官不应主动审查诉讼时效》，载《人民法院报》，2002 - 03 - 06，第 3 版。

④ 参见洪逊欣：《中国民法总则》，367 页，台北，三民书局，1992。

⑤ 参见［德］迪特尔·梅迪库斯：《德国民法总论》，邵建东译，102 页，北京，法律出版社，2000。

可能损害另一方的利益。①

第七节 诉讼时效利益的抛弃

一、诉讼时效利益不得预先抛弃

所谓诉讼时效利益的预先抛弃，是指在诉讼时效期间届满之前，权利人抛弃其时效利益。抛弃诉讼时效利益可分为时效届满前的预先抛弃和时效届满后的时效利益抛弃。针对前一种情况，《民法总则》第 197 条第 2 款规定："当事人对诉讼时效利益的预先放弃无效。"因此，该法禁止当事人预先放弃诉讼时效利益。法律上作出此种规定的原因在于：一方面，如果允许当事人预先抛弃诉讼时效利益，权利人就可能利用其优势地位，强迫义务人抛弃其诉讼时效利益②，从而会损害实质公平。另一方面，如果当事人预先抛弃诉讼时效利益，则不利于社会公共秩序和交易安全的维护。虽然诉讼时效利益是一种私益，但它也确实关涉社会公共利益。所以，按照私法自治原则，义务人不得预先放弃其诉讼时效利益。另外，时效规则具有强制性，如果允许当事人可以预先放弃诉讼时效利益，就可能使法律上的时效规则形同虚设。从比较法上看，也大都采用了此种做法。③

依据《民法总则》第 197 条第 2 款的规定，当事人预先放弃诉讼时效利益的，无论其采取单方法律行为的形式，还是采取双方法律行为（如合同）的形式，都应当认定为无效。

---

① 参见王宇华：《法官不应主动审查诉讼时效》，载《人民法院报》，2002－03－06，第 3 版。
② 参见李适时主编：《中华人民共和国民法总则释义》，628 页，北京，法律出版社，2017。
③ 如《瑞士债法典》第 141 条第 1 款规定："一方当事人不能事先放弃诉讼时效的规定。"《法国民法典》第 2220 条规定："任何人均不得提前抛弃时效；但可以抛弃已取得的时效。"罗结珍译：《法国民法典》，514 页，北京，中国法制出版社，1999。

二、诉讼时效届满后时效利益的抛弃

所谓诉讼时效届满后时效利益的抛弃，是指义务人在诉讼时效届满以后，以明示或默示的方式，放弃其诉讼时效利益。从民法上说，法律关于时效的规定属于强制性规范，当事人不能通过约定变更法定的时效期间，也不得预先抛弃未来所享有的时效利益。但是在时效期间届满后，债务人可以诉讼时效届满为由对抗债权人的请求权，此时，债务人的时效利益主要体现为债务人个人的财产利益，按照民法的自愿原则，法律对任何当事人处分其个人利益且不妨害社会公共利益的行为，均应承认其有效。既然诉讼时效届满后，债务人享有的时效利益是一种财产利益，且已经为债务人所取得，因此也可以抛弃。诉讼时效利益的抛弃有如下特征：

第一，抛弃的对象是义务人因诉讼时效届满而享有的时效利益，而不是实际占有的财产。也正因为如此，义务人必须知道诉讼时效已经届满，其获有时效利益。

第二，抛弃时效利益是一种事后处分的行为。所谓事后处分，是指义务人获得时效利益以后，才对其进行的处分。法律并不禁止当事人事后抛弃诉讼时效利益，毕竟此种利益仅属于当事人的私人利益。这就是说，在时效期间届满后，当事人可以就已经取得的时效利益加以处分。

第三，时效利益抛弃属于单方处分行为，应适用意思表示的一般规定，因此，抛弃者须有行为能力和处分能力。义务人抛弃其时效利益，只要作出单方的意思表示即可，无须获得相对方同意。但此种行为为需要相对人受领的单方行为，所以要在到达相对人时才生效力。当然，按照私法自治原则，当事人也可以事后通过合同约定的方式抛弃其诉讼时效利益。

第四，时效利益抛弃的方式是多样的，义务人可以单方的意思表示，也可以以协议的方式抛弃时效利益。如时效期间届满后，双方达成协议同意履行债务，即构成义务人对时效利益的抛弃。

三、诉讼时效届满后诉讼时效利益抛弃的方式

抛弃诉讼时效利益有如下几种表现方式：

（一）义务人实际履行债务

诉讼时效期间届满后，义务人的债务变为自然债务，但义务人实际履行了债务，则债权人仍有权受领，因为权利人接受义务人的履行所获利益并非不当得利，应受法律保护。《民法总则》第192条第2款规定："义务人已自愿履行的，不得请求返还。"因为诉讼时效届满以后，债务转化为自然债务，虽然债权人无法请求法院保护，但是，债权人仍然有权受领并保有权利，一旦受领履行，债务人不能请求对方返还不当得利。即使义务人因错误而不知道时效届满，也不能以"重大误解"为由主张撤销。从法律上看，义务人自愿履行，可以认为是以默示的方式抛弃了时效利益。

（二）债务人同意履行债务

《民法总则》第192条第2款规定："诉讼时效期间届满后，义务人同意履行的，不得以诉讼时效期间届满为由抗辩。"依据这一规定，义务人一旦同意履行，就不能再主张时效利益。义务人出尔反尔，不仅违反时效制度，而且违反了诚信原则。义务人同意履行包括两种情形：

1. 双方达成履行债务的协议

时效期间届满后，如果双方达成了履行债务的协议，也可以视为义务人放弃了时效利益。《诉讼时效司法解释》第22条规定："诉讼时效期间届满，当事人一方向对方当事人作出同意履行义务的意思表示或者自愿履行义务后，又以诉讼时效期间届满为由进行抗辩的，人民法院不予支持。"这里所说的债务人作出"同意履行义务的意思表示"，实际上可以解释为包括了双方达成履行债务的协议。义务人可以单方的意思表示，也可以以协议的方式抛弃时效利益。如时效届满后，双方达成协议同意履行债务，这种诉讼时效期间届满后达成的履行义务的协议的效力应为有效，即构成义务人对时效利益的抛弃。我国最高人民法院

1997 年 4 月 16 日发布的（1997）4 号批复中指出："根据《民法通则》第九十条规定的精神，对超过诉讼时效期间，当事人双方就原债务达成还款协议的，应当依法予以保护。"

从法律上看，双方达成书面协议实际上是一项和解协议，形成了一个新的合同。该和解协议是在纠纷发生以后，双方当事人通过协商，互相让步，以达成和解，终止争执。虽然时效届满以后，此债务已转化为自然债务，但不能否认债务纠纷的存在。通过双方达成协议，由债务人继续承担全部或一部分债务，此项债务已非自然债务，乃是一种新债务。既然该协议属于另外一个合同，则与其他合同一样发生法律约束力，如果债务人不履行其债务，法院可以强制执行。

2. 单方允诺履行债务

在诉讼时效期间届满以后，双方未达成和解协议，债务人单方承诺愿意承担全部或部分债务，亦可导致时效利益抛弃。例如，在 3 年时效届满以后，债权人向债务人发出拖欠债务的本金、利息的通知，债务人在该通知上盖章，表示承认该债务。再如，在时效届满后，债权人向债务人催告清偿，债务人明确表示在一定期限内清偿债务，但事后发现时效已经届满，是否可以否认自己先前作出的清偿允诺呢？《诉讼时效司法解释》第 22 条规定："诉讼时效期间届满，当事人一方向对方当事人作出同意履行义务的意思表示或者自愿履行义务后，又以诉讼时效期间届满为由进行抗辩的，人民法院不予支持。"从该解释来看，其中所说的"当事人一方向对方当事人作出同意履行义务的意思表示"就包括了单方允诺，即债务人作出了同意履行债务的意思表示，该单方允诺一旦作出，就产生法律拘束力。因为民法上权益的放弃都可以采用单方行为作出，时效利益的抛弃也可以以单方允诺的方式作出。《民法总则》第 192 条第 2 款规定："诉讼时效期间届满后，义务人同意履行的，不得以诉讼时效期间届满为由抗辩。"该条所说的"同意履行"就当然包括了以单方允诺的形式表示同意履行。因为既然法律允许时效利益的事后抛弃，则债务人当然可以通过单方允诺的方式作出。从实践来看，我国法院的一些判决也认可债务人单方允诺抛弃时效利益会对其本身产生相应的拘

束力。①

四、义务人抛弃时效利益的法律效果

义务人抛弃其时效利益以后，就使其负有的义务又恢复了原来的效力，尤其是恢复了可以申请法院强制执行的效力。此时，义务人并没有负担新的义务，而只是使原有义务的效力增强。因此，一旦义务人抛弃诉讼时效利益，则民事义务的时效期间应当重新计算。确切地说，从抛弃之日起，诉讼时效重新计算。"时效完成之利益一经抛弃，即回复时效完成前之状态，债务人不得再以时效业经完成拒绝给付。惟得援用时效利益抛弃后重行起算新时效利益。"②

---

① 参见"重庆某银行诉罗某某等金融借款合同纠纷案"，重庆市奉节县人民法院（2011）奉法民初字第 1806 号民事判决书。

② 王泽鉴：《民法总则》，432 页，北京，北京大学出版社，2009。

第二十章

期间与期日

第一节　期间的概念和分类

一、期间的概念

　　期间是民法上的一个特定概念，它是指具有一定法律意义的一段时间。宇宙是由时间和空间构成的，在民法上，期间的运用十分广泛，并可能产生多种法律效果。因此，一方面，期间是指一段时间，它应当有起始和终了的时间，即所谓始期和终期。期间通常都是由法律规定或由当事人约定的一段时间。当然，在特殊情况下，法律可能没有规定确定时间，而只是规定了合理期间，此时，如果就期间问题发生争议，法官应根据具体情况加以判断。另一方面，一定的时间经过产生一定的法律后果。也就是说，一定期间的经过将导致某种民法法律关系的产生、变更和消灭，所以，期间经过也可以成为民法上的法律事实。"时间之流逝，乃自然现象，分类上归入自然状态。民法上，以时间之经过为要素，而定私法法

律关系之变动者，有始期、终期、除斥期间、时效期间、指定期间、约定期间。"① 期间在民法上的意义表现为如下方面：

1. 期间对主体权利能力的存在产生一定的影响。例如，失踪人下落不明满4年的，可以推定其死亡。在宣告死亡的期间内，被宣告死亡的人既有的人身、财产关系将归于消灭。

2. 期间可以引起民事法律关系的产生、变更或消灭。一是导致民事法律关系的产生。例如，附期限的合同在期限届满以后产生效力。二是导致民事法律关系的变更。例如，诉讼时效的届满，导致抗辩权的发生，使债权转化为自然债权。三是导致民事法律关系的消灭。例如附终期的合同，当期限届满，则合同消灭。

3. 期间可以作为民事权利的存续期限。在民法上，有一些权利是不受期限限制的，如所有权是永恒存在的。但绝大多数民事权利都有一定的权利存续期限，权利人必须在该期限内行使权利，经过一定的期限，权利将不存在，或失去效力，抑或效力减弱。这是法定的期限对权利的影响。

4. 期间可以作为一定的权利、义务实际行使或履行的期限。例如，合同中规定的履行期限。② 合同一旦规定了履行期限，即使合同已经成立并生效，但在履行期限未到来之前，当事人仍然不能实际行使权利和履行义务。

期间在不同的法律关系中具有不同的法律效果，很难一一列举，许多期间的法律效果可以由当事人自己约定，所以，确定期间的效果时，还应当考虑当事人的真实意思。因此，期间除法定之外，还可以通过意定产生。

从广义上讲，时效是期间的组成部分。因为无论是时效还是期间，都是指民事法律关系产生、变更和终止的时间。从狭义上讲，期间是一个特定的概念，它是指时效之外的期间，即权利人行使权利或履行义务的期间，例如，保证期间、抵押权存续期间、撤销权行使期间以及其他期间。笔者认为，我国法律采用了广义的期间概念，将时效视为一种特定的期间。

---

① 曾世雄：《民法总则之现在与未来》，210页，北京，中国政法大学出版社，2001。
② 参见魏振瀛主编：《民法》，4版，203页，北京，北京大学出版社、高等教育出版社，2010。

二、期间的分类

(一) 可变期间和不变期间

民法上的期间种类繁多，但可以依据期间是否发生变化而分为可变期间和不变期间。所谓可变期间，是指期间的长短可以发生变化。诉讼时效一般属于可变期间。而所谓不变期间，是指通过法定或约定的方式确定的一个不可变更的期间。除斥期间一般属于不变期间。两者区分的意义在于，是否可以适用中止、中断的规定，而使期间发生变更。当然，就法定的期间而言，无论是除斥期间还是诉讼时效，一般不允许当事人通过合同加以改变。从这个意义上说，它们都是不变期间。但是某一些法定期间也是可以通过当事人的约定改变的。例如，法律规定的检验标的物的期限，依其性质可以允许当事人通过合同加以改变。

(二) 法定期间、意定期间和指定期间

期间还可以分为法定期间、意定期间和指定期间三种类型。

所谓法定期间，是指由法律直接规定的期间。例如，担保法中所规定的保证期间。[①] 法定期间大多为强制性规定，例如，关于撤销权的规定，一般不允许当事人随意变更，即使是就诉讼时效而言，虽可以发生中止、中断或延长，但不允许当事人通过约定加以改变。不过，法定的期间可以在特殊情况下，由当事人通过约定加以变更。

所谓意定期间，是指当事人通过一定的意思表示而设定的期间。意定期间包括两种情况：一是通过单方意思表示所确定的期间，如要约中对受要约人所规定的承诺期限。二是通过双方当事人的约定确定的期间，例如合同中规定的有效期。

所谓指定期间，是指由法院或其他机关在法律允许的范围内指定的期间。在许多情况下，权利的行使并没有固定的期限，如果确有必要，法院也可以指定期

---

① 参见《担保法司法解释》第32、37条。

限。例如，在发生违约责任和侵权责任竞合的情况下，受害人选择请求权的期限可以由法院予以指定。

还应当看到，许多权利的行使，法律只是规定了合理的期间，但是多长时间为合理，在发生纠纷以后，就要由法院来判定。例如，《合同法》第158条规定，当事人没有约定检验期限的，买受人应当在发现或应当发现标的物的数量或者质量不符合约定的合理期限内通知出卖人。该合理期间究竟应当为多长，应当由法院从交易的性质、标的物的情况等各种因素出发来考虑决定。该期限一旦确定，就应当成为判定当事人之间权利义务的依据。此种情况可以认为是法定期间和指定期间的结合。

（三）除斥期间和非除斥期间

根据所适用的范围，期间又可以分为除斥期间和非除斥期间。除斥期间是指法律直接规定或当事人依法确定的形成权等权利的预定存续期间，因该期间经过，导致该权利当然消灭[①]，它主要适用于形成权。非除斥期间包括时效期间以及法定、约定的除除斥期间以外的期间。两者区分的主要意义在于：除斥期间是不变期间，是权利存续的固定不变的期限；而其他非除斥期间大多是可变的，主要适用于请求权和其他权利。

第二节　除斥期间

一、除斥期间的概念和特征

所谓除斥期间，也称不变期间，除斥具有排除、截止期限之意，是指法律规定或当事人约定的形成权等权利的存续期间。《民法总则》第199条规定："法律规定或者当事人约定的撤销权、解除权等权利的存续期间，除法律另有规定外，

---

① 参见史尚宽：《民法总论》，562页，北京，中国政法大学出版社，2000；黄立：《民法总则》，486页，北京，中国政法大学出版社，2002。

自权利人知道或者应当知道权利产生之日起计算，不适用有关诉讼时效中止、中断和延长的规定。存续期间届满，撤销权、解除权等权利消灭。"该条规定确立了除斥期间的基本规则，对除斥期间的起算规则、除斥期间届满后的法律效果作出了规定，确立了撤销权、解除权等形成权的行使规则。除斥期间的主要特点在于：

第一，它是撤销权、解除权等权利的存续期间。除斥期间与诉讼时效不同，它是权利的存续期间，在该期限内权利才能存在。法律设立除斥期间有利于督促权利人尽快行使权利。除斥期间是关于撤销权、解除权等权利的存续期间，撤销权是当事人请求撤销民事法律行为的权利；解除权是当事人主张解除民事法律关系的权利。从性质上看，撤销权、解除权等权利都是形成权，按照同类解释规则，该条中的"等权利"应当指的是形成权，所以，除斥期间的适用对象主要为形成权。因为形成权将会根据一方的意志而产生法律关系发生、变更和消灭的效果，期限的限制与他人的权利和社会公共利益都有一定的关联。[①] 当然，依《民法总则》第199条，除斥期间的适用也不完全限于形成权。

第二，它可以由法律规定或者当事人约定。一方面，除斥期间可以由法律规定。例如，我国《个人独资企业法》第28条规定："个人独资企业解散后，原投资人对个人独资企业存续期间的债务仍应承担偿还责任，但债权人在五年内未向债务人提出偿债请求的，该责任消灭。"另一方面，与诉讼时效所不同的是，除斥期间还可以由当事人约定。例如，当事人可以在合同中约定合同的解除权行使期限，该期间经过，导致解除权消灭。

第三，它一般自权利人知道或者应当知道权利产生之日起计算。所谓知道，是指有明确的证据表明当事人知晓了权利产生。所谓应当知道，是指虽然没有明确证据证明，但是根据社会的一般常识，可以推定当事人知悉，或者当事人有义务知悉。例如，依据《合同法》第55条的规定，可撤销合同中的撤销权期限为当事人知道或应当知道撤销事由之日起1年。

---

① 参见芮沐：《民法法律行为理论之全部》，162页，台北，三民书局，2002。

第四，不发生中止、中断和延长。由于形成权的行使仅依一方当事人的意思就可以使法律关系产生、变更、消灭，如果允许除斥期间中止、中断、延长，可能会使法律关系长期处于不确定状态，从而难以实现除斥期间法律制度的目的。因此，一旦除斥期间届满，撤销权、解除权等形成权即消灭。[①]

当然，依据《民法总则》第199条的规定，如果法律对除斥期间的计算规则以及除斥期间是否可以中止、中断、延长等问题作出了特别规定，则应当适用该特别规定。例如，对于法定解除权，《合同法》第95条规定："法律没有规定或者当事人没有约定解除权行使期限，经对方催告后在合理期限内不行使的，该权利消灭。"

除斥期间届满以后，法院可以主动依职权来确定该期间届满的效果。由于除斥期间作为形成权的存续期间，其完成的法律效果就是使形成权绝对、当然、确定地消灭。所以，在一方主张形成权以后，不论另一方是否就此种权利的存在提出抗辩，法院都应当对该权利存在与否加以审查，这就必然涉及该权利是否因除斥期间届满而消灭的问题。从这个意义上说，除斥期间的法律效果的产生不需要当事人主张。另外，由于除斥期间经过的利益不是当事人主动选择的结果，因而当事人只能被动承受，而不能抛弃。

二、除斥期间的适用范围

关于除斥期间的适用范围，目前有两种不同的观点：

一是形成权说。此种观点认为，除斥期间仅仅适用于形成权。因为形成权的行使可以依据一方当事人的意思产生、变更或者消灭相关的民事法律关系，如果形成权人长期不行使权利，相对人的法律地位就难以确定，因此，对形成权的行使期间必须进行明确的限制，因为除斥期间是固定期限，将其适用范围限于形成权比较妥当。[②]

二是所有权利说。此种观点认为，除斥期间不仅适用于形成权，还可以适用

---

① 参见李适时主编：《中华人民共和国民法总则释义》，633页，北京，法律出版社，2017。
② 参见朱庆育：《民法总论》，533页，北京，北京大学出版社，2013。

于其他权利，如请求权、支配权等。应当将形成权的适用范围扩大到所有类型的民事权利，而不应当限于形成权。[①]

从我国《民法总则》第 199 条的规定来看，其采用了"撤销权、解除权等权利的存续期间"的表达。对此，可以有两种不同的解释：一种解释认为，因为该条所列举的权利仅有撤销权、解除权，故该条中的"等权利"应当解释为形成权。另一种解释认为，该条中"等权利"应当采取开放式的解释，不应当限于与"撤销权、解除权"相同类型的权利。笔者认为，该条在规定除斥期间的适用范围时，明确列举了撤销权、解除权这两项形成权，因此，按照同类解释规则，应当将除斥期间的适用对象主要限定为形成权。

笔者认为，虽然除斥期间的适用对象主要是形成权，但是为了维护社会经济秩序，需要扩大除斥期间的适用范围。如此解释，有利于维护社会经济秩序。因此除斥期间的适用对象不仅仅是形成权，还包括了其他一些为法律所规定的权利。例如，担保法规定的保证期间，一般认为该期限为除斥期间。法律规定除斥期间的目的在于法的安定性（Rechtssicherheit）。[②] 在法律上，除了所有权等无期限限制的权利以外，许多权利都不可能永久存续，只能在特定期间内存在，法律规定除斥期间有利于实现法的安定性，维护社会经济秩序。

适当扩大除斥期间的适用对象也有现行法的依据。在民法上，为了维护社会经济秩序，需要扩大除斥期间的适用范围。一是一些特殊的债权请求权。例如，《个人独资企业法》第 28 条规定："个人独资企业解散后，原投资人对个人独资企业存续期间的债务仍应承担偿还责任，但债权人在五年内未向债务人提出偿债请求的，该责任消灭。"此处适用的对象是债权请求权，但由于规定的是不变期间，所以其也应当属于除斥期间。二是某些特殊的支配权也可以适用除斥期间，例如，《著作权法》规定的著作财产权在作者死后 50 年消灭。再如，《担保法司法解释》第 12 条规定："担保物权所担保的债权的诉讼时效结束后，担保权人在诉讼时效结束后的二年内行使担保物权的，人民法院应当支持。"这就对担保物

[①] 参见耿林：《论除斥期间》，载《中外法学》，2016（3）。

[②] Larenz/Wolf, Allgemeiner Teil des Bürgerlichen Rechts, 9. Aufl., 2004, § 16, Rn. 42.

权规定了其除斥期间。

关于抗辩权是否适用于除斥期间问题，在学理上值得探讨。有学者认为，抗辩权不适用除斥期间。[①]笔者认为，这种观点值得商榷。除了支配权原则上没有期限限制以外，其他的权利都应当有期限的限制。问题的关键在于期限如何判断。就抗辩权而言，它也必须要受到期限限制。因为请求权既然有期限限制，抗辩权也应当有时间的限制，否则权利人可以永远行使抗辩权，这就会使法律关系处于极不稳定的状态。但抗辩权的期限通常要受到请求权行使期限的影响，即提出请求才可能确定抗辩权的期限问题。

三、除斥期间与诉讼时效

除斥期间和诉讼时效都是对权利行使的一种时间限制，都具有督促权利人及时行使权利、保持社会关系稳定的作用，并且诉讼时效与除斥期间都是民事法律事实，因一定时间的经过而使法律关系发生变动，但二者具有显著区别，主要体现为：

第一，适用对象不同。诉讼时效主要适用于债权的请求权；除斥期间主要适用于撤销权、解除权等形成权。二者适用对象的差别也决定了二者的具体规则与法律效果之间存在一定的差别。由于诉讼时效适用于债权请求权，可以在民法总则中对其进行抽象规定。而除斥期间主要适用于形成权，由于各个形成权的规则较为特殊（例如，不同情形下的撤销权、解除权的规则即存在较大差别），因而很难进行统一规范，应当根据所限制的形成权的具体内容而分别进行具体规定。

第二，起算方法不同。由于时效制度设立的目的就是针对权利不行使的状况所采取的惩罚措施，因而诉讼时效应当自权利可行使之日起算。而除斥期间是形成权等权利的存续期间，因此，其起算并不考虑权利是否行使的问题，其一般自权利成立之日起计算。[②]当然，法律也可能对除斥期间的起算方法作出特别规

---

① 参见刘得宽：《民法诸问题与新展望》，539页，台北，三民书局，1979。
② 参见徐开墅主编：《民商法辞典》，560页，上海，上海人民出版社，1997。

定。例如，依据《合同法》第 55 条，可撤销合同中的撤销权期限，从当事人知道或应当知道撤销事由之日起 1 年。

第三，能否由当事人约定不同。如前所述，法律关于诉讼时效期间的规定属于强制性规范，不得由当事人通过约定加以改变。而从《民法总则》第 199 条的规定来看，除斥期间既可以由法律规定，也可以由当事人约定。

第四，期间能否中止、中断、延长不同。诉讼时效在性质上是可变期间，可因法定事由而中止、中断，例外情形下还可以延长。而除斥期间旨在排除形成权行使所导致的法律关系的不稳定性，因此，依据《民法总则》第 199 条，除斥期间一般不得中止、中断、延长。当然关于此问题，学理上一直存在争论，早在 19 世纪，德国学者就存在两种不同的观点。以德国学者葛莱维为代表的学者认为时效与权利以无时间限制为前提。不过因为外部的原因而导致诉权的消灭，而除斥期间在性质上为预定的权利期限，其期限是不变的，因此不适用中止中断的规定。而以罗森博格为代表的学者则否认时效与除斥期间之间存在性质上的差异，认为除斥期间亦可适用中止中断的规定。[1] 但现代民法学者大多认为除斥期间为不变期间。[2] 除斥期间不可适用中止、中断和延长的规定，只是在例外情况下，除斥期间才可能出现中止的情况。如根据《德国民法典》第 124 条，撤销权可以准用诉讼时效中止的规定。

笔者认为，除斥期间从其性质来说，是不能适用中止、中断的。因为引起中断的事实是权利人行使权利的行为。除斥期间主要针对的是形成权，而形成权一旦行使，权利也就相应地产生或消灭，所以也就没有必要重新计算权利的存续期间。而中止的发生大都是由于存在阻碍权利行使的事实，如出现不可抗力、无行为能力人暂时无法确定法定代理人等情形。在时效进行中，权利人因为中止事由的发生而导致事实上不能行使权利，此种情形并非权利人的过错，如果法律强行计算时效，则不利于对权利人的保护，因此，时效中止制度的设计，是对权利人

---

[1] 参见杨家树：《消灭时效与除斥期间》，载郑玉波主编：《民法总则论文选集》（下），754 页，台北，五南图书出版公司，1984。

[2] 参见黄立：《民法总则》，500 页，台北，三民书局，1994。

的一种保护措施。但是，在除斥期间进行中，也可能会出现相同的情况使权利人不能行使权利。有学者认为，除斥期间"为定权利之时间的限制，其事实上能否行使，或行使是否有非常困难事情之存在，其期间继续进行而未届满，故除斥期间其性质上不能停止也"①。笔者认为此种观点值得赞同。

　　然而，关于《担保法》规定的保证期间是否存在中断的问题，值得探讨。例如，在主债务到期以后，由债权人向保证人提出请求，是否发生保证期间中断，对此有几种不同的观点：一种观点认为，保证期间作为除斥期间不存在中断的问题。一旦债权人向保证人提出请求，保证期间停止，但开始计算诉讼时效期间。由于诉讼时效开始计算并非保证期间的中断，因而保证期间仍不因债权的请求而发生中断。另一种观点认为，保证期间为除斥期间，不发生中断的问题。一般保证的债权人在保证期间届满前向债务人提起诉讼或者申请仲裁的，从判决或者仲裁裁决生效之日起，开始计算保证合同的诉讼时效。对于连带保证，则应当自债权人要求保证人承担保证责任之日起计算诉讼时效。② 还有一种观点认为，只要债权人依法向保证人提出请求，就发生保证期间中断的效果。保证期间应当重新开始计算。笔者认为，保证期间作为除斥期间不应当发生中止、中断、延长的问题。但在债权人提出请求以后，另行计算诉讼时效并不影响其作为除斥期间的性质。

　　第五，期间届满后的法律效果不同。诉讼时效期间届满，相关的请求权并不因此消灭，而只是使义务人产生相关的抗辩权。因此，从某种意义上说，诉讼时效期间届满后，债权人的债权已经蜕变成一种"自然债"。而除斥期间在性质上属于形成权的存续期间，《民法总则》第199条规定："存续期间届满，撤销权、解除权等权利消灭。"也就是说，一旦除斥期限届满，则直接消灭权利本身。正是因为存在上述区别，时效期限届满以后，义务人抛弃时效利益，自愿作出履行的，权利人仍有权保有该履行利益，而不构成不当得利；而除斥期间届满以后，义务人抛弃期限利益的行为，可以视为创设了某种权利。③

---

①　杨家树：《消灭时效与除斥期间》，载郑玉波主编：《民法总则论文选集》（下），760页，台北，五南图书出版公司，1984。
②　参见最高人民法院《担保法司法解释》第31、34条。
③　参见魏振瀛主编：《民法》，4版，193页，北京，北京大学出版社、高等教育出版社，2010。

第六，是否允许法院主动援引不同。如前所述，诉讼时效期间届满只是使义务人产生一定的抗辩权，是否主张该抗辩权，应当由义务人自主选择，法院不得依职权进行审查。而除斥期间届满后，将使权利人的权利消灭，权利人不得再行使该权利，因此，法院有权依职权进行审查。

此外，诉讼时效期间届满后，当事人可以抛弃时效利益；而除斥期间届满之后，其利益不得抛弃，因为如允许抛弃，则有以私人意思延长其期间之弊，而且从理论上看，其权利已因除斥期间届满而消灭，如允许抛弃，则无异于承认可以私人意思创设权利。①

四、除斥期间届满的法律效果

除斥期间届满以后，将发生权利消灭的后果，但法院应当依据法律的具体规定来确定该期间届满的效果。由于除斥期间作为形成权的存续期间，其完成的法律后果就是使形成权绝对、当然、确定地消灭。所以在一方主张形成权以后，不论另一方是否就此种权利的存在提出了抗辩，法院都应当对该权利存在与否加以审查，这就必然涉及该权利是否因除斥期间届满而消灭的问题。从这个意义上说，除斥期间的法律效果的产生不需要当事人主张。另外，由于除斥期间经过的利益不是当事人主动选择的结果，因而当事人只能被动承受，而不能抛弃。

第三节 期间的计算

一、期间的计算概述

期间的计算方法对于准确界定当事人之间的权利义务关系具有重要意义。关于期间的计算方法，《民法总则》第204条规定："期间的计算方法依照本法的规

---

① 参见胡长清：《中国民法总论》，354页，北京，中国政法大学出版社，1997。

定，但是法律另有规定或者当事人另有约定的除外。"依据该条规定，期间的计算方法具有法定性，也就是说，期间的开始时间、截止时间等，都是由法律规定的，这有利于简化当事人之间的交易过程，也有利于减少当事人因期间计算而引发的纠纷。需要指出的是，尽管期间的计算是法定的，但法律关于期间的规定属于任意性规定，允许当事人通过约定加以改变。例如，依据《民法总则》第 203 条第 1 款的规定，"期间的最后一日是法定休假日的，以法定休假日结束的次日为期间的最后一日"，但当事人可以约定，该法定节假日结束的当天为最后一日。

如果当事人就期间的计算能够达成一致约定的，则可以依照当事人的约定来计算期间。例如，当事人可以约定采用"周"作为计算期间的方法。[①]

一般而言，民法上期间的确定方法主要有如下几种：一是规定日历上的一定时间，如 2013 年 8 月 6 日。二是规定一定的期间，如 6 个月、1 年等。三是规定某一法律事实出现的特定时刻，如某人结婚之时。这种规定常常与附期限的民事法律行为相联系。四是规定以某人提出请求的时间为准。这种期限并没有具体确定一定的期间或期日，而是由一方当事人来决定。例如，债务履行期限以一方当事人的请求为准。

二、期间的具体计算方法

期间的计算方法主要有两种：一是历法计算法。历法计算法就是以日历所定的日、星期、月、年为依据。二是自然计算法，此种方法是以实际时间精确地进行计算的方法，即以时、分、秒开始起算的方法。例如，从 2003 年 9 月 1 日 5 时至 12 时。历法计算法比较简便，符合人们的期间计算观念，但与自然计算法相比，又不够精确。[②] 所以，《民法总则》第 200 条规定："民法所称的期间按照公历年、月、日、小时计算。"该规定兼采上述两种计算方法，即一方面，该条

---

① 参见石宏主编：《中华人民共和国民法总则条文说明、立法理由及相关规定》，485 页，北京，北京大学出版社，2017。

② 参见王泽鉴：《民法总则》，487 页，北京，北京大学出版社，2009。

规定期间的计算按照公历的年、月、日计算；另一方面，该条又规定按照小时计算，这实际上同时采用了历法计算法和自然计算法两种方法。此种规定符合社会实践的需要，因为在一些交易中，当事人可能约定具体在某天的某个时刻进行交易，或者将交易的截止时间确定在某个时刻，此时就需要运用自然计算法。

三、期间的开始和截止

为准确界定当事人之间的权利义务关系，法律需要对期间的开始和截止作出规定。我国《民法总则》分别对历法计算法和自然计算法两种期间计算方法中期间的开始和截止计算方法作出了规定。

1. 期间的开始

关于期间的开始，《民法总则》第 201 条第 1 款规定："按照年、月、日计算期间的，开始的当日不计入，自下一日开始计算。按照小时计算期间的，自法律规定或者当事人约定的时间开始计算。"该条对历法计算法和自然计算法中期间开始的时间作出了规定，该条确立了两项规则：一是历法计算法中期间开始的规则。即在历法计算法中，开始的当日不计入期间，而是从下一日开始起算期间。[①] 例如，双方约定，甲方于 2017 年 5 月 10 日向乙方借款 10 万元，借期 1 年，则还款日期应当为 2018 年 5 月 10 日。当然，如果当事人对期间开始的时间作出了特别约定，按照私法自治原则，应当按照当事人的约定确定期间的开始时间。例如，如果当事人约定开始的当日计入期间，则该约定有效。二是自然计算法中期间的开始规则，即自法律规定或者当事人约定的时间开始计算。例如，当事人约定 48 小时内还款，那么就应当从当事人约定的时间开始计算 48 小时。

2. 期间的截止

关于期间的截止，我国《民法总则》也分别对历法计算法和自然计算法的截止期间确定规则作出了规定。对历法计算法而言，依据《民法总则》第 202 条的

---

① 参见石宏主编：《中华人民共和国民法总则条文说明、立法理由及相关规定》，481 页，北京，北京大学出版社，2017。

规定，以到期月的对应日为期间的最后一日，如果没有对应日，则以月末日为期间的最后一日。例如，当事人在 3 月 31 日约定，将在一个月后履行合同，由于 4 月没有 31 日，则应当以 4 月 30 日为截止日期。从实践来看，当事人之间约定的期间截止日期可能是法定休假日，对此种情形，依据《民法总则》第 203 条第 1 款的规定，"期间的最后一日是法定休假日的，以法定休假日结束的次日为期间的最后一日"。此处所说的"法定休假日"包括了法定的节假日以及双休日。例如，双方约定 3 月底还款，如果 3 月的最后一天是星期六、星期日或者其他法定休假日的，则以休假日的次日为期间的最后一日。

关于自然计算法中期间的截止，《民法总则》第 203 条第 2 款规定："期间的最后一日的截止时间为二十四时；有业务时间的，停止业务活动的时间为截止时间。"例如，双方当事人约定的还款期限为本月的最后一天，则最终的还款时间应当是本月最后一天的 24 时。但对一些有确定营业时间的主体，如某银行的业务时间为上午 9 点至下午 5 点，则应当将截止时间确定为当天的下午 5 点。

主要参考书目

一、中文著作

陈朝璧．罗马法原理．上、下册．上海：商务印书馆，1936

周枏．罗马法原论．上、下册．北京：商务印书馆，1994

李宜琛．日耳曼法概说．上海：商务印书馆，1944

由嵘．日耳曼法简介．北京：法律出版社，1987

叶孝信主编．中国民法史．上海：上海人民出版社，1993

张生．民国初期民法的近代化．北京：中国政法大学出版社，2002

谢怀栻．外国民商法精要．北京：法律出版社，2002

谢怀栻．谢怀栻法学文选．北京：中国法制出版社，2002

佟柔主编．中国民法．北京：法律出版社，1990

佟柔主编．民法总则．北京：中国人民公安大学出版社，1990

江平，张佩霖主编．民法教程．北京：中国政法大学出版社，1986

梁慧星．民法总论．北京：法律出版社，2011

马俊驹，余延满．民法原论．2版．北京：法律出版社，2005

魏振瀛主编．民法．北京：北京大学出版社，2000

李由义主编．民法学．北京：北京大学出版社，1988

刘定华，屈茂辉主编．民法学．长沙：湖南人民出版社，2001

彭万林主编．民法学．北京：法律出版社，2000

李开国，张玉敏主编．中国民法学．北京：法律出版社，2002

夏利民．民法基本问题研究．北京：中国人民公安大学出版社，2001

张俊浩主编．民法学原理．北京：中国政法大学出版社，1991

李双元，温世扬主编．比较民法学．武汉：武汉大学出版社，1998

王轶．民法原理与民法学方法．北京：法律出版社，2009

李凤章，吴民许，白哲．民法总论：原理·规则·案例．北京：清华大学出版社，2006

石宏主编．中华人民共和国民法总则条文说明、立法理由及相关规定．北京：北京大学出版社，2017

张新宝．《中华人民共和国民法总则》释义．北京：中国人民大学出版社，2017

杨立新．中华人民共和国民法总则要义与案例解读．北京：中国法制出版社，2017

李适时主编．中华人民共和国民法总则释义．北京：法律出版社，2017

陈甦主编．民法总则评注．北京：法律出版社，2017

朱庆育．民法总论．北京：北京大学出版社，2013

杨代雄．民法总论专题．北京：清华大学出版社，2012

冷传莉．论民法中的人格物．北京：法律出版社，2011

易继明．私法精神与制度选择——大陆法系私法古典模式的历史含义．北京：中国政法大学出版社，2003

杨立新主编．民法总则重大疑难问题研究．北京：中国法制出版社，2011

江平主编．民法学．北京：中国政法大学出版社，2007

陈卫佐．德国民法总论．北京：法律出版社，2007

李开国．民法基本问题研究．北京：法律出版社，1997

孔祥俊主编．民商法热点、难点及前沿问题．北京：人民法院出版社，1996

郭明瑞，房绍坤，唐广良．民商法原理（一）．北京：中国人民大学出版社，1999

房绍坤．中国民事立法专论．青岛：青岛海洋大学出版社，1995

柳经纬主编．民法总论．厦门：厦门大学出版社，2000

龙卫球．民法总论．北京：中国法制出版社，2002

徐国建．德国民法总论．北京：经济科学出版社，1993

徐国栋编．中国民法典起草思路论战．北京：中国政法大学出版社，2001

徐国栋．民法基本原则解释．北京：中国政法大学出版社，1992

徐国栋．诚实信用原则研究，北京：中国人民大学出版社，2002

江平主编．法人制度论．北京：中国政法大学出版社，1994

贾桂茹，杨丽，薛荣革．市场交易的第三主体——非法人团体研究．贵阳：贵州人民出版社，1995

马强．合伙法律制度研究．北京：人民法院出版社，2000

金福海，张红霞．股份合作制与股份合作企业法．济南：山东人民出版社，2000

高富平等．合伙企业法原理与实务．北京：中国法制出版社，1997

徐景和主编．合伙企业法条文释义．北京：人民法院出版社，1997

沈达明，梁仁杰．德意志法上的法律行为．北京：对外贸易教育出版社，1992

芮沐．民法法律行为理论之全部．台北：三民书局，2002

尹田．民事法律行为和代理制度研究．重庆：重庆大学出版社，1993

徐海燕．英美代理法研究．北京：法律出版社，2000

郑自文．国际代理法研究．北京：法律出版社，1998

董安生．民事法律行为．北京：中国人民大学出版社，1994

江帆，孙鹏．交易安全与中国民商法．北京：中国政法大学出版社，1997

江帆．代理法律制度研究．北京：中国法制出版社，2000

郭明瑞等．民事责任论．北京：中国社会科学出版社，1991

李永军．民法总论．北京：法律出版社，2006

葛成书．民法时效．北京：法律出版社，2007

冯恺．诉讼时效制度研究．济南：山东人民出版社，2007

马特．民法总则讨论教学教程．北京：对外经济贸易大学出版社，2006

罗昆．财团法人制度研究．武汉：武汉大学出版社，2009

刘清波．民法概论．台北：开明书店，1979

梅仲协．民法要义．北京：中国政法大学出版社，1998

胡长清．中国民法总论．北京：中国政法大学出版社，1997

史尚宽．民法总论．北京：中国政法大学出版社，2000

郑玉波．民法总则．台北：三民书局，1979

郑玉波．民商法问题研究（1—4）．台北：三民书局，1991

王泽鉴．民法学说与判例研究．第 1 册～第 8 册．北京：中国政法大学出版社，1998

王泽鉴．民法实例研习（民法总则）．台北：三民书局，1996

王泽鉴．法律思维与民法实例·请求权基础理论体系．台北：三民书局，1999

王泽鉴．民法总则．增订版．北京：中国政法大学出版社，2001

王泽鉴．民法债编·总论．第 1 册，台北：1990

杨与龄主编．民法总则争议问题研究．台北：五南图书出版公司，1998

李宜琛．民法总则．台北：正中书局，1994

王伯琦．民法总则．台北："国立编译馆"，1994

陈钪雄．民法总则新论．台北：自版，1984

洪逊欣．中国民法总则．台北：自版，1992

李模．民法总则之理论与实用．台北：自版，1992

黄村力．民法总则新论．台北：自版，1994

施启扬．民法总则．台北：三民书局，1996

刘得宽．民法总则．台北：五南图书出版公司，1996

刘得宽．民法诸问题与新展望．台北：三民书局，1979

黄立．民法总则．北京：中国政法大学出版社，2002

曾世雄．民法总则之现在与未来．北京：中国政法大学出版社，2001

林诚二．民法总则讲义．台北：瑞兴图书股份有限公司，1995

林诚二．民法理论与问题研究．北京：中国政法大学出版社，2000

詹森林．民事法理与判例研究．台北：自版，1998

刘春堂．民商法论集（一）．台北：自版，1985

邱聪智．民法研究（一）．台北：五南图书出版公司，1986

何孝元．诚实信用原则与衡平法．台北：三民书局，1977

施启扬，苏俊雄．法律与经济发展．台北：自版，1974

陈聪富．民法总则．台北：元照出版公司，2014

二、译著

〔意〕彼德罗·彭梵得著，黄风译．罗马法教科书．北京：中国政法大学出版社，1992

〔意〕朱塞佩·格罗索著，黄风译．罗马法史．北京：中国政法大学出版社，1994

〔意〕桑德罗·斯契巴尼选编．丁玫译．契约之债与准契约之债．北京：中国政法大学出版社，1998

〔德〕耶林著，徐砥平译．拿破仑法典以来私法的普遍变迁．上海：商务印书馆，1937

〔德〕K. 茨威格特，H. 克茨著．潘汉典等译．比较法总论．贵阳：贵州人民出版社，1992

〔德〕罗伯特·霍恩，海因·科茨，汉斯·莱塞著，楚建译．德国民商法导论．北京：中国大百科全书出版社，1996

〔德〕卡尔·拉伦茨著，王晓晔等译．德国民法通论．北京：法律出版社，2003

〔德〕迪特尔·梅迪库斯著，邵建东译．德国民法总论．北京：法律出版

社，2000

［德］罗尔夫·克尼佩尔著，朱岩译．法律与历史——论《德国民法典》的形成与变迁．北京：法律出版社，2003

［德］海因·克茨著，周忠海等译．欧洲合同法．上卷．北京：法律出版社，2001

［德］冯·巴尔著，张新宝译．欧洲比较侵权行为法．上卷．北京：法律出版社，2001

［德］迪特尔·施瓦布著，郑冲译．民法导论．北京：法律出版社，2006

［英］彼得·斯坦，约翰·香德著，王献平译．西方社会的法律价值．北京：中国人民公安大学出版社，1990

［美］泰格，利维著，纪琨译．法律与资本主义的兴起．上海：学林出版社，1996

［美］艾伦·沃森著，李静冰译．民法法系的演变及形成．北京：中国政法大学出版社，1992

［美］蒙罗·斯密著，姚梅镇译．欧陆法律发达史．北京：中国政法大学出版社，1999

［美］E. 博登海默著，邓正来译．法理学：法律哲学与法律方法．北京：中国政法大学出版社，1999

［美］罗伯特·考特，托马斯·尤伦著，张军等译．法和经济学．上海：上海三联书店，1994

［美］迈克尔·D. 贝勒斯著，张文显等译．法律的原则．北京：中国大百科全书出版社，1996

［英］梅因著，沈景一译．古代法．北京：商务印书馆，1959

［英］巴里·尼古拉斯著，黄风译．罗马法概论．北京：法律出版社，2000

［英］P. S. 阿蒂亚著，程正康译．合同法概论．北京：法律出版社，1982

［英］施米托夫著，赵秀文选译．国际贸易法文选．北京：中国大百科全书出版社，1993

〔日〕大村敦志著，江溯，张立艳译．民法总论．北京：北京大学出版社，2004

〔日〕山本敬三著，解亘译．民法讲义（Ⅰ）．北京：北京大学出版社，2004

〔日〕我妻荣著，王书江，张雷译．债权在近代法中的优越地位．北京：中国大百科全书出版社，1999

〔日〕四宫和夫著，唐晖等译．日本民法总则．台北：五南图书出版公司，1995

〔日〕星野英一著，姚荣涛译．日本民法概论Ⅳ（契约）．台北：五南图书出版公司，1998

〔日〕我妻荣著，于敏译．新订民法总则．北京：中国法制出版社，2008

〔葡〕平托．民法总论．澳门：澳门大学法学院，澳门法律翻译办公室，1999

〔苏〕坚金，布拉图斯主编．苏联民法．北京：法律出版社，1957

〔苏〕阿卡尔柯夫著，中国人民大学法学院民法教研室译．关于契约责任的几个问题．北京：中国人民大学出版社，1951

〔苏〕弗莱西茨著，郭寿康译．为垄断资本主义服务的资产阶级民法．北京：中国人民大学出版社，1956

〔苏〕诺维茨基著，康宝田译．法律行为　诉讼时效．北京：中国人民大学出版社，1956

三、外文著作

Arthur von Mehren. International Encyclopedia of Comparative Law. Volume Ⅶ/2：Contracts in General，Tübingen，1997

Allan Farnsworth. Contract. 2nd Edition. Little Brown and Company，1990

Charle L. Knapp，Nathan M. Crystal. Problems in Contract law. Little Brown and Company，1987

Epstein，Gregory，Kalven. Cases and Materials on Torts. little Brown and

Company Introduction，1984

G. H. Treitel. Remedies for Breach of Contract. Clarenden Press，Oxford，1988

G. H. Treitel. International Encyclopedia of Comparative Law • Contracts in General • Remidies for Breach of Contract. Germany，1976

Ian Kennedy edited. Medical Law. Oxford University Press，1998

Reiner Schulze（ed.）. New Features in Contract Law. Seiller European Law publishers，2007

Reinhard Zimmermann. The Law of Obligations：Roman Foundations of the Civilian Tradition. Oxford：Clarendon Press，1996

Tony Orhnial edited. Limited Liability and the Corporation. Croom Helm，London&Camberra，1982

Walter van Gerven Jermy Lever Pierre Larouche Christian von Bar Geneviève Viney. Torts. Hart Publishing Oxford，1998

Konard Zweigert，Hein Kotz. An Introductions to Comparative Law. North-Hollad Publishing，1977

Zimmermann. Comparative Foundations of a European Law of Set-off and Prescription. Cambridge University Press，2002

Ewoud H. Hondius edited. Extinctive Prescription on the Limitation of Actions. Kluwer Law International，1995

William Bowstead. On Agency. Sweet & Maxwell，1985

Savigny. System des heutigen römischen Rechts. Bd. 2

Wclhelm，Walter. Zur juristischen Methodenlehre im 19. Jahrhundert. Frankfurt/m，1958

Larenz/Wolf. Allgemeiner Teil des Bürgerlichen Rechts. 9. Aufl. ，2004

Brox/Walker. Allgemeiner Teil des BGB，32. Aufl. ，Carl Heymanns Verlag，2008

Dirk Looschelders. Schuldrecht, Allgemeiner Teil. Carl Heymanns-Verlag, 7. Auflage, 2009

Medicus/Lorenz. Schuldrecht AT. 18. Auf. , 2008

Fikentscher/Heinemann. Schuldrecht. 10. Auf. , 2006

Tuhr. Der Allgemeine Teil des Deutschen Bürgerlichen Rechts. zweiter Band, erste Halfte. Verlag von Duncker&Humblot: München und Leipzig, 1914

Flume. Allgemeiner Teil des Bürgerlichen Rechts. Band 2. Das Rechtsgeschaeft. Springer, 1992

Enneccems/Nipperdey. Allgemeiner Teil des Bürgedichen Rechts: Ein Lehrbuch. zweiter halbband. 15. Aufl. Mohr Siebeck, 1960

Nicole Hofmann. Missbrauch von Formalvollmachten. Diss. Uni. Wien, 2008

后　记

　　本书是作者多年来从事民法总则教学和研究中积累的一些心得，此次应中国人民大学出版社的要求，经过整理和补充而成书。本书在写作过程中，中国人民大学法学院尹飞、易军、张俊岩、马特、周友军、张鹏、冯恺、麻锦亮等同学在资料收集、打印、校对等方面提供了大力帮助。北京大学法学院的王轶、张谷同志，清华大学法学院的程啸同志对本书的内容也提出了许多修改意见，在此深表谢意。书中的缺点与错误在所难免，还望广大读者批评指正。

第二版后记

本书自 2003 年出版以后，受到民法学界关注，读者提出不少意见，应出版社的要求，对本书进行了修改。本书在修改过程中，得到了北京大学法学院许德风副教授，北京航空航天大学周友军副教授、中央财经大学尹飞教授、中国青年政治学院王雷博士、中国人民大学法学院博士生缪宇、王叶刚、张尧等人的帮助，缪宇博士帮助翻译了一些德文资料，朱虎老师帮助校订了一些德文注释，中国人民大学出版社施洋编辑提出了许多宝贵的修改意见，在此，一并致以衷心的感谢。

第三版后记

在《中华人民共和国民法总则》通过以后，应出版社的要求，作者对《民法总则研究》（第二版）进行了修订，在第三版修订过程中，北京航空航天大学周友军教授、中央民族大学法学院王叶刚博士提供了一些修改建议，在此一并致谢。

图书在版编目（CIP）数据

民法总则研究 / 王利明著 . —3 版 . —北京：中国人民大学出版社，2018.1
（中国当代法学家文库 . 王利明法学研究系列）
ISBN 978-7-300-25177-6

Ⅰ . ①民… Ⅱ . ①王… Ⅲ . ①民法-总则-研究-中国 Ⅳ . ①D923.14

中国版本图书馆 CIP 数据核字（2017）第 287807 号

"十三五"国家重点出版物出版规划项目
中国当代法学家文库•王利明法学研究系列

民法总则研究（第三版）

王利明 著
Minfa Zongze Yanjiu

出版发行	中国人民大学出版社			
社　　址	北京中关村大街 31 号	**邮政编码**	100080	
电　　话	010 - 62511242（总编室）	010 - 62511770（质管部）		
	010 - 82501766（邮购部）	010 - 62514148（门市部）		
	010 - 62515195（发行公司）	010 - 62515275（盗版举报）		
网　　址	http://www.crup.com.cn			
	http://www.ttrnet.com（人大教研网）			
经　　销	新华书店			
印　　刷	涿州市星河印刷有限公司	**版　　次**	2003 年 12 月第 1 版	
规　　格	170 mm×228 mm　16 开本		2018 年 1 月第 3 版	
印　　张	54.5 插页 3	**印　　次**	2018 年 1 月第 1 次印刷	
字　　数	803 000	**定　　价**	178.00 元